国家出版基金项目
NATIONAL PUBLICATION FOUNDATION

中国社会科学院创新工程学术出版资助项目

中国投资体制改革40年

汪同三◎主编

40 Years of China's Investment
System Reform

经济管理出版社
ECONOMY & MANAGEMENT PUBLISHING HOUSE

图书在版编目（CIP）数据

中国投资体制改革 40 年/汪同三主编. —北京：经济管理出版社，2018.11
ISBN 978-7-5096-6048-5

Ⅰ.①中… Ⅱ.①汪… Ⅲ.①投资体制改革—研究—中国 Ⅳ.①F832.48

中国版本图书馆 CIP 数据核字（2018）第 226438 号

组稿编辑：张永美
责任编辑：张永美　胡　茜
责任印制：黄章平
责任校对：张晓燕

出版发行：经济管理出版社
　　　　　（北京市海淀区北蜂窝 8 号中雅大厦 A 座 11 层　100038）
网　　址：www. E-mp. com. cn
电　　话：（010）51915602
印　　刷：三河市延风印装有限公司
经　　销：新华书店
开　　本：720mm×1000mm/16
印　　张：30.75
字　　数：536 千字
版　　次：2019 年 6 月第 1 版　　2019 年 6 月第 1 次印刷
书　　号：ISBN 978-7-5096-6048-5
定　　价：98.00 元

总　序

在 1978~2018 年，中国国内生产总值（GDP）总量和人均 GDP 分别增长了近 36 倍和 24 倍强，长达 40 年的平均 9.4% 的实际增长率，是同期任何其他国家都未达到的高速增长。在世界经济史上，曾经有过若干个著名的发展里程碑，但是，在一代人的时间内使人民生活水平得到如此大幅度的改善，中国奇迹却是其他案例都无法比拟的。

例如，我们可以做一个思想模拟，以平均出生时预期寿命代表一代人，以人均 GDP 作为生活水平改善的代理指标，看一看历史上曾经创造奇迹的几个国家情形，并与中国进行比较。

英国在 1880~1930 年期间，人均 GDP 的年均增长率只有 0.9%。以 1880 年时出生人口预期寿命 50 年来算，平均来看，当时的一个英国人可以在一生中感受到生活水平提高 56%。继英国和其他西欧国家之后，美国成为又一个现代化强国。在赶超英国的过程中，即在 1920~1975 年期间，美国的人均 GDP 年平均增长率约为 2%。以 1920 年的出生人口预期寿命 55 年算，美国人终其一生，生活水平可以达到近 1 倍的改善。日本是下一个成功地实现对先行者赶超的国家，也是亚洲第一个实现了现代化的国家。在 1950~2010 年期间，日本的人均 GDP 年平均增长速度超过 4%。以平均预期寿命 60 年算，1950 年出生的日本人，一生中生活水平提高了将近 10 倍。

在 1981~2017 年期间，中国的人均 GDP 年均增长率为 8.7%，也就是说，1981 年出生的中国人，在半生的时间里便已经经历了超过 19 倍的实际生活水平改善。以平均预期寿命 68 岁算，那时出生的中国人将期望活到 2049 年，即中华人民共和国成立 100 周年之际。可以想见，到中华民族伟大复兴之时，中国人民的人均收入改善会以什么样的奇迹呈现。

因此，这一中国奇迹，无论是从自身的角度还是从人类发展史的角度，都是值得大书特书的。对于经济学家来说，对历史过程大书特书的方式，便是以经验和理论相结合的方式解说既往的经历，从"做对了什么"中提炼智慧，不仅帮助自己认识当下和展望未来，也为其他探寻发展之途的后起国家

1

提供中国方案。

中国取得经济社会发展成就的根本原因，在于坚持实施改革开放，激发劳动者、经营者和各级干部发展经济的积极性，消除阻碍生产要素积累和配置的体制弊端，学习借鉴国外先进技术和管理，利用国际市场把人口红利转化为比较优势和竞争力。因此，解说中国奇迹的重要任务，便是从经验和理论两个角度回顾、总结、分析、反思40年的改革开放历程。

由于以下几个突出特征，中国及其发展对于世界的意义尤其重要。首先，中国拥有世界上最大规模的人口，2017年约为世界总人口的18.5%，占人类五分之一的中国人民创造的成就对世界意义的显著性，是其他国家所无可比拟的。其次，知识分子天生具有探索兴衰之谜的学术好奇心，而吸引众多学者尝试回答的关于中国科技（发展）为什么由盛至衰的李约瑟之谜，正是经济史学中同样著名的、旨在探索为什么16世纪以来世界经济发展出现大分流这个谜题的中国版本。最后，就从另一个方向上满足相同的学术好奇心而言，中国是迄今为止唯一经历了经济发展由盛至衰再至盛，同时接近于完整经历经济发展的每一个必要阶段的发展中国家。

中国的改革开放经验如此引人注目，以致国内外众多经济学家，无论从正面还是从反面，一直以来都在孜孜不倦地开发这一宝藏。然而，对于中国经济学家来说，解说中国奇迹的学术话语权大有旁落人家的倾向。这样说并非出于某种狭隘的自尊心理，而是因为迄今为止占据学术话语主流地位的很多研究成果，往往只是隔靴搔痒，并没有抓住中国经验的本质和中国智慧的要义。

例如，许多经济学家把已故经济学家哈耶克的一个著名表述作为认识中国经验的经典范式，认为中国在过去几十年里取得的改革成功，是"人类行为的意外结果"（unintended consequence of human action），由此出发产生的一些学术出版物受到追捧。至少由于两个原因，可以说在这种范式下所做的研究具有很大的误导性。首先，这些作者忽略了重要的一点，中国的改革虽然并未从一开始就制订了蓝图，但却是以"三个有利于"为出发点，并且始终坚持以此评价改革成功与否，以及以此为圭臬设计进一步改革的路径。其次，这些作者也非常不恰当地把中国改革的探索者、设计者、实践者及其付出的艰险、智慧和努力避重就轻地一笔带过。

作为中国本土研究者，有责任和义务以自己的研究弥补上述缺陷。经济管理出版社编辑出版"中国经济改革开放40年系列丛书"，目的就是从中国经济改革开放的各个领域，系统讲述40年制度创新的历程，包括其间经历的种种曲折和取得的辉煌成功。丛书各卷的主编和主要作者，都是中国社会科学院相关学科的杰出学者，既具有深厚的理论素养，其中也不乏改革开放发展的亲历者和参与者。各位作者的学术背景不同，写作风格和论述问题的方式各异，但是，总体上努力做到把中国故事讲明白，把中国智慧提炼出来，力图从学理角度为人类社会发展提供中国方案。

歌德曾经说：理论是灰色的，而生命之树常青。我认为，这句话并不应该理解为理论不重要。从更加积极的角度理解这句话，可以得出这样的结论：从成功的实践经验中提炼特征化事实，不断丰富乃至修正已有理论体系，创造新的理论范式和体系，可以使理论本身生命常青。包括本丛书作者在内的中国经济学家，责无旁贷地面临着这个重要的使命。希望这套丛书能够为完成这一使命贡献中国社会科学院学者的力量和智慧。

蔡　昉
2019 年 4 月 20 日于中国社会科学院

目　录

第一章　投资体制的功能问题

本书的主题是对中国改革开放 40 年以来固定资产投资管理体制改革的历程与经验进行回顾与总结。

毋庸讳言，固定资产投资管理体制改革（以下简称投资体制）在各项改革中至今仍是相对滞后的一个领域。造成这一局面的原因何在？回答这一问题是设立本章的基本出发点。为了达到这一目的，需要了解投资管理体制所要解决的问题或者说它的功能。因为从功能与形态关系的观点来看，投资体制的选择只能取决于它所要实现的功能，这也是投资体制选择的基本标准。要回答这一问题就需要说明两方面的问题：一是投资在当代经济中的地位、作用；二是在市场经济中投资具有哪些特点，它与市场经济特有的调节机制特别是资本主义市场经济特有的调节机制是一个什么样的关系，或者说，市场经济特有的调节机制特别是资本主义市场经济特有的调节机制在对投资的调节中是如何发挥作用的，以及作用效果如何。上述两方面的问题涵盖了投资体制在生产力与生产关系两方面的功能。

其实，在改革的早期理论研究中，不论是东欧国家的经济学家还是中国的经济学家都注意到，与日常生产不同，投资具有其特殊性，仅靠市场的价格调节难以避免资本主义国家屡屡出现过的经济危机问题，也无法建立起包括投资体制在内的能够体现社会主义优越性的经济体制。因为改革毕竟不是资本主义制度的复辟，而是要在坚持社会主义基本方向的前提下对原有的计划经济体制进行改革。之所以选择市场经济作为改革的基本方向，并不是出于市场原教旨主义的意识形态考虑，更不是出于对市场经济的迷信，而是基于对计划经济体制弊端分析后做出的选择。但在这一过程中，这些具有强烈改革意识的经济学家不约而同地提出了同一个问题，就是在投资体制改革中能否像对日常生产体制改革那样把投资决策权也让给企业，进而让市场像调节企业的日常生产活动那样调节企业的投资活动。尽管各个流派的具体观点有所不同，但大部分人的结论是否定的。

无独有偶，不单是信奉社会主义的经济学家对投资持有非市场化的观点，就是被列宁称为"布尔什维克凶恶敌人"的凯恩斯也同样认为，为了实现充分就业，对投资应"由社会来综揽"。

显然，在市场经济条件下，从调节资源配置的机制角度看，投资确实具有自身的特点。因此，为了深入总结固定资产投资管理体制的改革经验，就有必要从这一特殊角度对已有相关研究做一扼要介绍，以便为以后的论述提供理论基础，这将构成本章的主要内容。

此外，为了便于读者理解和保持论述的完整性，首先有必要对本书频频出现的固定资产投资这一术语及相关概念做出说明，这将构成本章的另一部分内容。

第一节　固定资产投资概念的来源与变迁

固定资产投资是一个具有中国特色的用法，通过对它的来源与变迁及其与相关概念关系的考察，有助于我们对中国固定资产投资管理体制改革的认识。所以，本节将从上述两方面展开论述。

一、概念与术语

（一）资产

资产最早出现于法律实践，与负债相对应。随着商业簿记的发展，中世纪后期成为一个会计学术语而被普遍使用，即使在今天它首先也是一个会计学术语，其他各种用法均源于此。

按照国家财政部最近颁布的《企业会计准则》的说法，资产是指企业过去的交易或事项形成的、由企业拥有或控制的、预期会给企业带来经济利益的资源。其中，所谓"预期会给企业带来经济利益"，是指直接或间接导致现金和现金等价物流入企业的潜力。对于这一点，美国财务会计准则委员会甚至这样定义资产："资产是某一特定经济主体由于过去的交易或事项而获得或控制的可预期的未来经济利益。"

资产有不同的分类，从资产周转角度可分为固定资产和流动资产，从存在形式角度可分为有形资产和无形资产，从变现能力角度可分为货币性资产和非货币性资产，从投资形式角度可分为实物资产和金融资产。

资产与财产、资本这些概念在某些场合可以互换使用，但在某些场合则需要严格区分。例如，在法律实践中和作为法律术语，常常用"财产"一词，而不用"资产"，但实际指的是同一事物。在会计学中对它们的使用则有严格区分，如在"资产-负债＝资本"这一等式中，资产与资本显然不能混用。在经济学特别是在马克思主义经济学和宏观经济学中普遍使用的是资本这一术语。

由于企事业单位会计科目的一致性，会计学意义上的资产概念要比经济学意义上的资产概念宽泛。在资产概念中所说的"未来经济利益"，既可以指商业性盈利，也可以指对资产本身的使用。

（二）固定资产

从资产概念可得知，固定资产首先也是一个会计学概念，但在中国，不仅在会计实践中，而且在统计实践中也得到广泛使用。

固定资产与流动资产是依据其在资本周转中不同的周转方式划分的。固定资产可以经历多次周转，其价值是以折旧的方式逐步收回的；而流动资产则是在产品生产中一次性投入，其价值随着产品销售一次性收回。

固定资产概念的外延在企业会计核算、固定资产投资统计和国民经济核算中略有区别。

在企业会计核算中，固定资产包括房屋及建筑物、机器设备、运输设备、工具器具，且使用寿命要超过一定年限。这些都是指有形资产，而且是通过生产获得的，因此土地本身不是固定资产。

在我国的固定资产投资统计中，获得土地使用权的支出计入固定资产投资统计。

在 GDP 的资本形成项目下的固定资产，一方面，要扣除用于土地使用权的支出；另一方面，不仅要包括上述各项有形资产，还要包括计算机软件、矿产勘探信息等无形资产。

（三）固定资产投资

资产和固定资产都是存量概念，而固定资产投资则是流量概念。在中国，固定资产投资指的是固定资产的建造和购置活动，作为一个反映广泛存在于各个领域的经济活动的术语被中国人大量使用，特别是在经济统计中更是人们熟知的术语，但与汉语相应的这一术语在英文中则很少看到。英文中一般就叫作"固定投资"或"固定资本投资"。虽然严格地说，投资包括固定资本投资和存货增加，但在西方宏观经济学中，投资往往就是指固定资本投资，是对固定资本投资的简称。与投资词义相近的词是积累。在马克思主义政治经济学中，积累指剩余价值的资本化，固定资产投资构成其主要部分。但从资金来源上看，不包括折旧资金。目前这一概念在我国国民经济核算中已不再使用。但长期以来，在实行 MPS 统计体系期间，积累是一个重要概念。在 MPS 统计体系中，积累指的是国民收入中用于固定资产投资和流动资产投资的支出，包括固定资产积累和流动资产积累。因为在这里，国民收入是净收入概念，所以积累不包括用折旧资金投资形成的固定资产。

从外延方面看，按照中国多年的统计制度，固定资产投资包括基本建设投资、更新改造投资和房地产投资。

二、固定资产投资概念的形成背景与过程

如果说资产和固定资产首先是一个会计学术语，并且是世界通用的术语，那么固定资产投资这一术语则可以说是一个有中国特色的术语。它的形成和普遍使用是中国特定背景的产物。

（一）概念的形成背景

首先，固定资产投资这一术语是中国计划经济体制改革初期背景下的产物。这一时期的历史特点决定了既可能出现术语的创新，在选择术语时又在一定程度上受到来自意识形态方面的束缚。在社会主义政治经济学中，一直回避"资本"这一术语，主要理由是社会主义的生产关系已不同于资本主义，因此"资本"作为反映资本主义生产关系的概念和术语已不再适用，而把资本称为资金。但资金这一术语和概念历来强调的都是资本的价值方面，表现形式就是货币。固定资产投资强调的则是资本的实物方面。因此，在术语使用上，说固定资金投资显然从词义上就有自相矛盾之嫌。所以，在排除了固定资金投资这一选择后，就只能借用会计学中固定资产这一术语了，从而顺理成章地形成了固定资产投资这一术语，其早期主要出现在基本建设管理文件中。

其次，它是经济发展阶段性变化在经济管理体制上的反映。改革开放前，中国的生产性固定资产极少，不可能大量利用固定资产折旧基金进行建设，固定资本形成主要来自新创造价值。那时，把这样的固定资本形成称为基本建设。所以，中华人民共和国成立后固定资本形成主要是通过基本建设完成的。但到了 20 世纪 70 年代末，中国已形成了 6000 多亿元的国有固定资产，每年通过折旧形成的投资数量已经相当可观，特别是，在基本建设规模膨胀的背景下加强对这部分资金的计划管理就显得十分必要。

正是在上述背景下，固定资产投资这一术语随着对它的管理在中国计划经济管理中的地位提高而变得重要起来。从它被大量使用的背景及过程可以看出，它是作为计划经济工作术语出现的，由于统计是直接服务于计划的，所以也就成为了一个社会经济统计术语。

1976 年粉碎"四人帮"后，当时的中央领导"对经济形势作了盲目乐观的错误估计，继续追求高速度、高指标，投资规模急剧膨胀，犯了又一次急于求成的错误"，"国民收入中的积累率，1976 年为 30.9%，1977 年已达32.3%，1978 年又提高到 36.5%"，"同时，1979 年的计划，基本建设投资规模、生产指标、利用外资等方面都安排大了，在物力和财力上留下了不小缺口。据当时计算，水泥缺 100 多万吨，木材缺 75 万立方米，钢材的品种和到货时间都不能保证，而财政收入指标还有 20 多亿元没有分配落实"。

当时，"对基本建设投资规模最为敏感的是中国人民建设银行。因为建设银行经管了全国的基本建设投资和更新改造资金，掌握了充分的数据。建设银行从 1975 年就敏锐地注意分析基本建设投资规模。1979 年，建设银行又进行了全面计算，发现当年的固定资产投资不只是 400 亿元的基本建设，在基本建设之外，还有国家预算其他支出中用于固定资产的投资、地方机动财力安排的投资、部门企业的挖潜改造投资、各种技措贷款，以及同计划脱钩的利用外资的投资，计 360 亿元。加上预算内基本建设投资，共六大部分，共计 760 亿元，都是固定资产投资"，"建设银行在计算材料中第一次使用了'固定资产投资'的概念。建设银行的材料认为，现在基本建设投资这个概念所包括的投资范围越来越窄，已经不能如实地反映建设投资的规模，因而要用包括基本建设和技术改造（当时称为'挖潜改造'）在内的'固定资产投资'的概念来衡量建设投资规模"。"1981 年五届四次人代大会上的《政府工作报告》中提出：'今后用于固定资产的投资，要把基本建设和技术改造的资金统一安排使用。'从 1982 年起，国家决定编制包括基本建设和技术改造的统一的固定资产投资计划"。从此，固定资产投资这一概念和术语开始在中国的官方文件中正式取代了"基本建设"一词，在写入计划经济和经济统计教材的同时也得到了经济理论界的认可，开始在理论研究文章中大量使用。在这方面，围绕固定资产投资的研究大量地表现为对其增长速度与规模问题的研究。

（二）计划经济时代的固定资产投资概念——基本建设

如上所述，中华人民共和国成立后，我国的固定资产投资主要是通过基本建设的形式实现的。基本建设计划是国民经济计划的一个十分重要的组成部分。

我国的计划经济体制学自苏联，与其相关的各种概念也自然是随着体制一起引进的，基本建设就是其中之一。苏联经济学家严格遵循马克思的再生产理论构造了基本建设这一概念。按照马克思的再生产理论，再生产包括简单再生产和扩大再生产。简单再生产是扩大再生产的一个现实构成要素，而简单再生产和扩大再生产则是一种理论的抽象，在现实经济生活中实际是混在一起进行的。但苏联经济学家以其固有的教条主义精神，在把马克思再生产理论用于固定资产再生产问题时，不仅从理论上对固定资产简单再生产和扩大再生产做了严格的区分，而且企图在实际经济工作中对二者也进行严格的区分。把固定资产简单再生产范围以内的固定资产投资活动划归各级经委主管，算作现行生产，一律不叫基本建设，与固定资产扩大再生产截然分开，而单把固定资产扩大再生产，如新建、改建、扩建，叫作基本建设，划归各级计委、建委主管。

基本建设一词，最早见于斯大林 1926 年 4 月 13 日《关于苏联经济情况和党的政策》一文。原文是这样说的："要在新技术基础上革新我国工业，就需要大宗的、极大宗的资本。可是我们的资本很少⋯⋯今年我们对工业基本建设这一事业大约只能投资八亿多卢布⋯⋯这是我们对我国工业第一次较大的投资。"

我国的基本建设概念和体制基本沿袭了苏联的用法和做法，并在此基础上形成了计划经济下的基本建设管理体制。由于术语的变迁，本章及下一章所说的固定资产管理体制实际上大部分指的是基本建设管理体制，这一体制基本覆盖了前五个五年计划和 1963～1965 年的三年调整时期。从名称上真正可以称为固定资产投资体制的实际只是第六个五年计划以来的事。

三、作为经济分析概念的固定资产投资辨析

从固定资产投资概念形成的背景中可以看出，它首先是一个在统计分析中得出的概念，并带有浓厚的管理色彩。它的特点是外延宽广，覆盖了全社会所有的固定资产，既包括生产性投资，也包括所谓非生产性投资，在非生产性投资中，既包括社会公用设施的投资也包括居民自建的住宅投资。作为一个社会统计概念，这样的概念无疑是必要的。在计划经济时期，从经济管理角度看，由于计划是无所不包的，这样的概念也有其合理之处。

但是，从经济分析角度看，这一概念抹杀了生产资料投资和生活资料投资的区别，特别是，它抹杀了在市场经济条件下企业以营利或以生产为目的的投资和个人直接以消费为目的的投资的区别。在经济分析中特别是在对市场经济条件下投资活动的分析中，问题恰恰是由以营利为目的的投资产生的。原因即在于不确定性。企业以营利或以生产为目的的投资，不论是在计划经济条件下还是在市场经济条件下，都面临着不确定性问题。个人直接以

消费为目的的固定资产投资，如居民自建住宅，它的用途一开始就已被确定，实际是耐用消费品投资。

所以，虽然固定资产投资这一概念被我国经济学界普遍使用，但作为一个经济分析概念并不是一个好概念，因为它无法真正反映所要分析的问题。特别是在分析研究投资体制时，这样的概念更显得不适应，原因是投资体制的功能正是要解决投资所面对的问题，如果一个概念不能体现所要研究的问题，显然就不是一个好概念。

所以有必要区分经济学意义上的固定资产投资和统计学意义上的固定资产投资，前者专指企业以生产为目的的固定资产投资，在市场经济条件下则是以营利为目的的固定资产投资。在马克思主义的术语中，资本是自行增值的价值，因此，这样的投资按照马克思主义的经济学术语一般应该叫作固定资本投资。本书所说的固定资产投资实际指的主要就是固定资本投资，或简称投资。

当在使用这种简称时，要注意两个问题：一是虽然投资是固定资本投资的简称，没有包括流动资产投资部分，但这既不是因为流动资产投资不重要，也不意味着固定资本可以独立发挥作用，西方经济学中在使用生产函数描述生产行为时之所以把投资或资本的增长简化为固定资本投资，是因为他们认为，固定资本总要有一定量的流动资产相匹配才能发挥作用，而且这一比例是相对固定的，所以，一定量的固定资本本身就能代表全部物质资本。二是在现代西方经济学中，投资一词更多指的是对金融资产的投资。金融投资与实物投资在现代市场经济中具有强烈的互补性，在论述投资问题时也是一个不可回避的问题。

第二节　经济学意义上的投资问题

如上所述，对经济学意义上的投资问题可以从两个方面来认识，一是生产力，二是生产关系。

从生产力角度看，主要是投资与经济增长的关系；从生产关系角度看，主要问题是如何使投资在结构和总量上达到合理的水平以促进经济增长。其中，生产关系问题又具体表现为围绕投资的各种制度安排。

现代经济的一个突出特点就是所谓迂回式生产方式，由此造成投资与最终消费品生产的分离，进而造成执行不同职能的资本的分离。如何协调它们之间的关系就成为现代各种经济制度面临的一个基本问题。经济学的定义甚至就是由此产生的，生产什么、生产多少、如何生产和为谁生产这四个经济学研究面临的基本问题都离不开投资。古典经济学把它归为分工的深化，马克思主义经济学则把它概括为生产的社会化。

如果是一个静止的社会，即使存在分工和生产的社会化，协调也不会成为问题，不论是用计划的方法还是用市场的方法都可以解决。问题在于现代经济是一个不断增长的过程，而这一点已经作为一种制度成为对经济过程的强制性要求。不论是在计划经济条件下，还是在市场经济条件下，剩余劳动都会表现为利润，只要在价格中包含利润，产品的价值实现就必须要以一定量的投资为条件，否则生产、流通、消费的循环就无法正常进行，再生产过程就会中断。原因很简单，从全社会角度看，价格构成中的两大基本要素 C 和 V 所提供的需求小于产品的全部价值或价格——C+V+M。投资则是面向未来的活动。

从资产概念可以看出，它的一个基本特点就是，它是"可预期的未来经济利益"，对于固定资本来说，资产的这一属性就更加突出。原因是，固定资产由其物质属性决定了它是一项长期资产，作为"可预期的未来经济利益"要在几年、十几年，甚至几十年、上百年的时间才能实现。未来与现实的最大区别就是，它是会变的。至于变化的结果，人们最多只能在概率意义上加以把握，而不能像对现实那样，予以百分之百的确认。换句话说，未来是不确定的。而且，未来越是遥远，越是不确定。固定资本投资就是这样一项面向未来的行为。特别是，随着生产力的发展，固定资本作为长期资产的属性就越加突出，面对的不确定性也就越大。预期是主观的，它如何才能与客观的未来变化相一致呢？市场经济中存在这样一种可以揭示未来如何变化的机制吗？它是通过什么样的机制来引导人们做出投资决策的呢？特别是，由于生产的专业化，固定资产本身的专业化属性也越来越强。面对成千上万种产品生产，人们如何决定把资金投向哪个领域呢？归根到底一句话，市场经济具备解决这些问题的能力吗？

在这里，我们不可能回答这些问题，这也不是我们的研究目的。我们的目的只是通过对已有文献的梳理，说明迄今为止的经济学是如何提出、如何认识和如何处理这些问题的。

一、投资与经济增长

投资在现代经济增长或者说生产力发展中占有极其重要的地位。它不仅关系到普通老百姓的生活水平，还直接影响着一国的综合实力。但是，长期以来，经济学更关注投资中的生产关系问题，这种关注在马克思那里可以说达到了顶峰。以后，由于经济学研究对象的转变，这一问题一度被主流经济学研究所忽略。从生产力角度对经济增长问题的系统考察开始于新古典增长模型。在此之前的研究，不论是古典经济学还是凯恩斯创立的宏观经济学，绝大部分内容关注的依然是这一问题的生产关系层面。至于新古典经济学，由于它的研究对象是一个静态经济体系，所以投资与增长问题基本在它们的视野之外。新古典增长理论，通过对新古典经济学中的生产函数的动态化和总量化，建立了新古典增长模型。

（一）早期增长理论——哈罗德—多玛增长模型

凯恩斯的理论是短期理论，为了使其长期化，在凯恩斯理论基础上发展起了现代增长理论。开创这一理论先河的是哈罗德—多玛增长模型。简单来说，哈罗德—多玛增长模型的构成形式就是 $G = S/C$。其中，G 为经济增长率，S 为储蓄率，C 为资本产出率，即获得一元的净产出需要多少投资。

在哈罗德—多玛增长模型中，一方面，凯恩斯的思想更集中地得到表现，储蓄与投资的相等成为经济稳定增长的基本条件；另一方面，这一模型突出了投资对经济增长的重大推动作用，在资本产出率一定的前提下，经济增长速度唯一地取决于投资率。

哈罗德—多玛增长模型原本是研究宏观经济稳定问题的，所以在哈罗德那里，他把这一模型表述为不同形式，即实际增长率（G）模型、有保证增长率（GW）模型和自然增长率（GN）模型。只有当 G=GW=GN 时，经济才能实现稳定增长。由此产生了所谓的"刃锋问题"，即只有一个 GW 值能与 S 和 C 相匹配。也正是这一问题引发了新古典增长模型的建立。但是，在规划专家那里，哈罗德—多玛增长模型经常被用来规划发展中国家的经济增长。因为它确实在一个侧面揭示了投资与经济增长的关系。

（二）新古典增长模型

如上所述，新古典增长模型是在解决哈罗德—多玛增长模型的不足中产生的。新古典增长模型的一般形式是 $Y = F(A, K, L)$。其中 Y 代表国民收入，A 代表技术进步，K 代表资本，L 代表劳动。通过引入技术进步，在新古典增长模型中，资本与劳动的比例是可变的，改变了只有一个 GW 值能与 S 和 C 相匹配的关系。因此，在新古典增长模型中技术进步不仅具有巨大的实际意义，也具有重要的理论意义，后者的地位甚至更具有根本性。但是在由此产生的经济增长核算中，技术进步的地位要远比其理论意义重要。资本似乎退居为不那么重要的地位。但随着经济计量的细化，特别是随着体现型技术进步概念的提出，人们认识到技术进步是需要载体的，这个载体就是投资。技术进步需要借助资本和劳动这两大有形要素才能得到实现。按照著名经济计量学家乔根森运用新古典增长模型对美国 1948~1979 年经济增长的核算结果，资本投入对经济增长的贡献为年均 1.6 个百分点，占年均经济增长率3.4%的47%，所以，乔根森得出结论说："在战后美国经济增长的背后，驱动力量就是资本和劳动投入的增长。资本的增长是产出增长最重要的根源。"

（三）马克思有关投资与经济增长的论述

马克思在《资本论》中主要研究的是资本主义的生产关系，但与古典经济学不同，马克思是在与生产力的关系中研究资本主义生产关系的，所以在《资本论》中也包含了大量有关投资与经济增长的论述，只是所用术语与现代增长理论有所不同。第一，按照现代增长理论，经济增长的实质就是人均产出的增长。在马克思那里，马克思更集中于劳动生产率的增长。实际上这与经济增长所指的是同一个事实。第二，马克思更多使用的是积累而不是投资这一概念，积累就是剩余价值的资本化，就是指投资，只是这里的投资不仅包括固定资本投资，还包括了流动资本投资。从增长与投资的关系角度看，二者并无实质区别，如果从结构分析看，积累比投资这一概念可能还更全面和更深刻。

马克思指出，当从生产过程而不是从生产结果来看时，劳动生产率的提高具体表现就是每一名劳动者所推动的生产资料数量的增长。"一定量的劳动所推动的生产资料的价值和数量是同劳动的生产效率的提高成比例增加的。"这是马克思的一个基本观点。基于这一观点，马克思提出了资本有机构成的概念，并得出了在资本主义条件下，资本积累的一般规律，资本的技术构成和反映这一技术构成的价值构成即有机构成会不断提高。这一命题实际上与现代经济增长理论的结论——经济增长需要以投资增长为条件是同一含义。在这里，劳动生产率的提高与有机构成的提高是同一过程的不同侧面，如果采用数学形式，就像现代增长理论一样，二者同样可以表述为函数关系。而且同样投资是自变量，劳动生产率的提高是因变量。

马克思在相对剩余价值生产的分析中还更深入地分析了形成这一关系的内部经济机制，即资本家为了获取更多的剩余价值，就要不断提高劳动生产率，而为了提高劳动生产率就要改进生产方法。马克思分析了从分工到大工业的资本主义条件下生产力发展的各个阶段。特别是，在对机器与大工业的分析中说明了物质资本的改进在这一过程中的重要作用。而且在马克思那里，这本身同时也就是一个科学与技术进步的过程。

实物形态的固定资本的改进为什么能够提高劳动生产率？马克思的回答是，它提高了人类对自然力的运用水平。按照马克思的观点，劳动力本身也是一种自然力，但它的力量是有限的，只有借助外界的自然力，劳动这一自然力的生产力才能不断提高。用现代增长理论的语言，自然力本身是"无成本"的，只是为了使用自然力，"就需要一种'人的手的创造物'。要利用水的动力，就要有水车，要利用蒸汽的压力，就要有蒸汽机。利用自然力是如此，利用科学也是如此"。这些利用自然力的装置就是固定资本本身。马克思在这里实际早就回答了现代增长理论中投资与技术进步的关系问题，说明了技术进步是怎样与固定资本投资联系在一起的。同时，也从经济学角度给出了技术和技术进步的定义：技术就是利用自然力的方式和方法及其物质手段；技术进步就是对所利用的自然力在范围上的拓展和利用的方式和方法及物质手段的改进。按照马克思的这一观点，从生产力角度看，投资的直接目的就是如何用最少的投资更充分、更巧妙地实现对自然力的运用。

马克思的上述思想不仅具有巨大的理论价值，也具有重要的实践价值；不仅对我国的投资体制改革具有重要意义，而且对我国转变经济发展方式也具有重要的指导意义。

二、社会主义国家中早期改革理论家提出的投资问题

在社会主义国家经济体制改革过程中，东欧国家涌现了一批经济学家，从事经济体制改革研究，产生了很大影响。对他们的成果不可能也没必要在这里一一予以介绍。与我们的研究目的相关的是他们对固定资产投资体制的看法。其中，特别有代表性的经济学家又首推波兰的布鲁斯。布鲁斯是著名的市场社会主义理论家兰格的弟子。兰格虽然主张计划经济可以引入市场调节机制，通过试错，让价格发挥调节生产的作用，但他始终对是否同样由市场调节投资持保留态度。布鲁斯继承和发展了兰格的这一思想。

如同其他改革学派的经济学家一样，布鲁斯虽然批评计划经济体制存在的问题，但他同时也是一位坚定的社会主义者，认为社会主义的经济体制（以公有制和计划经济为特征）可以避免资本主义经济制度造成的一系列弊端，如资本主义经济危机、无产阶级的贫困化、社会分配贫富悬殊等。所以，布鲁斯和其他改革学派的经济学家提出的改革方案都力图在保留社会主义优越性的同时避免由于过分集中统一而造成的弊端。

布鲁斯理论的特点是，从决策角度出发，把社会主义社会的经济决策分

为了三个层次：一是宏观决策层次，这是带有根本性的决策层次。包括经济增长速度、积累和消费的比例关系，投资方向，投资的技术选择，消费基金在集体消费和个人消费之间的分配等。二是企业经常性经济活动的决策，包括企业的生产规模、物质消耗的数量和结构、企业经营战略和原料供应、较小的投资以及工资的具体形式等。三是家庭或个人的经济决策，包括收入已定情况下关于个人消费的决策和职业选择的决策。他根据这三个层次的决策主体把社会主义经济划分为四种模式：一是军事共产主义模式；二是集权模式；三是分权模式；四是市场社会主义模式。布鲁斯赞成第三种模式，即第一层次决策集权，而第二、第三层次放权的模式，认为这样既可以通过国家对一些战略层次的决策，特别是积累消费比例和投资方向的决策，避免资本主义经济的无政府状态造成的危机，也可以发挥企业和个人的积极性，发挥商品价值规律的作用，解决第二种模式中存在的中央与企业和个人之间存在的信息不对称问题。

我国著名经济学家孙冶方早在1960年在如何为扩大企业自主权画"杠杠"时，也提出过以简单再生产和扩大再生产为界，扩大再生产投资是大权，属于国家，而简单再生产投资属于小权，应给予企业。道理同样在于，他认为靠市场无法合理解决投资结构和投资总量问题。

三、投资结构问题

所谓投资结构问题，就是指投资在不同部门和行业的配置比例问题。这一问题最早出现于古典政治经济学家的著作中，他们对问题的提法是，是什么支配了资本在不同部门和行业间的流动，使不同部门和行业的生产能够与需求相适应？

在这一意义上我们也可以把马克思再生产理论放在这里一并介绍，原因是马克思研究的也是一个比例问题，虽然是两大部类之间的比例。

（一）西方经济学

现代西方经济学被分割为微观和宏观两个部分。市场经济条件下，或者准确地说资本主义市场经济条件下的投资问题在这两个部分中都有所涉及。虽然从纯理论角度说，微观经济学既研究了总量问题，也研究了结构问题，但是如果着眼于经济运行，总量问题实际是一个宏观经济学问题。

如何使投资结构与需求结构相适应，是古典政治经济学提出的问题，甚至可以说是古典政治经济学为了证明市场经济优越性而提出的一个问题。

按照马克思的说法，古典政治经济学产生于工场手工业时期。这一时期资本主义虽然已确立了自己的历史地位，但是还未在生产力方面奠定自身存在的基础，"水推磨"还未被"蒸汽磨"取代，因此，在其代表人物那里，虽然区分了固定资本和流动资本的概念，但是并未对固定资本投资问题进行单独研究，而是将其放入资本概念下与资本配置问题一道来分析的。这种资本配置又仅是用于工人阶级消费资料的流动资本配置，以至于马克思认为，在亚当·斯密和李嘉图那里，他们所说的积累因而也是投资中根本就没有包括固定资本投资，而只是可变资本的投资。

　　从我们的研究目的出发，这一时期值得关注的成果主要有两个：一是亚当·斯密提出的"看不见的手"，这个词本身就是在谈到资本投资时提出的；二是他关于支配资本在各个部门流动的论述。

　　"看不见的手"中的"手"可以理解为一个无形的社会经济管理者。斯密不赞成重商主义的贸易保护主义政策，主张政府不要干预私人资本的使用，为了说明为什么对进口或使用自己的资本进行限制是不必要的，斯密创造了"看不见的手"（Invisible Hand）这一著名词组。他说："各个人都不断地努力为他自己所能支配的资本找到最有利的用途。固然，他所考虑的不是社会的利益，而是他自身的利益，但他对自身利益的研究自然会或者毋宁说必然会引导他选定最有利于社会的用途。""在这场合，像在其他许多场合一样，他受着一只看不见的手的指导，去尽力达到一个并非他本意想要达到的目的。"按照斯密的观点，市场经济的价格调节机制就是一个看不见的社会经济的管理者，通过价格机制的调节，各种经济资源会按照社会需要得到合理的配置，当然也包括资本在各个部门的配置。斯密的这一观点对后来的西方经济学发展产生了深远的影响，以致可以不过分地说，在他以后200年的西方经济学就是围绕这一命题发展起来的。

　　斯密关于资本在各个部门流动的论述依据的就是"看不见的手"的原理。这一原理首先是通过价格机制实现的，他说："如果市场上商品量一旦超过它的有效需求，那么它的价格的某些组成部分必定会降到自然率以下。如果下降部分为地租，地主的利害关系立刻会促使他们撤回一部分土地；如果下降部分为工资或利润，劳动者或雇主的利害关系也会促使他们把劳动或资本由原用途撤回一部分。于是，市场上商品量不久就会恰好足够供应它的有效需求，价格中一切组成部分不久就都升到它们的自然水平，而全部价格又与自然价格一致。"在平均利润率作用下，不同部门利润率的波动引导着资本在各个部门的分配。

　　但是，这一理论的不足之处在于，一方面，由于在斯密所处的时代固定资本只占资本的一小部分，大部分资本用于对劳动力的购买，在物质形态上，固定资产的专用性不强，资本在各个部门间的流动几乎不受什么限制；另一方面，斯密本身就忽略了固定资本投资问题。因此，在这里，资本在不同部门间的调整可以看作瞬时完成的，资本投入的调整可以和产品的调整同步实现。这样，价格机制的作用可以得到较充分的发挥。所以，斯密对"看不见的手"充满信心。古典经济学的另一代表人物大卫·李嘉图对斯密的这一思想赞不绝口，并对其做出了更明确的表述："在一般情况下，没有一种商品能长期继续恰好按照人类的需要和愿望所要求的数量得到供给，所以也没有一种商品能免除价格上偶然的和暂时的变动。只是因为有这种变动，资本才能恰好按照必要的数量而不至于过多地分配在有人需要的各种产品的生产上。在价格发生涨跌时，利润就会提高到一般水平以上或降到以下。这时资本要不是受到鼓励进入某种发生这种变动的行业，便是受到警告退出这种行业。"显然，李嘉图像斯密一样，觉得固定资本同样可以在短时间内就能顺利完成在不同部门的调整，而不会由于固定资产本身的物质形态受到影响。这与大工业时代的情况完全不同。我们无法设想一个钢铁厂能够很快转变为一个糕点厂。尽管李嘉图为了说明劳动价值论花费了大量笔墨讨论固定资本和流动资本的区别，但以上论述仍说明他心目中的资本实际上还是一种货币形态的资本，只是一种不具物质形态的价值物。像后来的经济学家形象比喻的那样，是一种"黏土"形态的资本，可以如人所愿，捏造成任意形状。显然，这与我们面对的市场经济实际相差太远了。

虽然一般均衡理论被看作新古典经济学的最高成果，但在笔者看来，它对经济学的最大贡献是发现和阐述了人的最优化经济行为，并赋予了它在经济学研究中的基础地位。由此出发，新古典经济学从一个侧面探讨和揭示了市场经济运行的机制。但是，新古典经济学本质上是一个静态理论，想要解释的主要是某一时点调节各种商品供求关系的问题，它所建立的一般均衡理论实质上也是一个静态理论。这在熊彼特《经济发展理论》中有很好的概括。对支配储蓄与投资的经济活动分析，套用的实际是对调节商品供求关系的价格机制的分析成果。在储蓄方面，消费者受时间偏好率的支配，在投资方面，生产者受利息率的支配，二者的均衡决定了投资。所以，从总体上看，经济可以实现充分就业的均衡。从微观上看，支配投资方向的是各生产部门所获得的超额利润（即所谓经济利润），而这种超额利润从长期看，在均衡状态下为零。以利润最大化为目标的企业家经济行为导致了利润为零的后果，这个结论显然令人费解。所以，围绕利润又出现了许多解释，其中以奈特的解释最为著名。但争论并未停止，按照投资结构问题的提法，可以说，至今这也是一个没有解决的问题。

随着生产社会化程度的提高，以及资本主义经济中职能资本家和货币资本家的分离，特别是所有者与管理者的分离，建立在现代信用制度基础上的金融市场得到长足发展。20 世纪 80 年代以来，资本市场在投资领域发挥了越来越大的作用，以致在术语和概念上使投资一词逐渐成为金融投资的专用术语。各种以投资学命名的教材教授和总结的全都是与各种证券投资相关的知识，几乎找不到实物投资的影子。

随着金融市场的发展和现代投资学研究的深化，实际上使古典政治经济学意义上的投资结构问题已然被新的问题所取代。换句话说，原有问题的解决是通过否定自身和提出新问题来实现的。

实践证明，即使在发达市场经济条件下，市场也无法解决古典政治经济学提出的投资结构问题。20 世纪 80 年代以来不断出现的房地产泡沫和 IT 泡沫就是明证。根本原因就在于投资是面向未来的经济活动，而未来是无法准确预测的，由于技术进步和由此决定的消费者偏好变化以及经济发展本身的复杂性，使未来即使在概率意义上也是无法预测的，所以要想解决投资结构问题似乎是不可能的。

这样，投资结构问题演变成了储蓄在各个部门的分配问题，进一步地，储蓄的分配问题又转化为金融投资的收益与风险分配问题。这一问题推动了金融市场和金融理论的发展。

1953 年，莫里斯·肯德尔在研究中发现，他确定不出任何股票价格的可预测形式，股票价格的变化似乎完全是随机的。在任何一天它们都有可能上涨或下跌，不论过去的业绩如何，那些过去的数据都提供不了任何方法来预测股票价格的涨跌。但是，随着研究的深入，这一曾经令经济学家惊异的现象被认为恰恰是资本市场有效性的证明。这表明资本市场反映的只是价格的即时信息，包括那些可预测的信息，而真正的新信息必然是不可预测的。

而且，在非理性假设下，金融行为学研究还发现，在从众行为等非理性行为支配下，资本市场不仅无法提供未来的信息，还可能造成泡沫等反常现象，增加经济的不稳定性。那么，金融市场的功能究竟是什么呢？这成为 20 世纪中叶以来经济学家研究的一个重要领域。

20 世纪 90 年代以前，金融市场理论虽然已经成为理论经济学家关注的重要领域，但在微观经济学教科书中一直缺少立足之地。只是到了 90 年代，金融市场理论才在微观经济学中占有了一席之地。

斯蒂格利茨在其撰写的被认为可能成为经济学教科书第四个里程碑的《经济学》一书中，把未来不确定性这一问题归为风险问题，这样市场处理未来发展的能力问题就演变为市场处理风险问题的能力问题。对于不确定性形成的风险，市场的作用是通过分配风险降低企业的风险，而不可能消除风险。换句话说，市场无法有效地解决古典经济学提出的投资结构问题，但可以在企业投资失败时尽可能减少企业的损失，从而增加经济的稳定性。

从以上介绍可以看出，古典政治经济学家提出的投资结构问题，在西方经济学中始终是一个没有解决的问题，只是随着研究的深入改变了问题提出的方式。很可能，在市场经济条件下，起码在资本主义市场经济条件下，这本来就是一个无法解决的问题。科学史上往往会出现这样的情况，问题的解决最终是通过否定原有问题来实现的。投资结构问题可能就是这样一个问题。

那么，计划能否解决这一问题呢？特别是，在实行市场经济条件下，计划能否解决这一问题呢？答案可能是，要看历史阶段。迄今为止，实行过计划经济的社会主义国家都是落后国家。由于工业化和现代化本身具有一定的规律性，在学习和赶超先进国家的过程中，通过借鉴先进国家的经验，未来在一定范围内是可以预测的，因而也为在一定阶段通过计划实现发展提供了可能。即便是后起的发达国家，如战后欧洲为了恢复被战争破坏的经济，也曾实行过广泛的计划。显然，这都要以预测未来发展为前提。随着经济发展，未来的可预测性势必会减少。发达国家提供的经验和理论表明，在这种情况下，市场无法解决的问题计划同样也无法解决，原因是计划也是以对未来的认知为前提的，而一个经济体越接近现代化，未来的可预测性将越低。在这时，投资结构问题同样会转变为风险分担问题。

从更高层次的理论看，这样的结论也是符合辩证唯物主义认识论的。认识只能源自实践，它的同义语就是认识永远是落后于实践的。人类只能在实践中前进，这意味着人类只能在试错中发展。问题就演变为，如何充分利用可能得到的一切信息避免那些应该避免的错误和谁来承担错误的成本。在这个意义上，资本市场这种经济形式无疑是人类的一个有益探索。因此，总结其中的经验，也就成为建立社会主义市场经济投资体制的一个重要理论任务。

（二）马克思经济学说

从方法论上说，马克思的分析方法与现代西方经济学不同，不是把整个经济分为微观和宏观两个部分，马克思使用的是从抽象到具体的方法，所以在马克思那里所有抽象的经济要素都既包括了其微观性质，也包括了宏观性质。有学者曾把马克思再生产的两个公式的等式左边和右边分别相加，表示可以得出与现代宏观经济学"储蓄+消费＝投资+消费"同样的国民经济恒等式。如果说，为了从马克思主义角度改造西方经济理论，这样做多少还有些意义外，从对马克思经济学说的理解上，则是弊大于利。因为马克思经济学优于西方宏观经济学的地方恰恰在于通过把微观与宏观相结合从而揭示了造成宏观经济后果的微观经济机制。所以，我们宁愿把马克思关于再生产的理论放在这里叙述。

按照马克思自己所说，《资本论》是"把资本主义生产方式的内部组织，在它的可说是理想的平均形式中叙述出来"。因此，马克思在考察资本主义再生产过程时，考察的也是能够使其正常运行的条件。这个条件就是人们所熟知的 I 、II 两个部类的数学关系式"Ⅳ+m＝Ⅱc"和"Ⅳ+m＞Ⅱc"。马克思给出的这两个条件与其说是能够使资本主义再生产正常运行的条件，不如说是资本主义再生产难以正常运行的条件。原因是，稍加分析就会发现这两个条件实际上是十分苛刻的条件。它既要求两部类产品在使用价值上相互适应，又要求二者在价值上保持特定的比例关系。如果联系到马克思所确定的资本主义生产的剩余价值规律，那么，这就基本是一个无法实现的条件。满足了使用价值方面的条件就无法满足价值条件，而满足了价值条件就无法满足使用价值条件。原因就在于，为了获取更多的剩余价值，资本家有一种不断降低产品价值的冲动。这种冲动的实现又是不平衡的，即有的行业技术进步快些，有的行业技术进步慢些，所以等量价值中包含的使用价值的量时时在发生变化，而排除价值革命这一变化恰恰是资本循环的条件。所以，正如人的生理学研究同时可以揭示生命的死亡机制一样，马克思对资本主义生产方式的生理学研究的最终目的实际上也是旨在揭示其死亡机制。所以，按照马克思的分析，从根本上说，资本主义生产方式是无法解决投资结构问题的，它必然以周期性的危机为代价，直至其灭亡。

四、总量与投资率问题

投资的总量与投资率是两个既相互联系又有所区别的问题。总量问题是按照凯恩斯理论提出的一个问题，含义是如何使宏观经济中的投资达到充分就业的水平。投资率问题在理论上是一个增长经济学问题。在实践上，我国经济多年来面临的一个问题，主要指积累率或投资率过高，或者说投资与消费比例失衡。二者的共同之处在于如何使国民经济中的投资达到适宜的水平。

（一）凯恩斯及宏观经济学

凯恩斯经济学是在 1929 年大规模的经济危机背景下产生的，针对的首先是他所说的古典经济学。

正如凯恩斯本人所言，在这里他犯了一个术语的错误。古典经济学这一概念是马克思提出的，而按照马克思的定义，所谓古典经济学，在英国是指配第、斯密及李嘉图的经济学说，在法国是指从布阿尔吉尔贝尔至西斯蒙第的经济学说，而凯恩斯所说的古典经济学实际指的是在他之前包括新古典经济学在内的资产阶级主流经济学。

凯恩斯针对新古典经济学的投资理论提出，决定消费（因而也是储蓄，储蓄表现为消费支出的剩余项）的是收入水平，而不是什么时间偏好，在边际消费倾向递减规律的作用下，储蓄会增加。支配资本家投资的动机则是对资本边际效率的预期。凯恩斯引入了灵活偏好的概念，认为利率是对放弃流动性或在某一时期储藏货币的报偿。流动性偏好比储蓄对利率更有影响。

凯恩斯的结论是市场自发的作用无法使经济达到充分就业的均衡。他开出的药方就是政府干预，特别是对投资的干预。他的一句经常被引用的话是："要达到离充分就业不远之境，其唯一办法，乃是把投资这件事情，由社会来综揽。"以致经常有后人提出这样的问题："凯恩斯是社会主义者吗？"对于马克思主义者来说，当然不是。列宁把凯恩斯称为"一个人所共知的资产者，布尔什维主义的死敌"。那么，凯恩斯为什么要这么说呢？主要原因就是，他认为，靠市场自发的调节，无法使投资达到充分就业的水平，从而把投资在市场经济中的特殊性作为一个宏观经济问题确定下来。

凯恩斯对新古典经济学的批评导致了宏观经济学的产生。在他以后，虽然产生了不同的学派，如货币主义学派、理性预期学派，尽管他们在结论方面各持己见，但他们都要面对凯恩斯提出的那些问题，用科学哲学的语言，他们同属一个理论范式。在这个理论范式中，投资的总量问题始终占有一席之地。

（二）投资率问题

投资虽然是经济增长的重要条件，但是并不能因此得出投资率越高越好的结论。首先，从整个再生产的循环过程看，投入与产出的物质规律决定了生产与消费之间必须保持一定的比例。原因在于投资的二重性，它既是当期的需求，在这一意义上，它是最终需求，但它又是未来的供给，在这一意义上，它只能算作中间产品，而生产的最终目的只能是消费。其次，从纯粹经济学角度即经济效果角度看，如果把国民整体福利最大作为生产的目的，那么，过高的投资率将会使经济效果下降。关于这一点，增长理论中的拉姆齐模型已经给出了证明。最后，事实和理论都表明，消费不足是产生泡沫的重要宏观条件。

中华人民共和国成立以来，我国经济出现过的大起大落基本都可以归结为投资规模的膨胀，投资与消费比例失衡似乎已经成为我国经济难以克服的一个顽症。

所以，如何保持适度的投资率是投资管理体制面临的一个十分重大的问题。

第三节　投资管理体制

一、投资管理体制的概念

作为全书的基础理论，这里有必要对固定资产投资管理体制这一概念做一辨析。

管理活动广泛地存在于人类社会中，可以说古已有之。管理的基本含义就是按照一定规则，通过干预而实现的某种安排。目的是在一定的约束条件下，更好地实现特定行为的目标，从这一意义上说，抽象的管理学（管理科学）等同于运筹学。具体地说，每一种管理活动都是与其管理的客体相连的，最简单的如图书管理，就是按照某种分类标准对图书的排列做出的安排。管理的基本特点在于，它是一种人的有意识的活动。这种活动可以是纯个人意义上的，也可以是有组织的。即使在有组织的场合，也是通过人的有意识的干预活动实现的。

强调这一点的意义在于：在现代社会，市场经济与这种人类有意识的活动同时发挥着组织经济的功能。区别在于，市场经济对经济的组织并不是通过一定管理活动实现的，而主要是通过价格机制实现的，价格机制的作用又是通过商品、货币等经济形式实现的。按照马克思的看法，商品货币关系是一种人与人之间的关系，但它表现为物和物的关系，遵从一定的经济规律，在这种意义上，它像自然过程一样有其客观性，并不被人的有意识的活动支配。

所有社会组织都承担着一定的社会功能，为了实现这些功能，都需要管理活动，即都具有一定的管理职能。对于某些组织来说，它们的主要功能就是管理，设计这种组织的初衷就是实现对某一事物的管理，如企业的质量管

遍接受。原因是，改革开放以来对固定资产再生产的管理方式发生了变化。在实际经济生活中，国家的计划管理越来越偏重于对投资的计划管理，而对建设过程的计划管理则在逐步弱化。在这种情况下，如果再延续计划经济时期的传统，比照基本建设管理的叫法，使用固定资产再生产管理这一概念，显然与实际不符。

但这也不意味着，在介绍改革开放40年来固定资产投资管理体制改革背景时，应该仅局限于计划经济时期的基本建设投资体制，而弃整个基本建设管理体制于不顾。因为，从以上概念辨析中已经可以发现，从基本建设管理到固定资产投资管理本身既有着密不可分的内在联系性，属于同一的投资活动，同时又是投资行为的一个重大变革。它表明，改革开放后，企业已不再是政府行政机构的附属物，而是一个相对独立的商品生产者了，国家对经济的管理正在向市场经济国家的做法靠拢，首先就是从以实物形式为主借助行政命令的管理向以价值形式为主借助经济手段的管理转化。所以，我们在介绍改革开放40年来固定资产投资管理体制改革的历史背景时，仍需要较全面地介绍计划经济时期的基本建设管理，而不是仅介绍基本建设的投资（资金）管理。

由本章的内容可以看出，自20世纪30年代以来，不论是代表资产阶级的经济学家凯恩斯，还是信奉马克思主义的经济体制改革学派的经济学家，对固定资产投资都给予了特殊的关注。从他们的关注中，可以反映出固定资产投资在现代市场经济中确实处于一种较特殊的地位。市场经济对它的调节似乎确实存在某种程度的失灵，不论是发达市场经济国家20世纪70年代出现的"滞胀"和90年代后出现的"泡沫"破裂，还是发展中国家屡屡出现的金融危机，以及处于改革过程中的中国出现过的经济过热和通货紧缩，都表明对如何解决这一问题还远没有令人满意的答案。

第二章 投资体制改革的历史背景

第一节 新中国的计划经济

基本建设管理体制是计划经济时期经济体制的一个组成部分，而且处于核心地位，说整个计划经济体制就是围绕基本建设形成的也并不为过。所以，在介绍基本建设管理体制之前，有必要先对整个计划经济体制做一个简单的介绍。

一、中国计划经济管理体制的构成要素

新中国成立后为什么选择了计划经济体制？要回答这一问题需要进行专门的研究，这不是本书的任务。但是，为了理解中国的经济体制改革，包括固定资产投资管理体制改革，有必要对改革开放前的体制概况有一基本的理解。为了达到这一目的，比较有效的办法就是透过现象，对中国计划经济管理体制的基本构成要素进行分析。通过这一分析，不仅有助于我们从运行机制层面理解这一体制，而且可以在一定程度上认识其起源上的合理性与必然性，也只有理解了其历史合理性与必然性，才能认识其历史局限性和改革的必要性。

（一）现代财政与国家预算

在现代财政中，国家预算在国家财政中处于核心地位。国家财政古已有之，但国家预算却是资产阶级革命的产物。国家预算的首要特征就是其计划性、法律性。这种计划性和法律性最初只是资产阶级限制封建统治、维护自身利益的一种手段。英国是资本主义发展的典型，也是最早形成议会制度的国家，现代国家预算也最早出现于英国。最初，资产阶级对封建王权的斗争集中在对国王课税权的限制上。1217 年的英国《大宪章》规定，除特殊事项外，课税必须得到贵族和大地主代表会议的同意；随着资产阶级的壮大，到 14 世纪，国王要开征新税和增加税负，必须经代表资产阶级利益的议会

同意与批准。此后，新兴资产阶级与封建统治者的斗争又扩大到争夺财政资金支出的支配权上。最后，为了取消封建统治阶级在财政控制上所享受的特权，要求政府的各项财政收支必须事先制定计划，编制全年财政收支平衡表，国家财政收支必须经议会批准通过后才能执行，财政资金在使用过程中要接受议会的监督。1640年资产阶级革命后，这一制度得到进一步发展，1789年议会通过了《联合王国总基金法案》，把全部财政收支统一在了一个文件中。19世纪，英国率先建立了预算制度，即以立法形式批准的国家财政收支计划。20世纪初期，发达资本主义国家都先后建立起了国家预算制度。

国家预算制度的建立，首次在国家层面上引入了计划因素，而且开创了一种新的资金运动形式。

按照马克思的分析，资金运动的一般公式是：G—G′。在财政资金的运动中变形为：计划—G—G—计划，当财政资金渗入生产领域时，就成为：计划—G—G′—计划。其中G—G（G—G′）虽然有了不同的内容，但资金运动自始至终受到计划的约束这一特征则是一目了然的。这种特征从纯形式上的意义远大于它的内容。限制其内容的并不是形式本身，而是政府的职能。因为，从概念上说，财政就是执行政府职能的经济基础。一旦政府职能扩展到经济领域，这种形式就能发挥起组织经济的功能。

事实上，计划经济中的基本建设投资的资金运动遵循的也是这样一种形式。所以，从经济形式上看，计划经济并不是从天上掉下来的，也不是最早实行计划经济的苏联的发明。从内容上看，计划经济不过是预算原则在全社会生产领域的推广。之所以出现这一变化，又是因为政府职能及与之相应的财政职能发生了转化。

这一点在新中国经济史上表现得格外明显。早在革命战争年代，毛泽东主席就为根据地的财政经济确定了"发展经济，保障供给"的原则。这里的供给指的就是财政供给，是相对于战争年代党政军的需求而言的，而经济则包括了各种生产和商贸活动，这样就在财政与社会经济之间建立了紧密的联系，甚至可以说，发展经济就是为财政服务的。直至中华人民共和国成立初的"三年恢复"时期，它一直还是财政工作的指导方针。以后，党的任务发生了转移，从夺取战争胜利到实现工业化，虽然这里需求的内容不同了，但原则实质上还是一个。

（二）中国的现代化与工业化

现代化一词究竟于何时、何地，出于何人之口现在已无从考证。在中国，这一词汇的普遍使用大约起源于20世纪30年代。最早主要在知识分子圈内使用，后来为中国共产党所接受。作为一个限定词，现代原本是时间或时段概念，以区别于古代和近代，而作为"现代"的一个基本的共同标志就是工业化。因此，在现代化中的所谓现代主要指的是生产力发展的现代成果，突出的是资本主义经济发展的生产力方面，最早它与工业化是混用的。例如，从政治文化等方面看，英国可以不同于法国、美国，更不同于日本，但它们都可以叫作现代化国家，一个共同的可以分辨的特点就是经济高度发达，都实现了工业化。中国共产党作为以马克思主义为理论指导的政党，之所以可以接受这一概念，并将其纳入自己的执政纲领，原因也在于此。

按照马克思历史唯物主义的基本原理，需要从生产力与生产关系两个方面观察、分析一个社会。也正因为如此，中国所说的现代化包括了一个限定语，即社会主义现代化，二者分别代表生产关系和生产力这两个方面。在中国共产党的执政理念中一个突出的特点就是一直把实现中国的现代化作为基本目标。现代化目标的提出实际上为社会制度的变革提供了一个生产力标准。正是由于这一点，中国共产党在中华人民共和国成立后能够克服各种教条主义的干扰，始终坚持基本的正确方向。

早在 1944 年，毛泽东主席在延安的一次演说中首次明确提出："我们共产党是要努力于中国的工业化的。"1945 年在党的七大报告《论联合政府》中，毛泽东主席又从党的纲领的高度提出了"使中国由农业国变为工业国"的任务。

中华人民共和国成立后，毛泽东主席又多次重申这一思想。例如，毛泽东主席先后在《关于正确处理人民内部矛盾的问题》和《在中国共产党全国宣传工作会议上的讲话》中及时指出，在大规模的阶级斗争基本结束之后，我们的根本任务是"在新的生产关系下保护和发展生产力"，"建设一个具有现代工业、现代农业和现代科学文化的社会主义国家"。1964 年，在修改周恩来的三届人大一次会议政府工作报告草稿时又增写了"把我国建设成为社会主义的现代化的强国"这一段著名文字。

1965 年，周恩来在《政府工作报告》中第一次提出四个现代化，号召全国人民"在不很长的历史时期内，把中国建设成为一个具有现代农业、现代工业、现代国防和现代科学技术的社会主义强国"。

10 年后，1974 年冬，邓小平受毛泽东主席委托，代周恩来总理主持起草在第四届全国人民代表大会上的《政府工作报告》，重申了四个现代化的目标。

在实现社会主义现代化的时间问题上，毛泽东主席先后设想过若干个五年计划，提出过用 50 年、75 年、100 年或更长一些时间来实现社会主义现代化的思想。1962 年，毛泽东主席认为在中国"要使生产力很大地发展起来，要赶上和超过世界上最先进的资本主义国家，没有一百多年的时间，我看是不行的"。

从历史上看，中国的现代化或工业化可以说是从外部植入的。19 世纪中叶，中国与西方经历过产业革命的资本主义国家在生产力方面的差距，集中表现为国防军事能力的落后。在这种局面下，一方面，因为中国还未形成一个能够代表资本主义先进生产力的资本家阶级；另一方面，国防本身就是任何一个政府必须承担的职责。所以，从一开始中国的现代工业就是由政府引入的。兴办军事工业，并围绕军事工业兴办其他工业，建立以新式兵器装备的陆、海军，是 19 世纪中叶开始的中国工业化的主要内容。采取的形式则是官办工业和官督民办工业。

产业经济学的研究结果表明，工业发展离不开一定的产业组织形式，在所谓"民族资产阶级软弱"的背景下，中国的工业化一直离不开政府（国家）的力量，从清政府的"洋务运动"到国民党统治下的"四大家族"，再到中华人民共和国的国营经济，无不具有这一特点。区别在于，哪一个政府才能真正承担这一职能，完成这一历史任务。历史选择了中国共产党和她领导的人民政府。

（三）公共产品与政府职能

作为古典政治经济学的集大成者，《国富论》一书中，亚当·斯密的研究领域明显地可以划分为两大块，一块是市场活动的领域，另一块是政府活动的领域。后者即他的财政理论，而财政理论的基础实际是政府职能。穆勒的主要功绩就是发展了亚当·斯密关于政府职能的理论。但关于政府职能理论的最终建立则是 20 世纪 50 年代以后的事。关于公共产品与外部经济的研究为确定政府职能提供了经济学的理论基础，从而明确了政府职能就是提供公共产品。

但是，虽然公共产品是一个具有明确内涵的概念，而其外延则是不确定的，要视具体的历史条件来确定。对于后发展国家，在一定历史时期，由于特定的历史条件，工业化本身也成为了一种公共产品，特别是涉及国防军事工业和交通运输、通信、市政基础设施建设的工业部门，按其自身性质本来就是公共产品或准公共产品。其他像钢铁、化工等现代工业由于一次性投资大、回收周期长、私人难以投资的部门也具有了公共产品性质。这些部门在发展中国家工业化历程中，往往是工业化初期的主要部门。这也就是为什么后发国家的工业化大多具有政府主导性质的原因。中国由于其落后程度以及中华人民共和国成立前后（乃至20世纪60年代中期）面临的战争环境，就更增加了这些部门的公共性，发展工业就成了政府的主要职能之一。这在中国共产党提出的过渡时期总路线中得到明确反映，并写入了宪法。新生的人民政权明确宣布，国家行政管理的首要任务就是经济建设，而经济建设的核心任务就是实现国家的工业化。

在工业中，国防工业又占据突出位置，至1965年，中国的八个机械工业管理部门中有六个是以军事工业为主的部门（见表2-1）。按照投入—产出关系，可想而知，实际上其他基础工业部门也必然大部分是为国防工业提供直接或间接服务的。正如陈云在《关于第一个五年计划的几点说明》中指出的："按照五年计划，国防工业是很突出的。为了实现发展国防工业的计划，很多民用工业就必须跟上，而且跟得很吃力。有些民用工业，实际上也是为了配合国防工业而建立的，如有些特殊钢厂、化工厂等。这种情况的存在，是由于外国是在已经发展了的工业水平上搞国防工业，而我国工业落后，基础太差，但又必须迅速地发展国防工业。这样，就不可避免地要采取目前的办法。"从这一时期的经济发展任务和实现方式上看，我们就不难理解，当时选择计划经济体制的必然性与合理性。

表2-1　1965年中国的工业管理部门

各部名称	管辖范围
冶金金工业部	钢铁、有色冶金工业
第一机械工业部	通用机械、仪器仪表工业
第二机械工业部	核工业
第三机械工业部	航空工业
第四机械工业部	电子工业
第五机械工业部	兵器工业
第六机械工业部	船舶工业
第七机械工业部	航天工业
第八机械工业部	农用机械
煤炭工业部	煤炭工业
石油工业部	石油工业
化学工业部	化学工业

各部名称	管辖范围
建材部	建材工业
纺织工业部	纺织工业
第一轻工业部	轻工业及轻工机械
第二轻工业部	原中央手工业管理局

（四）命令经济——内部行政行为与外部行政行为

时至今日，许多人仍笼统地使用"行政手段"一词来描述计划经济的特征。实际上，这样说是不准确的，会导致计划经济与市场经济体制的混淆。市场经济并不排除使用行政手段，观察一下西方国家的经济就会发现，对经济的行政管理无所不在。如产品安全与质量管理，在市场经济条件下就要广泛地借助行政手段。在运用行政手段方面，计划经济与市场经济的真正区别在于，在市场经济中借助的是外部行政行为，按照行政法规实现对经济的行政管理；而在计划经济体制中，行政手段主要表现为内部行政行为，从而可能通过上下级关系实现对经济的计划管理。

计划经济的本质就是把国家行政权力作为组织经济的基本手段，具体表现为以指令性计划为核心的行政命令。这种方式的性质决定了它对内部行政行为的依赖，从而使依靠层级结构中的上下级关系实现其经济管理目标成为它的基本特征。

为了使这种管理经济的方式成为可能，就需要把各种经济组织都纳入国家行政体系中，作为行政部门的附属物，按照行政管理的条块结合的方式把它们组织在一起。这样做的结果是使整个国民经济变成了一个大公司，各个企业只是它的一个生产车间，而国务院主管经济的各部委则成了这个大公司的职能部门。实际上这也正是列宁在《国家与革命》这一名著中早就提出过的设想。

这一体系发挥作用的核心机制就是以内部行政行为为特征的行政推动。具体说就是：中央政府作为这个大"公司"的"生产指挥部"，依据各种计划指标，借助"条条块块"组成的经济管理体系，通过指令性计划的执行，使各项计划得到实施。不论是各级政府与各级计经委、各级主管部门与下属企业，还是各级专业管理机构与其上级单位，都通过隶属关系形成了上下级之间的环环相扣的命令—服从关系，并通过这一关系，达到政令的上通下达，形成了以内部行政行为为主要管理手段的管理体系。

　　由此形成的这一体制的一个突出特点就是行政权力的泛化，既是行政的社会化，也是社会的行政化。通过所谓"单位制"，使每个社会成员通过对"单位"的依附关系，被纳入这一体制。所谓行政管理也被赋予了特定含义，就是指通过内部行政行为进行的管理。这是计划经济管理手段的一个基本特征，也是计划经济激励机制的一个基本特征和基本构成要素。

　　鉴于内部行政行为与外部行政行为两种不同行为方式对辨别体制特征的重要意义，有必要把这两个概念的具体含义引述如下："所谓内部行政行为，是指行政主体在内部行政组织管理过程中所做的只对行政组织产生法律效力的行政行为，如行政处分及上级机关对下级机关所下达的行政命令等。所谓外部行政行为，是指行政主体在对社会实施行政管理活动过程中针对公民、法人或其他组织所作出的行政行为，如行政许可行为、行政处罚行为。划分内部行政行为与外部行政行为的意义在于：第一，内部行政行为适用于内部行政规范，因而只能用法定的内部手段和方式去进行；而外部行政行为适用于社会行政等外部行政法的规范，因而能够采用相应的法律、法规所规定的各种手段和方式去进行。由此可以看出，内部行为与外部行为的内容与方法是不同的，两者不能任意交叉使用。第二，对于内部行政行为的主体资格，法律没有严格要求，而外部行政行为的主体资格，法律则有严格要求。所以，某些具有内部行政行为主体资格的组织，不一定具有外部行政行为主体资格。第三，内部行政行为不得适用行政复议程序和提起行政诉讼，而外部行政行为在法定条件的情况下，可以适用行政复议程序和行政诉讼程序。"

　　与外部行政行为相比，内部行政行为有两个突出特点：一是对于外部行政行为，行政机关与行政对象是平等的法律主体，而对于内部行政行为则是上下级关系；二是外部行政行为必须依法行政，受到法律的约束，而内部行政行为则是一种自由裁量行为，能否按政策办事完全取决于领导者的素质，结果就形成所谓的"人治"或"按长官意志办事"。

　　上述内部行政行为往往还被冠以"组织"的名义。这里的组织实际指的是党组织，从而增加了内部行政行为的权威性、随意性和作用范围。这样就形成了整个经济组织的两个基本特点：一是按行政部门（条条）和行政区划（块块）组织经济；二是按行政隶属关系组织经济，所有基层企事业单位都按不同情况分别隶属于各部门或各地区的管理机构。国家计划则分别按照这两个系统、按基层单位的行政隶属关系下达和组织执行。企业和个人离开这种隶属关系将寸步难行，小到出差旅行、婚丧嫁娶，大到产品的采购销售、企业的设立，都要在一定的行政隶属关系下才能进行。

（五）国家所有制（各种形式的集体所有制）

为了使以指令性计划为核心的行政命令经济成为可能，建立单一的公有制所有制形式就成为了一种客观要求。这种公有制的实质是依附于行政权力的国家所有制。其理论逻辑是：国家是人民的代表，所以国有就等同于全民所有。在落后的生产力基础上为了使单一的公有制成为可能，在具体形式上，公有制又分成了国有（全民）所有制及不同水平的集体所有制，从城市经济的大集体所有制、小集体所有制到农村政社（人民公社）合一的"队为基础，三级所有"的所有制。

城市经济中划分集体所有制水平的依据实际是其所属的行政层次，例如，隶属于市局一级管理部门的企业就是所谓的"大集体企业"，而隶属于街道一级的企业就是"小集体企业"，但有一点是共同的，就是它们都隶属于某一级政府（乃至像居民委员会这样的"准政府"），从而可以置于统一的行政管理体系下。

农村经济则通过人民公社这种政社合一的组织形式，同样纳入了行政管理体系。

经济系统的统一性特点决定了计划经济具有一种把全社会经济纳入自身的冲动，即建立单一公有制的冲动，原因是，只有这样才能实现计划经济的基本要求——综合平衡。

从这样的观点来看，所有制改造不过是实行计划经济的一个条件，从而成为了计划经济的一个基本构成要素。只有这样，才能使生产资料和各种资源——从使用权到处置权，置于统一的行政权力控制下，使所有基层单位和个人服从于统一的计划。例外的情况只有农村的自留地、自由市场以及城市居民无需票证的消费活动。

二、中国计划管理体制的形成与基本制度安排

所谓经济体制实际是经济管理体制的简称，其含义简单地说就是各种管理机构的设置和不同管理机构间权力（权利）的分配。中国的计划经济体制具体包括计划管理体制、农业管理体制、工业管理体制、交通运输管理体制、商业管理体制、物资管理体制、基本建设管理体制、科技管理体制、教育管理体制、医疗卫生管理体制、劳动工资管理体制、综合财政管理体制等。其中计划体制居于核心位置，指的是各种计划机构及其权力（权利）关系的总和。

与苏联相比，中国的计划体制似乎从未定型过，它不断地处于变革中，1965 年似乎是它完善的顶点，但马上就陷入了"文化大革命"的冲击，直至 1978 年改革开放。

1949~1953 年，中华人民共和国成立后面临的经济形势极为严峻：一是物质生产力遭到了严重破坏；二是旧社会遗留的各种经济势力通过恶意囤积、投机倒把等行为对经济的破坏；三是朝鲜战争。与此同时，革命战争年代形成的"统一管理，分散经营"的财政经济体制与建立统一的国家财政货币体系的要求又极不适应。

在这种形势下，为了保证战争的需要和尽快恢复国民经济，在 1950~1952 年的国民经济恢复时期和"一五"初期，建立和形成了高度集中的财政经济体制，这一体制为后来计划管理体制的建立奠定了基础。

1950 年 3 月，政务院通过并发布了《关于统一国家财政经济工作的决定》，决定统一全国财政收支、统一全国物资调度、统一全国现金管理。

1952 年，随着国民经济恢复时期的结束，开始了第一个五年计划的建设。1952 年 11 月 15 日中央人民政府委员会领导的与政务院平级的国家计划委员会成立，负责对国民经济和社会发展的规划和方针政策的研究制定，原政务院所属的重工业部、一机部、二机部、燃料工业部、建筑工业部、地质部、轻工部、纺织部、劳动部等部门划归国家计划委员会领导。

1954~1978 年，随着第一届全国人民代表大会的召开，中华人民共和国的国家组织发生了重大变化，全国人大代替了原来的中央人民政府委员会，撤销了政务院，代之以国务院，国家计划委员会由国务院领导，同时在中央各部和省市县成立了专门的计划工作机构。以后，伴随工商业社会主义改造和农村人民公社化，逐渐形成了由"条条""块块"组成的计划经济管理体制（见图 2-1）。

全国人大是国家的最高权力机关（她要通过一定的形式接受中国共产党的领导，事实上每一个五年计划都首先是以党的建议的形式提出的），也是国民经济计划管理的最高权力机关。国家的中长期计划和年度计划必须经过全国人大的审查和批准，才能付诸实施；计划的执行情况要定期地向全国人大报告。

国务院是国家的最高行政机关，也是国家计划管理的最高行政机关。全国人大通过的国民经济计划由国务院负责组织执行。

国家计划委员会是国务院计划管理的职能机构，在国务院的领导下，具体负责全国的国民经济长期、中期和短期计划的编制和检查工作，负责拟定

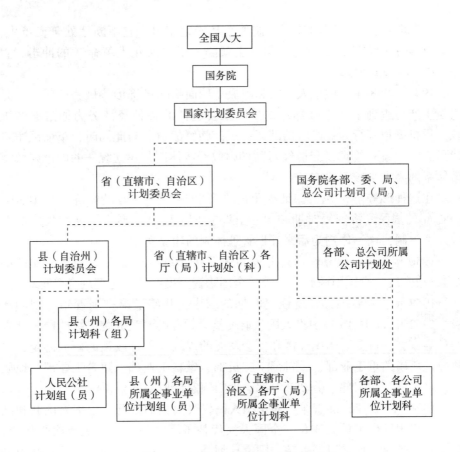

图2-1　中国计划经济管理体制结构

注：图中虚线代表业务指导关系，实线代表领导关系。

国民经济计划的指导方针、指标体系、审批程序以及其他有关规定，研究国民经济发展中的重大问题，总结计划工作的经验，指导各部门、各地区的计划工作。

国务院各部委设计划司（局），负责制定所主管的行业的计划，进行行业的综合平衡，并指导所属基层单位的计划管理工作。县以上各级地方政府设立计划委员会，作为各级地方政府在计划工作方面的职能机构，负责制定本地区的计划，进行地区的综合平衡，并对所属基层单位的计划管理进行业务指导。

以上各级计划管理机构之间不是行政上的领导与被领导关系，而只是业务上的指导关系。行政隶属关系是通过其直接上级部门与再上一级（"条条"或"块块")的领导关系确定的,并借助这种行政隶属关系使计划层层下达。

在计划经济体制下,计划权是一个基本的权力(权利),不论是集权还是分权,各级政府和企事业单位都只能按照计划所赋予的权力(权利)行事。从计划经济体制建立到1978年改革开放,其间的改革涉及的只是各级政府及企业计划权力(权利)的大小(以一定的计划指标代表),没有改变的是计划权力的分配。上级下达计划指标,下级在权力范围内再制定计划指标下达给下级,直至企业(如产量、利润、职工人数等)和个人(如每人的身份、工作岗位、工资、粮食定量等),并按照计划进行生产建设、分配、流通、消费。

"一五"时期,国家计委管理的产品范围较广,计划种类较多,计划指标齐全。基本建设投资和建设项目的绝大部分由中央各部直接安排。中央统一分配的物资达到500多种,地方的权限很小。

1958年,对上述体制进行了改革,中心是扩大省一级的经济管理权限。中央管理的企业约有87%下放给地方管理,中央统一分配的物资比1957年减少了75%,地方建设项目占预算内投资的比重由"一五"时期的10%增加到50%。

1963年,贯彻"调整、巩固、充实、提高"的八字方针,强调经济管理的大权必须集中到中央,又大量收回下放的管理权。1963年,中央统一分配的物资增加到522种,基本建设审批权限上收,实行了中央集中统一领导下的以"条条"为主、"条块结合"的计划管理体制。与此相应,国务院增设或恢复了若干新的职能部门,如恢复了1958年撤销的国家建设委员会,更名为国家基本建设委员会,恢复了1958年被并入建工部的建材工业部,增设了物资部和第四、五、六、七机械工业部等,国务院所辖机构达到了79个,其中49个职能机构中有35个是经济管理部门。

这里,还需概略谈一下中国计划管理的主要内容与基本特点。

实行计划经济的根本目的就是实现国民经济的高速发展,核心任务是实现工业化。但由于社会经济是一个整体,为了实现上述目标,计划管理就要涉及社会经济的方方面面,由此也就规定了国民经济计划的内容。根据改革开放前几个五年计划的具体内容,可以将其分为:

(1)社会总产品和国民收入计划。它是国民经济计划最综合的部分,主要指标有:社会产品总值、国民收入、消费与积累的比例等。

(2)农业生产计划。包括农产品产量计划、农作物播种面积计划、畜牧业计划、林业计划、水产计划、农业机械化计划。

（3）工业生产计划。包括主要工业产品产量计划、主要工业产品生产能力计划、主要技术经济指标计划、新产品试制计划等。

（4）基本建设计划。主要指标有：基本建设投资额、建筑安装工作量、新增生产能力、大中型建设项目及其建设进度、投产年限、投资效果等。

（5）交通运输计划。包括铁路、公路、河运等计划。主要指标有：货物和旅客运输量和周转量、主要运输技术经济指标、主要运输工具和设备的拥有量和利用等。

（6）物资供应计划。主要指标有：主要物资的需要量与分配量、主要物资的消耗定额、主要物资的库存量及国家储备等。

（7）劳动工资计划。主要指标有：全国城乡人口数、社会劳动力资源与分配、劳动生产率、职工人数、工资总额、平均工资、劳保福利等。

（8）商品流转计划。主要指标有：社会商品购买力、社会商品零售额、主要商品供应量、主要商品收购量、商品收购总额等。

（9）成本、价格计划。主要指标有：产品总成本、可比产品成本降低额和降低率、工农业产品价格及其比价等。

（10）综合财政计划。它是国家财政、信贷、现金计划的综合表现，反映国民经济货币资金的收支情况及其与物资的平衡关系。主要指标有：国家财政收入、国家财政支出、信贷收支、现金收支等。

此外，还有科教文卫计划、对外贸易计划、援外计划、地质勘探计划、废钢铁有色金属回收计划等。

上述计划都是通过一系列计划指标实现的，在实际工作中具体化为一张张计划表格（见表2-2、表2-3、表2-4）。为了保证计划的实现，首先，这些指标作为指令性计划是具有法律效力的，本身就是计划权限的反映；其次，这些指标本质上都是实物指标，货币指标不过是实现实物指标的手段。

为了对计划制定过程有一个形象的了解，以下给出几张工业生产计划常用的表格。

表2-2是主要工业产品生产能力计划，其中年初生产能力是每年编制计划前核定的生产能力，一年中生产能力的变化主要由生产设备的增减决定，这也反映了为什么在计划经济时期基本建设那么重要。

表2-2 主要工业产品生产能力利用计划

19××年度

产品名称	计算单位	报告年度		计划年度				
		年平均生产能力	预计产量	年初生产能力	减少的年平均生产能力	新增的年平均生产能力	年平均生产能力	计划产量
甲	乙	1	2	3	4	5	6	7
生铁								
钢								
化肥								
…								

新增的年平均生产能力=新增设备的生产能力×（自投入生产到年底月数/12）

减少的年平均生产能力=减少设备的生产能力×（自减少那月到年底月数/12）

年平均生产能力=年初生产能力+新增年平均生产能力−减少的年平均生产能力

生产能力利用率=计划产量/年平均生产能力

计划产量=年平均生产能力×生产能力利用率

各种工业产品的计划产量是在各种产品的资源与国民经济的需求之间求得平衡时，才能最终确定下来。为此需要编制各种产品平衡表（见表2-3）。

表2-3 ××产品平衡表

19××年度　　　　　　　　　　　　　　　　　计量单位：

项目	报告期	计划期	计划期占报告期的比重（%）
一、资源总计			
1. 年初库存			
2. 生产			
3. 进口			
4. 其他资源			
二、需求总计			
1. 生产经营			

续表

项目	报告期	计划期	计划期占报告期的比重（%）
2. 基本建设			
3. 市场需要			
4. 出口			
5. 年末库存			
三、平衡差额			

在确定基本建设的投资需要量时，一般还要编制年度的或较长时期的生产能力平衡表来计算（见表2-4）。

表 2-4 ××产品的生产能力平衡表

19××年度   单位：万吨

	年初能力	依靠大修理和技改措施增加的能力	依靠基本建设增加的能力	报废	年末能力	产量	年平均能力	能力利用率（%）
一、上年度预计	1500	30	180	60	1650	1150	1530	75
二、19××年								
第一方案	1650	30	420	60	2040	1320	1760	75
第二方案	1650	60	210	60	1860	1320	1700	78

三、1949~1978 年中国基本建设成就

半殖民地半封建的旧中国给新中国经济留下的是一个十分弱小的可怜的烂摊子，1949 年全国工业固定资产只有 124 亿元，平均每个国民只有 20 多元。从中华人民共和国成立到 1979 年短短的 30 年里，中国基本建设投资达到 6517 亿元，新增固定资产 4541 亿元。基本建设加上更新改造及其他专项投资，即全社会固定资产投资达到 8444 亿元，其中工业基本建设投资占 56.8%。通过大规模建设，中国的经济发展取得了重大成就，初步建成了独立的比较完整的工业体系和国民经济体系。

30 年中，中国建成了 30 多万个工业企业，1978 年比 1952 年工业总产值增长了近 17 倍。1978 年主要工业品产量为：煤炭达到 6 亿多吨，约为 1949 年的 20 倍；发电量 2566 亿度，是 1949 年的 60 倍；钢 3718 万吨，是

1949 年的 232 倍。工业产品产量在全世界所处的地位有了大幅度提升：棉布居世界第一位，水泥居世界第二位，煤炭由第九位上升到第三位，钢由第二十六位上升到第五位，发电量由第二十四位上升到第七位，石油从无地位跃居到第九位。还从无到有逐步建立和发展了许多之前没有的工业部门，如矿山设备、冶金设备、发电设备、高精度机床、拖拉机、汽车、飞机等制造工业；能够生产塑料、合成橡胶、化学纤维三大合成材料；能够制造每秒运转 100 万次的电子计算机；成功爆炸了原子弹、氢弹，成为少数几个掌握卫星制造、发射和回收技术的国家。

生产力布局得到明显改善，1978 年与 1952 年相比，内地全民所有制企业拥有的固定资产占全国的比重由 27.1% 增长到 53.6%。内地工业品产量占全国的比重分别为：钢由 14.2% 提高到 34.4%，煤由 52% 提高到 63.9%，电由 35.7% 提高到 45.3%，棉纱由 17.5% 提高到 37.2%。

1952~1978 年，交通运输邮电事业基本建设投资占全国基本建设投资额的比重为 15%，仅次于工业。从中华人民共和国成立到 1978 年新建铁路铺轨 2.4 万公里，复线铺轨 6000 公里，有 1000 公里实现了电气化；铁路通车里程达 5 万公里，排在世界第三位，比 1952 年增长了 1.1 倍。新修公路 24 万公里，使全国除两县外的 80% 的公社全部通了汽车；公路通车里程达 89 万公里，比 1952 年增长 6 倍。内河航运里程达 13.6 万公里，比 1952 年增长 43%。民用航空里程达 14.9 万公里，比 1952 年增长 10.4 倍。国际航线有 12 条，同十几个国家或地区通航。建立起了一支初具规模的远洋船队，同 100 多个国家或地区往来。1978 年相比 1952 年，铁路货物周转量增长 7.9 倍，公路货物周转量增长 18.6 倍，水运货物周转量增长 24.9 倍，沿海港口吞吐量增长 12.8 倍，全国邮路总长度增长 2.8 倍，全国 97% 的公社可通电话。

农业方面，不论是农田水利基本建设还是农业机械化都取得了明显成就。

虽然中华人民共和国成立以来一直存在重生产、轻生活的问题，但即便如此，在非生产性基本建设领域也取得了举世瞩目的成就，以全国医院病床数为例，1978 年达到 185.6 万张，比 1952 年增长 11 倍。大、中、小学建设也有了较大幅度增长，在校学生人数分别增长 3.5 倍、20 倍和 1.9 倍。

总的来说，改革开放前 40 年我国的基本建设事业取得的成绩是伟大的，尽管出现了种种失误，但是我们应该用历史唯物主义的观点去看待当时的体制，而不应该用今天的改革去否定昨天的选择。

事实上，正是计划经济时期所取得的建设成就，才使原有体制不再适合新获得的生产力，才提出了体制改革的要求，推动了体制的变革。这一自我否定的过程，符合历史的辩证运动规律。

第二节　基本建设管理体制的形成与发展

我国的基本建设管理体制是伴随国家的建设逐步形成的，是一个根据实践需要不断摸索的过程，既有学习苏联的成分，也有自己独特的经验，并且从形成那天起就开始了不断的改革。

基本建设管理要解决的核心问题可以理解为：如何使用好由财政而且主要是由中央财政支出的基本建设投资，使其达到预期的目的。基本建设管理体制实际就是围绕如何管好用好财政的基本建设支出设计的。虽然可能不是一开始就有这样一个明确的设计目的，而是在实践中按照需要一步步形成的，但只要考察一下基本建设管理体制的内在关系，这一点就很容易理解了。例如，为什么对基本建设实行计划管理？为什么要把建筑安装过程也纳入基本建设管理体系？原因很简单，财政预算本身就是一个计划制定和实施的过程。只不过在这里由于计划涉及的是整个社会的经济发展，所以需要一个专门制定计划的机构，而这一计划的制定和实施又需要一系列条件。其中，项目投资额的计算就是按照计划定额制定的，包括建筑安装工作量和它所需要的资金量也是这样确定的。如果不把建筑安装过程也纳入计划管理体系，基本建设计划管理的目标就可能落空，财政资金也就达不到预期的目的，因为不论是设计过程还是施工过程所依据的各项定额指标实际都是指令性计划的一个基础性组成部分。

一、1950~1952 年：雏形期

1950~1952 年，在三年经济恢复时期，借鉴苏联经验，主要从三个方面加强基本建设管理，形成了基本建设计划管理的雏形，为"一五"时期基本建设计划管理体制的形成奠定了基础。

第一，对基本建设投资实行专业银行管理。为了监督基本建设投资按国家计划进行，按程序办事，防止损失浪费，1951 年 2 月，中国人民银行指定交通银行兼办基本建设投资拨款，确定把按计划及时供应资金和监督专款专用作为交通银行的任务。

第二，建立基本建设的规章制度。中央财政经济委员会（中财委）于1951 年 3 月颁发了《基本建设工作程序暂行办法》，规定了建设单位在施工

以前，必须编制设计文件，并且把设计工作分为"初步设计""技术设计""施工详图"三个阶段依次进行。从此，基本建设开始建立起"先勘察、后设计，先设计、后施工"的工作程序。在此前后，国家还制定和颁发了关于建设单位申请基本建设投资必须具备的依据、基本建设投资与生产流动资金分别管理禁止互相挪用以及建设单位竣工投产必须编报决算等规章制度，为基本建设实行全面计划管理奠定了基础。

第三，对全国的基本建设实行统一的计划管理。虽然在1950年基本建设投资就列入了国家预算，1951年主管全国经济工作的中财委还制定并下达了年度基本建设控制数字，但具体的基本建设工作还是由各部门、各地区分管，没有全国统一的基本建设计划。管理基本建设的只有中财委计划局下设的一个基建处。1952年1月中财委颁发了《基本建设工作暂行办法》，规定基本建设实行"两下一上"的计划管理办法，即由中财委自上而下逐级颁发年度基本建设投资控制数字，然后由建设单位自下而上在控制数字范围内，编报基本建设计划，最后自上而下审批下达。这样就使全国基本建设年度投资额置于中央政府的控制之内。在项目管理上，规定把建设单位按投资额的大小划分为限额上下和甲乙丙丁四类。全部投资在1000万元以上的为甲类项目，计划（设计）任务书由政务院批准；限额以上，投资不足1000万元的为乙类项目，计划任务书由中央主管部门提出审核意见后报中财委或政务院批准；限额以下，投资在20万元以上的为丙类项目，计划任务书由中央主管部门或大区指定的机关批准；投资不足20万元的为丁类项目，由省决定，报中央有关部门备案。这就使重大项目的投资纳入了计划轨道。

二、1953~1957年：形成期

1953~1957年是我国第一个五年计划时期。这一时期的基本建设的主要任务就是完成以156个项目为中心、由限额以上的694个项目组成的重点建设。

"一五"时期，我国的国民经济管理延续"三年恢复"时期的从分散到集中的方向，一是建立了统收统支财政体系，二是初步形成了经济管理的行政体系，三是建立了自上而下的计划体系，四是建立了集中的物资管理体系，五是建立了基本建设管理体系。与此同时，1956年基本完成农业、手工业、资本主义工商业的社会主义改造，为计划经济提供了所有制基础。随着"一五"计划的完成，由上述体制组成的高度集中的国民经济管理体制基本形成。

其中，成立于 1954 年的国家建设委员会承担基本建设计划实施的职能。其归口管理的有建筑工程部（成立于 1952 年）和建筑材料工业部（成立于 1956 年），它们也是基本建设管理的职能部门。

按照中共中央批示的、国家建委党组提出的国家建委的总任务是：根据国务院和国家批准的计划，组织以工业为重心的基本建设计划的实现，从政治上、组织上、经济上、技术上采取措施，保证国家基本建设特别是 156 个单位工程建设的进度、质量，并力求经济节省。下设重工业局、燃料工业局、机械工业局、交通水利局、建筑企业局、标准定额局等专业和综合机构。

在这一时期，基本建设投资拨款制度得到进一步强化，于 1954 年成立了由国家财政部领导的中国人民建设银行并在全国设立了分支机构，负责基本建设资金的拨付和监督使用。为了实现对施工企业的统一管理，早在 1953 年国家就开始着手对私营营造厂进行社会主义改造，到 1956 年实现了建筑业的国有化。

三、1958～1965 年：完成期

随着计划经济体制的形成，其集中过多、统得过死的矛盾也突出来。1956 年毛泽东主席作了《论十大关系》的报告，强调要处理好国家、生产单位和生产者个人的关系，以及中央和地方的关系。1957 年 11 月以国务院名义公布了陈云主持起草的《关于改进工业管理体制的规定》《关于改进商业管理体制的规定》和《关于改进财政管理体制的规定》。这三个规定的基本精神是调整中央和地方、国家和企业的关系，把一部分工业、商业和财政的管理权力下放给地方和企业。

但是，1958～1960 年"大跃进"时期，在"左"的错误思想的冲击下，出现了盲目下放企业管理权、计划管理权、基本建设项目审批权、财权和税收权、劳动管理权、商业和银行管理权等现象，同时又不适当地扩大了企业管理权限，造成了国民经济和企业管理的混乱。这些问题与其他问题一起造成了国民经济的比例失调，成为新中国经济体制改革史上一次不成功的尝试。

为了纠正上述错误做法，1961 年开始再一次加强中央对国民经济的集中统一领导，通过一系列集中管理的措施，使计划经济管理体制达到了顶峰，包括基本建设投资管理体制在内的计划经济管理与"一五"时期相比更加细化和完善。例如，不仅恢复了建委，而且把原建筑工程部又分为了建筑工程

部和建筑材料工业部。国务院所辖机构达到了 79 个，比 1954 年国务院成立时多了 15 个。

四、1966~1978 年：动荡与恢复期

"文化大革命"时期，像其他领域一样，基本建设投资管理也受到严重冲击，许多规章制度在批判"修正主义管卡压"的名义下被破除了，建设银行等管理机构一度被撤销，大批干部被下放到"五七"干校。1976 年打倒"四人帮"后，为了克服"文化大革命"遗留下来的混乱状态，中央决定通过整顿恢复对经济的集中统一管理。1977 年初，国家在全国范围内有计划地组织了基本建设财务大检查，抓住典型案例进行严肃处理，此后又出台了一系列严肃基本建设财经纪律的措施，起到了有力的约束作用。1978 年 4 月，国家计委、国家建委、国家财政部联合颁发了《关于加强基本建设管理的几个规定》《关于基本建设程序的若干规定》《关于加强自筹基本建设管理的规定》《关于基本建设投资和各项费用划分的规定》《关于基本建设项目和大中型划分标准的规定》等文件，9 月又颁发了《关于加强基本建设概、预、决算管理工作的几项规定》。

这一时期出现的一个新事物是更新改造投资规模的扩大。

1967 年以前，中国的固定资产投资，统称基本建设投资。国家财政每年拨给企业一些"三项费用"或"四项费用"，虽然带有固定资产投资性质，但是为数甚微。"一五"时期只占固定资产投资的 3.78%，"二五"时期只占 7.72%，当时都没有纳入投资计划。但随着国际范围的技术进步和原有企业设备经济寿命接近后期，设备更新和技术改造日益提到了企业挖潜增产的议事日程，全厂性大型技术改造项目陆续出现，更新改造投资绝对额及其占固定资产投资的比重都在大幅度上升。"三五"时期更新改造投资 233.06 亿元，占全部固定资产投资的 19.3%；"四五"时期达到 512.42 亿元，占全部固定资产投资的 22.5%。

从 1967 年开始，国营企业的基本折旧基金先是全部留给企业，之后部分由财政集中分配、部分留给企业用于设备更新和技术改造，从此，更新改造投资开始成为独立于基本建设投资之外的又一条固定资产投资渠道。由于有了这条渠道，国家计委陆续把一些简单再生产投资从基本建设投资计划中分离出去，由财政运用所集中的折旧基金，另给"挖潜改造拨款"。这样做，国家计委可以腾出一些基本建设投资指标以满足追加投资的需要，国家财政部则可以保证更新改造资金切实用于企业维持简单再生产，而不至于被拿去

扩大基本建设。因而，从 1970 年起由基本建设投资中分离出去的项目越来越多，主要有"五小工业"补助、油田维护费、煤炭矿井开拓延伸费、冶金矿山维持简单再生产费用、林业采伐开拓费、商业网点投资、简易仓棚投资、土粮仓和小油罐投资等。这些固定资产投资分离于基本建设投资计划之外，形成了投资的第二个战场。这一情况的出现，成为后来固定资产投资管理体制改革的一个重要推动力。

第三节 基本建设管理体制的内容与特征

按照计划经济时期的概念，基本建设就是固定资产的形成，由于旧社会遗留的固定资产极其有限，所以固定资产形成主要是以新建、改建、扩建形式实现的，基本建设指的就是这种固定资产新建、改建、扩建过程。而且这些建设主要是由国家财政出资进行的，从建设项目的确定、项目拨款到项目建设的全过程都是在国家的支配下完成的。项目建设，特别是工业项目的建设，是一个技术性、专业性都很强的工作，需要大量的专业部门来完成。中华人民共和国成立前后，中国共产党就确定了"边打、边建"的方针，在新老解放区特别是东北地区开始了基本建设。三年经济恢复时期以后，就开始了以 156 个项目为核心的大规模建设。社会主义建设在中国绝不是一句空话，在中华人民共和国成立以来很长一个时期，实际指的主要就是这种大规模的基本建设。基本建设管理体制就是在基本建设实践过程中逐步形成的。

一、基本建设在计划经济中的地位

从理论上说，整个国民经济的物质生产活动可以分为两个部分：一部分是现有工业、农业、交通运输业的生产活动；另一部分是各部门的固定资产的新建、改建、扩建和更新改造的活动。后者为前者提供生产所需要的劳动资料。经济的发展离不开生产的发展，而发展生产就需要增加新的固定资产。从这个意义上说，基本建设应该是国民经济计划的核心，原因是国民经济计划本身就是经济发展计划，而要发展就离不开基本建设。事实上，整个"一五"就是围绕 156 个项目制定的。但是，从另一方面说，基本建设所需要的物资、设备以及从事基本建设的劳动力所需要的消费品，又离不开当前生产，为了保证基本建设任务的完成，首先必须搞好当前生产。但从发展的角度看，为了实现生产的发展就必须有相应的基本建设。这种互为前提的关系显然是摆在计划工作面前的一道难题。所以，在计划经济体制下，如何确定基本建设的规模始终是计划制定需要解决的最重要问题。

二、基本建设管理的基本概念

在我国基本建设的长期实践中，形成了一套指导基本建设管理的理论概念（以下简称基本建设理论）。了解这些概念，对于统一地理解计划经济时期的固定资产投资管理体制是一条捷径。

基本建设理论把马克思的再生产理论作为自身的理论基础。首先，它通过运用再生产这一概念，把基本建设定义为固定资产再生产过程。本来在马克思的再生产理论中是不存在固定资产再生产这一概念的。在马克思那里，即使是在扩大再生产场合，马克思也是简单地以剩余价值资本化（即投资）来概括的。当考虑积累的实物形式时，马克思按照产品的特征区分了生产的两个部类，即生产资料生产和消费资料生产，而在生产资料生产中并未细分劳动资料（它是固定资产的实物形式）和劳动对象的生产，原因是在马克思的分析中，只把资本分为可变资本（C）与不变资本（V），而 C 的价值是一次性转移的，即假定不存在固定资产。在基本建设理论中，通过固定资产再生产这个概念，就从理论上把基本建设和现行生产划分开来，从而为在实践中把对现行生产的管理与对基本建设的管理严格分开提供了理论依据。其次，借助马克思简单再生产和扩大再生产的概念把固定资产再生产分为固定资产的简单再生产和固定资产的扩大再生产，用折旧基金从事的固定资产再生产属于固定资产的简单再生产，被称为更新改造，属于现行生产范畴；而用积累基金从事的固定资产再生产属于固定资产的扩大再生产。基本建设专指固定资产的扩大再生产。在苏联，基本建设属计委管理，而更新改造属经委管理，中国后来沿用了这一做法。最后，通过固定资产再生产这一概念，使固定资产本身成为有别于其他产品的一种产品，由此来论证不论是这种产品本身，还是其生产过程，都有其特点，因此需要特殊的管理者。

三、基本建设管理的内容

中华人民共和国成立后，百废待兴。党和国家根据不同历史时期的需要，确定了不同时期的发展目标，这些目标的实现，绝大部分都是通过一个个建设项目来实现的。如何确定建设的总体规模，保证各个项目建设过程中对人、财、物的需要，如何通过项目安排、协调不同部门的发展，如何用尽可能少的投入达到发展的目标，这些都是基本建设管理要解决的问题。它既涉及国民经济层面的问题，用现在的话说就是宏观管理问题，又涉及每一个项目建设过程中的微观管理问题。

按照项目建设的流程，分别从宏观角度和微观角度看，基本建设管理可以分为部门管理和项目管理两大部分。

基本建设的部门管理包括：基本建设的计划管理、基本建设的设计与施工管理、基本建设的资金管理和基本建设的物资管理。这也是一个建设项目从立项到施工必须涉及的管理部门。

基本建设的项目管理按照有关基本建设程序的规定共包括8个步骤：①编制计划任务书。②选择建设地点。③编审设计文件。④编制年度计划。⑤设备订货和施工准备。⑥施工。⑦生产准备。⑧竣工验收，交付使用。按照不同阶段的任务及其性质，可以分为项目的立项管理、项目的预算管理、项目的施工准备管理、项目的施工管理和项目的竣工管理。

四、基本建设管理的组织机构

基本建设是一项复杂的经济活动，是一个社会化的生产过程，每项基本建设项目完成，都是许多部门和单位协同工作的结果。基本建设从计划、勘察、设计、施工，直到竣工验收，每个阶段都有专门的组织，包括部门、项目管理机构和企业负责完成。

从宏观上看，基本建设管理机构根据其任务不同，可以分成两类：一类是对基本建设进行全面管理的综合管理部门，主要是各级计委、建委；另一类是分管某方面任务的具体管理部门，包括代表国家财政部对基本建设投资使用进行监督的建设银行、建工部门、设计部门和物资部门。

基本建设的微观管理主要是通过建立建设单位来实现的。按照计划经济依托一定行政隶属关系管理经济的办法，具体到每一个基本建设项目都需要构造一个相应的行政机构，这个机构需要隶属于一定的上级单位，并实行独立的经济核算，以完成项目的建设，直至交付（投产）使用。这个机构一般叫作建设单位。在实践中，新建项目的管理机构叫作某某项目（工程）筹建处，或某某项目指挥部，受其上级主管部门委托负责项目建设的管理。改扩建项目则由原单位的建设处（科、办公室）负责。

建设单位从行政上看，是负责执行国家基本建设计划的基层单位。它代表建设工程的拥有者（国家），是基本建设投资的支配人，也是建设工程的组织者和监督者。建设单位在整个基本建设工作中起着主导的作用，它对完成基本建设任务直接向国家承担政治责任和经济责任。通过这样一个机构，有关基本建设的事项，如勘察、设计、施工、财务、物资，就有了一个具体的管理者。建设单位在办完竣工验收和财务决算之后，工程随即交付生产或使用，整个筹建工作到此结束，建设单位的机构即予以撤销。

建设单位是未来的企业、事业单位的筹建机构，是从事固定资产生产活动的经济组织。建设单位在负责生产设备和某些基建材料的供应工作时，国家也核拨一定数量的流动资金。

五、基本建设管理体制的特征

中国计划经济时期基本建设管理的突出特征就是高度集中的统一管理。这主要体现在以下方面：

（1）基本建设计划采取集中管理的办法。建设规模由国家确定，投资绝大部分由国家分配，大中型项目计划任务书、大型项目初步设计、国家设备成套项目都要经国家计划和住房城乡建设部门批准。中央除管直属项目外，还以直供项目、下放代管项目、戴帽项目、部商地方项目、进口配套项目等名义管理着大多数的大中型项目。大中型项目又占了基本建设的很大比重。

（2）基本建设投资主要由国家拨款。由于财政实行统收统支，基本建设主要由国家预算直接安排，地方用机动财力安排的建设投资所占比重很小。

（3）基本建设物资，除砖、瓦、灰、沙、石等地方建筑材料由地方负责分配外，钢材、木材、水泥、玻璃等主要建筑材料都是国拨部管物资，都由中央分配。基本建设材料物资随投资走的分配办法，使基建材料很大部分的支配权也在中央。

（4）基本建设设计、施工力量也主要集中在中央。中央各主要生产住房城乡建设部，如冶金、石油、煤炭、化工、铁道、交通、建工等部都有自己的设计、施工队伍，承担本部门和中央建设项目的设计、施工。这些设计、施工力量由各部直接管理。

（5）企业在固定资产再生产方面的权限仅限于大修理和利用部分折旧基金进行局部的更新改造。国家规定可以按一定比例从生产成本中提取大修理基金，由企业根据实际需要支配使用。但是大修理基金规定不准用于技术改造，大修理只能按原样修复，不能改变固定资产的原有规模、原来的结构、原来的地点。结果就出现了影片《血总是热的》中的场面，一个锅炉只要不动外壳，花再多的钱修都可以，而要动外壳则必须按照技术改造程序层层审批。中华人民共和国成立以来的很长一段时间，企业固定资产折旧基金要全部上缴财政，企业技术改造所需资金全部由财政拨款。1967年在毛泽东主席批示后，情况有所改变，国家把折旧基金全部留给企业和主管部门，给企业的留成比例由地方和主管部门决定；1978 年又改为上缴中央财政 30%，上缴地方财政 20%，企业留 50%。但折旧基金不得用于新建、改建和扩建。作为基本建设的新建、改建和扩建，企业只有申请权，批准权在地方和中央的主管部门。相比工交企业，建筑施工企业的自主权就更少，施工企业施工所需要的主要建材、物资一直由建设单位提供；施工设备，从 20 世纪 60 年代到改革开放前，要按施工需要列入建设单位的计划，否则无申请渠道。

第四节　基本建设的部门管理

在计划经济时期，由于全部基本建设都是由国家进行的，所以，除了需要对项目建设进行微观管理外，还需要宏观即整个国民经济层面的管理，这种管理是通过各职能部门管理实现的。这些部门的功能，一是保障计划的实施和生产与基本建设的平衡以及基本建设过程所需要的人、财、物之间的平衡；二是为建设过程中人、财、物的结合提供可操作的机制。

一、基本建设的计划管理

一个从平地起家的企业是如何诞生的？在私有制条件下似乎不是一个问题，主要由投资者决定。在公有制的计划经济条件下则是层层计划的产物，从提出项目设想到项目的规划、立项都要按照一定的行政隶属关系通过计划渠道实现。

基本建设计划首先要解决一定时期（五年计划）内在宏观经济层面的投资规模和投资方向问题。按照"统一计划，分级管理"的原则，国家计委根据五年计划确定的经济增长速度，通过综合平衡，在考虑需要和可能的条件下，确定出基本建设的总规模、投资方向和重点建设项目。据此再将初步确定的控制数字下达给各个主管部门和地方，由部门和地方提出各自的基本建设计划，而部门和地方所做的计划就是依据拟上项目做出的，这些拟上项目需要由各级计划部门（也可能通过项目的筹建单位）提前编制计划任务书。通过这种上下结合的办法最终形成指令性的五年计划。通过了这一步，部门和地方的项目就进入了国家计划的大盘子。

下一步就是制定年度计划，部门和地方（通过建设单位）必须按照基本建设程序对建设项目做出设计和编制项目预算，方可进入国家的年度计划。至此，一个建设项目就可以进入建设施工阶段。

二、基本建设的资金管理

基本建设投资的资金管理包括三个层次的内容：一是基本建设投资的预算管理；二是基本建设投资的拨款管理；三是基本建设项目的财务管理。其中前两个层次属于宏观层次的部门管理，第三个层次属于投资的微观管理。这里涉及的内容主要是第一、第二两个层次。

基本建设支出预算是国家财政资金用于基本建设投资的基本财政计划，具体反映国家的方针、政策和建设要求，反映各个年度国家对基本建设投资分配的数量和方向。中华人民共和国成立以来至 1979 年改革开放，在大部分年份，基本建设投资在财政支出中都位居首位，正常情况下也要占 40% 的份额。从管理体制上看，虽然其间有过放权的改革尝试，但基本上实行的是集中统一管理的模式，所有投资权力集中于中央，基本建设支出预算由中央统一管理。在"一五"时期完成的 588 亿元基本建设投资总额中，90% 来源于财政，其中 79% 来源于中央财政，中央直接管理的投资占总投资的 86.5%。

基本建设投资预算管理的核心环节是预算编制的管理。基本建设投资预算是基本建设的年度投资额，它的编制既要以五年计划为前提，也要以年度确定的基本建设规模为基础。采取自上而下和自下而上相结合的办法，年度开始以前，在国家年度基本建设计划和国家预算指标范围内，下达各部门、各地区支出预算控制指标，作为编报年度基本建设财务计划的依据。各建设单位编报的年度基本建设财务计划，经各主管部门、各地区汇总后，报送中国人民建设银行总行，经审查平衡，分别核定基本建设的拨款额度，确定年度基本建设支出预算，国家预算正式成立后下达执行。

基本建设投资预算的执行过程，也就是资金的拨款和使用过程。"一五"时期以来，办理基本建设拨款的机构一直是中国人民建设银行，隶属于国家财政部。职责是保证基本建设资金的及时供应并监督资金的合理使用。建设单位负责管理资金的使用。

三、基本建设的设计与施工管理

基本建设的实现是靠一个个项目建设来完成的，而项目的建设是一个专业性很强的工作，不仅需要大量的专业技术人员，而且需要制定一系列以技术为基础的定额和规范，它们既是基本建设的技术依据，也是制定计划投资额的经济依据，由于中华人民共和国成立后在这方面的基础极为薄弱，所以对设计施工力量的建设就特别重视。改革开放前，通过近30年的基本建设，培养了大批设计和工程技术人员，形成了庞大的建筑施工队伍。这些设计、施工力量大部分隶属于中央和地方的各个专业部门及企业，同时主管建筑和城市建设及它们的归口管理部门国家建委也掌握了一批设计、施工队伍。各设计、施工单位的任务则是按照"条条"和"块块"的不同计划渠道分配下达的。

所有这些设计、施工单位虽然在行政上隶属于不同部门，但设计与施工中的标准、规范、定额都必须接受各级建委的统一管理，实际上这也构成了建委的核心职能。

四、基本建设的物资管理

物资供应紧张是计划经济的一个特点，因此对物资的管理在计划经济中就显得格外重要，成为计划经济管理的一个重要组成方面，为此在各级政府成立有物资管理的专业部门。在中央政府，物资管理部门1962年以前为国家经委下属的物资管理总局，1963年成立国家物资管理总局，1964年成立物资管理部，1970年一度撤销，仅有国家计委下属的物资局，1975年重新成立国家物资总局，为国务院直属局，在某些时期，物资管理部门内部还设有专门的基本建设物资管理机构。

计划经济时期的物资供应被划分为：统配物资、部管物资和地方管理物资。统配物资指关系国计民生的最重要的通用物资，由国家计委编制物资平衡计划和物资分配计划，如钢材、有色金属、煤炭、石油、水泥、电动机、车床等。部管物资为国务院各主管部门统一分配的物资，这类物资是在国民经济中比较重要的物资，多数是专用性较强的物资和中间产品，如钢丝、耐火材料、皮带运输机等。地方管理物资主要指砖、瓦、灰、沙、石，以及通过商业渠道和企业自销的产品。不同历史时期进入统配物资和部管物资目录的物资数量种类是不同的，它实际可以作为衡量计划经济体制对经济控制程度的一个指标。例如，1953年共计234种，其中统配物资为112种；1957年增加到532种，统配物资231种；1963年为516种，统配物资为256种。

基本建设所需物资，一是建筑工程所需的钢材、木材、水泥，二是非成套设备与成套设备。非成套设备与物资按物资供应渠道供应，成套设备由专门的成套设备机构供应。物资供应先是按计划进行申请，列入物资供应计划后，再由建设单位通过不同方式与企业签订供货合同，以直达供应或中转供应的方式供给建设单位或施工企业。物资到达后，对物资的仓库管理则成为项目管理的重要方面。

第五节　基本建设的项目管理

整个基本建设是由一个一个的项目构成的，宏观经济层面的基本建设投资规模和投资方向最终也要通过一个一个的具体项目才能落实。计划经济条件下的基本建设管理体制，决定了基本建设的项目管理必然是从项目的提出到建成投产的全过程管理。按照以上介绍的基本建设程序共包括八个环节，每个环节都会涉及相应的管理问题。为了便于理解和突出重点，我们把它归并为项目的立项管理、项目的施工准备管理、项目的施工管理、项目的竣工管理和项目的资金管理。这种划分方法既考虑了基本建设的阶段性，又考虑了基本建设过程所涉及的价值过程和实物过程。因为，在计划经济条件下，虽然基本建设过程是以使用价值为目的的，但仍然离不开商品货币关系，在这里商品货币关系仍然是一个基本的约束条件；所以，虽然项目的资金管理贯穿于基本建设的全过程，但是我们仍然把它独立出来与其他具有阶段性的管理环节相并列予以介绍。

一、项目的立项管理

所谓立项管理，是指建设项目审查批准成立前的一切管理工作，包括拟建项目的勘察设计、提出计划任务书和设计文件、论证评估、审查批准等管理工作，以计划任务书、设计预算、项目审批为主要内容。立项管理是基本建设前期工作的根本内容，也是基本建设管理工作的首要环节和起点，属于基本建设项目决策和规划阶段的管理。它主要解决的问题是定项（建什么样的项目？该不该建?）、定点（在什么地方建?）、定方案（按什么样的水平和内容建?）。解决这些问题的具体形式就是计划任务书、选址报告和初步设计。计划任务书批准前的工作一般由主管部门指定计划与设计部门承担，它实际也是制定五年计划的一个组成部分；具体的批准机关，则视项目的隶属关系来定，而项目的隶属关系在很大程度上又取决于项目的规模，一般由上一级的计划部门批准，涉及全国的大项目则由国务院批准。

一个项目从提出到立项批准实际是一个在计划制定过程中不断反复深化的过程，既要以计划确定的社会经济发展目标和生产力布局为依据，同时也是计划的有机组成部分，重要一点的项目都要列入各级五年计划的基本建设项目表格。项目的确立是以项目计划任务书获得批准来实现的，因此，不论

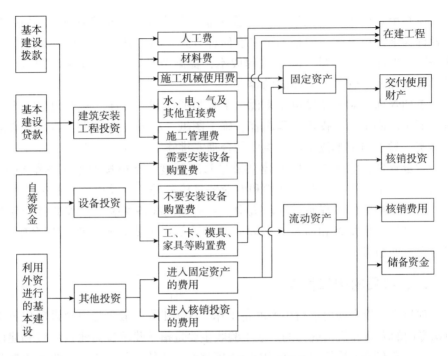

图 2-2　基本建设资金运动示意

本建设工程项目表、施工图预算、年度基本建设财务计划方能拨款。

对于建设单位的财务管理工作，根本任务就是管好、用好国家供应的建设资金，具体任务包括制定财务制度、建立财务机构，开展"三算"（设计概算、施工图预算和竣工决算）审查、进行经济核算，编制财务计划、合理分配资金，加强资金管理、实行财务检查，编制财务决算、搞好财务分析。

第六节　基本建设管理体制改革的动因

生产力、生产关系与上层建筑关系的原理是马克思主义历史唯物主义的基本原理，也是我们观察、分析中华人民共和国经济史必须遵循的基本原理。任何经济制度和经济体制，在生产力发展的历史长河中都有其历史的合理性和历史局限性。当它适合生产力发展时，就能起到解放和发展生产力的作用；反之，则会阻碍生产力的发展。

计划经济体制的产生和形成是我国现代化或者说工业化特定历史阶段的产物，它所要解决的发展问题或矛盾有其特定的内涵，也正是这种矛盾的阶段性特点，使计划经济体制的选择成为一种客观需要。但同样，随着发展阶段的转变，它也就完成了自己的历史使命而退出历史舞台。

1840 年以来，中国的历史就是一部在现代化道路上曲折发展的历史。这一过程在不同阶段会表现出不同的阶段性特点。这种阶段性主要是由工业化所满足的不同需要决定的。首先需要满足的就是国家机器建设所需要的工业化。

许多研究现代化经验的学者如库兹涅茨、罗斯托都发现，为了实现国家的现代化，主权国家是基本前提，而且"占有关键的重要性"。在我国，1949 年中华人民共和国成立在政治上解决了这个问题。但这是远远不够的，为了在列强环伺、内忧外患之下实现民族的复兴，国家的对外独立、对内统一，还必须为国家政权对外实现独立、对内建立统治效能提供现代工业的基础。因此，这一阶段的任务所要完成的是以国家机器为核心的国家工业化。之所以叫作"以国家机器为核心的国家工业化"，是因为这里的国家并不是指包括全部社会成员、领土在内的社会意义的国家，而只是以国家政权为核心的政治意义上的主权国家。因此，这时的工业化是为政治服务的。凡是从 20 世纪五六十年代过来的人对我国那一时期"政治挂帅"的指导思想都会留有深刻的记忆。这其实正是那一时期社会经济发展客观实际的反映。这一任务的完成构成了 1949~1978 年这一历史时期中国经济发展的主要内容。在这一时期，通过计划经济体制，实现了广泛的社会动员，集中全社会的力量，在较短的时间内，建立了以国防工业为核心的基本完整的工业体系，为国家政权建立了强大的物质基础，以"两弹一星"为标志基本实现了国家政权建设层次的工业化。

1978 年以后，我国经济发展进入了一个新的阶段。这一阶段经济发展的内容主要是在原有城市地区快速推进工业化。虽然我国的改革开放是从农村地区开始的，首先受益的群体就是农民。但是查阅一下当时的文件就不难发现，这一改革的出发点还是为了给城市提供更充足的粮食和工业原料，而不是为改变农村的社会经济面貌（这将是进入 21 世纪以后中国经济发展的主要内容）。为城市经济服务仍是这一阶段以财政体制为代表的一系列制度安排的基本特征。在这些制度安排背景下，改革开放后特别是在 20 世纪 90 年代，我国城市经济得到迅猛发展，城市经济以远高于国民经济平均水平的速度迅速缩小了与发达国家的差距，城市居民生活水平迅速提高，在城市一个以小汽车消费为代表的大众消费阶段已经到来。

我国的经济体制改革也就是在这样一种生产力发展背景下开始的。值得庆幸的是，虽然有过短暂的失误，但中国共产党人适应生产力发展的阶段性变化，不失时机地选择了以社会主义市场经济为方向的改革，把中国的现代化推向了新的历史阶段。

一、计划经济体制改革的必要性

虽然，按照苏联式的马克思主义，计划经济似乎是与市场经济不相容的，但事实上，不论在苏联还是在中国，商品货币关系从来就没有被取消过。能够超越商品货币关系的领域，仍然像现代经济学所揭示的那样，只能是在公共产品领域，区别仅在于这里的公共产品与一般意义上的公共产品在外延上有所不同罢了。它表现为一个相对完整的工业体系。它的首要任务虽然是提供国防产品，但由于生产力自身的性质，随着它的成长，越来越多的功能只能是提供私人产品，这是内含于生产力自身中的规律。相应地，就需要按照私人产品那样来利用市场机制组织生产。只有这样，社会化的生产力之间才能建立起有机的联系，使供给适合需求，使生产适合消费。否则，经济组织就会遇到双重困难。一方面，当个人利益与计划冲突时会破坏计划的有效性；另一方面，当计划想满足个人利益时，又遇到了偏好展示的困难，使计划不可能了解每个人方方面面的需求，也就不可能制定出符合人们各种需求的计划，就会使供求失衡。计划经济后期表现出的协调困难，不过是这些深层矛盾的反映。

至于马克思所说的计划经济，只要看看《马克思恩格斯全集》第46卷，就会明白那需要生产力发达到何等程度。不论苏联还是中国的计划经济体制，都不过是工业化特定阶段提供公共产品或准公共产品的一种手段。随着这一任务的完成，它必须要经受变革，否则就不再适合生产力的发展。这首先就需要承认和满足人们的物质利益需求。

事实上，中国的经济体制改革也是从激励人们的物质利益开始的。一旦把物质利益放出牢笼，调节它的就只能是商品货币关系。因为即使在计划经济条件下，物质利益也只能以商品货币关系来表现。

上述深层次矛盾具体表现为生产、分配、流通、消费各个方面成堆的问题，正是这些现实问题推动了实际经济生活中的体制改革。

第一，国民经济比例失调，具体表现为积累和消费的失调以及农轻重比例失调。

有计划按比例的发展本来被奉为计划经济的基本规律，但是在计划经济时期这一规律却屡屡失灵。这一事实表明，所谓按比例发展虽然是经济发展的客观要求，但对计划者只是一种主观愿望。事实上，随着生产力的发展，经济比例的不断失调倒成了计划经济的一种客观规律。之所以称其为规律，原因是，它是这一体制的必然产物。

造成计划经济条件下积累与消费比例失调的原因主要有两个：一是计划人员的主观冲动；二是体制内的压力。如果说来自第一方面的原因还可以在原体制内得到克服，那么，要消除第二方面的原因则非改变这一体制不可。

所谓计划就是发展计划，所以制定计划的出发点就是发展，在实际工作中就具体化为发展速度。为了实现速度目标，就要增加积累。实际上，计划经济工作者早就在按照与哈罗德—多玛模型类似的规律行事，为了提高速度就要增加积累。所以，经济计划总会把积累率尽可能推高，否则就难以实现高速度发展的目标。由这一原因造成的积累与消费的失调，"一五"时期出现过两次。第一次是 1953 年，因动用上年财政结余，造成市场紧张，出现了财政赤字。第二次是 1956 年，财政预算安排的基本建设投资由原定的 112.7 亿元，增加到 140 亿元，比 1955 年实际完成 93.66 亿元增长了 49.5%，基本建设支出占财政总支出的比重由 32.9%猛增到 45.7%，影响到经济的平衡。表现在物资供应平衡上的一个突出后果就是生产用钢材被挤占了 45%，不仅影响了消费，也影响了基本建设，使计划内的 20 个重点项目不能按时开工。

以后出现的三次失误则都是上述两个原因叠加的产物，所以造成的后果更为严重。其中以发生在 1958～1960 年"大跃进"时期的第一次失误最严重，三年的积累率分别达到了 33.9%、43.8%和 39.6%，比"一五"时期猛增了 13 个百分点，结果造成国民经济比例严重失调，消费品紧缺、物价上涨，最终造成灾难性后果，成为一个严重教训。探究其原因，一方面是急于求成，不切实际地提出"超英赶美"；另一方面就是这一时期由于放权导致计划外项目的大量增加。两者叠加造成了基本建设规模的急剧膨胀。造成后一方面的深层原因就是我们以上所说的体制内压力。所谓体制内压力，是指地方、企业作为利益主体为了自身利益产生的投资冲动。这是计划经济体制固有矛盾的产物。一方面，计划经济需要统一的计划，但是，另一方面，构成这个统一体的各个部分本身又是具有自身利益的不同主体。当为了调动下级的主动性、积极性，不得不下放一部分权力给下级时，这种统一的计划就会受到破坏。原因在于计划经济归根到底还是建立在商品经济这个大底盘上的，不论是表现为地方财政收入还是表现为企业利润，甚至是表现为企业的级别，后面跟着的都是表现为商品货币的物质利益。

计划本身的速度冲动和地方与企业的利益冲动共同作用，导致了一次次的投资膨胀及农轻重的比例失调。"四五""五五"时期的两次比例失调同样也是这样产生的。

经济的比例失调严重影响了居民消费水平的提高，留下一堆欠账。这些欠账实际都是隐性的财政负担。从上到下的改革可以说首先是财政压力的反映，因此财政体制改革就成为中国经济体制改革的序幕。原因是，在计划经济体制下，财政已扩展到企业和农村基层，成为综合财政。不论是老百姓的吃饭、穿衣还是住房、看病，最后都要表现在财政上。大包干之所以那么快就被迅速推广，背后的原因就是农产品大量进口花费了大量外汇，而这些外汇都要来自财政。

所以，财政成了最先进行改革的部门，放权让利表面上看是企业改革，实际是财政体制改革的表现形式，是财政分配体制的改革。

第二，经济效益低下，表现为经济效益指标恶化。由于"干多干少一个样"的所谓"大锅饭"分配体制和各部门、各行业间的协调困难，随着生产力的发展，计划经济体制显得越来越不适应它所亲手制造出来的复杂生产力——现代大工业，从而造成经济效益严重下降。1978 年，全国重点企业主要产品的 30 项质量指标中有 13 项低于历史最好水平；38 项消耗指标中有 21 项没有恢复到历史最好水平。全国国营工业百元产值利润率比历史最好水平低 1/3，独立核算的国营工业企业亏损面达 24.3%，亏损额达 37.5 亿元。流通领域中物资紧缺与积压并存，改革开放前夕的 1978 年，在全国商品库存中，质次价高、冷背呆滞、残损变质的商品总值达 100 多亿元。特别是基本建设由于在建规模过大，投资效果极差。1978 年施工的 1773 个大中型项目中，只有 99 个投产，投产率仅为 5.8%。

这一期间，正是所谓"四小龙"经济快速增长时期。这无疑又给中国的改革增加了极大的压力。

二、基本建设管理体制改革的动因

如上所述，基本建设规模膨胀本身就是改革的基本动因之一，反过来，经济体制的全面改革又促使了基本建设管理体制的进一步改革，二者形成了一种相互促进的关系。其中财政因素仍然处于主导地位，这也是我国改革开放的一个基本特点。中国历史上几乎每一次改革都能够在其身后发现财政的影子。对于财政来说，改革的现实意义就是增收节支。这种思路在 1978 年后体现得非常明显，从放权让利到 20 世纪 90 年代末期的医疗、教育、住房等改革莫不如此。只是到了 2003 年后，在科学发展观、五个统筹的战略思想指导下，才发生了方向性转变。这也是我们总结 40 年改革必须加以重视的重要现象之一。

基本建设管理体制改革的直接动因同样源于财政，这可以从 1978 年后出台的一系列固定资产投资改革措施中得到印证。

首先，无偿拨款的基本建设资金供应方式是造成地方企业争投资、争项目的一个基本原因。这种资金供应方式也是造成基本建设规模膨胀和行业间比例失调的一个重要原因。而且，由于企业对资金的使用不承担经济责任，既无压力，也无动力，无法唤起企业对投资效益的关注。因此，改革固定资产投资的资金供应方式就成为推动基本建设投资管理的一个初始动因。

其次，如何既能减少基本建设投资，又能保持经济增长，或者说既能减少财政负担，又能促进经济增长，同样是促使投资体制改革的一个基本动因。答案当然是发挥更新改造投资的作用。这一改革首先是通过经济学界呼吁改变发展战略提出来的，即从重视外延扩大再生产（基本建设）转变到重视内涵扩大再生产（更新改造）。由此促成了使用银行贷款进行技术改造，从而开创了以银行贷款从事固定资产投资的先河。

再次，随着其他方面的改革，物资、施工等约束条件对固定资产投资的约束力越来越小，而本来就存在于基本建设内部的高度集中统一的弊端就显得格外突出，由此推动了基本建设和更新改造的计划管理体制改革，具体表现为审批权的下放。

最后，随着企业作为相对独立的商品生产者的地位得到明确，各种项目主体与施工单位之间就需要建立其新型的商品货币关系，这就推动了各种形式的建设项目的包干责任制。同时，在建筑施工能力本来就过剩的情况下，建筑业又成为安置大量城市待业人员的一个重要途径。这些因素对基本建设管理体制的改革都发挥了不可忽视的作用，从而使基本建设管理逐渐蜕变为固定资产投资管理，国家对固定资产投资的管理，不论是对新建、改建、扩建项目还是更新改造项目，都越来越多地转向了价值形式的管理，而逐渐退出了对设计、施工领域的管理。

事实上，中国的计划经济体制由于其固有的矛盾和缺陷，以毛泽东主席的《论十大关系》为标志，自形成那天起就伴随着不断的改革，所以改革对计划经济体制来说并不是什么新鲜事。与已往改革不同的是，开始于中共十一届三中全会的改革，其政治、思想、经济各方面的基础以及面对的国际环境都发生了一系列根本性的变化。当这些因素结合在一起时，就把中国带入了波澜壮阔的改革开放的历史进程。

第三章 投资体制改革的目标

计划经济时代，中国投资体制的基本特征是：政府是投资的唯一主体，政府通过高度集中的指令性计划，直接从事投资活动或控制全社会的投资活动过程。这种投资运行和管理模式是传统计划经济体制的重要组成部分，集中体现了计划经济体制的主要特征。随着经济的发展和市场经济体制的逐步建立，传统投资体制所暴露出来的弊端和局限日益突出，这使投资体制的改革成为必然。

中国的投资体制改革和融资体制改革基本是难分高下的，但是一直以来投资体制改革似乎更受到决策层、管理层、理论界和公众的关注。原因可能是，固定资产投资与人们的关系更密切，对经济运行的影响更直接，以致2004年出台的国务院的文件中，没有用"投融资体制"而是用了"投资体制"这一概念。据说，还有一层原因是"投融资体制"涉及的面太广，不容易说清楚。所以，此前的书名也命名为《中国投资体制改革30年研究》，自然，按照书名本章的名字也就命名为"投资体制改革的目标"。

随着2017年《中共中央 国务院关于深化投融资体制改革的意见》的出台，投融资体制改革又站在了改革舞台的中心位置。与投资体制改革相比，二者虽然只有一字之差，但笔者以为意义重大。结合本书第一、第二章的内容，可以看出，在固定资产投资领域要发挥市场配置资源的作用只能依赖作为融资市场的资本市场。如同在西方市场经济语境下，说到投资，一般指的就是金融投资而非固定资产投资。随着中央文件的传播，投融资体制这一概念必然更加深入人心。人们最终可能会发现，它并不是投资体制和融资体制二者的机械组合。从内涵上看，它更可能是二者一体化后生成的一个新概念。所以，循名责实，说明投资体制与融资体制二者一体化的路径、前景与内涵，可能更应该是本章的研究内容。但是，显然这超出了我国改革实践太多，也是笔者难以胜任的。因此，本章暂时还保留了原来《中国投资体制改革30年研究》一书中这一章的分析框架，对投资体制改革和融资体制改革分开论述；只是在原书的基础上，在两节中分别增加了最近10年改革的主要内容。

第一节　投资主体改革的目标

一、计划经济体制下的投资主体

（一）投资主体特征：单一投资主体

投资，是一定量的货币为了获得预期经济收益，通过生产运营活动而不断转化为资产的活动。在市场经济条件下，存在着两种性质不同的投资活动：一种是企业投资；另一种是政府投资。企业投资以营利为目标，通过货币形态、生产形态、商品形态等，通过周而复始、不断循环的资金运转，达到资本增值；政府投资，通常以社会整体和公众利益为目标，通过资金的循环，实现公共服务设施、生产生活环境的改善，并进而促进生产效率的提高，引导经济发展。

投资主体是在投资活动中具有一定资金来源，拥有投资决策权力，享有投资带来的利益，并承担风险的法人和自然人。投资主体是投资活动的法定承担者，必须有一定的资金来源，是资金的积累者；投资主体是投资活动的决策主体，能对投资活动中的重大问题，如投资数额、投资方向、投资期限等做出决策和选择；同时，投资主体也是投资收益的享有者和投资风险的承担者，投资活动能使资本保值增值，投资主体能处分和支配投资收益，对投资活动中可能出现的损失、风险承担责任。

在传统的计划经济体制下，政府是唯一的投资主体，企业是政府行政机构的附属物。在这种单一投资主体条件下，全社会投资基本上由政府决策和实施，无论是营利性投资还是政策性投资，都作为政府投资由政府实施。企业，特别是国有企业都不是独立的投资主体，不具备投资决策的能力，无法从事投资活动；个体业主和境外企业的投资活动完全被排斥。

在单一的投资主体下，投资资金的来源也单一。政府投资的本质是国民经济整体效益的提高，故政府投资资金的主要来源是财政拨款。1978 年改革开放以前，中国基本建设投资的 80%以上来源于财政拨款，国内银行信贷资金极少用于固定资产投资，基金、股票、债券以及国外资金等直接融资方式均未被有效利用过。据统计，"一五"时期，我国基本建设投资总额中，国家预算拨款所占比重约为 89%；"二五"时期约为 78%；"三五"时期约为 89%；"四五"时期约为 82%。

在单一的投资主体下，企业是政府行政机构的附属物，不具有投资能力和投资决策的权力，投资决策权力高度集中于政府。政府通过指令性计划，以行政部门为中介进行投资决策。无论是投资总量、投资结构，还是投资方向、投资期限，无论是扩大再生产项目，还是简单再生产项目，无论是项目建议书、设计任务书、可行性研究报告，还是开工报告、实施方案等，都要通过政府审查批准。国家计划委员会（1952年成立）负责管理全国的基本建设长期规划和五年计划，国家基本建设委员会（1954年成立）则管理全国的建设业，负责限额以上项目的设计、审批和决策。在"一五"时期，国家规定：基建项目在500万~3000万元的，应当由国家建设委员会审核、国务院批准；60万~500万元的项目应当由省、自治区、直辖市人民政府批准；60万元以下的项目，其审核和批准程序由国务院各部委和省级人民政府自行规定，全部基本建设投资和大中型项目均需纳入基本建设规划。

（二）单一投资主体的局限和困境

1. 投资规模扩张，投资战线过长

由于是单一的投资主体，投资体制是行政强制性模式，因而各类资金在使用方向和重点上均要受政府的直接干预和控制，这使投资资金成为变相的行政分配资金，助长了地方争投资、上项目的冲动，容易导致投资规模膨胀、结构失衡。

在相当长的一段时期，我国投资出现过度膨胀、难以控制的局面。一些涉及国家安全、重要资源开发、产业布局的投资往往超过计划投资；一些在建项目的扩张速度也常高于预期，投资膨胀的惯性很大。1978年，国家完成投资501亿元，比上年增加119亿元，增加31%，在建项目1773个，比上年增加290个。1980年，全国基本建设战线仍然过长，建设项目仍然过多，总规模也继续过大，这导致当年的新增固定资产交付使用率由上年的83.7%下降为79.1%。整个"六五"期间，建成投产项目17.6万个，全民所有制单位完成固定资产投资5330亿元，比"五五"期间增长了67.3%。

为控制过度膨胀的投资规模，国家于1979年3月下旬至4月上旬在北京召开了全国基本建设工作会议，提出要搞好在建项目的清理，扩大国营施工企业的经营管理自主权，改进基建物资供应工作；8月，国家计委发出《关于抓紧清理、压缩全国基本建设在建工程量的通知》，旨在控制过快增长的固定资产投资规模。1980年，国家基本建设规模仍然偏大，积累率也偏高，达32%，国务院发出了《关于紧缩基本建设支出的紧急通知》。1981年3月，国务院作出《关于加强基本建设计划管理、控制基本建设规模的若干规定》。1983年2月，国务院发出《关于严格控制基本建设规模，清理在建项目的紧急通知》。1985 年 4 月，国务院发出《关于控制固定资产投资规模的通知》，8 月又发出《关于不再扩大 1985 年基本建设规模的通知》。这从一个侧面反映了当时我国固定资产投资规模扩张的状况。

由于政府投资审批的范围大、权限广，政策因素影响强，在一定程度上也导致了国家产业结构不尽合理。如一段时期内，我国农业和基础支柱产业投入不足，农业抵御自然灾害的能力较弱，而家电、纺织品生产能力过剩。

2. 投资责任弱化，投资效益欠佳

由于从投资决策到建设施工全部是由政府直接操作，因而投资过程缺乏严格的责任约束和法律约束。加之投资建设服务体系不健全，与投资相关的各个宏观管理部门职能模糊，同时社会上存在的乱集资、乱拆借和随意拖欠，干扰了国家对资金投向的宏观调控，也使投资领域竞争机制难以充分发挥作用，进一步弱化了投资责任。所以，1988 年 2 月，国务院批转国家体改委提出的《1988 年深化经济体制改革的总体方案》，提出主要任务是加强对固定资产的投资管理。

单一的投资主体，给国家人力和物力造成了很大的浪费。由于没有自主权，企业缺乏积极性和主动性，潜力不能充分发挥出来，这使我国的基本建设一直是一种高投入、高消耗的投资模式，生产投资的效率普遍偏低。有资料显示：中华人民共和国成立以来，我国的 GDP 投资回报率和有一定投资回收能力的公益事业与公共基础设施增长了 10 多倍，但是矿产资源的消耗却增长了 40 多倍，每增加 1 亿元 GDP，所需要的投资却要高达 5 亿元。因此，1990 年 5 月，国务院批转国家计委和清理固定资产投资领导小组的报告，提出要继续搞好固定资产的清理工作；1992 年 9 月，中共中央、国务院发布了《关于加强对固定资产投资和信贷规模进行宏观调控的通知》，提出要从八个方面加快职能转变，进一步扩大地方和企业基本投资决策权，减少国家指令计划，提高投资效益。

二、国外投资主体

（一）多元化的投资主体

在发达的资本主义国家，投资主体一般呈多元化状态，如美国、法国、日本等。

美国是典型的市场经济高度发达的国家，私有企业成为其经济的主体。美国也是投资主体多元化的国家，企业、政府、金融机构、中介组织交互作用，在投资中发挥着不同功能。美国的银行体系主要由商业银行、储蓄与贷款银行和信用社组成，商业银行的主要职能是吸收各类储蓄存款，办理支付账户，重点服务大中型企业；储蓄与贷款银行主要服务小型企业和个人；投资性公司包括保险基金公司、养老基金公司、小企业经济发展公司和其他投资性公司，这些公司实力雄厚，资金来源较稳定，一方面可为企业投资提供资金支持，另一方面也成为投资的主体。

在日本，建设主体与经营主体合二为一，形成了一个完整的投资经营主体。这些主体包括道路公团、铁道建设公团、股份公司等。公团是一种准政府机构，又是一个具有独立地位的特殊法人，其主要领导一般由在政府部门中有一定地位的人担任。它在发展方向上听从政府的意见，而在具体建设经营方面拥有很大的自主权。公团的资金主要来源于政府，一是直接补助，二是通过财政投融资提供无息或低息贷款。这样，公团一方面完成了国家的重点工程，另一方面又将其置于了一种自负盈亏的境地，促使其注意缩短工期，减少成本，提高投资效益。

法国也是多元投资主体的国家，政府、企业和银行均为投资主体。政府投资主要集中于公共基础设施、社会服务和福利设施以及国家和政府机构的建设，如道路、桥梁、城市供水排水、医疗保健和体育设施等。中央政府承担全国范围的、跨地域的、关系到国计民生或全社会共同利益的投资，地方政府承担地区范围之内的、涉及本地区经济和社会发展的公共投资。无论是中央政府还是地方政府，都是独立的投资主体，都能自主决定主体权限范围之内的投资项目。

（二）企业是主要的投资主体

市场经济国家的投资主体一般是企业而不是政府。如美国的企业大体分为三类：一是单个企业，这类企业占了全美企业的绝大部分；二是合伙制企业；三是公司制企业。这些企业都是主要的投资主体。企业通过兼并、重组、联合等形式实现资本扩张和增值。美国企业投资资金的主要来源是自筹资金，包括企业的折旧和直接融资，少部分来自借款和未分配利润。美国企业投资要列入企业战略发展规划，投资项目主要考虑企业所处行业、生产经营环境和应达到的目标。在美国，政府不直接管理企业，特别是不直接运用行政手段干预企业的生产经营活动和投资活动，而主要是以法律、法规的形式，鼓励、引导、帮助企业投融资，为企业营造自主发展、公平竞争的有利环境和自由空间。

在法国，主要的投资主体也是企业。企业的投资主要集中于生产领域，如农业、制造业、一般加工业等，也包括一些经营性的公共设施。一些垄断性基础工业，如电力、石油、钢铁、铁路、航运等，通常由少数国有公司掌控；而竞争性、营利性行业中的投资，则主要是私营业主。无论是国营企业，还是私营企业，均享有同等的自主投资和自主选择融资方式的权利，法律规定，政府不参与竞争性投资，也不干预企业投资决策。

三、投资主体的改革目标

（一）关于企业投资主体的理论纷争

长期以来，中国国有企业在国民经济活动中一直占主导地位。中华人民共和国成立初期，党的中心任务之一是恢复和发展城市的生产建设事业。国家确定的企业发展顺序是国营工业的生产、私营工业的生产、手工业的生产。政府对国营企业的定位是：工业主管部门从事生产经营的一个基层单位。在当时的条件下，无论是中央管理的企业，还是地方管理的企业，都属于社会主义国家所有，都是社会主义国家的财产，企业的一切活动均由政府安排和指挥，国营企业的根本任务是按照国家计划规定，增加产品，满足社会的需要，同时完成国家规定的利润上缴计划。

1979年初，经济界对企业管理体制的改革展开了一次讨论，主要有三种观点：第一种认为，在企业生产中，不是国家集中得过多，而是集中不够；第二种认为，企业生产中中央集中过多，应把权力下放到地方，让一个省或市有独立的自主权；第三种认为，国家集中过多，企业还不是独立的经济核算单位，没有自主权，不能充分发挥其积极主动性。针对企业管理体制，有学者提出：要以企业为基本单位，让企业在国家的统一领导和监督下，成为实行独立核算和独立经营的实体。他们认为，企业是现代经济的基本单位和从事生产的经济组织，其在技术上自成一个独立的生产体系，与其他生产单位以及消费者发生经济联系，它是一个能动的经济体，具有独立的经济利益。企业与国家的经济关系，归根结底是利益关系。因此，国家对企业的领导和管理，必然要采用经济手段，如制定经济政策，指导和约束企业的经济活动，通过立法保护企业与职工的正当权益，监督企业执行政策法令，运用经济杠杆调节和控制企业的经济活动。

1979年9月，吴敬琏、周叔莲与汪海波三位学者合写了论文《价值规律和社会主义企业自动调节》，提出：必须使社会主义企业自动化，要从根本上改变企业由国家行政机关从外部上推一推、动一动的状况，要使企业时时刻刻发挥主动性，努力发展社会主义生产，满足整个社会及其成员的需要。1978年4月，中共中央颁发了《关于加快工业发展若干问题的决定（草案)》，作出了按专业化协作原则进行行业改组的决定。不久，国家在集体所有制企业中开始了承包制的探索，具体做法是：企业自己管，盈亏自己负，干部自己选，工人自己招，工资自己担。依据这些原则，1979~1983年，集体所有制企业承包制普遍推广。于是，在国有大型企业中是否可以搞承包制，也提上了议程。

1984年10月，中共十二届三中全会通过了《中共中央关于经济体制改革的决定》，提出了国有企业改革的新问题，认为现行经济体制的种种弊端集中体现为企业缺乏应有的活力，增强企业的活力，是以城市为中心的整个经济体制改革的中心环节。企业改革的目标是，使企业真正成为相对独立的经济实体，成为自主经营、自负盈亏的商品生产者和经营者，成为具有自我发展能力，享有权利、承担义务的法人。

1992年开始，以邓小平南方谈话的发表和中共十四大为标志，我国的经济体制改革与现代化建设事业进入了深化改革的阶段。与此同时，企业改革开始从机制转换向制度创新与战略改组的新阶段过渡。1993年11月，中共十四届三中全会通过的《中共中央关于建立社会主义市场经济体制若干问题的决定》提出："坚持以公有制为主体，多种经济成分共同发展的方针，进一步转换国有企业经营机制，建立适应市场经济要求，产权清晰，权责明确，政企分开，管理科学的现代企业制度。"随着改革的深入，国有资产管理中要处理一些重要的问题：一是政府的行政管理职能和国有资产管理职能的关系；二是国家终极所有权与企业法人所有权的关系；三是国有资产管理与国有资产经营的关系。只有将政府的行政管理职能和国有资产管理职能区分开，实现国有资产的独立运作，才能摆脱政府部门对企业的行政干预；只有将一部分国有资产全权委托给企业，由企业独立经营，由企业承担保值增值的责任，企业的发展才有活力。

（二）投资主体改革的主要目标

1. 主体多元化，企业成为最主要的投资主体

将企业定为最主要的投资主体，就需要划分两类投资主体的投资范围，完善各自的运行机制。不同性质的投资具有不同的作用，从而有各自的作用范围。企业的投资范围，主要是竞争性、营利性行业和产品；政府的投资范围，则主要是公共性、开发性、福利性、公益性领域。当然，两类投资主体的投资范围并不是固定不变的。

确定企业投资主体的地位，首要的是解决大型国有企业的授权问题，即国有大型企业可以成为国家授权的投资机构。具体而言，企业拥有投融资

权、一定数量的资产处置权和资产收益的使用权，国家拥有资产增值的最终收益权、管理者的人事选择权，国家需要对授权的投资机构进行监管，对集团公司的有关政策要做相应调整，对获权机构制定相应的考核办法。

对于出资主体，一些学者主张（如唐宗焜）：应尽快解决国有资产的出资主体问题，即设立国家控股公司，确定国家控股公司的职责和权限，使集团公司摆脱政府的行政干预，从而达到企业扩大实力、优化结构、提高规模效益的目的。王珏主张：虽然不是每个企业都能起主导作用，但国有经济应该起主导作用，必须从整个国民经济的高度搞活国有企业。自然垄断的行业，国家可独资；基础性、支柱性、先导性的产业，国家可控股；一般性的企业，国家应参股。对于国有资产投资机构的设立，主要有两种观点：一种主张，依托企业集团，将大型国有企业建立为国有资产授权投资机构；另一种主张，以行政性公司为主，设立国有资产授权投资机构。前者认为，集团公司可借助国有资产的存在优势扩大实力，优化结构和提高规模效益，集团公司的母公司性质与国家授权投资机构的要求相符合，有利于企业集团母子公司体制的完善；后者认为，行政性总公司有更多的行业管理经验，企业应注重规模经济，注重行业内部联合，与外资抗衡。

明确了企业的投资主体地位后，随之而来的是确定企业与政府的投资方向。对此，改革的目标是：对于基础性项目，如能源、交通、通信等基础工业以及直接增强国力的支柱产业项目，由于其投资规模大、建设周期长，直接效益、经济效益低，而社会效益高，需要政府扶持，故主要由中央政府和地方政府投资，资金来源为政策性贷款，政府可集中必要的财力、物力，通过经济实体进行投资、建设、经营，也可广泛吸引地方企业参与投资，并鼓励骨干企业直接投资。对于竞争性项目，经济效益是其第一目标，投资主体应以企业为主。这类投资是由市场导向的，企业投资应受市场调节。企业根据市场信号和市场刺激，决定是否投资，以及投向哪里；利多多投，利少少投，无利不投。同时，企业要自行组织筹资、建设和经营，政府只负责指导和制定政策，并逐步从中退出，把投资主体地位转移到企业，促进投资行为的根本转变。

在投资主体方面，更进一步的目标是，政府推行投资准入政策，明确划分鼓励投资、允许投资、限制投资或禁止投资的领域，打破所有制界限、部门垄断和地区封锁，逐步建立适应民间投资需要的多层次金融体系；不断扩大企业投资的自主权，缩小政府投资的领域和范围；通过税收杠杆，鼓励企业投资国家优先发展的行业；通过简化行政审批程序，鼓励个人实业投资和外商投资。基于这些设想，1986 年 10 月，国务院发布《关于鼓励外商投资的规定》；1987 年 1 月，国家财政部制定七项有关外商投资税收优惠的条款；1988 年 6 月，国家财政部发布《关于沿海经济开发区鼓励外商投资减征、免征所得税和工商统一税的暂行规定》；1998 年 9 月，国家经贸委发布《关于国有企业利用外商投资进行资产重组的暂行规定》。

2. 投资主体自主选择金融机构

投资活动中，金融机构占有十分重要的地位。在新的投资主体确立后，金融机构的改革目标是，在国务院下设国家国有资产管理委员会，专职行使工商企业和银行中国有资产的所有权。国务院授权国资委投资设立一个国有独资公司性质的债务托管机构，同时，把专业银行分成商业银行和投资银行两部分。投资银行直接投资经营投资业务，发行自己的投资银行债券，以债券收入来购买已向商业银行出让的企业股权。国家对投资银行的注资不采用货币形式，而是通过股票认购券的形式注入。

对于具体的投资贷款，可分为政策性投资贷款和商业性投资贷款。竞争性项目投资主体主要与商业银行直接发生联系，银行按照资产负债比例管理和风险管理的责任、效益原则自主选择贷款对象，投资主体按照竞争与效益原则自主寻找贷款银行，确定贷款数额，通过商业银行间接融资。同时，企业可按照法定程序进行直接融资，如通过批准发行投资债券、股票，或组织横向联合投资等。

基于这些思路，2005 年 3 月，国家发展改革委颁布的《国际金融组织和外国政府贷款投资项目管理暂行办法》（以下简称《办法》）规定：国外贷款属于国家主权外债，境内企业、机构、团体均可申请借用国外贷款；国外贷款主要用于公益性和公共基础设施建设，保护和改善生态环境，促进欠发达地区经济和社会发展；按照政府投资资金进行管理。该《办法》还明确要求，国外贷款项目主要用于土建、设备、材料、咨询和培训等资金安排，项目用款单位要依法履行国外贷款偿还责任，及时进行外债登记，加强国外贷款债务风险管理；国外贷款项目出现余款时，项目用款单位要办理余款取消手续，若将余款用于完善原项目建设，需要参照资金申请报告的要求，编制余款使用方案。

3. 建立多元投资主体下的出资人制度

与多元投资主体相适应，改革的另一方向是逐步建立起出资人制度，特别是出资人的资信评价体系。主要目标是：以资信等级为依据，实施对出资人融资能力的宏观调控。放弃项目的行政审批，形成投资决策、资本决策、信贷三权鼎立，相互制约，各负其责的投融资格局。

出资人制度要求：出资人负起责任，履行出资人之责；出资人要承担起民事责任；形成损益机制，战略投资者对于自己的投资负有直接的决策责任，对于下属企业的投资负有间接的督导责任，无论哪一类投资失误，投资者不仅要承受资产损失，更要承受资信损失；以资信等级为依据，建立起针对出资人的资信评价体系，实施对出资人融资能力的宏观调控。

旧体制下，国有资本投资的弊端主要表现为投资主体不明确，投资活动的利益关系不清晰，收益和风险不对称，产权对投资活动不能形成根本性约束，因而无人对投资项目的筹资、建设、经营、偿债和取得资本回报全面负责。实践证明，唯有通过制度建设对出资人代表机构形成制约，出资人代表机构通过公司治理结构对企业形成制约，才能建立起国有投资的责任链，才能使投融资体制改革走上正轨。

四、强化企业投资主体地位

（一）投资主体的形成

1. 背景分析

在传统计划经济体制下，实际上只有工厂而无企业，工厂也只是国家管理的大工厂中的一个车间，用人们熟悉的语言说就是，企业是政府的附属物。在这种情况下，企业既不是出资人又不是决策者，当然不具备成为投资主体的条件。

继 1979 年推行利润留成和 1983 年推行第一步利改税后，1984 年推行了第二步利改税，1986 年以后出台了承包制，并在全国迅速推开。这些举措使企业可用于投资的自有资金增多，进一步扩大了企业自主权。更为重要的是，1985 年开始全面推行了基本建设投资的"拨改贷"改革，改变了企业与资金的关系。

上述改革使企业掌握了原来属于政府预算的投资资金的，初步成为投资资金的使用主体。特别是，银行体制改革使企业能够以商业贷款的形式从专业银行得到更多的可用于投资的商业贷款，从而使企业支配和管理的资金的数量进一步增大，把国有企业一步步推到了投资主体的位置。也就是在这时，原来的投资管理体制对企业的束缚才显得难以忍受，必须改革。在此之前，企业则根本不具备成为投资主体的条件。

2. 投资管理体制与企业投资主体地位的关系

改革传统计划经济条件下的投资管理体制的过程，也就是确立企业投资主体地位的过程，二者构成明显的因果关系，所以对原有投资的每一次冲击都稳固了企业作为投资主体的地位。

在这一过程中，值得提起的几个重要文件是：1993 年颁布的《中共中央关于建立社会主义市场经济体制若干问题的决定》，把所有投资项目划分为竞争性、基础性和公益性三类，竞争性项目投资由企业自主决策、自担风险，所需贷款由商业银行自主决定、自负盈亏；1996 年 3 月 10 日国家计委发布的《关于实行建设项目法人责任制的暂行规定》；1996 年颁布的《国务院关于固定资产投资项目试行资本金制度的通知》；2004 年颁布的《国务院关于投资体制改革的决定》。

3. 确立企业投资主体地位，把投资权还给企业

在经过近 40 年的摸索后，在 2016 年出台的《中共中央　国务院关于深化投融资体制改革的意见》中，通过建立"三个清单"制度，终于对这一问题给出了答案。三个"清单制度"使政府受到法无授权不可为的束缚，使让出的权利回到了企业手中。

为了确立企业投资自主权，配合落实"三个清单"中的项目负面清单，国务院和国家发展改革委推出了两个重要文件：一个是《企业投资项目核准和备案管理条例》，另一个是它的姊妹篇《企业投资项目核准和备案管理办法》。

(二)《企业投资项目核准和备案管理条例》

(1) 这是我国固定资产投资领域中的第一部行政法规，以法律形式划定了政府主管部门与企业之间的权力界限，意义重大。

条例开宗明义，在第一条就阐明了本条例制定的目的："为了规范政府对企业投资项目的核准和备案行为，加快转变政府的投资管理职能，落实企业投资自主权，制定本条例。"这一条虽然简明扼要，却说明了一个重要观点，即要落实企业投资自主权，首先必须要"规范政府对企业投资项目的核准和备案行为，加快转变政府的投资管理职能"。

(2) 接下来就明确了核准管理的具体项目范围及核准机关、核准权限。2013 年以来已经 9 年未整体修订《政府核准的投资项目目录》，中央层面核准项目连续两年进行了调整，至 2016 年底，其数量已经减少 90% 以上（据说达到了 95%）。由此，确实可以说企业作为投资主体的自主权更大了。

"实行核准制的投资项目，政府部门要依托投资项目在线审批监管平台或政务服务大厅实行并联核准。精简投资项目准入阶段的相关手续，只保留选址意见、用地（用海）预审以及重特大项目的环评审批作为前置条件；按

照并联办理、联合评审的要求，相关部门要协同下放审批权限，探索建立多评合一、统一评审的新模式。加快推进中介服务市场化进程，打破行业、地区壁垒和部门垄断，切断中介服务机构与政府部门间的利益关联，建立公开透明的中介服务市场。进一步简化、整合投资项目报建手续，取消投资项目报建阶段技术审查类的相关审批手续，探索实行先建后验的管理模式"。

（3）第七条规定"项目申请书由企业自主组织编制，任何单位和个人不得强制企业委托中介服务机构编制项目申请书"。企业办理项目核准手续，才需要向核准机关提交项目申请书。这一条紧接着就明确了需要办理核准手续的企业的权利。

（4）条例明确规定，政府仅对涉及国家安全、全国重大生产力布局、战略性资源开发和重大公共利益等项目实行核准管理，其他项目一律实行备案管理。第十三条规定"实行备案管理的项目，企业应当在开工建设前通过在线平台将下列信息告知备案机关"。这说明，所谓备案制只是履行告知义务。"实行备案制的投资项目，备案机关要通过投资项目在线审批监管平台或政务服务大厅，提供快捷备案服务，不得设置任何前置条件。实行核准制的投资项目，政府部门要依托投资项目在线审批监管平台或政务服务大厅实行并联核准。精简投资项目准入阶段的相关手续，只保留选址意见、用地（用海）预审以及重特大项目的环评审批作为前置条件；按照并联办理、联合评审的要求，相关部门要协同下放审批权限，探索建立多评合一、统一评审的新模式。加快推进中介服务市场化进程，打破行业、地区壁垒和部门垄断，切断中介服务机构与政府部门间的利益关联，建立公开透明的中介服务市场。进一步简化、整合投资项目报建手续，取消投资项目报建阶段技术审查类的相关审批手续，探索实行先建后验的管理模式"。

（三）《企业投资项目核准和备案管理办法》

（1）《企业投资项目核准和备案管理办法》是对《企业投资项目核准和备案管理条例》的深度解读和延伸，使其更具有操作性，因而也更详尽，所以字数也更多。前者的字数大约是后者的2.8倍，多出了5000多字。

《企业投资项目核准和备案管理办法》表现出几个突出的特点。它强化了投资项目在线办理。除涉及国家机密的项目外，不论是项目核准还是备案均通过投资项目在线审批监管平台实行网上受理、办理、监管和服务，实现核准、备案全过程和结果的可查询、可监督，极大地简化了企业备案手续。对企业投资项目备案实行了承诺制，企业可以在项目开工前任何阶段通过在线审批监管平台填写承诺书，填写完成并做出承诺后，就不需要再履行项目备案手续，直接视为已完成备案，企业不仅不需要与备案机关接触，也不需要跑腿，真正实现了"备案零等待""一次也不用跑"。依托互联网，实行投资项目"一码制"。项目通过在线平台申报生成作为项目整个建设周期身份标识的唯一项目代码。各有关部门统一使用唯一项目代码办理相关手续，项目的审批信息、监管（处罚）信息，以及工程实施过程中的重要信息，统一汇集至项目代码，并与社会信用体系对接，作为后续监管的基础条件，最大限度地体现企业依法依规自主决策。在备案项目上，政府仅了解和掌握企业投资项目意向信息和项目动态信息，企业投资项目依法依规由企业自主决策，进一步理顺了审批部门和企业的关系。对企业投资项目评估委托、评估时限、评估要求都做了明确规定。

（2）第八条明确指出"项目的市场前景、经济效益、资金来源和产品技术方案等，应当依法由企业自主决策、自担风险，项目核准、备案机关及其他行政机关不得非法干预企业的投资自主权"。这充分表明了对企业投资自主权的尊重。

第二节　投资管理改革的目标

一、计划体制下的投资管理

（一）计划体制下投资管理的特征

1. 政企不分，项目管理上无限延伸

政企不分是计划经济时代的重要特征，政府既是行政权力的实施主体，又是国有资产的所有者，既行使经济管理的职能，又行使投资经营管理的职能。作为行政管理者，政府要考虑全社会的经济利益和社会利益，要从国家整体和大局出发；作为投资经营者，政府又承担着财产所有者权益的责任，负责资产的保值增值。客观上，政府的这两种职能是冲突的、不相容的。双重职能的出现，使国有企业很难成为独立的法人实体，地区封锁、条块分割的局面很难打破，重复建设的情况很难避免。

另外，政府与企业间没有明确的权力界限，也没有明确的责任，政府是投资主体，也是投资的决策者，政府的一切投资决策通过行政审批实行。政府的投资决策没有必要的风险责任约束，也没有监督机制；部门职能之间交叉重叠，政出多门、多头审批，很难对全社会投资总量和方向实施有效的调控和引导。

在投资活动中，政府的权力被无限扩大。上不上项目、上什么样的项目、上多大的项目、在何时何地上项目，均由政府决策。政府通过指令性计划，对项目进行一揽子管理，如项目咨询、项目评估、项目决策及勘察、设计、建筑施工等全部由政府统一安排，政府管项目、管企业，也管分配。针对这一状况，在改革开放初期，国家逐步扩大了企业的自主权。1984 年 8 月，国家计委发布了《关于简化基本建设项目审批手续的通知》，同年 12 月又下达了《关于国家预算内基本建设投资全部由拨款改为贷款的暂行规定》，对建筑实施阶段的管理进行了改革，推行投资包干责任制，但没有赋予企业投资自主决策权。1988 年，国务院发布了《关于投资管理的近期改革方案》，确定企业成为一般性建设的投资主体，扩大了企业的投资决策权。1992 年 9 月，中共中央、国务院发布了《关于加强对固定资产投资的信贷规模进行宏观调控的通知》，9 月 25 日，《人民日报》报道，国家计委改革计划体制和投资体制，从八个方面转变职能，扩大了地方和企业基本建设投资决策的权力，减少了国家指令性计划。尽管如此，企业在投资方面的决策权仍然没有真正实现。

2. 中介服务机构和银行职能弱化

投资中介服务机构是介于政府与企业之间的事业单位，有以宏观决策服务为主的咨询机构，也有以编制建设项目书、可行性研究报告和设计文件为主的咨询机构，还有以建设项目实施阶段服务为主的咨询机构。其主要职责是：为企业提供相关信息，帮助企业开展投融资活动，减少失误，规避风险，解决投融资活动中的各种问题，提高投资质量和效益。投资中介机构为投资主体服务。计划经济时期，中介服务机构很少，已成立的机构，也明显带有计划经济的色彩，其与地方政府有着密切的联系，除行政隶属关系外，还有着财务关系。因此，在招投标等各项投资活动中，中介机构受地方政府的干预较重，进而导致部门保护、行业垄断和地方封锁。由于中介机构不能选择企业，企业也不能选择中介机构，这使中介机构不能很好地发挥作用，无法提供公开、公平的服务和有效地开展公平竞争，致使其执业信誉不高。

政府干预企业的生产，干预中介服务机构，也干预银行的经营。在一段时期，中国金融业由政府垄断，机构单一。企业和金融机构不能在市场见面，不能在较大范围内相互选择，缺少竞争，缺少活力。这增加了企业获得银行贷款的融资成本，也加大了银行风险。随着投资体制改革的不断深入，国有专业银行也进行了商业化改革，《公司法》确定了商业银行的法律地位，明确商业银行是独立经营的企业法人，实行企业化的经营和管理。但是，非国有银行、非银行金融机构（如信托投资公司、财务公司、保险公司、证券公司等）和国外金融机构发展还不快，无法满足多元化的投资需求。

（二）投资管理的局限与困境

在传统的投资管理体系中，投资决策权高度集中于中央政府，地方政府只有建议权、执行权；无论是扩大再生产项目，还是简单再生产项目，都须按照一定限额，由中央或省政府审查批准，这使全社会的投资活动遇到许多困难。

1. 投资损失大，项目失误率高

投资管理体制改革之初，应该由市场发挥作用的机制没有建立，本应由企业自主决策的投资活动受到行政方面的不正当干预；适应市场经济要求的宏观调控体系不完善，各种调控手段缺乏形成合力的有效机制，这使全社会投资损失大，项目失误率高。

国家统计局提供的《中国固定资产投资统计年鉴》等相关资料显示：1958~2001年，我国投资项目失误率接近投资项目的50%；"八五"期间，我国中型以上项目的成功率为58%，不成功率是42%，投资失败多数由政策操作失误所致。2002年，有关部门在审计15个省（区、市）国债资金管理使用情况时发现，一些国债项目损失浪费、效益低下问题十分突出。9个省的37个污水处理项目，总投资额58.41亿元，其中使用国债资金为19.95亿元。但由于前期准备不充分、配套资金不到位以及运行费用不足等原因，有15个项目未按计划完工或开工，在16个已完工项目中，有7个达不到设计要求，而且许多配套设施落后于主体工程，大量设备闲置，项目整体效益难以发挥。同年，国家有关部门在对国内18个重点机场和38个支线机场建设进行审计时发现，大部分机场亏损严重，经营困难。已竣工投产的12个重点机场中有9个亏损，累计亏损额达14.46亿元；38个支线机场中有37个亏损，2000~2001年度累计亏损15.27亿元。造成这种局面的根本原因是，决策责任机制和风险约束机制缺失，地方政府参与项目决策和建设，投资建设与经营管理脱节。

有专家指出，多年来国家投资项目建设与管理中出现问题，根本原因在于现行投资管理体制与市场经济不适应，新的项目建设监管体制和运行机制尚未形成。一个投资项目的审批要过项目建议书、可行性研究报告、开工报告这三道关，一般需要1~2年的时间，大量的市场机会在这种审批过程中丢失了。

2. 投资行为缺乏责任制度，风险约束机制缺失

由于缺乏责任制度，部分地区和行业出现了低水平重复建设等问题，同时，信息不透明，也导致了投资领域特别是政府投资领域的腐败，出现了"工程上马，干部下马"的现象。此外，庞大资产存量的不合理配置，也严重制约了有限投资增量的优化组合。据统计，目前国家近2万亿元的国有资产中，约30%处于闲置和低效运作状态，资产存量的不合理配置既耗费了巨额新增投资作为亏损补偿，又使重点建设的新增投资规模受到很大限制。

因为没有风险约束机制，银行不承担贷款风险，计委审批了项目，银行就发放贷款，致使国有银行出现大量的呆账、坏账。同时，信用缺失，也导致储蓄难以转化为投资。一方是巨额的居民储蓄，老百姓手持金融资产找不到良好的增值出路；另一方则是各类企业的融资困境。责任制度与约束机制的缺失是导致这一局面的主要原因。

二、国外投资管理模式

（一）政府：服务职能强化，管理职能弱化

在美国，政府、企业、银行、中介组织的职能和作用、责任和权益的界定十分明显。在投资活动中，政府提供公共产品和服务，社会管理职能较健全，但经济管理职能相对弱化，政府不管企业、不直接运用行政手段，而是通过法律、法规、财政、税收等方式，间接调控经济，影响企业的投资。其职能主要是：制定经济法律，如公司法、所得税法、银行法等；通过税种、税率调节企业投资和居民消费；为中小企业贷款提供担保，为受自然灾害影响的企业提供帮助；发布各类信息，提供水、电、公用设施、安全保障等，为企业投资活动提供信息支持。

英国的私人经济一直占主导地位，国民经济主要由自由市场机制来调节。政府尽量避免干预英国经济，其作用主要是税收、国防和对外事务。在投资活动中，企业是投资主体，也是决策主体，其投资资金主要来源于自有资金、设备更新改造基金及直接融资。政府则通过财政公共开支，制定银行基准利率，以对欠发达地区进行适当补助等形式，为企业和私人投资创造低通胀、高就业的投资环境。此外，政府还通过利率等杠杆，调节总供给和总需求的平衡，通过税收优惠政策，建立开发区和企业园区，吸引国外投资；对中小企业、高科技产业和特殊产业给予资助，提供工商联络、技术咨询的出口帮助，扶持其发展。

澳大利亚是中等发达的资本主义国家，私营企业在经济中占有绝大比

重。澳大利亚的政府投资主要集中于基础设施、新兴部门和战略部门，如电力、煤气、用水、公路、铁路、港口、电信等，私人投资和企业投资一般集中于竞争性行业。政府的投资支出是财政预算支出的组成部分，由国库、财政及相关金融机构负责管理，国库部负责预算收入管理，国家财政部负责预算支出管理，政府严格按项目预算执行投资计划，以保持财政预算平衡。在澳大利亚，全社会投资总量没有控制，但政府投资却受到严格限制。对于私人投资，政府通过税收、货币政策等进行间接调控。20世纪80年代以后，澳大利亚政府的宏观经济政策发生了较大变化，主要是减少政府的行政干预，对公有经济实现私有化，向私人企业和公众出售基础性行业中国有企业的股份等，目的是使政府逐步从基础性项目中退出，进一步完善政府对投资的宏观管理。

瑞典是发达的市场经济国家，国有企业在国民经济中占有一定比例。国家对投资管理的基本指导思想是以市场调节为主，政府指导为辅。瑞典政府的投资主要用于社会福利和公共设施，包括铁路、公路、邮政、电信、电力等基础产业和设施，电子、医药、运输设备等技术开发及中小企业投资等，其投资资金主要源于政府财政拨款、政府投资基金、资本市场融资。瑞典有"地区发展基金会"，这是由瑞典政府和瑞典工商协会共同组建的全国性机构，是自负盈亏的企业，其以贷款形式为中小企业提供支持，并提供信息和咨询，帮助中小企业提高竞争能力和投资效益。

（二）金融机构功能健全，中介服务体系完善

美国的金融机构是企业投资的重要支撑机构，其数量多，资金充裕，自主权大，利益、风险、责任紧密相关。美国的中央银行独立于政府制定货币政策，制定贴现率、商业银行准备金率，发行货币，干预和调整汇率，影响企业投资和经济发展。商业银行则自主制定各类贷款利率，通过严格的借贷手续向企业发放贷款。美国的中介组织分为营利性中介组织和非营利性中介组织，前者如投资公司、投资银行、律师事务所，后者如商会、行业协会等。这些组织向政府和企业提供信息，为企业提供商情服务，协助政府扶持中小企业发展计划，支持企业发展好的项目，增加就业机会；研究政策，代表企业与政府和国会对话，参与讨论与企业相关政策的制定；制定行规，规范职业道德和行业技术标准，保证竞争的公平、公开。

英国的金融业十分发达，除英格兰银行为国有银行外，其他银行均为私有银行。从业务上划分，这些银行可分为两类，一类是投资银行，另一类是商业银行。投资银行不办理储蓄业务，主要帮助企业发行股票、开展保险、

证券业务；商业银行办理储蓄，发放短期贷款、中长期贷款，并开展租赁业务。在英国，对于投资活动，企业与银行实行双向选择。对于申请贷款的企业，银行一般考虑由权威中介组织评定企业信誉等级、企业经营者的管理能力和水平、投资的盈利潜质，以及担保、抵押的可靠度等，一般投资期短、见效快的项目很容易获得短期贷款。

英国的中介组织也十分发达，市场中介组织众多，如各类行业协会、商会、投资银行、咨询公司、财务公司、资产评估机构等。中介组织受银行、企业等的委托，直接为用户服务，其主要功能是：对企业的项目情况、财务情况进行验资、评估；对项目进行技术论证，如对项目投入产出情况、市场情况、投资环境、投资风险、决策风险等进行论证；根据市场导向，为企业融资、发行股票等；根据委托项目的技术难度、复杂性等收取服务费，同时对项目借贷承担一定的经济责任和法律责任。通常，一个项目往往要经过两三家中介公司的评估。

在澳大利亚，资本市场筹资是重要的渠道，政府设有专门的贷款委员会，以确定政府在资本市场上的融资量。澳大利亚有四个独立的债券市场：联邦债券市场、半政府债券市场、公司债券市场、指数化债券市场。一般地，政府债券以拍卖的方式发售，以降低筹资成本。对于一些基础设施部门，如陆地运输、机场、港口、发电输电、天然气管道、供水、下水道和废水道安装等，澳大利亚政府也鼓励私人投资，并通过"澳大利亚发展债券"的发行，减少政府在基础设施方面投资的费用和风险。

当然，国外投资也有政府投资，政府投资中也相应地存在一些问题，但由于长时期的体制和法律建设，发达国家政府已较好地解决了投资管理和效率问题。这为中国的投资体制改革方向提供了有益的借鉴。

三、投资管理改革的目标

投资管理改革的目标是：综合运用经济杠杆，将投资活动纳入法制建设的轨道；建立激励机制和约束机制，完善与社会主义经济体制相适应的投资总量和结构调控体系；建立与投资活动有关的投资服务体系和要素市场，形成在法制规范下的公平竞争机制，使中介服务机构成为管理投融资活动的主要组织形式。

其基本内容包括：将建设项目划分为竞争性、基础性和公益性三类。竞争性投资项目以企业作为基本的投资主体，向市场融资；基础性投资项目由中央、地方、企业三方承担；公益性投资项目则主要由政府负责。改变项目立项办法和审批程序，先定法人主体、后定项目；扩大法人主体决策权限，企业的投资由企业决策，同时承担投资风险；建立投资风险约束机制，让银行与法人相互选择，风险自行负责，政府负责引导；投资的宏观调控，实行中央统一确定调控政策和目标，中央和省两级负责的原则；对投资总量不再单纯依靠计划指标控制，而主要运用经济手段实行间接调控；分离政策性融资与商业性融资，建立中央政策性投融资体系，政策性融资划归到国家银行。

投资管理改革的目标具体如下：

（一）政府宏观调控，间接管理

现代社会，政府的主要职能是稳定社会秩序，协调社会关系，维护经济发展，提供国防、社会治安、司法等公共服务，适度干预经济的市场化活动，进而促进市场竞争、优化产业结构，并调控宏观经济。因此，财政投融资是实施政府特定政策的手段之一。

针对投资活动中出现的问题，投资管理改革的目标之一，就是政府缩小投资项目的审批范围，加强对投资的宏观管理和法制化建设。具体而言，政府与企业都作为投资主体参与投资，二者均按照国家产业政策，出资建设国家鼓励和允许发展的项目，除了重大和特殊规定的项目外，其他项目均由各方自主决策，各自承担风险，不再上报政府投资主管部门审批。

政府将按照国民经济和社会发展的中长期目标，制定优化产业结构和协调地区经济发展的投资政策，以产业政策、货币政策和财政政策为主要手段来调控全社会的投资规模和投资结构；通过制定、实施有关法律法规，依法保护各类投资者的合法权益和公平竞争，规范投资行为，把投资活动纳入法制化轨道；通过建立投资项目登记备案制度，了解在建项目的规模、结构、布局，及时发布投资和投资市场信息，以指导投资主体的投资决策，引导社会投资方向。总之，政府对投资的管理将由直接管理转变为间接管理。

2004年7月，国务院颁布了《关于投资体制改革的决定》，决定要求：①改企业投资项目的审批制为核准制和备案制。今后对不使用政府投资资金的企业建设项目，一律不再实行审批制，政府只对其中的重大项目和限制类项目进行核准，对其他项目实行备案制。②政府投资主要用于关系国家安全和市场不能有效配置资源的经济社会领域，用于加强公益性和公共基础设施建设、保护和改善生态环境、促进欠发达地区的经济社会发展、推进科技进步和高技术产业化；采取直接投资、资本金注入、投资补助、转贷和贷款贴息等方式，合理使用各类政府投资资金。对非经营性政府投资项目，加快推行代建制。③完善投资宏观调控体系，改进调控方式；综合运用经济的、法律的和必要的行政手段对全社会投资进行以间接调控方式为主的有效调控。④完善对政府投资的监督管理，建立政府投资责任追究制度，健全政府投资制衡机制，建立政府投资项目后评估制度和社会监督机制；加强和改进对社会投资的监督管理，建立健全协同配合的企业投资监管体系，依法加强对企业投资活动的监督，建立企业投资诚信制度；加强对投资中介服务机构的监管，对咨询评估、招标代理等中介机构实行资质管理。这些要求，是对投资管理改革目标的完整诠释。

（二）完善决策机制，建立财政投融资体系

投资活动中，投资决策、资本决策和信贷决策是投资活动成立的基础。投资决策，就是要决定何时、何地、以什么方式建设何种项目。一般来说，商业性项目的投资决策由资本所有者做出，公益性项目的投资决策由政府做出。资本决策，就是要决定投入的资金量，应由权益资本所有者根据项目可能带来的经济收益或社会效益，决定是否出资建设某个项目，进而设计具体的项目结构。信贷决策，就是决定以何种条件、何种方式提供债务资金，应由债务资金提供者根据项目的风险和清偿能力进行决策。

改革的目标就是确立"谁投资、谁决策、谁承担风险"的原则。凡企业投资国家允许发展的产业、产品和技术，均由企业自主决策、自担风险。除重大项目外，政府一般不再对项目进行审批，环保、土地等方面，均按照法律规定的程序办理有关手续。确需政府审批的项目，也将尽可能简化审批程序，主要是看项目在投资方向和宏观布局上是否合理，是否符合国家有关政策和法规。

在融资方面，《国务院关于投资体制改革的决定》明确提出：能够由社会投资建设的项目，尽可能利用社会资金建设；要逐步理顺公共产品价格，通过注入资本金、贷款贴息、税收优惠等措施，鼓励和引导社会资本以独资、合资、合作、联营、项目融资等方式参与经营性的公益事业、基础设施项目建设；对于涉及国家垄断资源开发利用、需要统一规划布局的项目，政府在确定建设规划后，可向社会公开招标选定项目业主；鼓励和支持有条件的各种所有制企业进行境外投资。

投资活动离不开政府的参与，脱离不了政府各种公共融资手段，如税收、政府信用、政府基金等的财力支持，因而需要建立合理的财政投融资体制。关于财政投融资体制，国内在认识上存在较大分歧。一种观点认为，财

制改革进行了衔接。

四、新时期的投资管理蓝图

2016年7月颁布的《中共中央 国务院关于深化投融资体制改革的意见》，明确了投融资体制改革四方面的重点任务：一是改善企业投资管理，充分激发社会投资动力和活力；二是完善政府投资体制，发挥好政府投资的引导和带动作用；三是创新融资机制，畅通投资项目融资渠道；四是切实转变政府职能，提升综合服务管理水平。其中，第一、第二、第四项任务都属于投资管理体制的范畴。可见，《意见》提出的主要改革内容还是围绕固定资产投资体制展开的。

（一）企业投资管理

（1）最大限度缩减核准事项。早在2004年，《国务院关于投资体制改革的决定》已经明确，对于企业不使用政府投资建设的项目，一律不再实行审批制，区别不同情况实行核准制和备案制。其中，政府仅对重大项目和限制类项目从维护社会公共利益的角度进行核准，其他项目无论规模大小，均改为备案制，项目的市场前景、经济效益、资金来源和产品技术方案等均由企业自主决策、自担风险，并依法办理环境保护、土地使用、资源利用、安全生产、城市规划等许可手续和减免税确认手续。要严格限定实行政府核准制的范围，并根据变化的情况适时调整。《政府核准的投资项目目录》（以下简称《目录》）由国务院投资主管部门会同有关部门研究提出，报国务院批准后实施。未经国务院批准，各地区、各部门不得擅自增减《目录》规定的范围。在《中共中央 国务院关于深化投融资体制改革的意见》中，进一步提出最大限度缩减核准事项。

（2）建立"三个清单"管理制度。一是及时修订公布政府核准类的项目目录，即所谓企业投资项目管理负面清单；二是企业投资项目管理权力清单；三是建立企业投资项目管理责任清单，并通过网络和媒体向社会公示。这样做首先是明确了企业的投资主体权利，同时也就清晰地界定了各级政府投资管理部门的权限。

（二）政府投资管理

（1）规范政府投资管理。按照《中共中央 国务院关于深化投融资体制改革的意见》，政府投资应依据国民经济和社会发展规划及国家宏观调控总体要求，编制三年滚动政府投资计划，明确计划期内的重大项目，并与中期财政规划相衔接，统筹安排、规范使用各类政府投资资金。依据三年滚动政府投资计划及国家宏观调控政策，编制政府投资年度计划，合理安排政府投资。建立覆盖各地区各部门的政府投资项目库，未入库项目原则上不予安排政府投资。完善政府投资项目信息统一管理机制，建立贯通各地区各部门的项目信息平台，并尽快拓展至企业投资项目，实现项目信息共享。改进和规范政府投资项目审批制，采用直接投资和资本金注入方式的项目，对经济社会发展、社会公众利益有重大影响或投资规模较大的，要在咨询机构评估、公众参与、专家评议、风险评估等科学论证基础上，严格审批项目建议书、可行性研究报告、初步设计。经国务院及有关部门批准的专项规划、区域规划中已经明确的项目，部分改扩建项目，以及建设内容单一、投资规模较小、技术方案简单的项目，可以简化相关文件内容和审批程序。

（2）2004 年以来，各地陆续出台了一批有关政府投资项目管理办法的文件，如《政府投资项目管理办法》《政府投资项目资金管理办法》《政府投资项目公示制度管理办法》《政府投资项目法人责任制管理办法》《政府投资项目代建制管理办法》。目前，我国已经形成了比较完备的关于政府投资项目管理的政策法规体系。

（3）鼓励政府和社会资本合作。PPP（Public-Private-Partnership，即政府和社会资本合作）模式的特点是政府以提高公共产品或服务的质量和供给效率为目的，通过特许经营权、合理定价、财政补贴等事先公开的收益约定规则，以利益共享和风险共担为特征，引入社会资本，发挥双方优势，参与城市基础设施等公益性事业投资和运营的一种模式。2014 年和 2015 年连续颁布了《国务院关于创新重点领域投融资机制鼓励社会投资的指导意见》和《国务院办公厅转发国家财政部　发展改革委　中国人民银行关于在公共服务领域推广政府和社会资本合作模式指导意见的通知》。2016 年国家财政部、国家发展改革委又发布了《关于进一步共同做好政府和社会资本合作（PPP）有关工作的通知》。

推广运用 PPP 模式，是国家确定的重大经济改革任务，对于加快新型城镇化建设、提升国家治理能力、构建现代财政制度具有重要意义。各地区各部门应根据需要和财力状况，通过特许经营、政府购买服务等方式，在交通、环保、医疗、养老等领域采取单个项目、组合项目、连片开发等多种形式，不仅能够扩大公共产品和服务的供给，还可以发掘经济增长的内在动力，推动经济增长。

（三）转变政府职能，提升综合服务管理水平

（1）探索建立并逐步推行投资项目审批首问负责制。首问负责制原本是

针对群众对机关内设机构职责分工和办事程序不了解、不熟悉的实际问题，而采取的一项便民工作制度。

《中共中央　国务院关于深化投融资体制改革的意见》借鉴了这一经验并提出探索建立并逐步推行投资项目审批首问负责制。实行"一站式"受理、"全流程"服务，一家负责到底。首问责任人的主要职责是：①对职责范围的事，若手续完备，首问责任人要在承诺的服务时限内，依法及时予以办理；不能当场办理的，要向服务对象解释清楚如何办理，若手续不完备，应一次性告知需要补正的全部内容、要求和所需材料。②对不属本职范围，但属本部门办理的事项，首问责任人应将服务对象引导到相应承办股室、站所，落实经办人员。③属于业务受理职责不明确（交叉业务）或首问责任人不清楚承办股室的，首问责任人要及时请示领导，根据领导意见，移交或协助、协调有关股室和站所予以解决。④对不属于本部门、本单位职责范围的事项，首问责任人要予以耐心说明，并尽可能告知服务对象办事的具体地点、联系方式和联系人。

（2）建立投资项目代码制度。投资项目代码制度是监管方式的一个创新。依托互联网和大数据技术可以建立项目的统一代码，除保密项目外，不论是核准制项目还是备案项目，都应依法实现"一项一码"。按照国家发展改革委要求，项目管理部门应加强项目代码应用，充分发挥项目代码作用：①利用项目代码归集和共享信息。各有关部门在办理项目审批事项、下达资金时，应进一步通过在线平台核验项目代码及项目信息。项目审批文件、招标投标、公共资源交易、监督检查、后评价、行政处理、行政处罚、信息公开等涉及使用项目名称时，应当同时标注项目代码。项目审批、建设、监管相关信息应通过项目代码统一汇集，并利用在线平台在各部门间实现信息共享，推动金融机构运用项目代码。②利用项目代码加强项目调度和事中事后监管。项目审批、核准、备案机关要利用项目代码开展项目调度工作，及时掌握项目审批手续办理进度，加强动态分析，发现并推动解决项目前期工作中遇到的困难和问题。各级在线平台应用管理部门在投资项目事中事后监管中，应当发挥项目代码作用，依托在线平台归集的项目信息，并充分运用大数据、互联网、移动计算等信息技术手段，加强对项目各类信息的分析研判，以便于统一汇集审批、建设、监管等项目信息，实现信息共享，推动信息公开，提高透明度。

（3）健全监管约束机制。按照"谁审批谁监管、谁主管谁监管"的原则，明确监管责任，注重发挥投资主管部门综合监管职能、地方政府就近就便监管作用和行业管理部门专业优势，整合监管力量，共享监管信息，实现协同监管。依托投资项目在线审批监管平台，加强项目建设全过程监管，确保项目合法开工、建设过程合规有序。各有关部门要完善规章制度，制定监管工作指南和操作规程，促进监管工作标准具体化、公开化。要严格执法，依法纠正和查处违法违规投资建设行为。实施投融资领域相关主体信用承诺制度，建立异常信用记录和严重违法失信"黑名单"，纳入全国信用信息共享平台，强化并提升政府和投资者的契约意识和诚信意识，形成守信激励、失信惩戒的约束机制，促使相关主体切实强化责任，履行法定义务，确保投资建设市场安全高效运行。

第三节　融资体制改革的目标

一、计划体制下的融资渠道

（一）主要特征：单一的财政拨款

投资项目可按项目性质、管辖权限、资金来源等标准划分。固定资产投资项目按性质可分为基本建设投资项目和技术改造（挖、革、改）项目两大类；按管辖权限和资金来源又可分为中央投资项目、中央与地方合作投资项目和企业自筹项目等。一段时期内，全社会的基本建设项目由计委管理，而技术改造项目由经贸委管理，投资建设实施则由建委系统管理。传统的计划经济体制下，这些项目投资资金的主要来源是单一的财政拨款，其特点是使用具有无偿性。国内银行信贷资金极少用于固定资产投资，国外信贷资金也十分有限。

在当时的条件下，主流观点认为，商业信用是计划外资金的再分配，商业银行的贷款有可能助长企业的盲目经营，而且商业银行资金的运动，削弱了国家对银行业务的监督，不利于国家计划的执行。据统计，1978年以前，国家80%以上的基本建设投资来自国家的预算内资金，且主要是以无偿供给的国家财政拨款形式拨出。由企业和单位自筹资金和银行贷款所占的比重多数时期不足20%，如"一五"时期约为10%，"二五"时期约为22%，"三五"时期约为12%，"四五"时期约为18%，"五五"时期约为22%。

尽管用于投资的财政信用资金来源包括预算内、预算外、银行资金、社会资金和国外资金五部分，但资金主体仍然是财政资金。通常情况下，固定资产投资资金的70%源自财政拨款，20%左右是委托财政贷款，这些资金主要用于支持重点企业和出口创汇企业的技术改造、新产品开发、支持经济欠发达地区的经济开发、地方公用设施建设、风险性行业的发展、科教文卫事业的发展等。

(二) 单一融资渠道的局限与困境

1. 投资资金匮乏，投资结构不合理

由于政府预算内投资的来源终究是有限的，建设资金的筹措主要靠增加税收、发行债券和政策性贷款等方式实现，所以重点建设资金常常短缺。加之一段时期地方乱集资的冲击，地方和企业对增加税收的能力有限，大大限制了国家重点建设项目资金的来源。

在封闭的计划经济体制下，外资利用受到严格限制。据统计，20世纪五六十年代，我国曾有限地利用过苏联的一些贷款。与苏联交恶后，也曾采用过延期付款方式，以及由设在中国香港、中国澳门的中国银行吸收存款和接受外商银行存款。20世纪70年代，国际融资主要局限于出口信贷中的卖方信贷。而且，大部分的国际贷款采用现汇支付，没有利用出口信贷，这增加了国内经济负担。在1979年的基建战线在建项目清理中，可以发现投资领域长期存在着向国家争投资、争项目的现象，国家的基建战线长、资金散、管理混乱、浪费严重。普遍认为，国家对基本建设的无偿拨款是导致这种现象发生的主要根源。

在实践中，财政投资资金还会带来其他一些负面影响。主要表现在：一是地方资金缺口大，导致资金来源超范围，特别是由于不允许地方政府发行债券，中央政府拨付的资金又是专款专用的项目资金，因此地方政府千方百计地开辟资金来源，以至于出现在金融市场拆借资金的不规范行为；二是一些地方政府为追求局部、短期效益，往往将资金投向时间短、见效快、收益高的行业，而关系全局和长远利益的基础建设项目却资金欠缺，导致资金投向不合理；三是由于没有严格的监管程序和机制，特别是缺乏资金的回收和效益审核制度，银行资金营运困难，贷款的呆账、坏账很多，影响了财政政策效用的发挥。

有计划、按比例的投资模式，也使投资带有很强的主观性，由此产生了投资结构的严重失调。这反映在：长期以来农业投资不足，特别是水利、林业等基础设施建设投资得不到满足，影响了农业作为国民经济基础的地位；国家确定的支柱产业的投资水平也不高，总量偏小，使资本密集型的现代支柱产业很难真正成为国民经济的支柱；教育、科技以及为此服务的综合技术服务事业投入长期不足，影响了其对经济增长的贡献。

2. 银行职能弱化, 利益机制缺失

由于融资渠道主要是财政, 银行成了国家财政的附属物, 成为全社会资金的出纳机关, 除储蓄、转账结算和工商企业超额流动资金的贷款外, 银行没有主审贷款和投资的权力。这样, 银行的活动基本上不能产生利润。

为了加强经济核算, 提高企业投资效益, 从 1979 年开始, 国家对投资资金试行了"拨改贷", 1985 年开始全面推行, 无偿使用的财政资金改变为有偿贷款。这增强了银行配置社会投资资金的能力。但是, 国家通过利率管理、信贷管理和现金管理来控制社会资金的运用, 并对银行的业务进行严格控制, 这导致了国有企业巨额债务和国有银行的大量不良资产。据统计: 1993 年, 国有企业的固定资产投资资金的 50%、流动资金的 90% 均来自银行贷款, 银行成为国有企业最大的债权人, 而银行却经营困难, 上缴利润逐渐减少。1995 年, 工商银行、农业银行、建设银行三大行全行业亏损, 信贷资金周转速度减弱, 贷款质量也日渐恶化, 坏账、呆账比率不断上升, 自有资本率连续下降, 全社会资金出现了居民债权高、国家债务高、银行利率高、企业成本高的反常现象。

二、国外融资渠道模式

(一) 融资渠道广泛

国外固定资产投资融资渠道广泛, 财政、银行、商业信用、证券和国外资本等都是投资资金的来源。

如日本, 投资资金有银行贷款、证券市场融资, 也有财政投入。特别是财政投入资金, 来源于三个方面: 一是资金运用部资金, 它包括邮政储蓄存款, 政府医疗卫生保险基金特别会计、国民退休基金特别会计的积累金和剩余金, 大藏省资金运用部特别会计的积累金和剩余金; 二是简易保险资金, 包括简易生命保险年金的积累金和邮政年金的积累金, 这部分资金主要用于 5 年期以上的项目; 三是产业特别投资会计, 也是国家财政资金, 主要用于发展重点产业和振兴对外贸易, 或者用于社会基础设施建设、产业结构调整及国际合作, 以支持国家产业政策的实施。

在美国, 政府主要负责公共基础设施建设的投资, 其资金主要来源于税收, 包括财产税、营业税、所得税等。此外, 政府还通过其他途径获取建设资金的来源, 如开辟专项建设税费、行专项建设债券、通过低利率的债券鼓励私人投资等。

澳大利亚的投资资金也来源广泛, 主要有: 联邦政府向州政府提供的用

于特定项目的资金、州政府的联合基金、公共贸易企业的内部资金、商业银行贷款、州政府向国库公司的借款、私人投资以及外资等。一些涉及公众利益、社会效益好的项目，政府可从财政预算中直接拨付给政府的相关部门或国有公司进行投资，有时根据需要，政府也向国有或国家控股的公司通过参股的方式注入资金进行投资。

（二）直接融资和间接融资结合

在国外，资本市场十分发达，以英、美等国为代表的市场经济国家，主要通过直接融资等方式获取投资资金，即企业先依靠利润留存和折旧，而后求助于外部融资。外部融资中，企业主要是通过企业债券和股票方式从资本市场上筹措长期资本。

在美国，法律规定，商业银行不能经营 7 年以上的长期贷款，不能从事股票业务，也不得在企业中持股。所以，企业的长期贷款只能通过发达的资本市场，一般来说，资本市场的融资占到企业外部融资比重的一半以上。

在法国，中央银行只负责货币发行、制定利率和金融政策，投资业务主要集中在商业银行。法国企业投资资金的主要来源是企业的自主资金，一般占到投资额的 60% 以上，政府根据需要可以采取减税、贴息等方式影响企业的投资，但很少直接向企业投资。企业投资的少部分资金来自商业银行的贷款，其比例约占 10%。企业投资的项目中，若能扩大就业、增加外汇收入、节约能源，则可获得由国家贴息的优惠贷款。

日本的固定资产投资，特别是企业投资主要依靠银行贷款。有资料显示，1957~1974 年日本企业通过折旧和内部利润留成所占的比重为 26%~38%。外源融资额中，银行融资比例通常在 40% 左右，股票、证券融资所占比重一般在 10% 左右，且呈下降趋势。不过值得注意的是，随着日本经济的增长，股票市场有很大发展，加之企业经营战略的转变，从 20 世纪 70 年代中后期开始，日本企业的融资方式慢慢由银行融资转向证券融资、间接融资和内源融资三种方式并重，到 80 年代后期，日本证券市场融资比重已近 30%。

三、融资渠道改革的目标

（一）目标之一：依项目类型确定融资渠道

固定资产投资项目可分为三大类，即竞争性投资项目、基础性投资项目和公益性投资项目。在多元化的投资主体下，将依据不同的项目确定不同的融资渠道。

竞争性投资项目，收益较高、市场调节比较灵敏，具有市场竞争能力，主要面向市场融资，让企业通过债券、银行贷款等方式融资，并吸引外商进行直接投资。

基础性投资项目，中央政府和地方政府是基本的投资主体，要加重地方和企业的投资责任，拓宽投融资渠道。新建项目，要鼓励中央、地方、企业、外商联合投资，并组成规范化的有限责任公司或股份公司进行投资建设与经营。中央政府只负责关系到国计民生、跨地区的重大基础设施项目、重大基础工业项目和重大农业水利工程项目的投资建设。有关地方性的能源、交通、邮电、农林水和城市公用设施等项目的投资建设，均由地方政府负责承担。基础性投资项目的资金，主要以政策性融资为主，政策性融资主要来自养老保险基金的积累部分、邮政储蓄吸收的存款、商业银行按储蓄存款的一定比例承购的金融债券、政府向国外的借款、国际金融业务融资等。政策金融提供的资金利率低于市场利率，但不是无偿的，其贷款必须归还，不能豁免。基础性投资项目的融资也要注意吸引外资。

公益性投资项目，主要由政府通过财政拨款投资建设。公益性项目是政府机关、社会团体、国防机关以及科、教、文、卫、体、环保等部门的投资建设项目，投资主体是中央政府和地方政府。除了重大项目由中央政府安排投资外，其他均按受益范围分别由中央政府和地方政府承担投资主体的责任。这类项目也可广泛吸收社会各界的资金参与投资建设，但要实行规范化的监控和管理，包括项目的申报、审批、设计、施工、决算、交付使用等，要从制度上保证此类项目财产价值的安全和完整。

（二）目标之二：以资本市场作为主要融资渠道

随着投资体制暴露出来的问题和投资体制改革的启动，发展资本市场，以资本市场作为主要的融资渠道已成为必然。

我国的资本市场是从20世纪80年代开始建立的，80年代股份制试点工作的开始，为资本市场的发展提供了良好契机。90年代初，上海证券交易所和深圳证券交易所正式开业，标志着我国资本市场向规范化的方向快速发展。随着有关证券交易法律、法规的不断出台，我国已形成债券市场、股票市场、基金市场和期货市场组成的市场体系。资本市场成为主要的融资渠道成为一种必然。

1987年10月，中国投资学会在山东烟台举行了一次理论讨论会，与会者对投资者的融资渠道展开了充分讨论。有学者主张：应促使各种融资主体通过资本市场来筹集资金、运用资金，唯有如此才能强化融资者的效益观念、风险观念、时效观念、竞争观念。也有学者主张：投资是一个影响生产力布局、产业结构、技术创新、市场总供给总需求平衡的宏观经济问题，要靠"有形的手"来控制和调节，建立和发展长期资本市场，是国家控制市场、市场支配企业的最好途径，是宏观经济与微观经济之间最为有效的结合点。另有学者主张：以股票市场为主体，有限制地发行国债，适当地发展企业债券。还有学者主张：建立以长期借贷市场为主，债券市场和股票市场并重的体制，这是因为我国企业类型多为中小企业，其资金存量和流量波动大，同证券市场筹资的集中性、长期性有矛盾，且中小企业难以用高成本到证券市场进行筹资，而金融机构的储蓄业务有较强的社会信誉，利于中小企业的筹资。

对于长期投资的资金供应，有三种主要观点：第一种观点，建立以国家计委为主体的国家投资体系、以国家财政部为主体的政府信用体系和以中国人民银行为主体的货币供应体系，三者各自运用相应的经济工具来影响和制约长期资本市场的资金供应；第二种观点，将长期资金市场分为营利性投资市场体系和非营利性投资市场体系，在营利性投资市场中，以信用融资为主，在非营利性投资市场中，以有限责任融资为主；第三种观点，中央银行所监管的仍然是货币资金，其市场的规模、发展速度和运行状态不能脱离货币总供给的制约，因此，应建立由中央银行制约市场、决定企业的运行方式，形成长期资金市场。

作为以资本市场为主要融资渠道的实践，国家于1994年成立了由国务院直属的国家开发银行。国家开发银行的宗旨是，以市场化方式实现国家的发展战略和政策，保持和发展国际先进的市场业绩。国家开发银行贯彻国家宏观经济政策，筹集和引导社会资金，缓解经济社会发展的"瓶颈"制约，致力于以融资推动市场建设，支持国家基础设施、基础产业、支柱产业和高新技术等领域的发展和国家重点项目的建设；向城镇化、中小企业、"三农"、教育、医疗卫生和环境保护等社会发展"瓶颈"领域提供资金支持，促进科学发展与和谐社会的建设；积极拓展国际合作业务。

与国家开发银行相对应，我国于1995年5月还成立了国家开发投资公司。国家开发投资公司是国务院直接联系的国有独资政策性投资机构，其任务是按照国家的经济发展战略、产业政策和区域规划的要求，对能源、交通、原材料、机电、轻纺、农业、林业和其他政策性项目进行参股、控股投资，实现国有资产的保值增值。国家开发投资公司按照《公司法》组建，实行独立核算、自主经营、自负盈亏。与国家开发银行一样，它是国家政策性投资的执行者，又是经济实体。不同点是，开发银行履行银行的职能，以贷款、收回本息的方式进行投资，而投资公司则是以参股、控股等方式对政策性项目进行投资，与企业共担风险，用红利方式收回投入。

四、建立和完善多层次资本市场，畅通融资渠道

近 10 年来，我国投融资体制改革取得了积极进展，但是还存在一些问题，其中突出的问题就是投资项目融资难、融资贵，需要进一步畅通融资渠道。国际经验表明，解决融资问题的主要途径就是建立和利用多层次资本市场体系，多渠道拓宽投资项目融资渠道，优化金融资产配置。

（一）多层次资本市场的发展

目前，我国的多层次资本市场体系已经初具规模，主板、创业板、中小企业板、新三板以及地方股权交易市场均已进入规范发展轨道。通过股权、债券、金融衍生产品等直接融资形式服务于中小企业融资和创新，是一条被成熟市场经济证明的行之有效的途径。

2016 年 10 月发布了《国务院关于积极稳妥降低企业杠杆率的意见》。《意见》指出，"近年来，我国企业杠杆率高企，债务规模增长过快，企业债务负担不断加重。在国际经济环境更趋复杂、我国经济下行压力仍然较大的背景下，一些企业经营困难加剧，一定程度上导致债务风险上升"。为积极稳妥降低企业杠杆率，该文件提出了若干条意见，其中把积极发展股权融资作为降低企业杠杆率的一个重要途径。

近 10 年来，在建立多层次资本市场方面，我国取得了长足进展，在原有的主板市场外又形成了创业板（又称二板）市场、新三板市场和四板市场。

（1）创业板市场。创业板又称二板市场，即第二股票交易市场，是指主板之外的暂时无法上市的中小企业和新兴公司提供融资途径和成长空间的证券交易市场，是对主板市场的有效补充，在资本市场中占据着重要的位置。

创业板发行条件中的财务指标在量上低于主板（包括中小板）首次公开发行条件，在指标内容上参照了主板做法，主要选取净利润、主营业务收入、可分配利润等财务指标，同时附以增长率和净资产指标。另外，创业板在净利润/营业收入上设置两套标准，发行人符合其中之一即可。创业板市场最大的特点就是低门槛进入，严要求运作，在上市门槛、监管制度、信息

披露、交易者条件、投资风险等方面和主板市场有较大区别。其目的主要是扶持中小企业，尤其是高成长性企业，为风险投资和创投企业建立正常的退出机制，为自主创新国家战略提供融资平台，是多层次的资本市场体系的重要一员。

2009年3月31日，中国证监会正式发布《首次公开发行股票并在创业板上市管理暂行办法》，该《办法》自2009年5月1日起实施。2009年10月30日，中国创业板正式上市。

2012年4月20日，深交所正式发布《深圳证券交易所创业板股票上市规则》，并于5月1日起正式实施，将创业板退市制度等内容落实到了上市规则之中。

（2）全国中小企业股份转让系统（俗称新三板），是经国务院批准设立的全国性证券交易场所，全国中小企业股份转让系统有限责任公司为其运营管理机构。目前的"新三板"市场格局是在2009年7月《证券公司代办股份转让系统中关村科技园区非上市股份有限公司报价转让试点办法》正式实施后形成的。2012年9月20日，公司在国家工商总局注册成立，注册资本30亿元。上海证券交易所、深圳证券交易所、中国证券登记结算有限责任公司、上海期货交易所、中国金融期货交易所、郑州商品交易所、大连商品交易所为公司股东单位。

新三板实行分层管理制度，即指在新三板挂牌的数量众多的企业当中，按照一定的分层标准，将其划分为若干个层次，目的是：①引导投融资对接。由于新三板准入端的包容度高，挂牌公司不仅在发展阶段、业务规模、盈利能力等方面存在较大差异，而且在行业特征、企业管理、发展潜力等方面也有很大差别。只有在市场内部进行适当分层，才能更有利于投融资的精准对接，使投融资功能得到进一步完善。②通过分层可以在交易制度、发行制度、信息披露等方面，实行差异化的安排，更好地为中小微企业提供融资等方面的金融服务。

2017年12月，《全国中小企业股份转让系统挂牌公司分层管理办法》发布，将挂牌公司按照一定标准分为创新层和基础层。

截至2018年上半年，新三板共有挂牌企业11243家，其中创新层企业939家，基础层企业10304家。

由于新三板市场的定位是"以机构投资者和高净值人士为参与主体，为中小微企业提供融资、交易、并购、发债等功能的股票交易场所"，因此，它的生存与发展逻辑都和以中小散户为参与主体的沪深股票市场有着显著的区别。

（3）区域性股权交易市场，是为特定区域内的企业提供股权、债券的转让和融资服务的私募市场，一般以省级为单位，由省级人民政府监管，是我国多层次资本市场的重要组成部分，也是中国多层次资本市场建设中必不可少的部分。其对于促进企业特别是中小微企业股权交易和融资，鼓励科技创新和激活民间资本，加强对实体经济发展均可起到支持作用。

截至 2017 年，全国大约有 40 家区域性股权市场。同年 1 月，《国务院办公厅关于规范发展区域性股权市场的通知》发布，就规范区域性股权市场提出了八点意见。

（二）减少行政干预，发挥市场作用，稳步推进注册制改革

（1）据统计，2017 年社会融资规模存量为 174.64 万亿元，同比增长 12%。其中，对实体经济发放的人民币贷款余额为 119.03 万亿元，同比增长 13.2%……非金融企业境内股票余额为 6.65 万亿元，同比增长 15.1%。从结构看，2017 年对实体经济发放的人民币贷款余额占同期社会融资规模存量的 68.2%，同比高 0.8 个百分点……金融企业境内股票余额占比 3.8%，同比高 0.1 个百分点。

直接融资有利于分散融资风险，能有效地避免风险向金融系统集中，从而降低金融系统性风险。从国外经验看，在间接融资为主的金融体系中，一旦经济实体发生严重问题，就会导致大量银行坏账，金融体系的脆弱性往往将经济拖入长期不振的境地。

纵观各个成功的市场经济国家，都通过股市让人民分享了经济发展的成果。对于我国而言，大力规范和推进股市发展仍然是一条既能促进经济发展又能富裕百姓的双赢之路。

目前的问题是要改革股市发展早期由于行政干预遗留下来的种种不符合市场经济要求的做法，建立符合现代股市要求的股市制度，其中一项重要任务就是改革现行的股票发行和上市的核准制，采取渐进式方式探索一种更贴近市场、符合中国实际的注册制。

（2）渐进式路径。①立法先行。首先要修改《证券法》，其次要针对各种可能的违规行为制定具有惩戒性的法律。各国经验表明，一个行为规范的股市高度依赖法制。面对不法之徒，一定要用重典，除了追回不法所得外，还要罚得他倾家荡产。只有在对法律制裁的敬畏下才能把违法行为最小化。同时要制定保护投资者的法律法规，降低投资者的诉讼成本。②试点先行。从新三板、创业板市场，再向主板市场，逐步推进，以便于两种审核制度的

平稳过渡，避免造成股市过度波动。

（3）在系统学习外国先进经验的基础上制定符合中国实际的注册制实施办法。所谓注册制，最重要的特征是：在注册制下证券发行审核机构只对注册文件进行形式审查，不进行实质判断。形式审核（注册制）与实质审核（核准制）的区分就在于审核机关是否对公司的价值作出判断，这也是注册制与核准制的划分标准。所谓价值判断，是指行政机关对披露内容的投资价值作出判断，即判断公司证券的投资价值与风险。

如果在发行与上市分离的情况下实行注册制，形式审核一般由具有行政职能的部门承担，而在上市审核时，证券公司尽管同样并不做出价值判断，但可以视情况增加一部分带有实质性审核的内容。

即使是在美国这样最早实行注册制的国家也并不是完全没有实质性审核。由于美国实行的是双重审核制，在州一级审核时往往包含了实质性。

注册制实际是把作出是否有投资价值判断的权利留给了市场，由投资公司、投资人做出这样的判断。显然，这要求投资人应该是一名合格的投资者，具有做出实质性判断的能力。在我国由于实行市场经济的时间还不长，人们普遍不具备合格投资者的能力，所以，政府有关部门应该通过各种形式提高民众作为投资者的能力。

多层次资本市场之间的转板制度与退市制度是建立与完善多层次资本市场的一项重要制度安排。

转板机制的建立，能让一些好的企业从较低级的市场板块向更高级的市场板块流动，并能将一些经营不好的企业从较高级的市场淘汰出局，使资本市场呈现出优胜劣汰的竞争格局，实现股市的新陈代谢。不同层级的资本市场，无论是对投资者还是融资企业来说，吸引力都是不同的，对于融资企业来说，在较高层级的市场获得的融资机会可能会更多，其股票的价值可能会更高。为了能向更高层级的市场流动，企业会不断提高管理水平，增进企业的盈利能力，从而为企业注入强大的发展动力，起到促进企业升级发展的作用。对于资本市场来说同样如此。由于转板制度的存在，在考验着不同市场的吸引力，这样自然在不同资本市场之间也形成了一个竞争的格局。企业和企业及不同资本市场之间的竞争又进一步活跃了市场、扩大了资本的流通量。

退市制度是资本市场的一项基础性制度，对提高上市公司整体质量、形成优胜劣汰的市场机制具有重要意义。2001年2月及11月先后发布和修订了《亏损公司暂停上市和终止上市实施办法》，规定连续三年亏损的上市公司将暂停上市。我国上市公司退市制度正式开始推行。2014 年 10 月，中国证券监督管理委员会又公布了《关于改革完善并严格实施上市公司退市制度的若干意见》，对退市制度作了进一步完善。2018 年 3 月，中国证监会拟对《关于改革完善并严格实施上市公司退市制度的若干意见》进行修改并向全社会征求意见。

第四章　投资体制改革的历程

第一节　概述

投资体制是经济体制的重要组成部分，由此决定了投资体制改革的历程必然与总体经济体制改革的历程密切相关。因此，了解中国总体经济体制改革的基本情况，是考察中国投资体制改革历程的重要基础。

一、中国经济体制改革简况

1949 年中华人民共和国成立，中国随之建立起与苏联相似的高度统一的计划经济体制，可称之为传统的计划经济体制。在这种传统的计划经济体制下，全社会经济资源的配置，包括整个社会的生产与分配等各环节的经济活动，几乎全部通过国家制定的指令计划来实现。

在中华人民共和国成立的初期，这种传统的计划经济体制对中国经济与社会的发展曾发挥过重要的积极作用。但随着经济的发展，这种高度集中的计划经济体制同社会生产力的发展要求越来越不相适应，导致一些弊端逐渐显现，对中国经济与社会的发展越来越不利。如中共十二届三中全会通过的《中共中央关于经济体制改革的决定》所言："政企职责不分，条块分割，国家对企业统得过多过死，忽视商品生产、价值规律和市场的作用，分配中平均主义严重。这就造成了企业缺乏应有的自主权，企业吃国家'大锅饭'、职工吃企业'大锅饭'的局面，严重压抑了企业和广大职工群众的积极性、主动性、创造性，使本来应该生机盎然的社会主义经济在很大程度上失去了活力。"因此，对经济体制进行改革成为必然要求。

中国经济体制改革的进程始于 20 世纪 70 年代末期。1978 年 12 月 18~22 日，中国共产党第十一届中央委员会第三次全体会议召开，这成为中国历史发展的一个转折点。中共十一届三中全会的召开，实际上宣告了中国"以阶级斗争为纲"时代的结束，转而开始进入以社会主义现代化建设为核心内容的新时代，也就是开始了以经济建设作为中国共产党工作重点的时代。中国经济与社会的发展由此揭开了历史新篇章，1978 年也因此成为中国实行改革开放的标志性年份。

邓小平在十一届三中全会召开之前发表了《解放思想，实事求是，团结一致向前看》的讲话，这实际上是十一届三中全会的主题报告，也就是中国实行改革开放政策的主题报告。邓小平在讲话中指出：如果现在再不实行改革，我们的现代化事业和社会主义事业就会被葬送；要允许一部分地区、一部分企业、一部分工人农民，由于辛勤努力成绩大而收入先多一些，生活先好起来。这是一个大政策。

十一届三中全会做出了多项决定中国未来发展的重大战略性决策。其中一项重大战略决策是：从 1979 年起，把全党工作重点转移到社会主义现代化建设上来。同时针对当时在经济建设中存在的主要问题，具体提出从纠正急于求成的错误倾向和解决好国民经济重大比例严重失调等问题出发，对陷于失调的国民经济比例关系进行调整，对过分集中的经济管理体制着手改革。这实际是对传统计划经济体制进行改革的开始，中国由此开始了经济体制改革的实质进程。

纵观中国经济体制改革的历程，发生的一些具有重大意义的标志性改革事件主要有：①1978 年中国共产党十一届三中全会召开，这是中国经济体制改革起步的标志。②1984 年中国共产党十二届三中全会通过《中共中央关于经济体制改革的决定》，这标志中国开始全面启动经济体制改革，即从农村经济改革开始转向城市经济改革。③1992 年中国共产党第十四次全国代表大会确立"建立社会主义市场经济体制"的改革目标，这是在总结改革开放以来经验的基础上对经济体制改革目标作出的明确表述，标志中国开始进入确定方向的经济体制改革阶段。④2003 年中国共产党十六届三中全会通过《中共中央关于完善社会主义市场经济体制若干问题的决定》，这是中国开始进入深化与完善经济体制改革阶段的标志。⑤2013 年中国共产党十八届三中全会通过了《中共中央关于全面深化改革若干重大问题的决定》，经济体制改革作为全面深化改革的重点，其核心问题是如何处理好政府和市场的关系，使市场在资源配置中起决定性作用和更好地发挥政府作用。这标志着中国进入全面深化经济体制改革的阶段。

因此，基于上述经济体制改革重大事件的发生时间，可将中国经济体制改革历程划分为五个主要阶段：起步阶段（1978 ~ 1984 年）、探索阶段（1984~1992 年）、入轨阶段（1992~2002 年）、深化阶段（2002~2012 年）、攻坚阶段/全面深化阶段（2012年至今）。每个阶段的基本情况如下：

第一阶段：起步阶段，时间是1978~1984年。自1978年起，中国经济体制的改革首先从农村开始，即形成以包产到户、包干到户为主要形式的家庭联产承包责任制。事实证明这一制度是成功的，对以后中国总体改革开放的局面产生了积极而深刻的影响。农村经济体制改革由此也成为中国总体经济体制改革的"试验田"，为推动中国城市经济以至于整个国民经济体制的改革提供了良好基础和宝贵经验。然而这时期的改革仅是起步性和局部性的改革，是局限于农村经济范畴内的改革，而国民经济在总体上仍主要是按计划经济的机制在运行。

第二阶段：探索阶段，时间是1984~1992年。在农村改革成功的基础上，1984年10月20日中国共产党十二届三中全会通过了《中共中央关于经济体制改革的决定》。以此为标志，中国开始进入以城市改革为重点的总体经济体制改革的阶段。增强企业活力，是当时经济体制改革的中心环节。围绕增强企业活力这个核心内容，逐步推行政企分开、承包制、责任制、工资制度改革及股份制试点等多方面的工作。这一时期的改革内容是多方面的，涉及计划体制、流通体制、金融体制、投资体制、外贸体制、科技体制、收入分配体制、价格体制及有关行政管理体制等多方面的改革。但从总体上看，这期间的改革主要是探索性的，即"摸着石头过河"式的改革。改革的深度也很不够，即主要还是局限在计划经济体制范畴内的改革。事实上这时期的改革主要限于对商品经济的理解基础上，还没有形成对社会主义市场经济的清晰认识。这种探索阶段具有历史的必然性，人们对一定事物的认识总要有一个实践的过程。

第三阶段：入轨阶段，时间是1992~2002年。经过多年的全面探索后，"建立社会主义市场经济体制"的改革目标逐渐明确。1992年10月中国共产党第十四次全国代表大会召开，明确提出我国经济体制改革的目标是建立社会主义市场经济体制。由此标志着中国经济体制改革进入了目标十分明确的新阶段，即中国经济体制改革开始进入既定轨道的阶段。社会主义市场经济体制的基本内涵是：要使市场在社会主义国家宏观调控下对资源配置起基础性作用，使经济活动遵循价值规律的要求，适应供求关系的变化；要通过价格杠杆和竞争机制的功能，把资源配置到效益较好的环节中去，并给企业以压力和动力，实现优胜劣汰；要运用市场对各种经济信号反应比较灵敏的优点，促进生产和需求的及时调节。

第四阶段：深化阶段，时间是2002~2012年。2002年11月中国共产党第十六次全国代表大会召开，确立了全面建设小康社会的发展思路，即开始强调经济与社会协调发展的问题。2003 年 10 月，中国共产党十六届三中全会通过了《中共中央关于完善社会主义市场经济体制若干问题的决定》，这标志着中国经济体制改革开始进入不断深化与完善的阶段。《决定》提出了统筹城乡发展、统筹区域发展、统筹经济社会发展、统筹人与自然和谐发展、统筹国内发展和对外开放的要求，这成为深化与完善经济体制改革的主要指导思想。其中明确提出完善社会主义市场经济体制的主要任务是：完善公有制为主体、多种所有制经济共同发展的基本经济制度；建立有利于逐步改变城乡二元经济结构的体制；形成促进区域经济协调发展的机制；建设统一开放、竞争有序的现代市场体系；完善宏观调控体系、行政管理体制和经济法律制度；健全就业、收入分配和社会保障制度；建立促进经济社会可持续发展的机制。

第五阶段：攻坚阶段/全面深化阶段，时间是 2012 年至今。2012 年中共十八大召开，我国进入全面建成小康社会决定性阶段和深化改革开放、加快转变经济发展方式的攻坚时期。2013 年 11 月中国共产党十八届三中全会通过了《中共中央关于全面深化改革若干重大问题的决定》。《决定》指出要以经济建设为中心，发挥经济体制改革牵引作用，推动生产关系同生产力、上层建筑同经济基础相适应，推动经济社会持续健康发展。具体而言，坚持和完善基本经济制度，加快完善现代市场体系、宏观调控体系、开放型经济体系，加快转变经济发展方式，加快建设创新型国家，推动经济更有效率、更加公平、更可持续发展。经济体制改革则是全面深化改革的重点，其核心问题是处理好政府和市场的关系，使市场在资源配置中起决定性作用和更好发挥政府作用，主要内容有：坚持公有制为主体、多种所有制经济共同发展的基本经济制度；完善产权保护制度；积极发展混合所有制经济；推动国有企业完善现代企业制度；支持非公有制经济健康发展；等等。

随着中国经济体制改革的不断深入，以及在实践过程中新情况与新问题的不断出现，中国经济体制改革的历程还必然会呈现出具有不同特点的阶段性。以上所述是截至 2017 年上半年的中国经济体制改革的基本概况。

二、中国投资体制改革的相关问题

投资体制是经济体制中的一项重要内容。投资体制作为总体经济体制的组成部分，与总体经济体制有着错综复杂的关系。首先，投资体制在很大程度上受制于总体经济体制的约束。也就是说，总体经济体制是计划性的，则要求相应的投资体制必须是计划性的。否则，在以计划为主导的经济体制中却按市场决定的供给与需求关系来决定投资行为，其结果必然难与计划经济的结果相一致。同样，在以市场为主导的经济体制中却按严格的计划决定投资行为，其结果也必然是难以与市场经济的结果相一致。其次，投资体制具有一定程度的相对独立性，而不是简单的服从或隶属关系。实际上，投资体制与总体经济体制是相依共融、相辅相成的关系。一方面，投资体制并不总是被动地适应总体经济体制。在中国改革开放的初期，投资体制改革即是在总体仍是传统的计划经济体制的情况下而进行的局部性改革。一个有效的投资体制，将有利于总体经济体制的运行。另一方面，从长远来看，要建立有效的投资体制，总体经济体制也必须适应投资体制的需要。这就要求在进行投资体制改革的同时，也必然要对有关的其他方面的经济体制进行适时的改革。因此，投资体制改革与总体经济体制改革是相互促进而又相互制约的关系。

在中国传统的计划经济体制下，相应的投资体制是高度统一的计划体制。在这种体制下，投资决策权与行政管理权合二为一，即政府起核心的作用。这时政府具有双重身份：一方面是投资者，另一方面是管理者；或者说，政府既是运动员，又是裁判员。这种状况即使是在改革开放后相当长的时间里依然存在。在总体上政企不分、产权不清的经济体制下，单纯以市场为取向的投资体制改革的成效必然受到抑制。由此，在中国投资领域中长期存在诸多严重问题，如盲目投资、重复建设、多头管理、层层审批、投资效率低下等。因此，深化投资体制改革是十分必要和迫切的。

从中国改革开放的实践过程看，投资体制改革是作为总体经济体制改革的先行试验而进行的。具体表现为，在改革开放初期的 1979 年即率先进行了基本建设投资的"拨改贷"试点工作。这是在总体经济体制尚未有较大改革情况下进行的。以后的事实也表明，正是由于总体经济体制改革与投资体制改革的进程不一、不相配套，从而使投资体制的改革进行得非常艰难，导致投资体制改革的进程明显滞后于其他方面体制改革的进程。事实上，直到 2004 年，关于投资体制改革的全面纲领性文件，即《国务院关于投资体制改革的决定》才正式出台。在此之前，关于财政、金融和外贸等体制改革的文件早已出台。

在中国的国情下，投资对国民经济的运行具有举足轻重的甚至是决定性的作用。投资已成为拉动中国经济增长的重要动力，以至于可以把中国经济增长的动力特点称为投资拉动型。对此，可从中国投资数据与 GDP 数据之间所表现出的高度相关性而得到验证。因此，决定投资行为的投资体制在中国经济中所具有的重要作用是非常显著的。或许正是由于投资体制的重要性，中央对投资体制的改革持有非常慎重的态度，以至于出现投资体制改革明显滞后的情况。

一些投资体制改革的重要事件是：①1979 年开始试点 "拨改贷"，两个重要文件是 1979 年 8 月 28 日国务院转发的《关于基本建设投资试行贷款办法的报告》和《基本建设贷款试行条例》。②1984 年开始全面推行 "拨改贷"，两个重要文件是 1984 年 9 月颁布的《关于改革建筑业和基本建设管理体制的若干问题的暂行规定》和国务院于 1984 年 10 月批转的国家计委《关于改进计划体制的若干暂行规定》。③1988 年国务院发布《关于印发投资管理体制近期改革方案的通知》。④1992 年国家颁布《全民所有制企业转换经营机制条例》。⑤1993 年国务院批转国家体改委《关于 1993 年经济体制改革要点》。⑥2004 年《国务院关于投资体制改革的决定》出台，成为第一个投资体制改革的纲领性文件。⑦2016 年《中共中央　国务院关于深化投融资体制改革的意见》出台，这是第一个投融资体制改革的中央文件。这些重要文件的具体内容与意义将在后面具体论述。这里预先提示要关注这些与投资体制改革有紧密关系的事件。

考察中国投资体制改革的历程，可从不同时间、不同方面及不同角度来进行。经济体制改革的阶段性，在总体上决定了投资体制改革的阶段性，因此本章对中国投资体制改革历程阶段的划分，主要是按总体经济体制改革的阶段来划分的。考察顺序主要按总体经济体制改革的时间进程来进行。考察重点是介绍和评述与投资体制改革有关的具体内容以及有关的经济体制改革重要事件。论述涉及的内容是广泛的，如涉及有关投资的宏观调控体系改革、投资项目管理模式与组织实施方式演变、投资项目审批权限以及投资主体变化等问题。

值得注意的是，随着经济的发展与经济体制的变化，投资内涵的主体内容实际也在不断发生变化。在传统的计划经济体制下，投资的内涵主要是指政府投资，而且主要是政府的基本建设投资。在社会主义市场经济体制下，投资内涵不仅包括政府的基本建设投资，也包括企业投资、房地产投资以及资本市场中的投资等多方面的内容。事实上，在目前开放的、多元的经济体系中，投资与融资变得密不可分。因此，当前的投资体制改革涉及财政、金融、企业制度、公司股权、资本运作等多方面复杂的问题。事实上投资体制改革的核心路线，是围绕企业为投资主体的确定与管理的问题。1992 年国家颁布关于股份制企业的一系列文件和《全民所有制企业转换经营机制条例》，明确肯定企业享有投资决策权，并从企业的投资范围、决策权限的界定、政策优惠和责任约束等方面进行了具体规定。这一改革突出了强化市场导向以及以企业为投资主体的目标。2004 年国务院《关于投资体制改革的决定》正式出台，明确将企业投资项目的审批制转为核准制和备案制，使企业投资自主权进一步得到落实。2016 年《中共中央　国务院关于深化投融资体制改革的意见》正式出台，进一步确立企业投资主体地位。同时，这也是第一次以党中央、国务院名义出台针对投融资体制改革的文件，并且第一次将投资和融资一体化考虑。

第二节　中国投资历史数据分析

为了对中国投资体制改革历程的考察有一定的直观性，同时也有助于了解中国宏观经济的基本背景，本节先对中国投资有关的历史数据和经济增长的历史数据进行分析。数据分析的结果表明，在中国投资数据与 GDP 数据之间存在着高度的相关性，这从统计意义上验证了中国经济增长是投资驱动型的结论。由此可从数据方面反映出，投资体制改革对中国经济运行具有非常重要的影响作用，因此对投资体制进行改革是需要非常慎重的事情。

一、中国投资与经济增长数据分析（1978~2016 年）

1978 年实行改革开放以来，中国经济与社会发展取得了举世瞩目的成就。数据表明，尽管在 2014 年中国进入经济新常态，1979~2016 年，中国 38 年的 GDP 年均增长率达到 9.65%，位于同期世界各国 GDP 增长率之首。长时期的快速经济增长，使中国的综合国力明显增强，人民生活水平显著提高。2010 年开始，中国 GDP 总量超过日本，成为世界第二大经济体。城乡居民收入也有大幅度提高，2015 年中国城乡收入相比 1978 年实际提高了约 15 倍。

（一）投资总量

在投资总量①方面，1978 年中国全社会固定资产投资为 899 亿元，与 GDP 之比为 24.7%。到 2016 年，全社会固定资产投资为 606465.66 亿元，与 GDP 之比为 81.5%。可见，从 1978~2016 年，中国投资规模显著扩大。其他一些年份的具体投资数据请见图 4-1。

---

① 本节中所提到的投资数据，指的是全社会固定资产投资数据。

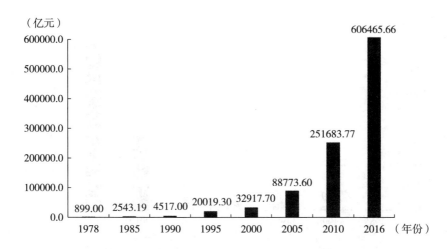

图 4-1 中国全社会固定投资

资料来源：中华人民共和国国家统计局编：《中国统计年鉴》（2017），中国统计出版社 2017 年版。

对投资规模实际量的考察，需要考虑通货膨胀因素。1978 年中国实行改革开放至 2016 年的近 40 年时间里，中国曾经历多次显著的通货膨胀。计算结果显示，2016 年中国居民消费价格指数（CPI）和 GDP 平减指数都约为 1978 年的 6.3 倍。因此，为了恰当估计中国投资规模的实际变化，有必要考虑对当年的投资数据进行价格因素的剔除，以此得到对投资实际量的估计。[①] 对投资实际量的估计结果表明，进入 21 世纪后，投资规模急速扩张，到 2016 年全社会固定资产投资额已达到 1978 年的 143.3 倍。对此的直观展示请见图 4-2。

（二）投资增长率

图 4-3 是关于按可比价计算的 1979~2016 年全社会固定资产投资年度实际增长率的曲线图。从图 4-3 可以看出，自 1978 年改革开放以来，中国全社会固定资产投资在总体上同样表现出快速增长的态势。虽然在个别年份出现过投资负增长的情况，但就总体而言，投资增长率是远高于 GDP 增长率的。数据显示，1978~2016 年中国全社会固定资产投资年均增长率达14.3%，高于同期 GDP 增长率 4.6 个百分点。

就经济体制改革的不同阶段来看，投资增长表现为随经济体制改革的深入而不断加快。具体地说，第一阶段的投资年均增长率为 8.5%，低于同期 GDP

---

① 具体方法为投资实际量（可比价）=全社会固定资产投资额/固定资产投资价格指数。1990年以前的投资价格指数根据张军、吴桂英和张吉鹏（2004）提供的方法估算得到。

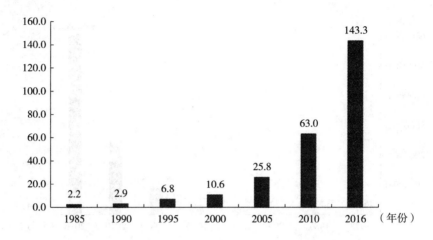

图 4-2　相对于 1978 年全社会固定投资的倍数

资料来源：中华人民共和国国家统计局编：《中国统计年鉴》（2017），中国统计出版社 2017
年版。

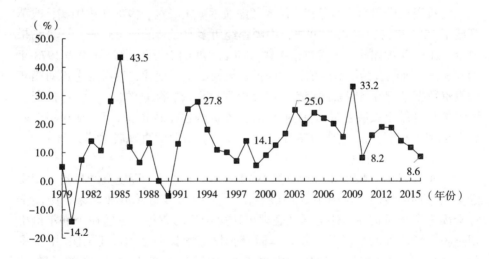

图 4-3　1979～2016 年中国全社会固定资产投资实际增长率

资料来源：中华人民共和国国家统计局编：《中国统计年鉴》（2017），中国统计出版社 2017 年版。

增长率 1.2 个百分点；第二阶段的投资年均增长率为 13.6%，不仅高于第一阶
段的投资年均增长率 5.1 个百分点，而且高于同期 GDP 增长率 4.0 个百分点；
第三阶段的投资年均增长率为 14.3%，高于第二阶段的投资年均增长率，而且

高于同期 GDP 增长率 4.1 个百分点；而第四阶段的投资年均增长率高达 20.0%，不仅高于第三阶段的投资年均增长率 5.7 个百分点，而且高于同期 GDP 增长率 9.6 个百分点；第五阶段的投资年均增长率 14.4%，虽然较第四阶段的 20.0%下降了约 6 个百分点，但仍然保持相对较高的增长率，而且高于同期 GDP 增长率 7.1 个百分点。可见，中国的投资增长不仅表现为随经济体制改革不断深化而加快的态势，而且表现出越来越快于经济增长速度的态势。

（三）经济增长

投资规模的扩大是与经济增长速度紧密结合在一起的。图 4-4 是 1978～2016 年中国年度 GDP 增长率的曲线图。从图 4-4 可以明显看到，1978 年改革开放以来到 2016 年，中国 GDP 总量总体上实现了快速增长。但在不同的时期内，GDP 增长率的平均水平也不尽相同。按经济体制改革的历程来划分，总体上表现为 GDP 增长率不断加快的趋势。

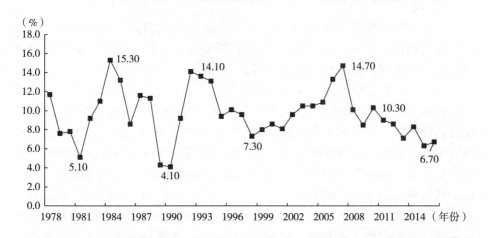

图 4-4　1978～2016 年中国 GDP 增长率

资料来源：中华人民共和国国家统计局编：《中国统计年鉴》（2017），中国统计出版社 2017 年版。

具体来看，在经济体制改革的第一阶段，即改革开放初期的 1978～1984 年，GDP 年均增长率为 9.7%；在第二阶段，即全面探索改革的 1985～1992 年，GDP 年均增长率为 9.6%，与上一阶段的 GDP 年均增长率基本持平；在第三阶段，即确立以建立社会主义市场经济体制为改革方向的 1992～2002 年，GDP 年均增长率为 10.2%，显著高于上一阶段的 GDP 年均增长率；在第四阶段，即深化与完善经济体制改革的 2002～2012 年，GDP 年均增长率为10.4%，即进一步高于前三个阶段的 GDP 年均增长率；在第五阶段，即全面深化经济体制改革的 2012~2016 年，GDP 年均增长率为 7.3%，经济增长速度放缓。通过对比可以发现，在前四个时期，我国年均经济增长率达到约 10%，而从 2013 年下半年起，我国经济进入增长速度换挡期、结构调整阵痛期、前期刺激政策消化期"三期叠加"的经济新常态，经济增长进入减速换挡期，2014~2016 年 GDP 增长率分别为 7.3%、6.9%和 6.7%。这一时期 GDP 增长速度有所回落，但仍然保持较高速的增长。这种情况表明，随着经济体制改革的不断深化，中国经济增长呈现不断加快的趋势。

由以上的数据分析可以直观看到，在经济增长与投资增长之间存在趋同的趋势。这表明，中国改革开放以来的经济快速增长与投资快速增长的拉动作用密切相关。这一结论可在以下的数据分析中得到确切的验证。

二、中国投资与 GDP 数据分析（1978~2016 年）

以下数据分析的结果表明，在中国 GDP 与全社会固定资产投资数据之间存在着高度相关性。而且这种高度的相关性，不仅表现在彼此的总量之间，而且也表现在彼此的增长率之间。

（一）中国 GDP 总量与全社会固定资产投资总量之间的相关性

1978 年，中国 GDP 总量为 3678.7 亿元，到 2016 年达到 744127.2 亿元；按可比价计算，2016 年中国 GDP 总量约是 1978 年的 32 倍。1978 年，全社会固定资产投资总量为 899 亿元，到 2016 年达到 606465.66 亿元；同样，按可比价计算，2016 年全社会固定资产投资总量约是 1978 年的 143 倍。各年份的数据可见图 4-5，即图 4-5 是 1978~2016 年各年份的中国 GDP 总量与全社会固定资产投资总量数据的曲线。从图 4-5 可以直观看到，两条曲线均呈现同向且相似的上升趋势，这表明中国 GDP 总量与全社会固定资产投资总量呈现同步扩大之势。

为了确切考察两变量在统计数据上的相关性，进行如下数据处理：①分别计算出两变量的可比价格数据。具体是分别计算出 1978~2016 年各年份的中国实际 GDP 总量数据，以及全社会固定资产的实际投资总量数据。其中，中国实际 GDP 总量数据为中国统计年鉴中不变价 GDP 总量；全社会固定资产的实际投资总量数据，通过以 1978 年为基期的定基固定资产投资价格指数处理得到，其中 1990 年以前固定资产投资价格指数根据张军等（2004）的方法处理得到。②对中国实际 GDP 总量数据与全社会固定资产实际投资总量数据进行标准化处理。经数据标准化处理后的数据，即数据序列的均值

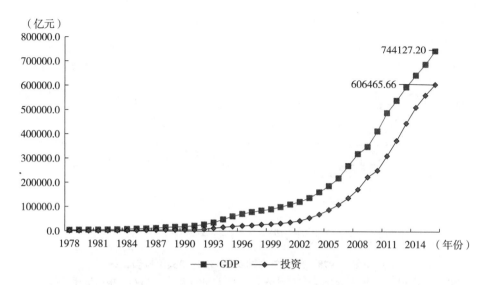

（亿元）

图4-5　1978~2016年中国GDP总量和全社会固定资产投资总量

资料来源：Wind 数据库。

为 0、标准差为 1。不同序列数据之间的相关性，经数据标准化处理后不改变其彼此之间原有的相关性。

对上述两变量进行标准化处理后而得到的曲线由图 4-6 给出。从图 4-6 可以直观地看到两条曲线表现出了很高的相关性。通过具体计算可知，二者之间的相关系数高达 0.97（根据统计学知识可知，如果相关系数为 1，即表明两数据序列之间存在百分之百的相关性）。由此得出的结论确切表明：1978~2016 年，中国实际 GDP 总量与实际投资总量之间在统计数据上存在着高度相关性。

（二）中国 GDP 增长率与全社会固定资产投资实际增长率之间的相关性

图 4-7 是关于 1979~2016 年各年份的中国 GDP 实际增长率与全社会固定资产投资实际增长率数据的曲线。尽管此时尚未进行数据标准化的处理，但从图 4-7 已经可以看出两者增长率的变动趋势存在一定的相同性。虽然在每个年度上两者增长率之间并不遵循严格同向的变动趋势，但在相邻的二三年内两者增长率的变动趋势存在一定的趋同倾向。

同样，为了更为直观地展现两变量增长率之间的相关性，现对这两个变量增长率的数据进行标准化处理，并绘制曲线图，由此得到图 4-8。图 4-8 是经过数据标准化处理后而得到的 1979~2016 年中国实际 GDP 增长率与实际固定资产投资增长率的数据曲线。通过图 4-8 可以更清楚地看到，两变量

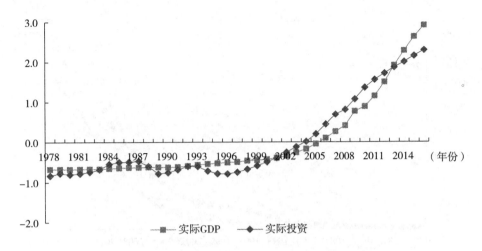

图4-6　1978~2016 年中国实际 GDP 和实际投资曲线

资料来源：中华人民共和国国家统计局编：《中国统计年鉴》（2017），中国统计出版社 2017
年版。

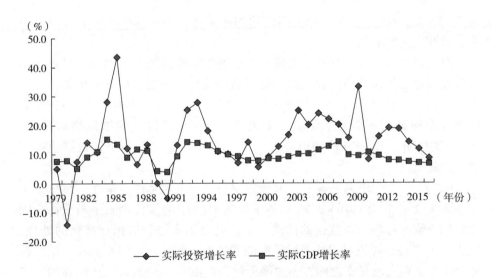

图4-7　1979~2016 年中国实际投资增长率和实际 GDP 增长率

资料来源：中华人民共和国国家统计局编：《中国统计年鉴》（2017），中国统计出版社 2017
年版。

增长率存在明显的相同变化趋势。1979~2016 年，两变量增长率之间的相关
系数为 0.65。这样相关的程度，虽然不如两变量之间在总量水平之间的相关

性程度高，但仍然可以说两变量增长率之间存在较高的相关性。也就是说，在 1979~2016 年期间中国实际 GDP 增长率与实际固定资产投资增长率之间存在着较高程度的相关性。

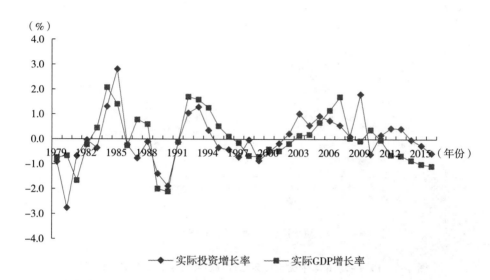

图 4-8　1979~2016 年中国实际 GDP 增长率和实际固定资产投资增长率

资料来源：中华人民共和国国家统计局编：《中国统计年鉴》（2017），中国统计出版社 2017 年版。

因此，以上的数据分析可以表明：1979~2016 年，中国 GDP 与投资之间不论是在总量水平上，还是在增长率水平上，均表现出彼此之间存在高度的相关性。

三、1978~2016 年中国投资增长数据分析

中国投资与 GDP 之间的高度相关性，可从统计数据的经验方面证明中国经济增长所具有的投资拉动特点。因此，可以表明投资对中国经济增长具有重要的作用和意义。下面进一步分析各不同时期的中国投资增长情况。

计算结果显示，1978~2016 年，中国全社会固定资产投资的年均名义增长率为 19.4%，在剔除价格因素后得到的年均实际增长率为 14.4%。图 4-9 是关于 1979~2016 年各年的中国全社会固定资产投资名义与实际增长率数据的曲线。可以看出，投资增长率在总体上保持高位增长的情况下，呈现出较大的波动性，且名义增长率的波动性大于实际增长率的波动性，统计表现为

名义增长率和实际增长率的总体方差分别为 13.2 和 10.3。这也表明了这种波动性实际上与经济体制改革及宏观经济调控的状况密切相关。

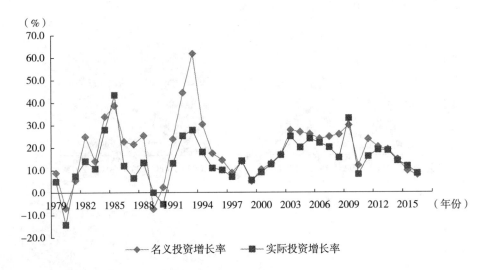

图 4-9　1979~2016 年中国全社会固定投资实际增长率和名义增长率

资料来源：中华人民共和国国家统计局编：《中国统计年鉴》（2017），中国统计出版社 2017 年版。

　　从图 4-9 可以看出，改革开放以来，投资增长既有高潮也有低潮。投资增长的低潮曾分别出现在 1980 年前后、1989 年前后以及 1997~1999 年，其中 1980 年和 1989 年的投资增长率均为负数。这些年份的有关经济背景情况是：1980 年是改革开放的初期，也是经济体制与投资体制改革的初期；1989 年经历了"政治风波"，并开始 3 年的治理整顿；1997~1999 年先后经过治理经济过热、抑制通货膨胀、亚洲金融危机和我国特大洪水灾害。投资增长的高潮则分别出现在 1985 年前后、1992~1994 年、2003 年前后以及 2009 年前后。其中，1985 年中国经济改革开始以城市经济改革为重点；1992 年邓小平发表了著名的南方视察谈话；2003 年中国开始进入深化与完善社会主义市场经济体制改革的阶段；2008 年全球金融危机爆发，我国为应对全球金融危机推出"四万亿元"投资计划，随后进入政策消化期，投资增长率略有波动。

　　按国民经济与社会发展五年计（规）划的阶段划分来看，按可比价计算，各个时期的年均投资增长率由大到小依次为"六五"时期（1981~1985 年）的 20.73%、"十一五"时期（2006~2010 年）的 19.82%、"十五"时期

（2001～2005 年）的 19.67%、"八五"时期（1991～1995 年）的 19.04%、"十二五"时期（2011～2015 年）的 15.95%、"九五"时期（1996～2000 年）的 9.16%以及"七五"时期（1986～1990 年）的 5.36%。各个时期年均投资增长率和经济增长率数据请见表4-1。各个年度投资增长率与年度经济增长率的数据请见表4-2。

表4-1　"六五"以来各五年计（规）划时期的年平均投资增长率

单位：%

期间	可比价计算		现价计算	
	GDP 增长率	投资增长率	GDP 增长率	投资增长率
"六五"：1981～1985 年	10.70	20.73	14.88	23.42
"七五"：1986～1990 年	7.98	5.36	15.82	12.96
"八五"：1991～1995 年	12.28	19.04	26.76	35.58
"九五"：1996～2000 年	8.62	9.16	10.40	10.51
"十五"：2001～2005 年	9.78	19.67	13.35	22.10
"十一五"：2006～2010 年	11.32	19.82	17.22	23.32
"十二五"：2011～2015 年	7.88	15.95	10.85	17.53
1979～2016 年平均增长率	9.60	14.42	15.20	19.39

表4-2　1979～2016 年中国全社会固定资产投资增长率和 GDP 增长率

单位：%

年份	可比价计算		现价计算	
	GDP 增长率	投资增长率	GDP 增长率	投资增长率
1979	7.60	5.00	11.47	8.86
1980	7.80	−14.23	11.88	−6.92
1981	5.10	7.42	7.59	5.50
1982	9.00	14.04	8.87	24.91
1983	10.80	10.71	12.05	14.05
1984	15.20	27.98	20.89	33.88
1985	13.40	43.50	25.01	38.75
1986	8.90	12.03	14.04	22.70
1987	11.70	6.53	17.33	21.51
1988	11.20	13.33	24.69	25.37

革的第一阶段。这一时期的经济体制改革重点在农村，即在中国的农村开始实行以包产到户、包干到户为主要形式的家庭联产承包责任制。

一、改革概况

从总体上看，1978~1984年的经济体制改革重点是农村经济体制改革。此期间在其他方面进行的有关经济体制改革，主要是局部性和试点性的改革。这些改革主要是局限在传统计划经济体制范围内的改革，甚至是加强计划性的改革。

投资领域是经济体制改革中较早涉及的领域。针对20世纪70年代中后期在基本建设中存在的混乱现象，1978年上半年国家开始出台一系列政策，以加强对投资领域的管理。具体情况是，1978年4月22日，国家计委、国家建委、国家财政部下达了《关于试行加强基本建设管理几个规定的通知》。该通知在基本建设计划管理、自筹资金安排使用、基本建设程序、基本建设项目设计、施工管理、经济核算与财务管理等多方面提出了具体规定。1978年12月31日，国务院批转了国家计委、国家财政部《关于改进固定资产更新改造资金管理的报告》。

十一届三中全会之后，中共中央于1979年4月召开工作会议，针对当时国民经济比例严重失调的情况制定了重要措施，即从1979年起，用3年时间对国民经济实行"调整、改革、整顿、提高"的工作方针。这一方针事实上成为改革开放初期指导经济工作的基本思想。"按经济规律办事、讲究经济效率"成为这一时期开展经济工作的口号。受这一方针的影响，加强投资管理、提高投资效益成为当时投资领域中的工作重点。随后一项对以后投资体制改革有重要影响的改革措施很快出台，这就是"拨改贷"政策。

所谓"拨改贷"，是指将国家财政预算内基本建设投资，由财政拨款方式改为由银行贷款方式来安排。1979年8月，国务院批准国家计委、国家建委、国家财政部《关于基本建设投资实行贷款办法的报告》及《基本建设贷款试行条例》，决定开始试行基本建设投资"拨改贷"的规定。后来的实践结果表明，"拨改贷"规定的出台对未来的经济生活以及对投资体制改革乃至经济体制改革都有重要的影响。可以说，"拨改贷"的试行是改革开放初期对投资体制改革最具有重要意义的事件。到1984年，国家财政预算内基本建设投资实行"拨改贷"的方式被全面推行。但是，对"拨改贷"这一做法到目前为止仍是褒贬不一，存在很大争议。

二、"拨改贷"的实施历程与主要内容

1978 年以前中国实行的是高度统一的计划经济体制。在这种传统的计划经济下，投资决策、项目审批、资金筹集与使用及投资管理等各环节，都是由政府决定，国有企事业单位只是按计划行事的主体。国有企事业单位投资所需资金，主要是通过财政拨款方式来运作的。这时，政府实际上是真正的且是唯一的投资主体。

"拨改贷"的实施即意味着企业要对国家原来按计划调拨的资金，开始担负偿还的责任。这是按当时所强调的"按经济规律办事，运用经济规律管理经济的原则"的一种具体体现。对此，在《关于基本建设投资试行贷款办法的报告》中提出的实施"拨改贷"的理论依据是：银行和贷款单位都是经济组织，它们之间的业务往来按合同办事，互相承担经济责任和法律责任。由于贷款单位要保证按期还本付息，这就促使它们慎重地考虑是否需要进行建设，建设过程中怎样精打细算，少花钱多办事，加快建设进度，更好地发挥投资效果，以达到发展生产、增加盈利的目的。同时，银行发放贷款，要按规定进行严格审查，实行择优发放的原则，符合条件的，才给予贷款，不符合条件的，有权拒绝贷款。这对于那些只从需要出发，不看建设条件，不讲经济效果，盲目争项目、争投资、争材料设备，随意拉长基建战线的做法是一个有力的限制。

在当时传统的计划经济体制下，"拨改贷"的实施可在一定程度上增加企业的责任感，也有利于加强基本建设管理，改变当时基本建设"长、散、乱"的状况以提高投资效果，因而具有一定的积极意义。但是从总体上看，这期间的"拨改贷"是在高度统一的计划经济体制框架内进行的，其本质是属于计划经济投资体制范畴内的局部改革内容。

初期"拨改贷"所涉及的资金范围，仅限于基本建设投资资金，而且是在一定地域及行业领域范围内试行。1979 年的《关于基本建设投资试行贷款办法的报告》中提出的安排是：在整个经济管理体制没有改革以前，今明两年先在轻工、纺织、旅游等行业和北京、上海、广东三个省市中，选择投资少、见效快、利润高、建设条件较好的项目以及交通、铁道、旅游等部门买车、买船等方面的投资进行试点。其他部门和地方也可以选择一些项目进行试点。在总结经验的基础上，积极创造条件逐步推广。因此从 1979 年开始，一部分中央预算内基本建设投资由财政拨款改为贷款的工作在纺织、旅游、电力等行业和全国 28 个省、自治区、直辖市展开。

1980 年开始，"拨改贷"的实施力度进一步加大。1980 年 11 月 18 日，国务院批转国家计委、国家建委、国家财政部和中国人民建设银行《关于实行基本建设拨款改贷款的报告》，决定从 1981 年起，凡是实行独立核算、有还款能力的企业，都应全面推行基本建设投资拨款改贷款的制度。

在施行"拨改贷"后，企业能否按时还贷款成为另一重要的现实问题。为此，在《关于实行基本建设拨款改贷款的报告》中特别指出：贷款能否按期归还，是检验贷款项目该不该建设、有没有实际经济价值的重要标志。同时，要求建设银行切实把基本建设拨款改贷款的任务承担起来，努力学会用银行办法办银行，开展信贷和信托业务，吸收固定资产再生产领域里的闲散资金，加强资金调度，在国家计划指导下，组织发放贷款，把资金搞活。

为了增强企业的还贷能力，随后开始实行企业利润留成制度。1980 年 4 月，在全国基本建设工作会议上提出的措施是：扩大国营施工企业的经营管理自主权，确定其合理利润，实行利润留成的制度。1982 年 5 月，国家计委、国家建委、国家财政部和中国人民建设银行又发布了《关于进一步实行基本建设拨款改贷款的通知》，充实和修订了扩大贷款工作的细则。1984 年，"拨改贷"全面推广。

1984 年 9 月 18 日，《国务院关于改革建筑业和基本建设管理体制若干问题的暂行规定》发布。主要内容有：全面推行建设项目投资包干责任制；大力推行工程招标承包制；建立工程承包公司，专门组织工业交通等生产性项目的建设；建立城市综合开发公司，对城市土地、房屋实行综合开发；改革建设资金的管理办法；等等。其中关于改革建设资金的管理办法中指出：国家投资的建设项目，都要按照资金有偿使用的原则，改财政拨款为银行贷款。贷款实行差别利率。国家将投资包干协议规定的总金额分年拨给建设银行，由包干单位根据工程进度，按实际需要向建设银行贷款建设。在不超过投资总额的前提下，可以不受年度的限制。

1984 年 12 月 14 日，国家计委、国家财政部、中国人民建设银行颁布了《关于国家预算内基本建设投资全部由拨款改为贷款的暂行规定》，即决定对国家预算安排的基本建设投资全面实行"拨改贷"的方式。其中的一些主要内容如下：

（1）根据六届人大二次会议关于《政府工作报告》决议的精神，为了有偿使用国家财政资金，提高经济效益，决定从 1985 年起，凡是由国家预算安排的基本建设投资全部由财政拨款改为银行贷款（简称"拨改贷"）。

（2）基本住房城乡建设部门和建设单位要执行基本建设程序，实行投资包干经济责任制，缩短建设周期，提高工作质量，降低工程造价，节约建设资金，提高投资效益，按期归还贷款。

（3）"拨改贷"基本建设投资由建设银行依据国家基本建设计划办理。各级建设银行要认真执行国家的投资政策和信贷政策，合理调剂资金，保证资金及时供应，监督资金使用，促进提高效益。

（4）"拨改贷"基本建设投资计划，实行分级管理。"拨改贷"投资总额和分部门、分地区投资额由国家确定。"拨改贷"投资安排的基本建设项目、大中型项目按隶属关系，分别由国务院各部门和各地区提出安排意见，经国家计委综合平衡后确定，并列入国家基本建设大中型项目计划；小型项目按隶属关系，分别由国务院各部门和各地区确定。各级计划部门在安排建设项目时，要充分听取同级建设银行的意见。

（5）实行"拨改贷"以后，原来的"国家预算直接安排的投资"渠道相应取消。"拨改贷"投资与利用银行存款和地方财政专项资金安排的基本建设贷款，在资金渠道上应分别管理，不相混同。

（6）"拨改贷"投资安排的基本建设项目，必须纳入国家五年和年度基建计划。按照建设项目隶属关系和计划安排权限，国务院各部门和各地区安排的项目，其"拨改贷"的资金，分别由中央财政预算和地方财政预算拨给。与此相应，建设银行收回的贷款，其中属于中央预算安排的，上交中央财政；属于地方预算安排的，原则上交地方财政部门。

（7）"拨改贷"实行差别利率。具体是：①电子、纺织、轻工、石油化工、原油加工项目年利率为 4.2%。②钢铁、有色、机械、汽车、化工、森工、电力、石油开采、铁道、交通、民航项目年利率为 3.6%。③农业、林业、农垦、水利、畜牧、水产、气象、国防工业、煤炭、建材、邮电、粮食和节能措施项目年利率为 2.4%。④长线产品的建设项目和在能源紧张地区搞的耗能高的产品的建设项目年利率为 12%。产品目录由国家计委另行公布。⑤其他行业的项目年利率为 3%。

（8）国内合资企业，由出资方负责借款和还款。中外合资企业中方投资，由中国合营者负责借款和还款。前期工作项目，如用"拨改贷"投资的，由中央或地方主管部门（或指定单位）负责借款和还款。

三、对"拨改贷"的有关评价

要了解实施"拨改贷"的影响范围，需要对当时的投资结构有所了解。中国的全社会固定资产投资总额可划分为基本建设、更新改造、房地产开发投资和其他固定资产投资四个部分。其中，基本建设指企业、事业、行政单位以扩大生产能力或工程效益为主要目的的新建、扩建工程及有关投资。在改革开放初期，国有经济占有很高的比重。具体表现为，基本建设投资特别是国家预算内的基本建设投资，在全社会固定资产投资中占有很高的比重。数据表明，1978年仅国家预算内的基本建设资金就为389.21亿元①，占当年全社会固定资产投资总额的43.3%。虽然到1984年，国家预算内的基本建设资金占全社会固定资产投资的比重下降到19.6%，但这也意味着在此时"拨改贷"涉及近20%的全社会固定资产投资资金。

由此可见，对国家预算内的基本建设资金实行"拨改贷"的措施，对中国经济建设的影响是深刻的。在改革开放初期经济体制改革尚没有全面展开的背景情况下，"拨改贷"的实施无疑具有明显的积极作用。如在一定程度上增强了企业自主性，提高了经济活力，同时为经济体制改革提供了有益的经验。然而不能否认的是"拨改贷"也招致了一些批评，其中一些批评意见如下：

首先，"拨改贷"虽在形式上改变了企业的资金来源方式，但并不具有硬约束。在总体经济体制没有改革的情况下，投资主体本质上仍是政府，因此企业如果不能还贷，国家事实上也没有更有效的措施。在"国家定项目、国家给资金""投资项目层层审批、集体决策"的体制下，看起来谁都负责，但实际上谁都可以不负责。因此，"拨改贷"没有解决对企业的"硬约束"问题。实际情况也的确可以证明这一点。即在实施"拨改贷"后，一些国有企业出现高负债率和盲目投资的现象。为了解决这些问题，后来又出台了有关国有企业实施资产重组、"债转股"等一系列政策。

其次，虽然"拨改贷"以及"利改税"对企业资金使用效率的提高具有积极的作用，但同时也的确给企业压上了沉重的负担。实施"拨改贷"后产生的新问题是：一方面，还贷最终要通过企业实现的利润来还，从而大幅度增加了企业的负担并加剧了企业资金的紧张状况；另一方面，由于职工不占有企业的股份，因此通过贷款所形成的固定资产全部归国家所有，而企业职工并不能从中得到直接的收益，因而缺少激励机制。企业资金紧张，债务负担过重，使企业没有余力进行开发与创新活动，从而降低了国有企业的活力。特别是国有企业许多的投资项目仍是国家计划与政府行为的结果，其中相当一部分属于重复引进和重复建设，没有产生应有的效益，反而导致资金

---

① 中华人民共和国国家统计局编：《中国统计年鉴》（1996），中国统计出版社1996年版。

使用的巨大浪费。这个国家计划和政府行为失误的结果，最终要通过企业的还贷来承担，要用企业的利润来偿还，且不说公平与否的问题，仅此结果就会导致企业根本没有余力进行技改与研发等增强实力的再投入。

上述问题的出现，同投资体制改革与总体经济体制不相匹配有关。在总体经济体制尚未进行改革的情况下，实施"拨改贷"而产生的种种问题在所难免。

四、与投资体制改革相关的其他内容

针对当时国民经济中基本建设规模过大、项目过多、重复建设、盲目建设的情况比较严重，建设资金的使用浪费很大等实际情况，除出台"拨改贷"政策外，国家为此还出台了其他一系列有关的政策。这些政策涉及加强投资管理、控制投资规模、提高投资效益、加强投资可行性研究和提高审批效率等多方面的政策内容。

（一）关于加强投资管理与控制投资规模的有关规定

1980年8月20日，国家计委、国家建委等单位联合发出《关于抓紧清理、压缩全国基本建设在建工程量的通知》。通知要求，认真抓好基本建设项目的竣工验收、交付生产和使用的工作，继续认真清理在建项目。1980年11月30日，国务院发出《关于紧缩基本建设支出的紧急通知》，决定从12月1日起，1980年基建计划不再追加；各地区、各部门待分配的基建投资包括国家预算拨款，地方、部门、企业自筹资金，各个银行基建贷款，用于基本建设的更新、改造资金等，全部停止分配；1980年计划内尚未开工的项目一律暂不开工；所有办公大楼、机关礼堂、招待所、宾馆、旅游饭店等，一律停下来重新审查，各级银行不再拨款。

1981年3月3日，国务院发出《关于加强基本建设计划管理控制基本建设规模的若干规定》，其中提出如下要求：

（1）全国和地方的基本建设规模，都要进行严格的控制。凡属基本建设，不论其资金来源如何，都要按照隶属关系和计划安排权限，由各级计委综合平衡后，在核定的基本建设规模之内，纳入各级基本建设计划，并要严格遵守有关基本建设的规定，同时接受国家和各级政府的财政和统计监督。

（2）各种渠道安排的基本建设资金，必须根据有利于国民经济调整的原则，明确使用方向。

（3）银行发放基本建设贷款，必须在信贷平衡的基础上进行，必须根据中央和省、直辖市、自治区一级综合财政、信贷计划和综合基本建设计划，

切实做好信贷平衡，量力而行。

（4）利用外资安排的基本建设要严格控制。

（5）国防费安排的军事工程等要适当压缩。

（6）所有基本建设计划，必须认真落实所需的物资。

（7）严格基本建设项目的审批制度和责任制度，严肃基本建设纪律。

（8）从基本建设工程造价中提取各种费用，必须由国家建委会同国家计委、建设银行总行统一规定。

（二）提高投资效益与可行性的有关规定

1982 年 2 月 26 日，国家计委和国家建委发出《关于缩短建设工期，提高投资效益的若干规定》。为了尽快把全国大中型项目的建设周期恢复到历史最好水平，使在建的大中型项目的绝大多数在"六五"期间建成投产，国家计委和国家建委为此在该规定中提出如下要求：

（1）基本建设项目上项目之前一定要认真负责、精心细致地进行可行性研究和技术经济论证。

（2）严格控制基建规模。凡是能够通过技术改造提高产品质量、增加产品品种、扩大生产能力的，就不要扩建、新建。

（3）明确规定基本建设项目的合理建设工期，作为具体安排建设计划、工程进度的依据。

（4）按合理工期安排建设计划，分配投资、材料。年度计划投资不得留有缺口。

（5）严格执行开工报告制度。一切新建、扩建项目动工修建，都要有上级机关正式批准的开工报告。

（6）实行分期建设、分期收益的办法。对包含若干个能独立发挥效益的单项工程，在建设方案确定后，实行分期、分段建设，分期、分段投产受益的办法。

1983 年 2 月 2 日，国家计委发布《建设项目进行可行性研究的试行管理办法》。有关具体内容包括：

（1）可行性研究是建设前期工作的重要内容，是基本建设程序中的组成部分。

（2）可行性研究的任务是根据国民经济长期规划和地区规划、行业规划的要求，对建设项目在技术、工程和经济上是否合理和可行，进行全面分析、论证，做多方案比较和评价，为编制和审批设计任务书提供可靠的依据。

（3）利用外资的项目、技术引进和设备进口项目、大型工业交通项目（包括重大技术改造项目），都应进行可行性研究。其他建设项目有条件时，也应进行可行性研究，具体编制范围由各部门、各地区自行确定。

（4）负责进行可行性研究的单位，要经过资格审定，要对工作成果的可靠性、准确性承担责任。要为可行性研究单位客观地、公正地进行工作创造条件，任何单位和个人不得加以干涉。

（5）可行性研究一般采取主管部门下达计划或有关部门、建设单位向设计或咨询单位进行委托的方式。在主管部门下达的计划或双方签订的合同中规定研究工作的范围、前提条件、进度安排、费用支付办法以及协作方式等。

（6）大中型建设项目的可行性研究报告，由各主管部门和各省、市、自治区或各全国性工业公司负责预审，报国家计委审批，或由国家计委委托有关单位审批。重大项目和特殊项目的可行性研究报告，由国家计委会同有关部门预审，报国务院审批。小型项目的可行性研究报告，按隶属关系由各主管部门和各省、直辖市、自治区或各全国性专业公司审批。

（7）咨询或设计单位提出的可行性研究报告和有关文件，按项目大小应在预审前1~3个月提交预审主持单位。预审单位认为有必要时，可委托有关方面提出咨询意见。报告提出单位与咨询单位应密切合作，提供必要的资料、情况和数据。

（三）关于提高审批效率的有关规定

1984年5月15日，第六届全国人民代表大会第二次会议上的政府工作报告提出，在基本建设的管理上，必须简化审批程序，下放审批权限，减少环节，提高效率。今后除限额以上，需要国家计委综合平衡的项目，报国家审批以外，其余的实行分级管理、分级平衡。需要国家审批的，国家计委拟将过去的五道手续简化为两道手续，即只审批项目建议书和设计任务书。有关单位在设计任务书批准后，即可先行询价和预订货。

为了贯彻第六届全国人民代表大会第二次会议政府工作报告中提出的简化基本建设项目审批手续的精神，1984年8月18日国家计委发布了《关于简化基本建设项目审批手续的通知》，该通知的一些内容包括：

（1）需要国家审批的基本建设大中型项目审批程序，原为五道手续，即项目建议书、可行性研究报告、设计任务书、初步设计和开工报告。根据简政放权的要求，现简化为项目建议书、设计任务书两道手续①。

（2）凡列入长期计划或建设前期工作计划的项目，应该有批准的项目建议书；凡列入五年计划的项目，应该有批准的设计任务书。

（3）各部门、各地区、各企业根据国民经济和社会发展的长远规划、行业规划、地区规划等要求，经过调查、预测、分析，提出项目建议书。按照批准的项目建议书，部门、地区或企业负责组织可行性研究，对项目在技术、工程、经济和外部协作条件上是否合理和可行，进行全面分析、论证，做多方案比较，认为项目可行后，推荐最佳方案，编制设计任务书（或可行性研究报告）上报。

（4）对建设项目的经济效果要进行分析，不仅计算项目本身的微观效果，而且要衡量项目对国民经济的宏观效果和分析对社会的影响。计算经济效果可以根据具体情况计算几个指标，其中对投资回收期必须计算。进行经济效果分析的技术经济参数，由各主管部门和地区根据部门、地区的特点，自行拟定，报国家计委备案。

（5）基本建设大中型项目的初步设计，下放给各部门和各省、自治区、直辖市审批。初步设计是项目决策后，根据设计任务书要求所做的具体实施方案，应能满足项目投资包干、招标承包、材料、设备订货、土地征用和施工准备等要求。初步设计的内容和具体要求，由各部门、各地区结合部门和地区特点加以拟定，报国家计委备案。凡列入年度建设计划的项目，应该有批准的初步设计。

（6）上述审批手续，从发文之日起正式实行。凡新建的基本建设大中型项目、大型技改项目的初步设计、开工报告和在建项目的"五定"、调整概算等业务，不再由国家计委审批（已上报的"五定"和调整概算项目，由国家计委继续办完），按隶属关系，由各部门和各省、自治区、直辖市负责审批，报国家计委备案。

由以上的考察可以看出，虽然这期间对投资体制的改革取得了一定成效，但这些改革主要是仍停留在计划经济框架内的改革，甚至有些改革在一定程度上进一步强化了计划性与政府管理的职能。同时，在管理手段上主要是通过行政命令方式来进行的，而相对缺乏相应的经济手段方式。随着改革开放的进展，总体经济体制与财政、金融及投资等局部性经济体制之间的相

---

① 审批程序在1991年又改为审批项目建议书、可行性研究报告和开工报告三道程序，直到2004年国务院公布《关于投资体制改革的决定》之后才再次改变。

互矛盾日趋加剧，因此对总体经济体制进行改革的迫切性已凸显出来。

附录 4-1 投资体制改革历程年度备忘录（1978~1984 年）

1978 年：4 月 22 日，国家计委、国家建委、国家财政部下达《关于试行加强基本建设管理几个规定的通知》。12 月 31 日，国务院批转国家计委、国家财政部《关于改进固定资产更新改造资金管理的报告》。

1979 年：4 月 13 日，中共中央、国务院批转国家建委起草的《关于改进当前基本建设工作的若干意见》。8 月 28 日，国务院转发《关于基本建设投资试行贷款办法的报告》和《基本建设贷款试行条例》。10 月 11 日，国家计委等单位发出《关于投资项目及时进行竣工验收工作的通知》。11 月 8 日，经国务院批准，国家财政部、国家计委、国家建委等单位颁发《基本建设拨款暂行条例》。

1980 年：1 月 10 日，国家计委下发《关于基本建设计划按两级管理的初步意见》（征求意见稿）。3 月 21 日至 4 月 14 日，全国基本建设工作会议在北京召开。会议就 1979 年基本建设战线仍然过长、建设项目仍然过多、总规模仍然过大等问题提出对策。8 月 20 日，国家计委等单位发出《关于抓紧清理、压缩全国基本建设在建工程量的通知》。11 月 1 日，国家计委等单位发出《关于基建项目、技措项目要严格执行"三同时"的通知》。11 月 18 日，国务院批转国家计委、国家建委、国家财政部和中国人民建设银行《关于实行基本建设拨款改贷款的报告》。11 月 30 日，国务院发出《关于紧缩基本建设支出的紧急通知》。

1981 年：3 月 3 日，国务院作出《关于加强基本建设计划管理、控制基本建设规模的若干规定》。5 月 6 日，国务院批转国家建委《关于基本建设调整问题的汇报提纲》。

1982 年：2 月 26 日，国家计委和国家建委颁发《关于缩短建设工期，提高投资效益的若干规定》。5 月 1 日，国家计委、国家建委、国家财政部、建设银行总行发出《关于进一步实行基本建设拨款改贷款的通知》。9 月 22 日，国家计委发出《关于编制建设前期工作计划的通知》。11 月 26 日，中央财经领导小组扩大会议讨论加强固定资产投资管理问题。

1983 年：2 月 2 日，国家计委发出《关于颁发建设项目进行可行性研究的试行管理办法的通知》。7 月 9 日，国务院发出《关于严格控制基本建设规模，清理在建项目的紧急通知》。

1984 年：5 月 15 日，第六届全国人民代表大会第二次会议上的政府工作报告中提出，在基本建设的管理上必须简化审批程序，下放审批权限，减少环节，提高效率。8月18日，国家计委发出《关于简化基本建设项目审批手续的通知》。9月18日，国务院批准《关于改革建筑业和基本建设管理体制若干问题的暂行规定》。10月20日，中共十二届三中全会通过《中共中央关于经济体制改革的决定》。12月8日，国家计委等单位发出关于《加强基本建设自筹资金管理的暂行规定》的通知。12月14日，国家计委等单位下达《关于国家预算内基本建设投资全部由拨款改为贷款的暂行规定》的通知。

第四节　探索阶段：1984~1992年

1984~1992年是全面进入经济体制改革的阶段，即经济体制改革的第二阶段。这是在农村改革取得成功后，在总结有关经验的基础上，开始进行以城市经济为核心内容的改革。农村改革的成功经验、农村经济发展对城市的要求，为以城市为重点的整个经济体制改革提供了极为有利的条件。但是，此阶段主要是对经济体制改革进行全面探索的阶段。

一、改革概况

1984年10月，中共十二届三中全会召开。会议通过了《中共中央关于经济体制改革的决定》，这标志着中国开始进入经济体制改革的新阶段。增强企业活力是此时经济体制改革的中心环节。其中主要是要解决好两个方面的关系问题，即确立国家和全民所有制企业之间的正确关系，扩大企业自主权；确立职工和企业之间的正确关系，保证劳动者在企业中的主人翁地位。同时，要求建立自觉运用价值规律的计划体制，发展社会主义商品经济。

关于投资体制改革，在《中共中央关于经济体制改革的决定》中没有被明确提及。具体表现为，在《中共中央关于经济体制改革的决定》中通篇没有出现"投资体制"的字样，甚至连"投资"两字在文中都没有出现。现在看这篇具有重要历史意义的文献，具有鲜明的论证性风格，而较少提及具体的改革措施。这种情况的出现，与当时的现实经济背景不无关系。

中共十一届三中全会决定把全党工作重点转到经济建设上来，经济体制改革首先在农村进行。经济体制改革在农村取得了巨大成就，使农业生产能够在短时期内蓬勃发展起来，人民生活水平由此得到初步而明显的提高。然而，局限于当时中国长期饱受"左"的思想影响，以及长期在传统计划经济下形成的各种惯性思维，统一和正确理解对经济体制改革的认识是当时问题的关键，特别是突破"左"的思想束缚，成为首要的问题。因此，现在看《中共中央关于经济体制改革的决定》，好像在用很大的篇幅讲理论、讲道理、讲进行经济体制改革的必要性与可行性，而相对缺乏将具体实施的措施。也就是在这样的时期，如果明确提出投资体制改革的问题，显得为时过早。这也决定了，此时期的体制改革主要是探索性的，而难以有突破性的进展。

总体上看，这期间投资领域中的工作重点，主要在提高投资效率、提高投资管理的规范性以及调节投资方向等方面。在管理手段方面仍以计划经济方式为主，对此主要通过两种渠道来进行：一是通过银行渠道；二是通过行政管理渠道。在银行渠道方面，主要是通过控制贷款规模方式来进行，而在行政管理渠道方面，主要是通过控制项目计划及项目审批等方式来进行。这些都是具有浓厚计划经济体制色彩的方法。

二、《中共中央关于经济体制改革的决定》的主要内容

《中共中央关于经济体制改革的决定》（以下简称《决定》）的发布具有重大意义。《决定》论及十个方面的问题，分别是：①改革是当前我国形势发展的迫切需要。②改革是为了建立充满生机的社会主义经济体制。③增强企业活力是经济体制改革的中心环节。④建立自觉运用价值规律的计划体制，发展社会主义商品经济。⑤建立合理的价格体系，充分重视经济杠杆的作用。⑥实行政企职责分开，正确发挥政府机构管理经济的职能。⑦建立多种形式的经济责任制，认真贯彻按劳分配原则。⑧积极发展多种经济形式，进一步扩大对外的和国内的经济技术交流。⑨起用一代新人，造就一支社会主义经济管理干部的宏大队伍。⑩加强党的领导，保证改革的顺利进行。

《决定》首先根据历史的经验和十一届三中全会以来的实践，对我国计划体制的基本点进一步作出如下概括：①就总体说，我国实行的是计划经济，即有计划的商品经济，而不是那种完全由市场调节的市场经济。②完全由市场调节的生产和交换，主要是部分农副产品、日用小商品和服务修理行业的劳务活动，它们在国民经济中起到辅助的但不可缺少的作用。③实行计划经济不等于以指令性计划为主，指令性计划和指导性计划都是计划经济的具体形式。④指导性计划主要依靠运用经济杠杆的作用来实现，指令性计划则是必须执行的，但也必须运用价值规律。按照以上要点改革的计划体制，就要有步骤地适当缩小指令性计划的范围，适当扩大指导性计划的范围。对

关系国计民生的重要产品中需要由国家调拨分配的部分，对关系全局的重大经济活动，实行指令性计划；对其他大量产品和经济活动，根据不同情况，分别实行指导性计划或完全由市场调节。计划工作的重点要转到中期和长期计划上来，适当简化年度计划，并相应改革计划方法，充分重视经济信息和预测，提高计划的科学性。

由上述分析可以看出，实行有计划的商品经济是对当时经济体制的基本定位。即从过去高度统一的计划经济体制，放宽到有所接纳市场经济的因素，但在总体上还是强调计划经济机制的作用。

在这时，企业在经济体制改革中的地位已经被突显出来。为此在《决定》中指出：增强企业活力是经济体制改革的中心环节。其提出的理论论述是：城市企业是工业生产、建设和商品流通的主要的直接承担者，是社会生产力发展和经济技术进步的主导力量。现行经济体制的种种弊端，恰恰集中表现为企业缺乏应有的活力。所以，增强企业的活力，特别是增强全民所有制大、中型企业的活力，是以城市为重点的整个经济体制改革的中心环节。过去国家对企业管得太多太死的一个重要原因，就是把全民所有同国家机构直接经营企业混为一谈。根据马克思主义的理论和社会主义的实践，所有权同经营权是可以适当分开的。总之，要使企业真正成为相对独立的经济实体，成为自主经营、自负盈亏的社会主义商品生产者和经营者，具有自我改造和自我发展的能力，成为具有一定权利和义务的法人。

关于改革计划体制的论述是：首先要突破把计划经济同商品经济对立起来的传统观念，明确认识到社会主义计划经济必须自觉依据和运用价值规律，是在公有制基础上的有计划的商品经济。商品经济的充分发展，是社会经济发展不可逾越的阶段，是实现我国经济现代化的必要条件。只有充分发展商品经济，才能把经济真正搞活，促使各个企业提高效率，灵活经营，灵敏地适应复杂多变的社会需求，而这是单纯依靠行政手段和指令性计划所不能做到的。同时还应该看到，即使是社会主义的商品经济，它的广泛发展也会产生某种盲目性，必须有计划地指导、调节行政管理，这在社会主义条件下是能够做到的。因此，实行计划经济同运用价值规律、发展商品经济，不是互相排斥的，而是统一的，把它们对立起来是错误的。

关于价格体系的论述是：我国现行的价格体系，由于过去长期忽视价值规律的作用和其他历史原因，存在着相当紊乱的现象，不少商品的价格既不反映价值，也不反映供求关系。不改革这种不合理的价格体系，就不能正确评价企业的生产经营效果，不能保障城乡物资的顺畅交流，不能促进技术进步和生产结构、消费结构的合理化，就必然造成社会劳动的巨大浪费，也会严重妨碍按劳分配原则的贯彻执行。随着企业自主权的进一步扩大，价格对企业生产经营活动的调节作用越来越显著，建立合理的价格体系更为急迫。各项经济体制的改革，包括计划体制和工资制度的改革，它们的成效都在很大程度上取决于价格体系的改革。价格是最有效的调节手段，合理的价格是保证国民经济活而不乱的重要条件，价格体系的改革是整个经济体制改革成败的关键。

在改革价格体系的同时，还要进一步完善税收制度，改革财政体制和金融体制。越是搞活经济，越要重视宏观调节，越要善于在及时掌握经济动态的基础上综合运用价格、税收、信贷等经济杠杆，以利于调节社会供应总量和需求总量、积累和消费等重大比例关系，调节财力、物力和人力的流向，调节产业结构和生产力的布局，调节市场供求，调节对外经济往来等。我们过去习惯于用行政手段推动经济运行，而长期忽视运用经济杠杆进行调节。学会掌握经济杠杆，并且把领导经济工作的重点放到这一方面来，应该成为各级经济部门特别是综合经济部门的重要任务。

通过以上的论述可以看出，此时期关于投资体制的改革尚未提到议事日程，而是强调进行计划体制、价格体系、国家机构管理经济的职能和劳动工资制度等方面的配套改革。当然，这些改革为以后渐进式的投资体制改革不断地提供了有利的基础。

三、关于控制投资规模的相关政策

此期间，关于控制投资规模仍是投资领域中的一个工作重点。1985 年 4 月 4 日，国务院批转中国人民银行《关于控制 1985 年贷款规模的若干规定》，提出如下要求：

（1）严格控制贷款总规模。1985 年增发 150 亿元货币的计划要严格控制，不得突破。必须严格将贷款规模控制在 710 亿元左右。

（2）1985 年开始实行"统一计划、划分资金、实贷实存、相互融通"的新的信贷资金管理办法。

（3）改变敞口供应流动资金贷款的办法。

（4）农业银行的农村存贷款增加额，要在全国范围内做到当年平衡。信用社在农业银行的存款比例不得低于 30%。

（5）企业自筹基建，银行不予贷款。信托投资公司发放的基建贷款，要列入国家基建规划之内，银行不予贷款。

经营本行业中央投资的经营性项目（包括基本建设项目和技术改造项目）的固定资产投资。能源、交通、原材料、机电轻纺四个投资公司由国家计委归口领导，行业归口主管部门参与指导；农业、林业投资公司由国家计委与部门归口领导，以国家计委为主。

（5）简政放权，改进投资计划管理。对投资活动实行多种计划管理形式，减少国家计委对投资活动的直接管理。国家专业投资公司建立以后，国家计委不再直接管理项目投资。经营性投资由国家计委切块给各专业投资公司，由投资公司按计划承包新增生产能力，自主经营。非经营性投资，小型项目，财经、文教部门的，按核定的基数包给部门，中央直属、国务院其他部门的，按归口管理部门切块分配，投资切块后，几年不变；大中型项目仍按项目安排。每年基金的增加额，由国家计委根据国家的产业政策和发展规划规定投向。

（6）强化投资主体自我约束机制。具体提出改革建设项目领导体制，实行包干责任制，经营性投资实行有偿使用，实行年度投资规模和在建总规模的双重控制等机制建设措施。

（7）实行招投标制，充分发挥市场和竞争机制的作用。全面实行招标、投标制，要求新建项目不涉及特定地区或不受资源限制的，都要通过招标选定建设地点；建设项目的设计、工程承包、设备供应和施工，都要通过招标、投标择优选定，不得按行政办法分配任务。大型项目的招标、投标必须在全国进行，部门、地区不得封锁。

五、关于鼓励外商投资的政策

1986 年 10 月 11 日，国务院发布《关于鼓励外商投资的规定》，鼓励外国投资者在中国境内举办中外合资经营企业、中外合作经营企业和外资企业。该规定包括改善投资环境、保障企业自主权、按国家产业政策给予税收优惠等，以利于更好地吸引外商投资，引进先进技术，提高产品质量，扩大出口创汇，发展国民经济等方面的内容。其中有关投资的内容是：

（1）产品出口企业和先进技术企业的外国投资者，将其从企业分得的利润汇出境外时，免缴汇出额的所得税。

（2）外国投资者将其从企业分得的利润，在中国境内再投资举办、扩建产品出口企业或先进技术企业，经营期不少于 5 年的，经申请税务机关核准，全部退还其再投资部分已缴纳的企业所得税税款。经营不足 5 年撤出该项投资的，应当缴回已退的企业所得税税款。

（3）外商投资企业的出口产品，除原油、成品油和国家另有规定的产品外，免征工商统一税。1987 年 1 月 23 日，国家财政部为了贯彻执行国务院《关于鼓励外商投资的规定》中有关的税收优惠条款，特制定实施办法。

六、与投资体制改革相关的其他改革

1987 年 9 月，全国计划会议和全国经济体制改革工作会议召开。会议确定 1988 年我国经济体制改革的主要任务是：按照发展社会主义商品经济的总目标，把经济体制改革同经济发展、政治体制改革紧密结合起来，以企业经营机制、投资体制、物资体制和外贸体制改革为重点，同时进一步发展和完善各种市场，加强和改善宏观管理。可见投资体制改革已作为工作重点之一，然而在实际上并没有实现较大幅度的改革，而是基本延续以往的做法。

1988 年 2 月 27 日，国务院批转国家体改委提出的《1988 年深化经济体制改革的总体方案》，提出 1988 年的经济体制改革主要任务是：按照发展社会主义商品经济的总目标，以落实和完善企业承包经营责任制，深化企业经营机制改革为重点；同时，改革计划、投资、物资、外贸、金融、财税体制和住房制度，加强对固定资产投资、消费基金和物价的管理，更好地促进国民经济持续稳定的增长。其中关于投资体制改革的内容是：

（1）1988 年投资体制改革，主要是对国家预算内基本建设投资，开始实行基金制管理。其中，中央基本建设基金，由国家确定的几项中央预算收入和定额拨款构成，并在财政预算中列收列支，专款专用，年终结转，周转使用。经营性建设的投资实行有偿使用，并着手建立严格的投资管理、使用和回收的责任制；非经营性建设的投资，仍暂按原方式进行。基金主要是用于"七五"计划内的重点工程。同时，制定必要的政策，引导和组织各级地方政府的自筹资金和社会资金，投向能源、原材料、交通等基础工业和基础设施的建设。

（2）搞好对中央基本建设基金的管理。1988 年，先组建少数竞争性的专业投资公司，如能源、交通、原材料和农业投资公司，主要承担本行业中央投资的重点建设任务，也可以跨行业投资。公司作为经济实体，负责基金的使用、回收，并努力使基金增值。相应取消各经济部门直接管理投资的职能。中央基本建设基金，由国家财政部按照纳入基金项目的收入进度，划转建设银行，按国家计划进行管理。建设银行与投资公司的关系是经济关系，不是行政隶属关系。投资公司不得经办金融业务。

（3）促进投资结构合理化，提高投资效益。运用必要的税收手段，合理调节投资方向。制定合理的规模经济标准，限制那些达不到规模标准、技术工艺落后项目的建设。全面推行建设项目的招标投标制，从项目选定、设计、施工到设备供应和设备进口，都要打破地区、部门和军工、民用的界限，通过招标，择优选定中标单位。尽快制定建设项目招标、投标的法规，禁止营私舞弊、保护落后。

1989 年 3 月 4 日，国务院同意国家体改委提出的《1988 年经济体制改革要点》，其中内容包括结合投资基金制的建立，组建了能源、交通、原材料等六个专业投资公司，作为国家投资活动的主体。这六个国家专业投资公司一直运行到 1994 年 3 月，由国务院发文并入国家开发银行，同时筹组国家开发投资公司。到 1995 年 5 月，国家开发投资公司正式成立。国家作为投资主体以公司形式出现，意味着国家参与投资活动的方式出现一定的变化，即改变了过去完全以行政主体出现的方式，而开始以经济方式参与投资活动，同时也标志着中国投资行业的形成。

七、关于"三年治理整顿"

1989 年 11 月 6~9 日，中共十三届五中全会通过《中共中央关于进一步治理整顿和深化改革的决定》，由此开始了约三年时间的治理整顿时期。全会决定：包括 1989 年在内，用三年或更长一点的时间，基本完成治理整顿任务。治理整顿的主要目标是：逐步降低通货膨胀率，使全国零售物价上涨幅度逐步下降到 10% 以下；扭转货币超经济发行的状况，逐步做到当年货币发行量与经济增长的合理需求相适应；努力实现财政收支平衡，逐步消灭财政赤字；在着力提高经济效益、经济素质和科技水平的基础上，保持适度的经济增长率，争取国民生产总值平均每年增长 5%~6%；改善产业结构不合理状况，力争主要农产品的生产逐步增长，能源、原材料供应紧张和运力不足的矛盾逐步缓解；进一步深化和完善各项改革措施，逐步建立符合计划经济与市场调节相结合原则的，经济、行政、法律手段综合运用的宏观调控体系。

三年治理整顿的直接目的仍是要加强企业改革和提高企业活力。1990 年 1 月 4~8 日，国务院在北京召开全国经济体制改革工作会议，讨论以企业改革为重点的 1990 年改革工作的任务。会议就治理整顿、深化企业改革提出七条主要措施，主要内容包括：完善发展承包经营责任制；继续实行和完善厂长负责制；增强大中型企业的活力，充分发挥大中型企业的骨干作用；进一步发展企业集团；采取措施推进企业兼并；强化企业管理，向经营管理要效益；有计划地推进各项改革试点工作。1月8日，李鹏在会上发表《改革开放要沿着健康的轨道前进》的讲话，着重指出：治理整顿和深化改革不是互相对立的，而是相辅相成的。治理整顿的目的，是为改革开放创造更有利的条件。

1990年4月，国务院决定在全国范围内开展清理"三角债"的工作，决定成立以邹家华为组长的国务院清理"三角债"领导小组，负责组织领导这项工作。由于一段时间里市场疲软、产品积压，企业流动资金不足的矛盾很尖锐，导致企业、单位之间互相拖欠货款的情况十分严重，1989年全国拖欠总数已达1000亿元以上，进入1990年以后继续呈上升趋势。"三角债"现象的存在不仅妨碍生产的正常运转，同时也损害社会信誉，破坏经济秩序。为此国务院要求各地区、各部门的领导同志高度重视清理"三角债"的工作，把它作为治理整顿、深化改革的一项重要任务抓紧进行。

总的来看，在三年治理整顿期间，一些改革措施主要围绕治理整顿来进行，对投资体制的改革没有明显的进展。

八、投资资金来源结构分析

此期间，经过对投资体制的局部与渐进的改革，到1992年前后投资主体与资金来源的多元化局面已突显出来。其中，1984年开始进行企业股份制试点，1986年进行企业发债试点，而股和债都属于直接融资，从而扩大了企业投资资金的来源。

对此可通过表4-3的数据具体展示投资资金来源的结构。表4-3是关于全社会固定资产投资资金来源构成比重的数据。从表4-3可以看出，按资金来源，全社会固定资产投资可划分为国家预算内资金、国内贷款、利用外资、自筹和其他资金这四个部分。

数据显示，国家预算内资金在全社会固定资产投资中的比重，1984年为23%，到1992年已下降为4.3%，即下降了18.7个百分点。国内贷款比重，从1984年的14.1%上升到1992年的27.4%，提高了13.3个百分点。自筹和其他资金比重，从1984年的59%上升到1992年的62.5%，提高了3.5个百分点。利用外资比重，从1984年的3.9%上升到1992年的5.8%，提高了1.9个百分点。可见，此期间国家预算内资金的比重有较大幅度下降，而其他资金来源的比重均表现为不同程度的上升。

表 4-3　全社会固定资产投资资金来源构成比重　　　单位：%

指标名称	国家预算内资金	国内贷款	利用外资	自筹和其他资金
1984	23.00	14.10	3.90	59.00
1985	16.00	20.10	3.60	60.30
1986	14.60	21.20	4.40	59.90
1987	13.10	23.00	4.80	59.10
1988	9.30	21.00	5.90	63.80
1989	8.30	17.30	6.60	67.80
1990	8.70	19.60	6.30	65.40
1991	6.80	23.50	5.70	64.00
1992	4.30	27.40	5.80	62.50
1984~1992 年比重变化百分点	−18.70	13.30	1.90	3.50

资料来源：中华人民共和国国家统计局编：《中国统计年鉴》（2006），中国统计出版社 2006 年版。

　　图 4-11 是关于 1981~1992 年中国全社会固定资产投资资金来源构成比重的曲线图，直观地展现了全社会固定资产投资中的资金来源结构变化情况。

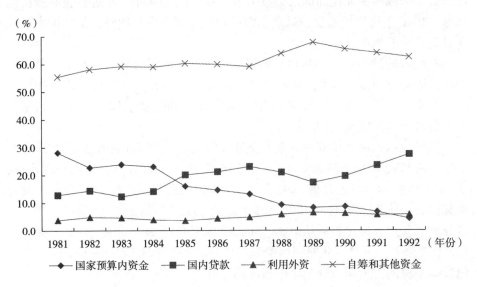

图 4-11　1981~1992 年中国全社会固定资产投资资金来源构成比重

以上数据说明，此期间，通过国家预算方式实现的投资资金的比重有较大幅度下降，而其他形式的投资资金的比重有较大幅度上升。这表明计划经济机制的投资体制的作用在逐步降低，经济中的投资主体及资金来源正趋于多元化。

通过以上考察可以看到，此期间对经济体制的改革已全面展开。然而，此期间的改革在很大程度上是探索性、局部性和渐进性的改革，是在许多改革方向尚不明晰与确定的情况下的改革，也就是"摸着石头过河"的改革模式。尽管如此，此期间涉及的投资体制改革内容也是相当丰富的。如"拨改贷"的全面推广、推进企业改革、建立基金制管理、简政放权、实行招投标制等。这些都是有关投资体制改革的重要内容。经过第二阶段的经济体制改革，形成了投资主体与资金来源多元化的局面，为进一步的投资体制改革提供了有利条件。

附录 4-2 投资体制改革历程年度备忘录（1984~1992 年）

1984 年：10 月 20 日，中国共产党十二届三中全会通过《中共中央关于经济体制改革的决定》。

1985 年：4 月 4 日，国务院批转中国人民银行《关于控制 1985 年贷款规模的若干规定》。4 月 8 日，国务院发出《关于控制固定资产投资规模的通知》。6 月 27 日，国务院办公厅发出《关于加强银行金融信贷管理工作的通知》。8 月 28 日，国务院发出《关于不再扩大 1985 年基本建设规模的通知》。12 月 14 日，国家计委、国家财政部、中国人民建设银行发布《关于国家预算内基本建设投资全部由拨款改为贷款的暂行规定》。

1986 年：10 月 11 日，国务院发布《关于鼓励外商投资的规定》。12 月 5 日，国务院发布《关于深化企业改革 增强企业活力的若干规定》。

1987 年：1 月 23 日，国家财政部为贯彻执行国务院《关于鼓励外商投资的规定》中有关的税收优惠条款，特制定实施办法。

1988 年：2 月 27 日，国务院批转国家体改委提出的《1988 年深化经济体制改革的总体方案》。6 月 15 日，国家财政部发布《关于沿海经济开发区鼓励外商投资减征、免征企业所得税和工商统一税的暂行规定》。6 月 25 日，国务院发布《中华人民共和国私营企业暂行条例》。7 月 16 日，国务院发布《关于印发投资管理体制近期改革方案的通知》。9 月 24 日，国务院发布《关于清理固定资产投资在建项目、压缩投资规模、调整投资结构的通知》。

1989 年：3 月 4 日，国务院批转国家体改委《关于 1989 年经济体制改革要点》的通知。3 月 20 日，国务院总理李鹏在七届全国人大二次会议上作题为《坚决贯彻治理整顿和深化改革的方针》的政府工作报告。8 月 27 日，国务院发布《关于进一步抓紧抓好清理固定资产投资项目工作的通知》。11 月 9 日，中共十三届五中全会通过《中共中央关于进一步治理整顿和深化改革的决定》。

1990 年：5 月 23 日，国务院批转国家体改委《在治理整顿中深化企业改革强化企业管理的意见》。5 月 30 日，国务院批转国家计委和清理固定资产投资项目领导小组《关于 1990 年继续搞好清理固定资产投资项目工作的报告》。

1991 年：2 月 25 日至 3 月 1 日，国务院召开全国经济体制改革工作会议，讨论《经济体制改革"八五"纲要和十年规划》，以及 1991 年经济体制改革的要点。

1992 年：2 月 19 日，国务院批转国家体改委制定的《关于 1992 年经济体制改革要点》。5 月 16 日，中共中央政治局会议通过《中共中央关于加快改革，扩大开放，力争经济更好更快地上一个新台阶的意见》。9 月 5 日，国务院发布《关于加强对固定资产投资和信贷规模进行宏观调控的通知》。10 月 12~18 日，中国共产党第十四次全国代表大会召开，明确提出我国经济体制改革的目标是建立社会主义市场经济体制。

第五节 入轨阶段：1992~2002 年

1992~2002 年是中国确立社会主义市场经济体制改革目标的阶段，即经济体制改革的第三阶段。其中 1992 年 10 月召开的中国共产党第十四次全国代表大会，在总结改革开放以来的经验教训基础上，明确提出了中国经济体制改革的目标是建立社会主义市场经济体制。这标志着中国经济体制改革进入既定轨道的改革阶段。

一、改革概况

事实上，在 1992 年中共十四大提出建立社会主义市场经济体制这一目标之时，仅是明确了进一步改革开放的总体方向和有关大政方针，而对如何具体实施各种体制的改革并没有给出明确的方案。这时的经济体制改革实际已广泛触及多方面的利益，同时也越来越涉及不同体制之间的配套改革问题，这使此期间的改革难度更大。从实践的过程来看，此期间的经济体制改革主要是采用先易后难、稳中求进的方式。

首先，进行了财政体制改革。1993 年 12 月 15 日，国务院作出《关于实行分税制财政管理体制的决定》，即决定从 1994 年 1 月 1 日起改革地方财政包干体制，对各省、自治区、直辖市以及计划单列市实行分税制财政管理体制。

其次，进行了金融体制改革。1993 年 12 月 25 日，国务院作出《关于金融体制改革的决定》。其中提出的金融体制改革的主要目标是：建立在国务院领导下，独立执行货币政策的中央银行宏观调控体系；建立政策性金融与商业性金融分离，以国有商业银行为主体、多种金融机构并存的金融组织体系；建立统一开放、有序竞争、严格管理的金融市场体系。

最后，进行了外贸体制改革。1994 年 1 月 11 日，国务院作出《关于进一步深化对外贸易体制改革的决定》，主要目标是：统一政策、放开经营、平等竞争、自负盈亏、工贸结合、推行代理制，建立适应国际经济通行规则的运行机制。

相比其他体制的改革进程，此期间投资体制改革的进展是相对缓慢的。具体表现为，此期间没有出台类似于财政体制改革、金融体制改革及外贸体制改革那样专门的纲领性文件。针对投资体制改革的有关重大举措，直到 2004 年才出台《国务院关于投资体制改革的决定》，对此将在下一节论述。

但是，没有出台正式文件并不表明对投资体制改革不重视。事实上，投资体制改革方案从 1992 年就已经列入议事日程。投资体制改革方案在不断地修改着，而且需要各方面的认可。一直没有出台正式文件，一个原因是在当时各方面认识不一致，而且认识还有一个跟进的过程[1]。

1998 年朱镕基总理就任之初，投资体制改革被列入其任期内的五项改革之一，并被列在第二位。到 2003 年，基本实现了投融资体制改革逐步深化、投融资渠道进一步拓宽、投融资方式实现多样化，初步建立了项目法人责任制、招标投标制、合同制、工程监理制。

但从总体上看，此期间有关投资体制改革的举措，主要是分散体现在各种不同的文件中，而且许多是作为其他体制改革的一种配套性改革措施，如为了增强企业活力、转变企业经营机制或吸引外资等。此期间投资体制改革内容主要涉及进一步扩大地方和企业基本建设投资决策权，减少国家指令性计划，改组国家专业投资公司等方面。

---

① 文钊：《宏观调控见效　投资体制新政十年磨一剑》，《经济观察报》2004 年 7 月 29 日。

此期间对中国经济发展与经济体制改革有重要影响的一个事件是1992年初邓小平的南方谈话。在中共十四大召开前，即1992年1月18日至2月21日，邓小平视察武昌、深圳、珠海、上海等地，发表了著名的南方谈话。邓小平指出：革命是解放生产力，改革也是解放生产力。改革开放胆子要大一些。看准了的，就大胆地试，大胆地闯。2月28日，中共中央将邓小平南方谈话作为中央1992年第二号文件下发，并发出通知，要求尽快逐级传达到全体党员干部。之后，在"发展才是硬道理"的精神鼓舞下，中国经济开始进入新一轮的快速增长期。可以说，邓小平的南方谈话是影响20世纪90年代中国经济发展的重大事件，同时也是中国改革开放进入一个新的发展阶段的标志。

二、以企业为投资主体的改革

企业改革是整个经济体制改革的核心内容。因此，此期间对投资体制的改革主要是围绕企业改革来进行的，即围绕有利于增强企业活力来进行。其中一个具体的改革内容是，大力促进以企业为投资主体的改革。为此，1992年国家颁布了关于股份制企业的一系列文件，同时于1992年7月23日出台了《全民所有制工业企业转换经营机制条例》。

在《全民所有制工业企业转换经营机制条例》中明确指出："围绕转换企业经营机制，按照宏观要管好、微观要放开的要求，政府必须转变职能，改革管理企业的方式，培育和发展市场体系，建立和完善社会保障制度，协调配套地进行计划、投资、财政、税收、金融、价格、物资、商业、外贸、人事和劳动工资等方面的改革。"由以上的内容可见，关于投资改革的内容也在该条例之中。

同时，在《全民所有制工业企业转换经营机制条例》中具体明确了企业享有投资决策权，并对企业的投资范围、决策权限的界定、政策优惠和责任约束等方面进行了具体规定。其中一些相关内容如下：

（1）企业享有投资决策权。企业依照法律和国务院有关规定，有权以留用资金、实物、土地使用权、工业产权和非专利技术等向国内各地区、各行业的企业事业单位投资，购买和持有其他企业的股份。经政府有关部门批准，企业可以向境外投资或在境外开办企业。

企业遵照国家产业政策和行业、地区发展规划，以留用资金和自行筹措的资金从事生产性建设，能够自行解决建设和生产条件的，由企业自主决定立项，报政府有关部门备案并接受监督。政府有关部门应当根据登记注册的会计师事务所或审计师事务所的验资证明，出具认可企业自行立项的文件。经土地管理、城市规划、城市建设、环境保护等部门依法办理有关手续后，企业自主决定开工。

企业从事生产性建设，不能自行解决建设和生产条件或需要政府投资的，报政府有关部门批准。

企业从事生产性建设，需要银行贷款或向社会发行债券的，按照国家有关规定，报政府有关部门会同银行审批或由银行审批。需要使用境外贷款的，报政府有关部门审批。

企业遵照国家产业政策，以留利安排生产性建设项目或补充流动资金的，经企业申请，税务部门批准，可以退还企业再投资部分已缴纳所得税40%的税款。

企业根据其经济效益和承受能力，可以增提新产品开发基金，报国家财政部门备案。按照国家统一制定的有关固定资产折旧的规定，企业有权选择具体的折旧办法，确定加速折旧的幅度。

（2）企业享有留用资金支配权。企业在保证实现企业财产保值、增值的前提下，有权自主确定税后留用利润中各项基金的比例和用途，报政府有关部门备案。企业可以将生产发展基金用于购置固定资产、进行技术改造、开发新产品或者补充流动资金，也可以将折旧费、大修理费和其他生产性资金合并用于技术改造或生产性投资。企业有权拒绝任何部门和单位无偿调拨企业留用资金或强令企业以折旧费、大修理费补交上交利润。国务院有特殊规定的，从其规定。

为配合《全民所有制工业企业转换经营机制条例》的实施，在1993年3月8日国务院批转的国家体改委《关于1993年经济体制改革要点》中，进一步提出对计划及投资体制改革的有关意见，其中主要内容如下：

（1）转变计划部门的职能。从主要运用行政手段管理经济，偏重于定指标、分投资、批项目，转变为研究战略、制定规划、宏观调控、总量平衡、产业政策、培育市场、重点建设、协调服务，逐步实现从直接计划管理为主，向协调运用经济杠杆和经济政策进行间接管理为主转变。

（2）简化生产、流通领域的计划指标管理，保留的少数重要指标，有的只列全国总量指标，不分解下达。对供求大体平衡、价格已经放开的重要生产资料，取消指令性分配计划，实行市场调节，国家保留优先订货权；对供求尚有较大矛盾，价格还不能完全放开的重要生产资料，也要减少指令性计划分配的数量，并扩大平价转计划内高价的比重。

于将部分企业"拨改贷"资金本息余额转为国家资本金意见的通知》。按该通知，即是将一些企业未还的贷款作为国家投入企业的资本金，也即"贷改投"。其中规定，对确有困难的企业可将"拨改贷"资金本息余额全部或部分转为国家资本金，其他企业仍需按国家有关规定归还"拨改贷"本息。

1996年，为了建立投资责任约束机制，规范项目法人行为，当时的国家计委制定了《关于实行建设项目法人责任制的暂行规定》。该规定要求国有单位经营性基本建设大中型项目在建设阶段必须组建项目法人。项目法人可按《公司法》的规定设立有限责任公司（包括国有独资公司）和股份有限公司。实行项目法人责任制，由项目法人对项目的策划、资金筹措、建设实施、生产经营、债务偿还和资产的保值增值，实行全过程负责。

1996年，国务院还发布了《关于固定资产投资项目试行资本金制度的通知》，决定从1996年开始，对各种经营性投资项目，包括国有单位的基本建设、技术改造、房地产开发项目和集体投资项目，试行资本金制度，投资项目必须首先落实资本金才能进行建设。个体和私营企业的经营性投资项目也要参照该通知的规定执行。公益性投资项目不实行资本金制度。外商投资项目（包括外商投资、中外合资、中外合作经营项目）按当时的现行有关法规执行。投资项目资本金是指在投资项目总投资中，由投资者认缴的出资额，对投资项目来说是非债务性资金，项目法人不承担这部分资金的任何利息和债务；投资者可按其出资的比例依法享有所有者权益，也可转让其出资，但不得以任何方式抽回。该通知中作为计算资本金基数的总投资是指投资项目的固定资产投资与铺底流动资金之和，具体核定时以经批准的动态概算为依据。

2001年11月7日，国家计委宣布取消第一批五大类投资项目审批。取消审批事项的原则是：对于不需要中央政府投资、国家产业政策鼓励发展、总投资限额以下的项目，属于地方政府出资的，由地方计划部门审批，属于企业出资的，由企业自主决策。第一批取消的审批事项有五类：

第一，城市基础设施建设项目。除城市轨道交通、热电厂、跨越大江大河的桥梁隧道、跨省区的城市调水之外的项目，主要包括城市供水设施、城市污水处理设施、城市垃圾处理设施、城市燃气设施、城市集中供热设施、城市道路和桥梁隧道。

第二，不需要中央投资的农林水利项目。既包括种植业、畜牧业、渔业和农副产品加工等方面的建设项目，又包括林业和水利设施建设方面的各类打捆项目。

第三，地方和企业自筹资金建设的社会事业项目。包括文化、广播电影电视、教育、卫生、体育和大型旅游娱乐设施等建设项目。

第四，房地产开发建设项目。主要是高档写字楼、高档住宅小区、高档旅游宾馆饭店等。

第五，商贸设施项目。包括商业设施、市场设施。

为了搞好宏观调控，国家计委还将继续保留一部分审批事项。对使用中央政府投资的项目，使用其他资金的涉及战略性资源开发利用，跨流域、跨省区、影响区域经济协调发展的重大项目，以及国家产业政策限制发展和有特殊规定的项目，还要继续保留审批。

四、关于政府投资

从建立社会主义市场经济体制这一目标的角度来看，按市场机制决定投资行为是投资体制改革应坚持的方向。然而市场经济也不是完美无缺的，也有失效的情况。特别是在中国的国情下，政府投资的作用仍是不可忽视的，在一定的情况下是必要的。

1998年，亚洲金融危机爆发，中国发生特大洪水，为此中国政府采取了积极的财政政策，以确保中国经济增长目标的实现。1998年以及之后几年实施的积极财政政策，即是通过增加政府投资的方式来实现的。

1998年，增发1000亿元长期国债，所筹资金用作国家预算内的基础设施建设专项投资。其中这1000亿元国债只对国有商业银行发行（中国工商银行、中国农业银行、中国银行和中国建设银行四家分别认购500亿元、200亿元、100亿元和200亿元），还债期限为10年，年利率5.5%。1000亿元的举债一分为二，中央、地方各500亿元，相应使1998年中央预算支出扩大500亿元，中央财政赤字由年初预算的460亿元扩大到960亿元。

1999年，在年初原定500亿元长期国债发行规模的基础上，报请全国人大常委会审议批准，增加发行600亿元长期国债，中央与地方仍各一半，以保持投资需求的较快增长。新增国债资金主要用于在建基础设施、一些重点行业的技术改造、重大项目装备国产化和高新技术产业化、环保与生态建设以及科教基础设施等方面。对大型骨干国有企业的技术改造项目实施了贴息办法。

2000年，在年初决定的1000亿元长期国债发行规模的基础上，下半年又实行预算调整方案，经全国人大批准，国家财政部增发500亿元长期国债。这500亿元国债主要用于加快在建国债项目建设，以促使这批项目早日竣工，发挥效益。新增国债重点向五个方面投入：一是水利和生态项目建设，包括水利基础设施建设、移民建镇、退耕还林还草、天然林和草场保护工程、京津周围沙源治理启动工程；二是教育设施建设，包括高等学校扩招增加学生校舍等基础设施建设，中西部高校建设补助；三是交通等基础设施项目建设，包括公路干线、中西部地区贫困县道路建设、铁路建设，新增100亿公斤粮库建设以及中西部地区旅游设施建设；四是企业技术改造、高新技术产业化，城市轨道交通、环保等设施国产化，国防军工企业技术改造以及生物芯片、同步辐射等重大科技项目；五是城市环保项目建设。

2001年继续发行基础设施建设国债以及发行支持西部开发的特种国债。增发的长期建设国债共1500亿元，其中1000亿元主要弥补在建项目后续资金和工程收尾，另外500亿元为支援西部建设的特别国债，要支持青藏铁路等重点工程上马。同时，继续加大设备投资和高新技术产业的投资力度，包括技改贴息力度。

这期间，政府投资产生了明显的引致效应。有统计结果显示，1998年以来累计发行的3600亿元长期建设国债直接带动地方、部门、企业投入项目配套资金和银行安排贷款约7500亿元[1]，对促进经济增长发挥了重大作用。

当然，也存在对积极财政政策下的政府投资行为的不同看法。其中一种观点是，国债投资在项目确定、施工进度、项目效益等方面存在问题[2]。首先是国债项目安排点多面广，使有限资金不能集中于重点城市和重点项目。自1998年实施积极财政政策以来，各级政府和计委在申报和安排国债项目时，大多以为本地区多争取国债资金并兼顾到各地市、各部门的项目和利益平衡为出发点，为照顾面，将一些前期工作不完备、配套资金不落实的项目申报并安排了国债资金。其次是国债资金下拨迟缓，工程项目大多不能按国家计委下达的投资计划如期完工。上述问题的出现，实际上与投资体制改革尚不到位及投资体制不健全是有关系的。

五、投资资金来源结构分析

经过以建立社会主义市场经济体制为经济体制改革目标的实践后，全社会固定资产投资的资金来源结构相对上一阶段又发生了一些变化。表4-4是关于全社会固定资产投资资金来源构成比重的数据。从表4-4可以看到，国家预算内资金的比重有一定的上升，而国内贷款比重出现下降。这种情况与

---

① 《重大的决策成功的实践——国家计委负责人就三年国债投资成效答记者问》，《人民日报》2000年12月31日第2版。

② 马文辉：《积极财政政策存在的问题及建议》，《中国审计》2003年第22期。

此期间政府投资力度增强有关。数据表明，从 1998 年起连续实施积极财政政策的时期中，国家预算内资金的比重呈现连续上升趋势，即 1998 年为 4.2%，1999 年为 6.22%，2000 年为 6.4%，2001 年为 6.7%，2002 年达到 7%。自筹和其他资金所占比重的提高，在一定程度上可以反映出企业投资主体的作用进一步加强。

表4-4 全社会固定资产投资资金来源构成比例 单位：%

年份	国家预算内资金	国内贷款	利用外资	自筹和其他资金
1992	4.30	27.40	5.80	62.50
1993	3.70	23.50	7.30	65.50
1994	3.00	22.40	9.90	64.70
1995	3.00	20.50	11.20	65.30
1996	2.70	19.60	11.80	66.00
1997	2.80	18.90	10.60	67.70
1998	4.20	19.30	9.10	67.40
1999	6.22	19.24	6.74	67.79
2000	6.40	20.30	5.10	68.20
2001	6.70	19.10	4.60	69.60
2002	7.00	19.70	4.60	68.80
1992~2002 比重百分比变化	2.70	-7.70	-1.20	6.20

资料来源：中华人民共和国国家统计局编：《中国统计年鉴》（2006），中国统计出版社 2006 年版。

数据显示，1992~2002 年，自筹和其他资金比重上升了 6.2 个百分点，国家预算内资金比重上升了 2.7 个百分点，而国内贷款比重和利用外资比重则分别下降了 7.7 个百分点和 1.2 个百分点。

图 4-12 是 1992~2002 年中国全社会固定资产投资资金来源构成比重曲线图，直观展现了全社会固定资产投资中资金来源结构变化情况。从图 4-12 可以看到，国家预算内资金比重在经历改革开放以来较大幅度下降后，从 1998 年起出现逐步回升的情况。利用外资比重在 1996 年前后达到相对最高点。

附录4-3 投资体制改革历程年度备忘录（1992~2002 年）

1992 年：7 月 23 日，国务院发布《全民所有制工业企业转换经营机制条例》。10 月 12~18 日，中国共产党第十四次全国代表大会召开，明确提出

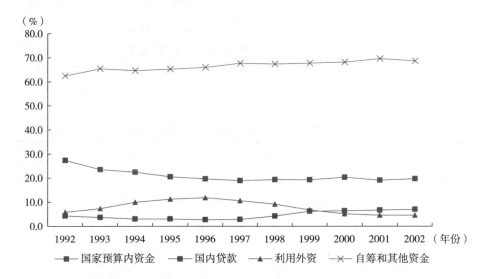

图 4-12　1992~2002 年中国全社会固定资产投资资金来源构成

我国经济体制改革的目标是建立社会主义市场经济体制。

　　1993 年：3 月 8 日，国务院批转国家体改委《关于 1993 年经济体制改革要点》。6 月 24 日，中共中央、国务院下发《关于当前经济情况和加强宏观调控的意见》，即 1993 年中央六号文件。8 月 16 日，国务院批转国家计委《关于加强固定资产投资宏观调控的具体措施》。11 月 11~14 日，中共十四届三中全会通过《中共中央关于建立社会主义市场经济体制若干问题的决定》。12 月 15 日，国务院作出《关于实行分税制财政管理体制的决定》。12 月 25 日，国务院作出《关于金融体制改革的决定》。

　　1994 年：1 月 25 日，国务院发布《关于继续加强固定资产投资宏观调控的通知》。3 月 17 日，国务院发文：按照投融资体制改革的总体要求，将六个国家专业投资公司并入国家开发银行，同时组建国家开发投资公司。同日，国家开发投资公司筹备组成立。6 月 8 日，国务院批转国家体改委《1994 年经济体制改革实施要点》。7 月 21 日，国务院批转国家计委《关于清理基本建设项目资金拖欠问题的请示》。8 月 16 日，国务院发文，批复成立国家开发投资公司。

　　1995 年：4 月 10 日，国家体改委制定《1995 年经济体制改革实施要点》。5 月 5 日，国家开发投资公司正式成立。6 月 21 日，国家计委、国家财政部、国家经贸委制定《关于将部分企业"拨改贷"资金本息余额转为国家资本金的意见》。7月12日，国务院批转国家计委、国家财政部、国家经贸委《关于将部分企业"拨改贷"资金本息余额转为国家资本金意见的通知》。9月22日，国家计委、国家财政部印发《关于将部分企业"拨改贷"资金本息余额转为国家资本金的实施办法的通知》。

1996年：1月20日，国家计委印发《关于实行建设项目法人责任制的暂行规定的通知》。3月7日，国务院批转国家经贸委《关于1996年国有企业改革工作的实施意见》。8月23日，国务院发布《关于固定资产投资项目试行资本金制度的通知》。

1997年：3月27日，国家体改委《1997年经济体制改革实施要点》出台。9月12~18日，中国共产党第十五次全国代表大会召开。

1998年：10月，国家计委、国家财政部发布《中央级基本建设经营性基金本息额转为国家资本金的实施办法》。12月，国家经贸委发布《关于国有企业利用外资投资进行资产重组的暂行规定》。

1999年：8月9日，国家经贸委发布《工商投资领域制止重复建设目录（第一批）》。9月19~22日，中国共产党十五届四中全会审议并通过《中共中央关于国有企业改革和发展若干重大问题的决定》。10月27日，国务院批准保险资金可通过证券投资基金进入股市。

2000年：7月10日，国家计委组织清理整顿各类政府性建设基金。10月9~11日，中国共产党十五届五中全会审议并通过了《中共中央关于制定国民经济和社会发展第十个五年计划的建议》。

2001年：11月7日，国家计委取消五大类投资项目审批。12月20日，国务院批准颁布《社保基金投资管理办法》。

2002年：11月8日，中国共产党第十六次全国代表大会开幕。江泽民代表第十五届中央委员会向大会做了题为《全面建设小康社会，开创中国特色社会主义事业新局面》的报告。

第六节 深化阶段：2002~2012年

2002年11月，中国共产党第十六次全国代表大会召开。大会确立了全面建设小康社会的奋斗目标，这是实施社会主义现代化建设的第三步战略部署，标志着中国经济与社会的发展开始进入以全面而协调为理念的新阶段。为了贯彻落实中共十六大精神，2003年10月中共十六届三中全会上审议并通过了《中共中央关于完善社会主义市场经济体制若干问题的决定》，由此中国经济体制改革开始进入不断深化与完善的阶段，即进入中国经济体制改革的第四阶段。在此阶段，投资体制改革出现重大突破，其主要标志是2004年7月《国务院关于投资体制改革的决定》正式出台。

2007年10月，中国共产党第十七次全国人民代表大会召开，大会提出了实现全面建设小康社会奋斗目标的新要求，要增强发展协调性，努力实现经济又好又快发展，全面建成惠及十几亿人口的更高水平的小康社会。为此，中共十七届五中全会指出"十二五"规划的主基调是"加快经济发展方式转变"，而改革是加快转变经济发展方式的强大动力，必须以更大决心和勇气全面推进包括经济体制在内的各领域改革，中国经济体制改革进一步深化和完善。

一、改革概况

中共十六届三中全会明确提出"坚持以人为本，树立全面、协调、可持续的发展观，促进经济社会和人的全面发展"这一重大理论；强调完善社会主义市场经济体制要贯彻"五个统筹"，即"按照统筹城乡发展、统筹区域发展、统筹经济社会发展、统筹人与自然和谐发展、统筹国内发展和对外开放的要求"，推进改革和发展。这成为指导以后中国经济体制改革的总体指导方针。

中共十六届三中全会通过的《中共中央关于完善社会主义市场经济体制若干问题的决定》，是在21世纪新形势下全面而系统阐述深化与完善中国经济体制改革的指导性与纲领性文件。其中对投资体制改革相应提出了重要的原则性指导意见，具体有四个方面的内容：①进一步确立企业的投资主体地位，实行"谁投资，谁决策，谁收益，谁承担风险"。②国家只审批关系经济安全、影响环境资源、涉及整体布局的重大项目和政府投资项目及限制类项目，其他项目由审批制改为备案制，由投资主体自行决策，依法办理用地、资源、环保、安全等许可手续。③对必须审批的项目，要合理划分中央和地方权限，扩大大型企业集团投资决策权，完善咨询论证制度，减少环节，提高效率。健全政府投资决策和项目法人约束机制。④国家主要通过规划和政策指导、信息发布以及规范市场准入，引导社会投资方向，抑制无序竞争和盲目重复建设。

按照上述对投资体制改革的基本思想，国务院于2004年7月16日颁布了《国务院关于投资体制改革的决定》（国发〔2004〕20号）。这是自1978年中国改革开放以来，投资体制改革取得突破性进展的重要标志。在此之前，虽然中国实行改革开放已 20 多年，但类似于此的有关全面的投资体制改革的决定却迟迟没有出台。以往有关投资体制改革的举措，主要是以分散于各种文件中的形式出现的。《国务院关于投资体制改革的决定》发布后，引起各界的高度关注与积极评价。国家有关部门随即抓紧制定配套文件，逐步落实改革精神。到 2012 年，《企业投资项目核准暂行办法》《国家发展改革委委托投资咨询评估管理办法》《境外投资项目核准暂行管理办法》《外商投资项目核准暂行管理办法》《国家发展改革委核报国务院核准或审批的固定资产投资项目目录》《外商投资产业指导目录（2007 年修订)》《中西部地区外商投资优势产业目录（2008 年修订)》《国家发展改革委中央政府投资项目公示试点办法》《企业投资项目咨询评估报告编写大纲》《关于企业投资项目咨询评估报告的若干要求》《工程咨询单位资格认定办法》《国家发展改革委委托投资咨询评估管理办法（2009 年修订)》《中央投资项目招标代理资格管理办法》《改进和完善报请国务院审批或核准的投资项目管理办法》等多项具体实施办法已经发布，企业投资项目核准制的基本框架初步形成。由于《国务院关于投资体制改革的决定》对中国投资体制改革所具有的重大意义，下面对此决定的主要内容进行介绍。

二、《国务院关于投资体制改革的决定》的主要内容

《国务院关于投资体制改革的决定》（以下简称《决定》）共分五部分内容：①深化投资体制改革的指导思想和目标。②转变政府管理职能，确立企业的投资主体地位。③完善政府投资体制，规范政府投资行为。④加强和改善投资的宏观调控。⑤加强和改进投资的监督管理。

《决定》首先肯定了改革开放以来投资体制改革所取得的一定成就，主要是打破了传统计划经济体制下高度集中的投资管理模式，初步形成了投资主体多元化、资金来源多渠道、投资方式多样化、项目建设市场化的新格局。但同时也指出，现行的投资体制还存在不少问题，特别是企业的投资决策权没有完全落实，市场配置资源的基础性作用尚未得到充分发挥，政府投资决策的科学化、民主化水平需要进一步提高，投资宏观调控和监管的有效性需要增强。

为此，按照中共十六届三中全会通过的《中共中央关于完善社会主义市场经济体制若干问题的决定》的精神，《决定》提出了关于深化投资体制改革的指导思想：按照完善社会主义市场经济体制的要求，在国家宏观调控下充分发挥市场配置资源的基础性作用，确立企业在投资活动中的主体地位，

规范政府投资行为，保护投资者的合法权益，营造有利于各类投资主体公平、有序竞争的市场环境，促进生产要素的合理流动和有效配置，优化投资结构，提高投资效益，推动经济协调发展和社会全面进步。

《决定》提出的深化投资体制改革的目标是：改革政府对企业投资的管理制度，按照"谁投资，谁决策，谁收益，谁承担风险"的原则，落实企业投资自主权；合理界定政府投资职能，提高投资决策的科学化、民主化水平，建立投资决策责任追究制度；进一步拓宽项目融资渠道，发展多种融资方式；培育规范的投资中介服务组织，加强行业自律，促进公平竞争；健全投资宏观调控体系，改进调控方式，完善调控手段；加快投资领域的立法进程；加强投资监管，维护规范的投资和建设市场秩序。通过深化改革和扩大开放，最终建立起市场引导投资、企业自主决策、银行独立审贷、融资方式多样、中介服务规范、宏观调控有效的新型投资体制。

《决定》中提出的一些重要措施，涉及政府管理职能转变、确立企业的投资主体地位，完善政府投资体制，规范政府投资行为，加强和改善投资的宏观调控，加强和改进投资的监督管理等多方面的内容。

（一）转变政府管理职能、确立企业的投资主体地位的措施要点

（1）改革项目审批制度，落实企业投资自主权。现行的企业投资管理办法不分投资主体、不分资金来源、不分项目性质，一律按投资规模大小分别由各级政府及有关部门审批。现决定对于企业不使用政府投资建设的项目，一律不再实行审批制，区别不同情况实行核准制和备案制。

（2）规范政府核准制。要严格限定实行政府核准制的范围，并根据变化的情况适时调整。《政府核准的投资项目目录》（以下简称《目录》）由国务院投资主管部门会同有关部门研究提出，报国务院批准后实施。未经国务院批准，各地区、各部门不得擅自增减《目录》规定的范围。

（3）健全备案制。对于《目录》以外的企业投资项目，实行备案制，除国家另有规定外，由企业按照属地原则向地方政府投资主管部门备案。

（4）扩大大型企业集团的投资决策权。基本建立现代企业制度的特大型企业集团，投资建设《目录》内的项目，可以按项目单独申报核准，也可编制中长期发展建设规划，规划经国务院或国务院投资主管部门批准后，规划中属于《目录》内的项目不再另行申报核准，只须办理备案手续。

（5）鼓励社会投资。放宽社会资本的投资领域，允许社会资本进入法律法规未禁入的基础设施、公用事业及其他行业和领域。对于涉及国家垄断资源开发利用、需要统一规划布局的项目，政府在确定建设规划后，可向社会

公开招标选定项目业主。鼓励和支持有条件的各种所有制企业进行境外投资。

（6）进一步拓宽企业投资项目的融资渠道。允许各类企业以股权融资方式筹集投资资金，逐步建立起多种募集方式相互补充的多层次资本市场。允许各种所有制企业按照有关规定申请使用国外贷款，规范发展各类投资基金，鼓励和促进保险资金间接投资基础设施和重点建设工程项目。

（7）规范企业投资行为。要求各类企业都应严格遵守国土资源、环境保护、安全生产、城市规划等法律法规，严格执行产业政策和行业准入标准，不得投资建设国家禁止发展的项目。

（二）关于完善政府投资体制、规范政府投资行为的措施要点

（1）合理界定政府投资范围。政府投资主要用于关系国家安全和市场不能有效配置资源的经济和社会领域，包括加强公益性和公共基础设施建设，保护和改善生态环境，促进欠发达地区的经济和社会发展，推进科技进步和高新技术产业化。

（2）健全政府投资项目决策机制。政府投资项目一般都要经过符合资质要求的咨询中介机构的评估论证，咨询评估要引入竞争机制，并制定合理的竞争规则；特别重大的项目还应实行专家评议制度；逐步实行政府投资项目公示制度，广泛听取各方面的意见和建议。

（3）规范政府投资资金管理。编制政府投资的中长期规划和年度计划，统筹安排、合理使用各类政府投资资金，包括预算内投资、各类专项建设基金、统借国外贷款等。要针对不同的资金类型和资金运用方式，确定相应的管理办法，逐步实现政府投资的决策程序和资金管理的科学化、制度化和规范化。

（4）简化和规范政府投资项目审批程序，合理划分审批权限。按照项目性质、资金来源和事权划分，合理确定中央政府与地方政府之间、国务院投资主管部门与有关部门之间的项目审批权限。

（5）加强政府投资项目管理，改进建设实施方式。规范政府投资项目的建设标准，并根据情况变化及时修订完善。对非经营性政府投资项目加快推行"代建制"，即通过招标等方式，选择专业化的项目管理单位负责建设实施，严格控制项目投资、质量和工期，竣工验收后移交给使用单位。

（6）引入市场机制，充分发挥政府投资的效益。各级政府要创造条件，利用特许经营、投资补助等多种方式，吸引社会资本参与有合理回报和一定投资回收能力的公益事业和公共基础设施项目建设。对于具有垄断性的项

装备制造、多元化经营四大领域都将向非公有资本全面开放，凡是允许外资进入的领域，也允许国内非公有资本进入，并适当放宽限制条件。这不仅标志着中国铁路改革的又一个重大推进，而且也是具体贯彻《国务院关于投资体制改革的决定》中提出的"放宽社会资本的投资领域，允许社会资本进入法律法规未禁入的基础设施、公用事业及其他行业和领域"的切实体现。

2005年9月19日，国家发展改革委发布《中央投资项目招标代理机构资格认定管理办法》。这是为了加强中央投资项目招标代理机构的资格认定，规范中央投资项目招标代理活动，依据《中华人民共和国招标投标法》《中华人民共和国行政许可法》《国务院关于投资体制改革的决定》和《国家发展和改革委保留的行政审批项目确认书》而制定的办法。凡在中华人民共和国境内从事中央投资项目招标代理业务的招标代理机构，应按照本办法进行资格认定。国家发展改革委是中央投资项目招标代理机构资格认定的管理部门，依据《中华人民共和国招标投标法》和相关法规，对招标代理机构进行资格认定和监督。

2005年11月12日，国家财政部发布《关于切实加强政府投资项目代建制财政财务管理有关问题的指导意见》。这是为指导政府投资项目代建制试点工作，规范财务管理，提高项目投资效益，结合落实《国务院关于投资体制改革的决定》精神，根据《预算法》和基本建设财务制度有关规定，就政府投资项目代建制财政财务管理有关问题提出的有关规定。所谓"代建制"是项目业主（使用单位）通过招标等方式，选择社会专业化的项目管理单位（代建单位），负责项目的投资管理和建设实施的组织工作，严格控制项目投资、质量和工期，项目建成后交付使用单位的制度。代建期间，代建单位按照合同约定代行项目建设的投资主体职责。实行"代建制"的关键在于通过公开竞争机制选择具有专业素质的代建单位，用经济合同以及法律手段来约束代建单位执行代建合同约定的代建任务。

2006年2月22日，国家发展改革委发布《关于办理外商投资项目〈国家鼓励发展的内外资项目确认书〉有关问题的通知》。这是为适应投资体制改革的变化，进一步明确鼓励类外商投资项目《国家鼓励发展的内外资项目确认书》办理的具体要求，根据《国务院关于调整进口设备税收政策的通知》（国发〔1997〕37号）《国务院关于投资体制改革的决定》《外商投资项目核准暂行管理办法》（国家发展和改革委令第22号）等文件精神而制定的有关规定。其中有关规定指出，根据《国务院关于调整进口设备税收政策的通知》（国发〔1997〕37号）精神，对符合《外商投资产业指导目录》

中鼓励类和《中西部地区外商投资优势产业目录》并转让技术的外商投资项目，在投资总额内进口的自用设备及按照合同随设备进口的技术、配套件、备件，除《外商投资项目不予免税的进口商品目录》所列商品外，免征关税和进口环节增值税。投资总额3000万美元及以上的鼓励类外商投资项目由国家发展改革委出具项目确认书；投资总额3000万美元以下的鼓励类外商投资项目，由省级（即各省、自治区、直辖市、计划单列市及新疆生产建设兵团）发展改革委（经委）出具项目确认书。

2007年以来，投资体制改革进一步取得实质进展。工程建设项目招标投标、经营性土地使用权出让、产权交易、政府采购制度"四项制度"进一步完善。2007年9月，经国务院批准，注册资本金高达2000亿美元的中国投资有限责任公司（以下简称中投公司）在北京成立。中投公司的成立是党中央、国务院在新的经济和金融形势下，高瞻远瞩做出的一项战略决策。中投公司承担着深化外汇投资体制改革、拓展国家外汇储备的运用渠道、提高国家外汇储备长期收益的历史任务。中投公司的成立被视为中国外汇管理体制改革的标志性事件。

2008～2012年，国家进一步加强对固定资产投资细节工作的管理，在注册咨询工程师（投资）注册工作、企业投资项目咨询评估报告与大纲、投资项目后评价及工程咨询业发展规划、重大项目公示等方面，制定了相关政策。2008年6月17日，国家发展改革委发布《关于企业投资项目咨询评估报告的若干要求》和《企业投资项目咨询评估报告编写大纲》。2008年11月13日，国家发展改革委制定印发《中央政府投资项目后评价管理办法（试行）》。2009年4月1日，国家发展改革委印发《国家发展改革委委托投资咨询评估管理办法（2009年修订）》。2010年2月22日，国家发展改革委发布《工程咨询业2010～2015年发展规划纲要》。2011年1月17日，国家发展改革委发布《关于实行政府重大投资项目公示工作的指导意见》。2012年3月8日，国家发展改革委发布《中央投资项目招标代理资格管理办法》。

2009年5月27日，国务院正式公布了《关于调整固定资产投资项目资本金比例的通知》（国发〔2009〕27号），细化了不同行业固定资产投资项目资本金比例。这是为配合应对2008年金融危机而实施"保增长、扩内需、调结构"经济政策所采取的措施。该措施较大幅度降低了投资项目资本金比例的总体水平，一方面重点降低基础设施、基础产业、民生工程等项目资本金比例，另一方面根据"有保有压、区别对待"的原则，提高"两高一资"

等项目的资本金比例，旨在抑制盲目重复建设、防止产能过剩、促进节能减排和加强环境保护，推动经济结构调整和经济增长方式转变。

2010 年 4 月 13 日，《国务院关于进一步做好利用外资工作的若干意见》（国发〔2010〕9 号）发布，旨在提高利用外资质量和水平，更好地发挥利用外资在推动科技创新、产业升级、区域协调发展等方面的积极作用。主要内容为：优化利用外资结构，鼓励外商投资高新技术企业发展；引导外资向中西部地区转移和增加投资；促进利用外资方式多样化，鼓励外资以参股、并购等方式参与国内企业改组改造和兼并重组；深化外商投资管理体制改革，简化外商投资审批程序；营造良好的投资环境，"引进来"和"走出去"相结合，推动跨国投资政策环境不断改善。

2010 年 5 月 7 日，国务院发布《关于鼓励和引导民间投资健康发展的若干意见》（国发〔2010〕13 号），旨在进一步鼓励和引导民间投资，充分发挥市场配置资源的基础性作用，建立公平竞争的市场环境，激发经济增长的内生动力，扩大社会就业，增加居民收入，拉动国内消费。主要内容为：拓宽民间投资的领域和范围；鼓励和引导民间资本进入基础产业和基础设施、市政公用事业和政策性住房建设、社会事业、金融服务、商贸流动、国防科技工业等领域；鼓励和引导民间资本重组联合和参与国有企业改革，推动民营企业加强自主创新和转型升级；鼓励和引导民营企业积极参与国际竞争，为民间投资创造良好环境，加强对民间投资的服务、指导和规范管理。

2012 年 5 月 29 日，国家税务总局发布《关于进一步贯彻落实税收政策促进民间投资健康发展的意见》。根据国务院于 2010 年 5 月发布的《关于鼓励和引导民间投资健康发展的若干意见》（国发〔2010〕13 号），以及《关于 2012 年深化经济体制改革重点工作意见的通知》（国发〔2012〕12 号）将"抓紧完善鼓励引导民间投资健康发展的配套措施和实施细则"列为一项重要任务，国家税务总局对现行税收政策规定中涉及民间投资的优惠政策进行了系统梳理，汇总形成了《鼓励和引导民间投资健康发展的税收政策》，促进民间投资健康发展。

四、投资对经济增长的作用

2008~2010 年，中国经济乃至世界经济经历了不平凡的历程。2007 年中国出现经济过热态势，中央根据宏观经济形势于 2007 年 12 月确定"双防"政策，即防止经济由偏快转向全面过热，防止价格由结构性上涨演变为明显通货膨胀。然而，2008 年伊始，中国南方遭受了历史上罕见的低温雨雪冰冻灾害，接着四川汶川发生特大地震。2008 年北京成功举办第 29 届夏季奥运会，充分地展现了中国人民的风采。2008 年 9 月以后，美国次贷危机最终演化为 1929 年大萧条以来最为严重的全球性金融危机，2008 年第四季度中国 GDP 增长率仅为 6.8%，宏观经济政策再次调整为"保增长"。随着世界经济增长明显减缓，中国出口增长受到较大阻碍，国家宏观经济政策调整为"一保一控"，即保持经济平稳较快发展及控制物价过快上涨。

为应对此番国际金融危机，中国政府迅速采取了一系列措施。2008 年 11 月 5 日，国务院常务会议决定出台"进一步扩大内需、促进经济增长"的十项措施。这十项措施是：①加快建设保障性安居工程；②加快农村基础设施建设；③加快铁路、公路和机场等重大基础设施建设；④加快医疗卫生、文化教育事业发展；⑤加强生态环境建设；⑥加快自主创新和结构调整；⑦加快地震灾区灾后重建各项工作；⑧提高城乡居民收入；⑨实施增值税转型改革，鼓励技术改造，减轻企业负担 1200 亿元；⑩加大金融对增长的支持力度。这十项措施涉及民生工程、基础设施、生态环境建设和灾后重建等多方面的投资。其中，农村的民生工程是 3700 亿元左右，基础设施的建设是 15000 亿元左右，教育、卫生、文化、计划生育等社会事业方面是 1500 亿元左右，节能减排、生态工程是 2100 亿元左右，调整结构和技术改造是 3700 亿元左右，汶川大地震重点灾区的灾后恢复重建是 10000 亿元左右。初步匡算，从 2008 年第四季度到 2010 年底，实施上述工程，将新增中央政府投资约 11800 亿元、地方政府投资约 8300 亿元、银行贷款约 14100 亿元、企业自有资金等其他投资约 5800 亿元，共同完成 4 万亿元的投资额，即推出"4 万亿元"投资计划。

在当时形势下，中国政府推出"4 万亿元"投资计划是必要的。该计划按照"调结构、转方式、促民生"的基本方针安排投资，对扩大内需和加强经济社会薄弱环节发挥了重要作用。在一揽子经济刺激计划的拉动下，我国经济短期内全面复苏，据国家发展改革委测算，4 万亿元投资每年能拉动经济增长约 1 个百分点，我们也发现在 2009 年第四季度，GDP 增长率达到 10.7%。然而在随后几年的实施和执行过程中，出现"一放就乱"的情况，该方案的副作用爆发，具体表现为由于大量的廉价信贷涌入市场，出现地产价格泡沫、地方债务膨胀、产能过剩加重以及货币存量过高（M2）的问题，但这并不是计划的问题。

不论是经济理论还是实践经验，都表明投资对一个国家或地区的经济增长至关重要。其中在投资、消费、出口这三驾拉动经济增长的"马车"中，投资的作用更为特殊。这主要是源于投资对供给与需求两个方面都有重要的作用，而这种"双重作用"效应是消费与出口所不具有的。同时，中国目前具有较高的储蓄率，又有多年来经济高速增长积累下来的物质基础，因此利用投资对促进我国经济增长仍具有很大的潜力。目前中国经济发展对投资依然有较大的需求。虽然经历长时间的经济快速增长，但是直到目前，中国仍然是世界上最大的发展中国家，还处在实现工业化的过程中。因此，在未来相当长的时间内，中国仍将存在大量的投资需求。

但是从长期来看，要把思想统一到落实科学发展观、转变经济发展方式的要求上来，重点在于改善投资方式、调整投资结构、提高投资效率，要在优化投资结构的基础上实现投资适度增长。然而，特别需要高度重视的是，不能为了短期内刺激经济增长的需要，就回到粗放的、低效率的投资模式上去，绝对不能为了尽快上项目就乱投资。理论与实践经验都表明，经济增长与投资有紧密的联系，经济增长的模式与效率同投资的模式及效率存在着高度相关性。因此，如何有效地发挥投资对经济增长的积极作用，特别有效提高投资对经济增长潜力的作用，对转变中国经济增长方式乃至经济发展方式都是至关重要的问题。对此，需要从投资体制上进行不断的改革与不断的完善。

总之，中国正处于全面建设小康社会和构建社会主义和谐社会的过程中。"坚持以人为本，树立全面、协调、可持续的发展观，促进经济社会和人的全面发展"的科学发展观是指导各项事业发展的基本思想。《国务院关于投资体制改革的决定》（以下简称《决定》）的基本精神体现了这一基本思想。例如，《决定》中的一个重大突破是实行核准制，核准制不再审批企业的经济效益，而是审核土地资源、安全环保、城市规划这样一些具有外部性的社会效益指标，这正是体现了科学发展观的要求。然而，投资体制改革越深入，就越来越深地触到核心利益的机制与格局，也越来越涉及经济体制改革中更为深层次的矛盾和问题。因此，中国投资体制改革是一项非常艰巨而复杂的任务。但无论怎样，中国投资体制改革的历程都将随着中国经济与社会发展的客观需要，特别是随着经济体制改革的进展而不断持续下去。

附录4-4 投资体制改革历程年度备忘录（2003~2012年）

2003年：2月24~26日召开的中共十六届二中全会中，审议通过了《关于深化行政管理体制和机构改革的意见》。10月11~14日召开的中共十六届三中全会，审议通过了《中共中央关于完善社会主义市场经济体制若干问题的决定》。

2004 年：7 月 16 日，国务院颁布《国务院关于投资体制改革的决定》。7 月 19 日，温家宝总理作出重要批示，指出推进投资体制改革，是建立和完善社会主义市场经济体制的重要举措，对当前加强和改善宏观调控有特别重要的意义。9 月 6 日，国家发展改革委《关于印发国家发展和改革委核报国务院核准或审批的固定资产投资项目目录（试行）的通知》。9 月 15 日，国家发展改革委发布《国家发展和改革委委托投资咨询评估管理办法》《企业投资项目核准暂行办法》。10 月 9 日，国家发展改革委发布《外商投资项目核准暂行管理办法》《境外投资项目核准暂行管理办法》。12 月 13 日，国家发展改革委与商务部联合发布《外商投资产业指导目录（2004 年修订)》。

2005 年：2 月 28 日，国家发展改革委发布《国际金融组织和外国政府贷款投资项目管理暂行办法》。5 月 25 日，国家发展改革委发布《国家发展和改革委关于进一步加强中央党政机关等建设项目管理和投资概算控制的通知》。5 月 25 日，国务院国有资产监督管理委员会发布《中央企业固定资产投资项目后评价工作指南》的通知。6 月 8 日，国家发展改革委发布《中央预算内投资补助和贴息项目管理暂行办法》。7 月 26 日，国家财政部发布《中央预算内固定资产投资贴息资金财政财务管理暂行办法》《中央预算内固定资产投资补助资金财政财务管理暂行办法》的通知。9 月 19 日，国家发展改革委发布《中央投资项目招标代理机构资格认定管理办法》。10 月 17 日，国家发展改革委发布《中央政府投资项目公示试点办法》的通知。11 月 12 日，国家财政部发布《财政部关于切实加强政府投资项目代建制财政财务管理有关问题的指导意见》。11 月 14 日，国家发展改革委等十部委联合制定《创业投资企业管理暂行办法》。12 月 3~5 日，全国发展和改革工作会议在北京召开，会议指出，继续推进投资体制改革，完善核准制和备案制，规范政府投资管理，改进对全社会投资的引导和调控。

2006 年：2 月 22 日，国家发展改革委发布《关于办理外商投资项目〈国家鼓励发展的内外资项目确认书〉有关问题的通知》。3 月 20 日，国家发展改革委发布《国家发展和改革委关于加快推进县级政府支农投资整合工作的通知》。7 月 18 日，国务院国有资产监督管理委员会发布《中央企业投资监督管理暂行办法实施细则》的通知。

2007 年：9 月 12 日，国家发展改革委发布公告（2007 年 57 号），对注册咨询工程师（投资）注册工作的有关事项进行明确。10 月 9 日，《国务院关于第四批取消和调整行政审批项目的决定》发布，取消包括企业境外投资用汇数额等多项投资审批。11月17日，国务院发布公告《国务院办公厅关于加强和规范新开工项目管理的通知》。

2008年：6月17日，国家发展改革委编制了《关于企业投资项目咨询评估报告的若干要求》和《企业投资项目咨询评估报告编写大纲》。11月13日，国家发展改革委印发了《中央政府投资项目后评价管理办法（试行）的通知》。

2009年：4月1日，国务院、国家发展改革委发布《委托投资咨询评估管理办法（2009年修订）的通知》。5月27日，国务院正式公布《关于调整固定资产投资项目资本金比例的通知》。6月11日，国务院、国家发展改革委发布《关于加强中央预算内投资项目概算调整管理的通知》。

2010年：2月22日，国家发展改革委发布《工程咨询业2010~2015年发展规划纲要》。4月6日，国务院发布《关于进一步做好利用外资工作的若干意见》。5月7日，国务院发布《关于鼓励和引导民间投资健康发展的若干意见》。7月12日，《国务院关于第五批取消和下放管理层级行政审批项目的决定》发布，包括电力建设基金投资项目等多项投资审批。11月26日，国家发展改革委发布《关于进一步鼓励和引导社会资本举办医疗机构意见的通知》。

2011年：1月17日，国家发展改革委发布《关于实行政府重大投资项目公示工作的指导意见》。4月24日，国家发展改革委发布《关于进一步完善投融资政策促进普通公路持续健康发展若干意见的通知》。

2012年：3月8日，国家发展改革委发布《中央投资项目招标代理资格管理办法》。4月14日，国家发展改革委发布《关于做好招标投标法实施条例贯彻实施工作意见的通知》。6月4日，国家发展改革委发布《关于鼓励和引导工程咨询机构服务民间投资的实施意见》。6月8日，国家发展改革委发布《关于安排政府性资金对民间投资主体同等对待的通知》。6月8日，国家发展改革委发布《关于做好民间投资检测分析和信息引导工作的通知》。10月10日，《国务院关于第六批取消和调整行政审批项目的决定》发布，进一步简政放权。

第七节　攻坚阶段：2012年至今

2012年11月，中国共产党第十八次全国代表大会召开。大会明确了全面建成小康社会和全面深化改革开放的目标，提出了加快完善社会主义市场经济体制和加快转变经济发展方式的任务，这要求必须以更大的政治勇气和智慧，不失时机地深化重要领域改革。为了贯彻落实党的十八大关于全面深化改革的战略部署，2013 年 10 月中共中央十八届三中全会审议并通过了《中共中央关于全面深化改革若干重大问题的决定》（以下简称《决定》），对当前中国面临的重大和紧迫问题做出系统改革部署，其中经济体制改革是全面深化改革的重点，由此中国经济体制改革开始进入攻坚期和深水区，即第五阶段。在此阶段，投资体制改革出现新的突破，主要标志为 2016 年 7 月 18 日中共中央、国务院公布实施《中共中央　国务院关于深化投融资体制改革的意见》，这是第一个投融资体制改革的中央文件。

中共十八届三中全会《决定》提出，要加快转变政府职能，深化投资体制改革，进一步确立企业投资主体地位。中共十八届五中全会《中共中央关于制定国民经济和社会发展第十三个五年规划的建议》也明确指出，要发挥投资对增长的关键作用，深化投融资体制改革，优化投资结构，增加有效投资。习近平总书记反复强调，距离实现中华民族伟大复兴的目标越近，我们越不能懈怠，越要加倍努力。把"胆子要大"和"步子要稳"结合起来，涵养好后劲和耐力，在深水区中流击水，在攻坚期迎难而上，久久为功，驰而不息，我们定能推进改革航船驶向更宽阔的水域。

一、改革概况

党的十八大提出深化改革开放，确立了经济、政治、社会、文化、生态文明体制的"五位一体"改革布局，改革内容涵盖所有方面。为贯彻十八大精神，中共十八届三中全会做出了《关于全面深化改革若干重大问题的决定》（以下简称《决定》），"全面"二字切实反映了改革所涉及方面的广泛性。尽管十一届三中全会以来的六次三中全会也都与改革有关，但主题仅是某一方面改革，这次则是总体部署了"五位一体"和党的制度建设改革的主要任务，搭建起了改革的四梁八柱。

全面深化改革无论在广度上还是在深度上都呈现出新特点，最明显的特点就是系统性、整体性和协同性。在习近平主席的"四个全面"战略布局中，全面深化改革具有突破性和先导性，是全面建成小康社会的强大动力，是全面依法治国、全面从严治党的根本途径，是实现国家治理体系和治理能力现代化的基本保障。这标志着我国改革已经进入新的历史时期。

《决定》提出六个"紧紧围绕"：一是经济体制改革，紧紧围绕使市场在资源配置中起决定性作用；二是政治体制改革，紧紧围绕坚持党的领导、人民当家做主、依法治国有机统一；三是文化体制改革，紧紧围绕建设社会主义核心价值体系、社会主义文化强国；四是社会体制改革，紧紧围绕更好保障和改善民生、促进社会公平正义；五是生态文明体制改革，紧紧围绕建设美丽中国；六是党的建设制度改革，紧紧围绕提高科学执政、民主执政、依法执政水平。这六个"紧紧围绕"和强调以经济体制改革为重点、发挥经济体制改革的牵引作用，成为全面深化改革的总体思路和改革路线图。

其中涉及投资改革的内容主要有：①深化投资体制改革，确立企业投资主体地位。企业投资项目，除关系国家安全和生态安全、涉及全国重大生产力布局、战略性资源开发和重大公共利益等项目外，一律由企业依法依规自主决策，政府不再审批。强化节能节地节水、环境、技术、安全等市场准入标准，建立健全防范和化解产能过剩长效机制。②国有资本投资项目允许非国有资本参股，支持有条件的国有企业改组为国有资本投资公司。③对外商投资实行准入前国民待遇加负面清单的管理模式。④扩大企业及个人对外投资，确立企业及个人对外投资主体地位，允许发挥自身优势到境外开展投资合作。加快同有关国家和地区商签投资协定，改革涉外投资审批体制，完善领事保护体制，提供权益保障、投资促进、风险预警等更多服务，扩大投资合作空间。

按照上述对投资体制改革的基本思想，国务院于2016年7月18日颁布了《中共中央　国务院关于深化投融资体制改革的意见》。这是自2004年《国务院关于投资体制改革的决定》发布之后，再次下发的关于投融资体制改革的文件，该文件成为当前和今后一个时期深化投融资体制改革的综合性、指导性、纲领性文件。国家有关部门随即抓紧制定配套文件，逐步落实改革精神。到2017年为止，《各地促进民间投资典型经验和做法》《传统基础设施领域实施政府和社会资本合作项目工作导则》《政府核准的投资项目目录（2016年本）》《中央预算内投资补助和贴息项目管理办法》《企业投资项目核准和备案管理条例》《工程咨询行业管理办法》等多项具体实施办法已经发布。由于《中共中央　国务院关于深化投融资体制改革的意见》对中国投资体制改革所具有的重大意义，下面对此决定的主要内容进行介绍。

二、《中共中央　国务院深化投融资体制改革的意见》的主要内容

《中共中央　国务院深化投融资体制改革的意见》（以下简称《意见》）共分六部分内容：①深化投融资体制改革的总体要求；②改善企业投资管理，充分激发社会投资动力和活力；③完善政府投资体制，发挥好政府投

的引导和带动作用；④创新融资机制，畅通投资项目融资渠道；⑤切实转变政府职能，提升综合服务管理水平；⑥强化保障措施，确保改革任务落实到位。

《意见》首先肯定了党的十八大以来投融资体制改革所取得的一些成就，主要是大力推进简政放权，工作重心从事前审批转向事后监管，企业投资自主权进一步落实，调动了社会资本积极性。但同时也指出现行投融资管理体制的问题，特别是简政放权不协同、不到位，企业投资主体地位有待进一步确立；投资项目融资难、融资贵问题较为突出，融资渠道需要进一步畅通；政府投资管理亟须创新，引导和带动作用有待进一步发挥；权力下放与配套制度建设不同步，事中事后监管和过程服务仍需加强；投资法制建设滞后，投资监管法治化水平亟待提高。

为此，按照中共十八届三中全会《中共中央关于全面深化改革若干重大问题的决定》的精神，为深化投融资体制改革，充分发挥投资对稳增长、调结构、惠民生的关键作用，提出了以下总体要求：进一步转变政府职能，深入推进简政放权、放管结合、优化服务改革，建立完善企业自主决策、融资渠道畅通、职能转变到位、政府行为规范、宏观调控有效、法治保障健全的新型投融资体制。具体表现为：①企业为主，政府引导；②放管结合，优化服务；③创新机制，畅通渠道；④统筹兼顾，协同推进。

《意见》中提出的一些重要措施，涉及改善企业投资管理，完善政府投资体制，创新融资机制，转变政府职能，强化保障措施等多方面内容。

（一）改善企业投资管理，充分激发社会投资动力和活力的措施要点

（1）确立企业投资主体地位。企业依法依规自主决策投资行为，但对涉及国家安全、生态安全、全国重大生产力布局、战略性资源开发和重大公益等项目，政府依法进行审查把关，政府应最大限度缩减核准事项。在一定领域、区域内先行试点企业投资项目承诺制，即以政策性条件引导、企业信用承诺、监管有效约束为核心的管理模式。

（2）建立投资项目"三个清单"管理制度。①实行企业投资项目管理负面清单制度，除政府核准的投资项目范围内的项目外，一律实行备案制；②建立企业投资项目管理权力清单制度，各级政府部门行使的企业投资项目管理职权以清单形式明确下来，规范职权行使，优化管理流程；③建立企业投资项目管理责任清单制度，厘清各级政府部门企业投资项目管理职权所对应的责任事项，明确责任主体，健全问责机制。

（3）优化管理流程。依托投资项目在线审批监管平台或政务服务大厅，

对实行备案制的投资项目提供快捷备案服务，对实行核准制的投资项目进行并联核准。精简投资项目准入阶段的相关手续。加快推进中介服务市场化进程，建立公开透明的中介服务市场。进一步简化报建手续，探索实行先建后验的管理模式。

（4）规范企业投资行为。各类企业要严格遵守城乡规划、土地管理、环境保护、安全生产等方面的法律法规，认真执行相关政策和标准规定，依法落实项目法人责任制、招标投标制、工程监理制和合同管理制，切实加强信用体系建设，自觉规范投资行为。

（二）完善政府投资体制，发挥好政府投资的引导和带动作用的措施要点

（1）进一步明确政府投资范围。政府投资资金只投向市场不能有效配置资源的社会公益服务、公共基础设施、农业农村、生态环境保护和修复、重大科技进步、社会管理、国家安全等公共领域的项目，以非经营性项目为主，原则上不支持经营性项目。

（2）优化政府投资安排方式。政府投资资金按项目安排，以直接投资方式为主。对确需支持的经营性项目，主要采取资本金注入方式投入，也可适当采取投资补助、贷款贴息等方式进行引导。根据发展需要，依法发起各类基金，充分发挥政府资金的引导作用和放大效应。加快地方政府融资平台的市场化转型。

（3）规范政府投资管理。依据发展规划及国家宏观调控总体要求，编制三年滚动政府投资计划并在此基础上编制政府投资年度计划，明确计划期内的重大项目，建立覆盖各地区各部门的政府投资项目库，统筹安排、规范使用各类政府投资资金。完善政府投资项目信息统一管理机制，建立贯通各地区各部门的项目信息平台，并尽快拓展至企业投资项目，实现项目信息共享。采用直接投资和资本金注入方式的项目中，对经济社会发展、社会公众利益有重大影响或投资规模较大的，要在科学论证基础上，严格审批项目建议书、可行性研究报告、初步设计。

（4）加强政府投资事中事后监管。加强政府投资项目建设管理，严格投资概算、建设标准、建设工期等要求。鼓励有条件的政府投资项目通过市场化方式进行运营管理。完善政府投资监管机制，健全政府投资责任追究制度。建立社会监督机制，推动政府投资信息公开，鼓励公众和媒体对政府投资进行监督。

（5）鼓励政府和社会资本合作。各地区各部门可以根据需要和财力状

况，通过特许经营、政府购买服务等方式，在交通、环保、医疗、养老等领域采取单个项目、组合项目、连片开发等多种形式，扩大公共产品和服务供给。

（三）创新融资机制，畅通投资项目融资渠道的措施要点

（1）大力发展直接融资。依托多层次资本市场体系，拓宽投资项目融资渠道；结合国有企业改革和混合所有制机制创新，优化能源、交通等领域投资项目的直接融资；加大"双创"项目的金融支持力度，有针对性地为"双创"项目提供股权、债权以及信用贷款等融资综合服务；加大创新力度，丰富债券品种，支持重点领域投资项目通过债券市场筹措资金；开展金融机构以适当方式依法持有企业股权的试点；设立政府引导、市场化运作的产业（股权）投资基金，积极吸引社会资本参加；建立规范的地方政府举债融资机制，支持省级政府依法依规发行政府债券，用于公共领域重点项目建设。

（2）充分发挥政策性、开发性金融机构积极作用。在国家批准的业务范围内，政策性、开发性金融机构要加大对城镇棚户区改造、生态环保、城乡基础设施建设、科技创新等重大项目和工程的资金支持力度。支持政策性、开发性金融机构发行金融债券专项用于支持重点项目建设。建立健全政银企社合作对接机制，搭建信息共享、资金对接平台，协调金融机构加大对重大工程的支持力度。

（3）完善保险资金等机构资金对项目建设的投资机制。在风险可控的前提下，逐步放宽保险资金投资范围，创新资金运用方式。建立和完善全国社会保障基金、基本养老保险基金、企业年金等的市场化投资运营机制。

（4）加快构建更加开放的投融资体制。创新有利于深化对外合作的投融资机制，为国内企业走出去和重点合作项目提供更多投融资支持。在宏观和微观审慎管理框架下，稳步放宽境内企业和金融机构赴境外融资，做好风险规避。完善境外发债备案制，更好地支持企业对外投资项目。加强与国际金融机构和各国政府、企业、金融机构之间的多层次投融资合作。

（四）切实转变政府职能，提升综合服务管理水平的措施要点

（1）创新服务管理方式。探索建立并逐步推行投资项目审批首问负责制，投资主管部门或审批协调机构作为首家受理单位"一站式"受理、"全流程"服务，一家负责到底。

（2）加强规划政策引导。充分发挥发展规划、产业政策、行业标准等对投资活动的引导作用，并为监管提供依据。把发展规划作为引导投资方向的重要手段，产业结构调整指导目录、外商投资产业指导目录等为各类投资活

资产证券化；营造良好的政策环境。

2017 年 2 月 17 日，《国务院办公厅关于创新农村基础设施投融资体制机制的指导意见》（国办发〔2017〕17 号，以下简称《意见》）发布。《意见》从三个方面对创新农村基础设施投融资体制机制提出了明确要求：①构建多元化投融资新格局，通过健全分级分类投入体制、完善财政投入稳定增长机制、创新政府投资支持方式、建立政府和社会资本合作机制、充分调动农民参与积极性、加大金融支持力度、强化国有企业社会责任和引导社会各界积极援建等措施，健全农村基础设施建设投入长效机制。②完善建设管护机制，通过完善农村公路建设养护机制、加快农村供水设施产权制度改革、理顺农村污水和垃圾处理管理体制、积极推进农村电力管理体制改革、鼓励农村电信设施建设向民间资本开放、改进项目管理和绩效评价方式等措施，保障工程长期发挥效益。③健全定价机制，通过合理确定农村供水价格、探索建立污水垃圾处理农户缴费制度、完善输配电价机制、推进农村地区宽带网络提速降费等措施，激发投资动力和活力。

2017 年 3 月 8 日，国家发展改革委发布《企业投资项目核准和备案管理办法》（国家发展改革委 2017 年第 2 号令）。该管理办法对企业投资项目核准的申请文件、项目核准的基本程序、项目核准的审查及效力、项目备案、监督管理和法律责任等方面进行了规范和指导。管理办法进一步明确投资项目核准和备案范围和权限，具体参照《政府核准的投资项目目录》；进一步完善项目核准制度；进一步明确投资项目备案的方式、流程和具体要求，依托在线平台，进一步强调项目的事中事后监督管理；细化了项目核准、备案机关、企业以及其他主体的法律责任。

2017 年 5 月 25 日，国家发展改革委、工业和信息化部、国土资源部、环境保护部、住房城乡建设部、交通运输部、水利部、卫生计生委、安全监管总局、统计局、地震局、气象局、国防科工局、烟草局、海洋局、民航局、文物局、能源局联合制定了《全国投资项目在线审批监管平台运行管理暂行办法》，目的在于加强全国投资项目在线审批监管平台建设、应用和管理，确保在线平台逐步完善、稳定运行并发挥作用。该办法对全国投资项目在线审批监管平台的体系架构、项目代码、运行流程和运行保障等方面进行了规范和指导。

2017 年 7 月 3 日，《国家发展改革委关于加快运用 PPP 模式盘活基础设施存量资产有关工作的通知》（发改投资〔2017〕1266 号）发布。为更好地运用 PPP 模式盘活基础设施存量资产、形成良性投资循环，通知指出：①要充分认识运用 PPP 模式盘活基础设施存量资产的重要意义；②分类实施，各地要根据当地实际情况和项目特点，积极探索、大胆创新，灵活运用 PPP 模式，规范有序盘活基础设施存量资产；③规范管理，实现投资良性循环；④加强协同合作，保障基础设施存量资产盘活工作顺利实施；⑤总结经验，发挥示范项目的引领带动作用。

2017 年 11 月 6 日，国家发展改革委发布《工程咨询行业管理办法》（2017 年第 9 号令）。该办法指出：①工程咨询单位的管理体制明确为告知性备案管理；②政府部门管理与行业组织自治相结合；③工程咨询业务范围精简化；④PPP 项目实施方案纳入工程咨询服务范围；⑤明确与强化责任，个人责任、领导责任、单位责任层层追究，终身负责；⑥取消工程咨询单位的咨询工程师最低数量标准限制，实现了事实上的零门槛；⑦确立资信评价等级制度；⑧建立违法失信联合惩戒机制，加重失信成本。党的十八大以来，围绕处理好政府和市场的关系，投融资体制改革不断向深入推进，为经济发展注入源源活水，具体表现为"负面清单"为企业投资松绑，多措并举释放社会投资活力，更好地发挥政府作用营造良好市场环境。从事后的经济数据看，在投融资体制改革不断深入下，投资增速稳步回升，投资结构持续改善，为经济稳中有进、稳中向好发挥夯基垒石的作用。

四、关于政府与社会资本合作（PPP）

《意见》提到鼓励政府和社会资本的合作（PPP），其中明确要通过特许经营和政府购买等多种形式扩大公共产品和服务供给，这在确保民间资本拥有平等竞争机会层面，给了投资者特别是民间投资者定心丸。经济新常态下，PPP 模式通过吸引社会资本参与基础设施和公共服务领域的建设，能充分发挥其融资、建设和运营能力的优势，促进政府转变职能，是发挥市场资源配置效应的有效途径。

20 世纪 80 年代起，我国就开始在基础设施领域引入 PPP 模式，经过30 多年发展，在经历了探索、试点、推广、调整等阶段后，在 2013 年进入一个新阶段。2013 年党的十八届三中全会提出"允许社会资本通过特许经营等方式参与城市基础设施投资和运营"，这为后续 PPP 模式的普及推广提供了理论基础和政策保障。随后，在国家财政部《关于 2014 年中央和地方预算草案的报告》中，中国官方首次使用了 PPP 的概念，明确要"推广运用 PPP 模式，支持建立多元可持续的城镇化建设资金保障机制"。2014 年国家财政部出台《政府和社会资本合作模式操作指南》，就 PPP 的适用范围、实施主体、联审机制、部门责任、实施流程等提出了明确的指导意见。其中明确了社会资本主要是指已经建立现代企业制度的境外企业法人，到 2015 年，《关于妥善解决地方政府融资平台公司在建项目后续融资问题意见的通知》（国办发〔2015〕40 号）增加了转型后的政府融资平台，拓宽了融资渠道。

在探索发展期，PPP 模式在高速公路、隧桥、污水处理、生活垃圾处理等基础设施建设运营上发挥了积极作用。但受到地方政府融资政策、部分特许经营项目运作不规范等因素影响，近 10 年来国内 PPP 发展相对缓慢。直到 2015 年，国内推进新一轮 PPP，国家部委出台了一系列政策文件，完善和细化了 PPP 的操作细则。主要有《国家发展改革委关于开展政府和社会资本合作的指导意见》（发改投资〔2014〕2724 号）、《国务院关于创新重点领域投融资机制鼓励社会投资的指导意见》（国发〔2014〕60 号）、《国家发展改革委 国家开发银行关于推进开发性金融支持政府和社会资本合作有关工作的通知》（发改投资〔2015〕445 号）、《国务院办公厅转发财政部 发展改革委 人民银行关于在公共服务领域推广政府和社会资本合作模式指导意见的通知》（国办发〔2015〕42 号）、《基础设施和公用事业特许经营管理办法》（国家发展改革委等部门令 2015 年第 25 号）、《传统基础设施领域实施政府和社会资本合作项目工作导则的通知》（发改投资〔2016〕2231 号）、《国务院办公厅关于进一步做好民间投资有关工作的通知》（国办发明电〔2016〕12 号）、国家发展改革委印发《促进民间投资健康发展若干政策措施》，国家发展改革委印发《传统基础设施领域实施政府和社会资本合作项目工作导则的通知》（发改投资〔2016〕2231 号），国家发展改革委、中国证监会联合发布《关于推进传统基础设施领域政府和社会资本合作（PPP）项目资产证券化相关工作的通知》（发改投资〔2016〕2698 号）、《国务院办公厅关于创新农村基础设施投融资体制机制的指导意见》（国办发〔2017〕17 号）、《国家发展改革委关于进一步做好重大市政工程领域政府和社会资本合作（PPP）创新工作的通知》（发改投资〔2017〕328 号）、《国家发展改革委关于加快运用 PPP 模式盘活基础设施存量资产有关工作的通知》（发改投资〔2017〕1266 号）。

自此，从中央到地方，各级政府政策频发、项目频出。根据全国 PPP 综合信息平台项目库发布的信息，国家发展改革委于 2017 年 9 月末，全国入库项目合计 14220 个，累计投资额 17.8 万亿元，覆盖 31 个省（自治区、直辖市）及新疆兵团和 19 个行业领域。其中，6778 个项目处于准备、采购、执行和移交阶段，纳入管理库，投资额 10.1 万亿元，7442 个项目处于识别阶段，纳入储备库。6778 个储备库项目中，地区分布项目数列前三位的是山东（含青岛）、河南、内蒙古，行业分布项目数列前三位的是市政工程、交通运输、生态建设和环境保护。区域分布上，东部项目数占管理库的28.8%，中部占27.6%，西部占39.6%，东北占4.0%。另外，2014 年 1 月至 2017 年 6 月，全国公示社会资本方中标人的 PPP 项目共 3774 个，总金额达 5.6 万亿元，社会投资活力得到释放。

总体而言，2014 年以来 PPP 发展呈现政策多、项目多、资金多的特点。大力推进 PPP 对当前的中国具有诸多正面意义：经济新常态下，继续做好基础设施领域 PPP 有关工作，有利于推进结构性改革尤其是供给侧结构性改革，增加有效供给，实施创新驱动发展战略，促进稳增长、补短板、扩就业、惠民生；有利于打破基础设施领域准入限制，鼓励引导民间投资，提高基础设施项目建设、运营和管理效率，激发经济活力，增强发展动力；有利于创新投融资机制，推动各类资本相互融合、优势互补，积极发展混合所有制经济；有利于理顺政府与市场的关系，加快政府职能转变，充分发挥市场配置资源的决定性作用和更好发挥政府作用。

五、对外投资合作发展的相关政策

在经过 30 多年的高速增长之后，中国经济进入经济增长速度换挡期、结构调整阵痛期和前期政策消化期 "三期叠加" 的新常态。投资、消费和出口是我国经济增长的三驾马车，但目前，为应对金融危机推出的 "4 万亿元" 投资计划，使国内基础设施建设日臻完善，未来投资增长空间有限，国内消费增长空间尚未打开，2015 年消费对于经济增长的贡献为 59.9%，而发达国家则达到 80%，出口尚未从金融危机的打击中恢复过来，2015 年净出口对经济增长的贡献为-2.5%，中国经济亟须发展新动能。

在此背景下，2013 年 9 月 7 日，习近平主席提出共建 "丝绸之路经济带" 的倡议，同年 10 月 3 日，提出共同建设 21 世纪 "海上丝绸之路" 的倡议。共建 "一带一路" 致力于亚欧非大陆及附近海洋的互联互通，加强沿线各国在政策沟通、设施联通、贸易畅通、资金融通、民心相通等内容上合作，这种大规模、全方位的深度对外开放，将使我国的开放战略由 "引进来" 和产品出口转变为 "走出去" 和国际产能合作，给我国经济发展带来新的活力。党的十九大报告明确提出，要以 "一带一路" 建设为重点，坚持 "引进来" 和 "走出去" 并重，遵循共商共建共享原则，加强创新能力开放合作，形成陆海内外联动、东西双向互济的开放格局。

截至 2016 年底，已有 100 多个国家表达了对共建 "一带一路" 倡议的支持和参与意愿，中国与 39 个国家和国际组织签署了 46 份共建"一带一路"合作协议，涵盖互联互通、产能、投资、经贸、金融、科技、社会、人文、民生、海洋等合作领域。"一带一路"建设是一项宏大系统工程，具有覆盖区域广大、涉及跨境投资领域多元、融资需求庞大、项目建设周期长等特点，非某一个国家所能独立负担，需充分调动政府和市场、沿线国家以及国际资本等各方资源，坚持以企业为主体、市场化运作，保持投融资的可持续性，共商共建"一带一路"投融资合作体系。周小川行长认为切实为"一带一路"建设提供金融支持，需要丰富并用好各种投融资方式。《中共中央国务院深化投融资体制改革的意见》也指出要加快构建更加开放的投融资体制。创新有利于深化对外合作的投融资机制，加强金融机构协调配合，用好各类资金，为国内企业走出去和重点合作项目提供更多投融资支持。为积极建设以市场化、可持续性、互利共赢为特征的投融资体系，各部委在"一带一路"投融资方面已出台一系列政策文件。

2014 年 11 月 8 日，习近平主席在加强互联互通伙伴关系对话会上宣布：中国将出资 400 亿美元成立丝路基金，同年 12 月 29 日，丝路基金在北京正式注册成立。丝路基金秉承"开放包容、互利共赢"的理念，重点致力于为"一带一路"框架内的经贸合作和双边多边互联互通提供投融资支持，与境内外企业、金融机构一道，促进中国与"一带一路"沿线国家和地区实现共同发展、共同繁荣。

2015 年 3 月 28 日，国家发展改革委、外交部和商务部联合发布《推动共建丝绸之路经济带和 21 世纪海上丝绸之路的愿景与行动》（以下简称《行动》）。《行动》提出：①深化金融合作，推进亚洲货币稳定体系、投融资体系和信用体系建设；②扩大沿线国家双边本币互换、结算的范围和规模；③推动亚洲债券市场的开放和发展；④共同推进亚洲基础设施投资银行、金砖国家开发银行筹建，有关各方就建立上海合作组织融资机构开展磋商；⑤加快丝路基金组建运营，充分发挥丝路基金以及各国主权基金作用，引导商业性股权投资基金和社会资金共同参与"一带一路"重点项目建设；⑥深化中国—东盟银行联合体、上合组织银行联合体务实合作，以银团贷款、银行授信等方式开展多边金融合作；⑦支持沿线国家政府和信用等级较高的企业以及金融机构在中国境内发行人民币债券；⑧符合条件的中国境内金融机构和企业可以在境外发行人民币债券和外币债券，鼓励在沿线国家使用所筹资金。

2015 年 6 月 29 日，《亚洲基础设施投资银行协定》签署仪式在北京举行。亚洲基础设施投资银行（以下简称亚投行）通过与现有多边开发银行开展合作，将更好地为亚洲地区长期的巨额基础设施建设融资缺口提供资金支持。其主要职能为：①推动区域内发展领域的公共和私营资本投资，尤其是基础设施和其他生产性领域的发展；②利用其可支配资金为本区域发展事业提供融资支持，包括能最有效支持本区域整体经济和谐发展的项目和规划，并特别关注本区域欠发达成员的需求；③鼓励私营资本参与投资有利于区域经济发展，尤其是基础设施和其他生产性领域发展的项目、企业和活动，并在无法以合理条件获取私营资本融资时，对私营投资进行补充；④为强化这些职能开展的其他活动和提供的其他服务。当代世界研究中心副主任胡昊认为"一带一路"能否做好，亚投行是试金石，如果亚投行能够资金运作透明、实现盈利、治理结构优良，那么"一带一路"将大有可为。

2017年5月14日，在中方倡议和推动下，在"一带一路"国际合作高峰论坛高级别会议"促进资金融通"平行主题会议期间，17国财长或国家财政部授权代表签署了《"一带一路"融资指导原则》（以下简称《指导原则》）。《指导原则》全文共计15条，是各方在"一带一路"倡议下首次就资金融通问题制定的指导性文件，主要目标是本着"平等参与、利益共享、风险分担"的原则，推动建设长期、稳定、可持续、风险可控的多元化融资体系。《指导原则》反映了各方在资金渠道、融资环境和金融监管等多方面的共识，如鼓励私营部门积极参与、拓展资金渠道、注重发挥多边开发性金融机构作用、欢迎各领域资金参与基础设施建设、发展本币债券市场以及深化金融监管、加快投资便利化等。

至此，已形成以国内政策性银行、新兴多边开发金融机构、国内商业银行、传统世界多边金融机构和为进出口信用保险为代表的辅助机构为资金提供者的"一带一路"融资结构。国家各部委、部门从国家战略层面对企业境外投资作出顶层设计，完善境外投资管理制度，健全投资政策服务体系，鼓励企业参与"一带一路"建设和国际产能合作的同时，着力抓好对外投资真实性审核、事中事后监管等工作，严防对部分领域非理性对外投资的风险，使企业的对外投资更趋理性。表4-5梳理汇总了近年来印发的对外投资方面主要的政策法规，涉及总体管理办法、投资规范、风险应急、环境保护、人员管理和报告指南等方面。

表 4-5 2012~2017 年对外投资主要政策法规

类别	发文单位	发文日期	文件
管理办法	国家发展改革委	2017. 12. 26	《企业境外投资管理办法》
	国家发展改革委、商务部、人民银行、外交部	2017. 8. 18	《关于进一步引导和规范境外投资方向的指导意见》
	商务部	2017. 10. 26	《对外投资合作"双随机一公开"监管工作细则（试行）》
	国家财政部、税务总局、国家发展改革委、商务部	2017. 12. 21	《关于境外投资者以分配利润直接投资暂不征收预提所得税政策问题的通知》
	国务院	2017. 1. 12	《国务院关于扩大对外开放积极利用外资若干措施的通知》
	国家发展改革委	2014. 4. 8	《境外投资项目核准和备案管理办法》
	国家发展改革委	2014. 5. 17	《外商投资项目核准暂行管理办法》
	国家发展改革委、外交部、工信部、国家财政部、人民银行、海关总署、工商总局、质检总局、银监会、证监会、保监会、外汇局	2012. 6. 29	《关于印发鼓励和引导民营企业积极开展境外投资的实施意见的通知》
投资规范	国家发展改革委、人民银行、商务部、外交部、中央组织部、中央文明办、中央网信办、工信部、公安部、国家财政部、国土资源部、环保部、交通运输部、农业部、文化部、国资委、海关总署、税务总局、工商总局、质检总局、食品药品监管总局、安监总局、统计局、银监会、证监会、保监会、能源局、外汇局	2017. 10. 31	《关于加强对外经济合作领域信用体系建设的指导意见》
	商务部、外交部、公安部、住房城乡建设部、海关总署、税务总局、工商总局、质检总局和外汇局	2013. 7. 5	《对外投资合作和对外贸易领域不良信用记录试行办法》
	国家发展改革委、商务部、人民银行、外交部和全国工商联	2017. 12. 6	《民营企业境外投资经营行为规范》
	国资委	2017. 1. 7	《中央企业境外投资监督管理办法》
	商务部	2013. 3. 18	《规范对外投资合作领域竞争行为的规定》
	商务部	2017. 10. 25	《关于做好"对外投资"监管方式海关申报的通知》

类别	发文单位	发文日期	文件
风险应急	商务部、外交部、住房城乡建设部、卫生计生委、国资委、安全监管总局	2013.7.1	《对外投资合作境外安全事件应急响应和处置规定》
环境保护	商务部、环保部	2013.2.18	《对外投资合作环境保护指南》
	商务部	2015.4.13	《关于进一步做好对外投资合作企业环境保护工作的通知》
人员管理	国务院	2012.6.4	《对外劳务合作管理条例》
	商务部、外交部、国资委、工商联	2011.3.4	《境外中资企业（机构）员工管理指引》
	商务部	2013.10.15	《关于加强对外投资合作在外人员分类管理工作的通知》
	商务部	2013.5.20	《关于启用对外投资合作在外人员信息管理系统的通知》
报告指南	国家发展改革委	2017.11	《中国对外投资报告》
	商务部	2017.5	《中国对外投资合作发展报告（2016）》
	国家税务总局	2017.10	《"走出去"税收指引》
	贸仲委	2017.9	《中国国际经济贸易仲裁委员会国际投资争端仲裁规则（试行）》
	商务部	2017.12.28	《对外投资合作国别（地区）指南》
	国家发展改革委、商务部	2017.6.28	《外商投资产业指导目录（2017年修订）》
	国家发展改革委、商务部	2017.2.17	《中西部地区外商投资优势产业目录（2017年修订）》
	国家发展改革委	2012.7.17	《"十二五"利用外资和境外投资规划》

资料来源：根据中国一带一路网、国家发展改革委利用外资和境外投资司整理所得。

习近平主席关于"一带一路"的重大倡议，是一个站在全球高度、盘活区域内各种资源、推进全面改革开放、促进我国与周边国家共同发展的战略安排。"一带一路"战略的提出和实施，正值我国经济发展进入新常态，正是迫切要求我们加大改革力度，坚决破除体制和机制障碍的时期，而战略的实施正是为我国经济增长注入新动能，谋划发展新格局，不管在理论上还是实践上都意义重大。"一带一路"建设涵盖政策沟通、设施联通、贸易畅通、资金融通、民心相通等层面,但其中资金融通是"一带一路"建设的重要支撑,未来应该坚定不移地按照中共十八届三中全会通过的《中共中央关于全面深化改革若干重大问题的决定》《中共中央 国务院关于深化投融资体制改革的意见》,以及党的十九大报告等文件的精神,积极创新"一带一路"投融资框架及合作体系建设,更好地服务"一带一路"建设。

附录 4-5 投资体制改革历程年度备忘录(2013~2017 年)

2013 年:5 月 15 日,《国务院关于取消和下放一批行政审批项目等事项的决定》(国发〔2013〕19 号)印发生效,取消了 13 类企业投资项目的核准事项,下放了 12 类企业投资项目的核准权限。5 月 23 日,国务院批转国家发展改革委《关于 2013 年深化经济体制改革重点工作意见的通知》。5 月 30 日,国家发展改革委发布《咨询工程师(投资)管理办法》。6 月 15 日,国家发展改革委发布《中央预算内投资补助和贴息项目管理办法》。8 月 16 日,国务院发布《关于改革铁路投融资体制加快推进铁路建设的意见》。9 月 13 日,国务院发布《关于加强城市基础设施建设的意见》。12 月 13 日,国务院发布《政府核准的投资项目目录(2013 年本)》。12 月 28 日,国家发展改革委发布《关于改进规范投资项目核准行为加强协同监管的通知》。

2014 年:2 月 10 日,国家发展改革委发布《中央预算内直接投资项目管理办法》。5 月 20 日,国务院批转国家发展改革委《关于 2014 年深化经济体制改革重点任务意见的通知》。5 月 26 日,国家发展改革委发布《政府核准投资项目管理办法》。10 月 8 日,国务院发布《关于深化预算管理制度改革的决定》。11 月 18 日,国务院发布《政府核准的投资项目目录(2014 年本)》。11 月 26 日,国务院发布《关于创新重点领域投融资机制鼓励社会投资的指导意见》。11 月 27 日,国家发展改革委发布《关于引发中央政府投资项目后评价管理办法和中央政府投资项目后评价报告编制大纲(试行)的通知》。12 月 4 日,国家发展改革委发布《关于开展政府和社会资本合作的指导意见》。

2015 年:3 月 17 日,国家发展改革委发布《关于推进开发性金融支持政府和社会资本合作有关工作的通知》。4 月 15 日,国家发展改革委发布《关于引发〈中央预算内直接投资项目概算管理暂行办法〉的通知》。5 月 18 日,国务院批转国家发展改革委《关于 2015 年深化经济体制改革重点工作意见的通知》。5 月 22 日,国务院转发国家财政部、国家发展改革委、人民银行《关于在公共服务领域推广政府和社会资本合作模式指导意见的通知》。9 月 23 日，国家发展改革委发布《关于印发委托投资咨询评估管理办法（2015 年修订）的通知》。9 月 24 日，国家发展改革委、中国保监会发布《关于保险业支持重大工程建设有关事项的指导意见》。10 月 19 日，国务院发布《关于实行市场准入负面清单制度的意见》。11 月 3 日，《国务院关于"先照后证"改革后加强事中事后监管的意见》发布。

2016 年：3 月 31 日，国务院批转国家发展改革委《关于 2016 年深化经济体制改革重点工作意见的通知》。5 月 16 日，国家发展改革委发布《关于加快投资项目在线审批监管平台应用的通知》。5 月 27 日，国务院印发《清理规范投资项目报建审批事项实施方案》。7 月 4 日，《国务院办公厅关于进一步做好民间投资有关工作的通知》发布。7 月 18 日，《中共中央 国务院关于深化投融资体制改革的意见》发布。7 月 25 日，国家发展改革委印发关于《各地促进民间投资典型经验和做法》的通知。8 月 30 日，《国家发展改革委关于切实做好传统基础设施领域政府和社会资本合作有关工作的通知》发布。9 月 21 日，《国家发展改革委关于印发〈各地促进民间投资典型经验和做法〉的通知》发布。10 月 12 日，国家发展改革委印发《促进民间投资健康发展若干政策措施》。10 月 27 日，国家发展改革委印发《传统基础设施领域实施政府和社会资本合作项目工作导则》的通知。11 月 30 日，国务院发布《企业投资项目核准和备案管理条例》。12 月 8 日，国家发展改革委修订发布《中央预算内投资补助和贴息项目管理办法》。12 月 20 日，国务院印发《政府核准的投资项目目录（2016 年本）》。12 月 26 日，国家发展改革委、中国证监会联合发布《关于推进传统基础设施领域政府和社会资本合作（PPP）项目资产证券化相关工作的通知》。

2017 年：1 月 17 日，国务院发布《关于扩大对外开放积极利用外资若干措施的通知》。2 月 17 日，《国务院办公厅关于创新农村基础设施投融资体制机制的指导意见》发布。2 月 24 日，国家发展改革委发布《进一步做好重大市政工程领域政府和社会资本合作（PPP）创新工作的通知》。3 月 22 日，国家发展改革委发布《企业投资项目核准和备案管理办法》。4 月 18 日，国务院批转国家发展改革委《关于 2017 年深化经济体制改革重点工作意见的通知》。6 月 21 日，国家发展改革委发布《全国投资项目在线审批监管平台运行管理暂行办法》。7 月 7 日，《国家发展改革委关于加快运用 PPP 模式盘活基础设施存量资产有关工作的通知》发布。11 月 14 日，国家发展改革委发布《工程咨询行业管理办法》。

第五章 投资的宏观管理改革实践

改革开放以来，作为国家经济改革一部分的投资体制改革历经几次大大小小的变化，如今成绩斐然。为了更好地面向未来，我们可以从实践中吸取经验和教训，本章主要介绍中国投资的宏观管理改革实践。这里的投资主要指的是固定资产投资。固定资产投资体制，一般是指固定资产投资活动的运行机制和管理制度，包括宏观管理和微观管理两个层次。宏观管理主要是指政府对全社会固定资产投资活动进行指导、调节和管理的制度和方式，固定资产投资计划、建设项目决策和各类国家参数的确定和审批、指导方式，各类经济杠杆的调节方式，以及对各类市场（长期资金、建筑、设计、物资等）的政府监督方式等。微观管理主要是指各类投资主体、建设主体的运行（行为）机制，包括发展机制和约束机制。本章从投资的宏观管理改革的实践入手，从四个方面展开论述：一是投资主体改革；二是政府投资方式改革；三是投资立法改革；四是投资相关配套体制改革。

第一节 投资主体改革

一、企业投资主体需要多元化

所谓投资主体多元化，是指企业不再由单一出资者投资而成，而是由多个出资者投资组合而成。在企业发展史上，由个人业主制企业、合伙制企业发展到现代企业，其实质的变化是企业由单一投资主体走向多元投资主体。传统的国有制企业和个人业主制企业类似，都是单一投资主体，不同之处主要在于出资人不同。在单一投资主体的条件下，企业依赖政府，政府直接经营企业是顺理成章的。1993 年以来，我国开始实行建立现代企业制度的改革。大多数国有制企业被改造成为国家独资公司、有限责任公司和股份有限公司。这相对于原有的国有企业无疑是一种进步，但离投资主体多元化的要求还相去甚远。到 2000 年，我国拥有单一投资主体的工商企业 14.5 万家，占全部国有企业总数的 75.9%。在 520 家国有重点企业中，有 430 家进行了公司制改革，只有 282 家整体或部分改组成为股份公司和股份有限公司。在这些股份公司中，国家绝对控股的又占相当比例。到 2001 年，全国 3.2 万户国有控股工商企业中，国有股本的比重平均为 63%。截至 2001 年 4 月底，全国上市公司中第一大股东份额占公司总股本超过 50% 的有 890 家，占全部上市公司的 79.2%。就国家独资公司而言，国家虽然只以出资额为限承担有限责任，但由于只有国家单一投资主体，投资的风险全部落在国家身上，政府不可能也不应该放任企业自主投资和经营。对那些只有国有企业相互持股的有限责任公司和股份有限公司而言，投资主体还是国家。即使那些拥有一部分非国有资本的有限责任公司和股份有限公司，由于国家绝对控股，国有股"一股独大"，企业的投资风险仍然主要由国家承担，企业的大权还是掌握在国家手中。在这种情况下，企业还只是具有现代企业的外在形式，而不能建立起规范的企业法人治理结构，这样的企业不是因国有股"一股独大"而继续受到来自政府的过度干预，导致企业经营权难以落实，就是因国有产权主体缺位而导致企业"内部人控制"，使所有者利益特别是中小股东利益受损。

按照投资多元化的要求，除极少数企业继续采取国家独资的存在方式外，大量的国有经济将采取国家绝对控股、相对控股和参股三种存在形态，在这三种形态中，国有经济应尽可能采取相对控股和参股的方式。实现投资主体多元化，有多方面的意义：它有利于健全企业内部治理结构；有利于动员社会资本，加速企业的技术改造和发展；有利于优化企业资本负债比例，降低企业的债务风险；有利于完善国有资本有进有退、合理流动的机制，进一步推动国有资本更多地投向关系国家安全和国民经济命脉的重要行业和关键领域，增强国有经济的控制力；有利于提高企业的效益。我国经济体制改革的不断深化使政府与市场的合理边界进一步厘清，投资准入的放宽也极大地拓展了社会资本可进入的投资领域，这就进一步强化了投资主体多元化的发展趋势。

二、投资主体的角色变化：由政府主导变为企业主导

改革开放以前，政府的投资范围非常广，而企业不过是政府决策的执行者而已，那时的企业以国有企业为主，它不是独立的投资主体，而是政府的附属和投资的使用者。政府，尤其是中央政府包揽了各行各业大大小小的建设。在当时经济基础十分薄弱、资源相对短缺的经济形势下，政府的这种方

式无疑有利于集中有限的资金进行重点项目的建设。但随着建设的发展，这种运行方式的负面影响越来越大。1978 年以来，中国的改革就如火如荼地展开了，其间的主要过程如下：

1984 年，中共十二届三中全会通过的《中共中央关于经济体制改革的决定》就明确提出：增强企业活力是经济体制改革的中心环节。第一次真正明确划分政府投资范围以 1988 年 8 月国务院发布的《关于投资管理体制的近期改革方案》（国发〔1988〕45 号文）为标志，确立投资主体，划分投资范围、强调政府"分层次"，企业"扩权利"。总的原则是，面向全国的重要的建设工程，由中央或以中央为主承担；区域性的重点建设工程和一般性的建设工程，由地方承担，即实行中央、省区市两级配置，两级调控。此外，改革方案还主张扩大企业的投资决策权，促使企业成为一般性项目的投资主体。其后，另一个比较有影响力的文件是 1993 年的《中共中央关于建立社会主义市场经济体制若干问题的决定》。其中关于深化投资体制改革的内容是，所有投资项目划分为竞争性、基础性和公益性三类。竞争性投资项目是指投资收益较高、市场调节较灵敏、具有竞争能力、从事生产经营活动的项目；基础性投资项目是指基础工业和基础设施投资项目；公益性投资项目是指文化、教育、体育、卫生、环保和政府机构、社会团体办公设施、国防设施等投资项目。三类项目中，竞争性项目投资由企业自主决策，自担风险，所需贷款由商业银行自主决定，自负盈亏；基础性项目建设则鼓励和吸引各方面参与投资，地方政府负责地区性的基础设施建设；社会公益性项目投资，则广泛吸收社会各界资金，同时根据中央和地方事权划分，由政府通过财政统筹安排。

2004 年 7 月国务院下发了《关于投资体制改革的决定》，确立了企业的投资主体地位，规范了政府的投资行为，强调政府要减少对企业生产经营活动的直接干预。这显然有利于更好地发挥市场配置资源的基础性作用，优化投资结构，提高投资效益，促进国民经济持续、快速、协调、健康发展和社会全面进步。

2005 年 2 月 24 日公布的《国务院关于鼓励、支持和引导个体私营等非公有制经济发展的若干意见》，规定非公有制资本可以进入垄断行业，创造了所有资本一律平等的投资政策环境。

2013 年 11 月，中共十八届三中全会通过的《中共中央关于全面深化改革若干重大问题的决定》充分肯定了非公有制经济的作用与地位，强调支持非公有制经济健康发展，鼓励发展非公有资本控股的混合所有制企业，这对非公有制经济的发展和非公有资本投资提供了更加广阔的空间。

2013 年 12 月 2 日，国务院发布《政府核准的投资项目目录（2013 年本）》，以进一步深化投资体制改革和行政审批制度改革，明确提出要加大简政放权力度，切实转变政府投资管理职能，使市场在资源配置中起决定性作用，确立企业投资主体地位。2014 年 11 月，国家发展改革委围绕确立企业投资主体地位的改革目标，发布了新修订的《政府核准投资项目管理办法》，力求将企业投资自主权"还权到位"。2016 年 12 月，经过 2013 年、2014 年连续两年修订，国务院印发了《政府核准的投资项目目录（2016 年本）》。连同 2013 年、2014 年两次修订，中央政府层面核准的企业投资项目削减比例累计达到原总量的 90% 左右。

2016 年 7 月 18 日，中共中央、国务院正式公布实施《关于深化投融资体制改革的意见》，这是改革开放 30 年多年以来以中共中央文件名义发布的投融资改革领域的首个文件，同时也是投融资领域推进供给侧结构性改革的纲领性文件。该意见再一次明确了企业的投资主体地位，指出要进一步落实企业的投资自主权，建立健全企业投资项目"三个清单"管理制度，优化投资项目管理流程，严格规范企业投资行为，以此激发社会投资动力与活力。政府层面的作用主要在于发挥引导作用与放大效应，优化投资的方向与结构。

这样，我国就基本上形成了由企业为投资主体的社会主义市场经济格局。下面，我们将分别详细介绍国有企业改革、民间投资改革以及对外投资改革的实践。

三、国有企业改革①

改革开放以来，国有企业改革始终是经济体制改革的中心环节。回顾 1978 年以来的国有企业改革，主要经历了以下几个阶段：

（一）1978 年至 20 世纪 90 年代初期，"放权让利"的初步探索阶段

1978 年 12 月，中共十一届三中全会召开，标志着我国社会主义建设和改革进入了一个新的历史阶段。尽管对该阶段的理论定性在理论界争论了很多年，但是，随着计划经济体制的改革，市场的调控作用日趋明显。针对该阶段的特征，一些经济学家把该阶段称为"过渡经济时期"。该时期国有企业的改革逐渐成为整个经济体制改革的中心环节，政府与企业的关系开始发

---

① 乔均：《国有企业改革研究》，西南财经大学出版社 2002 年版。

生了根本性变化，国有企业资产的经营管理体制也随之产生了质的变革。

中共十一届三中全会指出，我国经济管理体制的一个严重缺点就是权力过于集中，应该有领导地大胆下放，让地方和企业有更多的经营自主权，应该大力精简各级行政机构，重视价值规律的作用。根据这一精神，各地先后进行了对国有企业扩权让利的改革试点，并在实践中取得了显著的效果。

1979 年 5 月，中央确定首都钢铁公司、上海柴油机厂等八家国有企业作为全国的试点。同年 7 月，国务院颁布了《关于扩大国营工业企业经营管理自主权的若干规定》《关于国营企业实行利润留成的规定》等五个文件。此后，放权让利的改革很快在全国展开，到 1979 年底，全国试点企业有 4200 家；到 1980 年 6 月，试点企业扩大到 6000 多家，占全国预算内工业总数的 26%。

实行放权让利的改革以后，国有企业的资产经营自主权和收益权有了明显的扩大。具体表现在：企业在完成了国家计划以后，有权根据自己的生产能力和市场需求，制定补充计划，计划外的产品若商业、外贸、物资部门不收购，可按照计划价格自销；企业实行全额利润留成，把企业按 1978 年工资总额提取的职工福利费、奖金、企业基金及国家拨付的科研和职工培训费，加上一定数额的新产品试制费，与 1978 年企业实现的利润挂钩，换算出企业留成比例，该比例原则上三年不变。企业的利润留成用于建立企业生产发展基金、福利基金和奖励基金。

1980 年，又把企业按利润全额留成改为基数利润留成加增长利润留成，在增长利润中，企业留成利润为 40%、国家为 60%。同时，提高固定资产折旧率以及企业提取折旧金的比例，折旧基金的 30%上缴主管部门，由主管部门在企业间有偿调剂使用，70%留在企业。把企业固定资产原值低于 100 万元的小型国有企业的折旧费全部交给企业安排使用，并开征国有工业企业固定资产税，实行对固定资产的有偿占用。企业流动资金实行全额信贷制以提高资金的使用效率。

1981 年 9 月，国务院发布了《关于试行工业企业经济责任制若干问题的意见》，该文件的中心内容是在国家计划指导下，通过国家对国有企业实行经济责任制和建立企业内部经济责任制，明确国家、企业、职工的责、权、利关系，把三者有机结合起来，使企业逐步成为相对独立的经济实体。实行经济责任制后，国家对不同类型、不同状况的企业，分别采取利润留成、盈亏包干、以税代利、自负盈亏四种管理模式。

1983 年 4 月，在国有企业开始推行利改税的改革。这一改革的主要目的在于以法律的形式来稳定和规范国家与企业的分配关系，提高企业对国有资产经营管理的积极性。第一步利改税是实行税利并存制度，企业利润先上缴所得税和地方税，剩余部分采取多种方式在国家和企业之间进行分配。第二步利改税是由税利并存向完全的以税代利方向发展。企业按 11 个税种向国家纳税，税后利润归企业支配。国有大中型企业按 55% 的税率缴纳所得税后，再视企业不同情况，一户一率对企业征收调节税。小型企业仍按八级超额累进税率缴纳所得税。少数特殊企业或行业仍然实行多种形式的利润包干或利润分成制度。

1984 年，中共十二届三中全会明确提出，整个经济体制改革的中心环节是增强全民所有制的大中型企业活力。在政企分开、所有权和经营权适当分离的原则指导下，国营企业开始改变统收统支的经营方式，推行多种形式的承包经营责任制。1987 年 4 月，中央决定在全国范围内推行承包制，这是计划经济向市场经济下的国有企业转化迈出的重要一步。1988 年 2 月，国务院颁发了《全民所有制工业企业承包经营责任制暂行条例》。当年年底，全国已有 95% 的国有大中型企业实行了第一轮承包。到 1991 年底，第一轮到期的企业又转入了第二轮承包。

承包的运行机制强化了企业承包者的经营责任，优化了企业内部资源配置，较好地体现了按劳分配的原则，极大地调动了生产者和经营者的积极性。正是如此，承包制实行后，工业生产速度上升很快。据统计，1987~1988 年两年时间，全国预算内工业企业增加利税即达到 350 亿元，相当于1980~1986 年企业增加利税的总和，全国财政收入 7217 亿元，年递增56.3%。实践证明，承包制对企业改革起到了促进作用。

但是，承包制也存在弊端，如企业的短期行为、企业的亏损虚拟化以及企业抗干扰能力弱化等，最终将导致承包制在效益递减中失效。1992 年国有企业承包兑现率明显下降。据统计，1993 年全国预算内工业企业亏损达11453 户，亏损面达 31.8%。亏损企业的增多使承包企业的利润指标无法兑现，直接影响了国家财政收入，对国有企业改革形成了压力。

对国有企业实行税利分流改革是在 1987 年下半年提出来的，其基本内容是"税利分流、税后还贷、税后承包"。这一改革把国有企业上交的利润分成税和利两部分，建立起国家与企业分配关系的新形式和新机制，使国家作为经济管理者和国有资产所有者的不同身份和职能得到更好的体现，保证国家税收的稳定增长和国有资产的合法收益。1989 年和 1991 年，国家先后下发了《关于国营企业实行税利分流的试点方案》《国营企业实行"税利分流、税后还贷、税后承包"的试点办法》等文件，改变了过去国有大中型企业按55%的税率和小型企业按八级超额累进税率缴纳所得税的做法，区别新老贷款，分别实行税后、税前还贷，取消调节税，实行税后上缴利润承包，具体按1989年颁布的"试点方案"所规定的方法确定承包基数。

1988年4月，我国第一部《企业法》诞生。《企业法》确立了国有企业的性质、地位和经营管理的基本原则，确立了政府与企业新型关系的准则。《企业法》赋予了企业生产计划权、指令性计划调整权、产品销售权、物资选购权、产品定价权、对外经济活动权、留用资金使用权、资产处置权、内部分配权、用工权、机构设置权、拒绝摊派权和联合经营权等。但是，由于当时条件和配套措施跟不上，企业应有的这些权利并没有得到有效落实。

在这一阶段，国家继续深化对国有企业投资体制的改革。1987年3月，国务院发出《关于放宽固定资产投资审批权限和简化手续的通知》，在进一步扩大地方政府投资决策权的基础上，明确规定了企业在规定的投资计划规模内，有权确定限额以下的技术改造项目。1988年7月，《关于投资管理体制的近期改革方案》出台。该方案的主要内容是：强调投资管理中计划和市场的有机结合，一般性的建设投资放给企业或市场，重大的长期性建设投资由国家计划调节，但要消除"大锅饭"，建立中央与地方的分工负责制，实行投入产出挂钩的投资包干责任制，实行分层次管理，扩大地方的重点建设责任；进一步扩大企业投资决策权，使之成为一般性建设的投资主体；建立基本建设基金制，保障重点建设资金的来源；建立投资公司，对投资采取经济手段管理；强化投资主体的自我约束机制，实行招标、投标制度，发挥市场机制的作用。1991年5月，国家开征固定资产投资方向调节税，用经济杠杆调节企业的投资方向。

为了加强对国有资产的管理，理顺国家与国有企业的财产关系，1988年4月，国务院直属的国有资产管理局成立，开始行使国有资产所有者的代表权，国有资产的监督管理权、投资和收益权、处置权，使产权管理机制进入企业。国有资产管理局成立后，积极维护国有资产权益，促进国有资产合理流动和优化配置，开展国有资产评估核定，进行国有资产管理体制改革的探索，初步建立了国有资产年度报告制度，开创了国家对国有资产经营管理体制改革的新局面。

（二）1992年至21世纪初期，产权改革和现代企业制度的建立

国有企业在经历了放权让利、承包经营责任制、税利分流等十多年的改革后，企业和国家在国有资产经营管理关系上发生了巨大的变化，国有企业

的自主权不断得到扩大，企业的活力也明显增强。但是，在使国有企业真正成为自主经营、自负盈亏、自我发展、自我约束的商品生产者和经营者方面还存在着各种深层次的问题，企业的活力和效益问题也没有从根本上得到解决，在推行股份制等改革试点的过程中也暴露出种种不规范的现象。随着社会主义市场经济理论的提出，我们应按照市场经济发展的要求来重新构建国有企业资产的经营管理体制。所有这一切，都不能不涉及国有企业资产与国家产权关系，产权问题作为各种问题集中的焦点，顺理成章地成为新一轮改革的重点内容。

1992年以来，在邓小平南方谈话和党的十四大精神的指引下，我国确立了社会主义市场经济体制改革的目标，国有企业资产经营管理改革也开始步入了新的阶段。1992年7月，为了进一步贯彻落实《公司法》，国务院颁布了《全民所有制工业企业转换经营机制条例》（以下简称《条例》）。《条例》明确指出了国有企业转换经营机制的目标，赋予了国有企业14项生产经营自主权，并强调企业必须自负盈亏，并对企业、企业经营者、职工的盈亏责任、亏损处理、企业自我分配约束和监督机制等都做出了明确规定，提出政府必须转变职能，政企分开，消除政府对企业的直接干预。《条例》要求调整企业的产品结构和组织结构，通过企业的转产、停产整顿、合并、分立、解散、破产等方式，实现国有企业资产的高效率运营和重组。

1993年11月，中共十四届三中全会通过了《中共中央关于建立社会主义市场经济体制若干问题的决定》，这一重要决定成为我国社会主义经济改革历史上的又一个纲领性文件。该《决定》指出，建立适应社会主义市场经济要求的、产权清晰、权责明确、政企分开、管理科学的现代企业制度，是我国国有企业改革的方向。这一改革的核心是要建立新的国有企业产权制度，使企业拥有全部法人财产权，真正成为自主经营、自负盈亏、自我发展、自我约束的法人实体，在市场上独立地从事商品生产和经营活动，实现市场在资源配置中的基础作用。同时加强对企业中国有资产的管理，实行国家统一所有、政府分级监督、企业自主经营的体制，实现政府社会经济管理职能与国有资产所有者职能的分开，转变政府职能，改革政府机构，建立健全宏观经济调控体系，实现政府对国有企业资产运营的间接管理。

为了加快建立现代企业制度，为国有企业实行公司制的改革创造良好的条件和提供法律依据，全国人大常委会于1993年12月29日通过《中华人民共和国公司法》（以下简称《公司法》）。根据《公司法》确立的法律准则，1994年国家体改委提出了建立现代企业制度的一系列要求，并在全国范围内进行了建立现代企业制度的试点。国有企业开始进行以现代企业制度为目标的改革。

1995年，按照中共十四届三中全会确定的建立现代企业制度的目标，政府开始进行百户现代企业制度试点。

1995年9月，中共十四届五中全会明确指出："要着眼于搞好整个国有经济，通过存量资产的流动和重组，对国有企业实行战略性改组。这种改组要以市场和产业政策为导向，搞好大的，放活小的，把优化国有资产分布结构、企业结构同优化投资结构有机结合起来，择优扶强，优胜劣汰。"后来公布的《关于国有企业改革和发展若干重大问题的决定》中把其概括为"从战略上调整国有经济布局和改组国有企业"。

1996年以后，我国加大了对120家大型企业集团进行试点工作的力度。1997年9月，党的十五大提出，股份制是现代企业的一种资本组织形式，资本主义可以用，社会主义也可以用。党的十五大在推进国有产权改革方面有了新突破，强调要着眼于搞好整个国有经济，抓好大的，放活小的，对国有企业实施战略性改组，以资本为纽带，通过市场形成具有较强竞争力的跨地区、跨行业、跨所有制和跨国经营的大企业集团；通过采取改组、联合、兼并、租赁、承包经营和股份合作制、出售等形式，加快搞活国有小型企业。1999年9月，《关于国有企业改革和发展若干重大问题的决定》经第十五届中央委员会第四次全体会议审议通过，肯定了发展股份制对国有资本和国有经济的作用，指出"国有大中型企业尤其是优势企业，宜实行股份制的，要通过规范上市、中外合资和企业互相参股等形式，改为股份制企业"，由此，国有企业的股份制改革开始推行。

1998年4月，国务院决定在国有资产管理中建立稽查特派员制度，并计划向一些国有重点大型企业派遣稽查特派员，实施财务和经营上的监督工作。2000年，稽查特派员正式更名为国有企业监事会。2001年6月13日，国务院正式发布《减持国有股筹资社会保障资金管理暂行办法》，国有股减持正式运行，同年证监会执行《减持国有股筹集社会保障资金管理暂行办法》第五条关于"国家拥有股份的股份有限公司向公共投资者首次发行和增发股票时，均应按融资额的10%出售国有股"的规定，并公开征集国有股减持的建议与方案，收到了大量国有股减持的意见与方案。2002年6月23日，国务院决定，除企业海外发行上市外，对国内上市公司停止执行《减持国有股筹集社会保障资金管理暂行办法》中关于利用证券市场减持国有股的决定，并不再出台具体实施办法。在国有股的减持过程中，必然使国有企业出现了产权主体的多元化。

经过这一轮改革，国有企业初步建立起了现代企业制度，一部分国有企业在资本市场上市，一些大中型企业通过剥离社会职能等方式开始走向更加市场化的企业道路。

（三）2002～2013年，国有资产管理体制改革阶段

2002年11月，党的十六大指出，"要深化国有企业改革，进一步探索公有制特别是国有制的多种有效实现形式"，"积极推行股份制，发展混合所有制经济"，"按照现代企业制度的要求，国有大中型企业继续实行规范的公司制改革"。党的十六大确立了"三统一、三结合、三分开"的国有资产管理原则，即"权利、义务和责任相统一""管资产和管人、管事相结合"以及政企分开、政资分开、经营权和所有权分开。由此，国企改革进入了建立符合市场经济要求的国有资产管理体制改革阶段。2003年，国务院国有资产监督管理委员会（简称"国资委"）成立，国有资产监管的责任主体更加清晰，这标志着新的国有资产管理体制的建立，国有企业改革迈出了政企分开、政资分开的重要一步。同时，国资委成立后，参与制定了一系列相关法律法规，推动国有企业改革和国有资产管理体制不断完善，这也意味着我国国企国资改革的法制化体系初步建立起来。

2003年5月27日，国务院公布了《企业国有资产监督管理暂行条例》。这是推进我国国有资产管理体制改革的一项重大举措，标志着国有资产监督管理法律制度得到进一步完善，依法监督管理国有资产迈出了重大步伐，对于建立适应社会主义市场经济需要的国有资产监督管理体制，进一步搞好国有企业，推动国有经济布局和结构的战略性调整，发展和壮大国有经济，实现国有资产保值增值，具有重要意义。2003～2004年，国务院国资委为实现国有资产保值增值，陆续出台一系列法规文件：2003年9月9日颁布《国有企业清产核资办法》，2003年11月25日颁布《中央企业负责人经营业绩考核暂行办法》，2003年11月30日颁布《关于规范国有企业改制工作的意见》，2004年1月8日颁布《企业国有产权转让管理暂行办法》。由此，基本建立了国有企业产权交易相关法规体系。2004年5月18日，国务院国资委制定并公布了国务院国资委第6号令《国有企业法律顾问管理办法》，并于2004年6月1日起施行。2005年公布实施了《中央企业重大法律纠纷案件管理暂行办法》，进一步健全、完善了企业和国有企业的法律制度。2006年我国的企业及国有企业法律制度进一步完善，不仅实施了《破产法》，其他诸如《企业国有资产监督管理暂行条例》《企业国有资产法》等也相继出

台，使我国的企业法律趋于完善。2006年，国务院转发国资委起草的《关于推进国有资本调整和国有企业重组指导意见的通知》，完善国有资本有进有退、合理流动的机制，加快国有经济布局和结构战略性调整，并提出进一步推动国有资本向关系到国家安全与经济命脉的重要行业和关键领域（包括军工、电网电力、石油石化、电信、煤炭、民航、航运七大行业）集中，这就明确了国有资本需要集中的领域。2007年，党的十七大提出，深化国有企业公司制股份制改革，健全现代企业制度，优化国有经济布局和结构，完善各类国有资产管理体制和制度。

2008年10月28日，《中华人民共和国企业国有资产法》在第十一届全国人大常委会第五次会议经审议通过。《国资法》指出，国有资产属于国家所有即全民所有，国务院代表国家行使国有资产所有权，并对国家出资企业、国有资产出资人权益、国有资本经营预算、国有资产监督等多方面进行了明确规定。这标志着我国国有企业改革和国有资产监管正式进入了法制化时代。

2010年5月，《关于2010年深化经济体制改革重点工作的意见》将深化国企和垄断性行业改革作为九大改革任务之一。2012年，党的十八大再次强调了，要推动国有资本更多投向关系国家安全和国民经济命脉的重要行业和关键领域，不断增强国有经济活力、控制力、影响力。同时，要坚持政企分开、政资分开、所有权和经营权相分离的原则，坚持权利、义务和责任相统一，管资产和管人、管事相结合的原则，完善各类国有资产管理体制。

（四）2013年至今，国有企业改革全面深化阶段

作为整个经济体制改革的中心环节，国有企业改革经历了从承包责任制到利改税、从厂长负责制到现代公司治理结构的转变。2013年11月，中共十八届三中全会提出积极发展混合所有制经济，进一步深化国有企业改革的方向和任务，国有企业改革进入了新一轮的全面深化改革阶段，随后各种改革举措纷纷出台。新一轮国有企业改革的重点与核心是以国有资产投资运营公司为平台，实现从"管企业"向"管资本"的转型，以管资本为主完善国资监管体制、资本带动和健全制度，实现政企分离的市场化经营。

2014年是中国全面深化改革的开局之年，同时也是新一轮国有企业改革的开始之年。2014年3月5日，习近平在参加全国两会上海代表团审议时为国企改革进一步定调，表示国企改革只能加强、不可削弱。2014年3月9日，习近平参加安徽代表团审议，明确表示国企改革的关键是公开透明，要严防国有资产在新一轮改革中的流失。2014年7月15日，国务院国资委在

六家中央企业启动了"四项改革"试点，随后各地方国资委也陆续围绕混合所有制推出各自的国企改革方案。2014 年 8 月 29 日，中共中央政治局审议通过了《中央管理企业负责人薪酬制度改革方案》《关于合理确定并严格规范中央企业负责人履职待遇、业务支出的意见》等文件，国企薪酬制度改革也成为新一轮价格、税收、财政、收入分配制度改革的重要配套改革。2014 年 10 月，国有企业改革领导小组成立，既解决了国资委统筹乏力的尴尬局面，也有助于协调各部门之间的利益关系，推动改革的落地。2014 年 12 月，中央经济工作会议公报中提到，"国企改革要奔着问题去，以增强企业活力、提高效率为中心，提高国企核心竞争力，建立产权清晰、权责明确、政企分开、管理科学的现代企业制度"。问题导向也意味着国企改革的方向从全面向重点转移，针对混合所有制改革提出更加清晰明确的思路与标准。

2015 年，国有企业改革进入提速阶段。2015 年 3 月 5 日，第十二届全国人民代表大会第三次会议上，李克强在政府工作报告中对"深化国企国资改革"进行了明确的表述，包括"准确界定不同国有企业功能，分类推进改革""有序实施国有企业混合所有制改革，鼓励和规范投资项目引入非国有资本参股""完善现代企业制度""加强国有资产监管，防止国有资产流失"等。"准确界定、分类推进"被视为新一轮国企国资改革的主要方向，而混合所有制改革也成为改革推进的主要路径。

2015 年 8 月 24 日，中共中央、国务院印发《关于深化国有企业改革的指导意见》（简称《指导意见》），确立了新一轮国企改革的顶层设计方案，也指出了国企改革未来的主要方向和改革推进的实现路径。总体来看，新一轮国企改革的内容包括国企分类改革、市场化改革，并强调了要保持国有经济的控制力和影响力，防止国有资产流失。《指导意见》将国有企业分为商业类和公益类两大类，其中商业类被细分为主业处于充分竞争行业和领域的国有企业以及关系国家安全、国民经济命脉的重要行业和关键领域的国有企业，对不同类型的国有企业分类发展、分类监管、分类定责、分类考核。市场化改革包括产权多元化、发展混合所有制经济、国有资本市场化、对一些行业放开市场准入等。

《指导意见》指出，要完善国有资产管理体制，以管资本为主推进国有资产监管机构职能转变、改革国有资本授权经营体制、推动国有资本合理流动优化配置、推进经营性国有资产集中统一监管。在推进混合所有制改革方面，要引入非国有资本参与国有企业改革，鼓励国有资本以多种方式入股非国有企业。

　　总体来看，《指导意见》的主题是国有经济与市场经济的融合，焦点在于所有权与经营权的分离，最终目标是激发国有经济的活力。对不同功能的国有企业进行分类改革有助于促进国有企业与市场的融合，完善与社会主义市场经济相适应的现代企业制度能够进一步激发国有企业的市场活力，优化国有资本配置能够有效发挥国有资本的投资效能，发展混合所有制经济有利于各种所有制资本相互协同、优势互补，进而提高国有资本投资效能，这些都是围绕强化国有企业活力与市场竞争力这一最终落脚点的。

　　作为《指导意见》的配套文件，《关于国有企业发展混合所有制经济的意见》《关于改革和完善国有资产管理体制的若干意见》《关于鼓励和规范国有企业投资项目引入非国有资本的指导意见》《关于加强和改进企业国有资产监督防止国有资产流失的意见》《关于国有企业功能界定与分类的指导意见》等一系列法规文件随后也相继出台。其中，2015年9月24日发布的《国务院关于国有企业发展混合所有制经济的意见》（以下简称《混改意见》）强调，国有企业主业处于充分竞争行业和领域的，要充分利用整体上市方式积极引入其他国有资本或非国有资本；主业处于关系到国家安全和经济命脉的重要行业和关键领域的，保持国有资本控股地位并支持非国有资本参股。另外，《混改意见》也明确了各类资本参与国企混改的方式，包括有序吸收外资的参与、固定国有资本入股非国有企业以及推广政府和社会资本合作模式等。从2016年1月到2016年8月，《中央国有资本经营预算管理暂行办法》《企业国有资产交易监督管理办法》《关于国有控股混合所有制企业开展员工持股试点的意见》等配套文件陆续公布。由此，以《关于深化国有企业改革的指导意见》为引领、以若干文件为配套的"1+N"政策体系基本形成，新一轮国企与国资改革的方向、思路与措施逐渐明确。

　　2015年11月10日，"供给侧结构性改革"在中央财经领导小组第十一次会议上被首次提及。2016年7月4日，在全国国有企业改革座谈会上，习近平强调，要理直气壮做强做优做大国有企业，不断增强活力、影响力、抗风险能力，实现国有资产保值增值；要按照创新、协调、绿色、开放、共享的发展理念的要求，推进结构调整、创新发展、布局优化，使国有企业在供给侧结构性改革中发挥带动作用。这将国有企业改革与供给侧结构性改革结合了起来，并成为国企改革的行动纲领与指南。《指导意见》中的"创新发展一批、重组整合一批、清理退出一批"则是国有企业在供给侧改革中调整优化布局结构、提高国有资本配置效率的主要任务抓手。

　　2017年《政府工作报告》指出，要加快推进国企国资改革，以提高核心竞争力和资源配置效率为目标，形成有效制衡的公司法人治理结构、灵活高效的市场化经营机制。从 2017 年国企改革的重点领域来看，第一，电力、石油、天然气、铁路、民航、电信、军工等垄断行业的混合所有制改革在不断深化。第二，《政府工作报告》强调，以提高核心竞争力和资源配置效率为目标，形成有效制衡的公司法人治理结构、灵活高效的市场化经营机制，公司制改革将基本完成。第三，2017 年 1 月 18 日，国务院国资委发布了修订后的《中央企业投资监督管理办法》和《中央企业境外投资监督管理办法》，改善和加强国有资产监管成为确保资产保值增值的重要手段。

2017 年 3 月，中共中央办公厅、国务院办公厅印发了中央全面深化改革领导小组会议审议通过的《关于深化国有企业和国有资本审计监督的若干意见》，对完善国有企业和国有资本审计制度作出全面规划和部署。2017 年 5 月，国务院办公厅先后公布了《关于进一步完善国有企业法人治理结构的指导意见》（以下简称《意见》）和《以管资本为主推进职能转变方案》（简称《方案》）两大国企改革文件。其中，《意见》提出，在 2017 年底前基本完成国有企业公司制改革，从而为国有企业股权多元化改革和混合所有制改革创造条件。从 2016 年的数据来看，2016 年底全国 90% 以上的国有及国有控股企业（不包括金融类企业）已完成了公司制股份制改革。《方案》的颁发主要是为了进一步解决政企分开、证资分开、所有权与经营权分离问题，使公共管理职能归位于政府部门，自主经营决策权归位于企业。国资委履行出资人职责，以"管资本"为主，通过放经营权、授所有权，调整优化国资监管职能，推动国有企业更好地市场化经营，提高国有资本效率。

党的十九大报告中，对国企改革进行了更加详细的论述以及更加明确的任务和部署，并将国企国资改革的任务、内容与目标高度统一，强调要"完善各类国有资产管理体制，改革国有资本授权经营体制，加快国有经济布局优化、结构调整、战略性重组，促进国有资产保值增值，推动国有资本做强做优做大，有效防止国有资产流失""深化国有企业改革，发展混合所有制经济，培育具有全球竞争力的世界一流企业"。这在新时代中国特色社会主义和经济高质量发展阶段下，为国有企业改革提供了思想遵循和方向指引。

从国有企业 40 年来的改革实践看，国有企业改革不断推进与深化，经历了"放权让利"、建立现代产权制度和现代企业制度、完善国有资产管理体制等阶段，相关政策法规以及财政金融机制也不断完善，推动着国有企业的规范化、制度化和市场化，并有效提升了国民经济运行效率。但是，国有企业的资产负债率偏高（2017 年我国国有企业平均资产负债率达到

66.3%)、公司治理结构存在缺陷、行政化色彩浓厚等问题仍然存在。因此，还需继续完善国有企业治理模式和企业制度，充分发挥市场在资源配置中的作用，从而进一步深化国企国资改革。

四、民间投资问题

民间投资的定义为：非国有、合资企业和个人，根据自身需要募集各类资金建造和购置固定资产的活动。民间投资的统计范围为：非国有经济投资中扣除外资和港澳台投资的部分，它包括联营、股份制、集体和个体、私营和其他经济类型的投资。1978年，中共十一届三中全会确定了实事求是、解放思想的路线，为我国改革开放和个体经济、私营经济的诞生和发展奠定了思想基础。邓小平在十一届三中全会的报告中指出："在经济政策上，我认为要允许一部分地区，一部分工人、农民由于辛勤努力成绩大而收入先多一些，生活先好起来。一部分人生活先好起来，就必然产生极大的示范力量。""这是一个大政策，一个能够影响和带动整个国民经济的政策，建议同志们认真加以考虑和研究。"从此，我国进入了改革开放的新时期，个体、私营经济作为国家政策允许的正式经济成分得以复苏。1979年底，全国个体工商户达到31万户，比1978年底十一届三中全会召开时的14万户增加了120%。但是，此时私人企业的统计数字为零。国家也没有制定出鼓励私人企业发展的政策框架。人们对个体、私营经济普遍持怀疑、防范或否定的态度。这使个体工商户的雇佣劳动仍然被认为是一种剥削，不受到政府明文的保护，在我国大多数地区甚至还经常遭受社会舆论的责难。

在中共十一届三中全会精神的指导下，1981年，中共中央、国务院提出了在公有制为主体的前提下，实行多种经济形式和多种经营方式的战略决策。中共中央、国务院在《关于广开就业门路，搞活经济，解决城乡就业问题的若干决定》（1981年10月17日）中指出："在社会主义公有制占优势的前提下，实行多种经济形式和多种经营方式长期并存，是我党的一项战略决策，决不是一时的权宜之计。"并规定："对个体工商户，应当允许经营者请2个以内的帮手，有特殊技艺的可以带5个以内的学徒。"这个规定实际上就是允许个体工商户雇用7个以内的员工，这就是后来规定雇用8人以上的为私营企业的由来。上述决定对发展个体经济提供了具体的政策依据，至1981年底，全国个体工商户发展到185万户，从业人员227万人，比1980年的从业人员翻了一番多。

1979~1984年，随着农村家庭联产承包责任制的实行，农业生产摆脱了长期停滞的困境，农村经济开始向商品化、社会化发展，农民得到了显著的实惠：一部分农民开始有了一些资本积累，为乡镇个体、私营企业诞生打下了物质基础；同时，我国农民获得了更多的支配自己劳动力的自由和时间，可以为城乡民间投资提供充足的廉价的劳动力。随后，承包责任制逐渐推广到城镇企业，国家也逐步改变了单一的指令计划分配资源的格局，放宽了对一些生产资料的控制。这时，在经济特区和温州等少数地区民营经济发展的示范作用下，各地非公有制经济都有不同程度的发展。那些在各种承包责任制中有了一定资金积累的人，在追求自己和家庭美好未来的生活目标驱使下，不断扩大自己的投资规模，扩张经营范围或开始尝试创办私人企业。这样一来，雇用超过7人的个体工商户越来越多，超出了"帮手""学徒"的范畴。对于这种现象或者说对于私营企业（雇用8人以上）的现象出现，有人担心、有人反对、有人赞成。中央当时的政策是不提倡、不反对。1983年1月8日，中共中央在《关于当前农村政策的若干问题》中指出："农村个体工商户和种植业的能手请帮手、带学徒，可参照《国务院关于城镇非农业个体经济若干政策性规定》执行。对于超过上述规定雇请较多帮工的，不应提倡，不要公开宣传，也不要急于取缔，而应该因势利导，使之向不同形式的合作经济发展。"1984年10月，邓小平在一次会议讲话中对雇工问题进行了回顾，他说："前些时候那个雇工问题，相当震动呀，大家担心得不得了。我的意见就是放两年再看。那个能影响我们大局的吗？如果你一动，群众就说政策变了，人心就不安了。"这反映了中国改革开放的总设计师邓小平高瞻远瞩的谋略，也描述了社会各阶层当时对民间投资行为的态度。随后，各地乡镇企业也有了不同程度的发展。据统计，1987年与1978年相比，在全国工业总产值中，个体经济、私营经济、"三资"经济等非公有制经济的比重由几乎为零上升到5.6%，集体经济由22.4%上升到34.6%。但是，这一时期的民间资本投资基本上是人们谋求生存和追求美好未来的一种自发经济行为，是在一片怀疑声中一波三折地发展起来的新生事物。

（一）1987~1991年的民间投资

中国共产党第十三次全国代表大会的召开，对民间投资的发展具有里程碑的意义。1987年10月，中国共产党在十三大报告中第一次明确提出了社会主义发展的阶段论，明确了党对私营经济所采取的政策。该报告指出："社会主义初级阶段的所有制结构应以公有制为主体。全民所有制以外的其他经济成分，不是发展得太多了，而是还很不够。对于城乡合作经济、个体经济和私营经济，都要继续鼓励它们发展。在不同的经济领域、不同的地区，各种所有制经济所占的比重应当允许有所不同。"而且报告认为："私营经济一定程度的发展，有利于促进生产，活跃市场，扩大就业，更好地满足人们多方面的生活需求，是公有制经济必要的和有益的补充。"这既是民营经济的诞生、发展及其在经济中的作用逐渐得到了社会的认可，也是全党认识的一次质的飞跃。1988年4月，第七届全国人民代表大会第一次会议通过了我国《宪法》的修正案，用法律的形式界定了私营经济在国民经济中的地位和作用。《宪法》第11条增加规定："国家允许私营经济在法律规定的范围内存在和发展。私营经济是社会主义公有制的补充。国家保护私营经济的合法权利和利益，对私营经济实行引导、监督和管理。"1988年6月，国务院颁布《中华人民共和国私人企业暂行条例》，把私营企业界定为资产属于私人所有、雇工8人以上、营利性的经济组织。从此，在政策和法规方面明确了私营经济的性质和地位，为我国私营企业的发展打开了空间。据统计，1988年底全国私营企业有90581家，注册资本84亿元人民币，解决就业164万人。到1990年，仅乡镇企业从业人数就有约9300万人，占农村劳动力的22%，乡镇工业产值已占全国工业产值的1/3。

然而，对于私营企业的出现和发展，社会上担心、怀疑的人更多了：私营企业是"姓社"还是"姓资"？私人企业对雇工是不是存在剥削？对其发展如何引导，是限制、改造还是让其进一步发展？因此，现实中职能部门对私营企业投资行为的管理方式方法往往也把握不准，甚至对其投资行为进行阻碍和压制。投资者为了克服相关的制约因素，有些把自己的企业"挂靠"于政府组织或其职能部门，形成所谓的"红帽子"企业，把其投资利润的一部分分给"挂靠"单位以求得保护和发展；有的直接把投资收益的一部分用于行贿政府官员，让其放弃管制或为自己的违法经营"开绿灯"。这样，既形成了一些腐败现象，也增加了人民对私人企业投资行为的误解。但是，作为民间投资主体代言人的全国工商联，根据邓小平理论和党的十三大的精神，一致呼吁和支持民间投资的发展，把一些阻碍非公有制经济发展的现象反映给党中央。1991年7月，中共中央在批转中央统战部《关于工商联若干问题的请示》中指出："对现在的私营企业主，不应和过去的工商业者简单地类比和等同，更不要像20世纪50年代那样对他进行社会主义改造"，进一步说明私营经济是公有制经济的必要的和有益的补充，应当采取不同的政策，鼓励和引导私营企业的发展，这些政策和文件对我国民间投资的发展具有深远的意义。

（二）1992～1997 年的民间投资

鼓励和引导民营经济的发展是邓小平理论的重要组成部分。其中最具代表性的内容之一是 1992 年春天邓小平视察南方的谈话，对私营企业的政策做了通俗且精辟的阐述，他告诫全党：要"抓住时机发展自己，关键是发展经济"；胆子要更大一点儿，步子要迈得更大一些；能发展的不要阻挡。邓小平的谈话的确为民间投资的发展带来了春天，除了个体工商户蓬勃发展以外，我国私营企业户数在 1993 年、1994 年以 70%～80% 的速度迅速增长，私营企业注册资金则以 100% 以上的速度增加，其中 1993 年比 1992 年增长208.14%；同时，我国集体企业特别是乡镇企业的数量及其注册资金额都得到了迅速的扩大，从而使我国民间投资得以迅猛发展。

中共十四届三中全会以后，党的第三代领导集体继承和发展了邓小平同志关于民营经济的理论。1995 年，《中共中央 国务院关于加强科学技术进步的决定》指出：民营科技企业是我国高新技术产业的一支有生力量，要继续引导和鼓励其健康发展。1996 年，《国务院关于"九五"期间深化科学技术改革的决定》进一步明确了鼓励民间资本投资高科技产业的政策。此后民营科技企业在家用电器、光电信息、应用软件开发、汽车零部件、中药现代化等产业中所占的比例逐渐提高。1997 年 2 月 23 日，全国人大通过了《合伙企业法》。这些方针、政策和法规为民间资本的规范化经营指明了投资壮大的方向，对促进民间投资的持续发展产生了深远的影响。

（三）1998～2007 年的民间投资

尽管我国的私营经济在 1987～1997 年这十年间有了长足的进步，在国民经济中的地位也越来越重要，但是，私营经济毕竟仍然是公有制经济的"补充"，人们在发展私营经济的过程中，还是缩头藏尾，不敢进行大胆的投资。1997 年，党的十五大进一步明确了私营经济在国民经济中的重要地位，并提出了发展我国私营经济的基本方针。党的十五大报告指出："非公有制经济是我国社会主义市场经济的重要组成部分。对个体、私营等非公有制经济要继续鼓励、引导，使之健康发展。"从此，在认识上，非公有制经济由"补充"地位上升为国民经济发展不可缺少的"重要组成部分"，为我国民间资本增加积累、扩大民间资本投资进一步奠定了思想基础。

与此同时，国际经济形势也促进了人们对民间投资功能的发现和再认识。20 世纪 90 年代以来，世界经济一体化的发展趋势越来越明显。1997 年东南亚金融危机波及的范围之广出乎人们的意料，对我国经济产生了较大影响。此次金融危机造成东南亚国家货币购买力急剧下降，经济出现停滞和下滑，使我国产品市场的国际需求相对减少，从而影响了我国的出口和经济的发展。并且，随着改革的深入和产业结构的升级，国有资本逐渐从竞争领域退出，国有企业大量职工下岗，集体企业也有不少倒闭、改制或转产，造成新的失业和就业不充分，严重地影响了城镇居民的收入水平，制约了社会消费需求量的提高。因此，为了刺激内需、增加就业、促进经济的发展，我国学术界和管理层开始进一步重视民间投资。1998年4月，在国务院有关部门召开的"国有企业下岗职工再就业工作座谈会"上，与会专家学者提出发展中小企业的应对措施并达成共识。并且，党的十五大已经进一步明确了对国有企业"抓大放小"的方针，因此，此时提出的发展中小企业实质上应是提倡发展民营中小企业。扩大民间投资、促进民间中小企业的诞生和发展，是提供新的就业岗位、增加就业、提高居民收入、增加对生产资料和生活资料需求的必要手段。因而，1998年以来，许多省、市、自治区政府都发布了相关鼓励与促进民间投资发展的决定、办法或措施等文件，提出了拓宽投资范围、降低投资门槛、优惠投资政策、保护投资者权益的一系列政策措施。这一时期，政府采取了积极的财政政策，力图以国债投资的形式拉动内需，并带动其他投资的发展。积极的财政政策确实对经济的稳定发展起到了一定的作用，但是，由于国债投资的过程还摆脱不了国有资本的传统的运行模式，如资金计划分配的不合理、不透明，仍在竞争领域投资等，使国债投资的效应不明显；并且在某种程度上延缓了国有企业的改革，对民间投资也有一定的影响，因此社会各界包括政府决策部门逐渐认识到国债投资逐渐淡出的必要性。同时，我国加入世界贸易组织以后，需要在国际贸易中履行有关政府补贴的协定，即政府不能对有关企业进行相关投资或补贴。在国内外经济环境改变的情况下，要促进我国经济持续稳定发展，就必须进一步扩大民间投资。因此，国家计委于2001年12月从进一步转变思想观念、促进民间投资的发展，逐步放宽投资领域，积极拓宽融资渠道，实行公平合理的税费政策，建立社会化服务体系和改进政府管理工作六个方面专门发文，阐述了促进和引导民间投资发展的政策和意见。

这一时期，我国的民营经济得到长足的发展。全国第二次基本单位普查结果显示：2001年末，我国共有私人企业（不包含个体工商户）132.3万家，占全国企业法人单位302.6万家的43.7%，国有企业、集体企业单位数分别占全国企业的12.2%和28.3%；国有、集体、私人企业法人单位分别占从业人员的30.6%、22.8%和20%。私人企业平均拥有从业人员24人，与1996年第一次基本单位普查相比，私人企业单位数年均增长24.5%，从业人员年均增长 31.6%，资本金年均增长 35.8%，年营业收入比 1996 年增长了 6.8 倍。2002 年底，我国内资民营经济在国内生产总值中所占比重约为 48.5%。

同时，国家颁布了一系列鼓励和扶持民间投资的政策法规。如 1999 年 3 月 15 日，九届全国人大第二次会议通过并颁布了《中华人民共和国宪法修正案》，其中，《宪法》第 11 条修改为："在法律规定范围内的个体经济、私营经济等非公有制经济，是社会主义市场经济的重要组成部分。""国家保护个体经济、私营经济的合法权益和利益。国家对个体经济、私营经济实行引导、监督和管理。"1999 年 8 月 30 日，全国人大通过了《个人独资企业法》，对个人投资办企业给予法律保护和支持；2002 年 6 月 29 日，全国人大通过了《中小企业促进法》。这些法律和《公司法》共同构建了民间投资企业的法律框架，为民间投资及其民营企业的发展提供了根本的法律保障。外经贸部也多次放宽对民间投资企业进出口经营资格与对外投资的限制，这些企业可以享有与国有企业同等的待遇，从而促进了民间资本向新的经济领域进行投资。并且，许多省、市、自治区政府也发布了促进民间投资发展的相关细则。

2002 年，党的十六大对于非公有制经济理论和政策又有了新的发展，号召全党"必须毫不动摇地鼓励、支持和引导非公有制经济的发展"。要"坚持公有制为主体，促进非公有制经济的发展，统一于社会主义现代化建设进程中，不能把两者对立起来"。"放宽国内民间资本的市场准入领域，在投融资、税收、土地使用和对外贸易等方面采取措施，实现公平竞争"，并认为股份制是公有制经济的主要实现形式，提出"要尊重和保护一切有益于人民和社会的劳动"。"放手让一切劳动、技术、知识、管理和资本的活力竞相迸发，让一切社会财富的源泉充分涌流"。对所有形态的民间资本给予热情的号召和动员，鼓励它们积极投资于使国民财富增加的经济活动中。我国非公有制经济单位蓬勃发展，就业人数逐年增加，促进了我国经济社会的全面发展。

2004 年 7 月 16 日，《国务院关于投资体制改革的决定》进一步确立了市场经济中企业的投资主体地位。该《决定》提出，将"彻底改革现行不分投资主体、不分资金来源、不分项目性质，一律按投资规模大小分别由各级政府及相关职能部门审批的企业投资管理办法"。今后，"对于企业不使用政府投资建设的项目，一律不再实行审批制，区别不同情况实行核准制和备案制。其中，政府仅对重大项目和限制类项目从维护社会公众利益角度进行核准，其他项目无论规模大小，均改为备案制"。以"谁投资，谁决策，谁受益，谁

表 5-1 42 项民间投资实施细则

领域	文件名称	发文字号
基础产业和基础设施类	交通运输部关于鼓励和引导民间资本投资公路水路交通运输领域的实施意见	交规划发〔2012〕160 号
	民航局关于鼓励和引导民间投资健康发展的若干意见	民航发〔2010〕133 号
	铁道部关于鼓励和引导民间资本投资铁路的实施意见	铁政法〔2012〕97 号
	国家发展改革委关于铁路产业投资基金筹备的批复	发改财金〔2011〕1529 号
	水利部关于印发鼓励和引导民间资本参与农田水利建设实施细则的通知	水规计〔2012〕282 号
	水利部关于印发鼓励和引导民间资本参与水土保持工程建设实施细则的通知	水规计〔2012〕283 号
	国家能源局关于鼓励和引导民间资本进一步扩大能源领域投资的实施意见	国能规划〔2012〕179 号
	电监会关于加强电力监管支持民间资本投资电力的实施意见	电监政法〔2012〕36 号
	工业和信息化部关于鼓励和引导民间资本进一步进入电信业的实施意见	工信部通〔2012〕293 号
	国土资源部 全国工商联关于进一步鼓励和引导民间资本投资国土资源领域的意见	国土资发〔2012〕100 号
市政公用事业和政策性住房建设类	住房城乡建设部关于印发进一步鼓励和引导民间资本进入市政公用事业领域的实施意见的通知	建城〔2012〕89 号
	住房城乡建设部 国家发展改革委 国家财政部 国土资源部 人民银行 税务总局 银监会关于鼓励民间资本参与保障性安居工程建设有关问题的通知	建保〔2012〕91 号
社会事业类	国务院办公厅转发国家发展改革委 卫生部等部门关于进一步鼓励和引导社会资本举办医疗机构意见的通知	国办发〔2010〕58 号
	教育部关于鼓励和引导民间资金进入教育领域促进民办教育健康发展的实施意见	教发〔2012〕10 号
	民政部关于鼓励和引导民间资本进入养老服务领域的实施意见	民发〔2012〕129 号
	文化部关于鼓励和引导民间资本进入文化领域的实施意见	文产发〔2012〕17 号

领域	文件名称	发文字号
社会 事业类	广电总局关于鼓励和引导民间资本投资广播影视产业的实施意见	广发〔2012〕36号
	新闻出版总署关于印发《新闻出版总署关于支持民间资本参与出版经营活动的实施细则》的通知	新出政发〔2012〕5号
	国家旅游局关于鼓励和引导民间资本投资旅游业的实施意见	旅办发〔2012〕280号
	国家体育总局关于印发《关于鼓励和引导民间资本投资体育产业的实施意见》的通知	体经字〔2012〕204号
金融 服务类	银监会关于鼓励和引导民间资本进入银行业的实施意见	银监发〔2012〕27号
	国家财政部关于开展小额贷款公司涉农贷款增量奖励试点的通知	财金〔2012〕56号
	证监会关于落实《国务院关于鼓励和引导民间投资健康发展的若干意见》工作要点的通知	证监发〔2012〕43号
	保监会关于印发《中国保监会关于鼓励和支持民间投资健康发展的实施意见》的通知	保监发〔2012〕54号
商贸 流通类	商务部关于鼓励和引导民间资本进入商贸流通领域的实施意见	商流通发〔2012〕207号
	国家发展改革委　公安部　国家财政部　国土资源部　交通运输部　铁道部　商务部　人民银行　税务总局　工商总局　银监会　证监会关于鼓励和引导民间投资进入物流领域的实施意见	发改经贸〔2012〕1619号
国防科技 工业类	国防科工局　总装备部关于鼓励和引导民间资本进入国防科技工业领域的实施意见	科工计〔2012〕733号
参与国有 企业改制 重组类	国资委关于印发《关于国有企业改制重组中积极引入民间投资的指导意见》的通知	国资发产权〔2012〕80号
推动自主 创新和转 型升级类	税务总局关于进一步贯彻落实税收政策促进民间投资健康发展的意见	国税发〔2012〕53号
	国家发展改革委　科技部印发关于加快推进民营企业研发机构建设的实施意见的通知	发改高技〔2011〕1901号
	科技部关于印发进一步鼓励和引导民间资本进入科技创新领域意见的通知	国科发财〔2012〕739号
	国家发展改革委关于印发鼓励和引导民营企业发展战略性新兴产业的实施意见的通知	发改高技〔2011〕1592号

续表

领域	文件名称	发文字号
参与国际竞争类	国家发展改革委 外交部 工业和信息化部 国家财政部 商务部 人民银行 海关总署 工商总局 质检总局 银监会 证监会 保监会 外汇局关于印发鼓励和引导民营企业积极开展境外投资的实施意见的通知	发改外资〔2012〕1905号
创造良好环境和加强服务管理类	国务院法制办关于起草涉及民间投资的法律文件草案听取行业协会（商会）和民营企业意见的通知	国法〔2012〕24号
	国家发展改革委 国家财政部关于安排政府性资金对民间投资主体同等对待的通知	发改投资〔2012〕1580号
	国家统计局关于印发民间固定资产投资定义和统计范围的规定的通知	国统投资字〔2012〕2号
	国家发展改革委关于做好民间投资监测分析和信息引导工作的通知	发改投资〔2012〕1483号
	国家发展改革委关于鼓励和引导工程咨询机构服务民间投资的实施意见	发改投资〔2012〕1546号
其他	国家发展改革委关于印发利用价格杠杆鼓励和引导民间投资发展的实施意见的通知	发改价格〔2012〕1906号
	国家工商总局关于充分发挥工商行政管理职能作用鼓励和引导民间投资健康发展的意见	工商个字〔2012〕107号
	国家质检总局关于鼓励引导民营企业提升质量水平增强国际竞争力的实施意见	国质检通〔2012〕291号
	国家发展改革委办公厅关于印发全国股权投资企业备案管理工作会议纪要和股权投资企业备案文件指引/标准文本的通知	发改办财金〔2012〕1595号

　　2014年11月26日，国务院发布了《关于创新重点领域投融资机制鼓励社会投资的指导意见》，反复强调鼓励社会投资特别是民间投资参与到相关行业，针对生态环保、农业水利、市政设施、交通、能源设施、信息和民用空间设施、社会事业七个重点领域，从市场准入、投资运营机制、政府投资方式、融资方式和渠道、价格形成机制等方面提出了吸引社会投资尤其是民间投资的政策措施，并指出要优化政府投资的使用方向和方式，在同等条件

下，政府投资应优先支持引入社会资本的项目。2014 年 12 月，国家发展改革委印发《关于开展政府和社会资本合作的指导意见》，指出这种政府为增强公共产品和服务供给能力、提高供给效率，通过特许经营、购买服务、股权合作等方式，与社会资本建立起利益共享、风险分担及长期合作关系的政府和社会资本合作（Public-PrivatePartnership，PPP）模式能够创新投融资机制，拓宽社会资本的投资渠道，推动各类资本相互融合、优势互补，促进投资主体的多元化。2015 年 5 月 19 日，国务院办公厅转发国家财政部、国家发展改革委、人民银行《关于在公共服务领域推广政府和社会资本合作模式的指导意见》，明确了要在能源、交通运输、水利、环境保护、农业、林业、科技、保障性安居工程、医疗、卫生、养老、教育、文化等公共服务领域采用 PPP 模式，吸引社会资本参与。作为民间资本进入基础设施领域的重要途径，PPP 模式得到了政府的高度重视，通过 PPP 模式在基础设施建设领域引入民间资本，也将成为缓解政府基建投资资金不足、扩大民间资本投资领域、盘活社会存量资本的重要路径选择。

2012~2015 年，民间投资在全国固定资产投资中的比重逐年升高，2015 年所占比重达到 64.2%。民间投资增速虽有所下降，但也一直高于全国固定资产投资增速。2013 年民间投资增速 23.1%，高于全国固定资产投资 3.5 个百分点；2014 年民间投资增速 18.1%，高于全国固定资产投资 1.4 个百分点；2015 年民间投资增速 10.1%，高于全国固定资产投资 0.1 个百分点。但是，进入 2016 年后，民间投资增速突然下滑，并显著低于全国固定资产投资增速。根据统计局公布的数据，民间固定资产投资增长第一季度下滑至 5.7%，6 月降至 2.8%，较 1~5 月回落了 1.1 个百分点。民间投资增速回落的原因大体有以下几方面：其一，全球经济尚处于金融危机后的修复调整期，经济复苏疲软，国内原材料和劳动力成本上涨，需求增速放缓，出口压力增大，导致传统行业经营效益较低，制约企业家投资积极性；其二，虽然民间投资准入门槛不断降低，但在新兴产业领域以及银行、电信、电力、油气、医疗等领域，民间资本仍难以进入；其三，民营企业高度依赖内源性融资，存在融资成本高、融资难的现象；其四，项目施工受洪涝灾害影响，导致投资波动。另外，"去产能"行动使民间资本从产能过剩行业中加速退出，而在一些高新技术投资领域，受技术、资金、制度等因素的限制，民营经济又难以顺利进入。同时，房地产行业在一、二线城市"高烧不退"，民间资本难以与国有企业竞争；三、四线城市的"去库存"也影响了民间投资的增速。

针对民间投资增速加速回落的情况，国务院部署开展了促进民间投资政策落实专项督查和第三方评估调研。2016 年 6 月 22 日，在国务院常务会议上，李克强听取了专项督查的工作汇报。从督查情况来看，民间投资存在着四大突出问题：一是部分法规政策不配套、不协调、落实不到位；二是民营企业在市场准入、资源配置和政府服务等方面难以享受与国企同等待遇；三是民营企业融资难融资贵、企业成本高负担重；四是政府职能转变不到位。针对民间投资存在的以上突出问题，2016 年 7 月 4 日，国务院办公厅印发了《关于进一步做好民间投资有关工作的通知》。为了充分调动民间投资积极性，激发民间投资潜力和创新活力，《通知》要求继续深化"放管服"，努力为非公有制经济和民间投资营造公平竞争的市场环境，切实做到"三个不低于"，缓解民营企业融资难贵的问题，切实降低企业成本负担，强化落实政府的主体责任以充分调动民间投资的积极性。同时，组织成立督导组，针对民间投资增速滞后的地区进行重点督导。

2016 年 10 月 12 日，国家发展改革委印发了《促进民间投资健康发展若干政策措施》，为进一步解决制约民间投资发展的重点难点问题，从促进投资增长、改善金融服务、落实完善相关财税政策、降低企业成本、改进综合管理服务措施、制定修改相关法律法规六个方面提出了 26 条具体措施，要求开放民间投资市场准入，对各类投资主体一视同仁，大力推广 PPP 模式，拓宽民营企业融资渠道，降低企业融资成本。2016 年 11 月 27 日，《中共中央　国务院关于完善产权制度依法保护产权的意见》发布，指出要"废除对非公有制经济各种形式的不合理规定，消除各种隐性壁垒""保护非公有制经济和民营企业产权、维护企业合法权益方面的作用"，民间投资和民营企业的经营环境得到进一步改善优化。之后，民间投资逐步企稳回升。2017 年上半年，民间投资进入了复苏期，增速保持在 7% 左右。不过，相对于全国固定资产投资增速，民间投资增速仍有落后，还需进一步推动政策和制度的落实到位，从融资环境、信用体系、法制建设等方面为民间投资和民营企业创造更好的发展环境。

2017 年下半年以来，民间投资又有所放缓，自 6 月起民间投资增速连续 4 个月下滑，10 月回落至 5.8%。不过相较于 2016 年，民间投资的增速、结构等整体情况已有了明显改善。民间投资的再次回落与我国经济发展进入增速换挡的新常态、传统产业产能过剩、民营企业自主创新能力不足以及营商环境有待改善等有关，民营企业税费成本高、融资难贵、产权保护、法制建设等问题仍需进一步解决。

2017 年 9 月，国务院办公厅印发《关于进一步激发民间有效投资活力促进经济持续健康发展的指导意见》（以下简称《指导意见》），明确深入推进"放管服"改革，不断优化营商环境，提高民间投资项目的审批服务水平。在轨道交通装备、"互联网+"、大数据、工业机器人等产业链长、带动效应显著的行业以及创建"中国制造 2025"国家级示范区的工作中要积极吸引民间资本的进入，推动民间投资的创新发展。同时，鼓励民间资本参与政府和社会资本合作（PPP）项目，加大基础设施和公用事业建设领域对民营资本的开放力度。

从行业来看，民间投资主要集中于制造业领域，其占比高、体量大，成为影响民间投资增速的主要因素。2017 年 1~10 月，制造业民间投资同比增长 4.9%，低于民间投资整体增速 2 个百分点。为进一步激发民间投资活力，引导民营制造业企业转型升级，2017 年 11 月 20 日，工信部、国家发展改革委、科技部等十六个部门联合印发了《关于发挥民间投资作用 推进实施制造强国战略的指导意见》，围绕《中国制造 2025》，力求破解制约民间投资的体制机制障碍，发挥民营企业在制造业领域主力军和突击队的作用，激发民间投资活力，从而为制造强国的建设提供持久动力。《指导意见》从服务型制造、制造和商业模式创新等方面指明了相关任务，重点发挥民营企业和民间社会投资的作用，同时提出要推动政府和民间投资共同参与面向制造业的公共平台建设，为广大中小企业和民营企业提供多元化的技术和信息服务。

经历了 40 年的改革与发展，民营经济用不到 40% 的社会资源，缴纳了50% 以上的税收，开展了 60% 以上的固定资产投资和对外直接投资，贡献了70% 以上的技术创新和新产品开发，解决了 80% 以上的城镇就业[①]。可以看出，近年来，支持与鼓励民间投资的政策文件陆续出台和实施，改善了民营企业的投资环境，带动了基础设施、社会事业、高技术产业等领域民间投资的发展。虽然近期民间投资增速有所放缓，但是也应看到政策红利的释放对促进民间投资发展所起到的作用。在进一步激发民间投资活力、提高民间投资效能的过程中，必须加快破解制约民间投资的体制机制障碍，加大金融、财税支持力度，加强产权保护，同时也要持续强化现有政策措施的落地，加大督查问责的力度。

---

① 数据来源：党的十九大新闻中心记者招待会。

五、对外投资改革

改革开放以来，我国对外投资政策经历了从限制到鼓励的转变。改革开放之前，我国对外投资主要集中在政府对外经济合作层面以及对外经济援助。改革开放以后，我国开始允许企业进行对外投资，但国际投资政策主要是以鼓励吸引外资、限制对外投资为主。2000年以后，随着"走出去"战略的提出和推进，对外投资的政策逐渐从严格限制向放松与鼓励转变。

（一）1978~2001年，对外投资的探索阶段

1978年12月，中共十一届三中全会确立了改革开放的基本国策，包括对内改革与对外开放，由此拉开了我国对外投资的序幕。1979年8月，国务院颁布《关于经济体制改革十五项措施》，明确提出"允许出国办企业"。1982年3月，对外经济贸易部成立，负责对外投资的审批及管理。1984年10月，中共十二届三中全会颁布《中共中央关于经济体制改革的决定》，提出"对内搞活经济、对外实行开放"的方针。对外经济贸易部也颁布了一系列有利于对外投资的政策，如简化企业对外投资的审批手续、扩大投资主体范围等。1988年，国务院正式批准中国化工进出口公司进行跨国经营试点，加快了企业对外投资的步伐。但是，正如1991年国家计划委员会《关于加强海外投资项目管理的意见》所指出的，"目前，我国尚不具备大规模到海外投资的条件"。在改革开放之初，我国面临储蓄与外汇同时短缺的"双缺口"问题，为防止缺口的扩大而采取限制对外投资的政策。同时，对外投资的审批流程也十分烦琐，企业进行境外投资的自主权受到很大限制。因此，这一时期的对外投资规模很小，增速也较慢。到1991年，我国对外直接投资额仅为9.13亿美元。

1992年，邓小平发表"南方谈话"，指出我国进入改革开放深化时期，对外贸易的政策也进行了深入调整。党的十四大提出我国经济体制改革的目标是建立社会主义市场经济，同时要"积极扩大我国企业的对外投资和跨国经营"。这推动了我国对外投资的快速发展。1997年，党的十五大进一步提出"更好地利用国内国外两个市场、两种资源，积极参与区域经济合作和全球多边贸易体系，鼓励能够发挥我国比较优势的对外投资"，"走出去"的思想与战略日益清晰。1999年2月，国务院批准《关于鼓励企业开展境外带料加工装配业务的意见》，正式提出了支持中国企业以境外加工贸易方式"走出去"的具体政策措施。2000年3月，全国人大九届三次会议提出实施"走出去"战略，将"走出去"和"引进来"紧密结合。2000年10月，中

共十五届五中全会首次明确提出"走出去"战略并将其作为四大新战略之一。2001年3月，全国人大九届四次会议提出"鼓励有比较优势的企业到境外投资，开展加工贸易，合作开发资源，发展国际工程承包，扩大劳务出口等。建立和完善政策支持体系，为企业到境外投资兴业创造条件"。加上20世纪90年代中期我国"双缺口"的局面逐渐得到了缓解，对外直接投资额快速上涨，从1991年的9.13亿美元增长到2001年的68.85亿美元。

（二）2002~2008年，对外投资的快速发展阶段

2001年12月11日，我国正式加入世界贸易组织，对外开放进入新的发展阶段。随着我国融入经济全球化的步伐逐渐加快，我国对外投资改革也迎来了新的发展机遇。2002年，党的十六大报告提出"走出去"与"引进来"相结合的对外开放政策，极大地促进了对外投资和对外开放水平的提升。2002年10月，对外贸易经济合作部、国家外汇管理局发布《境外投资联合年检暂行办法》，对境外投资实行联合年检制度，以加强境外投资的宏观监管，促进境外投资健康发展。2003~2004年，商务部先后下发了《关于简化境外加工贸易项目审批程序和下放权限有关问题的通知》《对外投资国别产业导向目录（一）》《关于境外投资开办企业核准事项的规定》《关于内地企业赴香港、澳门投资开办企业核准事项的规定》《在拉美地区开展纺织加工贸易类投资国别导向目录》《在亚洲地区开展纺织服装加工贸易类投资国别指导目录》等文件，下放了企业境外投资核准权限，简化审批手续，有效引导企业的对外投资活动。

2004年7月16日，国务院印发《关于投资体制改革的决定》，明确指出"鼓励和支持有条件的各种所有制企业进行境外投资"，并确立了对境外投资管理由审批制向核准制的转变，明确规定国家发展改革委负责境外投资项目的核准，商务部负责对境外开办企业的核准。根据《关于投资体制改革的决定》，2004年10月9日，国家发展改革委发布《境外投资项目核准暂行管理办法》，将境外投资由审批制改为核准制，对核准程序、条件和权限作出了详细规定，并明确表明投资决策取决于企业的商业需要，政府的作用在于指导、支持与服务。2005年10月，中共十六届五中全会明确表示，支持有条件的企业"走出去"，按照国际通行规则到境外投资，鼓励境外工程承包和劳务输出，扩大互利合作和共同发展。2006年12月召开的中央经济工作会议再次强调了要继续实施"走出去"战略，支持有条件的企业"走出去"开展对外投资和跨国经营。2007年，党的十七大报告提出，把"引进来"和"走出去"更好地结合起来，创新对外投资和合作方式，支持企业在研

发、生产、销售等方面开展国际化经营。2004年以来，国务院、国家发展改革委、商务部等先后下发了《关于投资体制改革的决定》《境外投资项目核准暂行管理办法》《关于建立境外投资重点项目风险保障机制有关问题的通知》《关于进一步加强对境外投资重点项目融资支持有关问题的通知》《对外投资国别产业导向目录（二）》《关于鼓励和规范我国企业对外投资合作的意见》《关于鼓励支持和引导非公有制企业对外投资合作的若干意见》《对外投资国别产业导向目录（三）》《关于境外投资项目备案证明的通知》等一系列政策文件，明确了政府鼓励、支持对外投资的态度，为境外投资企业提供全方位服务以及相应的审批、管理办法，加强境外投资的监管，防范投资风险，极大地推动了我国对外投资的增长。2008年8月1日，国务院修订通过《中华人民共和国外汇管理条例》，明确企业和个人可以按规定保留外汇或将外汇卖给银行，这标志着我国外汇项目管理由强制结售汇向自愿结售汇转变。

2008年全球金融危机的爆发使发达国家资金外逃，跨国公司资金缩水，发达国家亟须扩大资金注入以加快经济复苏，这为我国对外投资提供了良好的发展契机，引发了我国企业海外并购的高潮，通过并购方式大大促进了我国对外直接投资的发展。2007年，我国对外直接投资流量为265.1亿美元，到2008年我国对外直接投资流量达到559.1亿美元，同比增长110.9%，其中企业的跨国并购金额达到302亿美元。

（三）2009年至今，对外投资的稳定增长与战略转型阶段

虽然全球金融危机为我国对外投资的发展带来了机遇，但是我国对外投资的增长也受到一定程度的影响。2009年我国对外直接投资流量净额为565.3亿美元，仅增长了1.1%，但存量增长了33.6%；通过兼并、收购实现的直接投资达到192亿美元，占到当年流量的34%。金融危机之后，我国对外直接投资流量继续稳定增长，2010年达到688.1亿美元，2012年创下878亿美元的历史纪录，首次成为世界第三大对外投资国。

2011年9月，商务部、国家发展改革委和外交部发布了《对外投资国别产业指引（2011版）》，设计115个国家（地区），重点分析了其主要产业发展目标、优先发展产业领域、重点发展区域及相关产业、对外资行业准入规定、进出口产品以及中资企业等方面。2012年7月，国家发展改革委同外交部、工业和信息化部等13部委联合发布了《关于鼓励和引导民营企业积极开展境外投资的实施意见》，以加强与完善对民营企业境外投资的宏观指导、政策支持、规范管理和服务保障。2013年2月，商务部、环境保护部制

定了《对外投资合作环境保护指南》，以进一步规范我国企业在对外投资中的环保行为，要求企业遵守东道国环保法规与标准，履行环境影响评价、达标排放、环保应急管理等环保法律义务，建设环境管理制度和污染预防，同时鼓励企业研究和借鉴与国际接轨的环保原则、标准和管理。这就进一步推动了我国对外投资合作的可持续发展。

针对对外投资的规范及监管，2013年3月，商务部发布《规范对外投资合作领域竞争行为的规定》，提出将建立对外投资合作不良信用记录制度，将构成不正当竞争的对外投资合作经营行为记录在案，涉及企业三年内不得享受国家有关支持政策。随后，2013年7月，商务部、外交部等9部门制定《对外投资合作和对外贸易领域不良信用记录试行办法》，针对对外投资合作与对外贸易领域的不良信用记录进行了详细说明。

2013年9月，习近平在出访中亚和东南亚国家期间，先后提出共建"丝绸之路经济带"和"21世纪海上丝绸之路"的重大倡议，鼓励资本、技术、产品、服务和文化"走出去"，我国对外投资进入了全新发展阶段。2013年12月的中央经济工作会议以及2014年的《政府工作报告》也都提出，要抓紧规划建设丝绸之路经济带和21世纪海上丝绸之路。2015年3月，国家发展改革委、外交部和商务部联合发布了《推动共建丝绸之路经济带和21世纪海上丝绸之路的愿景与行动》，明确了共建"一带一路"的主要内涵、框架思路、合作重点、合作机制，以政策沟通、设施联通、贸易畅通、资金融通、民心相通为主要内容，全方位推进务实合作，支持有条件的企业按商业原则开展对外投资。在投资贸易合作领域，要着力提高贸易自由化和便利化水平，将投资与贸易有机结合起来，促进贸易转型升级；加快投资便利化进程，加强与有关国家双边投资保护协定、避免双重征税协定磋商，消除投资壁垒；拓展相互投资领域，加强新兴产业合作；探索投资合作新模式；在投资贸易中突出生态文明理念，支持走出去企业按属地化原则经营管理。2016年3月，第十二届全国人大四次会议通过的《关于国民经济和社会发展第十三个五年规划纲要》将"一带一路"作为实现"十三五"规划目标的重要支撑，明确指出要健全"一带一路"双边和多边合作机制，建立以企业为主体、以项目为基础、各类基金引导、企业和机构参与的多元化融资模式。2017年5月14日，在"一带一路"国际合作高峰论坛高级别会议"促进资金融通"平行主题会议期间，我国与17国签署了《"一带一路"融资指导原则》（以下简称《指导原则》），以构建良好的融资体系和融资环境，支持金融资源服务于沿线国家和地区的实体经济发展。《指导原则》指出，要推动沿线国家政府加强协调合作，为融资活动创造有利的政策环境；充分发挥私人部门在"一带一路"融资中的作用，共同建立多元化融资体系；推动金融创新，完善融资环境，加强金融监管合作，维护区域金融稳定。此外，会议还发布了《推进"一带一路"贸易畅通合作倡议》，提出了推进贸易便利化，扩大贸易往来，加强投资合作，探索创新投资合作模式，加强贸易投资领域的经济技术合作和能力建设，促进包容可持续发展等倡议。

在"一带一路"的带动下，相关政府部门通过规划引导、政策支持等途径，鼓励有条件的各类企业积极开展对外投资与合作，推动对外投资的促进、管理与服务体系建设。主要包括以下几方面内容：

（1）完善对外投资的管理体制。2014年4月，国家发展改革委发布的《境外投资项目核准和备案管理办法》（以下简称《办法》），相对于2004年发布的《境外投资项目暂行办法》大幅下放境外投资项目的核准权限，缩小核准范围，对一般境外投资项目一律实行备案制。《办法》明确指出，对于境外投资项目不再区分资源类、非资源类，对一般境外投资项目一律实行备案制，同时将采取备案制的境外投资项目"中方投资额"门槛大幅降低，投资额在10亿美元以下，非敏感国家或行业即可备案，这就极大地刺激了企业对外投资的热情。《办法》明确将地方企业实施的中方投资额3亿美元以下境外投资项目的备案权下放到省级政府投资主管部门，提高了企业的投资效率。同时，《办法》也简化了对境外投资项目审批和备案流程，并提出明确的审批和备案时限，规定对于符合备案条件的境外投资项目，国家发展改革委需在受理备案申请表之日起7个工作日内出具备案通知书；而对于不符合规则或要求的申请报告，国家发展改革委需在5个工作日内一次性告知申报单位。对于3亿美元以上的境外项目，新的核准和备案制度仍然保留了项目信息报告制度的要求，即"投资主体实施需国家发展改革委核准或备案的境外投资项目，在对外签署具有最终法律约束效力的文件前，应当取得国家发展改革委出具的核准文件或备案通知书"。《境外投资项目核准和备案管理办法》的发布，以及2014年9月商务部发布的《境外投资管理办法》，标志着我国对外投资管理由"核准为主"向"备案为主，核准为辅"的管理方式转变，大幅简化了对外投资的审核手续，并实现了更多的权力下放。

（2）加强对各类企业的对外投资的政策监督、管理与规范。2017年1月，国资委修订发布《中央企业境外投资监督管理办法》，建立健全境外投资管理制度，加强对境外投资的事前、事中、事后和风险管理。2017年8月18日，国务院办公厅转发国家发展改革委、商务部、人民银行、外交部

《关于进一步引导和规范境外投资方向的指导意见》，指出以"一带一路"建设为统领，进一步引导和规范企业境外投资方向，促进企业合理有序开展境外投资活动，防范和应对境外投资风险。按"鼓励发展+负面清单"模式引导和规范企业境外投资方向，明确了鼓励、限制、禁止三类境外投资活动，即支持境内有能力、有条件的企业积极稳妥开展境外投资活动，推进"一带一路"建设，深化国际产能合作；限制境内企业开展与国家和平发展外交方针、互利共赢开放战略以及宏观调控政策不符的境外投资；禁止境内企业参与危害或可能危害国家利益和国家安全等的境外投资。2017年12月18日，国家发展改革委同商务部、人民银行、外交部、全国工商联五部门联合发布《民营企业境外投资经营行为规范》，从完善经营管理体系、依法合规诚信经营、切实履行社会责任、注重资源环境保护和加强境外风险防控五方面规范与引导民营企业境外投资经营活动。12月26日，国家发展改革委又发布了《企业境外投资管理办法》，规定投资主体在境外投资过程中实施不正当竞争行为、扰乱境外投资市场秩序将被中止或停止开展项目并限期改正，对投资主体及主要责任人处以警告；同时对企业境外投资实行核准和备案管理，对于涉及敏感国家或地区、敏感行业的敏感类项目实行核准管理，由国家发展改革委进行核准。这样，国家各部委、各部门从国家战略层面针对境外投资的顶层设计逐渐确立起来，境外投资的政策服务体系不断完善，对境外投资的真实性审核、事中事后监管等工作也顺利开展与推进。

（3）建立多层次对外投资促进体系。近年来，以"一带一路"建设为重点，支持有条件的企业"走出去"，促进国际产能合作。2015年5月，国务院发布《关于推进国际产能和装备制造合作的指导意见》，指出到2020年，能够实现"与重点国家产能合作机制基本建立，一批重点产能合作项目取得明显进展，形成若干境外产能合作示范基地"的目标，明确了提高企业"走出去"的水平和能力、加大财税金融支持力度等政策导向。截至2017年底，我国已与36个国家签署了产能合作双边机制，推动重点项目的落地，与法国、德国、加拿大、澳大利亚等国家的第三方市场合作机制也顺利建立起来，并与东盟、欧盟、非盟等区域组织开展多边产能合作。从省级到基层的相关地方对外投资促进机构也相继成立，对企业的对外投资提供有效的投资促进服务。

（4）加强对"一带一路"对外投资的金融支持与创新。"一带一路"的建设推动了沿线地区金融市场的双向开放，带来巨大的融资需求，并促进了我国金融机构跨界人民币业务的发展。到2016年底，总共有九家中资银行在 26 个"一带一路"沿线国家设立了 62 家一级机构，我国已与 22 个"一带一路"沿线国家签署了本币互换协议，与八个"一带一路"沿线国家实现了货币直接交易，在七个沿线国家建立了当地人民币清算安排。截至 2016 年底，中国国家开发银行在"一带一路"沿线国家累计发放贷款 1600 亿美元，丝路基金对外投资超过 60 亿美元。2017 年 5 月举办的"一带一路"国际合作高峰论坛指出，2014~2016 年，我国同"一带一路"沿线国家贸易总额超过 3 万亿美元，对"一带一路"沿线国家投资累计超过 500 亿美元。同时，国家开发银行、进出口银行将分别提供 2500 亿元和 1300 亿元等值人民币专项贷款用于支持"一带一路"基础设施建设、产能、金融合作。

第二节 政府投资改革

一、政府投资的范围及资金来源方式①

（一）目的和范围

作为国家政权机构，政府的投资动机具有非营利性特征，是为了追求社会效益的最大化，而并非追求投资的经济效益最大化。发挥"社会先行资本"的作用，克服市场缺陷，弥补非政府部门的投资空白，创造良好的投资环境，致力于国民经济的持续增长、充分就业、物价稳定和社会经济的协调发展，实现公平与效率的最佳结合，是政府投资的主要目的。

具体而言，政府投资大多集中于那些具有不可分性和规模效益性的项目上，主要包括以下几个方面：①公共物品的生产和提供。如对国防和国家安全的投资，还有对公共基础设施、基础教育、公共卫生、防疫计划和医疗服务、生态环境保护、污染防治和控制的投资等。②具有较大的外部性、可以降低整个社会成本但私人不愿意进行的投资，如研究和发展投资等。这类投资比较难以给出明确的范围，需要根据具体项目的情况而确定。③对于经济发展有很大的带动和促进作用但私人没有能力或不愿投资的项目，如对一些新兴产业、主导产业和瓶颈产业的投资等。

（二）政府投资资金的来源与运用方式

政府投资资金主要来源于政府财政预算收入，而财政预算主要来源于税收，它具有无偿性和相对固定性的特点。运用资本市场，通过发行国债、地

---

① 韩志峰：《中国政府投资调控研究》，中国社会科学院研究生院博士学位论文，2001 年。

方政府债以及城市基础设施建设债券等方式筹措资金，是政府投资主体资金的重要补充，它在不改变资金所有权的前提下，通过国家或地方政府信用形式实现社会资金使用权的暂时过渡，来弥补政府投资主体资金的不足，同时体现政府投资主体的投资导向作用。在国际资本市场上发行政府主权债务融资，也是政府投资资金的有益补充。

政府投资资金的运用方式主要有四类：一是无偿投入，部分或全部负担某些项目的投资，这主要是政府对社会公共事业、生态环境保护、国防建设等方面的投入。无偿投入不直接体现投入产出的效益关系，但是对整个社会经济发展会产生重要的社会效益。二是财政投资贷款，即财政资金金融化，通过政府银行（政策性银行）以贷款的形式支持符合政府产业政策优先发展行业的发展，这种方式比无偿投入形式可以产生更好的资金使用效果。三是参股控股，由政府授权的投资主体依据产业政策和投资政策的要求，将政府投资资金以资本金的形式投入项目中去，并代表政府直接参与或主持投资项目的决策、建设实施和建成后的经营管理。四是财政资金对某些需要照顾的项目或私人投资者予以贴息补助、提供担保等，这可以用少量的财政资金调动起更多的社会资金，引导社会投资流向。

二、中央和地方政府投资领域和投资重点

中央政府与地方政府之间公共投资的划分，主要依据投资的受益范围。根据这一标准，中央政府主要安排跨地区、跨流域以及对经济和社会发展全局有重大影响的项目。所以，凡是具有调控性、具有全国性意义的职责都应该由中央政府承担，而主要由地方受益的项目则应该由地方政府承担。由此可见，地方政府公共投资的范围主要是用于区域内市场不能有效配置资源的经济和社会领域，即地区受益性强的公益性项目和基础性项目。

但是，在公共投资的实践中，中央政府与地方政府之间的关系并不是相互孤立的，相反，两者之间存在着密切的分工合作关系。中央政府承担着全国性和跨区域性公共投资布局规划与决策的责任，同时还要为地方发展提供良好的宏观经济条件和外部环境，调控和规范地方政府的公共投资行为，引导公共投资中同级或不同层级地方政府之间的分工合作。地方政府作为地方公共投资决策者，不仅要对地方公共投资区位选择与地域空间布局进行规划与决策，还要使自身的公共投资行为与中央政府及其他地方政府的公共投资行为相协调，同时规范和调节下级地方政府的公共投资活动。总之，中央政府与地方政府两者相互影响、相互制约，共同推动整个经济体系的公共投资

活动的优化和公共品供给效率的提高。

三、政府投资改革的实践过程

政府投资改革的实践也可以追溯到 1978 年中共十一届三中全会的召开，自那时起我国的政府投资改革大致经过了以下几个阶段：

（一）探索阶段（1979~1983 年）

改革首先是以提高政府投资建设的效益为目标开始的。1979 年 8 月，为了提高基本建设项目的投资效益，国务院批准了《关于基本建设拨款改贷款的报告》，开始在基本建设领域进行"拨改贷"的试点，打破了长期以来基本建设由政府财政无偿拨款的计划经济模式，开创了利用银行信贷进行企业项目建设的先河，迈出了资金来源多渠道的第一步。在这一年，在基本建设中还试行了合同制、设计单位实行企业化管理、改进国营企业折旧费使用办法、开征企业固定资产税等工作。其后，在 1980 年的全国基本建设工作会议上提出了扩大施工企业经营管理自主权，实行利润留成制度；1981 年在国营施工企业试行经济责任制；1982 年试行工程招投标制度；1983 年，国家计委颁布了《建设项目进行可行性研究的试行管理办法》，规定国家基本建设工程项目要进行可行性论证，同年开始对基本建设项目试行"包干经济责任制"，实施建设前期工作"项目经理制"；等等。这些都是为提高政府投资建设的效益而采取的措施。

在宏观调控方面，为了更加有效地管理国家的投资建设，1982 年，将国家建委的投资管理职能并入国家计委，其他职能并入城乡建设环境保护部。1983 年，国务院决定把"技术改造作为扩大再生产的主要手段"，并把基本建设和技术改造分别由国家计委和国家经委管理；在地方财政不断扩大、基本建设项目数量不断增多之后，为了有效发挥地方政府投资建设的积极性，对投资建设实行两级（中央和省级）管理，大中型项目由国家部门审批，小型（1000 万元以下）项目下放给地方政府审批，1 亿元以上的项目由国家计委核报国务院审批。

在开辟资金来源方面，随着 1980 年开始的特区建设，开始让外资直接进入中国的项目建设；1981 年，国家开始发行国债，部分用于基本建设；1982 年，国家计委等部门颁发了《关于试行国内合资建设暂行办法》；1983 年，开始征收国家能源重点建设基金和建筑税，用于国家能源等重点建设。

（二）扩大改革阶段（1984~1988 年）

随着国家把经济体制改革的重点转向城市，投资体制改革出现了一个高潮，除了前一阶段进行试点的改革措施在这一时期都被广泛推广外，又出台了许多改革措施。

1984 年，国务院在 9 月颁布了《关于改革建筑业和基本建设管理体制的若干问题的暂行规定》，10 月批转了国家计委《关于改进计划体制的若干暂行规定》，这两个文件对政府投资的多方面进行了改革。包括预算内基本建设投资全部由拨款改为贷款（在 1985 年，考虑到公益性项目没有偿还能力，又把教育等方面的投资建设改为政府拨款），并对不同行业采取差别利率；简化基本建设审批程序，由原来的审批项目建议书、可行性研究报告、设计任务书、初步设计和开工报告五道程序改为只批项目建议书和设计任务书（20 世纪 90 年代初期改为项目建议书、可行性研究报告和开工报告）；进一步扩大地方的投资项目审批权限，由 1000 万元提高到 3000 万元，投资 2 亿元以上的项目由国家计委核报国务院审批；在施工建设领域全面推行"工程招标承包制"，建立工程承包公司，专门组织工业交通等生产性建设；建立城市综合开发公司，对城市土地、房屋进行综合开发；勘察设计全面推行技术经济承包责任制；建筑安装企业普遍推行百元产值工资含量包干；推行住宅商品化；等等。

1984 年，将中国人民银行确定为中央银行，其一般业务交新成立的工商银行办理，主要承担各类存款和企业流动资金的贷款业务；将中国人民建设银行从国家财政部划出，主要承担基本建设贷款任务，兼有政策性银行的职能。在上海、北京等地开始股份制试点，为企业建设开辟了直接融资的渠道。

1985 年，国务院决定成立中国国际工程咨询公司，并由其承担大中型项目可行性研究报告和大型工程设计的评估。国家计委、城乡建设和环境保护部联合颁发了《工程设计招标投标暂行办法》，招投标制度首先在政府投资建设领域全面推开。

1986 年，开始进行"企业债"试点，为企业直接融资开辟了新渠道；国家计委批准一汽、二汽等大型企业集团建设项目在国家计划中单列户头。

1987 年，国务院明确规定，限额以下的技术改造项目在计划规模内由企业自主确定；把基础设施和基础产业的地方项目审批权限扩大到 5000 万元；国务院颁布《企业债券管理暂行条例》并开始实施。同年，全国第一家住宅储蓄银行在烟台成立，全国第一个股份制企业集团——中国嘉陵工业股份有限公司（集团）成立。

1988 年，国务院原则上同意有关部门制定的《关于投资管理体制的近期改革方案》，该方案在加大地方的重点建设责任、扩大企业投资决策权、建立基本建设基金、成立国家和地方投资公司、改进投资计划管理、强化投资主体自我约束机制、充分发挥市场和竞争机制七个方面提出了改革的思路，是改革开放之后第一个较为系统的改革方案。其中，国家基本建设基金在当年开始启动，建立投资公司的方案在当年实施，成立了国家农业、林业、能源、交通、原材料、机电轻纺六大投资公司，作为国家经营性项目投资主体，管理政府经营性项目投资，各地也纷纷成立隶属于地方政府的投资公司。但由于从 1988 年第四季度开始治理整顿，其他的改革措施没有实施。1988 年，国家住房城乡建设部颁布《关于开展建设监理工作的通知》，我国政府投资项目建设监理试点工作由此起步。

1989 年和 1990 年，在经济处于整顿的形势下，没有出台新的投资体制改革措施。

（三）深化改革阶段（1991~2003 年）

1991 年，随着经济形势的好转，投资体制的改革也开始启动。当年的一个重要措施是取消建筑税，开征"固定资产投资方向调节税"，指导思想是通过对不同产业投资项目的不同税率，达到调控投资结构的目的。

1992 年，在国家经济体制改革进入新阶段的形势下，国家计委开始研究制定能够适应经济和社会发展的系统的投资体制改革方案。当年，国家计委颁布了《关于建设项目实行业主责任制的暂行规定》，并确定在 64 个国有大中型项目开始试点。

1993 年，中共十四届三中全会通过了《关于建立社会主义市场经济体制若干问题的决定》，确立了我国经济体制向社会主义市场经济体制转变，同时提出经济增长方式要从粗放型向集约型转变；在投资领域要实现市场对资源配置的基础性作用。为了改进投资管理体制，提出把投资项目分为公益性、基础性和竞争性三类：公益性项目由政府投资建设；基础性项目以政府投资为主，并广泛吸引企业和外资参与投资；竞争性项目由企业投资建设。

1994 年，国务院批准发布了《九十年代国家产业政策纲要》，这是指导企业投资方向的重要政策文件，也是我国第一部完整的产业政策文件。同年，国家计委颁布了《工程咨询业管理暂行办法》，对工程咨询业的发展和管理进行了规范。根据国务院的决定，撤销六个国家投资公司，组建国家开发银行、中国农业发展银行和中国进出口银行，作为国家政策性金融机构，建设银行不再承担政策性金融机构的职能，实现了政策性投资贷款和商业性投资贷款分离；成立政策性银行的目的是运用政策性投融资引导社会投资方向，较好地满足社会重要基础设施和基础产业建设对资金的需求，扶持具有国际竞争力的支柱产业形成和发展，六个国家投资公司的自有资产合并组成国家开发投资公司。

1995年，国家审计署发布《关于内部审计工作的规定》，要求国家大型建设项目的建设单位要设立独立的内部审计机构。国务院批转国家计委、国家财政部、国家经贸委《关于将部分企业"拨改贷"资金本息余额转为国家资本金的意见》，结束了国家采用贷款建设企业的办法。国家计划委员会、国家经济贸易委员会、对外贸易经济合作部联合发布并施行《外商投资产业指导目录》。

1996年，国务院颁布了《关于固定资产投资项目试行资本金制度的通知》，对各种经营性投资项目的资金进行规范。国家计委发布了《关于实行建设项目法人责任制的暂行规定》，对投资项目由项目法人全过程管理作了明确规定，取代了1992年发布的《关于建设项目实行业主责任制的暂行规定》。

1997年，国家计委颁布了《关于基本建设大中型项目开工条件的规定》和《国家基本建设大中型项目实行招标投标的暂行规定》，前者对项目法人、资本金、设计、监理、开工准备工作等条件作了严格规定；后者则要求国有大中型项目要实现全过程招标，确立了项目法人在招标过程中的主导地位，并要求政府部门对招标过程进行检查和监督。国家计委与中国建设银行等四大专业银行联合发布《关于完善和规范商业银行基本建设贷款管理的若干规定》，允许建设项目业主和贷款的商业银行有互相自由选择的权利。

1998年，国家计委将经过多次修改完成的《深化投资体制改革方案》上报国务院，并在国务院会议上征求各部门的意见。为了扩大内需，国务院决定增发1000亿元建设国债用于基础设施等方面的建设；国家计委发布了《国家重点鼓励发展的产业、产品和技术目录》，指导企业投资。国家确定在国家计委设立"国家重大项目稽查特派员办公室"，对国债项目和国家大型项目进行稽查。

1999年，国家财政部发布《关于加强基础设施建设资金管理和监督的通知》，强调要加强资金源头管理，确保建设资金及时、足额到位，凡使用国债资金或其他财政性资金建设的项目都要认真搞好工程概算审查。国家计委发布《重大项目违规问题举报办法》，要求各有关单位和广大群众发现重大项目在建设过程中有违反国家法规的问题时，向国家计委举报。

2000年，《中华人民共和国招标投标法》从1月1日起施行，为贯彻该法，国家计委发布《工程建设项目招标范围和规模标准规定》和《招标公告发布暂行办法》。同年，国家计委还公布了《国家重大建设项目稽查办法》。

2001年，国家计委宣布，对于不需要国家投资的城市基础设施等五大类投资项目，投资总额在国务院审批限额（2亿元）以下的基本建设项目，不必报国家计委审批，按"谁投资，谁决策"的原则，地方政府出资的由地方计划部门审批，企业出资的由企业自主决策。在当年底的全国计划工作会议上，国家计委将新一稿的《深化投资体制改革方案》交各部门和各地区征求意见。为充分调动和发挥民间投资者的积极性，国家计委发布《促进和引导民间投资者若干意见》，提出鼓励民间投资参与基础设施和公用事业建设，要改进政府对民间投资的管理，创造公平竞争的条件，依法保护民间投资者的合法权益等。同年，国家审计署发布《审计机关国家建设项目审计准则》，规定了审计机关对国家建设项目审计的内容及相关问题。

2002年，国家计委颁布《国家重大建设项目招标投标监督暂行办法》，对重大建设项目的招投标监督作了具体规定；国务院转发住房城乡建设部、国家计委和监察部联合制定的《关于健全和规范有形建筑市场若干意见》，针对建筑领域的不良倾向和存在的问题提出了规范措施。

2003年，中共十六届三中全会审议通过的《中共中央关于完善社会主义市场经济体制若干问题的决定》指出深化投资体制改革的方向是：进一步确立企业的投资主体地位，实行谁投资，谁决策，谁收益，谁承担风险。国家只审批关系经济安全、影响环境资源、涉及整体布局的重大项目和政府投资项目及限制类项目，其他项目由审批制改为备案制，由投资主体自行决策，依法办理用地、资源、环保、安全等许可手续。对必须审批的项目，要合理划分中央和地方权限，扩大大型企业集团投资决策权，完善咨询论证制度，减少环节，提高效率。健全政府投资决策和项目法人约束机制。国家主要通过规划和政策指导、信息发布以及规范市场准入，引导社会投资方向，抑制无序竞争和盲目重复建设。同年12月31日，国务院原则上通过了由新组建的国家发展改革委经过多次征求各方面的意见、数易其稿完成的《深化投资体制改革方案》。

（四）完善阶段（2004~2008年）

2004年7月，经国务院批准的投资体制改革方案以《国务院关于投资体制改革的决定》（以下简称《决定》）名义颁布，我国投资体制进入新阶段。自此之后，我国投资方面的法律法规建设基本以此为基础展开。

具体到政府投资的改革，《决定》的第三部分以"完善政府投资体制，规范政府投资行为"为题目，提出了以下几方面的内容：

（1）合理界定政府投资范围。政府投资主要用于关系国家安全和市场不能有效配置资源的经济和社会领域，包括加强公益性和公共基础设施建设，保护和改善生态环境，促进欠发达地区的经济和社会发展，推进科技进步和高新技术产业化。能够由社会投资建设的项目，尽可能利用社会资金建设。合理划分中央政府与地方政府的投资事权。中央政府投资除本级政权等建设外，主要安排跨地区、跨流域以及对经济和社会发展全局有重大影响的项目。

（2）健全政府投资项目决策机制。进一步完善和坚持科学的决策规则和程序，提高政府投资项目决策的科学化、民主化水平；政府投资项目一般都要经过符合资质要求的咨询中介机构的评估论证，咨询评估要引入竞争机制，并制定合理的竞争规则；特别重大的项目还应实行专家评议制度；逐步实行政府投资项目公示制度，广泛听取各方面的意见和建议。

（3）规范政府投资资金管理。编制政府投资的中长期规划和年度计划，统筹安排、合理使用各类政府投资资金，包括预算内投资、各类专项建设基金、统借国外贷款等。政府投资资金按项目安排，根据资金来源、项目性质和调控需要，可分别采取直接投资、资本金注入、投资补助、转贷和贷款贴息等方式。以资本金注入方式投入的，要确定出资人代表。要针对不同的资金类型和资金运用方式，确定相应的管理办法，逐步实现政府投资的决策程序和资金管理的科学化、制度化与规范化。

（4）简化和规范政府投资项目审批程序，合理划分审批权限。按照项目性质、资金来源和事权划分，合理确定中央政府与地方政府之间、国务院投资主管部门与有关部门之间的项目审批权限。对于政府投资项目，采用直接投资和资本金注入方式的，从投资决策角度只审批项目建议书和可行性研究报告，除特殊情况外不再审批开工报告，同时应严格政府投资项目的初步设计、概算审批工作；采用投资补助、转贷和贷款贴息方式的，只审批资金申请报告。具体的权限划分和审批程序由国务院投资主管部门会同有关方面研究制定，报国务院批准后颁布实施。

（5）加强政府投资项目管理，改进建设实施方式。规范政府投资项目的建设标准，并根据情况变化及时修订完善。按项目建设进度下达投资资金计划。加强政府投资项目的中介服务管理，对咨询评估、招标代理等中介机构实行资质管理，提高中介服务质量。对非经营性政府投资项目加快推行"代建制"，即通过招标等方式，选择专业化的项目管理单位负责建设实施，严格控制项目投资、质量和工期，竣工验收后移交给使用单位。增强投资风险意识，建立和完善政府投资项目的风险管理机制。

（6）引入市场机制，充分发挥政府投资的效益。各级政府要创造条件，利用特许经营、投资补助等多种方式，吸引社会资本参与有合理回报和一定投资回收能力的公益事业和公共基础设施项目建设。对于具有垄断性的项目，试行特许经营，通过业主招标制度，开展公平竞争，保护公众利益。已经建成的政府投资项目，具备条件的经过批准可以依法转让产权或经营权，以回收的资金滚动投资于社会公益等各类基础设施建设。

《决定》颁布以后，针对《决定》的相关规定与配套文件陆续出台，包括《国家发展改革委委托投资咨询评估管理办法》《国家发展改革委关于审批地方政府投资项目的有关规定（暂行）》《国家发展改革委中央政府投资项目公示试点办法》等，这就进一步完善了我国的政府投资体制改革。

（五）政府投资的新一轮变革（2008年以来）

2008年国际金融危机爆发后，为了保持经济的平稳较快发展，政府推出了"4万亿元经济刺激计划"，从2008年第四季度到2010年底新增投资1.18万亿元，带动地方政府和社会投资共约4万亿元。其中，2008年第四季度为1030亿元，2009年为4875亿元，2010年为5859亿元。4万亿元投资突出了加强改善民生、三农、缓解基础设施瓶颈、加快社会事业发展、推进结构调整和发展方式转变以及向中西部和贫困地区倾斜。在推出4万亿元计划的同时，中央政府要求加强投资管理和制度完善，这又加速了各地、各级政府投资立法与改革的进程。

2009年，为缓解4万亿元投资中地方政府的配套资金压力，2009年政府工作报告中首次提出安排发行地方政府债券2000亿元。2009年2月28日，国家财政部印发《2009年地方政府债券预算管理办法》，指出地方政府债券是指"国务院批准同意，以省、自治区、直辖市和计划单列市政府为发行和偿还主体，由国家财政部代理发行并代办还本付息和支付发行费的债券"。2011年，国务院批准上海、浙江、广东、深圳试点在国务院批准的额度内自行发行债券，但仍由国家财政部代办还本付息，地方政府债券的发行方式由"代发代还"转为"自发代还"。2014年5月22日，国家财政部印发《2014年地方政府债券自发自还试点办法》，在上海、北京、广东、江苏、山东、浙江、江西、宁夏、深圳和青岛十个试点地区实施"自行还本付息"的改革，地方政府债券进一步向"自发自还"的发行方式转变。2014年9月，国务院也出台《国务院关于加强地方性债务管理的意见》，明确规范了地方政府发行债务筹集资金的各种限制，实行严格的规模控制和预算管理，这对 PPP 的推广起到了催化作用。

2013 年 11 月，中共十八届三中全会决定允许社会资本通过特许经营等方式参与城市基础设施投资和运营；2013 年 12 月，国家财政部在全国财政工作会议上专门召开 PPP 专题研讨会；2014 年 5 月 25 日，国家财政部成立 PPP 工作领导小组，随后出台了一系列政策文件，并公布了首批 30 个 PPP 示范项目。2014~2015 年，PPP 相关政策文件密集出台，包括 2014 年 12 月 2 日国家发展改革委印发的《关于开展政府和社会资本合作的指导意见》，以及 2015 年 5 月 19 日国务院办公厅转发国家财政部、国家发展改革委、中国人民银行《关于在公共服务领域推广政府和社会资本合作模式的指导意见》。2016 年 7 月 7 日，国务院常务会议明确了政府和社会资本合作部门职责分工。2016 年 8 月 30 日，国家发展改革委印发《关于切实做好传统基础设施领域政府和社会资本合作有关工作的通知》。PPP 的发展由此进入统一立法与快速推广阶段。

2013 年中共十八届三中全会通过《中共中央关于全面深化改革若干重大问题的决定》，改革进入全面深化阶段，地方政府债券、PPP、政府投资基金等大力推行，我国政府投资也迎来新一轮变革。2016 年 7 月 18 日，《中共中央　国务院关于深化投融资体制改革的意见》（以下简称《意见》）公布实施，以权力推进供给侧结构性改革为主题，明确了新型投资体制改革目标和政策措施，成为新时期投融资体制改革的纲领性文件。在政府投资改革领域，《意见》指出当前存在两个问题：一方面是政府投资管理亟须创新，政府的引导与带动作用有待进一步发挥；另一方面是权力下放与配套制度的建立不同步，事中事后监管和服务有待加强。针对这些问题，《意见》明确强调，要"完善政府投资体制，发挥好政府投资的引导和带动作用"。具体来说，其一，再次明确了政府投资范围，政府投资的方向要以非经营项目为主，只投向市场无法有效发挥资源配置作用的公共领域的项目，如社会公益服务、公共基础设施、生态环境保护和修复、国家安全等。其二，政府投资资金按项目安排以直接投资方式为主。其三，规范政府投资管理，编制三年滚动政府投资计划，并与中期财政规划相衔接，以此为依据编制政府投资年度计划；建立覆盖各地区各部门的政府投资项目库，建立贯通各地区各部门的项目信息平台，完善政府投资项目信息统一管理机制；改进和规范政府投资项目审批制，采用直接投资和资本金注入方式，并且对社会经济发展、社会公众利益影响重大的项目，需严格审批项目建议书、可行性研究报告、初步设计。

其四，加强政府投资项目的事中事后监管，完善政府投资监管机制和社会监督机制，推动政府投资信息公开。其五，鼓励政府和社会资本合作，通过特许经营、政府购买服务等方式，扩大公共产品和服务供给，并充分发挥工程咨询、金融、财务、法律等方面专业机构作用，提高项目决策的科学性、项目管理的专业性和项目实施的有效性。《意见》中提出了六大创新举措，分别是：坚持企业投资核准范围最小化；推行投资项目审批首问负责制；建立多评合一、统一评审的中介服务新模式；编制三年滚动政府投资计划；开展金融机构依法持有企业股权的试点；建设投资项目在线审批监管平台。

新一轮政府投资体制改革的特点表现为：政府职能更加强调"放管服"，从强化政策性引导和事中事后监管两头推进"去审批化"，以落实企业投资自主权，其最终目的是为了发挥市场在资源配置中的决定性作用以及政府的引导、带动和服务作用。总体上看：

第一，修订政府核准的投资项目目录。2013年3月，国务院办公厅发布了《国务院机构改革和职能转变方案》，明确指出要减少和下放一批投资审批事项，"最大限度地缩小审批、核准、备案范围，切实落实企业和个人投资自主权""对确需审批、核准、备案的项目，要简化程序、限时办结"。随后，2013年12月国务院公布了《政府核准的投资项目目录（2013年本）》（以下简称《目录》），明确提出要加大简政放权力度，切实转变政府投资管理职能，共取消、下放和转移49项核准权限，其中取消核准改为备案19项、下放地方政府核准20项、转由国务院行业管理部门核准10项。2014年10月和2016年12月，国务院再次对《目录》进行了修订，《政府核准的投资项目目录（2016年本）》共取消、下放17项核准权限，连同2013年和2014年的修订，需报政府层面核准的项目数量削减比例累计达到了原总量的90%。

第二，精简项目核准的前置审批事项。2014年12月，国务院办公厅印发《关于印发精简审批事项规范中介服务实行企业投资项目网上并联核准制度的工作方案》，对原有50项前置手续进行了精简，以实现精简审批制度、网上并联办理、强化协同监管的目标。一方面，银行贷款承诺、电网接入意见、供水协议等18项一律不再作为企业投资项目核准的前置条件；另一方面，加快修法进程，落实将其余32项核准前置审批减少到2项的改革目标。

第三，创新投资管理方式，建立纵横联动协同监管机制。2015年3月，国务院办公厅印发《关于创新投资管理方式建立协同监管机制的若干意见》，明确指出，要在取消下放核准事项的同时，有关部门要主动协同放权，并充分考虑基层承接能力，提高基层承接与监管能力，重点围绕开工建设和竣工投产环节开展全过程监管；地方各级政府要按照"权力与责任同步下放""谁承接，谁监管"的要求，切实承担监管责任；加快建设投资项目在线审批监管平台，建立投资项目信息在线备案制度，实现"制度+技术"的有效监管，为转变行政管理理念、改进公共服务、提升服务水平提供重要技术支撑。

第四，清理规范投资项目报建审批事项。2016 年 5 月，国务院印发《清理规范投资项目报建审批事项实施方案的通知》，将 15 个部门和单位实施的 65 项投资项目报建审批事项清理规范为 42 项，其中保留 34 项，整合 24 项为 8 项。

总体来看，党的十八大以来，随着我国经济体制改革以及全面深化改革的推进，政府投资的规模与结构都充分体现出投资市场化的发展趋势，政府投资领域逐渐向市场让渡，从政府直接投资到"拨转贷"、地方政府融资平台再到 PPP 模式的政府投资方式转变也体现出直接投资与间接引导控制并重的特点。

四、投资的宏观调控政策

投资的宏观调控政策是国家整个宏观调控政策的一部分，作为拉动经济增长"三驾马车"之一的投资方面的宏观调控政策，其作用非常突出。然而作为一项经济政策，不能将其与整个宏观经济政策相割裂。鉴于此种原因，下面我们介绍投资的宏观经济政策的实践过程，也会从整个经济政策方面入手介绍。

1979 年初，各方面的改革如火如荼地展开，中央决定从 1979 年起用三年时间对国民经济进行大调整，并确立了"调整、改革、整顿、提高"的八字方针。这次调整的根本任务就是改变过去高积累、低消费和重生产、轻生活的基本倾向，适当降低积累比重，适当放慢重工业的发展速度，提高轻工业的比重和优先发展农业、能源、交通、原材料工业。

1980 年 12 月，针对调整中出现的新情况、新问题，为了扭转国民经济的被动局面，决定从 1981 年起对国民经济实行进一步调整，并提出了三个具体的近期目标：①尽快消灭赤字实现财政收支平衡；②消除财政性货币发行，实现信贷收支平衡；③基本稳定物价。

概括起来，这次调整的任务就是控制总量，调整结构。控制总量指标包括：经济增长率、通货膨胀率、政府财政赤字、银行信贷总规模、投资率与积累率。优化结构：一是调整工农业的比例关系，适当提高农业的比重；二是在工业内部调整轻重工业比例关系，提高轻工业和消费品工业的比重。

具体到投资调控，首先是要控制投资规模，其次是要调整投资结构，具体说就是要优先发展轻工业，加强能源及交通运输的重点建设，推进现有企业的技术改造。

从 1984 年开始，我国开始全面展开城市经济体制改革，旧的管理模式被逐步放弃，而新的管理模式却未能同步建立起来，导致经济运行出现了较大波动。前几年的投资膨胀转化为投资、消费双膨胀，拉动物价连续较大幅度上升，同时贸易逆差加大，外汇储备急剧下降，财政赤字剧增。固定资产投资的增长速度从 1983 年的 16.2% 猛增到 1984 年的 28.2%，1985 年又增加到 38.8%；社会消费品零售总额 1984 年的增长速度为 19.5%，1985 年又增加到 27.5%；1984 年的货币 M0 供应量达 262 亿元，比上年增长 49.5%，一年的增加额相当于前 34 年投放额的一半；1985 年，全国零售物价指数上升 8.8%，比上年增长 6 个百分点，形成了 20 世纪 60 年代以来的第二个高通胀时期；而 GDP 的增长速度从 1983 年的 10.9% 猛增到 1984 年的 15.2% 后，1985 年又下降为 13.5%。

针对上述情况，中央政府在 1985 年开始了第二次宏观调控，严格控制固定资产投资规模，采取紧缩货币供应和信贷规模的货币政策，同时还严格管理消费基金、压缩社会集团购买力、对物价进行有针对性的改革和调整。这次对投资的宏观调控根本没有到位，如 1985 年前 11 个月基本建设正式施工项目达到 71611 个，比上年同期增加 13521 个，其中新开工项目 3.6 万个。但这些调控措施，特别是紧缩的货币和信贷政策还是发挥了一定作用，1986 年的固定资产投资增长速度下降到 22.7%，零售价格指数从 1985 年的 8.8% 下降到 6%，通货膨胀得到了缓和，GDP 增速下降到 8.8%。但是，由于我国经济实际上是靠增长速度支撑的，增长速度的下降必然引发许多矛盾，要求放松银根和管制的呼声十分强烈，于是在 1986 年只好放弃了紧缩的货币政策，使这次调控浅尝辄止，只是暂时缓和了经济中的矛盾，没有从根本上解决问题，宏观经济又迅速走热。

1987 年和1988 年，经济再次过热。固定资产投资继续高速增长，增速分别为 21.5% 和 25.4%。1987 年和 1988 年上半年再次实行了扩张性的货币政策，1988 上半年出现了货币净投放，这是中华人民共和国成立以来的第二次。零售价格指数从 1986 年的 6% 上升到 1987 年的 7.3% 和 1988 年的 18.5%，这是 1952 年以来的最高价格指数，1988 年的生产资料价格指数也突破两位数，增幅高达 22.5%，通货膨胀问题更加严重。1988 年，有的人还提出了"通货膨胀无害论",主张以适度通货膨胀来刺激和推动经济更快发展,又提出要进行价格改革"闯关",这诱发了居民的物价上涨预期,引发了四次全国性的大规模提款抢购风潮。

1988年9月,中央政府采取了治理整顿、深化改革的方针,实行紧缩的财政政策和货币政策,大力压缩固定资产投资规模。这次压缩固定资产投资规模,主要是采取计划和行政命令手段,并且严厉程度也是改革开放以来没有过的。重点是清理、压缩在建的固定资产投资项目,集中投资项目审批权限,控制新开工项目,对年度固定资产投资规模及在建总投资规模实行指令性控制。国务院成立了清理整顿项目办公室,设在国家计委,专门负责对项目的清理和压缩,结果全国共停建、缓建项目1.8万个,可压缩投资675亿元。从紧的货币政策主要表现为实行贷款额度管理;把法定存款准备金率从12%提高到13%,并规定备付金率不得低于5%~7%;提高了存贷款利率,对3年期以上的定期储蓄实行保值补贴,以改变由通货膨胀造成的实际利率为负的状况。从紧的财政政策主要是严格控制财政开支和压缩集团消费,此次调控力度大、要求严,很快取得了效果。1989年,全社会固定资产投资完成4410亿元,比上年压缩344亿元,下降了7.2%,这是改革开放以来除1981年外仅有的一次投资负增长。货币供应量得到控制,消费增长速度大大下降,工业生产也出现下降趋势,1989年5月工业生产月环比速度出现负增长,通货膨胀率得到了抑制。1989年10月,经济过热终于冷却下来。

但是,由于采取了严厉的全面紧缩政策,包括紧缩投资、紧缩货币、紧缩财政、紧缩进口和控制消费,"刹车过猛",使经济发展遇到了许多困难,工业生产下降,企业资金短缺,"三角债"情况严重,库存严重积压,市场销售疲软,经济效益下滑。因此,从1989年10月开始放松紧缩力度,增加货币供应和信贷投入,多次降低各种存贷款利率,以增加社会需求,刺激经济增长。从1990年末开始,把治理整顿的重点放在解决结构矛盾和效益低下等深层次问题上。投资政策方面,在总量适度控制的前提下实行有区别的适度从紧和倾斜政策。对那些生产长线产品和不利于调整结构的投资项目,继续坚持从紧控制决不松动;对有利于结构调整的投资活动,如重点建设、技术改造、出口创汇、搞活流通等方面的投资需要,适当增加投量。颁布了"产业政策大纲",指导投资结构调整,要求银行按照产业政策和结构调整的要求发放贷款;出台了投资方向调节税,以促进产业政策的贯彻实施。这次调整取得了较为明显的成效。全社会固定资产投资增长速度从1989年的

-7.2%和1990年的2.4%迅速回升到1991年的23.9%，GDP增速也从1990年的3.8%达到了9.2%，而零售价格指数只有2.9%。投资结构有所改善，基础产业部门投资比重上升，突出了能源、交通、通信和原材料工业的投资建设；压缩了一批高能耗、低水平、重复生产的加工工业的投资建设；更新改造投资增加，用于提高产品质量、增加品种、节能降耗和"三废"治理的投资提高，而用于增加产量的投资比重下降。

1993年6月，中央决定整顿金融秩序，加强宏观调控。由于这次投资经济过热和结构失调在很大程度上是货币供给高速增长和金融秩序混乱造成的，因此这次宏观调控大量采用了货币金融手段，辅之以财政政策，同时采取了必要的计划和行政手段。这就是所谓的"适度从紧"的财政政策和货币政策，中国经济成功实现了"软着陆"。

然而，在中国经济实现"软着陆"的同时，通货紧缩也渐露端倪。因此，自1996年开始，央行连续数次降息，同时多次相应降低存款准备金与贴现率，并于1998年增发1000亿元的特别国债，1999~2003年继续实行积极的财政政策和货币政策。积极的经济政策对刺激内需、促进经济增长起到了一定的积极作用。

从我国建立社会主义市场经济体制以来的两次宏观调控重要实践看，1993~1997年，为抑制通货膨胀，实施了适度从紧的财政政策；1998~2003年，为刺激有效需求和治理通货紧缩趋势，实施了扩张性的积极财政政策，这两次财政政策的适时适度调整均取得了预期效果。2004年以来，根据经济形势的新变化和宏观调控的新需要，为防止经济过热，中共中央、国务院又适时决定实行稳健的财政政策。在经济总量基本平衡时期，由于物价相对稳定，经济运行总体平稳，应当实行中性财政政策，凸显稳健特征，注重解决结构优化问题，减弱政府直接干预，充分发挥市场机制的调节作用。稳健财政政策的主要内容可以概括为"控制赤字、调整结构、推进改革、增收节支"。随着财政政策由"积极"向"稳健"的转变，财政在经济社会协调发展中的职能作用将发挥得更为积极。

2008年国际金融危机爆发后，宏观调控政策的基调发生改变，主要是通过扩大需求来实现"保增长"，财政政策从"稳健"转为"积极"，货币政策由"从紧"转向"适度宽松"。2008年11月5日，国务院常务会议确定了扩大内需、促进经济增长的十项措施，除基础设施建设之外，更多地向民生领域倾斜，涉及民生工程、灾后重建、增加财政补助规模等领域，并首次把提高城乡居民收入和税制转型改革列入扩大内需的举措之中。从适度宽松的货币政策来看，2008 年 9～12 月，中国人民银行分别连续四次下调金融机构人民币存款准备金率、五次下调贷款基准利率。2008 年 12 月 3 日，国务院常务会议部署了金融促进经济发展的政策措施，促进货币信贷稳定增长，并追加政策性银行 2008 年度贷款规模。

扩张性的宏观调控政策在应对危机中起到了重要作用，但是也构成了后一时期通货膨胀的主要来源。为应对新一轮通货膨胀，从 2010 年开始实施积极财政政策和稳健货币政策组合。一方面，通过财政补贴、减免收费等降低农副产品的生产、流通成本，保障供给；另一方面，上调存款准备金率和贷款基准利率，以抑制总需求的扩张。

党的十八大以来，宏观调控的主要方式是区间调控与定向调控相结合。2013 年，提出了区间管理的宏观调控思路和方式，即在经济运行的合理区间内，守住稳增长、保就业的"下限"，并把握好防通胀的"上限"，政府就不干预刺激，而是专注于调结构、促改革。从 2014 年开始进一步注重定向调控，即定向施策、精准发力。继续实施积极的财政政策，采取结构性减税和普遍性降费，大力推进"营改增"，拓宽小微企业税收优惠范围。央行也多次针对小微企业和"三农"采取定向降准和定向再贷款等操作，加大资金支持力度。2015 年，又提出了更加精准有效地实施相机调控，强调做好政策储备和应对预案，把握好调控措施出台的时机和力度，不断提高相机抉择的水平。2016 年 3 月通过的《国民经济和社会发展第十三个五年规划纲要》明确指出，要"坚持总量平衡、优化结构，把保持经济运行在合理区间、提高质量效益作为宏观调控的基本要求和政策取向，在区间调控的基础上加强定向调控、相机调控，采取精准调控措施，适时预调微调"。这样，在新时期新阶段，我国宏观调控方式不断实现着理论与实践的探索，宏观调控政策与机制也实现了进一步创新与完善。

第三节　投资立法实践

一、投资立法的系统化

投资作为资金运动过程的首要环节，往往界定了资金使用的有效程度及国民经济发展水平。因此，强调以法律手段保证投资运动的正常进行，历来为世界各国所高度重视。目前发达国家大都有较完备的投资法体系，调整因投资活动而产生的各类经济关系，从而保证了投资运动的相对稳定和合理发展。与之比较，我国却由于投资失控的反复出现和投资效益低下等一系列问题，使经济的稳步发展受到了严重阻碍。究其原因，根本的一条就是我国长期不重视运用法律手段，投资领域的立法仅限于一些规定或暂行办法而没有形成系统化的投资法律法规体系。随着改革开放的不断深化，我国投资方面的立法更显得相形见绌。如果不进行改善，对经济的发展将极为不利。结果之一就是没有形成一个良好的投资环境。投资环境一般包括下面几个要素：①政策要素，包括使用外资的基本对策、捐税政策、金融政策、经济政策、外汇政策及土地政策等。②立法要素，包括立法和政策的适时配合，使投资者的权利受法律的保障，同时保证投资的方向、规模的正确适当和效果的显著，并可借法律的适时修订，获得投资的便利。③行政要素，包括行政效率，如措施及时、行政手续明确和简化、投资机会的发掘和介绍以及良好的社会秩序。投资环境的好坏，对资金的集中、投放和收效以及吸引投资、保证投资活动正常进行有着决定性的影响。然而，用上述三要素衡量我国现有的投资环境，显然尚有很大缺陷。在①③两点上，应该说我国正在实施的改革方针是能够使之达到这些要求的，而且已达到或正在达到其中大部分要求，但在极为关键的立法环节上却是欠缺的。法律要素是起决定性作用的因素。因为一种适宜的投资环境，不仅表现在现实的投资政策、方针的支持，更需要包括一定的法律条件在较长时间内相对稳定。没有严密和适时的投资立法，要开创良好的投资环境是不可能的。日本企业界人士也曾多次指出，中国的经济法规不完善，法律规定不清楚，是当前妨碍投资进程的主要障碍。因此，要具有良好的投资环境，完善投资立法是当前刻不容缓的任务。综观我国的投资立法实践，我们不难发现，立法方面还需要继续完善和改革。

二、投资的法律法规

从中共十一届三中全会开始至党的十四大召开之时，我国的投资立法应属于立法的初探阶段。各项法规的制定都力求贯彻体制改革的基本精神和要求，但基本上没有突破原有的计划经济体制的束缚。主要法规有：《关于做好基本建设前期工作的通知》（1979）、《关于扩大国营施工企业经营管理自主权有关问题的若干规定》（1979）、《关于扩大国营施工企业经营管理自主权有关问题的暂行规定》（1980）、《关于基建项目、技改项目要严格执行"三同时"的通知》（1980）、《关于制止盲目建设、重复建设的几项规定》（1981）、《关于简化基本建设项目审批手续的通知》（1984）、《关于改革改建筑业和基本建设管理体制若干暂行规定》（1984）、《关于改进计划体制的若干暂行规定》（1984）、《关于改进基建物资计划管理的若干规定的通知》（1986）、《关于放宽固定资产投资审批权限和简化审批手续的通知》（1987）、《关于进一步加强自筹基本建设资金管理的规定》（1987）、《关于建设用地计划管理暂行办法》（1987）、《关于控制建设工程造价的若干规定》（1988）、《关于投资管理体制的近期改革方案》（1988）、《中华人民共和国审计条例》（1989）、《中华人民共和国土地管理法》（1989）、《境外投资外汇管理办法》（1989）、《关于当前产业政策要点的决定》（1989）、《关于资源综合利用项目与新建和扩建工程实行"三同时"的若干规定》（1989）、《关于清理固定资产投资项目严格实行指标控制和考核的通知》（1989）、《关于建设工程质量监督管理规定》（1990）、《关于加强商品住宅建设管理的通知》（1990）、《中华人民共和国固定资产投资方向调节税暂行通知》（1990）、《中华人民共和国外商投资企业所得税法》（1991）、《国有资产评估管理办法》（1991）、《全民所有制企业转换经营机制条例》（1992）、《建筑工程施工合同管理办法》（1993）等。

从党的十四大明确建立社会主义市场经济体制的改革目标之后，投资立法工作发生了质的飞跃，这主要表现在，在各项法规中，尽最大可能舍弃传统的计划经济体制下的做法，引进市场运作要求，在金融投资、外商投资、资本市场、中介服务体系等方面的法规逐渐增多，并注意与国际惯例接轨。它们对促进社会主义市场经济的发展，对投资市场、要素市场等市场体系的日臻成熟，发挥了越来越大的作用。重要的法律法规有：《土地利用总体规划编制审批暂行办法》（1993）、《城镇燃气设计规范》（1993）、《中国投资银行境内外币金融债券销售兑付网点验收标准（试行）》（1993）、《关于从事证券业务的资产评估机构资格确认的规定》（1993）、《关于从事证券业务的审计事务所资格确认有关问题的通知》（1993）、《股票发行与交易管理暂行条例》（1993）、《关于坚决制止乱集资和加强债券发行管理的通知》（1993）、《村庄和集镇规划建设管理条例》（1993）、《证券交易所管理暂行办法》（1993）、《电力工程建设监理暂行规定》（1993）、《企业债券管理条例》（1993）、《关于加强对新开工建设项目资金来源审计的通知》（1993）、《关于用国有资产实物投入境外开办企业的有关规定》（1993）、《关于资产评估报告书的规范意见》（1993）、《铁路建设基金管理办法》（1993）、《关于继续加强固定资产投资宏观调控的通知》（1994）、《中华人民共和国交通部外商投资道路运输业立项审批管理暂行规定》（1994）、《火力发电厂基本建设工程启动及竣工验收规程》（1994）、《工程咨询管理暂行办法》（1994）、《外商投资财产鉴定管理办法》（1994）、《关于外商投资民用航空业有关政策的通知》（1994）、《中华人民共和国城市房地产管理法》（1994）、《关于向金融机构投资入股的暂行规定》（1994）、《关于固定资产投资方向调节税若干问题规定的通知》（1994）、《关于加强企业职工社会保险基金投资管理的暂行规定》（1994）、《关于设立外商投资股份有限公司若干问题的暂行规定》（1995）、《建立住房公积金制度的暂行规定》（1995）、《关于外商投资举办投资性公司的暂行规定》（1995）、《证券交易所管理办法》（1996）、《外商投资企业结算办法》（1996）、《关于印发民航基础设施建设基金管理办法的通知》（1996）、《关于修订固定资产投资新开工和竣工项目统计报告制度的通知》（1997）、《关于加强涉及外商投资企业行政事业性收费监督管理的通知》（1997）、《关于立即停止地方自行审批外商投资商业企业的紧急通知》（1997）、《国家开发银行贷款项目管理规定》（1997）、《设立外商投资资产评估机构若干暂行规定》（1997）、《冻结非农业建设项目占用耕地规定》（1997）、《指导外商投资方向暂行规定》（1997）、《建设项目用地预审管理办法》（2001）等。

2004 年，国务院发布的《关于投资体制改革的决定》提到了关于健全法律方面的内容："完善法律法规，依法监督管理。建立健全与投资有关的法律法规，依法保护投资者的合法权益，维护投资主体公平、有序竞争，投资要素合理流动、市场发挥配置资源的基础性作用的市场环境，规范各类投资主体的投资行为和政府的投资管理活动。认真贯彻实施有关法律法规，严格财经纪律，堵塞管理漏洞，降低建设成本，提高投资效益。加强执法检查，培育和维护规范的建设市场秩序。"虽然寥寥数语，但是作为具有深远影响力的法规，体现了我国政府健全和完善投资立法的决心。

其后，我国又陆续发布了以下法规：2004 年 9 月 15 日，为规范政府对企业投资项目的核准活动，国务院发布了《企业投资项目核准暂行办法》；同日，为规范对外商投资项目的核准管理，又发布了《外商投资项目核准暂行管理办法》；同年 10 月，国土资源部修订了《建设项目用地预审管理办法》；2005 年发布并实施了《工程咨询单位资格认定办法》等。2005 年以来又出台了一些行业准入政策，如《钨行业准入条件》《锡行业准入条件》《锑行业准入条件》《铜冶炼行业准入条件》《玻璃纤维行业准入条件》《铁合金行业准入条件》《电解金属锰企业行业准入条件》等。但总的来说，至今我国在投资立法方面还没有形成比较系统和完整的体系。

值得一提的是，我国加强了环境方面的立法力度，2004 年 12 月发布了《国家环保总局、国家发展和改革委员会关于加强建设项目环境影响评价分级审批的通知》，其内容如下：

（1）建设对环境有影响的项目，不论投资主体、资金来源、项目性质和投资规模，应当依照《环境影响评价法》和《建设项目环境保护管理条例》的规定，进行环境影响评价，向有审批权的环境保护行政主管部门报批环境影响评价文件。

（2）实行审批制的建设项目，建设单位应当在报送可行性研究报告前完成环境影响评价文件报批手续；实行核准制的建设项目，建设单位应当在提交项目申请报告前完成环境影响评价文件报批手续；实行备案制的建设项目，建设单位应当在办理备案手续后和项目开工前完成环境影响评价文件报批手续。

（3）由国务院投资主管部门核准或审批的建设项目，或由国务院投资主管部门核报国务院核准或审批的建设项目，其环境影响评价文件原则上由国家环境保护总局审批。对环境可能造成重大影响，并列入本通知附录的建设项目，其环境影响评价文件由国家环境保护总局审批。对环境可能造成轻度影响，且未列入本通知附录的建设项目，其环境影响评价文件由省级环境保护行政主管部门审批。

（4）本通知附录以外的其他建设项目的环境影响评价文件的审批权限，由省级环境保护行政主管部门按照建设项目的环境影响程度，结合地方情况提出，报省级人民政府批准。其中，化工、染料、农药、印染、酿造、制浆造纸、电石、铁合金、焦炭、电镀、垃圾焚烧等污染较重或涉及环境敏感区的项目的环境影响评价文件，应由地市级以上环境保护行政主管部门审批。

（5）对国家明令淘汰和禁止发展的能耗物耗高、环境污染严重、不符合产业政策和市场准入条件的建设项目的环境影响评价文件，各级环境保护行政主管部门一律不得受理和审批。

（6）上级环境保护行政主管部门对下级环境保护行政主管部门超越法定职权、违反法定程序做出的环境影响评价审批决定，有权予以撤销。

2006 年 3 月，我国又发布了《关于落实科学发展观加强环境保护的决定》（以下简称《决定》），《决定》指出，我国推行有利于环境保护的经济政策，对不符合国家产业政策和环保标准的企业，不得审批用地，并停止信贷，不予办理工商登记或者依法取缔。《决定》强调，建立健全有利于环境保护的价格、税收、信贷、贸易、土地和政府采购等政策体系。政府定价要充分考虑资源的稀缺性和环境成本，对市场调节的价格也要进行有利于环保的指导和监管。对可再生能源发电厂和垃圾焚烧发电厂实行有利于发展的电价政策，对可再生能源发电项目的上网电量实行全额收购政策。对通过境内非营利社会团体、国家机关向环保事业的捐赠依法给予税收优惠。要完善生态补偿政策，尽快建立生态补偿机制。中央和地方财政转移支付应考虑生态补偿因素，国家和地方可分别开展生态补偿试点。

针对工程咨询，2010年2月，国家发展改革委印发了《工程咨询业2010~2015年发展规划纲要》，进一步明确了工程咨询业发展目标、战略和重点，以规范行业管理、提高投资决策的科学性、保证投资建设质量和效益。12月，国家发展改革委发布了《关于实行政府重大投资项目公示工作的指导意见》，要求抓紧开展政府重大投资项目的公示试点。在民间投资方面，2010年5月，国务院印发《关于鼓励和引导民间投资健康发展的若干意见》，进一步拓宽民间投资的领域和范围，切实保护民间投资的合法权益，并加强对民间投资的服务、指导和规范管理。2012年5~6月，国家发展改革委连续发布《关于鼓励和引导工程咨询机构服务民间投资的实施意见》《关于安排政府性资金对民间投资主体同等对待的通知》，充分发挥工程咨询在扩大和优化民间投资、推进民间投资转型升级等方面的专业化服务作用，并要求政府部门在安排政府性资金时必须明确规则、统一标准，不得单独对民间投资主体设置附加条件。

为切实转变政府投资管理职能，发挥市场在资源配置中的决定性作用，确立企业投资主体地位，2013年12月，国务院发布《政府核准的投资项目目录》，并于2014年和2016年连续两次修订。根据《政府核准的投资项目目录（2016年本）》，中央政府层面核准的企业投资项目削减比例累计达到了原总量的90%左右。2014年12月，国务院印发《关于印发精简审批事项规范中介服务实行企业投资项目网上并联核准制度的工作方案》，精简原有50项前置手续。2015年3月，国务院印发《关于创新投资管理方式建立协同监管机制的若干意见》，建设信息共享、覆盖全国的在线审批监管平台，创新投资项目协同监管机制。2016年5月，国务院印发《清理规范投资项目报建审批事项实施方案》，将65项投资项目报建审批事项清理规范整合为42项。

在政府与社会资本合作领域，自2014年12月国家发展改革委印发《关于开展政府和社会资本合作的指导意见》之后，2016年相继发布《关于切实做好传统基础设施领域政府和社会资本合作有关工作的通知》《各地促进民间投资典型经验和做法》《关于开展重大市政工程领域政府和社会资本合作（PPP）创新工作的通知》《传统基础设施领域实施政府和社会资本合作项目工作导则》，2017年《进一步做好重大市政工程领域政府和社会资本合作（PPP）创新工作的通知》《关于加快运用PPP模式盘活基础设施存量资产有关工作的通知》等其他政策法规也陆续出台，为推动政府和社会资本合作工作顺利开展提供了良好的政策与制度保障。

2016年7月5日，中共中央、国务院发布了《关于深化投融资体制改革的意见》（以下简称《意见》），这是投资体制改革历史上第一份以中共中央名义印发的文件，也是当前和今后一个时期投融资领域改革的顶层设计。《意见》指出，要平等对待各类投资主体，确立企业投资主体地位，放宽放活社会投资，激发民间投资潜力和创新活力，充分发挥政府投资的引导作用和放大效应，完善政府和社会资本合作模式。同时提出了诸多创新举措，如推行首问负责制、探索不再审批的管理模式、编制三年投资滚动计划、试点金融机构依法持有企业股权、建设投资项目在线审批监管平台。《意见》强调要完善与投融资相关的法律法规，制定实施政府投资条例、企业投资项目核准和备案管理条例，加快立法工作。这表明，我国投资的立法实践不断推进，投资的法律与制度环境正在不断优化与完善。

第四节　配套体制改革

改革开放以来，投资体制改革一直是经济体制改革的重点之一。作为一项综合性体制，投资体制改革与其他体制，如金融体制改革、价格体制改革、财政体制改革以及计划体制改革都密切相关。

一、金融体制改革实践

（一）改革开放至"入世"前我国金融体制的改革实践

1. 改革开放初期的金融体制改革

在经济体制改革之初，党中央和国家领导人十分关心金融改革。1979年10月，邓小平在省委第一书记座谈会上，提出银行应该抓经济，现在只是算账、当会计，没有真正起到银行的作用。银行要成为发展经济、革新技术的杠杆，要把银行真正办成银行。邓小平的讲话，中肯地批评了计划经济时期银行作用的畸形状况，为金融改革指出了明确方向。1979~1984年我国金融领域展开了一系列改革。虽然这种改革只是初步的，但已经显示出新型的金融体制和金融运行机制已在我国大地上逐步产生和发展起来。按照经济体制改革的总体要求，到 1984 年形成了一个以中央银行为领导、国家银行为主体、多种金融机构并存的金融体系。

随着社会主义商品经济的发展和经济计划体制改革的进行，过去那种政企不分、由人民银行一家包揽金融管理和经营信贷的组织形式，已经不能适应形势发展的要求，人民银行如何发挥中央银行的作用从一开始就提上了改革日程。1979 年 2 月，国务院批转了人民银行行长会议纪要，强调要把银行工作迅速转移到社会主义现代化建设的轨道上来，必须对银行的作用有足够的认识；并指出人民银行是全国资金的枢纽和连接国民经济的纽带，许多事情通过银行来办，可以比用行政方法做得更灵活、更有效、更有利于按经济办法管理经济。1981 年 1 月，姚依林副总理提出："人民银行总行要发挥中央银行的作用。"同月，国务院发出《关于切实加强信贷管理，严格控制货币发行的决定》，强调"中国人民银行要认真执行中央银行的职责"。1982 年 7 月，国务院授权中国人民银行行使中央银行的职能，加强金融管理，同时要求专业银行更好地发挥作用。同年 9 月，国务院正式作出《中国人民银行专门行使中央银行职能的决定》，中国人民银行专门行使中央银行职能，不再办理工商信贷和储蓄业务。1984 年 1 月，中国人民银行理事会召开第一次会议，强调要以积极的态度对待金融体制改革，人民银行要根据国家的方针、政策，把资金管住，并且明确中国人民银行与专业银行在业务上是领导与被领导的关系。

伴随着金融体制改革的开始，改变了旧有的"大一统"格局，陆续恢复和分设了一些专业银行。1978 年 12 月，中共十一届三中全会审议并原则通过的《中共中央关于加快农业发展若干问题决定（草案）》，明确提出要恢复中国农业银行，大力发展农村信贷事业，这个加快发展农业的重大决策，开拓了设立国家专业银行的先例。1979 年以后，为了适应经济发展和经济体制改革的需要，我国先后恢复和建立了一些专业银行、综合性银行和非银行金融机构，在金融机构的改革方面迈出较大的步子。首先改革了中国银行、中国人民建设银行的体制，成立了国家外汇管理局，新设了中国投资银行、中国工商银行、中国国际信托投资公司，重建了中国人民保险公司，改革了农村信用社。这样，改变了金融体系的单一化，逐步建立分工协作的金融经济运行体系；根据各产业发展的需要对专业银行进行对口分工，改变了金融业的垄断格局；专业银行从事信贷、结算、现金出纳管理、储蓄、信托、投资等多种金融业务，有利于专业银行的综合化发展。但金融体系和机构改革也存在着一些问题：①专业银行成立后，形成各自独立的金融机构，资金多头管理，出现信贷失控，货币发行难以集中的局面，从而影响经济发展和改革的推进。②银行机构仍不健全，专业银行都是国家银行，不符合坚持以公有制为主体、发展多种经济形式的要求，也缺乏辅助性的非银行金融机构，不利于搞活经济与金融。

改革开放后，国家对宏观经济的管理逐步从直接管理转向间接管理，开始重视价值规律对经济的调节作用。在金融领域，党和国家开始重视银行信贷，利用金融手段来支持经济发展，调控经济运行，这样，银行信贷资金管理体制成为金融体制改革的重要内容。针对当时存在的信贷资金供应上的"供给制"、信贷管理上的单纯依靠行政办法、信贷计划体制和全国银行吃"大锅饭"的状况，1979年2月，开始对国家综合信贷计划管理体制进行改革。同年下半年，人民银行总行又提出了"统一计划，分级管理，存贷挂钩，差额包干"的办法，基本内容是总行对基层银行由存贷款总额指标管理改为存贷款差额指标管理，不再约束基层银行的信贷总额，只控制存贷款差额，各级银行在完成存差计划或不突破贷差计划的前提下，多存可以多贷，银行的自主权得到了扩大。这一办法最初在上海、江苏、陕西等6省市进行试点。1981年，总行决定在全国统一推行。这是改革开放后信贷资金管理体制改革的新尝试，其积极作用表现在：①差额包干分散了一部分资金计划管理权限，增加了各级银行组织存款的积极性和一定的自主经营权，有利于调动基层银行的积极性。②差额包干制度引起了地方党政领导对资金筹措和运用信贷资金的重视，金融工作得到了地方各级党政领导的支持，也有利于促进地方经济的发展。③提高了各级银行经营管理水平，由于差额包干办法要求各级银行在包干差额内其资金自求平衡，从而增强了各级银行资金管理的责任。总之，差额包干的调控办法，体现了宏观上要求集中统一、微观上要搞活的精神。当然，差额包干的办法缺乏其他调控工具的制约，计划包干的差额事实上是包而不死，并且各级银行缺乏自我约束机制，极易导致信贷失控。因此，这种差额包干调控办法只能带有过渡性质，对金融宏观调控是十分不利的。

长期以来，我国的外汇由中国银行一家统一经营。这种经营体制不利于开展国际金融交往、引进外资和提高经济效益，影响对外开放政策的有效实施。1979年底，我国成立中国国际信托投资公司，作为吸收外资的专业机构；成立经济特区的专业银行、外资银行和中外合资银行等金融机构办理外汇业务，其他专业银行也可适当经营部分外汇业务。同时，为适应对外开放和外贸体制改革的要求，我国在加强和改善外汇宏观控制和搞活外汇管理方面也设立了机构，制定了法规。1979年2月，批准设立国家外汇管理总局，明确其职责是管理全国外汇。改革以前，我国没有一个公开的全国性外汇管理办法。1979年7月制定了《中外合资经营企业法》，1980年底又公布了《外汇管理暂行条例》。这些法规使我国外汇管理初步有法可依。此外，为搞活外贸、增加外汇收入，实行贸易和非贸易外汇留成管理。实行外汇留成制度后，调动了各方面创汇的积极性，促进了工农业生产和对外贸易的发展。

1984年10月，中共十二届三中全会通过了《关于经济体制改革的决定》，明确指出我国要实行公有制基础上的有计划的商品经济。从1984年开始，我国经济体制改革全面展开，金融体制改革的重点是强化人民银行的中央银行职能，逐步建立健全金融机构体系，并实施"实贷实存"的信贷管理办法。到1992年，我国已初步形成了以中央银行为领导，国家专业银行为主体，其他各种商业银行和非银行金融机构并存的多层次、多形式、多功能，具有中国特色的社会主义金融体系。

强化中国人民银行的中央银行职能是我国金融体制改革的首要任务。中共十二届三中全会针对"当前我国金融体制存在的主要问题是金融宏观控制不够有力，缺乏严格系统的管理方法和灵活有效的控制方法"，强调"要采取措施强化人民银行的中央银行职能，加强对专业银行的业务领导，协调、指导、监督、检查专业银行和其他金融机构的业务活动"。1986年底，邓小平要求"金融改革的步子要迈大一些"，重申"要把银行真正办成银行"。他说："我们过去的银行是货币发行公司，是金库，不是真正的银行。对金融问题，我们知识不足，可以聘请外国专家做顾问嘛。"1987年，我国金融体制改革主要集中在以下四个方面：①建立宏观调控强有力的、灵活自如的、分层次的金融控制和调节体系，促进社会资金的有效筹集和运用，保持货币的基本稳定，以推进经济的协调发展和经济结构的合理化。②建立以银行信用为主体，多种渠道、多种方式、多种信用工具聚集和融通的信用体系，充分调动各方面筹集资金的积极性，推动资金的横向流动，逐步形成以中心城市为依托、不同层次的金融中心和适合我国国情的资金市场。③建立以中央银行为领导、国家银行为主体、多种金融机构并存和分工协作的社会主义金融体系，强化中央银行职能，逐步实现专业银行和其他金融机构的企业化。④建立金融机构的现代化管理体系，培养一批高级金融管理人才，采用现代化管理手段，做到管理科学、信息灵敏、客户方便、效益良好，为经济发展提供优良的金融服务。

中国人民银行行使中央银行的职能后，势必要组建一些新金融机构来适应我国经济的改革与发展。

1986 年 7 月，重新组建全国性综合银行——交通银行，它是我国第一家股份制商业银行，也是按照市场化改革导向迈出步伐最早的银行机构，在银行业的制度创新方面开了先河。随后陆续组建了一些综合性银行和商业银行，如中信实业银行、深圳发展银行、福建兴业银行、烟台住房储蓄银行、蚌埠住房储蓄银行等。非银行金融机构也有了新的发展，加强了人民保险公司的建设，新成立了一些信托投资公司、财务公司、租赁公司，发展推广了城市信用社，进一步改革了农村信用社管理体制，试办了证券公司。这一时期，外资金融机构开始入驻我国，1979 年 2 月，日本输出入银行作为第一家外国银行被批准在中国设立常驻代表机构，从此揭开了改革开放后中国引进外资银行的序幕。全面改革开放后，侨资、外资银行营业机构开始从经济特区进入我国。1984 年，中国人民银行放宽了上海所有 4 家侨资、外资银行的业务经营范围。1985 年 4 月，国务院颁发了《经济特区外资银行、中外合资银行管理条例》，为侨资、外资银行在我国开业提供了法律依据。

中国人民银行专门行使中央银行职能后，针对信贷资金"差额包干"管理办法存在的弊端，出台了"实贷实存"的管理办法。1985 年 4 月，国务院要求把贷款规模和货币发行控制在国家计划以内，并从当年开始，对信贷资金实行"实贷实存"的管理体制，即统一计划、划分资金、实存实贷、相互融通，解决信贷资金使用"吃大锅饭"的问题。其主要内容是：中央银行和专业银行的信贷资金全部纳入国家综合信贷计划，由中央银行进行综合平衡；中央银行和专业银行账户分设，资金分开；专业银行对自有资金可以自主经营，多存可以多贷；建立存款准备金制度，中央银行可根据银根松紧的需要，调高或调低存款准备金率；允许专业银行之间以及和其他金融机构之间相互拆借资金，实现资金的横向流动。

"实贷实存"的管理体制适应有计划商品经济发展的需要，是一种直接调控与间接调控相结合、以计划管理为主的体制。同时，"实存实贷"的管理办法也适应当时以中央银行为核心、专业银行和多种金融机构并存的金融体系初步形成的客观需要，基本上改变了我国长期以来信贷资金统收统支"吃大锅饭"的局面，在加强宏观控制、搞活资金流通方面取得了较好的效果。

2. 20 世纪 90 年代的金融体制改革

进入 20 世纪 90 年代，我国明确提出建立社会主义市场经济体制的改革

237

目标，"摸着石头过河"的改革终于看到了光明的彼岸。金融体制改革在继农村土地制度改革、价格改革、国有企业改革之后成为经济改革的重点。这一时期又可按 1997 年前后分为两个阶段。

进一步转换人民银行的职能，建立强有力的中央银行宏观调控体系是建设社会主义市场经济体制的迫切需要。1984 年，人民银行开始履行中央银行职能以后，我国的金融体制虽然进行了重大的改革，但从根本上来说，是在计划经济的思想和体制下进行的，很多方面难以适应市场经济的发展。比如，银行信贷资金规模由人民银行层层分配，许多人民银行分支机构忙于分资金、分规模，而不重视执行货币政策，有时甚至影响了货币政策的执行；人民银行仍然直接管理部分开发性贷款业务，政企不分在一定程度上仍然存在；对金融业的管理忙于审批机构，疏于金融监管。

因此，1993~1997 年我国金融体制改革主要在转换中央银行职能、加强金融法制建设、完善金融体系和实行分业监管四个方面取得了进展。

在中央银行的职能定位上，1994 年 1 月，人民银行总行正式印发了《人民银行分支行转换职能的意见》，强调了进一步转换人民银行职能的必要性和迫切性，具体规定了人民银行及分支机构的职能，主要是贯彻、执行国家货币政策，维护金融秩序稳定，依照法规对各类金融机构进行领导、管理、协调、监督、稽核，为各类金融机构稳健经营和金融市场有序运作提供完善的服务。随后，人民银行采取了一些较大的改革措施：一是把对各国家专业银行和其他商业银行的资金融通权基本上收到人民银行总行，由总行集中办理再贷款业务，省级人民银行分行只留下一小部分短期资金融通权；二是人民银行分支机构停止办理开发性贷款等政策性信贷业务，原来办理的，经清理后移交给有关政策性银行；三是各级人民银行实行独立的财务预算管理制度，停止执行原来的分支机构利润留成制度。值得指出的是 1997 年底召开了我国最高级别的金融会议——中央金融工作会议。会议决定在三年内彻底改革我国的金融体系，对人民银行的机构设置进行重大改革，一级分行由按行政区域设置转变为按经济区域设置，进一步理顺中央银行与政府各部门的关系，使人民银行在货币政策的制定和贯彻执行上拥有更大的自主权，人民银行的间接调控能力和金融监管能力得到进一步加强，以便有效地防范和化解金融风险，保障经济秩序和金融秩序的稳定，促进经济改革和经济建设的顺利发展。

在金融管理法制化建设方面进程加快。1995 年 3 月，八届全国人大第三次会议审议通过了《中国人民银行法》。这是中国的中央银行法，是中华人民共和国成立以来的第一部金融大法。它的颁布和实施，是中国金融体制改革的重要成果，是中国金融法制建设的里程碑，标志着我国金融事业步入了法制化、规范化的轨道。随后，又颁布了《商业银行法》《保险法》《票据法》，我国金融体制及其运行逐步走上有法可循、依法办事的轨道。

在金融组织体系方面单独设立政策性银行，金融机构进一步完善。主要表现在：①设立政策性银行。国家专业银行分设后，身兼政策性信贷业务和商业性信贷业务双重任务，难以办成真正的商业银行；并且由于政策性信贷和商业性信贷的混淆，国家专业银行部分信贷财政化的倾向越来越突出，增加了中央银行宏观调控的困难。因此，1993 年 11 月中共十四届三中全会提出"建立政策性银行，实行政策性业务与商业性业务分离"的改革措施。随后，组建了国家开发银行、中国进出口银行、中国农业发展银行三家政策性银行，实现政策性信贷和商业性信贷分离，解决国有专业银行一身兼二任的问题，割断政策性贷款与基础货币的直接联系，确保中国人民银行调控基础货币的主动权。②建立股份制商业银行。1992 年 8 月，全国性的商业银行中国光大银行正式开业。此后，华夏银行、上海浦东发展银行、海南发展银行、中国民生银行相继成立。到 1996 年末，我国共有包括交通银行在内的12 家股份制商业银行。③国家专业银行向国有独资商业银行转化。邓小平"南方谈话"发表后，我国第一次提出建立以国有商业银行为主体的金融组织体系的改革目标，把国家商业银行办成真正的国有商业银行。1995 年，在《商业银行法》中明确四大国有商业银行在银行业务上的平等地位。此后，四大国有商业银行按现代商业银行经营机制运行，转变为自主经营、自担风险、自负盈亏、自我约束的国有独资商业银行。④城市合作银行从试点到推广。1993 年 12 月，国务院提出要积极稳妥地发展合作银行体系，并发出《关于组建城市合作银行的通知》。到 1996 年末，在批准组建的 95 个城市中，有 18 个城市的合作银行组建完成并开张营业，有 15 个城市进入筹建阶段，有 54 个城市进入组建阶段。⑤农村金融体制改革取得新进展。1996 年，由于各类金融机构相互间的关系没有理顺，没有建立起合理的管理体制和良好的运行机制，农村金融体制还不适应农村经济发展的需要。农村信用社管理体制改革仍然是农村金融体制改革的重点，恢复农村信用社的合作社性质，把农村信用社逐步改为由农民入股、由社员民主管理、主要为入股社员服务的合作性金融组织。为了加强组织领导，在国务院、省、地、县四级设立了农村金融体制改革协调机构。同时，对农村合作基金会进行清理整顿。此后，农村信用社规范了股权设置，加强了民主管理和财务管理，明确了服务对象和经营目的，真正成为合作金融组织。但是回顾中华人民共和国成立以来农村信用社建立和发展的曲折过程，存在的一个十分关键的问题是农村信用社能否真正成为合作金融组织，怎样才能建设成为合作金融组织，需要在今后总结经验，进行制度创新。⑥引进和发展外资、侨资金融机构。1992年以后我国对外开放加快，外资金融机构在中国设立常驻代表机构的数量有所增加，外资银行在中国设立营业性机构的速度明显加快。截至1996年末，有32个国家和地区的金融机构在中国25个城市设立了528个代表处。

随着金融机构的不断增加，金融市场的逐步发展和金融竞争的加剧，金融管理更加复杂，难度加大。从1993年起，我国开始探索银行、保险、证券、信托"分业经营、分业管理"的新路子。1994年，按照分业经营、分业管理的原则，国有商业银行与所属的保险机构、证券公司、信托投资机构脱钩，并重点清查、整顿和规范了证券公司、信托投资公司、保险公司。在对信贷资金管理上，实行了"比例管理"的办法。这样，我国逐步形成了以人民银行（中央银行）为领导，政策性金融与商业性金融相分离，以国有独资商业银行为主体，多种金融机构并存、分工协作的金融组织体系。

改革进行到1998年的时候，我国经济和金融都出现了一些新的变化和新的问题。商品市场从卖方市场走向买方市场，物价从持续上涨转变为负增长，出口对经济增长的贡献出现下滑，通货紧缩，人民币汇率贬值，银行"惜贷"严重，金融不稳定性增加。为此，党中央非常关注金融风险对我国政治、经济和社会稳定的影响，十分重视金融改革和发展对于继续推进改革开放和现代化建设的重要作用。1998年春，九届全国人大第一次会议提出要彻底改革金融体系，提高金融业的经营管理水平，基本实现金融秩序明显好转，消除金融隐患，增强防范和抵御金融风险的能力。1998年是我国金融体制改革的突破年，在我国经济和金融史上是一个值得回顾和总结的年份。

1997年底，党中央决定成立中共中央金融工作委员会和金融机构系统党委，对金融系统党的组织实行垂直领导，对干部实行垂直管理。中央金融工委作为党中央的派出机关，对金融工作起领导、保证、管理、监督、协调的作用。这是我国金融改革迈出的重大而关键性的一步，标志着我们党开始真正抓住了现代经济的"神经"。成立中央金融工委和金融机构系统党委，有利于加强党对金融工作的集中统一领导。各大金融机构党的组织实行垂直领导，对深化金融改革，建立现代金融体系，维护金融秩序，有效防范和化解金融风险，加强各级金融领导班子建设和干部职工队伍建设等具有极为重要的战略意义。

　　适应金融市场快速的发展，金融组织体系日臻完善、严密。①改革人民银行管理体制。人民银行管理体制改革是 1998 年开始的新一轮金融体制改革的重要内容。为加强对金融业特别是对银行业的有效监管，人民银行的机构设置由过去的以金融管理过程或办事程序为依据转变为以金融监管对象为依据，改革后人民银行总行的职责主要是保证科学制定和实施货币政策，有效实行金融监管。人民银行撤销了省级分行，按经济区设置九大分行。②完善商业银行管理体制和运行机制。建立现代金融制度，其核心是要把银行办成真正的商业银行。经过改革，我国银行业已经形成国有独资商业银行、区域性商业银行和地方性商业银行分工并存的局面，其中有独资商业银行一直是我国银行业的主体。但国有独资商业银行还不是真正的商业银行，还没有建立起自主经营、自负盈亏、自我发展和自我约束的运行机制。并且，我国商业银行在规模结构上大、中、小银行没有形成合理比例，地域分布不能适应经济与社会发展的需要。因此，新一轮国有独资商业银行机构改革主要是完善国有独资银行管理体制和经营机制，强化统一法人制度，实行一级法人管理，加强内控制度建设，建立由总行垂直领导和相对独立的内部稽核、监管体制。在网点布局上，国有独资商业银行按照"经济、合理、精简、高效"的原则，因地制宜地进行分支机构调整，改变了现行按行政区划设立分支机构的状况。这项改革大大降低了银行经营费用，提高了运行效率，加快了向商业化、市场化的转化，也有效地防范和化解了国有独资商业银行的金融风险。③清理、整顿非银行金融机构。证券公司、信托投资公司、保险公司、财务公司等多种非银行金融机构在经济体制改革大潮中的兴起与发展，为市场经济的发展提供了多层次、多渠道、多方位的金融服务。但是，非银行金融机构在发展过程中也存在一些问题和隐患，如发展方向不明、严重超范围经营、潜在金融风险增大，这些问题都不可小视。为此，1998 年，非银行金融机构按照分业经营、分业管理的要求，银行、证券、信托、保险在人、财、物等方面彻底脱钩，独立经营。特别是信托公司按照"调整整顿、撤并精简、规范制度、引导发展"的原则进行整顿和撤并，只允许一些经营状况较好的向投资银行方向转化。保险公司不得以社会保险的名义，直接或变相办理商业保险业务，也不得以商业保险方式办理社会保险。

　　1998 年，我国金融监管体制也进行了重大改革，把金融管理的重点放到了金融监管体制的建立与运行上。根据"分业监管"的要求，成立了证券监督管理委员会来承担原国务院证券委员会的工作，并对地方证管部门实行垂直领导。1998 年 11 月，成立了保险监督管理委员会，后来又成立了银行监督管理委员会，使保险监管、银行监管从人民银行金融监管体系中独立出来；同时，把对证券机构的审批监管权也从人民银行划转给证券监督管理委员会。从此，形成了以人民银行、银行监督管理委员会、证券监督管理委员会、保险监督管理委员会构成的金融监管体系，它们各司其职、分工合作，有利于提高金融监管效率和监管水平。在具体的监管办法上，开始和国际接轨，采用"风险控制"办法[①]。

1999 年 7 月 1 日，实行了 1998 年发布的《中华人民共和国证券法》，进一步健全了金融的法律体系。2001 年，国务院颁布修改后的《中华人民共和国外资金融机构管理条例》，并中止了 1994 年的《中华人民共和国外资金融机构管理条例》；同年，颁布并实施了《中华人民共和国信托法》。

（二）"入世"后我国金融体制改革实践

2001 年 12 月 11 日，中国加入世界贸易组织，这样我国金融业也揭开了向世界全面开放的阶段。关贸总协定的第八轮谈判——"乌拉圭"回合达成了《建立世界贸易组织的马拉喀什协议》。这个协议的四个附件之一就是与金融业对外开放有直接影响的《服务贸易总协定》（General Agreement on Trade in Services，GATS）。有关金融服务业的规定主要体现在这个协定的两个附件中，即金融服务附件和金融服务第二附件。

1. 金融服务附件的主要条款

金融服务附件共有五个条款：第一条规范金融服务的范围和定义。金融服务是由一参加方服务提供者提供的任何金融性服务。金融服务提供者是指一参加方希望提供或正在提供金融服务的任何自然人和法人。但参加方政府、中央银行或货币发行机构，或由政府拥有的、控制的主要执行政府职能或为政府的意图而活动的机构则被排除在外。第二条是关于成员国国内法规的规定。成员国可以根据谨慎性原则制定相应的措施，但若有与《服务与贸易总协定》不符的，不能借此逃避应履行的义务或承诺。第三条是关于承认的条款。"谨慎的措施"应得到各成员方的承认，各成员可就此承认来做出安排或达成相关的协议，并允许其他成员加入，也应当给予足够的谈判时间。第四条是有关金融服务争端的解决。第五条主要是定义此附件中所提及的概念以及专业术语。

金融服务附件将金融服务分为两大类：一是保险及与保险有关的服务。包括：人寿保险与非人寿保险等直接保险（包括合作保险）、再保险、保险

---

① 文炳勋：《新中国金融体制的历史演进》，《中共党史研究》2006 年第 4 期。

中介（如经纪和代理业务）、辅助性保险服务（如咨询、保险统计、风险评估和索赔解决等服务）。二是银行与其他金融服务。银行服务包括所有银行的传统业务。如接受存款、所有类型的贷款、所有的支付和货币交互服务（如应付项目、信用卡业务、旅行支票和银行汇票等）、清算服务、担保与承诺等。其他金融服务包括各类证券交易与发行、货币经纪、金融资产管理、金融租赁、金融信息的提供与交换、顾问中介和其他辅助性金融服务。

2. 金融服务第二附件的主要内容

金融服务第二附件主要是有关金融服务最惠国待遇条款的豁免以及各成员国对其他成员体承诺中有关金融服务部分的改进、修改、撤销等规定。

3. 《服务贸易总协定》中与金融服务有关的规定

乌拉圭回合对金融服务贸易参加方应承担的义务也做了相应规定，主要内容有以下几个方面：

（1）最惠国待遇原则。每一签约方给予任何其他参加方的服务或服务提供者的待遇，应立即无条件地以不低于这样的待遇给予其他任何签约方的服务提供者。如果一签约方有与上述不一致的措施，必须提供理由，并符合免除义务的条件。在最惠国待遇问题上，目前各方达成一致的共识有：对于国际司法协定或行政援助协定项下所采取的措施可以不适用最惠国待遇规定；对于由于地理位置上相邻的国家之间为了便于边境地区的交换限于当地生产和消费的服务所提供的优惠规定可以背离最惠国待遇规定。

（2）透明度原则。根据服务贸易总协定的要求，任何一个谈判签约方，都必须把影响服务贸易措施的有关法律、法则、行政命令以及所有其他的规定、规则及习惯做法，无论是中央政府做出的，还是地方政府做出的，抑或是由非政府的有权制定规章的机构做出的，都应最迟在它们生效之前予以公布。如果是有所改变，但严重影响有关服务贸易的特定义务时，应立即或至少每年向服务贸易理事会提出报告。同时也必须对所有签约方公布其因参加所有有关影响服务贸易的其他国际协定与上述有关的法律、规则等的任何修改。但是，对于那些一旦公布就会妨碍国家法律实施或对公众利益不利，或损害具体企业正常合法利益（包括国营或私营）的机密资料则不作要求，如国家为保证金融体系的完整和稳定的措施，以及有关消费者个人的事务、财务方面的资料或公共机构掌握的任何秘密或财产方面的资料可以不做公开，这样的措施也不应加以阻止。

（3）发展中国家更多参与原则。此条款规定，发达国家应采取具体措施，旨在加强发展中国家国内服务业，为发展中国家的服务出口提供市场准入的条件。同时允许发展中国家根据国内政策目标和服务业发展水平，逐步实现服务贸易自由化；允许发展中国家开放较少的国内市场，逐步扩大市场的开放程度，允许发展中国家对于外国的服务或服务提供者进入本国市场制定一些限制。另外，此条款还规定，为了帮助发展中国家的服务出口，各国应建立联系点，向发展中国家提供与市场准入有关的信息，对最不发达国家予以特殊的优惠，准许这些国家不做出开放市场方面的具体承诺，直到其国内服务业具有竞争力。

（4）市场准入原则。

1）垄断权利。每个参加方应在其承担义务的计划表里注明有关金融服务中现存的垄断经营权利，并尽力减少它们的范围或消除这些权利。

2）公共机构金融服务的购买。每一参加方应确保在其境内建立机构的外国金融服务提供商在购买或获取本国公共机构的金融服务方面，享有最惠国待遇和国民待遇。

3）过境贸易。每一参加方应允许非居民的金融服务提供者，作为主要负责人，或通过中介的主要负责人，或作为中介人，按所给予的国民待遇条款和条件提供以下服务：有关风险性的保险：海洋运输、商用民航、太空发射和运载（包括人造卫星），其中有关被运输货物的保险，车辆运输的货物和由此引起的责任险和国际间运输货物保险；再保险、再再保险和咨询、统计、风险评估、索赔等辅助性的金融服务。提供和传递有关金融信息服务：金融数据处理的顾问及其他辅助性服务。同时，每一参加方也应允许其居民购买其他参加方领土内的风险性保险（主要指运输保险）、再保险及辅助性的保险服务、金融及其他一切金融性服务（不包括保险）。

4）商业介入权（即开业权）。每一参加方应给予其他参加方金融服务供应者在其境内设立机构并扩展商业性介入的权利，包括购买现有的企业。不过对这样的设立机构和商业介入扩展的批准，可以制定一些条件和程序。"商业性介入"主要是指在一参加方境内提供金融服务的企业，包括全部的或部分拥有的附属机构、合资企业、独资企业、特许经营机构、分支机构、代理机构或其他组织。

5）新金融服务。指一种具有金融性质的服务，包括现有的和新的服务产品或产品的运送方式，是除了在另一参加方境内提供外，在一具体的参加方境内任何金融服务供应者所不提供的金融服务。对于其他参加方的金融服务供应者，一参加方应允许在其境内提供任何形式的新金融服务。

6）金融信息传递与处理。任何参加方对金融信息的传递和处理，包括通过电子手段或按照与国际协定一致的数据输入，不得采取措施阻止。对于保护个人数据秘密及个人账目记录秘密的权利不做限制。

7）金融服务人员的暂时进入。对于一参加方在另一参加方境内准备设立或正在设立的金融服务提供机构的高级管理人员、经营专家、与金融服务有关的计算机专家、电讯和财务方面的专家、保险和法律专家等，应被允许暂时进入其领土。

8）非歧视性措施。对于外国金融服务商在一参加方境内已获得的市场机会和作为该参加方境内的一个阶层已分享的利益不应加以人为的削减。外国商人或企业在境内扩展业务时，政府应在政策限制方面给予各国商人或企业以同等待遇。

（5）国民待遇原则。按照乌拉圭回合最终协议，各成员方承诺义务协议的附件规定，每一参加方应允许在其境内已设立机构的其他参与方的金融服务供应商，进入该国的由公共机构经营的支付和清算系统或部门，利用正常的商业途径参与官方的资金供给与再筹集。

外国金融服务商在要求取得金融组织的成员资格，进入任何有权自己订立法规的机构、证券或期权交易市场、清算机构或其他组织或协会时，其享受的待遇应该和本国金融服务者相同。而且，当一国给予其本国金融服务机构直接或间接金融服务特权或利益时，则其境内的外商也应该同样享受。

（6）逐步自由化原则。为了减少或消除服务贸易的各项措施在有效进入市场方面的不利影响，为保障所有缔约方的利益，谋求达到权利和义务的全面平衡，GATS 还规定，在其生效之日起五年内，所有缔约方应就旨在使服务贸易自由化逐步达到较高水平的问题进行多轮谈判，并定期进行。

GATS 也规定，对于发展中国家在逐步扩大市场准入方面，可根据实际情况给予适当的灵活性，即便当其有可能向外国服务提供者给予市场准入时，也应以达到"发展中国家更多的参与"的目标作为相应的条件，即服务贸易自由化程度取决于各缔约国的政策目标和服务部门的发展水平，至于发展中国家放开多少部门、放开至什么程度等，应视具体情况灵活掌握。

在上述各原则中，最惠国待遇原则、透明度原则、发展中国家更多参与原则为一般性原则，各缔约方在所有服务贸易领域都必须遵守；市场准入原则、国民待遇原则和逐步自由化原则则属于特定义务，需要各缔约方通过谈判达成具体承诺并加以执行。

4.《金融服务贸易协议》的主要内容

《金融服务贸易协议》签订于 1997 年 12 月 13 日，1999 年 3 月 1 日生效，已有 104 个成员国参加缔约。该协议由三个文件构成：第五议定书；通过第五议定书的决定；关于金融服务承诺的决定。该协议的主要内容包括：允许外国在国内建立金融服务公司，并按竞争原则运行；外国公司享有与国内公司同等的进入国内市场的权利；取消跨边界服务的限制；允许外国资本在投资项目中的比例超过 50%。

为了履行我国对世贸组织的承诺，五年的"过渡期"内，我国政府做了很多努力和尝试。2003 年，国务院决定向中国银行和中国建设银行注资 450 亿美元，以充实其资本金，帮助其进行股份制改造；随后中国银行业监督管理委员会成立；接着，《中华人民共和国银行监督管理法》颁布，次年 2 月 1 日实施；中国银行监督委员会颁布《境外金融机构入股中资金融机构管理办法》；年末，国务院颁布《中华人民共和国证券投资基金法》，决定于次年 6 月 1 日实施。

2004 年，国务院颁布《关于推进资本市场开放和稳定发展的若干意见》，全面规划了资本市场的发展前景；同年，中国银行、中国建设银行完成股份制改造。

这一期间，我国银行业以及外资银行发展极为迅速。截至 2005 年 10 月末，全国共有各类银行业金融机构 3 万多家。主要包括：3 家政策性银行，4 家国有商业银行，13 家股份制商业银行（含渤海银行），115 家城市商业银行，626 家城市信用社，30438 家农村信用社，57 家农村合作（商业）银行，238 家外资银行营业性机构，4 家金融资产管理公司，59 家信托投资公司，74 家企业集团财务公司，12 家金融租赁公司，5 家汽车金融公司，以及遍布城乡的邮政储蓄机构。截至 2005 年 10 月末，银行业金融机构境内本外币资产总额达到 36.2 万亿元，比上年同期增长 19.2%，银行业资产占我国全部金融机构资产的 90% 以上，银行业在我国金融业中处于主体地位。截至 2005 年 10 月末，已有 40 个国家和地区的 173 家银行在华 23 个城市开设了 238 家代表处，比"入世"前增加了 24 家；有 20 个国家和地区的 71 家银行在华 23 个城市设立了 238 家营业性机构，比"入世"前增加了 43 家，其中，外资银行分行共 181 家，法人机构 14 家。外资银行经营人民币业务的地域范围在上年 18 个城市的基础上，2005 年 12 月 5 日开始将进一步按时开放汕头、宁波，并提前开放哈尔滨、长春、兰州、银川和南宁 5 个城市，开放人民币业务的城市增加到 25 个，外资银行展业的地域分布将更加合理。同时在华外资银行业务范围方面，银监会除按承诺开放有关业务外，还主动开放了 QFII 托管业务、保险代理业务、保险外汇资金境外运用托管业务以及保险公司股票资产托管业务。截至2005年10月末，已有138家外资银行机构获准经营人民币业务，其中73家分行可经营中资企业人民币业务；15家外资银行机构获准开办网上银行业务，41家外资银行机构获准从事衍生产品交易业务，5家外资银行分行获准开办QFII托管业务。外资银行在规定的12项基本业务范围内，经营的业务品种达到100多个。

在华外资银行发展速度和影响日益扩大。截至2005年10月末，在华外资银行资产总额为845亿美元，占我国银行业金融机构资产总额的2%左右，其中外汇贷款额占我国外汇贷款总额的20%。外资银行所占市场份额尽管不高，但业务发展非常迅速，近年来其资产、存款和贷款的增长速度均在30%以上。外资银行在一些经济发达地区和一些重要业务领域占据了重要地位，市场影响日益扩大。如在上海，外资银行总资产占比已达12.4%，外汇贷款占比已达54.8%，在开放人民币业务的短短几年里，外资银行人民币资产总额已突破1000亿元。外资银行在银团贷款、贸易融资、零售业务、资金管理和衍生产品等业务方面服务的优势进一步显现。外资银行已成为我国银行业体系中的一支不可或缺的重要力量。

2005年，在党中央、国务院领导下，在"入世"过渡期即将结束的形势下，银监会树立全球战略意识，积极推动互利与共赢的开放战略，采取一系列旨在提高银行业对外开放水平的新措施。一是鼓励外资金融机构参与我国西部大开发和振兴东北老工业基地建设，支持外资银行在中西部和东北地区设立机构、开展业务，鼓励和支持外资金融机构参与这些地区的中小金融机构重组改造，促进区域金融协调发展。二是对外资银行在中西部和东北地区设立机构与开办业务的申请实行优惠政策，在审批过程中设立绿色通道，在同等条件下优先审批外资银行到这些地区设立机构和开办业务的申请。三是对中西部和东北地区的外资银行经营人民币业务实行优惠的准入政策。继2004年提前对外资银行开放西安、沈阳2个城市的人民币业务后，2005年又提前开放了中西部及东北地区5个城市，审慎降低上述开放城市外资银行人民币业务准入条件。四是又一次大幅降低了外资银行经营人民币业务营运资金的要求，并将按照《中华人民共和国外资金融机构管理条例》规定，适时调整外资金融机构从中国境内吸收外汇存款的比例。这些开放措施，必将为外资金融机构在华发展创造更加良好的制度环境。此外，银监会积极鼓励企业集团财务公司、信托投资公司、金融租赁公司等非银行金融业务扩大对外开放，支持由商业银行发起设立证券投资基金；已先后批准了上汽通用等7家外商独资或合资的汽车金融公司开业或筹建（5家开业、2家筹建）；及时引入货币经纪制度，批准了中外合资上海国利货币经纪有限公司筹建，这是我国首家货币经纪公司。

2006 年 12 月 11 日，我国结束了五年的"过渡期"开始全面履行对世贸组织的承诺。这意味着中国经济金融将全面融入世界经济金融体系，中资银行将与外资银行展开全面的合作与竞争。

（三）我国金融体制改革实践的新阶段

2008 年全球金融危机爆发，使得我国金融体制改革与发展进入一个新阶段。为应对全球金融危机带来的不利因素，2008 年 11 月 5 日，党中央、国务院推出扩大内需、促进经济增长的一揽子经济刺激计划。2008 年 12 月，国务院发布《国务院办公厅关于当前金融促进经济发展的若干意见》，从货币政策、信贷服务、多层次资本市场、发挥保险保障和融资功能、创新融资方式、外汇管理、金融服务、财税政策支持以及金融改革九个方面明确提出三十条细化措施，以确保"积极的财政政策和适度宽松的货币政策"的顺利实施，以及政府投资项目融资渠道的畅通。

党的十八大报告为金融体制改革的深化明确了方向与改革的重点，即健全现代金融体系，支持实体经济发展。2013 年 7 月，国务院出台《关于金融支持经济结构调整和转型升级的指导意见》（以下简称《意见》），这就进一步将加强和改进金融对实体经济的服务有效聚焦到经济结构调整和转型升级上。对于重点领域和行业，如先进制造业、战略性新兴产业、现代信息技术产业和信息消费、劳动密集型产业、服务业、传统产业改造升级以及绿色环保领域，加大资金支持力度。同时，《意见》高度重视金融政策与其他政策的配合与协同作用，对于产能过剩行业，要配合"消化一批、转移一批、整合一批、淘汰一批"的产业政策要求，在区别不同行业不同情况的基础上执行差别化政策，化解产业过剩矛盾。在改进小微企业与"三农"金融服务方面，明确了"小微企业贷款增速不低于当年各项贷款平均增速、贷款增量不低于上年同期水平"的工作目标。对于动员社会资金进入实体经济，《意见》提出要进一步推动民间资本进入金融业，尝试由民间资本发起设立自担风险的民营金融机构。

2013 年 11 月，中共十八届三中全会《中共中央关于全面深化改革若干重大问题的决定》（以下简称《决定》）针对深化金融体制改革提出，要完善金融市场体系，具体来说包括三个方面的内容。其一，要推动金融机构更加灵活和市场化的经营运行。《决定》指出，"扩大金融业对内对外开放，在加强监管前提下，允许具备条件的民间资本依法发起设立中小型银行等金融机构"，"推进政策性金融机构改革"。其二，要完善金融市场的建设。"健全多层次资本市场体系，推进股票发行注册制改革，多渠道推动股权融资，发展并规范债券市场，提高直接融资比重。发展普惠金融。鼓励金融创新，丰富金融市场层次和产品"，"推动资本市场双向开放，有序提高跨境资本和金融交易可兑换程度"，"加强金融基础设施建设，保障金融市场安全高效运行和整体稳定"。其三，必须防范出现系统性金融风险。"落实金融监管改革措施和稳健标准，完善监管协调机制，界定中央和地方金融监管职责和风险处置责任"。这标志着新一轮金融体制改革的思路由以"机构改革"为核心向以"市场建设"为核心转变。

2016年3月《中华人民共和国国民经济和社会发展第十三个五年规划纲要》出台，将金融体制改革的目标聚焦于"健全现代金融体系，提高金融服务实体经济效率和支持经济转型的能力，有效防范和化解金融风险"上。在金融机构方面，强调健全商业性金融、开发性金融、政策性金融、合作性金融分工合理、相互补充的金融机构体系；在金融市场方面，发展多层次股权融资市场，深化创业板、新三板改革，开发符合创新需求的金融服务，稳妥推进债券产品创新，推进高收益债券及股债相结合的融资方式，大力发展融资租赁服务，推动同业拆借、回购、票据、外汇、黄金等市场发展，积极稳妥推进期货等衍生品市场创新；在金融监管方面，加强金融宏观审慎管理制度建设，构建货币政策与审慎管理相协调的金融管理体制。

2017年7月召开的第五次全国金融工作会议围绕"服务实体经济、防控金融风险、深化金融改革"的金融工作主题，为中国特色社会主义市场经济的金融建设指明了方向，即金融要把实体经济服务作为出发点和落脚点。会议对金融体制改革的部署如下：第一，金融服从服务于经济社会发展，要全面提升服务效率和水平，把更多金融资源配置到经济社会发展的重点领域和薄弱环节；第二，要优化结构，完善金融市场、金融机构、金融产品体系；第三，要以强化金融监管为重点，提高防范化解系统性金融风险的能力；第四，要发挥市场在金融资源配置中的决定性作用，提高金融资源配置效率。

党的十九大报告中，有关"深化金融体制改革，增强金融服务实体经济能力，提高直接融资比重，促进多层次资本市场健康发展"的论述与第五次全国金融工作会议所传递的精神一致，报告指出"健全货币政策和宏观审慎政策双支柱调控框架，深化利率和汇率市场化改革。健全金融监管体系，守住不发生系统性金融风险的底线"，这说明新时期金融体制改革重心已经转向服务实体经济、货币政策与宏观审慎政策双支柱调控、守住系统性风险底线三个层面。其中，"双支柱"的表述首次出现在中央层面的报告文件中，强调了宏观审慎政策的重要性，这就要求中国的金融机构更加注重内源式的高质量增长，而不仅仅是外延式的规模式增长。

从中共十八届三中全会提出的"建立现代金融体系"，到全国金融工作会议的"服务实体经济、防范金融风险、深化金融改革"三个任务，再到党的十九大报告"深化金融体制改革，增强金融服务实体经济的能力"的要求，可以看出，在经济高质量发展的新阶段，我国金融体制改革的框架与工作重点主要围绕构建现代金融体系并强化服务实体经济的能力所展开。在政府和监管部门带动下，多项金融服务实体经济的举措也相继推出并落地。2017年9月27日，国务院常务会议指出，要加大对小微企业发展的财政金融支持力度，推动缓解融资难、贵的问题，将金融机构利息收入免征增值税政策范围由农户扩大到小微企业、个体工商户，支持扩大小微企业金融债券发行规模等等。9月30日，央行宣布对普惠金融实施定向降准，针对前一年包括单户授信500万元以下的小微企业贷款、个体工商户和小微企业主经营性贷款，以及农户生产经营、创业担保、建档立卡贫困人口、助学等贷款余额或增量占比达到1.5%的商业银行实施定向降准政策，通过正向激励机制促进金融资源向普惠金融倾斜。工商银行、农业银行、中国银行等国内商业银行也相继成立普惠金融事业部，以加大对小微企业、"三农"、绿色金融等领域的支持力度。

二、价格体制改革实践

随着中共十一届三中全会的召开，价格体制也顺应时势进行了改革实践。1979年，中央政府把调整价格体系提上议事日程。为了调整价格体系，于是不得不改革定价体制。定价权的收与放，实际上是市场机制作用的收与放。1980~1991年，是政府定价权逐步放开的阶段。这时期，在价格体系调整上，先是调放结合、以调为主，进而发展为调放结合、以放为主。具体价格形式有政府定价、政府指导价和经营者定价三大类。具体到改革的具体方面主要有三个：一是消费资料价格改革。1982年9月国务院批准放开了160种小商品价格。1983年9月又放开了350种小商品价格。1984年10月6日，国家物价局又发出通知，规定除了各级政府必要管理的小商品外，其余全部放开，实行市场调节。二是生产资料价格改革。1983年，首先允许石油产品计划外部分按国际市场价格在国内销售。1984年，部分统配煤矿实行了超产加价。1984 年 5 月 20 日，国务院规定，工业生产资料属于企业的和完成国家计划后的超产部分，一般在不高于或者低于国家定价 20% 的幅度内，企业有权自定价格，或者由供需双方在规定的幅度内协商定价。三是生产要素价格改革。生产要素主要指劳动力、资本，还有土地。20 世纪 80 年代初，我国城乡劳动力开始了自主择业，出现了劳动力市场的萌芽，在劳动力市场上，劳动力的价格（工资）由供给和需求双方决定，在传统计划经济之外游离出了一片"飞地"。1987 年 9 月，深圳市将 5321.8 平方米的住宅用地的使用权，以每平方米 200 元的价格，出让给一家中国的公司，使用期限 50 年，首次显现了我国城市土地的价格。1988 年 8 月 30 日，国务院第 20 次常务会议责成中国人民银行开办保值储蓄，使三年以上存款的利息率与价格指数挂钩。

经过放权，经营者定价已占很大比重。1992 年，开始明确实行市场经济体制，定价权继续放开，至 1999 年，消费品零售价格（含服务价格）放开已达 95% 以上，农产品收购价除了北方的小麦、南方的水稻等有最低保护价以及国家定购价格外，以前一直管得很紧的粮、棉、油价格已经全部放开。

政府对市场价格的管理也正逐步从依人治价改革为依法治价。1988 年实行的《中华人民共和国价格管理条例》是具有准法律性质的文件，但它是计划经济与市场经济相结合的产物。1998 年 5 月施行的《中华人民共和国价格法》则是市场经济条件下的一部价格根本大法。它主要规定了经营者价格行为、政府定价行为、价格总水平调控，以及价格监督检查和法律责任的法律规范。除了这部根本法以外，各级政府还陆续出台了《制止低价倾销工业品》《制止价格暴利行为》《制止价格欺诈行为》《实行明码标价》等一系列具体法规及实施办法，这些都为维护市场正当的价格行为、反对无序的价格竞争提供了管理的依据①。自此以后，我国的价格由市场决定，国家直接管制的部分已经可以忽略不计。截至 2001 年，《中央定价目录》规定的由政府直接定价的商品和服务只有 13 种。而后随着我国加入 WTO 的步伐加快，我国的市场价格也与世界接轨，形成了中国市场价格与世界市场价格互动的局面。

党的十八大以来，随着社会主义市场经济体制在我国的初步建立，97%以上的商品和服务价格已由市场竞争形成，高度集中的计划价格体制发生了根本性转变。

---

① 余兴发：《新中国价格体制改革的回顾与展望》，《财经研究》1999 年第 11 期。

2015 年 10 月，中共中央、国务院公布了《关于推进价格机制改革的若干意见》（以下简称《若干意见》），明确了推进价格机制改革的指导思想、基本原则、总体目标和重点任务，为价格机制改革的进一步深化做出了顶层设计。《若干意见》指出，要紧紧围绕市场在资源配置中的决定性作用，深化农产品、能源、环境服务、医疗服务、交通运输、公用事业和公益性服务等重点及民生领域的价格改革。石油、天然气、电力等能源领域，要按照"管住中间、放开两头"的思路推进能源价格改革。对于政府自身的定价行为，要进一步公开透明，"推进定价项目清单化，规范定价程序，加强成本监审"。在反垄断领域，要"大力推进市场价格监管和反垄断执法，逐步确立竞争政策的基础性地位"。

2015~2016 年，国家发展改革委相继起草了《滥用知识产权反垄断指南》《反垄断案件经营者承诺指南》《横向垄断协议案件宽大制度适用指南》《汽车业反垄断指南》《垄断协议豁免的一般性条件和程序的指南》《认定违法所得和明确罚款的指南》六部反垄断指南，并面向社会公开征求意见。2017 年 7 月，国家发展改革委发布《行业协会价格行为指南》，分项列明了无法律风险的行为 8 项、法律风险较小的行为 5 项、法律风险较大的行为 4 项、法律风险很大的行为 4 项、法律风险极高的行为 12 项。2017 年 8 月，国家发展改革委又印发了《关于进一步加强垄断行业价格监管的意见》，要求建立健全垄断行业科学定价方式，着力提高监管机制的精细化、科学化水平。作为价格监管方式的创新，这些反垄断领域的法规文件在节约监管成本的同时，也减少了监管与被监管之间的矛盾。

2016 年 6 月，国务院出台《关于在市场体系建设中建立公平竞争审查制度的意见》（以下简称《意见》），要求政府部门在制定涉及经济活动的政策措施时，要严格对照相关标准进行审查，充分评估政策措施对市场竞争的影响，防止出台具有排除、限制竞争效果的政策措施。这对于有效保障市场竞争秩序、推动价格机制改革的顺利进行具有重要意义。《意见》发布后，2016 年 12 月，经国务院同意，建立了"由发展改革委牵头的公平竞争审查部际联席会议制度"，并于 2017 年 5 月召开了第一次全体会议，通过了《公平竞争审查制度实施细则（暂行）》《2017~2018 年清理现行排除限制竞争政策的工作方案》《推进落实公平竞争审查制度 2017 年工作重点》三个文件，同时针对增量政策、存量政策、政策宣传、反垄断执法以及充分发挥联席会议制度作用做了工作部署。

党的十九大的召开，对价格机制改革提出了新要求。党的十九大报告中明确指出，"经济体制改革必须以完善产权制度和要素市场化配置为重点，实现产权有效激励、要素自由流动、价格反应灵活、竞争公平有序、企业优胜劣汰"。为加快价格市场化改革，加强价格监管，2017 年 11 月 7 日，国家发展改革委修订颁布《政府制定价格成本监审办法》（以下简称《办法》），自 2018 年 1 月 1 日起施行。《办法》更加注重加强垄断行业监管、规范成本监审行为，成为成本监管最核心、最重要的制度，也标志着政府成本监管进入科学监管、制度监管的新阶段。2017 年 11 月 11 日，国家发展改革委印发《关于全面深化价格机制改革的意见》（以下简称《意见》），对未来三年改革任务的顶层设计和系统谋划。在《关于推进价格机制改革的若干意见》提出的 2017 年和 2020 年两个阶段性改革目标的基础上，《意见》指出下一步价格体制改革的总体目标是，"到 2020 年，市场决定价格机制基本完善，以'准许成本+合理收益'为核心的政府定价制度基本建立，促进绿色发展的价格政策体系基本确立，低收入群体价格保障机制更加健全，市场价格监管和反垄断执法体系更加完善，要素自由流动、价格反应灵活、竞争公平有序、企业优胜劣汰的市场价格环境基本形成"。围绕这一目标，在垄断行业、公用事业和公共服务、生态环保、农业、涉企收费、市场价格监管、民生保障七个重点领域展开改革工作。同时，积极推动《价格法》《反垄断法》等法律法规修订，完善政府定价、市场价格监管、反垄断执法等方面的规章制度。

在改革创新的新起点和新时代下，我国价格机制改革逐渐进入纵深推进的新阶段。

三、财政体制改革实践

1980 年之前，我国实行的是中央集权的计划经济体制，对财政职能的定位是"发展经济，保障供给"。中共十一届三中全会的召开改变了这一局面。根据十一届三中全会以后的有关决定精神，国务院于 1980 年 2 月颁发了《关于实行"划分收入，分级包干"的财政管理体制的暂行规定》，决定从 1980 年起实行财政管理体制改革，揭开了开放过程中财政包干制的序幕。

1985 年，鉴于 1980 年起实行并在执行中有所改进的"划分收支，分级包干"财政体制原定的五年已经到期，特别是实行两步利改税后企业上缴国家的利润改为以所得税、调节税的形式上缴，国家与企业之间的财政分配形式已经发生了很大变化，各级财政收入分割也有了新的基础。根据中共十二届三中全会《关于经济体制改革的决定》的精神，国务院决定从 1985 年起对各省、自治区、直辖市实行"划分税种、核定收支、分级包干"的财政体制。

1987年，关于让"包"字进城，推广企业承包制可以"立竿见影"地扭转效益下滑局面甚至可以依靠承包建成有中国特色社会主义的意见在决策中占了上风。从1987年起，全国绝大部分国营企业先后实行了承包经营责任制，使第二步"利改税"在很大程度上名存实亡：报表上的国营企业所得税数字是按承包上缴数倒算填入的。

1988年，在财政方面，第二个包干期尚未期满，原来设想的"分税制"改革亦不具备启动的条件。针对当时有上解任务地区财政收入增长缓慢甚至出现滑坡现象等问题，国务院决定改进地方财政包干办法，即从1988年起，全国39个省、直辖市、自治区和计划单列市，除广州、西安两市的预算关系分别与广东、陕西两省联系，对其余37个地区分别实行以下六种改进办法：①收入递增包干办法，实行这种包干办法的有北京等10个省市。②总额分成，实行这种包干办法的有天津等3个省市。③"总额分成加增长分成"办法，实行这种包干办法的有大连等3个计划单列市。④"上解额递增包干"办法，实行这种包干办法的有广东和湖南两省。⑤定额上解，实行这种包干办法的有上海等3个省市。⑥定额补助，实行这种包干办法的有吉林等16个省市。这种"多种形式包干"的财政管理体制原定两年为期，1990年后继续执行，当然执行过程中不断有一些调整变化。

总之，1980~1994年间的财政"分灶吃饭"型包干制，始终在经历频繁的、或大或小的调整，这些反映的是改革开放渐进型演变过程中财政分配关系的适应性调整[①]。

从1994年起，我国进行了重塑流转税制的税制改革，并开始实行分税制财政体制，即在建立以增值税为主体、内外统一的流转税制度，规范统一内资企业所得税制的基础上，初步建立起了分税制财政管理体制的基本框架。在1998年的全国财政会议上，国家财政部长项怀诚正式提出了建立我国公共财政的目标。公共财政体制是从财政支出方面调整和规范了政府和市场的财政分配关系，是对分税制财政体制的补充和完善。至此我国开始了公共财政的改革。

2004年，国家财政部按照中共中央、国务院加强公共财政改革的要求，积极推进财政体制改革，具体改革有以下几个方面：

---

① 贾康、阎坤：《转轨中的财政制度变革》，上海远东出版社1999年版。

（1）农村税费改革方面进展顺利。2004 年，全面取消了除烟叶以外的农业特产税，吉林、黑龙江免征农业税，13 个粮食主产区降低农业税率 3 个百分点，其他地区降低 1 个百分点。同时，上海、西藏、北京等 6 个省市区自主决定免征或基本免征了农业税。为减轻农民负担，促进粮食生产，国家财政部还实施了稳定农业生产资料价格的财税优惠政策，取消 3 项、免征 8 项、降低 4 项涉农行政事业性收费。对价格波动和需求较大的进口二氨实行了补贴。

（2）加大力度推进出口退税机制改革。2004 年初，按照"新账不欠，老账要还，完善机制，共同负担，推动改革，促进发展"的原则，国家财政部会同有关部门，完善相关政策措施，妥善解决改革中出现的新问题。据统计，2004 年清退数额占老账指标的 99.2%，有效解决了出口欠退税这一历史遗留的老大难问题，缓解了出口企业和地方财政资金的紧张状况，增强了企业竞争力。

（3）实施增值税转型改革试点。为了促进东北老工业基地的基础产业、高新技术产业的发展，自 2004 年 7 月 1 日起，对东北老工业基地的装备制造业、石油化工业、冶金工业、船舶制造业、汽车制造业、高新技术产业、军品工业和农产品加工业八大行业，允许新购机器设备所含增值税金予以抵扣；为减轻东北老工业基地企业负担，对东北老工业基地的企业实施提高固定资产折旧率和缩短无形资产摊销期限、提高计税工资税前扣除标准等优惠政策。

（4）积极支持国有企业和金融体制改革。2004 年，为支持中石油、中石化、东风汽车集团等第一批中央企业分离企业办社会职能试点工作，中央财政本级补助支出 40 多亿元。目前，第一批试点工作已经基本完成。截至当年 11 月底，中央财政拨付国有企业关闭破产补助资金 197 亿元，安置职工 47 万人。同时，中央财政采取多种措施，积极推进金融体制改革，提高金融机构自身防范风险和化解风险的能力，包括支持中国银行、建设银行、交通银行财务重组和改制上市，以及实施部分保险公司的所得税返还、对农村信用社改革试点地区的农村信用社实行税收优惠等。

（5）继续深化预算管理制度改革。为了完善定额标准体系，2004 年选择了人事部等 5 个中央部门进行了实物费用定额试点。此外，为加快预算外资金"收支脱钩"管理改革，2004 年新增了司法部、信息产业部等 7 个中央部门试点。2004 年在教科文、经济建设、农业、社保等领域还进行了跨年度重大支出项目绩效评价试点。截至当年 11 月底，已有 140 个中央单位及所属 2600 多个基层预算单位实行了国库集中支付改革，涉及资金超过 2500 亿元。有 47 个中央部门纳入非税收入收缴改革范围。地方已有 30 个省（市）及部分县实施了国库集中支付改革。政府采购管理制度改革进展顺利。全年政府采购规模预计突破 2000 亿元，较上年增长 20%左右，资金节约率在 10%左右。

2005 年，中共十六届六中全会通过的《中共中央关于构建社会主义和谐社会若干重大问题的决定》，明确了财政促进基本公共服务均等化、支持构建社会主义和谐社会的方向和任务。调整财政支出结构，把更多财政资金投向公共服务领域，在构建社会主义和谐社会的进程中，财政支出必须坚持以人为本，推进公共服务均等化，把更多财政资金投向公共服务领域，不断加大对重点支出项目的保障力度，向农村倾斜，向社会事业发展的薄弱环节倾斜，向困难地区、困难基层、困难群众倾斜，不断改善人民群众的生产生活条件，满足人们的公共产品需求，让广大人民群众共享改革发展成果、同沐公共财政阳光，推进公共财政的改革。这次的改革进一步倾向薄弱环节的投资，具体有：

（1）大力支持教育事业发展。要保证财政性教育经费的增长幅度明显高于财政经常性收入的增长幅度，逐步提高财政性教育经费占财政支出的比重。一是重点支持农村义务教育。义务教育是农村最大的公共事业。从 2004 年起，国家财政对农村义务教育阶段贫困学生实行免学杂费、免书本费、补助寄宿生生活费。从 2006 年起，逐步将农村义务教育全面纳入公共财政保障范围。2006 年首先在西部地区全面推行农村义务教育经费保障机制改革，有近 4900 万农村中小学生受益，平均每个小学生减负 140 元、初中生减负 180 元，并在全国范围内启动农村中小学校舍维修改造资金保障新机制；2007 年，中部和东部地区农村义务教育阶段中小学生也将全部免除学杂费；从 2008 年起逐步提高公用经费保障水平，到 2010 年达到农村中小学公用经费基准定额，切实保证农村中小学正常运转的需要。不考虑教师工资增长因素，2006~2010 年中央与地方各级财政将累计新增农村义务教育经费约 2182 亿元。二是逐步完善城市义务教育经费保障机制。其中，享受城市居民最低生活保障政策家庭的义务教育阶段学生，与当地农村义务教育阶段中小学生同步享受"两免一补"政策；进城务工农民子女在城市义务教育阶段学校就读的，与所在城市义务教育阶段学生享受同等政策。三是逐步完善高等教育、职业教育贫困生资助体系，加大对农民工的职业培训等。

（2）大力支持医疗卫生事业发展。一是增加财政对公共卫生体系建设投入，逐步建立公共卫生经费保障机制，提高重大疾病预防控制能力。二是重点支持建立新型农村合作医疗制度，按照国务院确定的合作医疗试点进度要求做好扩大试点工作，认真落实财政补助资金，完善筹资机制，加强基金管理，防范基金风险，争取 2008 年在全国基本推行。三是加大对城市社区卫生服务体系投入，完善社区卫生服务补助政策，建立稳定的社区卫生服务筹资和投入机制。中央财政从 2007 年起将对中西部地区发展社区卫生服务按照一定标准给予补助。争取到 2010 年，建立健全功能齐全、安全有效、公平低价的城乡初级卫生医疗服务体系。

（3）大力支持就业和社会保障工作。据统计，全国财政对就业和社会保障的支出从 1998 年的 596 亿元增长至 2005 年的 3699 亿元，增长了 5.21 倍。当前和今后一个时期，在进一步增加就业和社会保障投入的基础上：一是要多渠道筹集并管好用好社会保障资金；二是继续认真落实中央关于就业和再就业的财税优惠政策；三是支持社会保障体制改革，建立健全中国特色的社会保障体系；四是继续推进社会救助体系建设。

（4）大力支持生态环境建设。加强生态环境建设是实现人与自然和谐相处的内在要求。一是继续加大投入力度，完善投入机制。进一步加大对农村环境保护、土壤污染防治、饮用水安全等环境保护薄弱环节和涉及人民群众生命健康领域的投入；进一步加大环境执法、环境监察、环境标准制定等方面的投入；同时通过排污权有偿取得和交易制度改革等措施，推动建立和完善环境保护长效机制和资金投入新机制。二是抓紧研究采取相关财税政策措施，大力发展循环经济和绿色经济，约束过度消耗资源和损害环境的产业和企业发展，支持有利于节约资源和生态保护的产业和企业发展，形成有利于节约资源、减少污染的生产模式和消费模式，建设资源节约型和生态保护型社会。

（5）大力支持司法能力建设。做好公安等司法机关的经费保障工作，不断提高司法机关的司法能力，对于保障在全社会实现公平和正义，创造和谐稳定的社会环境，具有重要意义。一是落实好"分级管理、分级负担"的司法机关经费保障制度。司法机关履行职能的经费由本级国家财政部门根据需要列入预算予以保证，并随着经济发展和财政收入的增长逐步加大投入。二是加大中央财政专项转移支付力度，完善支付方式。进一步加大对地方的中央政法补助专款投入力度，完善管理方式，建立激励机制，强化项目管理，确保专款专用。三是引导司法部门优化资源配置，提高司法机关经费保障的有效性，不断提高资金使用效益。

由此，我国逐步进入了公共财政时期。

2013 年 11 月 12 日，中共十八届三中全会审议通过《中共中央关于全面深化改革若干重大问题的决定》，针对深化财税体制改革、建立与国家治理现代化相匹配的现代财政制度所作出了系统部署与一系列改革举措，这标志着新一轮财税体制改革的开始。2014 年 6 月 30 日，中共中央政治局会议审议通过了《深化财税体制改革总体方案》，为新一轮财税体制改革制定了"时间表"，即到 2016 年基本完成重点工作和任务，2020 年基本建立现代财政制度。同时也明确了包括改进预算管理制度、深化税收制度改革以及调整中央和地方政府间财政关系这三方面的具体改革任务。

在预算管理制度领域，2015 年 1 月 1 日正式实施了新修订的《预算法》，规定预算包括一般公共预算、政府性基金预算、国有资本经营预算和社会保险基金预算"四本预算"。与新《预算法》相配套，国务院相继公布了《关于加强地方政府性债务管理的意见》《关于深化预算管理制度改革的决定》《关于批转国家财政部权责发生制政府综合财务报告制度改革方案的通知》《关于改革和完善中央对地方转移支付制度的意见》《关于实行中期财政规划管理的意见》等文件，中共中央办公厅转发了《关于改进审计查出突出问题整改情况向全国人大常委会报告机制的意见》，国家财政部发布《关于深化预算管理制度改革的决定》《关于完善政府预算体系有关问题的通知》《关于进一步推进地方预算执行动态监控工作的指导意见》。以"四本预算"构建的全口径政府预算体系得以建立起来，2016～2018 年全国财政规划的编制、权责发生制政府综合财务报告制度相关细则、加大对重点地区的一般性转移支付比重、修订公布新的专项转移支付管理办法等多项具体的改革举措有序推进。2014 年 9 月，国务院印发《关于加强地方政府性债务管理的意见》，推动了地方政府债务管理体系及风险预警制度的建立。由此，现代预算管理制度的基本框架初步搭建起来，并加快了整个财税体制改革的进程。

在税收制度领域，"营改增"的试点与全面推进是自 1994 年分税制改革以来最重要的一次税制改革。2012 年 1 月 1 日，在上海率先启动营改增试点，随后分批次、分行业向全国范围推进；到 2014 年 6 月，营改增试点已覆盖全国，包括铁路运输、邮政、电信以及七大现代服务业；2014 年 7 月，国务院出台《关于加快发展生产性服务业促进产业结构调整升级的指导意见》，提出尽快将"营改增"试点扩大到服务业全领域，完善促进生产性服务业的税收政策；2016 年 5 月，国务院决定将试点范围扩大到建筑业、房地产业、金融业、生活服务业，所有营业税所涉行业均完成"营改增"转变，消费型增值税制正式确立。资源税改革也在有序进行。2014 年 10 月，国家财政部、国家税务总局发布《关于实施煤炭资源税改革的通知》，将煤炭资源税由从量计征改为从价计征。2015 年 3 月，《政府工作报告》要求扩大资源税从价计征范围。2016 年 5 月，国家财政部、国家税务总局发布《关于全面推进资源税改革的通知》，自 2016 年 7 月 1 日起全面推进资源税改革，包括水资源税改革试点、矿产资源税从价计征等等。

结合"营改增"的试点情况，2016 年 4 月，国务院出台《全面推开营改增试点后调整中央与地方增值税收入划分过渡方案》，作为加快地方税体系建设、推进中央与地方事权和支出责任划分改革的过渡方案，并将中央从地方上划收入通过均衡性转移支付分配给地方，并加大对中西部地区的支持力度。2016 年 8 月，国务院出台《关于推进中央与地方财政事权和支出责任划分改革的指导意见》，这是第一次比较系统地提出从政府公共权力纵向配置角度推进财税体制改革。在划分中央与地方财政事权和支出责任的基础上，理顺中央和地方收入划分，形成财力与事权相匹配的财政体制。这为建立现代财政制度提供了重要支撑，也表明我国财税体制改革已有了实质性进展。

四、计划体制改革实践

（一）1979~1993 年的计划体制改革

1993 年以前，我国计划体制改革的进展主要体现在大幅度缩小和改进指令性计划，使指导性计划逐步成为计划的主要形式，并在广泛的领域和较大的程度上发挥市场机制的作用。

1. 在生产方面

（1）农业生产领域：1979 年以前，国家计划对 25 种主要农产品产量实行指令性计划管理，并对这 25 种产品的播种面积和总产量下达分地区的计划数字。中共十一届三中全会以后，逐步减少指令性计划，到 1985 年已全部取消指令性计划。1993 年底，国家仅对粮食、棉花、油料、糖料、烤烟、肉类总产量、水产品、造林面积、天然橡胶 9 种主要农产品实行指导性计划管理。

（2）工业生产领域：国家计委管理的指令性计划产品逐年减少。

（3）运输邮电领域：从 1985 年起，国家对部分重点物资的铁路货运量、部直属水运货运量、沿海主要港口吞吐量实行指令性计划管理；对交通部门公路汽车货运量、港口吞吐量、水运轮驳船货运量、民航运输总周转量、邮电业务总量实行指导性计划管理。

2. 在商品流通方面

国家计委负责平衡、分配的统配物资，1979 年为 256 种；1985 年减少到 20 多种；1990 年减少到 19 种；1992 年虽然品种仍为 19 种，但统配比重下降较大；1993 年进一步减少到 12 种。1979 年，国家计划收购和调剂的商品为 65 种（一类商品）；1987 年减少到 23 种；1993 年进一步减少到 15 种，其中 13 种实行指导性计划。

3. 在价格管理方面

发挥市场在价格形成中的作用。1992 年，国家物价局共放开了 571 种产品价格，下放省管 22 种。到 1992 年底，国家物价局和中央有关部门直接管理的工业生产资料价格已由 1991 年底的 737 种减少到 89 种，其中实行国家定价的只有 33 种。1993 年又放开了大部分钢材价格和约 2 亿吨的统配煤价格。在农产品方面，到 1992 年底，国家物价局和国家有关部门管理的产品价格还有 9 种，其中实行国家定价的 5 种，实行国家指导价的 4 种。1993 年全国已基本放开粮食购销价。截至 1992 年底，在社会商品零售总额中，政府定价占 5.9%；在农民出售的农产品总额中，政府定价只占 12.5%；在工业企业销售的生产资料总额中，政府定价也只占 18.7%。

4. 在外贸方面

国家计委负责平衡协调的出口供货商品，在 1980 年为 900 多种，1985 年减少到 31 种，1991 年为 29 种。从 1993 年开始执行《出口商品管理暂行办法》，国家实行配额许可证管理办法的出口商品品种共 138 种，其中实行计划配额管理的 38 种，实行主动配额管理的 54 种，实行一般许可证管理的 22 种，实行被动配额管理的 24 种。实行出口许可证管理的商品占出口总额的比重，由过去的 66% 下降到 30.5%。

5. 在社会发展方面

对于劳动工资，国家计委过去负责编制全国的劳动工资计划总数，下达全民所有制分部门、分地区的劳动工资计划，其中分别列出国家机关、事业单位和企业的工资指标，并实行定量控制。从 1993 年起，改革原有的劳动工资指标，增加了一些全社会口径的指标，使职工人数、工资总额和国民生产总值、经济效益指标结合起来。同时将下达计划的覆盖范围由全民所有制扩大到全部职工以及工资总额。其中，除全民所有制工资总额增长比例不得突破外，其他指标只作为宏观监测指标、指导性指标管理，不层层分解下达。"农转非"计划由省市计划部门上报国家计委,经综合平衡后列入国家计划,并下达分地区计划,作为指令性计划管理。教育实行指令性计划和指导性计划相结合,即国家计划招生部分实行指令性计划,委托培养和自费生的招生数实行指导性计划。卫生、文化、广播影视、体育、社会保障等,将全国总数列入国民经济和社会发展计划,作为指导性计划。

在国家直接计划管理范围大幅度缩小的同时,地方直接计划管理也明显减少。

(二)1993~2005 年计划体制改革的主要内容

随着经济体制改革的不断深化,尤其是从 1993 年以来,根据党的十四大和中共十四届三中全会精神,计划体制改革进入了以建立社会主义市场经济新型计划体制为主要内容的制度创新阶段。在这一时期,计划体制改革取得了如下进展:

1. 继续缩减指令性计划管理的范围

(1)在生产方面。①农业生产领域:在 1985 年全部取消指令性计划的基础上,国家仅对粮食、棉花、油料、糖料、烤烟、肉类总产量、水产品、造林合格面积和天然橡胶 9 种主要农产品生产实行指导性计划管理。②工业生产领域:国家计委管理的指令性计划产品又从 1993 年的 36 种,减少到 1998 年的 12 种,占全国工业总产值的比重也只有 4.1%。

(2)在商品流通方面。国家计委负责平衡、分配的统配物资在 1993 年进一步减少到 12 种的基础上进一步缩减。1998 年,国家计委只对原油、成品油、煤炭、天然气和汽车 5 种生产资料的部分产品实行统一配置。

(3)在价格管理方面。建立主要由市场形成价格的机制。除对极少数垄断性的公用事业和关系国计民生、不适宜竞争的重要商品继续由政府定价外,绝大多数商品和服务价格都由市场形成。1996 年,市场调节价在社会商品零售总额中所占的比重已达 92.5%;实行政府指导价的比重为 1.2%;政府定价的比重只有 6.3%。在生产资料中,除石油、电力、化肥等少数重要商品继续实行政府定价外,其他商品都实行市场调节价。市场调节价在生产资料销售收入总额中占 81.1%;政府指导价的比重为 4.9%;政府定价的比重仅为 14%。在农副产品收购总额中,市场调节价占 79%;政府指导价为 4.1%;政府定价占 16.9%。

(4)在固定资产投资方面。企业和地方的投资决策权进一步扩大。国家负责安排的投资资金占全社会固定资产投资的比重已降低为 20%左右。

(5)在外贸外汇方面。从 1994 年开始,完全取消了进出口总额的指令性计划，同时，进一步扩大企业外贸自主权，缩减配额、许可证管理的商品，除少数重要和特殊的商品外，放开对进出口经营范围的限制，国家主要通过综合运用汇率、关税、利率、出口信贷等经济调节杠杆以及法律手段调节对外贸易。关税总水平由 1992 年初的 43.2% 下降到 17%。1994 年，中国成功地施行了汇率并轨，建立了全国统一的银行间外汇市场和以市场为基础的、有管理的人民币浮动汇率制。在此基础上，从 1996 年 12 月 1 日起，我国承担国际货币基金组织协定第八条的义务，比对外承诺提前三年实现了人民币经常项目下的可兑换。

2. 改进了年度宏观经济总量和重大结构的平衡和调节方法

在年度计划的制订和实施中，加强价值量的平衡测算和社会资金的协调平衡，同时继续做好其他基本生产要素和重要基础性商品的总量平衡。主要按以下几个层次进行经济总量和重大结构的平衡协调：一是社会总供给和社会总需求的平衡；二是全社会资金总量和重大结构平衡；三是居民可支配货币收入的来源和使用平衡测算；四是固定资产投资资金来源和使用方向的平衡测算；五是重要农产品、能源、基本原材料和主要农业生产资料的供需平衡测算；六是社会劳动力平衡测算；七是市场物价总水平和重大价格结构平衡测算。在改进宏观经济总量和重大结构的平衡工作过程中，计划部门加强了与有关经济调节部门的联系和配合，在进行宏观调控的过程中发挥了重要作用。

3. 改革了计划指标体系

从 1995 年起，按照计划指标的性质和功能，将计划指标大体划分为"宏观调控目标""预期目标"和"国家公共资金和资源配置指标"三类。作为国家宏观调控和公共资源配置的一种特殊方式，特别是在新旧体制转换过程中，极少数计划指标仍采取指令性方式。

4. 逐步建立和完善了国家订货制度

国家从 1994 年开始建立国家订货制度。1995 年继续对橡胶、小轿车、轮胎和生铁 4 种产品实行国家订货。在总结试行国家订货经验的基础上，逐步规范国家订货制度，并初步建立了包括重要农产品、农业生产资料和基础工业产品在内的统一的国家订货制度。

5. 建立和完善了国家计划报告和信息发布制度

从 1993 年开始，试编了年度计划报告，体现了计划职能的转变和增强计划工作的政策性。1995 年，国家对计划报告的性质、种类、内容、形式及编写、发布、实施等进一步规范，形成了比较完整的年度计划报告系列。此外，针对各年度经济发展的突出矛盾和重要问题，提出了一些专题计划报告。并且，从 1995 年开始，国家建立了计划报告公开发布制度。

完善宏观信息发布制度，从 1997 年起，国家计委先后发布了我国电力、煤炭、炼油、乙烯、交通运输、钢铁和有色金属工业等方面的生产建设情况、市场需求状况、发展中存在的主要问题以及国家的政策导向，以引导微观经济主体的投资行为。

6. 搞好计划实施过程中的即期调控

在加强宏观经济和市场运行跟踪监测、预测、预警的基础上，适时适度地进行即期调控。即期调控的重点是：调节社会资金的流量和流向，保证重点建设资金需要；做好敏感商品的市场供应的动态平衡，及时处理生产、建设、运输、内贸、外经贸等方面需要计划部门综合协调的问题；做好落实抗灾救灾以及应对其他意外情况的有关工作。

7. 产业政策引导经济结构调整和优化升级的重要作用

1994 年以来，国家计委会同有关部门加强了总体产业政策和专项产业政策的研究。《九十年代国家产业政策纲要》和《汽车工业产业政策》，已由国务院批准颁布实施。1997 年 12 月，国家计委颁布了《当前国家重点鼓励发展的产业、产品和技术目录》。同时，颁布了新修订的《外商投资产业指导目录》和我国基础产业领域的第一项产业政策——《水利产业政策》。

自 1993 年中共十四届三中全会做出了《关于建立社会主义市场经济体制的决定》以来，我国社会主义市场经济体制改革步伐不断加快。市场经济是以市场为基础来配置社会资源，随着市场经济体制改革的进一步深入，要求对计划体制和计划工作进行相应的改革。虽然有了社会主义市场经济理论，但是人们对于这一理论还有一个不断认识和理解的过程；虽然有了建立社会主义市场经济体制的决定，但对《决定》的贯彻还有一个不断实践和积累经验的过程。经过十多年的实践，随着社会主义市场经济体制的逐步建立和不断完善，我国的计划体制也在不断改革和完善。用"规划"取代"计划"，是我国计划体制改革深入发展的一个新阶段，是我国社会主义市场经济体制建设的一个新的历史坐标。

（三）2006 年至今的"计划"变"规划"阶段

中共十六届五中全会审议并通过的《中共中央关于制定国民经济和社会发展第十一个五年规划的建议》，改变了实行数十年的"计划"，代之以"规划"。由"计划"到"规划"，有着深刻的不同含义。它反映了我国计划指导思想有了新的变化，反映了我国计划体制改革进入了一个新的发展阶段，也反映了我国社会主义市场经济体制建设增添了一个新的坐标。"规划"反映了市场经济的要求，更加注重发挥市场对社会资源配置的基础性作用。

2011 年 3 月 14 日，第十一届全国人民代表大会第四次会议批准通过《中华人民共和国国民经济和社会发展第十二个五年规划纲要》，明确提出"调整优化投资结构"的政策导向，指出"发挥投资对扩大内需的重要作用，保持投资合理增长，完善投资体制机制，明确界定政府投资范围，规范国有企业投资行为，鼓励扩大民间投资，有效遏制盲目扩张和重复建设，促进投资消费良性互动，把扩大投资和增加就业、改善民生有机结合起来，创造最终需求"是"十二五"期间投资工作的重点内容，强调了调整和优化投资结构对于促进经济发展方式转变的重要作用。

2016 年 3 月 16 日，第十二届全国人大四次会议批准通过《关于国民经济和社会发展第十三个五年规划纲要》，指出"围绕有效需求扩大有效投资，优化供给结构，提高投资效率，发挥投资对稳增长、调结构的关键作用"。

第六章 投融资方式改革实践

投融资是整个投资活动的重要环节，投融资方式改革是投资体制改革的重要内容。改革开放以来，随着投资体制改革的推进，投融资方式也在不断探索创新中取得重要进展。本章将对投融资方式的改革实践进行系统的梳理和总结。本章首先阐明不同视角下投融资方式的类型及其含义，概要分析改革开放以来我国不同类型投融资方式结构的整体情况；然后回顾我国投融资方式的历史沿革，概述基本建设投资"拨改贷"的实行和银行信贷的发展，再进一步阐述债券融资方式的兴起与发展及债券市场的发展，阐述股权融资方式的兴起与股票市场的发展；接着，介绍金融衍生品的相关概念，以及我国金融衍生品市场的发展状况；第六节主要论述对外开放与引进外资的类型及整体概况，总结鼓励与限制外资投资的有关政策和实践，外资企业的发展和贡献；第七节针对基础设施投资的重要性和特殊性，对我国基础设施融资模式的探索、进展和创新进行一些回顾和总结；最后，概述政府与社会资本合作（PPP）模式在我国的发展，并总结目前存在的问题以及应对措施。

第一节 投融资方式的类型与结构

一、投融资方式的类型及其含义

投融资是指投资主体为投资项目筹集和融通资金的过程。投融资方式也称为投融资模式，是指投资主体筹集和融通资金的渠道类型。

在经济体制改革之前，我国实行高度集中的计划经济体制，投资主体只有政府一家，与其相适应的融资方式也只有财政无偿划拨一种，投资主体单一，融资方式单调。随着经济体制改革的逐步推行，新的投资主体不断涌现。除了政府（包括中央政府和地方政府）投资主体以外，企业投资主体、个人投资主体、金融机构投资主体及外国投资主体也纷纷加入投资主体阵营。各主体既可独立投资，也可联合投资，由此构成了多元化、多层次的投资主体结构。与各投资主体相适应的融资方式也不再单一，有财政拨款、企业自有资金、银行信贷、股票、债券以及各种民间集资方式和利用外资方式。其中，政府投资主体可利用的融资方式有财政拨款、财政信用（通过发行各类债券实现）及举借外债、利用外资；企业投资主体可利用的融资方式有自有资金、银行信用、发行股票、发行债券及民间集资和利用外资；个人投资主体的融资方式主要有个人自有资金、民间集资和金融机构信用；金融机构投资主体的融资方式主要有自有资金、金融机构信用、发行金融债券及利用外资；外国投资主体的融资方式则更为多样化了。

尽管投融资方式多种多样，但是根据其性质和内涵，可从不同角度加以归类。

从国家宏观角度看，投融资方式主要包括利用内资和利用外资两种方式，前者指一切从国内渠道筹集和融通资金的模式，包括财政拨款、面向国内的财政信用、国内投资主体自有资金、国内金融机构信用、国内资本市场发行股票和债券、国内民间集资等；后者指一切从国外渠道筹集和融通资金的模式，包括引进外国直接投资、外国政府和国际金融组织借款、国际捐赠和援助、利用国外资本市场发行股票和债券等。

从企业投资主体角度看，融资方式包括内源融资（也称内部融资）和外源融资（也称外部融资）两大类。根据发展经济学的理论，内源融资是指在经济主体的内部直接将储蓄转化为投资，从而形成企业扩张的资本来源；外源融资则指将不同经济主体的储蓄通过市场机制作用集聚起来形成巨额的社会资本，产生推动社会经济增长的动力。具体而言，内部融资的投资资金来源于企业内部积累，如折旧基金、更新改造基金、新产品开发基金等。外源融资根据是否通过金融中介组织，可划分为直接融资和间接融资两种类型。凡是不通过金融中介组织，而是通过金融市场发行产权证券（股票）和融资证券（企业债券）筹集、融通资金的模式，都称为直接融资；凡是通过金融中介组织筹集和融通资金的模式，即向金融机构借款，都称为间接融资。在融资活动中，一个企业往往同时进行内源融资和外源融资，两者没有绝对的排斥关系。

从资产负债表角度看，向金融机构借款和发行债券融资具有相同的性质，都体现为企业的负债，需要按照协议利率或固定利率到期偿还，因而与股权融资模式称谓相对应，也可以将其统称为债权融资模式。

二、我国投融资方式的结构演变

根据国家统计局的统计资料，全社会固定资产投资按其资金来源的不同，可分为国家预算内资金、国内贷款、利用外资、自筹资金和其他资金。各类型资金来源的含义如下：

（1）国家预算内资金：分为财政拨款和财政安排的贷款两部分。包括中央财政的基本建设基金（分经营性基金和非经营性基金两部分）、专项支出（如煤代油专项等）、收回再贷、贴息资金，财政安排的挖潜改造和新产品试制支出、城建支出、商业部门简易建筑支出、不发达地区发展基金等资金中用于固定资产投资的资金；地方财政中由国家统筹安排的资金等。

（2）国内贷款：指报告期固定资产投资单位向银行及非银行金融机构借入的用于固定资产投资的各种国内借款，包括银行利用自有资金及吸收的存款发放的贷款、上级主管部门拨入的国内贷款、国家专项贷款（包括煤代油贷款、劳改煤矿专项贷款等）、地方财政专项资金安排的贷款、国内储备贷款、周转贷款等。

（3）利用外资：指报告期收到的用于固定资产建造和购置的国外资金（包括设备、材料、技术在内），包括对外借款（外国政府、国际金融组织贷款、出口信贷、外国银行商业贷款、对外发行债券和股票）、外商直接投资及外商其他投资；不包括我国自有外汇资金（国家外汇、地方外汇、留成外汇、调剂外汇和中国银行自有资金发行的外汇贷款等）。外资按现汇即按使用外汇时的汇率折算成人民币。

（4）自筹资金：指固定资产投资单位报告期收到的，由各地区、各部门及企业、事业单位筹集用于固定资产投资的预算外资金，包括中央各部门、各级地方和企业、事业单位的自筹资金。

（5）其他资金：指在报告期收到的除以上各种资金之外用于固定资产投资的其他资金，包括企业或金融机构通过发行各种债券筹集到的资金、群众集资、个人资金、无偿捐赠的资金及其他单位拨入的资金等。

上述划分囊括了所有类型的投融资方式。表6-1列示了1981~2016年全社会固定资产投资的资金来源及构成。数据显示，随着经济体制改革的深入和对外开放的扩展，我国固定资产投融资方式的结构不断发生变化。从规模上看，1981~2016年各类融资规模均有较大幅度增长，国家预算内资金、国内贷款、利用外资、自筹和其他资金年均增速分别为15.03%、19.76%、12.54%、21.67%，其中自筹和其他资金增长速度最快，国内贷款也增长迅猛，国家预算内资金和利用外资总体上也呈现较快的增长态势。具体而言，不同类型融资规模在不同时期的增速呈现不同的起伏状态。国家预算内资金在1981~1987年几乎逐年增长，但1988~1992年却呈逐年下降态势，1993~2006年除2003年以外，各年均有不同程度的增长，2007年之后更是迅猛增长，2009年规模超过了万亿元；国内贷款在1981~2016年，除1983年、1989年和2016年有小幅下降以外，各年均呈增长态势，1985年其规模已超过国家预算内资金，2009年国内贷款规模较2008年上涨了48.6%；利用外资在1996年之前几乎逐年增长，但1997~2000年逐年减少，2001~2008年开始逐年呈现恢复性增长，到2004年其增长率又创造了历史新高，2008年之后基本处于下降态势，2015年、2016年降幅都达到了20%以上，2016年的利用外资规模仅为2008年的42.7%；1981~2016年自筹和其他资金除1990年外，各年均呈较快增长态势。从结构上看，包括国家预算内资金、国内贷款、自筹和其他资金始终占据我国固定资产投资的绝大比重，是主要资金来源，利用外资逐步成为我国固定资产投资资金来源的重要渠道，1996年达到了11.8%的最高比重，不过2013年之后比重不足1%；国家预算内资金所占比重由1981年28.1%的最高值开始逐年下降，1996年降至2.7%的最低值，此后波动上升，及至近5年在4%~6%的区间徘徊；国内贷款所占比重自1985年一举超越国家预算内资金后，一直位居次席，成为固定资产投资资金的第二大来源，2016年占比为10.89%；自筹和其他资金所占比重一直稳居首席，是固定资产投资最主要的资金来源，占比从1981年的55.4%上升到2016年的82.87%，增幅巨大。事实上，非国有部门固定资产投资几乎不可能得到国家预算内资金，来源于国内贷款的部分也仅占很小的比例，因此，自筹和其他资金所占比重的大幅上升，表明随着市场化进程的推进，我国非国有经济部门得到迅速成长，已成为国民经济快速增长的重要推动力量。

表6-1　1981~2016年全社会固定资产投资的资金来源及构成

年份	规模（亿元）				构成（%）			
	国家预算内资金	国内贷款	利用外资	自筹和其他资金	国家预算内资金	国内贷款	利用外资	自筹和其他资金
1981	269.76	122.00	36.36	532.89	28.10	12.70	3.80	55.40
1982	279.26	176.12	60.51	714.51	22.70	14.30	4.90	58.10

续表

年份	规模（亿元）				构成（%）			
	国家预算内资金	国内贷款	利用外资	自筹和其他资金	国家预算内资金	国内贷款	利用外资	自筹和其他资金
1983	339.71	175.50	66.55	848.30	23.80	12.30	4.70	59.20
1984	421.00	258.47	70.66	1082.74	23.00	14.10	3.90	59.00
1985	407.80	510.27	91.48	1533.64	16.00	20.10	3.60	60.30
1986	455.62	658.46	137.31	1869.19	14.60	21.10	4.40	59.90
1987	496.64	871.98	181.97	2241.11	13.10	23.00	4.80	59.10
1988	431.96	977.84	275.31	2968.69	9.30	21.00	5.90	63.80
1989	366.05	762.98	291.08	2990.28	8.30	17.30	6.60	67.80
1990	393.03	885.45	284.61	2954.41	8.70	19.60	6.30	65.40
1991	380.43	1314.73	318.89	3580.44	6.80	23.50	5.70	64.00
1992	347.46	2214.03	468.66	5049.95	4.30	27.40	5.80	62.50
1993	483.67	3071.99	954.28	8562.36	3.70	23.50	7.30	65.50
1994	529.57	3997.64	1768.95	11530.96	3.00	22.40	9.90	64.70
1995	621.05	4198.73	2295.89	13409.19	3.00	20.50	11.20	65.30
1996	625.88	4573.69	2746.60	15412.40	2.70	19.60	11.80	66.00
1997	696.74	4782.55	2683.89	17096.49	2.80	18.90	10.60	67.70
1998	1197.39	5542.89	2617.03	19359.61	4.20	19.30	9.10	67.40
1999	1852.14	5725.93	2006.78	20169.70	6.22	19.24	6.74	67.79
2000	2109.45	6727.27	1696.30	22577.40	6.40	20.30	5.10	68.20
2001	2546.42	7239.79	1730.73	26470.04	6.70	19.10	4.60	69.60
2002	3160.96	8859.07	2084.98	30941.91	7.00	19.70	4.60	68.70
2003	2687.82	12044.36	2599.35	41284.76	4.60	20.50	4.40	70.50
2004	3254.91	13788.04	3285.68	54236.30	4.40	18.50	4.40	72.70
2005	4154.29	16319.01	3978.80	70138.74	4.39	17.25	4.21	74.15
2006	4672.00	19590.47	4334.31	90360.20	3.93	16.47	3.64	75.96
2007	5857.06	23044.20	5132.69	116769.67	3.88	15.28	3.40	77.43
2008	7954.75	26443.74	5311.94	143204.86	4.35	14.46	2.90	78.29

续表

年份	规模（亿元）				构成（%）			
	国家预算内资金	国内贷款	利用外资	自筹和其他资金	国家预算内资金	国内贷款	利用外资	自筹和其他资金
2009	12685.73	39302.82	4623.73	193617.42	5.07	15.71	1.85	77.38
2010	13012.75	44020.83	4703.64	224042.03	4.72	15.20	1.60	78.48
2011	14843.29	46344.51	5061.99	279734.38	4.29	13.39	1.46	80.85
2012	18958.66	51593.50	4468.78	334654.71	4.63	12.59	1.09	81.69
2013	22305.26	59442.04	4319.44	405545.78	4.54	12.09	0.88	82.49
2014	26745.42	65221.03	4052.86	447461.24	4.92	12.00	0.75	82.33
2015	30924.28	61053.99	2854.45	489366.04	5.29	10.45	0.49	83.77
2016	36211.67	67200.30	2270.34	511251.19	5.87	10.89	0.37	82.87

注：自1997年起，除房地产投资、农村集体投资、个人投资以外，投资统计的起点由5万元提高到50万元。1996年的相应数据做了调整。

资料来源：中华人民共和国国家统计局编：《中国统计年鉴》（2017），中国统计出版社2017年版。

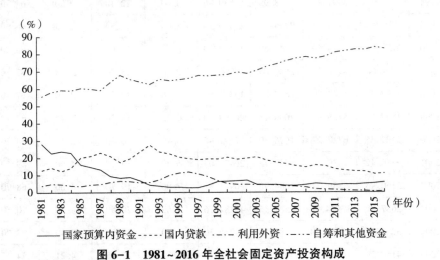

图6-1　1981~2016年全社会固定资产投资构成

资料来源：中华人民共和国国家统计局编：《中国统计年鉴》（2017），中国统计出版社2017年版。

第二节　"拨改贷"的推行与银行信贷的发展

一、我国投融资方式的历史沿革

改革开放前，我国实行高度集中的计划经济体制，国家作为主导的投资主体，挤占了其他经济所有制构成中所有权主体的投资主体地位。投资决策权、实施管理权、调控监控权、效益审核权均由中央集中统一部署、审批，企业成为政府行政机构的附属物。投资计划的编制、投资资金的预决算都集中在中央统一管理，地方政府只能依据中央计划而编制相应的计划。基本上，中央财政拨款是基本建设资金的唯一来源。

中华人民共和国成立后，包括新建、扩建国营企业的基本建设投资，文教卫生等行政事业单位的房屋建筑、设备购置和安装以及市政建设中的基础设施投资，职工住宅投资及危房改造等在内的基本建设投资成为财政预算支出的重要组成部分。1949~1952年恢复时期，基本建设的管理权限主要集中于各大行政区。1952年，中财委发布《基本建设拨款暂行办法》及《基本建设财务计划交由中央国家财政部审核批准并重申拨款预付原则》两个文件。从此开始，基本建设计划拨款的法规逐步建立起来。第一个五年计划时期（1953~1957年），经济建设刚刚起步，建设项目和施工重点在计划中都非常明确，重点项目概预算都经过严格审查，而且全部是国家财政预算拨款，投资规模完全按照国家计划安排。

1958年开始"大跃进"，国家下放了限额以上项目的审批权限，除全国基本建设规模、重大建设的项目和主要产品新增生产能力仍由中央管理外，其他都由地方统筹安排，造成各地大上建设项目，基本建设投资规模迅速膨胀，导致当时的建筑材料、设备和资金都无法承担，1961年后不得不采取缩短战线的紧急措施。1962年，中央同意颁发关于加强基本建设管理的三个文件，分别是：《关于编制和审批基本建设设计任务书的规定》《关于加强基本建设设计管理的几项规定》和《关于基本建设设计文件编制和审批办法的几项规定》，要求中央各部直属的大中型项目，一律由国家计委审核，报国务院批准，地方大中型项目由国家计委批准。一切基本建设都必须按照国家规定的审批权限报请批准，按照基本建设程序办事。只有获得批准的项目才被列入中央和地方的财政预算，允许施工建设。

1966年，"文化大革命"开始以后，按照"备战、备荒、为人民"的要求，把建设的重点放在大、小三线，加之"文化大革命"开始后的社会动乱，不少建设任务不能如期完成，部分审批权限下放给地方，地方自筹投资规模迅速扩大，造成新一轮财力、物力的紧张。

1972 年，国家计委、国家建委和国家财政部颁发《关于加强基本建设管理的几项意见》，提出：按照统一计划、分级管理的原则，国家预算内投资，由国家统一安排；省级地方自筹资金安排的基本建设，纳入省级计划。省级以下和企业一律不准搞计划外工程。用自筹资金安排的基本建设所需资金，要实行先收后用的原则。1974 年，国务院发出《关于严格控制基本建设拨款和各项支出的通知》，指出：基本建设拨款是国家财政支出的主要部分，各地要在不妨碍建设、生产和正常流通的前提下，坚决控制和节减基本建设拨款。

1978 年 12 月，中共十一届三中全会召开，中国开始进入了拨乱反正、改革开放的新时代。1979 年 4 月，中共中央、国务院批转国家建委起草的《关于改进当前基本建设工作的若干意见》中提出，当前基本建设战线的重要任务，就是调整基本建设规模和投资方向，整顿基本建设管理和企业管理，改革基本建设管理体制和管理方法。当前迫切需要对那些不急需和不具备条件的建设项目，实行"停、缓、并、转、缩"，以便腾出人力、物力、财力，加强薄弱环节和直接关系人民生活设施的建设，使国民经济发展逐步协调起来。根据中央指示精神，各地将基本建设投资重点转到加强农业、加强城市基础设施建设和改善人民生活急需的住宅及生活配套设施的建设等方面。

与基本建设投融资方式不同的是，企业流动资金供应体制大致经历了财政供应、财政银行共同负责和全额信贷等几个阶段。

1951~1958 年，实行流动资金由财政拨款和银行贷款共同负责。国营工业企业的流动资金，经常占用部分（即定额流动资金）由财政供应，临时占用部分由银行供应；商业企业的大部分流动资金由银行供应。1958 年 12 月，国务院发出《关于人民公社信用部工作中的几个问题和国营企业的流动资金问题的规定》，其中规定：国营企业的流动资金，一律改由中国人民银行统一管理。过去国家财政拨给企业的自有流动资金，全部转作银行贷款，统一计算利息，利息支出全部计入成本。1959 年至 1961 年上半年，实行全部流动资金由银行供应的办法。1961 年 5 月，中国人民银行总行、国家财政部转发国务院《批准财政部、中国人民银行总行关于改进国营企业流动资金供应办法的报告》及有关规定，其中规定：自 1961 年 7 月 1 日起，工交企业流动资金经核定后，总额的 80% 由国家财政部门通过企业主管部门拨给企业，作为企业的自有流动资金；其余 20% 由国家财政部门统一拨给人民银行，由银行向企业发放定额放款。定额放款一律按月息 1.8 厘计算，银行发放的超定额放款按月息 6 厘计算。1962 年，取消定额信贷，实行核定流动资金定额的办法。1964 年，国家财政部、中国人民银行发布的《关于加强 1964 年工业、交通企业流动资金管理工作的几项措施》规定，1964 年全国工业、交通企业的流动资金定额，应当在 1963 年计划定额的基础上，根据正常生产最低需要和节约使用资金的原则，大大加以压缩。1964 年，新开工企业所需的资金和老企业由于生产增长所需的资金，都由各地区、各部门用其他企业压缩下来的多余资金调剂解决，国家不再增拨流动资金。

在建设项目投融资只有财政拨款一种制度安排下，投资资金可以无偿使用，并且没有必要的风险和责任约束机制，导致各地方、各单位争投资、争项目，形成普遍的“投资饥渴症”。各地方、各单位只管投入而忽视产出，缺乏资金的时间价值观念和周转观念，致使投资效益长期低下。同时，国家总投资预算约束软化，缺乏约束投资膨胀的能力和手段，加之信贷货币供给的任何限制都可以冲破，往往导致在建总规模和年度建设规模超过国力所能承受的限度，引起投资乃至整个宏观经济的不规则周期波动。

二、基本建设投资“拨改贷”的推行

改革开放以后，我国先后对国有企业流动资金供应体制和固定资产投资体制进行改革，逐步实行了从无偿到有偿的“拨改贷”体制，即原来实行的列入国家预算由国家直接无偿拨款的基本建设投资，除无偿还能力的项目外，改为由中国人民建设银行贷款解决。这样就增加了建设单位的投资风险意识，提高投资利用率。我国对基本建设的投融资模式经历了从试行“拨改贷”到全面推行“拨改贷”和发展其他多种投融资模式的历程。

1979 年 8 月，国务院批转国家计委、国家建委和国家财政部《关于基本建设投资试行贷款的报告》（简称《报告》）和《基本建设贷款试行条例》。其中规定：从 1981 年起，凡是实行独立核算、有还款能力的企业，都应该实行基建拨款改为贷款（简称“拨改贷”）的制度。基本建设投资试行银行贷款的办法，是基本建设管理体制的一项重大改革，对于加强基本建设管理，建立经济责任制，缩短基建战线，提高投资效果，都会起到积极作用。这表明我国已经认识到按照经济规律管理经济工作的必要性。《报告》对试点地区和贷款范围做了明确规定，将贷款的对象界定为实行独立核算，有还款能力的工业、交通运输、农垦、畜牧、水产、商业、旅游等各类企业。对于行政和无盈利能力的事业单位，以及国家计划指定的项目，仍实行财政拨款的办法。

1982 年，国家计委、国家经委、国家财政部和建设银行又发出《关于进一步实行基本建设拨款改贷款的通知和暂行办法》，充实和修订了扩大贷款的工作细则，决定进一步扩大贷款范围，从 1982 年开始，凡是实行独立核算有还款能力的企事业单位，基本建设所需投资，除尽量利用企业自有资金外，一律改为银行贷款。

在试行基本建设投资"拨改贷"的同时，对企业流动资金的筹集方式也进行了改革。1983 年，国务院发布《国务院批转中国人民银行关于国营企业流动资金改由人民银行统一管理的报告的通知》，决定从当年 7 月 1 日起，企业的流动资金由银行统一供应、统一管理，财政不再拨流动资金。

1984 年 10 月，国务院在批转国家计委《关于改进计划体制的若干暂行规定》中明确规定：从 1985 年起，凡是由国家投资的建设项目都要按照资金有偿使用的原则由财政拨款改为银行贷款；根据建设项目的实施情况，对不同的建设项目实行差别利率和浮动利率等办法；根据不同情况，规定不同的还款期限，少数建设项目如果确无偿还能力的，经国家批准可以豁免。按照上述要求，国家计委、国家财政部和建设银行于 1984 年 12 月制定《关于国家预算内基本建设投资全部由拨款改为贷款的暂行规定》，经过一段时间试行后，修改为《关于调整国家预算内基本建设投资拨款改贷款范围等问题的若干规定》，经国务院批准，于 1985 年 12 月颁布。该《规定》提出，凡列入国家计划，由国家财政拨款（用省财政预算内资金、省财政自筹资金和用省财政其他资金安排投资）的，有还款能力的建设项目，基本上都实行银行贷款；对科学研究、学校、行政单位等没有还款能力的建设项目可以豁免本息。上述豁免本息的建设项目不再采用"拨改贷"方式进行管理。同时还规定，从 1986 年起，国家预算直接安排的基本建设投资，分别为国家预算内拨款投资和国家预算内的"拨改贷"投资两部分。这两部分投资的数额根据国家计划投资结构和投资方向的要求，由国家在计划中确定。实行拨款的建设项目与实行"拨改贷"的建设项目，在资金渠道上分别管理，分别核算，不相混同，不相挪用。各地根据各自的实际情况，对不执行"拨改贷"，财政无偿拨款的项目，做出具体规定。

"拨改贷"全面推行后，部分国企出现了资金不足、还款付息困难甚至资不抵债的问题。1995 年 8 月，国务院批准国家计划委员会、国家财政部、国家经济贸易委员会《关于将部分企业"拨改贷"资金本息余额转为国家资本金意见的通知》，将部分困难企业的"拨改贷"资金本息余额全部或部分转为国家资本金。之后国家计划委员会、国家财政部又印发了《关于中央级"拨改贷"资金本息余额转为国家资本金的实施办法》和《关于中央级基本建设经营性基金本息余额转为国家资本金的实施办法》，进一步对相关程序和措施进行了细化。

三、基础产业建设基金

政府设立用于投资的基金，如能源、交通、水利、农业等建设基金，是由预算外获得的专门用于这些基础产业建设的资金。这些基金也构成政府投资的一种重要来源，对于改变我国基础产业历史欠账较多、"瓶颈"束缚严重的情况，促进基础产业的发展，为国民经济提供必要的基础设施条件支撑，起到了重要作用。

（一）国家能源交通重点建设基金

国家能源交通重点建设基金是通过税收强制性和无偿性的原则，从预算外资金中筹集的，用于国家能源开发和交通建设的专项基金。

中共十一届三中全会以后，能源和交通运输非常紧张，已经成为制约我国经济发展的一个重要因素。为了集中一部分资金用于能源交通方面的基本建设，国家决定增加 200 亿元的能源交通重点建设投资。这笔投资除了由财政、银行负责解决 80 亿元外，其余的 120 亿元从各地区、各单位的预算外资金中通过征集"能源交通重点建设基金"的方式解决。为此，国务院于 1982 年 12 月 15 日颁布了《国家能源交通重点建设基金征集办法》，对国营企业事业单位、机关团体、部队和地方政府的各项预算外资金，以及这些单位所管的城镇集体企业缴纳所得税后的利润，按照当年收入的 10% 征集国家能源交通重点建设基金，同时规定地方超收部分全部留给各省、自治区、直辖市使用，自 1983 年 1 月 1 日起执行。1983 年 8 月，国务院决定从该年下半年起，将国家能源交通重点建设基金的征收比例由 10% 提高到 15%。1984 年已按 15% 的征收比例，给各省、自治区、直辖市和中央有关部门下达了任务。1984 年 1 月 17 日，国务院发布《关于能源交通建设基金超收部分由中央同地方分成和制止地方加征这项基金的通知》，对各地的超收部分如何处理加以明确，决定 1984 年超收的部分可留给地方使用，从 1985 年起，对各地超收部分实行中央和地方分成，地方留用 70%，上交中央 30%，并决定各地方在中央下达的国家能源交通重点建设基金任务之外停止加征地方能源交通建设基金的做法。

能源交通重点建设基金征集办法随后几度调整。自 1994 年 1 月 1 日起停征国有企业的国家能源交通重点建设基金和国家预算调节基金。1995 年，国家财政部、国家税务总局发布《关于 1995 年国家能源交通重点建设基金国家预算调节基金征管工作中若干问题的通知》，对征收管理政策做进一步调整，决定从 1995 年 1 月 1 日起，对非国有企业（包括集体企业、私营企业和个体工商户）免征国家能源交通重点建设基金和国家预算调节基金（简称"两金"），但对以前年度欠交的"两金"，仍应按规定及时足额补交。继续对各级行政事业单位（包括社会团体）、部队、地方国家财政部门的预算外资金（包括未纳入国家预算管理的各种基金和行政事业性收费）征收"两金"。

国家能源交通重点建设基金为我国能源交通投资开辟了新的渠道。1983～1995 年，共征集了 1807 亿元资金，平均每年占财政收入的约 7%。

（二）水利建设基金

水利建设基金是用于水利建设的专项资金，是为了加快水利建设步伐，提高大江大河防洪抗旱能力，改变重点水利工程设施和江河防洪体系建设滞后的状况，缓解水资源供需矛盾，促进社会经济持续、快速、健康发展，根据国务院的决定而建立的。水利建设基金由中央水利建设基金和地方水利建设基金组成。中央水利建设基金主要用于关系国民经济和社会发展全局的大江大河重点工程的维护和建设。地方水利建设基金主要用于城市防洪及中小河流、湖泊的治理、维护和建设。跨流域、跨省（自治区、直辖市）的重大水利建设工程和跨国河流、国界河流我方重点防护工程的治理费用由中央和地方共同负担。水利建设基金属于政府性基金，按照《国务院关于加强预算外资金管理的决定》（国发〔1996〕29 号）的规定，纳入财政预算管理，专项列收列支。国家财政部会同水利部制定的《水利建设基金筹集和使用管理暂行办法》对如何筹集和使用管理水利建设基金做出了明确规定，该办法自 1997 年 1 月 1 日起实行，到 2010 年 12 月 31 日截止。

根据《水利建设基金筹集和使用管理暂行办法》，中央水利建设基金的来源是从中央有关部门收取的政府性基金（收费、附加）中提取 3%和经国务院批准的其他可用于水利建设基金的资金。应提取水利建设基金的中央政府性基金（收费、附加）项目包括：车辆购置附加费、港口建设费、铁路建设基金、市话初装费、邮电附加、中央分成的电力建设基金。地方水利建设基金的来源从地方收取的政府性基金（收费、附加）中提取 3%。应提取水利建设基金的地方政府性基金（收费、附加）项目包括：养路费、公路建设基金、车辆通行费、公路运输管理费、地方交通及公安部门的驾驶员培训费、地方分成的电力建设基金、市场管理费、个体工商业管理费、征地管理费、市政设施配套费。有重点防洪任务的城市要从征收的城市维护建设税中划出不少于15%的资金，用于城市防洪建设。

2011年1月，国家财政部、国家发展和改革委员会、水利部印发《水利建设基金筹集和使用管理办法》（以下简称《办法》），自2011年1月1日起实行，到2020年12月31日止。《办法》进一步明确了水利建设基金的来源，即中央水利建设基金的来源是从车辆购置税收入中定额提取，从铁路建设基金和港口建设费收入中提取3%，经国务院批准的其他可用于水利建设基金的资金；地方水利建设基金的来源是从地方收取的政府性基金和行政事业性收费收入中提取3%，经国家财政部批准，各省、自治区、直辖市向企事业单位和个体经营者征收，地方人民政府按规定从中央对地方成品油价格和税费改革转移支付资金中足额安排资金，有重点防洪任务和水资源严重短缺的城市从征收的城市维护建设税中划出不少于15%的资金。同时该《办法》也明确了水利建设基金的使用范围。

2017年3月，国家财政部出台了《财政部关于取消、调整部分政府性基金有关政策的通知》，对地方水利建设基金进行了调整，明确指出在"十三五"期间，"省、自治区、直辖市人民政府可以结合当地经济发展水平、相关公共事业和设施保障状况、社会承受能力等因素，自主决定免征、停征或减征地方水利建设基金、地方水库移民扶持基金"。此后，许多地方政府开始对地方水利建设基金进行减征。

（三）农业发展基金

农业发展基金是根据1988年12月11日国务院发布的《关于建立农业发展基金增加农业资金投入的通知》而建立的。该《通知》指出，根据我国农业和国民经济发展的需要，必须增加农业的资金投入。为了确保农业资金有一个稳定的来源，充分发挥农业资金效益，促进农业生产特别是粮食生产的发展，从1989年起，逐步建立农业发展基金，由各级财政纳入预算，列收列支，专款专用。1989年9月，国务院发布《农业发展基金管理办法》，规定我国农业发展基金包括：①耕地占用税收入的全部；②国家能源交通重点建设基金征收比例提高部分中的1个百分点；③乡镇企业税收比上年实际增加部分；④农林特产税收入的大部分；⑤农林个体工商户及农林私营企业税收比上年增加部分；⑥从农产品经营环节中提取的农业技术改进费和纳入基金管理的其他资金。其中第③~⑥项由省级人民政府确定。

2017年4月，国家财政部、农业部印发《农业生产发展资金管理办法》，明确农业生产发展资金的15条支出范围，并指出各级财政、农业主管部门要加强对农业生产发展资金分配、使用、管理情况的监督检查，并实行绩效评价制度。

四、银行信贷的发展

（一）银行信贷的发展概况

基本建设投资"拨改贷"的全面推行，使得银行信贷成为投资主体除自筹和其他投资以外最主要的融资方式。

表 6-1 中的国内贷款指标反映了投资主体向银行及非银行金融机构借入的用于固定资产投资的各种国内借款，其中主要是银行信贷。我们将其用来说明改革开放以来我国固定资产投资资金来源中银行信贷的增长情况。根据表 6-1 的有关资料可以绘制图 6-2，从而形象地反映了 1981~2016 年固定资产投资来源中国内贷款（银行信贷）的发展历程。

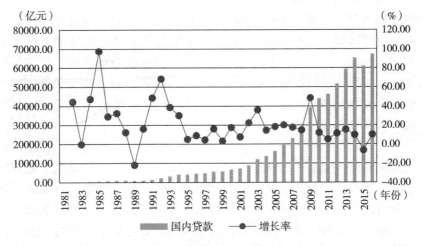

图 6-2 1981~2016 年固定资产投资来源中国内贷款情况

资料来源：中华人民共和国国家统计局编：《中国统计年鉴》（2017），中国统计出版社 2017 年版。

1981 年，在全社会固定资产投资中，国内贷款规模仅为 122 亿元，所占比重为 12.7%，2016 年已增长到 67200 亿元，所占比重提高到 10.07%，贷款规模年均增速达到 19.76%。1985 年基本建设投资"拨改贷"政策全面推行，国内贷款增长率随之达到创纪录的 97.42%。1989 年由于实施"治理整顿"的宏观紧缩政策，固定资产投资受到全面压缩，国内贷款出现 21.97% 的负增长。1992 年国内贷款增速达到 68.4% 的历史第二高点，从而成为引发经济过热的主要因素之一。1993 年开始，为应对经济过热，国家再次实行适度从紧的货币政策，受此影响，国内贷款增长率迅速下滑，1995～1997年落入10%以下区间。2003年，国内贷款增速达到35.96%的较高幅度，无疑对始于2003年上半年的宏观经济过热起到了一定的助推作用。2004～2008年，国内贷款增速保持在14%～20%的区间内。到2009年，受到包括4万亿元投资在内的一揽子经济刺激计划以及不断下调的贷款基准利率的影响，国内贷款增速达到48.63%的历史第三高点，这对于经济复苏也起到了一定的推动作用。近年来，在积极财政政策和稳健货币政策的宏观调控下，国内贷款增速逐渐趋于稳定，除2015年的负增长以外，基本稳定在10%左右。

（二）银行信贷的问题

我国长期以来主要表现为银行信贷资金配给机制的储蓄投资转化机制，受到行政性制度安排的很大影响，信贷市场竞争效率的缺失使银行信贷配给资金的效率完全被动地取决于贷款对象使用资金的效率。伴随着银行体制的商业化改革，银行体系在信贷资金配给中的主动作用有所体现，但作用范围依然有限，信贷资金的规模控制一直是国家宏观调控的主要手段。虽然从1998年开始取消了信贷规模管理，但由于国有商业银行的企业化改革并不彻底，加上其他制度因素的约束，信贷资金配给的市场化原则难以形成，信贷配给规则仍然带有许多行政化色彩。

受行政化色彩浓厚的信贷资金配给规则的约束，我国的资金配给结构呈现出明显的体制特征：一方面，信贷资金配给主体的类型单一性，使资金配给市场缺乏有效的竞争机制，市场高度集中。国有商业银行始终是我国信贷资金配给的主体，占有大部分市场份额，使信贷市场的供给机制带有明显的垄断特征。近年来，虽然股份制银行和非正规金融机构得到了一定的发展，但是并没有打破信贷主体高度垄断的局面。另一方面，银行通过不同融资项目收益与风险的权衡和分析来确定是否实施信贷配给以及如何实施，信贷资金配给客体的属性不同所享受的"待遇"也迥然不同。在特定制度供给下，国有银行与政府之间的裙带关系，为国有银行的信誉保证构建了天然屏障，提高了国有银行的筹资能力，使国有银行可以在更大范围内按非市场原则配给信贷资金。贷款给国有企业不仅符合政府支持国有经济发展的愿望，而且能够促进当地经济的发展、增加就业机会和保持社会稳定。因此，支持国有企业也就意味着扶助地方政府，这样可以增加银行家在地方政治市场中的交易筹码。银行家在向被配给对象"寻租"的过程中，国有经济"租金"的非货币化特性备受他们的青睐。在这种情况下，银行体系的信贷资金配给表现出明显的国有企业倾向和数量配给偏好。在这样的背景下实行金融改革，其结果必然是银行的信贷规模总是低于市场出清的水平。国有银行的利润动机随着金融体制改革的深入不断增强，也直接导致了曾经的"惜贷""慎贷"现象，储蓄向投资转化的效率受到很大制约。

在以国有企业为主体的数量配给方式下，我国信贷资金的配置效率，主要取决于国有企业的生产经营效率和银行与企业之间的利益分配博弈。从国有企业的经营现状来看，思想落后、管理粗放、经济效益低是众所周知的事实。在资金利用效率方面，国有企业与非国有企业的差距更加明显。根据国家财政部发布的数据，截至 2017 年 6 月，国有企业资产总额 1434774.3 亿元，负债总额 941293.4 亿元，负债率为 65.6%。从国有企业的财务杠杆率结构看，40%~60%的国有企业财务杠杆率在 90%以上，5%~15%的国有企业财务杠杆率超过95%，一些国企甚至超过了 100%。[①] 伴随如此高的负债率的是资金利用效率低下，并且国有企业的债务问题将加剧银行贷款风险，加剧不良贷款规模和不良贷款率。

国有企业对信贷资金配给效率的影响不仅表现在产出方面，而且表现在利益博弈中银行业的被动局面。由于我国国有银行实行垂直纵向管理，其实际委托人是中央政府，国有银行的资产损失最终只能由国家或政府承担。同时，国有银行承担了部分政府财政责任，各种倾向性的政策要求与压力往往使得国有银行缺乏独立的市场化信贷决策。而国有企业一般实行属地管理，其名义委托人仍是国家，但由于企业的生存关系到地方经济的发展和社会稳定等，与地方利益的联系更加紧密，地方政府就成为国有企业的实际委托人。因此，银行与企业的博弈在一定程度上演化成了中央与地方政府的博弈。在这个博弈过程中，中央和地方政府的策略选择都遵循个体理性最大化原则。历史经验表明，中央政府只在强制性制度变迁的有限次博弈中占优；而地方政府在无限次常态博弈中拥有明显的优势。这也直接导致非效率贷款和"逃废欠债"成为一种普遍现象，国有企业的信贷配给资金沉淀为大量的不良贷款。

第三节 债券发行与债券市场发展

一、债券

债券是一种所有权（即债权）证书，是一种有价证券。债券作为债权凭

---

① 庖丁解牛：《化解国企高杠杆：债转股，混改，剥离资本运营职能》，http://www.cinic.org. cn/yq/jryq/397503.html，2017 年 8 月 13 日。

证，是债券发行者向债券购买者融通资金的工具。债券规定有偿还年限和债息率，发行者应保证按期还本付息，可以在规定的偿还期内获得稳定的资金使用权。债券发行是将社会储蓄转化为投资的一种有效方式，是为建设项目筹集和融通资金的一条有效渠道，是工业化阶段市场化资金集聚与集中最重要的方式之一。

债券一般分为政府债券、金融债券和公司（企业）债券。其中，政府债券又可分为国家公债（简称国债，如国库券）和地方政府债券。

国债，包含内债和外债，前者是按照信用原则从国内筹集资金，后者是按照信用原则从国外筹集资金，两者都需要利用国家财政收入按期还本付息。中华人民共和国成立初期的 1950 年和 1951 年我国曾发行人民胜利折实公债，合计 3.03 亿元；1954～1958 年每年都发行了数额不等的国家经济建设公债，合计 35.4 亿元。[①] 之后，受"既无内债，又无外债"的计划经济思维定式束缚，我国多年不再发行国债。1981 年，鉴于特殊的经济和财政背景，以及对计划经济思维定式束缚的突破，我国政府决定对内恢复发行国债。1987 年以后，我国又开始发行国家重点建设债券（国家为压缩预算外投资规模，保证重点建设而发行的一种债券）、基本建设债券等国债。国债的发行不仅为国民经济发展筹集了大量建设资金，也在一定程度上满足了社会各类投资者投资国债的需要。同时，不断扩大的国债发行规模为市场提供了更多的流动性，有利于活跃和稳定金融市场，保证财政政策和货币政策的有效实施。外债是由国家财政部门出面，代表国家从国外借入款项，用于国内的投资建设。举借外债包括向外国政府、外国金融机构、国际金融机构等借入款项。

企业债券融资是企业直接融资的一种，也是企业作为投资主体的一种融资模式。本义上，企业债券通常又称为公司债券，是企业依照法定程序发行，约定在一定期限内还本付息的债券。企业债券代表着发债企业和投资者之间的一种债权债务关系，债券持有人拥有对发债企业的债权，但不参与或干涉企业经营管理，只是到期收回本息。但我国的企业债是从计划经济向市场经济过渡过程中的独特金融产品，是一种受到严格行政管制的"项目债"，与基于公司信用、实施市场化发行制度的公司债券有着本质的区别（殷剑峰等，2006）。截至目前，根据发债企业的特征和资金投向特征，企业债共出现过八个品种，包括中央企业债、地方企业债、短期融资券、国家投资债券、国家投资企业债券、地方投资企业债券、住宅建设债券以及内部债券。

---

① 张仲敏、任淮秀：《投资经济学》，中国人民大学出版社 1992 年版。

二、债券发行与债券市场

（一）国债

我国在恢复面向国内发行国家债券 20 多年以来，债券发行规模不断扩大。20 世纪 80 年代初的最初四年（1981~1984 年）每年发行内债仅 40 多亿元，到 1985 年发行内债也仅为 60.61 亿元。根据国家财政部的统计数据，2016 年，我国国债发行额达到 3.08 万亿元，约为 1985 年的 508 倍，其中内债发行额 30545.1 亿元，外债发行额 323.91 亿元。国债品种有了较多的增加，目前主要包括面向机构投资者发行的可流通的记账式国债及面向个人投资者发行的不可流通的凭证式国债。从期限品种来看，既有 1 年期以内（含 1 年期）的短期债券，也有 2 年期以上（含 2 年期）的中长期债券。

为降低政府发债成本，规范国债交易，促进国债发行市场的活跃，国债交易市场也逐步建立和发展起来。1988 年，国务院批准在一些试点城市开放国债流通转让市场，随后试点城市范围大幅度增加，允许交易品种也从有限的两种扩大到全部已发行的国库券。1990 年，随着上海证券交易所的建立，交易所债券市场也投入运行。1993 年，上海证券交易所先后正式推出国债期货交易和国债回购交易。1997 年，全国银行间债券市场也得以建立。近年来，银行间债券市场迅速发展，已成为面向所有机构投资者的债券场外批发市场，成为我国债券市场的主要组成部分，为保证货币政策的有效传导、宏观经济的健康运行和金融资源的有效配置发挥了重要的作用。

举借外债是由国家财政部门出面，代表国家从国外借入款项，用于国内的投资建设。改革开放前，我国曾有三次借用外债的经历。第一次是中华人民共和国成立以后，20 世纪 50 年代我国从苏联和东欧国家引进 400 项技术设备，借款 26 亿美元，兴建了 156 个重点项目，填补了冶金、机械、电力、化工、军工等部门的空白。第二次是 1972~1977 年，借款 43 亿美元引进 222 个技术设备项目，也取得了良好的经济效果。第三次是 1978 年大举借债 78 亿美元，引进 22 项成套技术设备，由于脱离当时国情，且没有做好前期工作，致使项目未发挥出应有的经济效益，并给财政造成沉重负担。[①] 改革开放以来，在平等互利的基础上，适度举借外债，利用外资发展经济，成为我国的一条基本国策。借用外债工作随之稳步发展，外债余额稳步增加。表 6-2 显示，1985 年我国国外借款仅为 29.24 亿元，2004 年增加到 145.07 亿

---

① 张仲敏、任淮秀：《投资经济学》，中国人民大学出版社 1992 年版。

元，增长近 4 倍，1985~2005 年国外借款总计达到 2280.64 亿元。《中国统计年鉴》（2006）未对该指标的含义给予明确解释，但将其列于国家财政债务发行项下，因而可以视为国家发行外债，即国家财政部在国际资金市场发行的外币债券以及国家财政"统借统还"的其他政府外债。从 2006 年起开始实行国债余额管理，根据《中国统计年鉴》（2017），中央财政债务余额从 2005 年的 32614.21 亿元增长到 2016 年的 120066.75 亿元，增长了 2.68 倍，年均增长率为 12.58%。其中，国内债务余额从 31848.59 亿元增长到 118811.24 亿元，国外债务余额从 756.52 亿元增长到 1255.51 亿元。

表 6-2　1981~2016 年国债发行情况与中央财政债务余额情况

单位：亿元

年份	国家财政债务发行情况			
	合计	国内债务	国外借款	国内其他债务
1981	121.74	48.66	73.08	—
1982	83.86	43.83	40.03	—
1983	79.41	41.58	37.83	—
1984	77.34	42.53	34.81	—
1985	89.85	60.61	29.24	
1986	138.25	62.51	75.74	
1987	223.55	63.07	106.48	54.00
1988	270.78	92.17	138.61	40.00
1989	407.97	56.07	144.06	207.84
1990	375.45	93.46	178.21	103.78
1991	461.40	199.30	180.13	81.97
1992	669.68	395.64	208.91	65.13
1993	739.22	314.78	357.90	66.54
1994	1175.25	1028.57	146.68	—
1995	1549.76	1510.86	38.90	—
1996	1967.28	1847.77	119.51	—
1997	2476.82	2412.03	64.79	—
1998	3310.93	3228.77	82.16	—
1999	3715.03	3702.13		12.90
2000	4180.10	4153.59	23.10	3.41

续表

年份	国家财政债务发行情况			
	合计	国内债务	国外借款	国内其他债务
2001	4604.00	4483.53	120.47	—
2002	5679.00	5660.00	—	19.00
2003	6153.53	6029.24	120.68	3.61
2004	6879.34	6726.28	145.07	7.99
2005	6922.87	6922.87	—	—

年份	中央财政债务余额情况		
	合计	国内债务	国外债务
2005	32614.21	31848.59	765.52
2006	35015.28	34380.24	635.02
2007	52074.65	51467.39	607.26
2008	53271.54	52799.32	472.22
2009	60237.68	59736.95	500.73
2010	67548.11	66987.97	560.14
2011	72044.51	71410.80	633.71
2012	77565.70	76747.91	817.79
2013	86746.91	85836.05	910.86
2014	95655.45	94676.31	979.14
2015	106599.59	105467.48	1132.11
2016	120066.75	118811.24	1255.51

注：从1999年开始，国内其他债务项目为债务收入大于支出部分增列的偿债基金。从2006年起实行国债余额管理，国家财政预决算不再反映债务发行收入。

资料来源：中华人民共和国国家统计局编：《中国统计年鉴》（2017），中国统计出版社2017年版。

（二）企业债

企业债的历史可以追溯到1984年。当时，一些地方企业出现了自发向社会或企业内部集资等类似发行企业债券方式的融资活动。到1986年底，共发行了100多亿元地方企业债券。1987年，我国开始发行重点企业债券。所谓重点企业债券，即为保证国家计划内重点建设，由国家投资公司向其他企事业单位发行的债券。20世纪90年代初期，各地发行企业债的热情高涨。1993年，针对企业债发行过程中出现的问题，国家制定严格管制措施，出台了《企业债券管理条例》对企业债券发行加以规范。受国家政策抑制，企业债券市场随后发展较慢。到 1997 年，企业通过发行债券筹集的资金不足 300 亿元。[①] 亚洲金融危机之后，为了扩大内需、拉动经济增长，一些重点建设项目纷纷上马，企业债成为这些重点项目的主要融资工具，中央企业债的发行规模随之迅速增加。2001 年底，企业债券余额达到 1008.63 亿元，表明 1997 年之后企业债券发行规模有较大增长。其后 4 年企业债券发行每年均超过 300 亿元，特别是 2005 年更达到 654 亿元，增长幅度惊人。2003 年发行了最长期限的企业债券——三峡债券，期限长达 30 年。根据中央国债登记结算有限公司的统计数据，截至 2017 年底，包括政府债券、政策性银行债、政府支持机构债券、商业银行债券、非银行金融机构债券、企业债券、资产支持证券在内的债券发行面额为 135795.45 亿元，其中企业债券发行面额为 3730.95 亿元，同比下降37.04%，占全部债券发行量的 2.47%。由此可见，目前我国企业债券的发行规模仍相当有限。1999~2017 年各年企业债券发行量如表 6-3 所示。

表 6-3　1999~2017 年各年企业债券发行量　　　单位：亿元

年份	发行量	中央企业债券	地方企业债券
1999	72.50	72.50	0.00
2000	50.00	50.00	0.00
2001	140.00	140.00	0.00
2002	325.00	325.00	0.00
2003	358.00	358.00	0.00
2004	326.24	326.24	0.00
2005	654.00	604.00	50.00
2006	995.00	652.00	343.00
2007	1719.86	1204.51	515.35
2008	2366.90	1683.00	683.90
2009	4252.33	2029.00	2223.33
2010	3627.03	1644.00	1977.20
2011	2485.48	204.00	2267.30

[①]　吴敬琏：《当代中国经济改革战略与实施》，上海远东出版社 1999 年版。

年份	发行量	中央企业债券	地方企业债券
2012	6499.31	1170.00	5314.50
2013	4752.30	473.00	4275.30
2014	6961.98	368.00	6530.50
2015	3431.02	360.00	2966.80
2016	5925.70	100.00	5385.30
2017	3730.95	30.00	3700.95

资料来源：根据中国债券信息网、中央国债登记结算有限公司相关数据整理。

随着我国投融资体制改革的不断深化，我国企业债券市场已有了一定的发展规模，但目前仍存在着诸多问题，企业债的发展滞后于经济发展与金融改革的要求。一是发行规模与市场占比较小，相比国债、政策性银行债、商业银行债等，企业债券占总体债券市场的比重过小；二是企业债券的融资方式主要以间接债务融资尤其是银行贷款为主，这样较为单一的融资方式难以满足企业的资金需求，无法充分发挥资本市场的资源配置功能；三是企业债券的发行尚未实现完全的市场化运作，部分品种债券仍采取审批制的监管制度，受发行规模控制的计划特征较明显，发行主体中大型国有企业居多，从行业来看也集中在基础设施建设行业和房地产行业。2007年，我国债券市场改革取得突破。2007年6月12日，中国证监会颁布实施《公司债券发行试点办法》，拉开了我国公司债发行的帷幕。公司债将采取市场化方式运作，虽然初期试点公司范围还仅限于在沪深证券交易所上市的公司及发行境外上市外资股的境内股份有限公司，但将来一定会扩大发行范围和规模，对企业债市场的快速发展无疑将起到积极的推动作用。

第四节　股权融资与股票市场发展

一、股权融资

股权融资是指通过让渡公司部分所有权的方式，筹集公司股本资金，从而实现投资活动。通过股票市场发行股票是股权融资的主要方式。股票是一种所有权证书，是股份公司或股份企业（均为投资主体）为筹集资金发给认购者（投资者）的凭证。股票的持有者就是公司的股东。持有股票就有权分享公司的收益，同时也要承担公司的责任与风险。通过发行股票筹集的资金，由股票发行者投资于股份公司的生产经营，转化为固定资产和流动资产，是不能分割的，因而股票持有者一般无权要求退股，但可通过股票交易市场买卖，转化为现金，也可向银行抵押借款或贴现。

显然，利用发行股票进行股权融资与债券融资在风险配置方式上有很大的不同。股权融资时企业的财务风险小而出资人风险大，债券融资时出资人的风险小而企业的风险大。对出资人来说，股权投资的预期收益大而债券投资的预期收益小。这个区别最清晰地显示了股权融资和股票市场发展、债券融资和债券市场发展的各自的客观必要性和存在的合理空间。因为全社会投资主体的风险承受能力是不一样的，同一个出资人也需要把自己的资产分配在不同的风险组合中。因此，在从风险最小的银行储蓄，到风险中等的债券融资方式，再到风险最大的普通股票以至创业板市场上的股票之间，形成了连续的投融资组合机会，使具有不同风险偏好的投资者有充足的机会找到适合自己的投资品种以及优化自己的投资组合，也使不同属性的投资主体获得筹集和融通资金的有效渠道。

中华人民共和国成立后，由于实行计划经济体制，被认为最具有典型资本主义特征的股票及相应的股票市场被迫销声匿迹多年。改革开放后，伴随着经济体制改革的推进和深化以及经济建设的发展，经过一系列开创性探索和积极酝酿（见表6-4），股票市场才逐步恢复并成长起来。当然，就目前而言，相比于发达国家的成熟股票市场，我国的股票市场仍然是处于发展初期的新兴市场。

表 6-4　20 世纪 80 年代及 90 年代初股票市场酝酿过程中的一些事件

时间	事件
1983 年 7 月	深圳市宝安县联合投资公司在深圳首次公开发行股票
1984 年 7 月	新中国第一家控股公司——北京天桥百货股份公司成立
1984 年 8 月 14 日	上海飞乐音响公司成立并向社会公开发行股票募集资金 50 万元
1986 年 9 月 26 日	中国工商银行上海信托投资公司静安分公司经批准挂牌买卖飞乐音响和延中实业股票，这是上海第一家经营证券柜台交易的场所，也是中华人民共和国首次开办股票交易
1987 年 4 月	深圳第一只向社会公开发行的股票——深圳发展银行股票正式面世（1988 年 4 月挂牌上市）

续表

时间	事件
1987 年 9 月	深圳市 12 家金融机构经批准合资组建了全国第一家证券公司——深圳经济特区证券公司
1990 年 12 月 1 日	深圳证券交易所经过一年筹备开始试运作，深安达首先进入交易所，成为全国第一只集中交易的股票

在表 6-4 所列事件中，公司发行的股票很多不是真正意义上的股票，而是带有明显的债券性质，股票交易也处在柜台交易的不规范操作阶段。正是在这样不规范的实验中，孕育了股票市场的未来。上述事件还表明，股票发行和上市交易是分别在上海和深圳两地并行不悖地进行试点的，这一历史背景及上海、深圳在中国经济中的特殊性，直接导致了上海证券交易所和深圳证券交易所分别于 1990 年 12 月 19 日和 1991 年 4 月 11 日先后成立，从而形成了中国两个并列的证券市场。上海证券交易所和深圳证券交易所的正式成立也成为股票市场正式恢复的标志性事件。由此股票发行有了正规化渠道，股票交易从分散交易进入场内集中交易，交易手段实现了电脑配对、无纸化操作，既提高了市场效率，也有效杜绝了黑市交易。

二、股票市场

经过十多年的发展，中国股票市场已初具规模，并对社会经济发展发挥了不可替代的作用，对投融资体制改革、企业制度改革、金融体系改革乃至经济运行机制的改革发挥了重要作用，成为社会主义市场经济不可或缺的组成部分。统计数据显示，到 2016 年底，我国 A 股、B 股上市公司总数已达 3052 家，境内上市外资股（B 股）公司 100 家，境外上市公司（H 股）241 家，总发行股本 48819.73 亿股，股票总市值达到 507685 亿元，相当于当年 GDP 比重的 68.2%。从 1991 年到 2016 年，通过发行各类股票（A 股、B 股、H 股、N 股）及 A 股配股，筹集资金由 5 亿元增加到 16257.42 亿元。表 6-5 列示了 1991~2016 年各年股票市场筹集资金数额。

表 6-5　1991~2016 年股票市场筹资情况　　　单位：亿元

年份	A 股、B 股上市公司数（个）	股票筹资额				
		总计	A 股	A 股配股	H 股、N 股	B 股
1991	14	5.00	5.00	—	—	—
1992	53	94.09	50.00	—	—	44.09
1993	183	375.47	276.41	81.58	60.93	38.13
1994	291	326.78	99.78	50.16	188.73	38.27
1995	323	150.32	85.51	62.83	31.46	33.35
1996	530	425.08	294.34	69.89	83.56	47.18
1997	745	1293.82	825.92	170.86	360.00	107.90
1998	851	841.52	778.02	334.97	37.95	25.55
1999	949	944.56	893.60	320.97	47.17	3.79
2000	1088	2103.24	1527.03	519.46	562.21	13.99
2001	1160	1252.34	1182.13	430.63	70.21	
2002	1224	961.75	779.75	56.61	181.99	
2003	1287	1357.75	819.56	74.79	534.65	3.54
2004	1377	1510.94	835.71	104.54	648.08	27.16
2005	1381	1882.51	338.13	2.62	1544.38	—
2006	1434	5594.29	2463.70	4.32	3130.59	—
2007	1550	8680.17	7722.99	227.68	957.18	—
2008	1625	3852.21	3457.75	151.57	317.26	—
2009	1718	6124.69	5004.90	105.97	1073.18	—
2010	2063	11971.93	9606.31	1438.25	2365.62	—
2011	2342	5814.19	5073.07	421.96	741.12	—
2012	2494	4134.38	3127.54	121.00	1006.84	—
2013	2489	3868.88	2802.76	—	1066.12	—
2014	2613	7087.44	4834.04	137.98	2253.4	—
2015	2827	10974.85	8295.14	36.43	2679.71	—
2016	3052	16257.42	15020.79	298.51	1236.63	—

资料来源：中华人民共和国国家统计局编：《中国统计年鉴》（2017），中国统计出版社 2017 年版。

除了利用国内证券市场和香港证券市场发行股票融资以外，寻求在国际知名证券市场发行股票筹资也是一种可行的融资方式。诸如美国纳斯达克（NASDQ）证券市场、纽约证券交易所（NYSE）等，由于其开放性和规范性，吸引了众多国家的股份公司前往上市融资。中国企业境外上市主要证券市场包括中国香港、美国、新加坡和其他市场（加拿大、英国、韩国等）。根据 Wind 数据显示，2017 年，中国企业境外上市再掀高潮，全年境外 IPO 共 74 起，分布于中国香港和美国两大资本市场。其中，50 家中国企业在香港市场完成上市，占中国企业境外新上市公司总数的 68%，合计募集资金总额 904.78 亿港元，涉及行业包括金融业、消费品制造业、消费者服务业、工业、地产建筑业、资讯科技业、公用事业、原材料业和能源业。另外，有 24 家中国企业在美国上市，其中纽约证券交易所上市 9 家，纳斯达克上市 15 家，募集资金总额达 35.79 亿美元，主要集中在消费信贷、教育服务、西药、零售及其他多元金融服务等行业。[①]

除了发行股票筹集资金以外，吸收创业投资或风险投资也是一种股权融资方式。创业投资是对创业企业特别是高科技企业创业投资进行融资的一种有效模式，在美国等发达国家较为成熟，而且十分盛行。相比于其他传统的投融资方式，创业投资对于创新能够起到更强劲的激励与促进作用。近年来，在"大众创业、万众创新"、财政资金基金化改革等多重推动力量下，我国创业投资高速发展。如图 6-3 所示，2005~2016 年，我国创业投资总额从 94.66 亿元增长到 1254.4 亿元，累积总金额达到 6566.87 亿元，年均增长率达到 26.48%。2016 年我国创业投资事件共 3440 起，总金额为 1254.4 亿元，创业投资平均单笔投资金额为 3646 万元。从创业投资事件的行业分布来看，文化娱乐、企业服务和电子商务为前三大行业，占比分别为 12.53%、12.26% 和 11.55%，其次为金融（9.9%）和医疗健康（7.82%）。从创业投资金额的行业分布来看，金融位居首位，融资金额达到 1080 亿元，其次是快递物流，融资金额为 1076 亿元，汽车交通位居第三位，融资金额为 1065.2 亿元。[②]

创业投资或风险投资的发展在很大程度上与完善的退出机制和多层次资本市场体系的建立密切相关。作为一种探索和过渡，深圳证券交易所于 2004 年 5 月 27 日获准在主板市场内设立中小企业板，既为主业突出、具有成长性和科技含量的中小企业提供了新的直接融资平台，拓宽了中小企业直接融

---

① 数据来源：Wind 资讯。
② 《2016 中国创投行业年度生态报告》，http://www.199it.com/archives/558191.html。

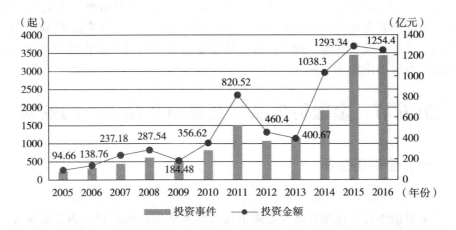

图 6-3 2005~2016 年中国创业投资发展情况

资料来源:《2016 中国创投行业年度生态报告》,http://www.199it.com/archives/558191.html。

资渠道,也为将来创业板市场的建设创造了条件、积累了经验,同时还为投资者在构建投资组合时提供了更为广阔的空间。中小企业板的设立对于明确上海证券交易所和深圳证券交易所在中国资本市场体系的战略定位,避免两个交易所之间的恶性竞争,推进我国多层次资本市场建设具有重要意义。目前,中小企业不仅已在中国经济中占据大半江山,而且是国民经济中最有活力的一类主体,成为拉动国民经济的重要增长点。但与此形成鲜明对比的是,作为一个整体,中小企业在融资问题上却一直处于一种极为窘迫的状态,即企业发展中的绝大部分资金来源于内源融资,外源融资也主要依靠银行贷款,且十分有限,股票发行等证券融资份额微乎其微。作为一个融资平台,中小企业板在创建之后客观上为那些符合条件的中小企业增加了一种较为有效的直接融资方式。这一融资渠道虽然仅从资金规模、适用对象上看效果较为有限,但作为一种政策信号,其可以向各界展示政府扶持中小企业的政策导向,也可以在一定程度上避免其过度依赖非正规金融或银行的现象。根据普华永道发布的数据,2017 年沪深股市 IPO 达到 437 宗,融资规模达到2351 亿元,其中深圳中小企业板 IPO 共 82 宗,融资规模 451 亿元,占 IPO市场的 19.18%。[①] 从 2004 年 5 月 27 日中小企业板成立,到 2007 年 5 月 20日,13 年的时间内中小企业板共有 857 家上市公司,融资总额 19781 亿元,

---

① 2017 年 A 股 IPO 数量创新高,http://www.sohu.com/a/214167145_118392,2018-01-02。

其中 IPO 累计融资 5576 亿元。[①] 虽然目前中小企业板的市场规模尚相对较小，但是随着运作经验的积累和丰富及机制条件的完善和成熟，特别是随着中国经济的持续、快速、健康发展，中小企业板必将对大量优质中小企业投融资的发展做出更大贡献。

第五节　金融衍生品与金融衍生品市场的发展

一、金融衍生品

（一）金融衍生品的概念与分类

金融衍生品是市场经济与金融市场高度发展的必然产物，通常是从标的资产中衍生而来的新型金融工具。根据国际互换和衍生协会（ISDA）的定义，衍生品是有关互换现金流量和旨在为交易者转移风险的双边合约，合约到期时，交易者所欠对方的金额由基础商品、证券或指数的价格决定。根据美国财务会计委员会（FASB）的定义，金融衍生品是价值由名义规定的衍生于所依据资产或指数的业务或合约。综合来看，金融衍生品是一种价值由金融原生产品的价格变动而决定的金融合约，主要是满足投资者对于风险规避的需求。我国《金融机构衍生产品交易业务管理办法》将衍生产品定义为一种金融合约，其价值取决于一种或多种基础资产或指数，合约的基本种类包括远期、期货、掉期（互换）和期权，同时衍生产品还包括具有远期、期货、掉期（互换）和期权中一种或多种特征的结构化金融工具。

金融衍生品的种类很多，根据基础金融资产，可划分为货币衍生产品、利率衍生产品与股票衍生产品。其中，货币衍生产品以各种货币作为基础产品，包括远期外汇合约、货币期权、货币期货、货币互换等；利率衍生产品以利率或者利率的载体为基础，包括远期利率协议、利率期货、利率期权、利率互换等；股票衍生产品包括股票期权、股指期货、股指期权、股票期货、认股权证、可转换债券等。

根据交易形态与交易方法，金融衍生品可分为远期、期货、期权和互换四大类。远期合约是指交易双方约定在未来的某一特定时期按照实现商定的价格，以预先确定的方式买卖一定数量的某种金融资产的合约，其中买入资

---

① 中小企业板成立 13 周年，市场规模逐步扩大，http://finance.sina.com.cn/roll/2017-05-27/doc-ifyfqvmh9180571.shtml，2017 年 5 月 27 日。

产的一方称为多头，出售资产的一方则是空头。期货合约是买卖双方之间签订的一种标准化协议，协议规定在将来某个确定的日期按规定的价格买卖某种标的资产（可以是实体商品，也可以是金融产品），并主要在交易所内买卖，由交易所设计。期权是一种给予买方购买或出售标的资产的一种选择权利，买方可以在未来的特定时间或者一段时间内按照事先约定的价格买入或卖出某种约定标的物的权利，而当买方行使权利时，期权买方必须按照指定的价格买入或者卖出。互换是指两个或两个以上当事人按照事先约定的条件在约定的时间内交换一系列现金流的合约，常见的互换是利率互换（互换同种货币）和货币互换（互换不同种货币）。

（二）金融衍生品的功能

1994 年 5 月，美国通用会计署公布了《金融衍生品：为保护金融体系而必须采取的行为》报告，指出金融衍生品在全球金融市场中发挥了重要作用，为最终客户提供了更好的管理与其业务发展相关的金融风险的机会。根据这份报告，金融衍生品的功能主要有以下几方面：

（1）风险规避功能。金融衍生品的首要功能应是规避风险，这也是金融衍生品市场赖以生存和发展的基础。规避风险的手段主要是通过套期保值来实现，即在期货市场上进行与现货市场上方向相反的买卖行为，以此来避免现货市场上的价格风险，最终实现期货市场和现货市场盈亏大致相抵。

（2）价格发现功能。金融衍生品具有明显的跨期交易特征，诸多参与者在交易过程中提供了大量反映基础资产供求与市场预期的信息，并迅速地体现在金融衍生品的价格上，从而降低信息不对称，提高信息透明度，形成反映市场供求情况并具备预见性和竞争性的价格体系。

（3）资源配置功能。金融衍生品的价格发现机制能够提升资本市场的资源配置效率。一方面，金融衍生品市场接近完全竞争，所形成的价格也接近于供求均衡价格，因此其对于资源配置的优化效果要好于即期信号下的生产和消费；另一方面，金融衍生品的价格是基础市场的预期，当基础市场收益率高于社会平均资金收益率时，那么大量的资金就流向高收益领域，从而能够带来资本市场资源配置效率的提高。

（三）金融衍生品市场

金融衍生品市场的本质是由一组规则（法律、政策）、一批组织（交易所、中介机构、市场参与者）和一系列产权所有者构成的一套市场机制，其以金融衍生品作为交易对象，以转移基础金融资产风险或降低交易成本为交易目的，具有特定的组织设计制度、交易体系、交易场所、交易主体与监管结构。

根据交易场所的不同，金融衍生品市场可以分为交易所市场（exchange-traded）和场外交易市场（over-the-counter）。交易所市场即场内金融衍生品市场，有着固定的交易场所，交易的是标准化的期货合约和期权合约，有集中的结算制度和严格的保证金制度；场外交易所又称柜台交易市场，没有固定的、集中的交易场所，由许多各自独立经营的证券经营机构分别进行交易，交易的是非标准化合约，包括远期、互换、场外期权等，也没有统一的交易制度。

二、我国金融衍生品市场的发展

我国金融衍生品市场的发展始于 20 世纪 90 年代。1984 年，中国银行率先开始了代客户进行境外外汇期货的交易。1992 年 6 月，上海外汇调剂中心率先推出外汇期货，进行人民币与美元、日元、德国马克的汇率期货交易，我国第一个合法的外汇期货市场建立，这标志着我国金融衍生品市场发展的正式开始。1993 年 2 月，国家外汇管理局印发《关于适当放开金融机构代客户办理外汇买卖业务的通知》，允许企业为实现外汇保值委托金融机构办理远期外汇交易；4 月，国家外汇管理局又印发《关于金融机构办理自营外汇买卖业务的管理规定》，允许经审核批准后的金融机构办理自营外汇买卖业务。但由于初期的制度不完善、漏洞较多，许多违法经营的期货经纪机构在境外市场进行非法操作，国家开始对期货市场进行清理整顿。1993 年 11 月，国务院下发《关于制止期货市场盲目发展的通知》；1994 年 3 月，国务院办公厅转发证券委《关于坚决制止期货市场盲目发展若干意见请示的通知》，明确规定"各期货经纪公司均不得从事境外期货业务"。1995 年国债"327"风波后，5 月中国证监会发布《关于暂停国债期货交易试点的紧急通知》，关闭了国债期货市场。1998 年 8 月，国务院下发《关于进一步整顿和规范期货市场的通知》，开始对期货市场的第二次整顿与结构调整，对期货交易所进行整顿与撤并，将原有的 15 家削减至上海、郑州和大连 3 家，期货交易品种也从 35 个压缩至 12 个。1999 年 5 月，国务院通过了《期货交易管理暂行条例》；1999 年，中国证监会又组织制定了《期货交易所管理办法》《期货经纪公司管理办法》《期货从业人员资格管理办法》和《期货经纪公司高级管理人员任职资格管理办法》，对期货市场各参与者的权利、义务进行了详细规定，提供了行为规范与法律依据。

从 20 世纪 90 年代起，我国金融衍生品市场先后出现外汇期货、国债期货、股指期货和认股权证等金融期货交易试点。在试点过程中，市场监管漏洞、信息披露不规范、法律法规不健全等问题一一暴露，但这也为今后我国金融衍生品市场的健康发展提供了经验教训。表 6-6 列举了 20 世纪 90 年代我国金融衍生品市场的试点情况。

表 6-6 我国金融衍生品市场试点情况

品种	时间	交易情况	关闭原因
国债期货	1992 年 12 月至 1995 年 5 月	1993 年 10 月 25 日正式向投资者开放，1994 年后迅速发展，总交易量达到 28000 亿元	发生国债"327"等一系列恶性违规事件，监管部门宣布暂停
外汇期货	1992 年 6 月至 1996 年 6 月	双轨汇率制下，外汇期货的价格难以反映对汇率变化的预测，价值外汇现货交易的条件越来越严格，买卖难导致市场交易冷淡	因交易需求长期不足，1996 年 3 月，央行与外汇管理局将其取消
股指期货	1993 年 3 月至 1993 年 9 月	投资人认知度低，成交规模较小，股价因股票供不应求处于高位，股指期货避险作用难以发挥	1993 年 9 月深圳平安保险公司福田证券部出现大户联手交易、打压股价指数的行为，监管部门宣布禁止交易
认股权证	1992 年 6 月至 1996 年 6 月	定价与机制设计不合理，投资者认知度低，市场反应平淡	1996 年 6 月，证监会取消其运作

资料来源：巴曙松：《中国金融衍生品发展路径》，《金融管理与研究》2006 年第 5 期。

2000 年之前是我国金融衍生品市场的初创期与治理整顿期，2000 年之后，随着市场化改革的不断推进，我国金融衍生品市场开始稳健发展，并逐步进入正轨。2004 年 2 月，银监会发布的《金融机构衍生产品交易业务管理暂行办法》正式实施，详细规定了开展金融衍生品交易业务的市场准入、风险管理以及惩罚机制。同期，国务院出台《关于推进资本市场改革开放和稳定发展的若干意见》，提出要健全资本市场体系，丰富证券投资品种，稳步发展期货市场，这表明了我国对金融衍生品市场发展的积极态度与支持力度。2006 年 1 月 1 日，《证券法》正式实施，首次引入了证券衍生品种的概念，规定"证券衍生品种发行、交易的管理办法，由国务院依照本法的原则规定"。2006 年 9 月 8 日，中国金融期货交易所在上海挂牌，成为继上海期货交易所、大连商品交易所、郑州商品交易所之后中国内地第四家期货交易所，也是中国内地成立的首家金融衍生品交易所。这标志着我国金融衍生品市场进入了新的发展阶段。2007 年 3 月，国务院发布《期货交易管理条例》，于 2007 年 4 月 15 日正式实施，由国务院期货监督管理机构对期货市场实行集中统一监管，并明确了期货公司的申请条件、业务范围、期货交易基本规则等。《期货交易管理条例》的出台为我国期货市场的进一步发展提供了法律保障，同时也促进了股指期货的推出，拓展了我国金融期货的发展空间。

表 6-7 和图 6-4 显示了 1993～2017 年我国期货交易市场历年的成交额与成交量情况。根据中国期货协会的数据，我国期货市场成交量从 1993 年的 890.69 万手增长到 2017 年的 307614.98 万手，增长了 344 倍，年均增长率 27.57%；成交额从 1993 年的 5521.99 亿元增长到 2017 年的 1878964.10亿元，增长近 340 倍，年均增长率达到 27.49%。金融衍生品市场的国际影响力也显著提升，连续保持着全球商品期货市场的绝对领先地位。根据美国期货业协会（FIA）对全球 78 个衍生品交易所的最新统计，在 2016 年全球场内期货和期权总交易量排名中，中国内地、中国香港和中国台湾的 6 家衍生品交易所上期所、大商所、郑商所、港交所、台湾期交所、中金所分别列第 6、第 8、第 11、第 16、第 21、第 37 名。

表 6-7　1993～2017 年全国期货交易市场历年成交情况

年份	成交额（亿元）	成交量（万手）
1993	5521.99	890.69
1994	31601.41	12110.72
1995	100565.3	63612.07
1996	84119.16	34256.77
1997	61170.66	15876.32
1998	36967.24	10445.57
1999	22343.01	7363.91
2000	16082.29	5461.07
2001	30144.98	12046.35
2002	39490.16	13943.26
2003	108389.03	27986.42
2004	146935.31	30569.76

续表

年份	成交额（亿元）	成交量（万手）
2005	134448.38	32284.75
2006	210046.34	44947.41
2007	409722.43	72842.68
2008	719141.94	136388.71
2009	1305107.22	215742.98
2010	3091164.66	313352.93
2011	1375134.23	105408.87
2012	1711231.31	145046.24
2013	2674739.52	206177.33
2014	2919866.59	250581.87
2015	5542311.75	357791.06
2016	1956316.09	413776.83
2017	1878964.10	307614.98

资料来源：中国期货业协会。

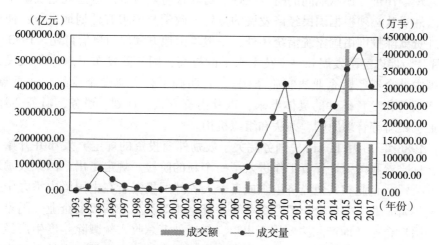

图 6-4　1993~2017 年全国期货交易市场历年成交情况

资料来源：中国期货业协会。

第六节 外资利用与外资企业发展

中共十一届三中全会确定，实行对外开放，不断扩大对外经济技术合作和交流，将是我国一项长期的坚定不移的基本国策。利用外资是对外开放的一项重要内容，是实现对外经济技术合作和交流最直接、最有效的方式。积极、慎重、有效地引进和利用外资，不仅可以弥补我国建设资金的不足，拓宽投资资金来源渠道，而且可以引进国外先进技术、设备和管理经验，加速我国企业技术改造步伐，并有利于改善出口产品结构，提高产品在国际市场上的竞争力，促进产业结构的调整和优化。

一、外资利用

改革开放以来，我国政府制定了一系列优惠政策和法规，为大力引进外资促进经济发展提供法律保障，营造良好投资环境。1979 年，国务院批转下达《关于使用外国贷款引进技术和进口设备的基本建设项目，在外汇、财政、基本建设计划上的处理办法》，规定了使用贷款的原则、审批程序、计划管理、作价、还款期间的财务处理、财政银行监督等。这些规定明确了使用国外贷款必须根据国民经济发展的方针、政策与要求有计划地进行；使用国外贷款除批准由国家统借统还外，一般均由地方和部门自借自还。1983 年9 月，为促进经济发展和科学技术水平的提高，国务院发布了《中华人民共和国中外合资经营企业法实施条例》。它明确了合资建设企业的行业重点、经济效益和经营条件的具体要求，以及出资方式、计划、税务、财务会计、外汇、销售等管理原则、办法和组织机构。

1986 年 10 月 11 日，《国务院关于鼓励外商投资的规定》发布并开始实施，标志着我国引进外资工作进入了一个新的阶段。规定指出，国家鼓励外国的公司、企业和其他经济组织或者个人等外国投资者在中国境内举办中外合资经营企业、中外合作经营企业和外资企业等类型外商投资企业。国家对产品出口企业（即产品主要用于出口，年度外汇总收入额减除年度生产经营外汇支出额和外国投资者汇出分得利润所需外汇额以后，外汇有结余的生产型企业）和先进技术企业（即外国投资者提供先进技术，从事新产品开发，实现产品升级换代，以增加出口创汇或者替代进口的生产型企业）给予特别优惠。优惠措施主要包括：产品出口企业按照国家规定减免企业所得税期满后，凡当年企业出口产品产值达到当年企业产品产值 70% 以上的，可以按照现行税率减半缴纳企业所得税。经济特区和经济技术开发区的以及其他已经按15%的税率缴纳企业所得税的产品出口企业，符合前述条件的，将按10%的税率缴纳企业所得税。先进技术企业按照国家规定减免企业所得税期满后，可以延长三年减半缴纳企业所得税。外国投资者将其从企业分得的利润，在中国境内再投资举办、扩建产品出口企业或者先进技术企业，经营期不少于5年的，经申请税务机关核准，全部退还其再投资部分已缴纳的企业所得税税款。产品出口企业和先进技术企业在生产和流通过程中需要借贷的短期周转资金，以及其他必需的信贷资金，经中国银行审核后，优先放贷。产品出口企业和先进技术企业的外国投资者，将其从企业分得的利润汇出境外时，免缴汇出额的所得税。

《国务院关于鼓励外商投资的规定》还规定：各级政府和有关主管部门应当保障外商投资企业的自主权，支持外商投资企业按照国际上先进的科学方法管理企业。外商投资企业有权在批准的合同范围内，自行制定生产经营计划，筹措、运用资金，采购生产资料，销售产品；自行确定工资标准、工资形式和奖励、津贴制度。外商投资企业可以根据生产经营需要，自行确定其机构设置和人员编制，聘用或者辞退高级经营管理人员，增加或者辞退职工；可以在当地招聘和招收技术人员、管理人员和工人，被录用人员所在单位应当给予支持，允许流动。

如果说早期的政策主要依靠"优惠"手段吸引外资的话，20世纪90年代中期则转向"公平"，致力于改进政府服务，营造良好的投资环境，逐步实现给予外商投资企业国民待遇。从1995年开始，我国对外资的收费和税收政策进行了调整，如废止工商统一税，征收增值税、消费税和营业税，取消外资企业进口小汽车优惠，汇率并轨，等等。为增加产业对外资的吸引力及规范政府引资和外商投资行为，1995年，国家计划委员会、国家经济贸易委员会和对外经济贸易部联合发布了《指导外商投资方向暂行规定》和《外商投资产业指导目录》。这两个文件将外商投资项目分为"鼓励""限制""禁止"和"允许"四类。1998年，国家计委又对《外商投资产业指导目录》进行了修订和完善。新的《外商投资产业指导目录》反映了中国政府通过扩大利用外资发展经济的指导思想和政策措施更加理性和明确。

基于上述政策背景和2001年11月中国终于成为世界贸易组织（WTO）的正式成员，中国的利用外资工作取得了巨大成就。利用外资的规模迅速增长，利用外资的方式更趋多样。下面将根据《中国统计年鉴》发布的公开数据对此加以说明。

《中国统计年鉴》将利用外资的形式划分为三大类，即对外借款、外商直接投资和外商其他投资。各类利用外资形式的含义是：对外借款是指通过对外正式签订借款协议，从境外筹措的资金，包括外国政府贷款、国际金融组织贷款、外国银行商业贷款、出口信贷以及对外发行债券等。1996年及以前该指标还包括对外发行股票。外商直接投资是指外国企业和经济组织或个人（包括华侨、港澳台胞以及我国在境外注册的企业）按我国有关政策、法规，用现汇、实物、技术等在我国境内开办外商独资企业、与我国境内的企业或经济组织共同举办中外合资经营企业、合作经营企业或合作开发资源的投资（包括外商投资收益的再投资），以及经政府有关部门批准的项目投资总额内企业从境外借入的资金。外商其他投资是指除对外借款和外商直接投资以外各种利用外资的形式，包括企业在境内外股票市场公开发行的以外币计价的股票（目前主要是在香港证券市场发行的H股和在境内证券市场发行的B股）发行价总额，国际租赁进口设备的应付款，补偿贸易中外商提供的进口设备、技术、物料的价款，加工装配贸易中外商提供的进口设备、物料的价款。

根据《中国统计年鉴》（2017），从1979年到2016年，中国利用外资总计为19721.29亿美元，其中外商直接投资和外商其他投资分别为17655.24亿美元和594.48亿美元，各占比例为89.52%和3.01%。1979~1984年，利用外资总计仅为181.87亿美元，1985~2016年，利用外资总计由47.6亿美元增加到1260.01亿美元，年均增长11.15%。其中，外商直接投资由19.56亿美元增加到1260.01亿美元，年均增长14.38%；外商其他投资由2.98亿美元最高增加到2000年的86.41亿美元。从两类形式的利用外资结构变化来看，外商直接投资的占比从41.09%一路增长到2014年的99.88%，如表6-8所示。

表6-8　1979~2016年实际利用外资情况

年份	数值（亿美元）			构成（%）	
	利用外资总计	外商直接投资	外商其他投资	外商直接投资	外商其他投资
1979~1984	181.87	41.04	10.42	22.57	5.73
1985	47.6	19.56	2.98	41.09	6.26
1986	76.28	22.44	3.7	29.42	4.85
1987	84.52	23.14	3.33	27.38	3.94
1988	102.26	31.94	5.45	31.23	5.33
1989	100.6	33.92	3.81	33.72	3.79
1990	102.89	34.87	2.68	33.89	2.60

续表

年份	数值（亿美元）			构成（%）	
	利用外资总计	外商直接投资	外商其他投资	外商直接投资	外商其他投资
1991	115.54	43.66	3.00	37.79	2.60
1992	192.03	110.08	2.84	57.32	1.48
1993	389.6	275.15	2.56	70.62	0.66
1994	432.13	337.67	1.79	78.14	0.41
1995	481.33	375.21	2.85	77.95	0.59
1996	548.05	417.26	4.1	76.14	0.75
1997	644.08	452.57	71.3	70.27	11.07
1998	585.57	454.63	20.94	77.64	3.58
1999	526.59	403.19	21.28	76.57	4.04
2000	593.56	407.15	86.41	68.59	14.56
2001	496.72	468.78	27.94	94.38	5.62
2002	550.11	527.43	22.68	95.88	4.12
2003	561.4	535.05	26.35	95.31	4.69
2004	640.72	606.3	34.42	94.63	5.37
2005	638.05	603.25	34.8	94.55	5.45
2006	670.76	630.21	40.55	93.95	6.05
2007	783.39	747.68	35.72	95.44	4.56
2008	952.53	923.95	28.58	97.00	3.00
2009	918.04	900.33	17.71	98.07	1.93
2010	1088.21	1057.35	30.86	97.16	2.84
2011	1176.98	1160.11	16.87	98.57	1.43
2012	1132.94	1117.16	15.78	98.61	1.39
2013	1187.21	1175.86	11.34	99.04	0.96
2014	1197.05	1195.62	1.44	99.88	0.12
2015	1262.67	1262.67	—	100	0
2016	1260.01	1260.01	—	100	0
1979~2016	19721.29	17655.24	594.48	89.52	3.01

资料来源：中华人民共和国国家统计局编：《中国统计年鉴》（2017），中国统计出版社 2017年版。

二、外资企业发展

外商投资以企业为载体，对我国国民经济发展起到了重要的推动作用。

根据《中国统计年鉴》（2017），截至2016年，我国已建立各类外商投资企业44万户，投资总额达到32610.5亿美元，注册资本为18814.1亿美元，其中外商资金为14903.5亿美元，占79.21%。外商投资企业广泛分布于农、林、牧、渔业，采矿业，制造业，电力、燃气及水的生产和供应业，建筑业，交通运输、仓储和邮政业，信息传输、计算机服务和软件业，批发和零售业，住宿和餐饮业，金融业，房地产业，租赁和商务服务业，科学研究、技术服务和地质勘查业，水利、环境和公共设施管理业，居民服务和其他服务业，教育，卫生、社会保障和社会福利业，文化、体育和娱乐业，以及其他行业。从外商注册资金分布来看，制造业的占比最大，为34.28%；租赁和商务服务业、房地产业、金融业、批发和零售业以及科学研究和技术服务业依次居第二至第六位，占比分别为16.57%、12.83%、7.32%、6.43%和5.72%。

由于《中国统计年鉴》（2006）在同一张表上并未列出2001年以来的对外借款数额，因而上述我国利用外资总量数据前后口径并不一致。显然，需要利用其他数据来源来弥补以上缺陷。表6-9数据来源于《中国统计年鉴》对1998年以来我国外债余额的统计。它未对该外债余额指标给出明确定义，但从其包含的内容来看，与表6-6中的对外借款含义近似，可以将其视作对外借款。数据显示，2001~2006年，我国外债余额增加1528.78亿美元，超过了1979~2000年我国对外借款总计1471.57亿美元的数值；到2014年，我国外债余额从2006年的3229.88亿美元增长到8954.6亿美元，年均增长率达到13.6%。这表明，自2001年以来，我国对外借款形式的利用外资有了更快的增加。

表6-9 1998~2014年我国外债余额　　　　　　　单位：亿美元

年份	总计	按债务类型划分				按期限划分	
		外国政府贷款	国际金融组织贷款	国际商业贷款	贸易信贷	长期债务余额	短期债务余额
1998	1460.43	224.06	229.54	682.22	—	1287.00	173.40
1999	1518.30	265.60	251.39	653.80	—	1366.50	151.80
2000	1457.30	246.10	263.50	947.70	—	1326.50	130.80
2001	1701.10	237.00	275.70	972.30	216.10	1195.30	505.80
2002	1713.60	244.23	277.02	929.10	263.23	1155.60	558.00
2003	1936.34	254.20	264.67	1051.73	365.74	1165.90	770.44

续表

年份	总计	按债务类型划分				按期限划分	
		外国政府贷款	国际金融组织贷款	国际商业贷款	贸易信贷	长期债务余额	短期债务余额
2004	2285.96	322.08	251.01	1247.83	465.04	1242.87	1043.09
2005	2810.45	271.95	267.88	1362.62	908.00	1249.02	1561.43
2006	3229.88	276.67	278.11	1635.10	1040.00	1393.60	1836.28
2007	3892.20	300.57	283.71	1820.90	1487.00	1535.34	2356.90
2008	3901.60	324.73	270.54	2010.34	1296.00	1638.76	2262.80
2009	4286.47	349.23	333.75	1986.49	1617.00	1693.88	2592.59
2010	5489.38	320.84	355.46	2701.08	2112.00	1732.43	3756.95
2011	6950.00	333.00	350.00	3775.00	2492.00	1941.00	5009.00
2012	7369.86	310.45	340.98	3803.43	2915.00	1960.57	5409.29
2013	8631.67	265.15	332.80	4668.72	3365.00	1865.40	6766.30
2014	8954.60	232.20	421.40	4957.00	3344.00	2121.00	6833.60

年份	外债头寸总额	广义政府			中央银行			其他接受存款公司			其他部门		
		合计	长期	短期	合计	长期	短期	合计	长期	短期	合计	长期	短期
2015	13830	1114	1084	30	430	298	132	6120	1110	5020	4272	1231	3041
2016	14207	1239	1117	122	555	466	89	6042	1364	4677	4277	1151	3126

注：2015年我国按照国币货币基金组织的数据公布特殊标准（SDDS）调整了外债统计口径，将人民币外债纳入统计，并按签约期限划分长期和短期外债。

资料来源：中华人民共和国国家统计局编：《中国统计年鉴》（2006、2014、2017），中国统计出版社2017年版。

改革开放以来，我国借用国外贷款应用于能源、交通通信、原材料、农业、教育、卫生、环保等领域，对于促进国民经济和社会事业的发展以及我国经济体制改革和对外开放发挥了重要作用。2017年1月，国务院印发《关于扩大对外开放 积极利用外资若干措施的通知》，提出了进一步扩大对外开放、创造公平竞争环境、加强吸引外资工作等20条具体措施。2017年6月，国家发展改革委、商务部发布《外商投资产业指导目录（2017年修订）》，明确了外商投资的12类产业，放宽服务业、制造业、采矿业等领域外资准入限制，并对外商投资准入负面清单进行了详细说明。进入21世纪以后，伴随着我国加入WTO，外商投资对于推动我国融入经济全球化、提高国际分工地位、实现经济的持续高速增长起到了重要作用。在经济新常态下，外商投资对于稳定经济增长、调整优化产业结构、推进供给侧结构性改革将进一步发挥不可替代的积极作用。

第七节　基础设施建设融资模式的探索与进展

一、基础设施建设融资模式的形成

基础设施是国民经济发展的基础，是社会可持续发展的关键因素，同时也是提高城乡人民物质文化生活水平的基本保障。比较世界各国近现代经济的发展，那些经济发达的国家和地区基础设施都相当完备，而经济落后的地区基础设施相对薄弱，成为制约国民经济发展的主要因素。由于基础设施建设项目一般投资大、收益率较低、投资回收周期长、沉没成本高，具有消费的准公共物品性、经营的自然垄断性和投资的资金集合性等特点，这就使得各国政府在基础设施的建设中起着主导作用。随着实践的发展，西方发达国家开辟了利用民间资本来加快基础设施建设的途径，创造了多种有效的融资模式，大大提高了基础设施建设的速度和效率，促进了国民经济发展。

我国基础设施建设长期基本上实行的是政府单一管理体制，基础设施建设资金的筹措、使用和管理由政府包揽，逐步形成了以国家投资（主要是中央政府）为主、以地方政府投资为补充的体制，这也是我国基础设施投资的基本框架。融资渠道狭窄，政府财力有限，这是造成我国基础设施建设规模过小的主要原因。随着改革开放的推进，特别是20世纪90年代以来，我国基础设施建设的需求增大，而政府可提供的服务缺口太大，为了改变这种状况，政府在基础设施建设领域借鉴发达国家的成熟经验，并积极探索适合中国国情的投融资模式，推动了市场化融资的发展，也使得基础设施建设取得了突飞猛进的发展，取得了重要成就。为此，有必要对我国基础设施融资模式的探索和进展做一下回顾和总结。

我国基础设施融资模式是以市场化为取向，不断探索和推进的。基础设施市场化运作的基本特点可归纳为：第一，项目的投资主体系非政府的市场主体；第二，项目的建设和经营及期限须获得政府的特许权；第三，投资成本收回及盈利依赖当地政府特许的经营权；第四，投资的风险由投资主体自行承担。基础设施市场化运作的探索和进展突出体现在BOT方式的引入及其变异发展。

二、基础设施建设融资模式的发展

（一）BOT 模式

BOT 是英文单词 Build、Operate、Transfer 的缩写，含义为"建设—经营—转让"。BOT 是一种国际通用的主要适用于公共基础设施建设的项目投融资模式，其操作的典型形式是：项目所在地政府授予一家或几家公司或私人企业所组成的项目公司以特许权利——就某项特定基础设施项目进行筹资建设（少量投资，大量融资），在约定的期限内经营管理，并通过项目本身的经营收入偿还债务和获取投资回报，在特许期届满后将项目设施无偿转让给所在地政府。BOT 融资模式的最大特点是将基础设施经营权有期限地抵押以获得项目融资，其核心内容在于，项目公司对特定基础设施建成后的特许专营权的获取，以及特许专营权具体内容的确定。因此，不论以何种 BOT 方式或类似于 BOT 方式运作的基础设施，其特许文件的授予或获取都是投资主体决定投资基础设施项目建设的关键和前提。企业资本或私人资本在介入基础设施项目的运作过程中，由于基础设施种类、投融资回报方式、项目财产权利形态的不同，BOT 方式出现了不同的变异模式，如 BT（Build-Transfer，建设—转让）形式、BOOT（Build-Own-Operate-Transfer，建设—拥有—经营—转让）形式、BTO（Build-Transfer-Operate，建设—转让—经营）形式，BOO（Build-Own-Operate，建设—拥有—经营）形式、ROT（Rectify-Operate-Transfer，整顿—经营—转让）形式、POT（Purchase-Operate-Transfer，购买—经营—转让）形式，等等。BOT 模式由于获得了政府许可与支持，有时可以得到优惠政策，因此拓宽了融资渠道；同时，能够减少政府主权借债和还本付息的责任，转移风险，由国外公司来承包也可吸引国外投资。但是，参与方较多，合同结构复杂，项目前期过长，因此融资成本较高，并且投资方和贷款人所承担的风险也比较大。

1993 年，国家计委在制定"八五"期间吸引外资的计划中，首次提出引入 BOT 融资方式。1994 年，我国对利用外资政策进行重大调整，在基础设施方面，由限制外商直接投资转向引导，BOT 方式开始受到我国政府的高度重视。1995 年，国家计委、电力部和交通部联合下发了《关于试办外商投资特许权项目审批管理有关问题的通知》，为国内运作 BOT 项目提供了法规依据。同时，国家计委选择了广西来宾 B 电厂、成都第六水厂、长沙电厂等项目作为 BOT 试点项目，标志着中国 BOT 项目进入了规范运作的发展阶段。

在此前后，各地政府积极运作 BOT 项目，主要用于发展收费公路、发电厂、水利设施、地铁、桥梁、隧道和环线高架等基础设施，类似 BOT 方式的基础设施的建设模式不断发展。为规范其投资行为，各地制定了一系列地方法规或规章。1994 年 2 月，上海市人民政府颁布了第一个 BOT 投资模式的操作性地方规章《上海市延安东路隧道专营管理办法》，明确由上海市人民政府授权上海中信隧道发展有限公司（投资外方为香港中信泰富有限公司）经营、管理延安东路原隧道，投资兴建并经营、管理新隧道（即延安东路隧道复线）的专营权，特许期限 30 年。此为上海市第一个有关专营基础设施的特许性文件。此后颁布了诸如两桥一隧、奉浦大桥、大场自来水处理厂、沪嘉高速公路、徐浦大桥、延安高架路、内环高架路和南北高架路、逸仙路高架和蕴川路大桥、沪宁高速公路（上海段）等多个专营管理办法。1994 年 5 月，海南省人大出台《海南经济特区基础设施投资综合补偿条例》，该条例针对海南省实际情况，对基础设施的规划、建设用地方式以及投资补偿做了明确规定。这是地方立法对各种大型基础设施市场化投资模式以及政府补偿方式的具有探索性的突破，为解决海南省本地投资资金匮乏而基础设施建设迫切需要的矛盾提供了重要法规保障。2001 年的杭州湾跨海大桥项目也使用了 BOT 模式，在项目建设中，项目资本金占 35%，银行贷款占 65%，其中私营部门资本共占资本金 50.26%。项目合同约定，在大桥建成通车后，除政府外的股东可拥有 30 年的经营权，经营 30 年后，大桥所有权将无偿转移给政府。

（二）BT 模式

BT（Build-Transfer）模式是从 BOT 模式转化发展起来的新型投资模式，也在我国得到运用。BT 意为建设、转让或移交，广义解释代表一个完整的投资过程，即项目的融资、建设、移交全过程。采用 BT 模式建设的项目，一般由政府或政府下属公司将项目的融资和建设特许权经招标方式转让给投资方，投资方组建 BT 项目公司，以在项目建设期行使业主职能，负责项目的投融资、建设管理，并承担建设期间的风险。项目建成竣工后，按照 BT 合同（或协议），投资方将完工的项目移交给政府（或政府下属的公司）。政府（或政府下属公司）根据事先签订的回购协议（或完工后评估总价）分期偿还投资方的融资和建设费用。

政府及管理部门在 BT 投资全过程中行使监管、指导职能，保证 BT 投资项目的顺利融资、建成、移交。山西阳侯高速公路是我国第一条采用 BT 模式建设的公路项目，涉及总投资 54 亿元人民币。该项目的成功运作为 BT 模式在我国的推行提供了模板。[①]

（三）TOT 模式

TOT（Transfer–Operate–Transfer）模式也被引入我国基础设施建设。TOT 即转让—经营—转让模式，是通过出售现有资产以获得增量资金进行新建项目融资的一种新型融资方式，目前国际上比较流行。根据《政府和社会资本合作模式操作指南》，TOT 模式是政府将存量资产所有权有偿转让给社会资本或项目公司，并由其负责运营、维护和用户服务，合同期（合同期限一般为 20~30 年）满后投资商将资产及其所有权等移交给政府的项目运作方式。TOT 方式一般不涉及"B"即项目建设过程，避免了 BOT 方式在建设过程中的各种风险和矛盾（如建设成本超支、工程停建或现金流量不足等），项目风险明显减低，投资者可以很快地从现存基础设施运营中获得利益，因此能更好地吸引国内外投资者前来投资，大大增加了引资成功率。TOT 融资方式作为一种盘活国有存量资产的有效方式，在 20 世纪 90 年代，随着国企改革的深入，在我国电厂、水厂、公路、桥梁等基础设施项目中得到了积极应用。山东省早在 1994 年就在交通运输领域通过 TOT 融资模式引进外资。比如，山东省交通投资开发公司与天津天瑞公司（外商独资公司）达成协议，将烟台至威海全封闭四车道一级汽车专用公路的经营权出让给天瑞公司，天瑞公司一次性付给山东省交通投资开发公司 12 亿元人民币，30 年后天瑞公司再将该公路无偿移交给山东省政府。山东省交通投资开发公司将得到的 12 亿元资金再投资于公路建设，从而加快了公路设施建设资金的周转。[②]

（四）PFI 模式

PFI 融资模式近年也成为我国一些基础设施项目的尝试性融资模式。PFI（Private–Finance–Initiate）的英文原意是"私人融资活动"，在我国译为"民间主动融资"，是英国 1992 年提出的一种公私相互合作提供基础设施服务的方式，即由政府部门采取措施促进私营部门有机会参与提供基础设施和公共物品的生产和公共服务；政府部门根据社会需求提出建设项目，通过招投标，由获得特许权的私营企业进行建设并运营，在特许期结束时将项目移交给政府，期间由政府购买私营部门提供的产品或服务。PFI 使政府由基础设施生产者转变为设施或服务购买者，是用民间资本进行公共项目开发与运

---

① 梁营林、赵建华：《新兴起的 BT 投融资模式及实例》，《交通标准化》2010 年第 6 期。

② 冯宁宁：《TOT 模式在我国铁路项目融资中的应用》，《铁道经济研究》2006 年第 5 期。

营，由私人企业组建特殊目的公司（Special Purpose Company，SPC），按市场机制组织项目运作。这样就改变了传统的由单一政府进行投资的模式，实现了基础建设项目融资主体的变更。在 PFI 中由私人企业承担设计建设风险、需求风险、经营风险、技术老化风险、商业风险等非系统风险，而政府部门则承担政策风险、法律风险等系统风险，这就发挥了政府部门与私人企业各自的优势，使风险降到最低。

自 1992 年英国政府提出 PFI 概念后，PFI 在英国基础设施领域的建设项目中迅速得到了广泛应用。在英国已经有资本总成本超过 100 亿美元的约 250 个项目使用 PFI 融资方式，最大型的项目来自国防部，如空对空加油罐计划、军事飞行培训计划等，教育或民用建筑、医院、公路等其他相对小额的建设项目也多采用 PFI。在欧洲其他国家，如芬兰的收费公路、瑞典的轻轨铁路、葡萄牙的桥梁、西班牙和以色列的高速公路等，也广泛应用了 PFI。PFI 在我国尚处于起步阶段。近年来，一些公益性基础设施建设项目尝试了这种融资方式，例如，北京市四环路建设项目通过"收益权"质押方式获得国家开发银行贷款来建设；上海外环隧道建设项目由上海市政府授权上海爱建信托投资公司建设和运营。这两个项目实际上采用的都是 PFI 融资方式。①

（五）PPP 模式

20 世纪 90 年代，PPP（Public-Private-Partnership，即公共部门与私人企业合作模式）融资模式也在西方国家特别是欧洲流行起来，在公共基础设施领域，尤其是在大型、一次性的项目，如公路、铁路、地铁等的建设中扮演着重要角色。为缓解城市公共交通日益增长的巨大压力，提升城市功能，我国一些特大型城市在城市轨道交通（简称地铁）建设中成功采用了 PPP 融资模式，推动了城市轨道交通建设。PPP 模式是一种优化的项目融资与实施模式，以各参与方的"双赢"或"多赢"作为合作的基本理念，其典型的结构为：政府部门或地方政府通过政府采购的形式与中标单位组建的特殊目的公司签订特许合同（特殊目的公司一般是由中标的建筑公司、服务经营公司或对项目进行投资的第三方组成的股份有限公司），由特殊目的公司负责筹资、建设及经营。政府通常与提供贷款的金融机构达成一个直接协议，这个协议不是对项目进行担保的协议，而是一个向借贷机构承诺将按与特殊目的公司签订的合同支付有关费用的协议，这个协议使特殊目的公司能比较顺利地获得金融机构的贷款。采用这种融资形式的实质是：政府通过给予私

---

① 孙丰旋、吴贤国：《BOT 与 PFI 融资模式的比较研究》，《价值工程》2006 年第 11 期。

营公司长期的特许经营权和收益权来加快基础设施建设及有效运营。PPP 模式的主要特征有三个：一是合作关系，即强调各个参与方平等协商的关系与机制，政府和社会资本方作为平等的主体，通过平等协商签订合作协议；二是利益共享，即政府提供公共服务，社会资本方在提供公共服务的同时获得应有的收益，通过合作协议对收益进行合理分配；三是风险共担，即政府与社会资本方根据自身在项目实施过程中的控制力和优势，合理分配风险，且所承担的风险与所获收益挂钩。

随着中国现代化进程的加快，对城市轨道交通的需求日益迫切。由于轨道交通造价高昂（地下线每公里 5 亿元左右，地面线每公里 2 亿元左右），筹集建设资金成为制约轨道交通发展的首要障碍，需要积极创新融资模式，多渠道、多方式筹集资金，特别是引进外资和民营资本进入。PPP 融资模式就是一个可资采用的有效模式。1996 年福建泉州刺桐大桥项目是我国首个PPP 项目，泉州市政府和准刺桐大桥开发总公司按 60∶40 的出资比例成立"泉州刺桐大桥投资开发有限公司"，刺桐大桥经营期限为 30 年，建设期为3 年。2005 年 2 月，北京市政府与香港地铁公司草签北京地铁四号线项目《特许经营协议》，揭开了中国内地轨道交通建设 PPP 模式的序幕。协议规定，地铁四号线的特许经营期为 30 年，项目总投资约 153 亿元人民币。其中 70%约 107 亿元由北京市政府出资，PPP 合作公司总投资约 50 亿元。PPP合作公司大约 2/3 的资金将采用无追索权银行贷款。[①] 2006 年，北京地铁四号线引入 PPP 模式也为其他类似工程建设提供了参考样板。四号线项目总投资约 153 亿元，全部建设内容包括两部分：一部分主要为土建工程，投资额约为 107 亿元，由已成立的四号线公司负责投资建设；另一部分主要包括车辆、信号、自动售检票系统等机电设备，投资额约为 46 亿元，由社会投资者组建的项目特许经营公司负责投资建设。

PPP 模式在我国的应用领域主要以交通、能源、供水、供热和垃圾处理项目为主。在引入初期，由于前期策划与招商阶段周期长、成本高、技术壁垒强，PPP 的大规模推广应用受到限制。之后，随着项目实施和运作方式的不断成熟，PPP 模式逐渐推广实施。中共十八届三中全会之后，PPP 模式在我国快速发展起来，制度化建设与顶层设计逐步推进，PPP 模式不断规范化，并成为我国基础设施建设中一个十分重要的融资模式。有关近年来 PPP模式在我国的发展将在第八节展开详细论述。

---

① 陈柳钦：《运用 PPP 模式进行城市轨道交通建设融资》，《上海铁道科技》2006 年第 4 期。

（六）上海市基础设施多元融资模式

城市基础设施是保证城市生产和生活顺利进行、提升城市功能、促进城市经济发展、提高居民生活质量的重要物质条件和关键要素。城市基础设施包括技术基础设施和福利基础设施两方面的内容。前者包括市政工程、能源、交通、通信、城市供水、污水处理等，后者涉及住宅、医疗卫生、文化教育、幼儿保健等设施。城市基础设施具有公共产品或准公共产品特征，其建设依赖大量资本投入，需要城市政府优化投资环境，创新投融资模式。上海市是较早探索城市基础设施建设投融资方式并取得重要突破的城市，以上海市为例可以集中反映地方政府在解决城市基础设施建设资金约束，加快城市公共产品供给中取得的成绩和经验。上海市自1992年开始加大城市基础设施投融资体制改革，改变了过去政府投资的单一渠道，实现了资本化运作。通过投融资体制改革，上海建立了一套以政府为主导、多元化、高效率、良性发展的基础设施投融资体制，使上海市城市建设在20世纪90年代发生了根本性变化，为上海城市经济的发展奠定了坚实基础。不仅市政府在运作项目，区政府同样也在运作项目。随着城市建设中市区两级管理体制的确立，区域性城建项目的资金筹措和还贷也向多元化方向发展。1992~1996年，上海市用于城市基础设施的建设资金1480亿元，相当于整个80年代的8倍。1996~2000年，上海市用于城市基础设施的建设资金达到2300亿元，相当于"八五"时期的1.8倍。在庞大的基础设施投资中，财政投入仅占1/10，其他资金均来源于市场化的多渠道融资方式，具体包括以下八种：[①]

（1）政府其他出资。包括财政贷款、土地批租收入、各类城市建设政策性收费。

（2）国际资本市场融资。1989年，上海成功利用国际资本建设地铁一号线。之后，利用外资步伐大大加快，通过世界银行和亚洲开发银行融资，解决了杨浦大桥、污水治理工程、内外线高架等重大工程的建设资金。到1996年底，不包括在沪46家外资金融机构的贷款，上海直接利用外资进行交通、邮电等基础设施建设的资金高达100多亿美元。

（3）发行城市建设债券。如发行浦东建设债券及市政建设债券、煤气建设债券等，为提高城市居民煤气普及率、加快高架路等重大市政项目建设发挥了重要作用。

（4）市政设施专营权出让。上海市政府通过城市建设投资公司融资建成

---

① 刘子斌：《城市基础设施投融资方式的探索》，《中国石油大学学报》2005年第2期。

南浦大桥和杨浦大桥后，即对这两座大桥的经营权进行了转让，一举获得资金 25 亿元，并利用这笔资金建成了徐浦大桥。同时，又通过转让延安东路隧道的专营权建成了隧道南线。再如，沪嘉高速公路、沪宁高速公路上海段、延安高架桥西段，都是由政府出资建设后，转给国内外企业经营的。通过经营权的转让，存量资产变成了增量资产。到 2002 年，上海市已通过出让部分城市基础设施的专营权而获得了 20 余亿美元的资金。

（5）组建上市股份公司，吸收社会闲散资金。1992 年 6 月成立凌桥自来水公司，向社会发行股票，募集资金 2 亿元，这是我国城市给水行业中首家实行股份制的企业。稍后成立的原水股份有限公司是上海市自来水行业的第二家上市公司，它开创性地利用直接融资手段，建设投资额达 30 亿元的城市基础项目——黄浦江上游引水二期工程，日供原水能力达 560 万立方米。

（6）吸引大企业投资基础建设。如上海实业等六大投资（金融）集团公司，先后参与基础设施建设。在延安路高架中段建设工程 27 亿元投资中，上海建工集团投资 5 亿元，开创了国有企业投资上海市政设施的先例。

（7）融通社会基金。如借用市社会保障基金。

（8）采用 BOT（建设—经营—移交）方式融资。上海市通过 BOT 方式，建设了一大批重大基础设施项目，解决了大型基础设施项目资金需求大、政府投入不足的难题。

第八节　政府与社会资本合作（PPP）模式及其发展

一、近年来 PPP 模式在我国的发展

2013 年后，中央明确表示将 PPP 作为加快供给侧结构性改革、增加公共服务供给、推进国家治理体系和治理能力现代化的重要手段。2013 年 11 月，中共十八届三中全会《中共中央关于全面深化改革若干重大问题的决定》允许社会资本通过特许经营等方式参与城市基础设施投资和运营；12 月，国家财政部在全国财政工作会议上专门召开 PPP 专题研讨会。从 2013 年底开始，为了进一步推进市场化，解决地方政府债务问题，国家财政部和国家发展改革委等出台了一系列政策大力推进和规范 PPP 模式的应用以及 PPP 项目的实施，将 PPP 模式视为缓解地方政府财政压力、减轻地方债务

风险、转变政府职能、推进市场化改革的重要抓手。PPP 模式的内涵增加丰富，得到更大范围内的推广发展，并且不断深化与完善。

2014 年，在全面深化改革推进、加强地方政府债务管理和推动融资平台转型等多重因素的影响下，PPP 模式蓬勃发展。2014 年 9 月，国务院办公厅印发《关于加强地方政府性债务管理的意见》，明确指出"推广使用政府与社会资本合作模式"，"鼓励社会资本通过特许经营等方式，参与城市基础设施等有一定收益的公益性事业投资和运营"。2014 年 11 月，国务院印发《关于创新重点领域投融资机制鼓励社会投资的指导意见》，鼓励社会资本参与农业和水利工程、市政基础设施建设、水运与民航基础设施建设以及能源、电信等基础设施投资，明确了社会资本通过 PPP 模式参与投资的正当性并强调了其重要性。之后，国家财政部、国家发展改革委迅速响应，出台了《政府和社会资本合作模式操作指南（试行）的通知》《国家财政部关于政府和社会资本合作示范项目实施有关问题的通知》《关于开展政府和社会资本合作的指导意见》《关于规范政府和社会资本合作合同管理工作的通知》《关于政府和社会资本合作项目政府采购管理办法的通知》《基础设施和公用事业特许经营管理办法》等一系列文件，明确 PPP 模式的管理机制。各部委、各行业主管部门也持续发文，完善 PPP 模式的配套支持措施，为 PPP 项目的落地实施提供政策支持。2015 年 12 月 28 日，国家财政部发表《关于规范政府和社会资本合作（PPP）综合信息平台运行的通知》，建立并启动"PPP 综合信息发布平台"，将国家 PPP 政策、工作动态、项目签约与实施信息等内容进行收集、管理和公开，通过全透明的信息披露规范 PPP 的操作流程，加强政府对 PPP 服务和监管效率。

2015 年 5 月，国务院先后出台《关于妥善解决地方政府融资平台公司在建项目后续融资问题的意见》《国务院办公厅转发财政部发展改革委人民银行关于在公共服务领域推广政府和社会资本合作模式指导意见的通知》，继续推进 PPP 模式在基础设施建设领域的应用，并将 PPP 的应用范围在基础设施特许经营的基础上进一步扩大至公共服务领域。2016 年 7 月，中共中央、国务院印发《关于深化投融资体制改革的意见》，鼓励政府和社会资本合作。随后，国家发展改革委先后出台了《关于切实做好传统基础设施领域政府和社会资本合作有关工作的通知》《关于开展重大市政工程领域政府和社会资本合作（PPP）创新工作的通知》《传统基础设施领域实施政府和社会资本合作项目工作导则》等文件，再次强调在传统基础设施领域推行 PPP 模式，鼓励使用 PPP 模式盘活基础设施存量资产，并首次提出要构建 PPP

的多元化退出机制。2017 年 7 月，国家发展改革委又出台了《关于加快运用
PPP 模式盘活基础设施存量资产有关工作的通知》，指出经过长期投资，基
础设施领域已形成了大量优质存量资产，要对这些项目进行合理分类，灵活
运用 PPP 模式盘活优质存量资产，并通过再投资形成新优质资产的良性
循环。

在利用 PPP 加强地方债务管理方面，2016 年 11 月国务院办公厅下发
《地方政府性债务风险应急处置预案》，对地方政府性债务风险应急处置工作
进行了系统部署。2017 年 4 月，国家财政部印发《关于进一步规范地方政府
举债融资行为的通知》，严禁地方政府通过 PPP、政府投资基金等方式违规
变相举债；5 月，国家财政部又发布了《关于进一步规范地方政府举债融资
行为的通知》和《关于坚决制止地方以政府购买服务名义违法违规融资的通
知》，以规范政府与社会资本方的合作行为，严禁地方政府利用 PPP、政府
出资的各类投资基金等方式违法违规变相举债，并要求政府要坚持先有预
算、后购买服务的原则。由此明确禁止了大多数违规融资行为，对于社会资
本及金融机构合法参与基础设施和公共服务领域的投融资活动产生了良好的
推动与约束作用。

总体来看，中共十八届三中全会之后，我国针对 PPP 出台了一系列政策
文件，进行了系统的顶层设计并通过配套措施推动 PPP 项目的落地，极大地
推动了 PPP 模式的推广与应用，并为 PPP 的规范化提供了制度保障。近年
来，我国 PPP 项目数量总体呈现波动上涨增长趋势，从 2000 年的 7 个增长
到 2016 年的 1956 个（如图 6-5 所示）。从 PPP 项目投资额的行业分布来
看，35.5%的 PPP 项目投资额都集中在了市政工程行业，其次是交通运输行
业，占比 29.7%，第三位是城镇综合开发行业，占比 13.2%（如图 6-6 所
示）。从 PPP 项目投资数量的行业分布来看，市政工程依然是第一位，占比
达到 45.4%，其次是交通运输，占比 13.4%，第三位是生态建设和环境保
护，占比 7%（如图 6-7 所示）。

二、当前 PPP 模式存在的问题及其应对

近年来，我国 PPP 模式的整体发展势头良好，监督、管理与规范工作也
在有序进行。但在实践过程中仍存在着诸多问题，总体看主要有以下四个
方面：

（1）PPP 项目回报率有待提升。目前国内的 PPP 项目大多是微利项目，
盈利模式也较不成熟，投资回报率一般为 6%～8%，相对于前期大量的资金

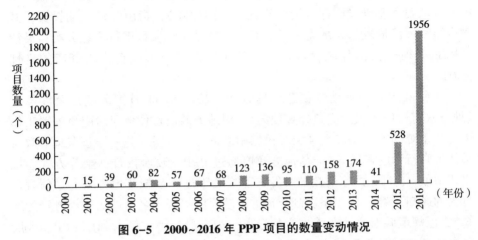

图6-5　2000~2016年PPP项目的数量变动情况

资料来源：明树数据，《中国PPP发展历程及特征分析（1984~2017）》，www.bridata.com。

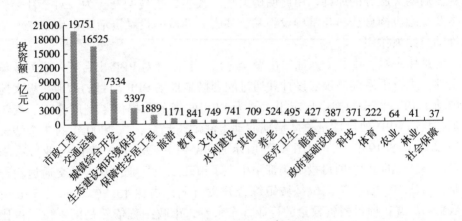

图6-6　2014年以后PPP项目投资额的行业分布

资料来源：明树数据，《中国PPP发展历程及特征分析（1984~2017）》，www.bridata.com。

投入，其收益率偏低，对社会资本的吸引力相对较小。尤其是随着PPP项目数量与投资额的不断增多，市场竞争越来越激烈，PPP项目的回报率进一步下降，这导致了社会资本尤其是民营企业参与PPP项目的积极性不高。根据明树数据发布的统计报告，截至2017年6月，已落地（完成招投标）的PPP项目共3774个，成交总金额达到55700亿元。从投资回报率来看，在已公布回报率的1138个项目中，2017年的平均回报率为6.37%，较2016年的6.69%和2015年的8%都有所下降。而在社会资本参与情况中，2014年至

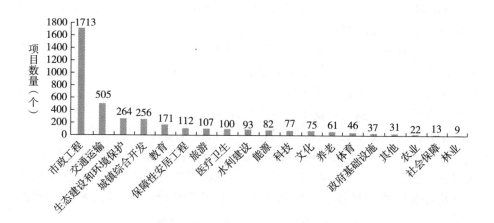

图6-7　2014年以后PPP项目投资数量的行业分布

资料来源：明树数据，《中国PPP发展历程及特征分析（1984~2017）》，www.bridata.com。

2017年6月，国有企业的成交额高达41139.35亿元，金额占比73.9%，而民营企业的成交额为14089.44亿元，占比仅为25.3%。[①]

（2）PPP项目面临融资难题。根据全国PPP综合信息平台项目库的统计数据，截止到2017年9月，全国PPP综合信息平台项目管理库项目共4390个，落地率仅为35.2%；2017年1~8月，当年累计PPP落地项目投资额占同期固定资产投资之比为3.9%。[②] 一方面，由于PPP项目往往回收期长、投资规模大，因此需要大量长期资金的投入，但是社会资本普遍追求短期收益，加上PPP项目往往收益率较低，因此有限的长期资金供应难以满足PPP项目的需求。另一方面，由于PPP项目的投资回报率较低，因此现行PPP项目融资渠道主要侧重于银行贷款。但是，银行贷款的期限相对有限，无法满足PPP项目大量长期资金的需求，容易导致项目资金期限的错配，更加重了PPP项目融资难的问题。同时，从社会资本在PPP项目的实施情况来看，以国有企业居多。根据明树数据的统计，2014年至2017年6月，国有企业的成交额高达41139.35亿元，金额占比73.9%，而民营企业的成交

---

① 数据来源：明树数据，《中国PPP市场发展分析（2014~2017）》，www.bridata.com，2017年8月。

② 数据来源：全国PPP综合信息平台项目库第8期季报，http://jrs.mof.gov.cn/ppp/dcyjppp/201710/t20171027_2736578.html。

额为 14089.44 亿元，占比仅为 25.3%。① 而国有企业的负债率普遍较高，这又进一步导致融资成本加剧。

（3）存在重建设而轻运营的问题。PPP 的核心是项目的运营，在此过程中发挥社会资本的优势，优化公共服务供给的质量与效率。但是，现在大多 PPP 项目主要以施工企业为主导，对于施工资质的硬性要求极大地限制了社会资本方的参与。施工企业往往负债率较高，且缺乏项目全生命周期管理运营的能力，这就又增加了融资难题以及项目运营阶段风险的不可控性。同时，相对于快速发展的 PPP 市场，专业咨询机构的发展与准备都相对滞后，能够真正熟悉业务流程、财务、法律、金融、市场并提供专业技术服务的人员以及咨询机构数量较少，这就更加凸显了 PPP 项目运营过程中存在的问题。

（4）出现"伪 PPP"现象。PPP 模式的本质属性是改善基础设施建设和公共服务供给，通过民间资本的引入，既能够降低政府杠杆率，又能够减缓政府财政负担。但是，一些地方政府将 PPP 作为政府融资的新渠道，打着 PPP 的口号采取政府承担兜底责任的形式，通过政府回购、变相回报、明股实债等进行变相举债与融资，自身的公共服务和监管职责被严重淡化，这样不仅没有化解地方政府债务，反而恶化了杠杆问题，增加了地方政府债务风险以及系统性财政金融风险的隐患。部分地方政府片面追求投资和 GDP 增长而盲目扩大 PPP 的使用范围，将一些纯商业化项目硬套 PPP 模式，致使大量公共服务项目难以落地，从而损害公共利益。

针对 PPP 模式在我国发展过程中存在的问题，可从以下五个方面入手，营造适合 PPP 模式发展的市场环境，促进 PPP 模式的科学应用与健康发展，以实现投融资体制改革的深化，激发社会投资的活力。

（1）加强 PPP 模式的法治化建设。PPP 模式的有效运作需要规范系统的法律体系来确保各参与方的责任与权益有章可循。我国已持续出台一系列有关 PPP 管理与规范的法规文件，但这些尚属于最低立法层级的法规依据，PPP 立法工作亟须尽快启动，促进 PPP 的法制化，提高相关的法规层级。目前，PPP 的立法、推广、管理与监管工作由国家发展改革委和国家财政部共同负责，但两机构的职能划分尚不清晰，因此应设立或明确专门机构负责 PPP 立法等一系列工作的开展，并建立智能相对独立的监管机构，以推动

---

① 数据来源：明树数据，《中国 PPP 市场发展分析（2014~2017）》，www.bridata.com，2017 年 8 月。

PPP 健康与规范发展得到更多的法制化保障以及法律约束。在注重立法的同时进一步强化执法监管，加强监管力度，以规范 PPP 项目操作，降低隐性风险。

（2）强化政府信用管理，完善风险共担与投资回报机制。除项目的经济效益之外，政府部门的信用程度是社会资本方参与 PPP 项目的重要考量因素。因此，要想破解 PPP 项目融资难题，吸引社会资本参与，首先应加强政府的信用建设与管理，进一步推进国家层面的 PPP 立法，完善具体可操作的 PPP 投融资管理法律法规，在政府部门内部建立有效的绩效评估体系，同时健全责任追究制度，明确规定政府部门的职责以及政府部门违约行为的判定，实现在保障政府权力的同时降低 PPP 项目的风险与成本，提高社会投资方资金投入的信心。其次，由于 PPP 项目的投资期限过长、投资额巨大，因此，构建合理、明确的风险共担机制与投资回报机制，改变过去政府转移风险的或因风险约束而效率低下的局面，同时推动社会投资方通过提高技术水平与运营效率来获得更大的收益并降低风险，是有效降低项目融资风险、保证项目顺利实施的关键。

（3）推动 PPP 融资制度建立与改革。PPP 模式不同于传统的以企业为主体筹集资金或者政府主导的公共产品和服务供给模式，而是要充分发挥政府与社会资本双方的优势，通过股权和债权融资来筹集项目建设与运营资金，并以未来收益作为偿债基础和利润来源，因此需要一套新的融资制度与这种新的融资模式相适应。一方面，要拓宽 PPP 项目的资金供给来源，以银行信贷为核心，整合证券、保险、信托、私募股权基金、融资租赁等渠道，创新股权投资、债权投资计划等合作模式，通过发行项目收益债、公司债、企业资产证券化产品等方式，拓展融资渠道并实现风险分担。另一方面，要真正以 SPV 公司（政府与社会资本为建设或运营公共产品或服务而组成的特殊目的机构）为融资主体，积极发展适合其特点的股权和债权融资工具，并推动其独立承担项目建设、运营、资金方面的各种风险，实现风险的有效隔离。

（4）加强与第三方专业机构的合作，提高项目运营能力。PPP 既是一种投融资模式，同时也是一种运营管理模式，是政府、社会资本和第三方专业机构之间的一种风险共担与收益共享的共赢机制。一方面，要加强政府与专业投资运营机构、金融机构等能够提供长期限股权资金的机构的合作，吸引更多的社会资本参与，加快 PPP 项目落实并强化运营管理。另一方面，加强专业咨询机构服务的管理，引导咨询机构为各参与方提供专业咨询服务，挑选最匹配的社会资本方，制定风险合理分担、收益分配合理的合作协议，并充分挖掘 PPP 项目运营期间的盈利潜力。

（5）不断完善并创新 PPP 项目多元化退出机制。2016 年，国家发展改革委印发的《关于切实做好传统基础设施领域政府和社会资本合作有关工作的通知》首次提出"依托各类产权、股权交易市场，通过股权转让、资产证券化等方式，丰富 PPP 项目投资退出渠道"。合理完善的社会资本方退出机制是提高社会资本投资 PPP 项目积极性的重要保障。

附录 6-1：三峡工程的投融资模式

兴建三峡工程是中华民族几代人的夙愿。1992 年 4 月 3 日，第七届全国人民代表大会第五次会议审议并通过了《关于兴建长江三峡工程决议》。从此，三峡工程由论证阶段走向实施阶段。1994 年 12 月 14 日，三峡工程正式开工。2006 年 5 月 20 日，三峡大坝全线达到设计高程。

三峡工程全称为长江三峡水利枢纽工程，是治理和开发长江的关键性骨干工程，具有防洪、发电、航运等巨大的综合效益。工程建筑由大坝、水电站厂房和通航建筑物三大部分组成。整个工程包括一座混凝重力式大坝、泄水闸、一座堤后式水电站、一座永久性通航船闸和一架升船机。大坝坝顶总长 3035 米，坝高 185 米，水电站装机 26 台，总装机容量为 1820 千瓦，年发电量 847 亿千瓦时。三峡工程建设分三期，总工期 18 年。一期工程 5 年（1992～1997 年），主要工程除准备工程外，主要进行一期围堰填筑，导流明渠开挖。修筑混凝土纵向围堰，以及修建左岸临时船闸（120 米高），并开始修建左岸永久船闸、升爬机及左岸部分石坝段的施工。二期工程 6 年（1997～2003 年），工程主要任务是修筑二期围堰、左岸大坝的电站设施建设及机组安装，同时继续进行并完成永久特级船闸、升船机的施工。三期工程 6 年（2003～2009 年），主要进行右岸大坝和电站的施工，并继续完成全部机组安装。工程完工后，三峡水库将成为一座长达 600 公里、最宽处达 2000 米、面积达 10000 平方公里、水面平静的峡谷型水库。

据估算，三峡工程所需投资巨大，静态投资（按 1993 年 5 月末不变价）为 900.9 亿元人民币，其中：枢纽工程 500.9 亿元，库区移民工程 400 亿元；动态投资（考虑物价上涨、利息变动等因素）为 2039 亿元。[1] 考虑到近年来我国经济发展较快、物价相对稳定、利率总体水平不高，预计三峡工程总投

---

[1] 新华网，http://news.xinhuanet.com/ziliao/2003-05/30/content_894678.htm。

资可能会控制在 1800 亿元以内。[①]

在三峡工程开建前，对于我国国力是否足以支撑建设资金需求曾引起广泛的疑虑。然而，到 2006 年 5 月 20 日，三峡大坝浇完最后一仓混凝土，全线达到设计高程 185 米。这一史无前例的伟大成就打消了人们的疑虑。三峡工程建设得以顺利推进，并逐步实现设计目标，无疑与三峡工程在投融资体制上的创新分不开。

据中国长江三峡工程开发总公司总会计师杨亚的分析，三峡工程融资的基本经验是，充分利用国家的政策支持，及时吸纳体制改革与创新的成果，根据资本市场和国内外融资环境的变化，动态调整融资策略，化解风险，降低成本。三峡工程的融资实践可概括为"三个阶段、三种手段、三种效应"。[②]

（1）在"风险不明期"，利用国家资本金和政策性银行贷款，发挥"种子效应"。在 1992～1997 年的一期工程（大江截流前）期间，工程本身尚未被大多数人认识，金融机构和投资者对未来的风险缺乏准确度量，这一阶段资金的主要来源是国家注入资本金和政策性银行贷款。

为建设三峡工程，1992 年，国务院决定在全国范围内，按不同地区、不同标准，通过对用户用电适当加价的办法，征收设立三峡工程建设基金（即三峡基金）。1993 年 9 月 27 日，国家成立三峡总公司，全面负责三峡工程建设的组织和实施。国务院批准把三峡工程建设基金作为国家对三峡总公司投入的资本金。三峡基金设立初期，除西藏自治区用电及贫困地区排灌用电外，全国人民每使用一度电，加征 3 厘钱进入三峡基金。以后，三峡基金征收标准又经两次上调：从 1994 年起，上调为每度用电征收 4 厘钱；从 1996 年 2 月 1 日起，直接受益和将要受益以及经济发达地区的 16 个省、市，每度用电上调到 7 厘钱，其他地区仍征收 4 厘钱。三峡基金的征收期限将一直延续到 2009 年三峡工程竣工。2003 年，国家财政部又批准三峡电厂所得税在工程建设期全额返还三峡总公司，作为国家注入三峡工程的资本金。同时，国务院还决定把葛洲坝发电厂划归中国三峡总公司管理，电厂上缴中央财政的利润和所得税全部作为三峡基金。三峡基金自 1992 年设立以来，在三峡工程建设中发挥着重要作用，到 2005 年底共到位 623 亿元，占三峡工程已完成投资总额的 51%，成为三峡工程最为稳定的资金来源。三峡工程整

---

① 中国长江三峡工程开发总公司，http：//www.ctgpc.com.cn/sxslsn/index.phpmClassId=003003。

② 张先国、刘诗平：《三峡工程融资模式及发电效益分析》，新华网，2006 年 6 月 15 日。

个建设期间三峡基金可征收 1100 亿元，占总投资的 50% 以上。

除了三峡基金作为资本金投入外，三峡总公司还利用政策性贷款筹集建设资金。1994~2003 年，国家开发银行每年为三峡工程提供贷款 30 亿元，总额 300 亿元，贷款期限 15 年。三峡基金和国家开发银行贷款两部分资金解决了项目建设初期建设风险与融资需求的矛盾，并保证整体资产负债率不会太高。三峡基金和国家开发银行贷款作为三峡工程稳定可靠的资金来源，对整个工程建设起着重要的资金支撑作用。

（2）在"风险释放期"，利用资本市场，加大市场融资的份额，发挥"磁铁效应"。1997~2003 年的二期工程（首批机组开始发电）建设期间，项目建设的风险大幅度降低，金融机构和投资者对项目成果与效益有了基本的把握，这一阶段三峡总公司逐步加大了市场融资的份额，并利用三峡工程磁铁般的巨大吸引力，优化融资结构。

1997 年 1 月，国家计划委员会正式批准三峡债券发行计划。同年 2 月，中国长江三峡工程开发总公司在国内首次发行三峡工程债券，发债额度为 10 亿元人民币。1997~2005 年，三峡总公司共发行了 6 期 8 个品种的企业债券，共募集资金 220 亿元，用于购买 6 台发电机组。2006 年 5 月 11 日，开始发行总额 30 亿元的无担保三峡债券。三峡债以其合理的定价水平、符合国际惯例的发行方式、良好的流动性和较高的信用等级，成为其他企业债券的定价基准，约 90% 的债券为机构投资者购买，被称为"准国债""龙头债"。据三峡总公司财务部门测算，利用债券融资以来，和银行长期贷款利息相比，每年降低工程投资成本约 3 亿多元。

三峡工程可预见的前景引起国内商业银行展开贷款竞争。1998 年，三峡总公司分别与建设银行、工商银行、交通银行签订了总额为 110 亿元的三年期贷款协议，滚动使用，通过借新还旧、蓄短为长，增加资金调度的灵活性。此外，三峡总公司从 2000 年起逐步在物资设备采购和工程价款结算中采用票据结算方式，其融资成本比短期银行贷款利率低 30% 左右。

三峡工程左岸电站进口机电设备的招标合同曾被外国人称作"中国最聪明的合同"。三峡总公司充分利用竞争性招标的有利条件，不仅引进先进设备和技术提升我国机电制造业总体水平，而且创造性地引进了国外优惠资金。包括 7 个国家提供的出口信贷 7.2 亿美元和两个商业集团贷款 4 亿美元，这些信贷资金期限长、利率低、协议条款优越。

（3）在"现金收获期"，利用新的股权融资通道和资本运作载体，发挥"杠杆效应"。2003 年首批机组发电后至 2009 年的三期工程（全部机组投入运行）建设期间，工程逐步建成并发挥效益，陆续投产的机组将带来强大的现金流，建设风险进一步释放，这一阶段主要通过公司改制，建立股权融资通道，以资本运营的方式撬动资金持续稳定地流动。

三峡工程从 2003 年起，机组相继投产。随着首批机组投产，三峡工程总公司直接从股票市场融资的条件也逐步成熟。而此前，三峡总公司就已着手准备开辟股票市场直接融资渠道。2001 年底，三峡总公司开始启动改制议程；2002 年，改制重组方案获国务院正式批准。据此方案，三峡总公司于当年 9 月将公司的核心业务——发电业务，以葛洲坝电站资产为基础，控股设立长江电力股份公司，专门从事电力生产经营，并择机上市融资。同时，三峡总公司还获准成为国家授权投资的机构，这意味着三峡总公司不能停留在原来的项目法人的概念上。三峡总公司将逐步从以项目开发和电力生产经营为主，过渡到以资本运营为主，按照控股公司、集团公司的模式重新确定组织架构。

通过三峡总公司发起设立长江电力，开通股权融资通道，为三峡总公司建立了一个新的资本平台。2003 年，长江电力在国内资本市场上市，一举募集资本金 100 亿元人民币，加上债务融资共 187 亿元收购总公司首批投产的 4 台机组。三峡总公司则通过出售发电机组，获得三峡三期工程与开发金沙江的资金，从而变成一个以发电企业或发电资产为产品的企业，通过"投资水电资源开发—承担开发风险—转让已投产的资产—投资新项目的开发"，循环带动社会资本进入水电行业。

2006 年 5 月 15 日，长江电力认股权证获中国证监会发行审核委员会发行批准，成为资本市场启动股权分置改革后首只实现上市公司融资功能的权证产品。长江电力向全体股东每 10 股无偿派发 1.5 份认股权证，发行总量12.28 亿份。经历 12 个月存续期后，公司按 5.5 元/份行权发行股票，募集资金总额约 67.54 亿元，全部用于收购三峡发电机组。按照当时的设想，长江电力公司在 2015 年之前将陆续收购三峡工程所有 26 台发电机组，估计所需资金总额约为 1200 亿元，除来自于机组运行售电收入部分外，发行股票和债券仍将是公司重要的融资手段。

以上内容表明，三峡工程形成了多渠道、多方式有效融资的格局。融资方式包括三峡工程建设基金、葛洲坝电厂发电收入、三峡电站施工期发电收入、国家政策性银行贷款、商业银行贷款、企业债券、国外出口信贷及商业贷款、股份化集资等。三峡工程融资模式体现了"三结合三为主"的原则，即"国内外融资相结合，以国内为主；长短期资金相结合，以长期为主；债权与股权相结合，以债权为主"。作为三峡工程建设和管理的主体，三峡总公司在国家政策的支持下，紧紧把握我国经济金融形势的变化发展，充分利用各种有利时机和条件，创造性地开拓了一些新的融资手段，解决了三峡工程这一特大型工程建设资金规模过大的难题，保证了工程建设的顺利进行和设计目标的如期实现。三峡工程建设的融资模式也为我国其他重大工程融资创造了有益经验。

附录 6-2：南水北调工程的投融资模式

南水北调工程的方案构想始于 1954 年国家主席毛泽东视察黄河时提出，经过多次勘测、规划和研究，在分析比较 50 多种规划方案的基础上，分别在长江下游、中游、上游规划了三个调水区，形成了南水北调工程东线、中线、西线三条调水线路，与长江、淮河、黄河、海河相连接，构成我国中部地区水资源"四横三纵、南北调配、东西互济"的总体格局。[①] 南水北调工程的实施主要是为了缓解黄淮海流域日益严重的水资源短缺，改善生态环境，因而在加大节水、治污力度与污水资源化的同时，从水量上对充沛的长江流域向黄淮海流域调水。2002 年 12 月，国务院批复南水北调工程总体规划。根据这一总体规划，南水北调工程计划投资 5000 亿元，建设 50 年。2004 年 9 月，国务院南水北调工程建设委员会印发《南水北调工程建设管理的若干意见》，规定了南水北调工程建设管理的基本制度。2006 年 7 月 5 日，国务院南水北调办公室印发《南水北调工程初步设计管理办法》。2008 年 12 月，国务院南水北调办公室印发《南水北调工程投资静态控制和动态管理规定》，实行南水北调工程投资静态控制和动态管理，并于 2010 年 9 月印发《南水北调工程建设投资计划管理办法》，其中静态控制是以国务院批准的可行性研究报告为目标，以批准的初步设计概算总投资为依据，通过编制并严格实施项目管理预算进行投资控制；动态管理是在工程实施过程中以批准的项目管理预算为基础，对由价差引起的初步设计概算总投资以外的投资变动，通过审批年度价差报告进行有效管理。2012 年 3 月 20 日，国务院南水北调工程建设委员会第六次全体会议明确指出，"要进一步增强紧迫感，真抓实干，科学安排工程进度，同步推进主体工程和配套建设"。

南水北调工程的规模体量大，工程点多、线长，东线、中线一期工程包

[①] 中国南水北调：《南水北调工程总体布局》，http://www.nsbd.gov.cn/zx/gczs/200603/t2006 0302_188126.html。

含单位工程 2700 余个，区域跨度大，涉及范围广，需要巨额资金作为支撑，主要采取"政府宏观调控，准市场机制运作，现代企业管理，用水户参与"的管理与作用方式。由于南水北调工程兼有公益性与经营性，一方面，南水北调工程作为国家重大战略性工程，是水资源在全国范围内的优化配置和生态保护项目；另一方面，南水北调工程的供水对象主要是城市，也涉及市场问题。因此，从融资方式来看，南水北调主体工程的融资模式主要政府拨款、南水北调工程基金和银行贷款相结合，各部分的金额和比例分别是：中央财政资金 248 亿元，占工程总投资的 20%；地方筹集基金 434 亿元，占35%；贷款 558 亿元，占 45%。

（1）政府拨款。政府拨款主要由中央政府安排。2001 年 1 月，中共中央一号文件《关于加快水利改革发展的决定》指出，要建立水利投入稳定增长机制，进一步提高水利建设资金在国家固定资产投资中的比重，从土地出让收益中提取 10% 用于农田水利建设，进一步完善水利建设基金政策，延长征收年限，拓宽来源渠道，增加收入规模，同时要引导金融机构增加水利信贷资金，并广泛吸引社会资金。国家财政部、国家发展改革委和水利部同时期发布的《水利建设基金筹集和使用管理办法》进一步细化了中央和地方水利建设基金的来源和使用，其中地方水利建设基金的来源主要包括四个方面：①从地方收取的政府性基金和行政事业性收费收入中提取 3%；②向企事业单位和个体经营者征收水利建设基金；③从中央对地方成品油价格和税费改革转移支付资金中足额安排资金；④从征收的城市维护建设税种划出不少于 15% 的资金。

（2）南水北调工程基金。南水北调工程基金的筹集范围主要是南水北调工程受水区的北京、天津、河北、江苏、山东、河南。根据 2004 年国务院颁布的《南水北调工程基金筹集和使用管理办法》，6 省市所筹集的基金数量分别为：北京市 54.3 亿元，天津市 43.8 亿元，河北省 76.1 亿元，江苏省37 亿元，山东省 72.8 亿元，河南省 26 亿元。南水北调工程基金通过提高水资源费征收标准增加的收入筹集，还可将现行水资源费部分收入等划入南水北调工程基金。

（3）银行贷款。银行贷款由工程建设的责任主体统一承贷，并以水费收入和工程建设期满后的南水北调工程基金偿还。2005 年 3 月 29 日，由国家开发银行牵头，中国工商银行等 7 家银行参加的融资银团在北京人民大会堂与南水北调主体工程项目法人签订了《南水北调主体工程银团贷款银行间框架合作协议》，贷款总额 488 亿元，其中国家开发银行提供 213 亿元的信贷支持，中国建设银行提供 85 亿元，中国银行、中国农业银行、中国工商银行各 60 亿元，中信实业银行和上海浦东发展银行各 5 亿元。这标志着南水北调工程融资进入了实质性操作阶段，同时也开创了水利项目银团贷款的先河。2012 年中国人民银行、国家发展改革委等印发的《关于进一步做好水利改革发展金融服务的意见》也指出，"支持银行业金融机构通过银团贷款分散大型水利项目风险，鼓励银行业金融机构联合融资租赁公司增强对水利建设的支持力度"。

2005 年，东线、中线一期工程可行性研究报告编制完成，2546 亿元的资金总量达到总体规划 1240 亿元的 2 倍。经过中央部门协商，将三峡工程基金在三峡工程建成后转化为大型水利工程建设基金，其中一部分用于南水北调工程建设，剩余部分用于三峡后期建设和扶持；与此同时，在南水北调工程中不受益的西部地区，征收的三峡基金全部返还地方用于水利基础设施建设。由此，南水北调工程的融资结构变为：中央预算内投资增加到 414 亿元，占工程总投资的 16%；南水北调基金 290 亿元，占 11%；银行贷款 558 亿元，占 21%；重大水利工程建设基金（由中央统一收取）1241 亿，占 49%；地方筹资 43 亿，占 2%。其中，中央投资达到 1656 亿元，占到工程总投资的 16%。①

为解决国家重大水利工程建设基金的现金流与工程建设用款时限之间存在的错配问题，经国务院批准，由国家财政部主导融资工作，由国务院所属的南水北调办为偿债主体，通过银行等渠道贷款的方式为工程提供过渡性融资，过渡性融资的还本付息则通过后续年度征收的国家重大水利工程建设基金在内的中央预算内资金予以偿还。2010 年 6 月，太平资产与国务院南水北调办签署《南水北调工程过渡性资金融资合同》，融资金额为 50 亿元；2011 年 3 月，双方签署《南水北调工程过渡性资金第二期融资合同》，第二期债券计划融资金额为 100 亿元；2011 年 12 月，《南水北调工程过渡性资金第三期融资合同》签署，债权投资计划成为南水北调工程过渡性融资的主要资金来源，第三期融资金额达到 400 亿元。

截至 2017 年 4 月底，南水北调东线、中线一期工程总投资 2627.4 亿元，其中中央预算内投资 254.2 亿元，中央预算内专项资金（国债）106.5 亿元，南水北调工程基金 196.5 亿元，国家重大水利工程建设基金 1594.3 亿

① 《南水北调工程资金的筹措和管理》，http：//www.cssn.cn/ddzg/ddzg_ldjs/ddzg_jj/201307/t20130712_806303.shtml，2013 年 4 月 10 日。

元，贷款475.9亿元。工程建设项目累计完成投资2593.1亿元，其中东线、中线一期工程分别累计完成投资330.2亿元和2144.2亿元；过渡性资金融资费用117.8亿元，其他0.9亿元。①

总体来看，南水北调工程主要采取"政府宏观调控，准市场机制运作，现代企业管理，用水户参与"的运作方式，投融资模式主要是政府拨款、南水北调工程基金和银行贷款相结合的多元化投融资模式，投资管理体制主要是将全过程的"静态控制"以及以"价差管理"为主的"动态管理"相结合。这样，不仅能够为南水北调工程建设提供长期稳定的资金支持，还能将南水北调工程建设投资有效控制在国家批准的可行性研究总投资之内，同时也为水利建设项目融资方式的创新进行了有益的探索。

---

① 《南水北调工程投资进展情况》，http：//www.nsbd.gov.cn/zw/zqxx/tzjh/201705/t20170510_482792.html，2017年4月。

第七章 投资项目管理的改革

任何投资活动都始于特定工程建设项目的规划与决策，终于该工程项目的建成投产。投资项目的决策正确与否及项目管理科学与否对投资目标能否实现具有重要意义。广而言之，一国投资项目管理的质量与水平决定了一国经济持续健康发展的后劲与实力。

我国的投资项目管理经历了从计划经济到市场经济的转变过程，经历了从传统的管理方式向现代项目管理方式的转变，项目决策和管理的科学化、民主化水平也在逐步提高。本章主要讨论我国投资项目管理的改革和发展过程。

第一节 投资项目管理的改革

一、计划经济体制下的基本建设管理

（一）基本建设投资决策与管理体制

20 世纪 50 年代初，通过学习苏联的理论和经验，在苏联专家的帮助下，我国建立起高度集中的计划经济体制以及计划经济体制下的基本建设体制。这一体制在实行过程中也曾做过一些改革，主要是管理权限的下放和调整。1978 年中共十一届三中全会以后，我国开始逐步对计划体制以及相应的基本建设体制进行市场化改革。

依据 50 年代苏联的划分方法，凡是形成固定资产的经济活动过程都是基本建设。但在实际工作中，把固定资产简单再生产范围以内的基本建设划归各级经委主管，视作现行生产；而固定资产的扩大再生产，如新建、改建、扩建，则称为基本建设，划归各级计委和建委主管。所以，基本建设既包括固定资产更新，也包括固定资产的新增和扩大。

1. 计划体制下基本建设项目决策和管理的主要特点

（1）基本建设投资决策权集中于中央。在宏观决策方面，国家计委通过

基本建设五年计划和年度计划，确定基本建设的投资规模、投资方向、项目的产业和地区布局等重大决策。在项目决策方面，所有规模以上项目的计划任务书、初步设计、设备成套项目由国家计划部门和住房城乡建设部门审批。限额以下的地方项目，也由中央有关部门审查批准。

（2）基本建设投资主要由中央拨款。所有基本建设投资都要纳入基本建设年度计划后才能拨款。

（3）统一建立基本建设管理机构。1952年成立国家计划委员会，负责制订全国基本建设的长期规划和五年计划。1954年成立国家建设委员会，把限额以上项目的决策权和设计审批权集中到中央。同年又成立了建筑工程部，负责归口管理全国的建筑业。各省市设建筑工程局。此外，国家财政部、物资和中央、地方的主管部门都设有主管基本建设计划、财务和物资的职能机构，从上到下，形成了统一的基本建设管理机构。

在基本建设管理制度方面，确定了"先勘察，后设计；先设计，后施工"的原则；规定了"设计任务书—初步设计—技术设计—施工图"四阶段设计程序，规定了"八阶段"基本建设程序，制定了各种预算定额、概预算编制细则、预算价格以及各种工程的费用定额标准。

2. 计划体制下基本建设体制的主要框架

国家计委在基本建设管理中起着决定性作用。在宏观决策方面，计委负责制订基本建设计划，确定基本建设投资规模、投资方向、项目的产业和地区布局等重大决策。在具体项目的决策方面，国家计委负责大中型项目的确定、项目投资安排、计划任务书的审批等。

国家建委对基本建设实行全面管理。其主要职责是：执行基本建设计划，负责制定相关方针政策。具体包括：按时检查计划执行情况，协调解决相关问题；组织重点项目的落实；组织领导设计施工方面的相关工作，制定相关规章制度；组织基建科研和技术革新活动；管理城市建设和城市规划方面的工作等。

地区基本建设委员会全面负责本地区的基本建设工作，负责基本建设计划的实施，制定相关方针政策。具体工作内容与国家建委相仿。

建设单位是执行基建计划的基层单位，是一定建设项目的拥有者，以及建设工程的组织者和监督者。其职责包括：编制基本建设计划和预算，委托设计和施工，组织物资调配和设备采购、生产准备工作，组织竣工验收，交付使用。

设计单位根据建设单位委托，按照计划任务书的要求，进行工程设计，对工程设计质量全面负责。

施工单位根据建设单位委托和工程设计文件，进行土建施工和设备安装，对工程的建筑安装质量负全责。

中国人民建设银行成立于1954年，负责管理基本建设支出预算和财务，办理基本建设拨款、结算和放款以及对企业、机关等用于基本建设的自筹资金，也负责结算业务，对建设项目全过程进行财政监督。

（二）基本建设投资决策和管理程序

总体上说，基本建设投资决策与管理程序包括计划的编制、下达、执行、检查和总结等环节的完整过程。

1. 基本建设投资的宏观决策和管理的程序

编制基本建设计划是宏观投资建设项目管理的主要方式和内容。国家基本建设计划是国民经济计划的重要组成部分，包括确定全国基本建设投资的总规模，投资在各部门、各地区的分配，并确定重大的建设项目等。国家基本建设计划由国家计委负责编制，国家建委参与编制。各部门、各地区的计委和建委，根据国家基本建设计划的要求，编制本部门和地区的基本建设计划。

计划的编制一般采取"两下一上"的程序，即国务院先下达控制数字或建议数字，然后由各级编制计划草案上报，最后由国务院下达正式计划。

国家计委编制的全国计划包括国家基本建设计划，由国务院审定，经提请全国人民代表大会审议批准后，作为正式计划，下达到各部门和各地区，并逐级下达到基层单位组织落实，由建委监督检查。

2. 基本建设投资的微观决策和管理程序

计划经济体制下的微观管理程序，分为八个循序渐进的步骤，它们是：

（1）计划任务书。所有新建、改建和扩建项目，国家重点项目，以及挖潜、革新、改造项目，都要编制计划任务书。计划任务书由主管部门组织计划、设计等机构提前编制。

计划任务书是确定建设项目和建设方案（包括建设规模、建设根据、建设布局和建设进度等）的重要文件，是编制设计文件的依据。

按规定，大中型项目的计划任务书的主要内容有：建设目的和根据；建设规模，产品方案或生产纲领，生产方法或工艺原则；矿产资源、地质、水文和原材料、燃料、动力、供水、运输等协作配合条件；资源综合利用和"三废"治理的要求；建设地点或地区，估算占用土地数量；防空、防震等要求；建设工期；投资控制额；劳动定员控制数；要求达到什么样的经济效益和技术水平。改、扩建大中型项目的计划任务书还应包括原有固定资产利用程度和现有生产潜力发挥情况。自筹大中型项目的计划任务书中，还应注明资金、材料、设备的来源，以及同级财政、物资部门签署的意见。小型项目计划任务书的内容可以适当简化。非工业大中型项目可以参考上述事项内容对计划任务书另做规定。新建工业区、矿区、林区应有区域规划。重大水利枢纽和大型水电站应有流域规划和河段规划，铁路干线要有路网规划，跨省区长距离输油管、输气管应有管网规划。

大中型项目的计划任务书，由中央主管部或省、市、自治区审查，报国家计委批准。部直属及下放项目的计划任务书，上报前要征求所在省、市、自治区意见。小型项目的计划任务书，按隶属关系，由中央主管部或省、市、自治区审批，审批权限原则上不再下放。

计划任务书的批准，意味着项目的确定。

（2）选择建设地址。根据地区规划和计划任务书的要求，可以选择建设地点。选址主要考虑的问题包括：资源、原料是否落实可靠；工程地质和水文地质等建厂的自然条件是否可靠；交通运输、燃料动力等建厂的外部条件是否具备，经济上是否合理等。

项目选址要按项目隶属关系，由主管部门组织勘察设计等单位和所在地有关部门共同进行，并要取得当地规划部门的同意。

建设选址的审批权限是：新建工业区和大型项目须报国家建委审批；中小型项目按隶属关系由中央主管部门或省、市、自治区审查批准；部直属或商地方安排的中小型项目的建设地点，应取得所在省、市、自治区的同意。

（3）编审设计文件。建设项目的计划任务书和选址报告审批合格后，就可以着手编制设计文件。计划任务书是进行设计的依据，设计文件是计划任务书的进一步深化。

按规模大小和技术复杂程度，建设项目可分为两个阶段或三个阶段进行。大中型项目一般采取两段设计，即初步设计和施工图。特大型或特别复杂的项目要增加技术设计阶段。小型简单的项目也可将初步设计和施工图合并。

初步设计要确定建设项目技术的可行性和经济合理性，解决项目所有重要的技术和经济问题，对项目做出全面规划。初步设计获得批准之后，才能列入计划，才能进行征地、土建准备、设备采购等具体工作。

初步设计的审批权限是：大型项目的初步设计和总概算由中央主管部门或省、市、自治区审查，报国务院批准。

（4）编制年度计划。设计文件批准后，可列入年度计划。只有被列入计划，设计文件确定的年度投资、设备、材料、施工进度等才有保证。

（5）设备订货与施工准备。施工准备的主要内容包括：征地、拆迁、编制施工组织设计和施工图预算、三通一平、准备建筑材料等。

（6）施工。

（7）生产准备。

（8）竣工验收，交付使用。

以上八个步骤，前三步可视为基本建设项目投资微观决策，后五步可视为投资项目的具体实施阶段。

（三）计划体制下基本建设管理的经验教训

1. 计划管理体制下基本建设的伟大成就

基本建设计划管理体系是仿照苏联模式建立起来的，在当时有着深厚的国际、政治、经济、文化背景。这一体系在实践中逐渐形成和完善。总体来说，这一体制与我国当时的计划体制和经济发展水平相适应，基本建设程序也反映了基本建设的客观规律，具有科学的因素。基本建设的计划体制发挥了集中力量办大事的优势，在"一穷二白"的基础上，初步建立起了较为完整的国民经济体系。中华人民共和国成立初期，全国工业固定资产只有124亿元。"一五"期间，以苏联援建的156项为重点、限额以上694个大中型建设项目的建成投产，奠定了我国现代工业的初步基础。到1979年，固定资产投资总额达到8444亿元，建成了35.5万个工业企业，形成固定资产5000亿元。30年间工业总产值的年均增长速度为11.2%，工业净产值占国民收入的比重从19.5%提高到46.7%，各主要工业产品产量的世界排名显著上升。同时，全国生产力布局状况也有很大改善。但是，前30年中国建设在取得巨大成就的同时，也走过了曲折的道路，付出的代价不小，教训也非常深刻。

2. 对基本建设程序和管理规则的冲击

"八步骤"的基本建设程序大体上是好的，但也有缺陷，主要缺点在一头一尾。在开头，在编制计划任务书之前，缺少一个项目预研究/投资建议的环节，而搞好可行性研究，做好调查和规划工作，这样才可以尽量避免盲目性，减少盲目建设、重复建设、争上项目、不顾后果等不负责任现象的发生。程序结尾也有漏洞。有些项目竣工不验收，验收不竣工；有的竣工验收之后不能投产，投产后不能正常生产，或生产多年达不到设计能力等。如果增加一个后检查/后评估环节，效果会好些。

总体来说，第一个五年计划期间，以及"文化大革命"之前的几年，基本建设投资决策和管理做得比较好，基本建设程序坚持得比较好，经济建设进行得比较顺利，投资效果也比较好。"大跃进"以及"文化大革命"期间，在"左"的思想的指导下，很多项目决策急于求成，只重速度不讲质量，基本建设的正常程序和管理规则受到较大冲击。有的项目完全不按基本建设程序办事。很多项目忽视前期工作：有的没有计划任务书，有的没有选址报告，有的初步设计不经审批，有的不经过综合平衡。不少项目原材料不落实，有的投产后无销路，盲目投资，重复建设，给国民经济造成了严重的损失和浪费。不少项目受到来自"长官意志"的干预，干扰了正常程序的进行。虽然有关方面多方纠正，但是问题始终没有得到根本解决。例如，1978年列入国家计划的大中型项目中，就有20项没有编制计划任务书。据当时某省的统计，该省从1958年到1977年的20年中，报废的较大建设项目就达81个，相当于每年有4个较大的项目报废。由于项目决策的失误，有些项目建起来后不能发挥作用。据一些调查资料分析，在建成投产项目中，有30%~40%的项目不能发挥作用。又据对1978年底以前建成的17个成套引进项目的调查，1979年能力利用率在50%以下的有6个，在65%和76%的各一个。也就是说，大约有半数的项目利用率很低。

3. 计划体制下基本建设管理制度的问题与不足

基本建设计划管理的最大问题是权力过于集中于中央，忽视了地方和企业的利益和积极性。首先，中国是个大国，各地情况千差万别，有各自的特点和需要，理应发挥地方的优势，因地制宜地开展建设。特别是随着生产和建设的发展，基本建设的规模越来越大，项目越来越多，全部靠中央也难以管好。其次，对企业管得过死，忽视了企业的利益，不利于调动企业的积极性。企业在固定资产再生产方面的权限只限于利用大修理和部分折旧基金进行局部的更新改造。在很长一段时间内，企业基本折旧全部上缴财政，企业技术改造所需资金全部由国家财政拨款解决，甚至"四项费用"（技术措施费、新产品试制费、劳动保护措施费和零星土建工程开支）也要纳入基本建设计划，由预算拨款解决。虽然在中央和地方、中央和企业的关系方面陆陆续续进行了多次调整，但一直未能摆脱"一放就乱，一收就死"的怪圈。另外在管理方式上，主要采用直接的行政手段管理建设项目，较少用经济手段实行间接调控。

二、投资项目决策与管理的改革

（一）投资项目决策改革的起步

改革开放之初，国民经济处于崩溃的边缘，百废待兴。痛定思痛，人们开始反思 30 年中经济建设领域的成功经验与惨痛教训，开始了投资决策与管理的改革尝试。

这一阶段的改革主要在以下方面：

1. 严格基本建设程序，规范建设项目管理

1978 年 4 月 21 日，国家计委、国家建委、国家财政部发布《关于基本建设程序的若干规定》，要求所有的新建、改扩建项目都要编制计划任务书。

同年，国家计委、国家建委、国家财政部规定了"十二个不搞"，包括：不准搞资源不清的项目；不准搞工程地质、水文地质不清的项目；不准搞工艺不过关的项目；不准搞工艺技术十分落后、消耗过高的项目；不准搞协作配套条件不落实的项目；不准搞污染环境而无治理方案的项目；不准搞"长线"产品项目；不准搞重复建设的项目；不准搞"大而全""小而全"的项目；不准搞与现有生产企业争原料的项目；不准搞盲目引进项目；不准搞"楼堂馆所"。这一规定针对当时很多项目前期工作不扎实、建设条件不落实、盲目决策、重复建设的现象，做出了具体规定，在实践中也起到了一定作用。

1980 年 4 月，全国基本建设工作会议提出扩大国营施工企业的经营管理自主权，确定其合理利润，实行利润留成制度。

1984 年，国务院相继出台《国务院批转国家计委关于工程设计改革的几点意见的通知》和《关于改革建筑业和基本建设管理体制若干问题的暂行规定》，提出了包括全面推进基本建设项目投资包干责任制、改革建设资金管理办法、改革项目审批程序等 16 个方面的改革。

2. 基本建设投资"拨改贷"，扩大企业自主权

1979 年 8 月，国务院批准《关于基本建设拨款改贷款的报告》，尝试用有偿使用资金的办法来管理财政投资，并开始在上海、吉林、河南的 8 个建设项目中试点。1980 年，试点范围进一步扩大，试办贷款的单位发展到 1500 多户，既有地方项目，又有中央项目；既有小型工程，又有大中型项目。试办贷款的行业，从轻工业、纺织，发展到电力、煤炭、石油、交通、建工、机械、建材、商业、外贸、文化、医药等 20 多个。贷款金额从 7000 多万元增加到 36 亿多元。电力部直属的大中型火力发电项目，已经全部改为银行贷款。上海、湖北、福建、云南等省市，国家预算直接安排的投资改为贷款的已有 1/3 左右。

试点成功后，1984 年国家计委、国家财政部、中国建设银行联合发布《关于国家预算内基本建设投资全部由拨款改为贷款的暂行规定》，要求自

1985 年起，凡是由国家预算安排的基本建设投资全部由财政拨款改为银行贷款。这一规定使得基本建设投资由财政拨款改为银行贷款，变无偿使用国家资金为有偿使用。

基本建设投资"拨改贷"，使基本建设管理工作朝着尊重客观经济规律，发挥经济组织、经济手段作用，讲求经济效果的方向前进。试办贷款的单位，一般都试图合理安排项目，保证工程质量，加快建设速度，节约建设资金。由于从过去花国家的钱变为现在花自己的钱，过去盲目决策、盲目投资的情况发生了一定变化。在一定程度上，"拨改贷"是投资主体的转移，从国家直接投资变为企业投资。这不仅是投资信贷体制改革的开始，也标志着投资项目决策改革的正式开始。

这一阶段的改革成果主要是推出了"拨改贷"的改革，使国有单位的投资由完全依靠财政拨款、无偿使用变为主要依靠银行贷款、有偿使用，从此企业开始关心项目的经济效果，关注投资决策的问题。随后从投资决策与管理中的计划与市场问题入手，开始改革设计、施工管理体制，简化审批程序，继而打破了政府作为单一投资主体的格局。但是，在投资决策的程序方面仍存在很多问题。

总体上说，这一时期还处于经济体制改革的初期，其特点是在计划经济的基础上适当引入市场因素。计划经济仍占统治地位，国营企业仍占统治地位。在发展环境方面，国民经济处于恢复和调整阶段，投资规模从较低水平在逐渐提高。因此，这一时期的投资决策和管理改革主要是针对基本建设中存在的弊端和问题，完善和规范原有的规则和方法，试图兼顾地方的利益，适当扩大建设单位、设计施工单位的自主权，调动地方和企业的积极性等方面。

（二）投资项目决策改革的推进

1984 年，中共十二届三中全会通过《中共中央关于经济体制改革的决定》，明确指出社会主义经济是有计划的商品经济，以城市为中心的改革全面推开。1988 年 6 月，国务院批准了国家计委《关于投资管理体制的近期改革方案》，从扩大企业投资决策权等 7 个方面提出了具体的改革设想，标志着我国的投资项目决策和管理改革进入了推进阶段。这一时期的投资项目决策和管理改革主要在以下几个方面：

1. 投资主体、决策主体、管理主体多元化、多层次化

在计划经济时期，国有企业占统治地位，主要是由中央政府进行项目投资决策和管理。随着经济改革的深化，我国的经济结构发生重大变化，国营

企业在改革、改制、改组，"三资"企业逐渐增多，民营企业不断发展，金融机构改革不断深化。同时，我国的财税体制经过 20 世纪 80 年代初期"分灶吃饭"的分权制度以及 80 年代后期的"大包干"管理改革，特别是 1994 年的分税制改革，由行政性分权跨入了经济性分权，各级地方的收入和利益得到制度保证。在这种情况下，基本建设投资已经发展为中央政府、地方政府、各级部门、企业和个人等多层次的项目决策和管理体系。不同规模、不同投资主体、不同行业的项目分别由相应的主体决策和实施，由相应的机关进行审批和管理。

2. 投资项目决策概念逐渐清晰

一般来说，投资项目决策包含了以下三重决策：一是投资决策，即项目规划，要解决的问题是确定何时何地以什么方式建何种项目。一般来说，商业性项目的投资决策由资本所有者做出，公益性项目的投资决策由政府做出。二是资本决策，由权益资本所有者判断项目可能带来的收益（资本回报或者社会效益），决定是否出资建这个项目，进而设计具体的项目结构。三是信贷决策，由债务资金提供者判断项目的风险和清偿能力，决定是否提供以及以何种条件提供债务资金。

3. 管理方式间接化

国家在投资管理中逐步用指导性计划取代指令性计划，运用产业政策、税收、价格和利率等间接调控手段调节投资方向和各类投资主体的投资行为。这表现为，越来越多地依靠发挥市场机制作用和运用经济杠杆而不是行政命令去调节资本要素的配置；在项目建设的全过程引入市场竞争机制。

（三）投资体制改革的深化

1992 年邓小平视察南方时的重要谈话发表和中共十四大确定深化投资体制改革，为投资项目决策和管理改革提供了新的契机。中共十四届三中全会通过了《关于建立社会主义市场经济体制若干问题的决定》（简称为《决定》），提出："逐步建立法人投资和银行信贷的风险责任。竞争性项目投资由企业自主决策，自担风险，所需贷款由商业银行自主决定，自负盈亏。用项目登记备案制代替现行的行政审批制，把这方面的投融资活动推向市场，国家用产业政策予以引导。"该《决定》确定了中国经济体制的基本制度框架，中国改革进入整体推进的新阶段。同时，中国经济快速发展，投资规模不断扩大，投资管理改革开始深化。

但是，投资决策改革过程中仍然存在着很多问题。特别是 1994 年财政体制改革后，国家和地方财政"分灶吃饭"，地方政府在财政上的独立性和压力同时增大，各地政府都把扩大投资作为经济发展的主要方式。"长官意志"和急于求成使项目的可行性论证成为摆设，投资决策更是几乎没有科学依据。同时，由于国有企业的领导不承担投资决策失误的责任，许多企业的领导者都不计后果地把扩大企业规模作为自己职级晋升的手段，向政府要投资，向银行要贷款。这样的体制使得投资决策的后果无人负责，甚至不计后果，最终导致很多项目难以维持，银行贷款无法偿还，工程的建成之日就是停产之时，社会资源浪费惊人。根据当时的文件规定，项目审批应该遵照严格的审批程序。大中型企业限额以上项目应由国家计委来审批。具体限额是，能源、交通、原材料等行业投资5000万元以上，其他行业的项目限额3000万元以上的项目由国家计委审批；投资在2亿元以上的项目必须上报国务院审批。但在实际操作中，上述限制并没有被严格执行。由于一旦能够获得国家的批准，就可以获得银行贷款支持并在环保方面得以通过，因此，企业把注意力都放在了如何"跑项目"之上，而忽略了投资决策。事实上，如果地方政府的财政收入足以支持项目建设开工，则不会主动去国家计委要求项目被审批。

从80年代末到2004年的十几年，虽然在投资领域进行了一系列改革，基本形成了投资主体多元化、资金来源多渠道、投资方式多样化、项目建设市场化的新格局，但是还有一些深层次的矛盾和问题还没有得到根本解决，其中主要有：

（1）国有资产投资决策责任没有完全落实。长期以来，国有企业投资决策者的利益与投资项目的成败没有必然联系，没有形成"谁投资，谁决策，谁承担风险"的责任制度。

（2）投资决策科学化、民主化的改革有待加强。审计是督促国有资产决策和建设管理人员合理使用建设资金、及时发现资金使用问题的有效手段。我国当时并未建立完善的外部监督制度。

因此，进一步深化投资决策改革，建立科学化、民主化、法治化的投资决策机制，是建立和完善社会主义市场经济体制的客观要求。

2004年7月25日，国务院颁布《关于投资体制改革的决定》（以下简称《决定》），这是我国投资项目决策改革的一个新的里程碑。《决定》的指导思想是：按照完善社会主义市场经济体制的要求，在国家宏观调控下充分发挥市场配置资源的基础性作用，确立企业在投资活动中的主体地位，规范政府投资行为，保护投资者的合法权益，营造有利于各类投资主体公平、有序竞争的市场环境，促进生产要素的合理流动和有效配置，优化投资结构，提高投资效益，推动经济协调发展和社会全面进步。

《决定》中有关投资项目决策改革的内容主要有：

（1）确立企业投资自主权，改企业投资项目的审批制为核准制和备案制。这是我国投资项目决策改革的一项重大制度创新。《决定》要求，今后政府投资项目仍然实行审批制，对不使用政府投资资金的企业投资项目，一律不再实行审批制，政府只对其中的重大项目和限制类项目进行核准，对其他项目实行备案制。为保证这一制度的顺利实施，作为《决定》的附件，公布了《政府核准的投资项目目录（2004年本）》。

与审批制相比，核准备案制在适用范围、审核内容和审核程序方面均有很大区别。从适用范围来看，审批制只适用于政府投资项目和使用政府性资金的企业投资项目；核准备案制适用于企业不使用政府性资金投资建设的重大项目、限制类项目。从审核内容来看，审批制身兼双职，需要从社会管理者的角度和投资所有者的角度审核企业的投资项目决策；核准备案制则保证了政府只从社会和公共管理者的角度审核项目，主要考虑的内容是经济安全、资源开发利用、生态环境保护、优化区域布局和产业结构、保障公共利益、反垄断等内容，而不需要操心关于项目前景、经济效益、资金来源、技术方案等微观层面的内容，从而真正实现了放权给企业。从审核程序上看，审批制需要经过"项目建议书""可行性研究报告"和"开工报告"三个环节，而核准备案制只有"项目申请报告"一个环节。

（2）合理界定了政府投资的职能。政府投资主要用于关系国家安全和市场不能有效配置资源的经济社会领域，用于加强公益性和公共基础设施建设、保护和改善生态环境、促进欠发达地区的经济社会发展、推进科技进步和高技术产业化。采取直接投资、资本金注入、投资补助、转贷和贷款贴息等方式，合理使用各类政府投资资金。对非经营性政府投资项目，加快推行代建制。

（3）完善投资宏观调控体系，改进调控方式。综合运用经济的、法律的和必要的行政手段，对全社会投资进行以间接调控方式为主的有效调控。在我国基本建立起中国特色的社会主义市场经济体制后，特别是加入世界贸易组织后，市场化的程度在逐渐加深，国际化的趋势日益加剧。政府在进行宏观调控时，也越来越倾向于采用经济手段调节。一方面是政府职责的内涵越来越清晰和依法行政不断完善，另一方面是市场中的各种信号基本具备了传达经济手段政策的功能。因此，在企业成为投资决策主体的大背景下，政府的投资管理模式也必然发生转变。

（4）完善对政府投资的监督管理，建立政府投资责任追究制度，健全政府投资制衡机制，建立政府投资项目后评估制度和社会监督机制；加强和改进对社会投资的监督管理，建立健全协同配合的企业投资监管体系，依法加强对企业投资活动的监督，建立企业投资诚信制度；加强对投资中介服务机构的监管，对咨询评估、招标代理等中介机构实行资质管理。

《决定》的颁布是我国投资项目决策和管理走向市场化和法制化的重大步骤。但是，在具体实施过程中还需要细化和深化，特别是政府放权的彻底性以及银行等金融机构独立审贷的程度，都考验着投资体制市场化和法制化改革的实际成效。因此，也有专家学者表示对《决定》中一些改革内容实施怀有疑虑，例如：核准制有可能成为变相的审批制；《目录》中所列条目太过宽泛；国有资本最大的问题在于投资效益而不在"审批"（郭励宏，2004）；相关责任追究制度不完善（罗云毅，2004）；等等。这些都将成为下一步改革所需要解决的问题。

中共十八届三中全会《关于全面深化改革若干重大问题的决定》明确要求深化投资体制改革，确立企业投资主体地位，"企业投资项目，除关系国家安全和生态安全、涉及全国重大生产力布局、战略性资源开发和重大公共利益等项目外，一律由企业依法依规自主决策，政府不再审批"。为进一步深化投资决策与管理制度改革，2013 年 3 月，国务院发布《国务院机构改革和职能转变方案》，明确指出要减少和下放一批投资审批事项，"最大限度地缩小审批、核准、备案范围，切实落实企业和个人投资自主权"，"对确需审批、核准、备案的项目，要简化程序、限时办结"。2013 年 12 月，国务院发布《政府核准的投资项目目录（2013 年本）》，大力缩小核准范围，下放核准权限：对于市场竞争充分、企业有自我调节能力、可以通过经济和法律手段有效调控的项目，由核准管理改为备案，以最大限度缩小核准范围；对于仍需由政府核准但可以进行政策性引导调控的项目，尽量下放地方政府核准并明确责任。此次修订共取消、下放和转移 49 项核准权限，修订后需报中央管理层面核准的项目数量减少约 60%。在外商投资、境外投资领域，管理方式也由一律实行核准制改为根据不同情况区别实行。2014 年 11 月，国务院再次对《目录》进行了修订，《政府核准的投资项目目录（2014 年本）》共取消、下放 38 项核准权限，其中，取消核准改为备案 15 项、下放地方政府核准 23 项，这样连同 2013 年的修订，中央层面核准的项目数量总共减少约 76%。同时，在境外投资领域，除涉及敏感国家和地区、敏感行业的项目，其他全部取消核准改为备案管理。

2016 年7 月5 日，中共中央、国务院发布《关于深化投融资体制改革的意见》（以下简称《意见》），开启了投资项目决策改革深化的新阶段。《意见》明确要求确立企业的投资主体地位，并进一步转变政府职能，将投资管理工作的立足点放到为企业投资活动做好服务上，在服务中实施管理，在管理中实现服务，从而建立完善企业自主决策、融资渠道畅通，职能转变到位、政府行为规范、宏观调控有效、法治保障健全的新型投融资体制。

涉及投资项目决策与管理改革方面，《意见》主要有以下内容：

（1）改善企业投资管理，确立企业投资主体地位。《意见》明确指出，要坚持企业投资核准范围最小化，原则上由企业依法依规自主决策投资行为。在一定领域、区域内开展企业投资项目承诺制试点，而对于极少数关系到国家安全、重大生产力布局、战略性资源开发和重大公共利益等项目，要最大限度缩减政府核准事项。对于投资项目，《意见》要求建立健全"三个清单"管理制度，及时修订并公布政府核准的投资项目目录，实行企业投资项目管理负面清单制度，除目录范围内的项目外，一律实行备案制。涉及各政府部门行使的企业投资项目管理职权，通过建立企业投资项目管理权力清单制度，以清单的形式进行了明确。

（2）进一步完善政府投资体制。《意见》明确了政府投资范围以非经营性项目为主，只投向市场不能有效配置资源的社会公益服务、公共基础设施、农业农村、生态环境保护和修复、重大科技进步、社会管理、国家安全等公共领域。要求编制三年滚动政府投资计划以及政府投资年度计划，合理安排、规范使用各类政府投资资金。对政府投资项目审批制进一步改进与规范，采用直接投资和资本金注入方式的项目中对经济社会发展、社会公众利益有重大影响或投资规模较大的，必须严格审批项目建议书、可行性研究报告、初步设计。

（3）加强政府投资监管。加强政府投资项目建设管理，严格投资概算、建设标准、建设工期等要求；进一步完善政府投资项目代理建设制度；加强投资项目审计监督，强化重大项目稽查制度，完善竣工验收制度，建立后评价制度，健全政府投资责任追究制度。

此外，《意见》指出，在提高项目决策的科学性、项目管理的专业性和项目实施的有效性方面，要充分发挥工程咨询、金融、财务、法律等方面专业机构的作用。

在《意见》出台之后，2016 年12 月，国务院发布《政府核准的投资项目目录（2016 年本）》，继2013 年、2014 年两次修订后，第三次针对《目录》作出修订。2016 年的修订共取消、下放 17 项核准权限（取消核准改为备案 2 项、下放地方政府核准 15 项），中央政府层面核准的企业投资项目削减比例累计已达到原总量的 90% 左右，力求最大限度地缩小核准范围。在配套制度建设方面，《目录》强化了发展规划、产业政策和准入标准对投资活动的政策性条件引导，坚持以"谁审批、谁监管，谁主管、谁监管"的原则强化事中事后监管，并坚持下放层级与承接能力相匹配，规定对涉及本地区重大规划布局、重要资源开发配置的项目由省级政府核准，原则上不下放到地市级政府，一律不得下放到县级及以下政府核准。

为落实企业投资自主权，规范政府对企业投资项目的核准和备案行为，2017 年 3 月，国家发展改革委引发了《企业投资项目核准和备案管理办法》，规定根据投资项目的不同情况实行核准管理或者备案管理——对关系国家安全、涉及全国重大生产力布局、战略性资源开发和重大公共利益等项目，实行核准管理；其他项目实行备案管理。其中，企业办理项目核准手续应当按照国家有关要求编制项目申请报告；实行备案管理的项目，项目单位应当在开工建设前通过全国投资项目在线审批监管平台将项目单位基本情况等相关信息告知项目备案机关，依法履行投资项目信息告知义务。

三、投资项目决策的科学化、民主化与法治化

科学化与民主化是保证决策质量的必要途径。决策科学化是指广泛应用当代科学知识，遵循事物发展的客观规律，更科学、客观和准确地预测项目或其他计划实施的代价和收效，为决策提供依据，避免无知与蛮干。决策民主化的目的不仅仅是集思广益，避免疏漏，更重要的是在决策中协调不同利益群体，保证决策的公正性，防止决策出现利益关系扭曲。科学决策只有建立在民主决策的基础上才能保证决策的正确性和可行性。科学化与民主化一个是实质性工作，一个是程序性工作，民主化是对科学化的监督与保障手段，没有实现民主化的投资决策程序，投资效率无法得到保障，但是决策程序过分烦琐对于投资决策的效率也会产生负面影响。

决策法治化是指政府的各项决策必须以宪法、法律和法规为依据。在重大项目决策上，要建立一套民主的、科学的决策制度、规范和程序，使决策有法可依，有章可循。

"决策科学化、民主化、法治化"是一个多层次的目标体系，它要求决策过程必须建立在制度的基础之上，经过科学的程序，广泛发扬民主，大量收集信息，充分研究论证，采用集体决策的方式，利用现代化的技术手段，

把静态的典型研究与动态的系统分析结合起来，把定性分析与定量分析结合起来，以期最大限度地提高决策质量。

（一）我国投资项目决策科学化、民主化的发展历程

回顾我国投资项目决策的历史，经历了曲折，付出了代价。早在中华人民共和国成立之初的"一五"时期，国家重点工程的建设就坚持了投资前的技术经济论证工作，保证了投资效益。1958年开始的"大跃进"则抛弃科学，蛮干成风，损失巨大。随后的反思促进了20世纪60年代初经济效果大讨论和科学决策研究的热潮，催生了以研究建设项目投资决策分析方法为重点的具有中国特色的技术经济学。然而，随后而至的"文化大革命"又把这种探讨和学科建设打入资产阶级学术范畴，政治上搞臭，组织上解散，国民经济处于崩溃边缘。两次逆转与其说是决策科学的不成熟，不如说是在错误的政治气候下决策机制的大倒退。

改革开放以来，投资项目决策的科学化、民主化出现了喜人的变化。

（1）科学决策的理论和方法研究空前发展。80年代投资项目决策科学化掀起高潮，现代决策科学和项目可行性研究与评价理论被大量引进、学习和迅速应用。

（2）初步形成了科学决策的体系和制度。在吸收和借鉴联合国工发组织、世界银行和发达国家在发展中国家援建项目可行性研究、项目评价和投资管理经验的基础上，结合中国国情，形成了自己的制度和规范。如1983年国家计委颁布了《关于建设项目可行性研究的实行办法》，1987年颁布了《建设项目经济评价办法》第一版。可行性研究和项目评价已进入项目投资建设的法定程序。

（3）改革开放以来大规模的经济建设锻炼了队伍和人才。高等院校工程、经济和管理专业纷纷开设技术经济学课程，建立了硕士和博士研究生培养系列。从事可行性研究和决策咨询的社会服务机构发展迅速。我国已经有能力组织诸如"南水北调""三峡工程"等超大型项目跨部门、跨地域、跨学科的大规模的可行性研究和项目论证和评价工作。

（4）重大项目开展专家咨询。中央和地方各相关部门大都建立了咨询专家人才库。在重大项目立项、论证的过程中，重视发挥专家咨询作用，为其进行调查研究、搜集资料提供必要的支持。在决策过程中注意吸收专家的意见。

例如，长江三峡工程从1955年长江水利委员会进行初步勘察设计开始，到1992年全国人大通过最后决议，经过了近40年的研究论证历程。改革开

放以后重新论证时，成立了由 412 位专家组成的专家队伍，分成 14 个专业组，进行了详细研究论证。1988 年底提交了 14 份专题论证报告，对所有不同意见进行了客观记录，对未签字专家的意见均收录作为报告附件。1992 年 4 月 3 日，七届全国人大第五次会议以 1767 票赞成、177 票反对、664 票弃权、25 人未按表决器通过了《关于兴建长江三峡工程的决议》，并向全世界公布了投票结果。这是我国重大项目决策科学化、民主化、法治化的一个典型案例。

（5）2004 年国务院正式发布实施的《关于投资体制改革的决定》（简称《决定》）及配套文件，标志着我国投资决策科学化、民主化进入法治化的新阶段。在投资决策机制建设方面，该《决定》提出，"进一步完善和坚持科学的决策规则和程序；政府投资项目一般都要经过咨询中介机构的评估论证；特别重大的项目应当经过专家评议；逐步实行政府投资项目公示制度"。我国正在逐步建立比较健全的决策咨询制度、决策听证制度、决策后评估制度和决策责任制度。

2010 年 1 月，国务院公布了《政府投资条例》（征求意见稿），旨在从界定政府投资范围、健全投资决策机制、加强投资项目建设实施管理、严格责任追究等方面加强政府投资管理并建立基本制度。其中，第三章"决策程序"针对各环节的审批条件、标准、环节与程序以及项目储备、公示与专家评议、可行性报告研究、咨询评估等制度作出了一系列规定。但是，由于政府投资范围难以确定、中央与地方投资管理权限存在分歧、管理部门之间难以协调等问题的存在，其制定进程较为缓慢。

2012 年 11 月，中共十八大报告提出，"坚持科学决策、民主决策、依法决策，健全决策机制和程序，发挥思想库作用，建立健全决策问责和纠错制度"。2013 年 11 月，中共十八届三中全会通过的《中共中央关于全面深化改革若干重大问题的决定》强调，必须构建决策科学、执行坚决、监管有力的运行体系，并明确指出要"加强中国特色新型智库建设，建立健全决策咨询制度"，将建设中国特色新型智库作为完善科学民主决策、推动国家治理能力现代化的重要抓手。2015 年 1 月，中共中央办公厅、国务院办公厅印发《关于加强中国特色新型智库建设的意见》，指出要大力加强智库建设，以科学咨询支撑科学决策，健全中国特色决策支撑体系。2017 年 10 月，中共十九大报告再次强调了加强中国特色新型智库建设的重要性。我国正在逐步构建新型咨询研究智库体系，这对于建立健全决策咨询制度、提高决策科学化水平无疑具有重要意义。

三、可行性研究纳入基本建设和投资程序

1983年2月，国家计委下达关于颁发《建设项目进行可行性研究的试行管理办法》（以下简称《管理办法》）的通知，这是第一份将可行性研究纳入基本建设项目决策程序的正式文件，可行性研究由此正式纳入基本建设和投资程序。该办法就可行性研究编制程序、编制内容、预审和复审等方面提出了明确的要求。

《管理办法》要求，建设项目的决策和实施必须严格遵守国家规定的基本建设程序。可行性研究是建设前期工作的重要内容，是基本建设程序中的组成部分，其任务是根据国民经济长期规划和地区规划、行业规划的要求，对建设项目在技术、工程和经济上是否合理和可行，进行全面分析、论证，进行多方案比较，提出评价，为编制和审批设计任务书提供可靠的依据。为此要求，利用外资的项目、技术引进和设备进口项目、大型工业交通项目（包括重大技术改造项目），都应进行可行性研究。其他建设项目有条件时，也应进行可行性研究，具体编制范围由各部门、各地区自行确定。没有进行可行性研究的项目，有关决策部门不审批设计任务书，不列入投资计划。

《管理办法》要求，负责进行可行性研究的单位，要经过资格审定，要对工作成果的可靠性、准确性承担责任，要为可行性研究单位客观地、公正地进行工作创造条件，任何单位和个人不得加以干涉。

为了使建设项目有选择的余地，各部和各省、市、自治区可以有选择地储备一些主要建设项目的可行性研究报告，一旦建设条件具备，就编制和审批设计任务书，列入中长期计划。

1985年，国务院技术经济研究中心组织专家编写出版了《工业建设项目企业经济效益的评价方法》一书。1984年，国务院技术经济研究中心组织大专院校和实际工作部门的专家组成课题组，研究制定了《建设项目国民经济评价方法与参数》。

1986年，国家计委组织了"建设项目经济评价方法与国家参数"专题研究专家组，在《工业建设项目企业经济效益的评价方法》和《建设项目国民经济评价方法与参数》的基础上，总结我国可行性研究工作的经验和教训，借鉴国外经济评价的理论和方法，结合我国项目投资实践，制定了四个规定性文件，包括：《关于建设项目经济评价工作的暂行规定》《建设项目经济评价方法》《建设项目经济评价参数》和《中外合资项目经济评价方法》，并于1987年10月正式出版了《建设项目经济评价方法与参数》（第一

版）一书。该书对经济评价的程序、方法和指标等做出了明确规定和具体说明，并首次颁布了各类经济评价所用的各项参数。

此后，国家各部委先后发文，对各自管辖范围内的建设项目可行性研究分别进行了详细的规定。例如，商业部 1986 年 9 月 6 日发布的《直属直供基本建设项目可行性研究试行办法》及随后补发的《关于可行性研究试行办法的补充通知》，国家计委 1991 年 8 月 17 日印发的《关于编制、审批境外投资项目的项目建议书和可行性研究报告的规定》等。

1984 年 8 月，国家计委发布了《关于简化基本建设项目审批手续的通知》。该《通知》规定，需要国家审批的基本建设大中型项目审批程序，原为五道手续：项目建议书、可行性研究报告、设计任务书、初步设计和开工报告。根据简政放权的要求，现简化为项目建议书、设计任务书两道手续。该《通知》还规定了项目建议书和设计任务书（利用外资、引进技术项目，按国际通常做法采用可行性研究报告形式）的具体内容和要求。基本建设大中型项目的初步设计下放给各部门、各省、自治区、直辖市审批。初步设计是项目决策后根据设计任务书要求所做的具体实施方案，应能满足项目投资包干、招标承包、材料、设备订货、土地征用和施工准备等要求。初步设计的内容和具体要求由各部门、各地区结合部门和地区特点加以拟定，报国家计委备案。凡列入年度建设计划的项目，应该有批准的初步设计。

1991 年 12 月，《国家计委关于报批项目设计任务书统称为报批可行性研究报告的通知》中提出，由于国内投资项目的设计任务书和利用外资项目的可行性研究报告内容和作用大致相同，为了规范建设程序，将两者统称为可行性研究报告，取消原设计任务书的名称。这一通知标志着我国可行性研究步入规范化轨道。

至此，可行性研究已经在我国建设和项目投资实践中逐步推广和普及。

四、建立咨询评估机构，开展第三方可行性研究

1984 年，国务院相继出台《国务院批转国家计委关于工程设计改革的几点意见的通知》和《关于改革建筑业和基本建设管理体制若干问题的暂行规定》，规定工程咨询公司和工程承包公司可从事建设前期工作的经济技术咨询、可行性研究、项目评价以及利用外资的有关工程咨询业务等工作，有条件的也可以承担设计和工程承包任务。外国咨询机构承担国内工程建设项目的咨询业务，一般应同我国有关咨询机构共同合作。工程承包公司接受建设项目主管部门（或建设单位）的委托，或投标中标，对项目建设的可行性

研究、勘察设计、设备选购、材料订货、工程施工、生产准备直到竣工投产实行全过程的总承包，或部分承包。另外，在关于改革建设资金的管理办法中提出，除了国家投资的建设项目资金"拨改贷"之外，中国建设银行还要积极参与建设项目的可行性研究工作，对建设项目的经济效益和投资回收年限、偿还能力进行评估，提出意见，供建设项目主管部门编报设计任务书（或可行性研究报告）时参考。同时还要求改革现行的项目审批程序，简化审批手续，下放审批权限减少环节，提高效率。今后需要国家审批的项目，国家计委只审批项目建议书和设计任务书，而在利用外资、引进技术项目时则用可行性研究报告代替。

1982 年，中国国际工程咨询公司成立，对国家计委管辖的限额以上大中型建设项目进行项目评价。中国建设银行、中国工商银行、中国银行和中国农业银行相继成立了专门的咨询机构。如中国建设银行成立了中国投资咨询公司，对贷款项目进行评估。各级政府投资决策部门也相继成立了专门的投资（工程）咨询机构。

20 世纪 90 年代后期，随着经济体制改革和投资体制改革的进一步深化，国家计委成立了中国工程咨询协会，并实行投资项目咨询资质制度，以 2 号令和 3 号令发布了《工程咨询业管理暂行办法》和《工程咨询单位资格认定暂行办法》。中国工程咨询协会根据国家计委发布的第 3 号令制定了《工程咨询单位资格认定实施细则》，并颁发了《工程咨询单位持证执业管理暂行办法》，通过了《中国工程咨询业职业道德行为准则》，规定没有资质的机构不能从事投资项目可行性研究和评估工作，从而为投资咨询行业的规范和竞争奠定了基础。

五、完善可行性研究的方法，规范投资项目管理

（一）可行性研究方法和参数的完善

可行性研究引入之后，经过数年消化、吸收与实际应用，有了很多成功的经验，也发现了一些问题。同时，我国改革开放不断深入，经济持续快速发展，也对可行性研究提出了新的挑战。为了适应具体情况的变化，可行性研究也要在实践中与时俱进，不断发展和完善。

1993 年，为适应经济发展和变化的需要，国家计委和住房城乡建设部组织专家对《建设项目经济评价方法与参数》（第一版）进行了补充和修订，出版了《建设项目经济评价方法与参数》（第二版），对建设项目经济评价的方法做了改进，对部分参数也进行了适当调整。

在引进世界银行、亚洲银行相关资料的基础上，国内出版了一系列针对不同行业可行性研究的指导性著作。如 2002 年 4 月出版的《投资项目可行性研究指南》，是我国第一本在国家层次上指导全国投资项目可行性研究工作的规范性文件。该书由国家计委委托中国国际工程咨询公司组织编写，主要服务对象是投资建设领域从事可行性研究工作的专业人员。

中共十四大以后，我国进入建设社会主义市场经济新阶段，各方面改革逐步深入。为适应情况的变化，2004 年 7 月，国务院发布《关于投资体制改革的决定》，这是全面规划我国投资体制改革的重要文件，标志着中国的投资体制改革进入了一个新的阶段，也对我国可行性研究和实际工作的深化产生了重要影响。

为了与完善投资体制改革的大方向相适应，国家计委和住房城乡建设部组织有关方面的专家，开展对《建设项目评价方法与参数》的修订，并于2006 年正式发布《建设项目评价方法与参数》的第三版，同时配套出版了相关案例。这一新版的出现，意味着我国的可行性研究工作正式与国际比例接轨、与改革的要求相适应。在总结以往经验、借鉴国际先进技术的基础上，为了适应投资体制改革的要求，进一步促进产业结构调整，优化项目资本结构，提高投资效益，规避投资风险，满足多元投资主体进行科学决策的需要。《建设项目评价方法与参数》（第三版）主要有以下大的变动：

首先，与国际通行的投资项目评估方法接轨，与国内现行的财务会计制度衔接，但是经过对财务分析和经济分析侧重点和分析顺序的调整，充分体现出技术经济分析本身的特点，与我国的财务会计制度区别明显。

其次，与国际接轨。采用了国际通用的名称，如将国民经济评价改为经济评价等；建立了国际通用的新的参数体系，借鉴了国外成熟的技术经济分析与评价方法。

再次，增加了新的内容。如项目融资方案研究、费用效果分析、地区经济和宏观经济影响分析、项目方案的风险比较等。

最后，强调对环境影响的经济分析和后评价。

新一版《建设项目评价方法与参数》及配套案例出版后，通过采用新的分析体系、参数和方法，可行性研究逐渐趋于成熟和深化。在大型建设项目中，环境影响分析、后评价的作用越来越重要。

（二）规范建设项目管理

20 世纪 90 年代以来，为了防止盲目重复建设、保证工程质量和提高投资效益，我国在积极推进投融资决策体制改革的同时，也加强了建设项目的审批管理。从实际情况看，大部分地区、部门和企业，能够严格执行基本建设程序，认真做好项目前期工作，并按照规定的审批权限审批建设项目，对保证工程质量和投资效益起到了积极的作用。但是，也存在着违反基本建设程序、越权审批项目、擅自对外签约的现象，有些企业甚至自行开工建设未通过可行性研究批准的项目，事后又要求国家确认，要求帮助解决项目建设中和建成后遇到的困难和问题。这些都是导致重复建设、资金浪费的原因。因此，1999年7月国家计委发布《关于重申严格执行基本建设程序和审批规定的通知》，特别强调要严格执行基本建设程序，除国家特别批准外，各地方、部门和企业不得简化项目建设程序；严禁越权审批建设项目；严禁在可行性研究报告获批准之前擅自对外签约（包括贷款协议、购买合同等）；不审批违反基建程序的建设项目，对违反基建程序者予以处罚且后果自负。

六、可行性研究的推广和普及

随着理论研究逐步深入，相关政策法规建设逐步完善，可行性研究也迅速进入我国基本建设和投资项目建设的实践。

1982年3月26日，中国煤炭开发总公司和美国西方石油公司岛溪煤炭公司签订协议书，决定合作编制开发山西平朔矿区安太堡露天煤矿的可行性研究报告。这是我国改革开放后首次公开进行这方面的工作。当时的国务院副总理康世恩出席了签字仪式，体现了我国政府对可行性研究工作的重视。

在国家领导的高度重视下，可行性研究逐渐被引入全国各地的建设项目中。1986年5月19日，《人民日报》报道了浚鹤地方铁路建设前举行的可行性研究论证会，介绍了鹤壁市政府与中国技术经济研究会合作对地方铁路建设进行可行性研究的成功经验，认为可行性研究在保证项目有效建设、促进地方经济腾飞方面，起到了不可或缺的重要作用。

从改革开放至今，可行性研究工作已被引入基本建设的各个领域，成为项目投资决策中不可或缺的首要步骤，可行性研究已经逐渐深入人心。实践表明，可行性论证比较充分的建设项目大都取得了成功，经济效果也比较好。

进入20世纪90年代以来，我国在认真考察和系统论证的基础上，建成包括三峡工程、南水北调、西气东输、青藏铁路等在内的一批超大型和大型建设项目，取得了巨大成就。在这些项目批准建设之前，都经过了长期认真的可行性研究。以青藏铁路为例，从1997年起，铁道部第一勘测设计院就开始组织进行青藏铁路预可行性研究现场调研，在对青藏铁路沿线地区的地形、地貌、地质、植被情况进行了专访和调查并收集了基础资料的基础上，对青藏、滇藏两个进藏方案进行了比选，于 1998 年完成了预可行性研究。此后，经过长期的可行性研究论证，这条连接京沪及中原地区和西藏的铁路终于开始施工，并于 2006 年 8 月正式运营。在青藏铁路可行性研究的过程中，我国的可行性研究工作不但从理论方法上得到了发展和丰富，在实际工作中也得到了锻炼。青藏铁路的可行性研究中不但充分进行了国民经济评价，对环境和生态影响的评估也被提到了重要地位。此外，在三峡工程、南水北调等的可行性研究中也都将环境评价放到了首要的位置，实行一票否决制，如果环境影响评价通不过，那么不论经济、社会影响如何，项目都不能通过。我国老一辈的技术经济学者、专家与工程人员都曾参与了这一时期国家超大型建设项目的可行性研究工作，并对可行性研究在我国的发展做出了重大贡献。

七、当前可行性研究中存在的问题

（一）提高可行性研究的科学性

经过 20 多年的努力和实践，可行性研究的理论方法已为多数理论和实际工作者掌握，大多数工科专业也开设了技术经济学课程。很多可行性研究取得了较好的效果，项目进展也比较顺利。但也有一些项目的可行性研究做得比较粗糙，数据不准，内容不全，深度不够，方法不当，可行性研究不能反映实际情况，导致投资项目进展不顺利，甚至失败。不少项目只是单方案论证，没有多方案比较，失去了方案择优的机会。提高专业咨询机构和建设单位相关人员的业务素质，提高可行性研究的科学性，仍然是一项艰巨的任务。

值得注意的是，十几年来，我国企业的经济结构发生了重大变化。大量国有企业改制，民营经济发展迅速。截止到 2017 年底，我国私营企业达到 300.55 万户，1993~2017 年年均增长 28.87%，注册资本达到 35305 亿元，从业人员增长至 4299 万人，产值达到 10603 亿元，已成为企业群体的主要构成部分。但是，私营企业普遍规模较小，历史较短，管理素质与管理能力有待提升。在进行投资活动时，前期工作比较粗糙，很少进行周密的市场调查和可行性分析，造成投资频频失败，不断转行的情况很多。如何有效提高中小企业的管理素质和投资效益，是我国可行性研究工作面临的重要课题。

（二）防止"可行性研究"变成"可批性研究"

可行性研究的本意，是对涉及项目的各种因素进行全面分析比较，对预定方案提出可行或者不可行的意见，或提出改进的意见，使方案的实施取得尽可能好的效果。可是在我国可行性研究实践中，罕见得出不可行的结论，也少见提出中肯的大幅度改进的意见。不少可行性研究的目的在于履行审批手续，为达到通过审批的目的，有的不惜弄虚作假，捏造数据，高估效益、低估成本；有的对咨询评估单位施加压力，或与咨询机构串通一气，编假造假；还有的在审批组成员组成上做手脚，以达到项目通过的目的。其后果是造成了不少"半拉子工程""钓鱼工程"，也有的项目建成后达不到预期的目标，给国有资产或其他投资方造成损失。

造成这种情况的原因，既有投资建设单位、咨询机构能力素质的问题，也有体制、机制和管理方面的问题。解决这个痼疾，还需要全面分析，深化改革，综合治理。

（三）加强项目的技术、经济、环境和社会影响的综合评价

项目评价的发展历史是从企业微观技术、财务评价起步的。第二次世界大战之后，西方国家广泛采纳了凯恩斯理论和福利经济学思想，加强了国家的经济功能，大量增加公共开支，进行公共设施建设，并实行福利政策，评价的重点也从微观财务评价转向宏观的经济和社会评价。20世纪70年代以后，全球环境与生态问题凸显，环境影响评价（EIA）引入项目评价体系。80年代后期到90年代中期，可持续发展观以及以人为本发展观的确立，促成了在项目评价过程中，除了要保证经济、环境可行性外，也要保证社会的可行性。近年来，世界银行、亚洲开发银行等国际金融机构的一些投资项目中引入了社会影响分析。就此，项目评价已从单一的财务分析和经济分析，发展到技术、财务、经济、环境和社会等方面的综合评价。

目前，我国经济正处于高速发展时期，投资强度很大，各种投资项目成千上万，各类大型公共工程纷纷上马，经济发展与资源、环境的矛盾也日益突出，涉及的社会利益关系日益复杂。为贯彻科学发展观、建设和谐社会，在项目评价中，不仅要进行技术评价、财务评价和一般经济评价，还应进行区域经济评价、环境技术经济评价和社会经济评价。评价的标准也相应地扩展为符合技术可行，经济合理，环境友好，资源节约，社会和谐。

（四）大型公共工程和社会活动的评价亟待加强

这些年来，随着政府财力的增强，公共项目投资在数量和规模上都大大扩展了。一些公共工程评价程序封闭，评价走过场，审批不规范，浪费很大，问题不少，评价和决策的科学性和民主化都应加强。特别值得注意的是一些软项目，如各种博览会、展览会、大型招商会、庆祝会、综合或单项的

运动会等，这些项目很多规模较大，但决策程序极不规范，投入不小，浪费很大，效果欠佳。一般说来，凡动用公共资金达到一定规模的项目，都应进行事前和事后的认真评价。

（五）重视项目后评价工作

项目投资是一个连续的动态过程，由前期研究、决策、建设、运行、投资回收等环节组成。项目的成功，投资目标的实现，不仅要有高质量的前期研究，也有赖于其他各阶段的顺利运行，有赖于根据项目的进行和情况的变化，对整个进程不断地进行评价，并及时采取改进措施。项目的事中和事后评价，不仅可以检验可行性研究和决策的质量，明确前期研究和投资决策的责任，更是项目运行顺利进行的重要保障。投资项目后评价是指对已经完成的项目的目的、执行过程、效益、作用和影响所进行的系统、客观的分析，是投资项目闭环管理的重要环节。

近年来，项目的后评价已经受到各方面的重视。2005 年 5 月，国务院国资委印发《中央企业固定资产投资项目后评价工作指南》的通知，指出项目后评价工作的目的是为了更好地履行出资人职责，指导中央企业提高投资决策水平、管理水平和投资效益，推动投资项目后评价制度和责任追究制度的建立，要求各中央企业认真贯彻执行。2014 年 9 月，国家发展改革委制定并出台了《中央政府投资项目后评价管理办法》和《中央政府投资项目后评价报告编制大纲（试行）》，以健全政府投资项目后评价制度，规范投资项目后评价工作，加强中央政府投资项目全过程管理，提高政府投资决策水平和投资效益。

总体说来，随着投资项目管理的不断发展，企业关于项目后评价的实践越来越多，项目后评价也越来越受到投资者关注。但是，由于一个投资项目往往涉及决策层、规划部门、财务部门、经营部门、项目管理部门、建设单位、运营单位等数量众多、层级不同、权责不同的管理机构，因此项目后评价在投资项目管理过程中仍然是薄弱环节。在整个投资流程中，项目后评价相对有所滞后。因此，不断完善项目后评价制度、改善评价方法，仍是今后项目管理工作中需要加强的重要环节。

第三节　项目管理的科学化

改革开放之前，我国工程设计业和建筑施工业虽然得到快速发展，具备了承担各类工程的设计、施工能力，但在计划经济体制下，与国际工程建设

项费用划分的规定》《关于基本建设大中型项目划分标准的规定》和《加强基本建设概、预、决算管理工作的几项规定》等法规。其后，投资体制改革加快，一方面通过扩大企业自主权、推行经济承包制等改革措施，使企业逐步成为自主经营的法人实体；另一方面不断推进税收改革、财政改革、价格改革、外汇外贸改革、金融改革、基本建设体制改革和对外开放，投资领域的宏观改革逐步展开。

20世纪80年代初，中央各部委先后组团出国考察项目管理和项目管理模式，收集、整理了大量资料。但是我国真正接触并了解项目管理方法是从学习"鲁布革经验"开始的。

鲁布革水电站引水系统工程是我国第一个利用世界银行贷款，并按世界银行规定进行国际竞争性招标和项目管理的工程。该工程1982年国际招标，1984年11月正式开工，1988年7月竣工，在4年多的时间里，创造了著名的"鲁布革工程项目管理经验"。与我国传统的工程建设理论和实践相比，鲁布革工程的项目管理经验的突出特点是：

（1）在工程建设领域引入竞争机制，实行严格的招标投标。

（2）工程建设实行全过程总承包方式和项目管理。

（3）施工现场的管理机构和作业队伍精干灵活，战斗力强。

（4）科学组织施工，讲求综合经济效益。

"鲁布革经验"受到中央领导同志的重视，号召建筑业企业进行学习。国家计委等五家单位于1987年7月发布《关于批准第一批推广鲁布革工程管理经验试点企业有关问题的通知》，之后于1988年8月确定了15个试点企业共66个项目，1990年10月调整为50个企业。在试点过程中，住房城乡建设部先后5次召开座谈会并进行了检查、推动。1991年9月，住房城乡建设部提出了《关于加强分类指导、专题突破、分步实施全面深化施工管理体制综合改革试点工作的指导意见》，把试点工作转变为全行业推进的综合改革。

在这期间，有关部门着力推动项目管理的科学化和现代化。在项目建设中，针对重点工程注重项目管理工作，要求建立严格的责任制，1982年开始实行"五定"，即定建设规模、定投资总额、定建设工期、定投资效果、定外部协作条件。之后，积极推动落实项目法人责任制、实施工程招投标和工程监理制，项目管理的科学性进一步加强。随后，在项目前期工作中，明确提出增加可行性研究阶段，并于1984年先后印发了《关于改革建筑业和基本建设管理体制若干问题的暂行规定》《工程承包公司暂行办法》等文件。

与此同时，学习鲁布革工程经验，国内公开进行国际招标，引入项目管理和工程总承包。随后，项目管理和工程总承包试点全面展开，并在 1985 年开始建立严格的项目评估制度。

1986~1992 年，在"鲁布革经验"推广试点过程中，有关部门要求试点项目采用项目管理，推行业主负责制、招标承包制和工程监理制。一批工程项目先后采用了 EC（设计施工承包）、DB（设计施工总承包）、EPC（设计采购施工总承包）等方式，尤其是世界银行和国际金融组织的贷款和援助项目及国外投资项目。1993~1997 年，"鲁布革经验"在全国全面推广。

（三）项目管理的推广与完善

1998~2001 年，我国建设领域进入项目管理方法和技能的完善规范阶段，标志性事件是《建设工程项目管理规范》的出台。经过十余年实践，我国已有 200 余家设计院、施工企业具备了 EC、DB、EPC 能力。1999 年，国务院和住房城乡建设部先后转印发了《关于工程勘察设计单位体制改革的若干意见》和《大型设计单位创建国际型工程公司的指导意见》等文件，全面推广项目管理和工程总承包，其主要管理方式有：①业主组建 PMT（项目管理团队）进行项目宏观管理。②业主邀请 PMC（项目管理承包商）进行项目管理。③承包商聘请专业项目管理机构以赢得投际，进行项目管理并实现项目利益最大化。④对于几百万元人民币的小型项目，由于项目管理知识所限，资金不充裕，业主可以自己担当项目管理者角色。

2002 年，随着经济全球化和我国加入世界贸易组织，应用项目管理方法和技能进入一个创新发展阶段。我国于 2002 年 1 月颁布《建设工程项目管理规范》（GB/T 50326—2001），进一步规范了全国建设工程施工项目管理的基本做法，促进了项目管理科学化、规范化和法制化，为加快项目管理与国际惯例接轨提供了规范依据。2004 年 11 月，住房城乡建设部印发《建设工程项目管理试行办法》，明确了项目管理企业的资质、执业资格、服务范围、服务内容等，并对委托方式、管理机构、奖励与禁止行为等一系列问题做了详细说明。为适应建设工程项目管理快速发展的需求，2006 年 12 月，住房城乡建设部与国家质量监督检验检疫总局联合发布了《建设工程项目管理规范》（GB/T 50326—2006），对原《规范》进行了扩展与修订，增加了范围管理、采购管理、环境管理、风险管理、沟通管理的内容，将使用范围扩展至建设单位、总承包单位、施工单位、供应单位以及工程咨询单位，适用于建设工程项目实施的全过程与各阶段，并将原《规范》中"三控制、三管理、一协调"的提法一律称为"管理"。为适应工程项目管理的国际化发展趋势，《规范》（2006）强调在知识体系上与 IPMP（国际项目管理专业资质认证）和 PMP（项目管理专业人士资格认证）保持一致。2017 年，住房城乡建设部再次对《规范》进行了修订，并与 2017 年 5 月发布《建设工程项目管理规范》（GB/T 50326—2017），于 2018 年 1 月 1 日正式实施。我国现代项目管理的科学化、国际化水平不断提升，项目管理模式也日益成熟。

（四）项目经理职业化的发展

我国项目经理职业化的发展最早起源于工程建设领域，目前已经培养了近 80 万名项目经理，获得住房城乡建设部资质的就有 50 万人之多，其中一、二级项目经理有 15 万余人。20 世纪 80 年代以来，有关部委先后组团出国考察，收集、整理出版了大量资料，一些部门、院校、协会和单位研究与总结项目管理和项目管理模式，出版了大量教材、书籍，培训了一批项目管理人员。其中，中国勘察设计协会于 1991 年成立了相应机构。1997 年，受住房城乡建设部委托、原化工部领导的石油、化工勘察设计协会（及中国工程咨询协会和中国勘察设计协会项目管理专业委员会）从 1997 年开始组织 10 名具有丰富工程经验、熟悉国际工程总承包程序和方法的专家进行了长期研究，先后编写了 10 册近 200 万字的项目经理培训教材，举办了 62 期项目经理学习班，培训了近 6000 名项目管理人员，为推行项目管理奠定了理论基础，提供了良好的人才条件。20 世纪 90 年代中后期，不少院校和培训中心、管理咨询公司也加入进来，开设 PMP 课程，举办 PMP、CPMA（助理项目经理）等培训，培养了一批国际型的项目管理高级人才。

三、目前存在的主要问题和发展展望

从 20 世纪 80 年代的"鲁布革经验"到今天，中国投资项目管理从传统管理走向现代项目管理。传统意义中的工程项目管理的管理对象是工程项目本身，是通过可行性研究报告、项目计划书、设计图纸、设计规范、实物模型等定义和说明的。与传统的施工项目管理相比，现代项目管理的管理幅度更宽，对管理要素的控制更严，管理的内容更广，管理的跨度也更大。工程项目管理的内容贯穿了投资项目的全过程，从项目构思、可行性研究、营销策划、规划设计、报批报建、招投标等前期工作开始介入，直至工程施工完成、竣工交接、办理竣工结算以及资产交接等管理工作。由于投资项目是一种投资额大、投资周期长的活动，在项目管理过程中，除了设计阶段结构、材料设备选型外，招投标和合同管理也很关键，同时还需要重视规范技术管理、索赔与反索赔以及风险控制等方面的管理。可见，投资项目管理的跨度大，涉及的单位、专业多，需要项目管理者领导、组织、协调和控制。项目管理方式 PMC、EPC、EP 和 EC 等大多数项目管理方法共存并显示出强有力的生命力。项目管理主体一般有建设单位自行组织项目管理机构管理、委托咨询公司协助业主进行项目管理、设计—采购—建造的交钥匙工程（EPC）、由专业项目管理机构进行项目管理以及 BOT 模式等。

多年来，有关部门不断加大项目建设的规范化管理力度，项目管理水平有所提高。根据住房城乡建设部的数据统计，2016 年，全国共有 21983 个工程勘察设计企业，年末从业人员 320.2 万人，比上年增长 5.2%，其中专业技术人员 154 万人；营业收入共 33337.5 亿元，比上年增长 23.1%，其中工程总承包收入占营业收入的 32.3%，工程设计收入占 10.8%，工程勘察收入占 2.5%，工程技术管理服务收入占 1.3%；利润总额达到 1961.3 亿元，比上年增长 20.8%，企业净利润 1617 亿元。但是，由于机制和体制上的一些制约，影响经济发展的因素还很多，项目管理不科学、监管不到位、实施不规范等问题十分突出，出现了一些低水平、重复建设、资源浪费、破坏生态问题；出现了监管缺位、错位、越位，滋生了一些腐败问题；出现了"三边"工程、"三拍"工程问题，项目实施效果不好，质量不高。与发达国家相比，我国的项目管理尚处在较低水平，主要存在的问题如下：

（1）工程项目管理的法规和配套政策需要进一步建立和完善。现行《建筑法》《招标投标法》和《建设工程质量管理条例》等法律法规都只是对勘察、设计、施工、监理、招标、代理等有具体法律规定，而对工程项目管理和工程总承包，法律法规中还没有相应的规定。已出台的《工程建设项目施工招标投标办法》（国家发展改革委等 7 部委，2003）、《建设工程项目管理试行办法》（住房城乡建设部，2004）等文件仅为规范性文件，法律层次比较低，亟须在法律法规中有所定位。另外，在工程项目管理的招投标、合同文件、收费标准等方面的政策也需要逐步完善。

（2）社会对项目管理的认可程度较低，市场发育不完善。大多数外资项目业主比较认同工程项目管理方式，但是一些政府投资或国有投资为主的项目业主还没有充分认识到工程项目管理在工程建设中所发挥的积极作用和显著效益。少数业主认为实施工程项目管理以后，自己的权力受到了削弱，不愿采用工程项目管理服务方式。

（3）相关企业的组织机构和项目管理体系尚不完善，还不适应工程项目管理的要求。我国大多数开展工程项目管理的企业还没有建立与工程项目管理相对应的组织机构和工程项目管理体系，在服务功能、组织结构等方面不能满足工程项目管理的要求。工程项目管理的组织结构及岗位职责、程序文件、作业指导文件和工作手册等方面都不够健全，工程项目管理方法和手段比较落后，管理水平较低，工程项目管理效率不高、成效不显著，还不能满足工程项目管理规范化、科学化、标准化的运作要求。

（4）企业缺乏高素质的工程项目管理人才。人才缺乏一直是影响我国开展工程项目管理的主要问题之一，也是我国工程项目管理企业与国际工程公司、咨询公司之间存在较大差距的重要因素。企业普遍缺少高素质的、具有组织大型工程项目管理经验，能够按照国际通行项目管理模式、程序、方法、标准进行管理，熟悉项目管理软件，能进行全过程控制管理的复合型高级项目管理人才。

努力提高我国项目管理水平，对促进经济增长，提高经济增长质量具有重要意义。近年来，我国实施积极的财政政策，扩大国内需求，拉动经济增长，每年的社会投资都达数万亿元。申奥成功、加入世界贸易组织以及西部大开发战略的实施，又将带来新的一轮投资项目的热潮。而实施项目管理已经成为国际惯例，如联合国工业发展组织、世界银行、亚洲开发银行等国际组织和金融投资机构的项目，都要求应用项目管理。越来越多的国内工商企业走出国门投资海外，越来越多的建筑施工企业走入国际建筑市场，都需要按照国际惯例开展项目管理。因此，项目管理在我国的推广应用，相关企业项目管理水平的提高，都有广阔的空间。

四、项目管理的信息化

伴随着全球信息化浪潮，近20年来项目管理信息化也迅速发展，给项目管理注入了新的活力。项目管理越来越依赖于信息技术，信息化水平成为工程承包公司在国内外工程市场上竞争的重要领域。西方发达国家项目管理公司大都运用了计算机网络技术，大量使用项目管理软件进行项目管理，实现了项目管理的网络化、虚拟化。

随着经济的飞速发展，我国建筑业发展十分迅速，项目管理水平也不断提高，但与发达国家相比还存在较大的差距。近年来我国建筑企业不断走出国门，国外施工企业也进入中国建筑市场，促进了建筑市场的国际化。我国的建筑施工企业与国外承包商的差距，主要表现在信息化施工及管理，项目现场施工技术，快速、有效、高质量的施工管理方法，以及信息决策手段等方面。迎接项目管理信息化浪潮，是我国建筑承包企业面临的重大挑战。

（一）项目管理信息化发展概况

计算机在项目管理中的使用，起步于 20 世纪 50 年代，是随着计算机技术的发展而出现的。1956 年和 1957 年美国杜邦公司和兰德公司分别开发成功了 CPM（关键路径法），美国海军开发成功了 PERT（计划评审技术），并开始在计算机上实现这些技术。由于当时计算机的处理能力有限，价格昂贵，项目管理理论水平也较低，项目管理软件的应用大都以进度计划的安排和管理为主，应用对象主要是在少数国家的军事、公共事业和某些大企业的工程管理上。

80 年代，随着 PC 的出现和普及，计算机项目管理软件加速发展，基于 PC 的项目管理软件得到了迅速普及。1982 年出现了第一个基于 DOS 的项目管理软件。80 年代中后期，项目管理软件实现了从仅能对单一项目进行管理向可以对多个项目进行同时管理的飞跃，实现了从 DOS 下的字符式软件到完全的图形方式软件的飞跃。

80 年代后期到 90 年代中期，随着计算机软、硬件技术的不断发展和各类具有特定功能的项目管理软件的日渐成熟，出现了很多优秀的多种功能集成的项目管理软件，将进度管理、资源管理、费用管理和风险管理等功能集成起来。此外还有很多价格低廉、易用性强的项目管理软件。

90 年代中期以后，互联网开始在全世界普及，基于互联网的项目管理软件和项目管理模式也开始出现，并迅速得到众多项目参与方的认可和推广。针对一些大型工程项目周期长、投资大、技术复杂、项目参与方在地域上分布分散等特点，一些有远见的开发商已经开始在互联网上为项目的各个参与方提供"网络上的协同工作环境"。目前，项目管理软件正在朝着网络化、智能化、个性化和集成化的方向发展。此外，各软件开发商都倾向于向用户提供一体化的解决方案。

（二）我国项目管理信息化现状

项目管理信息化是伴随着我国计算机技术和网络技术的整体发展逐步发展的，是我国信息化应用较早的领域。早在 80 年代初期，国内就出现了一些项目管理软件。一些开发商也有意使用计算机进行项目管理，定制开发项目管理软件，也引进了一些国外项目管理软件。我国最早引进 P3 的项目是山西潞安煤矿。但是这一时期我国项目管理人员对国外项目管理理论、管理模式和管理方法所知不多，还处于学习、摸索阶段。

90 年代以后，随着与国际接轨的需要，国内很多单位逐渐接受国外项目管理的思路，开始广泛引进国际先进的项目管理软件，逐步积累起使用经验

（一）早期的咨询机构

国内工程咨询业起步于20世纪80年代。1981年中国国际经济咨询公司成立，公司业务包括投资咨询、管理咨询、战略咨询、工程咨询、公关咨询、商务咨询、工程监理、项目管理等领域。二十几年来，公司已累计完成各类咨询项目4800余个，项目涉及基础设施、航空航天、机电、邮电通信、石化、医药、轻纺、金融、服务等众多行业。目前，公司拥有200余名专业咨询专家，是国家发展改革委投资咨询指定评估机构和北京市发展改革委指定咨询顾问机构。

1982年中国国际工程咨询公司成立，按照"先评估，后决策"的原则，国家委托中国国际工程咨询公司对重大项目进行评估。从此，咨询评估纳入政府投资决策的程序，并成为我国基本建设中不可缺少的环节。经过不断的努力，中国国际工程咨询公司已发展成为国内规模最大的高层次、权威性综合工程咨询机构，业务范围涵盖宏观专题研究、行业与区域规划咨询、企业战略咨询、项目前期咨询评估、工程设计、造价咨询、招标代理、项目监理、项目后评价、概算审核等领域，并于2000年12月通过了ISO9001质量体系认证。多年来，中国国际工程咨询公司累计完成各类咨询业务9000多项，涉及项目投资总额10万多亿元，完成了一系列行业和地区发展规划咨询任务，开展了许多宏观专题研究，承担了西气东输、西电东送、青藏铁路、京沪高速铁路、上海国际航运中心、南水北调、首钢搬迁、北京奥运场馆、国家储备粮库等一大批世人瞩目、影响广泛、意义深远的重大项目的咨询服务。

（二）目前咨询机构发展状况

随着固定资产投资的快速增长，以及工程咨询行业管理的日益规范，工程咨询行业规模不断扩大，在工程建设过程中的受重视程度不断提高。根据住房城乡建设部发布的《2016年全国工程勘察设计统计公报》，2016年全国共有21983个工程勘察设计机构，从业人员320.2万人，2016年全国工程勘察设计企业营业收入达到33337.5亿元。2006～2016年，全国工程勘察设计机构的数量从14264家增长到21983家，年均增长率达到4.4%。工程咨询业已经成为社会经济的一个重要组成部分，在国家经济建设中发挥着越来越重要的作用。多数咨询公司拥有一批较高的技术理论知识和丰富实践经验的各方面技术经济专家，可提供规划和可行性研究；承担工程设计、设备采购、施工监理各项工作；制定招标文件、审查承包商的施工组织设计等全程服务，咨询业务逐步向国际化、规范化方向发展，国际业务也不断增长。

我国的工程咨询企业在以下三个方面存在比较优势：首先，熟悉我国的基本国情，熟悉我国经济和技术发展水平，熟悉我国资源状况，熟悉国内消费市场；比国外咨询企业更了解我国的投资环境、行业管理体制和相关法律法规；与建设单位和施工单位保持一定的联系。其次，劳务成本低。咨询企业的成本主要表现为人力成本，相较于美国等发达国家，我国人力资本价格比较低廉。最后，工程勘察设计能力较强。我国工程咨询公司有一些是从工程勘察设计单位转轨而来，又分布在各行业、各地区之内，工程勘察设计实力较强，有能力在某一领域以勘察设计的技术能力抢占制高点。

当然，我国工程咨询业还有很多不足。第一，缺乏独立性和公正性。许多工程咨询公司依然与政府部门有着千丝万缕的联系，有的甚至在实质上仍隶属于政府部门或事业单位，因此咨询项目的评估结果很难保证其客观性和独立性。第二，经营管理水平落后。我国大部分工程咨询单位长期以来隶属于政府部门或事业单位，缺乏自主经营、自负盈亏、自我约束和自我发展的动力，市场观念淡薄。第三，资金相对不足。资金不足是制约我国工程咨询单位做大做强以及发展对外工程咨询的一个重要因素，我国大多数工程咨询单位底子薄，资金运作困难，缺乏抵御风险的能力。第四，复合型人才缺乏。我国工程咨询行业专业人才数量不足，缺乏具有合理知识结构的复合型人才。第五，咨询服务范围狭窄。我国目前现有的各类工程咨询公司的服务范围只包括项目建设某个阶段，甚至只是某个阶段的一部分，而项目法人往往需要在项目建设的不同阶段挑选不同的咨询公司，这就使整个项目的咨询服务缺乏整体性，同时也不利于各类咨询公司自身的发展。第六，咨询质量参差不齐。工程咨询质量的好坏不但会影响到企业的生存、社会对咨询行业的信任和认可，还会影响到国家经济建设。

（三）从业资格认证的兴起

随着建设市场化程度的不断增大，无论是业主还是承包商都需要根据工程本身的情况和市场多变的因素加强对项目的控制。例如，20世纪90年代中期，我国逐步形成了工程造价咨询市场。为了规范这一市场，1996年住房城乡建设部制定了《工程造价咨询单位资质管理办法（试行）》。按照该办法规定的资质标准，住房城乡建设部于1997年、1998年分别审查批准了甲级工程造价咨询单位530家，各省及有关专业部门审查批准了乙级、丙级工程造价咨询单位5000余家。实施工程造价咨询单位的资质管理是政府培育和发展工程造价咨询业的主要措施。为了维护工程造价咨询市场的秩序，规范工程造价咨询单位的行为，建立公平、公正和平等竞争的市场环境，住房城乡建设部于 2000 年初发布了《工程造价咨询单位管理办法》的部令，管理办法将工程造价咨询单位的资质分为甲、乙两级，并对资质标准重新做了规定。

工程造价咨询业可持续发展的关键是不断提高工程造价咨询从业人员的素质。国内自建立造价工程师执业资格制度以来，造价工程师在工程造价咨询市场中发挥的作用越来越大。但就国内的市场容量而言，在工程造价咨询业中，具有较高层次的造价工程师所占比例不高，资信好、技术水平高、影响大的大型造价咨询单位较少。今后一个时期，应通过短期培训和继续教育等途径，着力提高现有注册造价工程师执业水平和能力，使一批造价工程师的水平达到国际上相同专业人员的水平。从长远来看，为保证造价工程师的水平，发展学历教育是一条根本途径。有关方面正在就此进行研究和论证工作，也同国内的部分高等院校进行了初步的接触。从各国的经验来看，高等学校与行业协会共同培养高素质的造价工程师人才是较为通行有效的做法。

二、代建制的引入与发展

（一）代建制的提出与实施

长期以来，我国政府项目投资存在的决策失误、投资效益不高、投资浪费等问题，一直是政府寻求解决的课题。2004 年国务院发布的《关于投资体制改革的决定》，明确提出对非经营性政府投资项目加快推行代建制，即通过招标等方式，选择专业化的项目管理单位负责建设实施，严格控制项目投资、质量和工期，竣工验收后移交给使用单位。非经营性（公益性）政府投资工程，是指政府投资的公益性项目及无经济回报的项目，如园林绿化、城市道路桥涵（指不收费的）、学校、医院、图书馆、科技馆、博物馆等公益性项目以及党政机关办公设施、司法机构设施等无经济回报的项目。

自国务院在《关于投资体制改革的决定》中提出对非经营性政府投资项目加快推进代建制以来，全国大多数省市已经开展了代建制试点工作，一些省市及相关主管部门还陆续出台了有关政府投资公益性项目实行代建制的管理办法及相关规定。北京市作为试行代建制的先行地区，制定的《北京市政府投资建设项目管理办法》规定，试行代建制的项目包括机关、医院、大中院校的楼堂馆所以及公路等各类政府投资项目。面对 2008 年要投入使用的庞大的奥运工程建设，北京市首次在中国科学技术馆新馆、奥运网球中心、曲棍球场、沙滩排球场、射箭馆、工人体育场和工人体育馆改造以及羽毛球馆等奥运项目上通过公开招标，全面推行项目代建制。《广州市政府投资建设项目代建制管理试行办法》规定：从 2005 年 7 月 1 日开始，财政资金投资占 50%以上，投资额 5000 万元以上的市政项目，均纳入代建制范围。这些项目包括：环境保护、市政道路等公用事业项目，民政及社会福利等社会事业项目，看守所、劳教所、戒毒所等政法设施以及各个政府部门的办公用房。同时还规定，市政项目的代建单位，必须根据《招标投标法》和《政府采购法》的规定，一般通过招标确定，代建单位与项目业主应无隶属关系和其他利益关系。河南省建设厅出台了《关于推行政府投资工程建设项目代建制的指导意见》，以进一步保证工程质量，控制工程造价，提高政府投资的效益。这样，《决定》发布之后，政府投资项目代建制从部分城市试点探索逐步推广至全国，实行代建制的力度与单位都持续加大。

（二）实施代建制的意义

政府投资多是从长远的、宏观的方面进行回收，集中表现为财政收入的不断增长。我国政府投资工程管理方式最大的问题是投资、建设、管理、使用交叉，混为一体，缺乏相互之间的制约机制。很多投资项目往往经过层层转包，浪费严重，并且容易滋生腐败。按照"建管分离"和专业化管理的原则实行代建制，通过招投标，确立责任主体，严把质量关，可以降低工程和管理成本，提高投资效益，并能减少腐败发生的可能性。

通过公开招标、邀请招标或直接指定等方式选择项目管理公司，作为项目建设期间的法人，全权负责项目建设全过程的组织管理。工程项目管理的实质是把过去由建设单位（使用单位）的职责在建设期间划分出来，以专业化的项目管理公司代替建设单位行使建设期项目法人的职责。它将传统管理体制中的"建用合一"改为"建用分开"，并割断建设单位与使用单位之间的利益关系，使用单位不直接参与建设，实现了项目管理队伍的专业化，从而有效提高项目管理水平，有效控制质量、工期和造价，保证财政资金的使用效率；解决了过去建设项目责任主体不明、责任不清的问题。

代建制的实施有利于加快转变政府职能。政府部门既是投资项目的审批与监管部门，又负责项目的建设实施，这样政企不分、责任不明容易造成监管不到位、投资效率低下等一系列问题。通过专业化与市场化的代建单位对政府投资项目实行代建制，明确项目出资者、建设管理者和使用者的责任、权利、义务，有利于建立起约束机制，加快推动政府职能的转变，规范政府投资行为，提高政府投资效益。

总之，作为逐渐被世界发达国家广泛应用的一种工程建设项目实施管理方式，代建制具有明显的优势。政府对代建制项目主要把握产业政策和宏观决策，项目具体实施依靠市场机制管理，从而有助于规范政府投资项目管理行为，促进政府职能转变。实施代建制后，代建人在资金拨付、工程决算、审计等方面受到建设方的严格监督，代建人与建设方相互监督制约，提高了投资效益；建设方与承包商、供应商的直接接触被压缩到了最低点，能有效遏制投资项目中的腐败现象。总体来看，代建制是我国政府投资体制改革的产物，它变革了原有管理方式，将"投资、建设、管理、使用"四位一体的管理模式转变为"各环节彼此分离，互相制约"的模式，从而在投资项目的全过程管理中使得各参与主体的利益得到协调，保障了工程质量，促进了项目决策的科学化，并提高了投资效益。

（三）代建制的操作模式

代建制是项目法人负责制、项目管理制及招投标等制度化合后的衍生物。它把计划安排与市场合约、政府投资与企业行为有机地融合到了一起。代建制的基本架构如下：

（1）以招投标制、项目管理制为手段，引入市场竞争机制，确定专业代建单位，通过高度专业化的管理力求扼制资源浪费、投资效率不高的顽疾。

（2）以明晰产权关系为核心，在出资人、代建人、使用单位之间建立起市场合约关系，使合约主体间的权利、责任、义务形成刚性约束，进而使政府投资概（预）算真正成为具有法律约束力的刚性指标。

（3）以制度为保障，代建单位在代建期间按照合同约定代行项目建设的投资主体职责，使其为出资人补位，从而抑制所有者代表缺位而引发的公共品"寻租"等诸多弊病。

由此不难看出，要使代建制真正行之有效的关键点在于：第一，作为代建人，除具备相应的专业资质外，其必须是符合现代企业制度的独立法人身份。第二，应以正式形式（法规或合同）授权代建人在代建期间代行项目建设的投资主体职责。第三，代建人必须通过公开、公正、公平的方式产生，且招标人一定要由出资人代表（如各级政府发展改革委）担任。此外，在代建合约中出资人应是合约主体之一，否则使用单位与代建单位之间极有可能又会形成传统的甲方、乙方关系。

（四）规范代建制的发展方向

（1）政府应尽快以立法的形式确立代建制的法律地位。政府投资项目的资金拨付由国家财政部门分管，而项目建设则由住房城乡建设部门主管，此外，一项大的工程还涉及规划、环保、文物、园林、人防、消防、自来水、电力、燃气、交通、税务、海关等诸多政府部门的监管，仅由一个部门来推动是远远不够的。如果政府各个监管部门在代建制的权力再分配中得不到一种合理均衡的话，则代建制的推行无疑会面临举步维艰的局面。因此，应尽快出台权责明确的全国性法律、地方性法规和建立行业标准，对代建制适用范围、代建单位权利和义务、代建项目取费标准和实施过程等方面进行明确的规定。

（2）制定相应政策，鼓励政府投资项目的使用单位积极选择代建制。代建项目的使用人在传统的投资体制下其身份是以项目业主出现的。鉴于其在建设合约中处于强势地位，因而自然享有一定的权力及利益。但在代建制度安排下，使用人的权力仅仅限于项目功能的提出权、项目建设过程的监督权以及项目完工后的验收权。这种权力、利益格局的较大调整，极易诱发使用人的抵触情绪。因此，适当兼顾使用人的利益对推动代建制度也是十分必要的。

（3）营造有序的竞争环境，推动代建行业健康发展。作为我国投资体制改革一项行之有效的重要举措，代建制理所当然地受到了各个方面的青睐与追捧。在全国各地代建制试点工作正如火如荼地开展之际，我们也应清醒地看到，一些与代建制性质和内涵完全相悖的做法也在鱼目混珠地大行其道。因此，需要建立健全代建制的市场管理机制，对代建单位的资格条件与市场准入作出统一的、明确的规定，提高代建单位的准入标准，完善对代建单位的监督管理机制，在政府部门、全社会与舆论监督的同时督促代建单位加强自身管理，建立明确的"黑名单"退出机制，从而为代建行业打造有序竞争的市场环境。

（4）切实防范与控制代建制的风险。在国家相关配套政策和配套制度的共同作用下，切实防范代建制的风险，加强代建制项目风险管理的前期预测预防工作，在项目实施过程中进行有效的风险控制与约束，完善包括工程保险与工程担保制度的代建项目监督机制，建立健全互相监督与管理的风险责任分担机制，对于已出现的风险进行合理的责任分配，从而使其控制投资、保证质量和工期与防止腐败的作用真正发挥出来。

（5）建立有效的业主和代建单位的沟通机制和渠道，确保使用者的具体使用要求能够在代建单位进行方案设计时就一并纳入考虑。由于实际使用情况千差万别，在进行统一的规划和设计的基础上，应加强考虑最后用户的具体情况和特殊性，提高设计和建设的针对性，以提高使用中的适用性和效率，达到最大限度地节约社会资金的目的，也避免了正式使用后修改与完善的支出费用。

总之，代建制作为一项新的制度安排，其对改善政府投资的效率具有重要的意义，但在实践中尚有许多问题亟待研究与探讨。要想有效地降低推行该项制度的交易成本，办法之一就是要使之形成合约博弈的局面。这就有赖于制度安排者既要勇于制度创新，又要做到统筹兼顾。尤其是应当加快投资方面的立法，尽快出台招投标法实施细则，以便对投资领域的招投标行为和招投标市场进行全面规范；应加快出台《政府投资管理条例》《经营性国有资产投资管理办法》以及《投资中介服务机构管理条例》等法规。

三、项目监管制度的发展与机构完善

（一）工程监理制的实施

为确保工程建设项目的建设质量，提高工程建设水平，实现工程项目管理的科学化、专业化，并充分发挥投资效益，我国自 1988 年起开始实行工程建设监理制度。这一年，住房城乡建设部颁布了《关于开展建设监理试点工作的若干意见》，决定在北京、天津、上海、沈阳、哈尔滨、宁波等地进行试点。1989 年，住房城乡建设部颁布《建设监理试行规定》，这是我国工程监理的第一个法规文件。1992 年，住房城乡建设部发布《监理工程师资格考试和注册试行办法》。1995 年 12 月，住房城乡建设部和国家计委发布了《工程建设监理规定》，对工程建设监理的职责、范围、内容、监理程序、监理单位和监理人员的资质，以及政府对监理市场及监理人员的监管做出了全面具体的规定。2000 年，住房城乡建设部和国家工商管理总局共同制定了建设工程委托监理合同范本，包括三部分内容：建设工程委托监理合同、标准条件和专用条件。

多年的实践证明，工程建设监理制度的建立对控制投资、保证工期、确保工程质量都发挥了积极的作用，已经成为推动投资项目业发展不可缺少的因素。工程建设监理是在项目组织系统范围内平等主体之间的横向监督管理，工程建设监理的实施者是社会化、专业化的监理单位，属于社会的、民间的监督管理行为，具有明显的委托性，工作范围由监理合同决定，其范围可以贯穿工程建设的全过程、全方位，远远大于政府工程质量监督的范围。工程建设监理不仅以法律、法规和技术规范、标准为依据，还以工程建设合同为依据。

目前，工程建设监理制度正处于不断发展、完善的过程中。《工程建设监理规定》等相关法规、合同范本对工程建设监理法律地位的界定尚不够统一和完善，使得社会上对工程建设监理的法律地位存在着一些模糊的认识。

监理单位的主要作用在于协调业主和各个项目参与者的关系，保证项目的质量、进度，维护各方利益。监理的成功与否，对项目的成功与否有很大的影响。监理工程师的角色是业主履行合同的代表，他在合同实施过程中处于中心位置，承包人所有的工程活动必须通过监理工程师认可。

（二）重大建设项目稽查监督的发展

改革开放以来，我国投资体制改革进行了一系列探索，政府投资项目的管理是一个重要方面。在政府建设项目管理上，长期注重项目审批和投资分配，而对项目实施的管理相对薄弱，以致许多项目建设在工程质量、资金使用、概算控制和实行四制（项目法人责任制、项目资本金制、工程监理制和合同制）等方面均出现了不少问题。在这种情况下，加强政府投资项目监管以及审计就十分必要了。因此，对建设项目的主要环节和主要方面进行监督检查，及时发现和制止建设中的各种违法行为，是建设项目监管体系中的关键环节，是强化政府投资项目建设外部约束的有效形式。

在投资体制改革过程中，我国相继建立了审计制度和工程监理制度，对加强项目建设的监督起了重要作用，但是从整体上看，还没有形成一个完整的监督体系。从业务性质看，审计主要侧重于财务收支方面的监管，工程监理也只是对业主负责，监督对象是施工单位。而对于项目建设其他环节，如对项目审批程序、前期工作、概算控制、招投标、法人责任制、工程监理制、合同制的执行和运作的监督，则基本上处于空白状态。为此，必须建立起对项目运作程序和建设实施过程的稽查监督制度，使之与审计、工程监理相互补充，有机结合起来，形成一个完整的监督体系。

1998年，国务院决定在国家发展改革委设置重大项目稽查特派员，开展项目稽查工作。1999年4月，国家计委发布《重大建设项目违规问题举报办法（试行）》。2000年8月，国家计委发布《国家重大建设项目稽查办法》，对稽查制度的建立、稽查员的职责、稽查方式、各种违规问题的处理等事项做出了明确规定，把稽查工作纳入法制化轨道，实行规范化运作。同时，要求在稽查工作中强化监督，重在督促整改。根据这些法规的要求，国家发展改革委派出多批稽查员，对国家重大项目实施稽查。全国各省区市也分别颁布了相关规定，设立了稽查机构。2008年8月，国家发展计划委员会又颁布了《国家重大建设项目稽查办法》，指出实行稽查特派员制度，国家重大建设项目稽查特派员由国家发展计划委员会派出，对国家重大建设项目的建设和管理进行稽查。重大项目的稽查工作陆续在各地全面展开。

几年来，各级发展改革委和各省区市稽查办以国债投资项目和各级政府投资项目为重点，稽查了数千个项目，发现了违规招标、挪用挤占建设资金、弄虚作假、工程质量严重缺陷等问题，进行了严肃查处。各级稽查办还注重跟踪稽查后的项目整改情况，查帮促相结合，不但解决了项目建设中存在的突出问题，而且促进了项目管理水平的提高，取得了良好效果。

实践表明，项目稽查是投资监管的重要举措，对促进项目建设管理水平的提高、改进政府投资管理、提高投资效益具有重要作用。随着经济的发展和经济体制特别是投资体制改革的不断深入，稽查工作将会越来越重要。

第八章　投资体制的国际比较

经过 40 年的改革，我国传统计划投资体制已经发生了根本性变化。但相比金融体制、财税体制等其他领域的改革，投资体制改革依然显得相对滞后。中共十六届三中全会中更是明确提出要加快投资体制改革，十八届三中全会进一步提出要深化投资体制改革，可见政府对于投资体制改革的重视。如何加快和深化投资体制改革已成为理论界和实务界共同面临的新的挑战。在投资体制方面，世界各国尤其是成熟市场经济国家普遍形成了一套具有自身特点的体系，在某些方面也存在一些具备普适性的规律，这些都值得我们在深化投资体制时加以借鉴。本章将从投资主体、投融资渠道、投资的宏观调控及政府投资管理等方面对有关国家的投资体制进行比较。在此基础上对中外投资体制特点、差异及规律进行总结分析，以期为我国投资体制的现状提供一个横向的参照，为促进我国投资体制改革的进一步深化提供有益的参考。

第一节　投资主体的国际比较

在进行投资主体的国际比较之前，有必要将本节涉及的投资主体相关概念予以区别和界定。首先，投资本身的内涵和外延非常广泛，本书谈到的投资仅仅是其中的一部分。本书中的投资（活动），从宏观上讲，主要是指固定资产投资等形成实物资本的行为和过程；从微观上讲，指的是具有价值创造特征的直接投资行为。至于证券投资、理财等意义上的投资，其本质只是微观主体的一种财务安排。这种财务安排在宏观上可以看作储蓄转换为投资的各种具体途径和机制，不妨称之为间接投资行为，不属于本书的讨论范围。投资主体是指在上述投资活动中具备独立决策权、享有投资收益、承担投资风险的主体，包括各类法人或自然人，可称之为决策主体。它至少应该具备三个基本特征：其一，它是投资方向、投资方式、投资规模以及资金筹措方式的决策者；其二，它必须为其投资行为承担风险和责任；其三，对其投资行为所形成的收益享有

从表 8-1 中推算的各国政府投资占总投资比重来看，各国在投资的决策主体结构上似乎并没有呈现出前面所述"市场化程度越高，企业在投资决策主体中所处地位越发重要"的局面。具体来说，从表 8-1 可以归纳出以下六个特点：①北欧及中欧（含德国）各国，其政府投资占投资的比重普遍较高，所占比重基本都在 50% 以上，相比私人投资具有明显优势，其中瑞典在 2001 年以后政府投资所占比重基本维持在 30% 左右，同样在一个较高水平上。②美国、澳大利亚等典型市场经济国家以及巴西、阿根廷等拉美国家，其政府投资比重维持在较高水平，但同是典型市场经济国家的加拿大，其政府投资比重则处于相对较低的水平。另外，美国在 2008 年金融危机后政府投资规模明显大于危机前的比例。③俄罗斯、白俄罗斯、乌克兰等转型经济体，其政府投资比重与典型市场国家维持在大致相当的水平，其中乌克兰在 2008 年金融危机后政府投资占比大幅度增加。④在新兴市场国家中，除了马来西亚政府投资占总投资的比重在一个较高的水平上，在韩国、新加坡、泰国以及印度，政府投资占总投资的比重明显偏低。⑤中国作为一个政府主导型的经济体，政府投资比重反而是表中所列国家中最低的。⑥近年来，除了少数几个国家，各国政府投资比重大致呈不断上升的趋势。

政府投资比重较大且呈上升趋势，主要有以下两个方面的原因：①从资金角度来看，近年来各国财政占 GDP 比重都呈现上升趋势。政府可以用于投资的资金相应地也越来越大。②从经济社会发展的角度来看，随着经济社会的不断发展，市场失灵的领域和范围在不断扩大，因此需要政府进行干预和主导的事务也日益增多，政府的边界也因此而不断拓展。与之相应，政府投资的领域和比重也不断增加，一个明显的特点为在 2008 年金融危机后，很多国家的政府投资占比有了明显提高。

中国及东亚经济体素有政府干预和主导经济发展的传统，但从表 8-1 中推算的政府投资比重来看，实际数据似乎无法支撑上述事实，这可能需要从以下几个方面来进行解释：①发达国家政府投资比例高于新兴市场国家，从某种程度上也可以看作上述政府投资比重呈上升趋势的横向体现。因为发达国家的市场体系更为成熟和完善，其出现失灵和缺陷的领域也已逐步为政府和公共财政所覆盖，因此，发达市场经济体的公共投资范围相对来说会更大，其政府投资比重更大也在情理之中。②政府主导与政府的直接参与并不能完全画等号，强势的政府可以引导企业的投资行为，但在统计上并不表现为政府投资。③各国在政府投资方面的统计口径也存在差异。④发达经济体与新兴市场经济体本身处于不同的发展阶段，发达经济体的投资占 GDP 比重相比新兴市场经济体要低（见表8-2），这样就越发提高了发达经济体政府投资占总投资的比重。[①]

另外，中国数据表现出的与常识及直觉相违背的情况，其主要原因大致有以下三点：①统计口径方面的问题。我国财政收支分类改革尚未完成，财政支出中的分类并非按照"政府投资"和"政府消费"进行划分，在进行转换过程中很可能出现将"投资性支出"划为"消费性支出"的情况。在2007年以前的财政支出项目中，通常可以将"基本建设支出""企业挖潜改造资金""科技三项费用""地质勘探费""城市维护建设支出"看作"投资性支出"，以2006年为例，这五项支出总额为9626.26亿元，当年"财政支出"减去"政府消费"推算的政府投资为10130.03亿元，这意味着其他项支出基本都划作"消费性支出"[②]。然而诸如国防支出、公检法司支出、政策补贴支出等，其中也会有用于固定资产投资的支出。②地方政府掌握大量的预算外资金，这些资金用于投资则不会反映在统计数据上。③政府主导投资决策与统计上的政府投资是有区别的，政府主导的投资很多情况下仅仅有少部分政府资金，其余都是银行贷款，但整个投资行为却由政府控制。因此，由政府直接决策的投资数要远大于统计局公布的"投资资金来源"中的"国家预算内资金"数。政府参与决策的投资规模虽然没有系统的数据支持，但从前几年的情况看，由政府决策的项目投资总量一般占全社会投资总量的25%左右。因此，政府仍然是我国投资领域中重要的决策主体。

（二）企业依然是各国投资决策最重要的主体

尽管从表8-1的数据对比中得出的结果似乎与我们观念上的判断有所差异，但无论是典型市场国家还是新兴市场国家，企业在各国投资决策中都是最为重要的主体。

美国是最为典型的市场国家，"自由竞争"的观念和制度深入到经济的方方面面。作为市场经济逐利行为的具体体现，投资活动大多是由市场主导，由企业根据资金供求状况及收益多寡而自发完成的。美国企业的产权形态主要有三种：一是个人独资企业，这类企业的数量占全美企业总数的70%以上；二是合伙制企业，这类企业的数量在15%左右；三是公司制企业，数

---

① 对于北欧等民主社会主义国家来说，政府的边界和投资领域更大，同时高税率也抑制了民间投资，所以政府投资比重显得尤其高；对于苏联及东欧等转轨国家来说，由于其工业化基础较高，也已经过了全社会范围进行大规模资本积累的阶段，因此，它们的投资率相对来说也较低。

② 2007年后财政收支分类改革后，不再有基本建设支出等项目。

表 8-2　近年来有关国家国内投资占 GDP 比重一览

单位：%

年份 国家	1995	1996	1997	1998	1999	2000	2001	2002	2003	2004	2005	2006	2007	2008	2009	2010	2011	2012	2013	2014	2015	2016
美国	20.80	21.25	21.54	22.15	22.69	23.04	22.41	21.41	21.49	22.01	22.77	22.85	22.11	21.00	18.54	17.98	18.28	18.97	19.21	19.74	19.81	19.50
澳大利亚	25.10	24.14	24.03	25.16	25.44	26.00	23.26	24.34	26.07	26.59	27.02	28.01	27.75	28.74	28.19	27.72	26.68	27.98	28.30	27.32	26.65	25.50
加拿大	18.41	18.87	20.37	20.63	20.26	19.66	20.22	20.05	20.08	20.95	21.91	22.95	23.40	23.53	22.36	23.52	23.57	24.55	24.25	24.17	23.69	23.00
日本	29.88	30.87	29.95	28.52	27.12	27.31	26.56	24.66	24.40	24.35	24.75	24.75	24.48	24.55	21.32	21.30	22.10	22.65	23.19	23.88	23.91	23.34
俄罗斯	21.08	20.00	18.29	16.15	14.39	16.86	18.89	17.92	18.42	18.39	17.76	18.50	21.00	22.29	22.00	21.63	21.49	21.55	21.78	21.25	20.74	21.05
乌克兰	23.28	20.72	19.83	19.59	19.27	19.65	19.69	19.17	20.60	22.55	21.97	24.60	27.08	26.39	18.35	17.04	17.65	18.99	16.86	14.14	13.55	15.15
白俄罗斯	24.70	21.08	25.23	25.93	26.33	25.20	22.67	21.98	23.75	25.32	26.52	29.66	31.38	33.30	35.90	38.83	37.69	33.42	37.19	33.22	28.65	23.94
波兰	17.44	19.41	22.16	23.96	24.28	23.74	20.48	18.44	18.17	18.33	18.89	20.40	22.46	23.10	21.44	20.28	20.68	19.79	18.81	19.73	20.09	18.07
德国	23.36	22.83	22.49	22.62	22.90	22.99	21.68	20.04	19.51	19.16	19.07	19.82	20.12	20.33	19.16	19.44	20.27	20.11	19.70	20.00	19.85	20.04
挪威	21.44	21.82	23.55	26.51	23.47	19.82	19.53	19.44	18.87	19.60	20.33	20.93	23.54	22.55	23.23	20.73	21.49	22.41	23.54	23.82	23.78	24.08
瑞典	19.51	20.03	19.74	20.60	21.38	22.10	22.47	21.65	21.27	21.59	22.14	23.00	23.89	24.32	22.32	22.25	22.69	22.64	22.34	23.05	23.57	24.05
冰岛	16.93	20.47	21.26	25.51	23.29	24.17	22.99	19.63	21.32	24.77	29.52	35.68	29.35	25.23	14.99	13.99	15.37	16.00	15.70	17.23	18.92	21.24
巴西	20.14	18.64	19.12	18.54	17.02	18.30	18.42	17.93	16.00	17.32	17.06	17.21	18.00	19.39	19.10	20.53	20.61	20.72	20.91	19.87	18.09	16.38
阿根廷	17.94	18.08	19.37	19.93	18.01	16.19	14.18	11.96	15.14	15.89	17.35	18.33	19.52	19.01	15.58	16.64	17.25	15.86	16.29	15.98	15.84	14.82
韩国	37.65	37.97	36.04	30.99	30.13	31.62	30.67	30.39	31.25	31.20	30.86	30.74	30.51	31.38	31.32	30.50	30.24	29.57	29.26	29.15	29.31	29.68
新加坡	33.15	37.85	38.47	38.10	34.59	32.04	31.06	27.17	25.25	24.52	23.08	23.06	24.48	28.34	29.27	26.13	25.50	26.74	27.72	26.73	26.07	24.87
马来西亚	43.59	42.50	43.11	26.83	21.89	25.29	25.12	23.48	22.41	20.95	22.30	21.96	22.40	20.57	21.98	22.44	22.18	25.36	26.48	25.97	26.14	25.75
泰国	41.32	41.65	34.61	22.15	20.41	21.57	22.48	21.91	23.03	24.86	27.71	26.85	25.46	26.45	23.11	23.99	25.84	26.99	25.37	24.70	24.67	24.30
印度	25.99	24.98	25.59	25.59	25.89	24.57	27.07	25.61	26.52	31.03	32.78	33.81	35.57	34.95	34.29	33.41	34.31	33.44	31.30	30.40	29.26	27.12

数据来源：世界银行数据库。

量在10%左右。但就销售额而言，公司制企业占整个销售额的90%左右。[①] 在美国，政府作为另外一个重要的投资决策主体也主动参与具体的投资活动。然而，由于美国政府很少设立公营企业，[②] 政府投资的领域主要集中于非市场竞争性的基础设施、公用事业、科学技术、教育等公共服务领域。这是由这类领域的公共产品性质所决定的。政府投资于上述领域正是为了纠正市场失灵、弥补市场缺陷，提高全社会的资源配置效率，为整个经济体的持续稳定发展创造必要的条件。因此，政府从某种意义上说只是此类领域投资的共同决策主体（关于具体的管理和运作模式，在本章后续部分会有更为细致的介绍）。

英国是古典经济学的发源地，受亚当·斯密经济自由思想的影响，英国政府历来主张尽量避免干预经济，反映在投资领域，自然也是以私人企业自主投资决策为主。在英国的企业中，国有企业数量不到千分之一，其余均为私有制企业。企业的产权形态与美国类似，也是包括个人独资企业、合伙制企业和公司制企业三种。

德国实行的是社会市场经济制度，这使得它的经济体制与美国等典型市场经济国家有所不同。但企业依然是德国投资体系的基础和主体，企业的投资活动也是由市场引导的自发逐利行为。对于企业的投资行为，政府采取的原则是"既不指导，也不干预"，只是在特定的领域和政府认为必要的时候给予企业一定的帮助。政府自身作为投资决策主体，其参与的领域同样限于市场失灵的公共服务领域。

日本企业在其投融资体系中同样处于基础性地位。作为真正的市场主体，日本企业为在激烈的市场竞争条件下拓展生存空间，对于投资都非常重视。企业投资完全围绕市场需求进行，以追求更高的经济利益。从所有制性质来讲，日本企业都是私有制企业，因此企业在投资方面拥有完全的自主决策权，政府也充分尊重企业的投资自主权。在日本的企业中，绝大多数是职工人数在300人以下、资本金在1亿日元以下的中小企业。大企业的数量不足1%。从企业的组织形态来讲，中小企业大多为独资企业，而大型企业集团都是股份制。这与美国的企业组织形态基本相似。日本政府作为另外一个重要的投资决策主体，其投资领域也主要集中于各项公共事业领域，以弥补市场的失灵和缺陷。当然，无论是政府投资还是企业投资都与政府的产业政

---

① 有关美国企业类型的数据资料，参考李荣融（2000）。
② 地方、州和联邦政府的公营企业在整个国民收入中所占份额在2%以下，见王学武（2001）。

策相配合，特定阶段的重点发展产业也是政府投资领域。

韩国作为新兴市场国家的代表，自20世纪60年代以来在经济发展方面取得了巨大的成就。这与韩国选择"政府主导的增长政策"（Government-led Growth Policy）的发展模式，强调政府对经济行为的参与和市场的影响有着密切关系。这意味着企业不是在一个充分竞争的市场结构中运行，而是在一个受到政府相当程度控制的市场中运行。尽管如此，在韩国的投资体系中，企业依然是投资决策最为重要的主体。只是影响企业投资行为的因素除去市场机制外还包括政府的强力干预。就企业性质而言，韩国的企业中虽然私营企业数量占有绝对优势，但是其国有企业仍占有较大比重，这一点不同于其他更为发达的市场经济体。韩国的国有企业主要集中于公路、铁路、邮电通信、供水、供电等基础设施部门，其增加值一度占此类行业增加值的60%左右。此外，在制造业部门也有一部分国有企业。政府对国有企业的投资拥有决策权，在企业经营中拥有管理权。当然，韩国政府自20世纪末就已经开始分步骤地对公共企业实行私有化改革，向私营企业及社会公众出售股份，但在电力、通信、钢铁等关键产业，政府仍有控股权。

（三）企业投资决策过程的国际比较

企业作为各国投资决策最重要的主体，其投资活动基本都是以市场为导向，以追求利润为目标。但由于各国的经济环境及经济传统有所差异，在具体的投资决策过程中，各国企业对投资决策各环节的侧重点有所不同。

德国企业的投资项目决策通常都严格遵照既定的内部程序和标准进行，这或许也是德意志民族"诚实严谨、服从纪律"的体现。一般来说，德国企业的投资都是由企业相关职能部门事先拟订投资计划，然后报董事会批准实施。对于重大投资项目，则必须由监事会审议通过。监事会由职工代表和资方共同组成，职工代表包括公司内部选举产生的代表和公司所属行业工会代表；资方代表由股东大会选举产生，有时也会包括工商会、银行及社会名流。监事会的构成覆盖了与企业相关的方方面面，使得企业的重大投资能够在更大范围内接受监督，有效避免可能出现的重大失误。

除了严格的内部决策程序外，德国企业在投资项目选择时通常都严格执行技术、社会、环境、财务等方面的标准。其中，财务标准是最为重要的因素。为此，在选择投资项目时，长期投资收益率是最为重要的指标。通常企业会在剔除政府补贴、临时性优惠等因素后计算项目的可能收益，以确保公司股东能够以尽可能低的风险获取更大收益。

日本企业尤其是大的企业集团，其投资项目审批同样有着相当严格的程序。通常大型企业集团设有开发部和投融资委员会，专门从事投资的前期工作。由公司总部组织实施的项目一般由开发部提出可行性研究报告，报告经研究部论证后再提交董事会审批；成员企业提出的项目，则由成员企业提出项目计划，经总公司审核后再提交董事会审批。在投资项目选择过程中，除了像德国企业那样实施严格的法律、环境、安全及财务标准外，日本企业还特别注重遵循国家产业政策，尽可能争取参与国家倡导的开发计划，以便充分享受国家优惠政策，同时也能提高企业的社会地位。[①] 相比德国、日本企业严格的投资决策程序和标准，美国企业在投资决策过程中更注重企业的发展战略。企业的投资决策围绕发展战略来实施，充分考虑四个方面的问题：①企业从事什么行业。②目前生产经营环境和状况。③企业要实现什么目标。④主要采取什么对策和措施。

（四）政府投资的国际比较

在投资决策主体中，政府始终是一个不可忽略的重要因素。关于这一点，前面第（二）部分中已有叙述。作为投资决策主体的政府，其投资的领域主要集中在公共投资领域，这是由政府的职能边界和市场失灵共同决定的。当然，有的国家由于历史传统等原因，还有一定比重的国有企业分布于竞争性领域。

从各国的具体实践来看，政府对公共领域投资的具体管理和运作模式大体可以分为"英美模式"和"欧洲大陆模式"。关于政府投资管理方面的内容在本章第三节将有更为细致的国际比较，这里仅简要介绍这两种模式的基本情况。

英美模式是由独立于政府部门的相关机构或公司进行投资，在项目建设中普遍采取业主责任制的方式，对建设项目的筹建、融资、建设实施直至建成后的生产经营、维修和偿还债务等全面负责，承担相应的风险并获取投资收益。英国是英美模式的典型代表。英国政府在公共工程项目建设中，为减少政府财政支出的压力，提高项目建设和运营的效率，会通过一定的优惠条件让私人企业参与到项目的具体建设和经营中，具体的方式包括 BOT（Build-Operate-Transfer）、BOOT（Build-Own-Operate-Transfer）、私人部门与国有部门合营等。

---

① 事实上，产业政策在日本投资体制中起着相当重要的作用。无论是政府调控、企业决策还是金融机构的融资行为，以及中介机构的投资咨询服务，都受产业政策的影响。相关内容在后续部分还将不断涉及。

欧洲大陆模式是由国家相关的行政部门直接参与投资项目的实施，法国是欧洲大陆模式的典型代表。在法国，政府主张公共服务领域需要建立全国或区域性的网络，这种网络应该由国家而不是私人来经营，因此只能由国家垄断。事实上，法国的公共服务领域基本上是由一个或几个国有大型企业进行垄断经营。政府除了任命这些国有企业的董事长之外，还通过与企业签订计划合同的方式对企业进行管理。计划合同通常4~5年签订一次，在合同中会规定合同期内的经营目标、投资规模、数量，等等。

当然，无论是英美模式还是欧洲大陆模式，政府投资领域最终的具体实施者通常还是要落实到各类所有制属性的企业或经济实体。除了公共服务领域外，包括由政府控制的其他竞争性领域的国有企业，其名义上的投资实施主体也都是企业本身。只是由于政府在这些领域有着较为直接的控制力，所以将政府看作此类投资的最终决策主体。①

由于政府作为投资决策主体时必然涉及财政资金的投入问题，因此，这部分投资也被称为财政性投资。财政投融资本身就是一个较为复杂的系统，各国尤其是政府主导型的经济体，如日本、韩国等，在这方面都有一些特殊的安排，相关情况将在本章第三节中进一步分析。

二、融资服务主体的国际比较

现代社会中，企业进行投资活动通常需要从其他渠道融通资金，金融机构作为企业投资的主要资金渠道，在整个社会的投融资体系中起着不可或缺的作用。能够为企业投资提供融资服务的包括银行和其他金融机构，这些银行和金融机构既可能是国有的，也可能是私营的；既可能是政策性的，也可能是商业性的；既可能是地区性的，也可能是全国性的。本部分将主要介绍有关国家银行及其他金融机构的组成状况以及在企业投资中的作用。

（一）美英的银行及金融体系

美国和英国都属于典型的市场经济国家，经济自由贯彻于两国经济发展的方方面面，同样也体现在其银行体系的构成和运作中。②

---

① 其实，我国目前的投资主体结构中上述特点尤为明显。一方面，企业（包括国有企业）都是"独立经营、自负盈亏"的法人主体；另一方面，政府对企业（包括民营企业）都有着极强的控制力，政府在很多投资领域都扮演着事实上的决策主体角色。

② 凯恩斯的国家干预主张在20世纪30年代后同样为两国所认同并采纳，但这种干预基本上还是宏观层面的间接调控。在微观层面，独立运作经营的各类经济主体，其各项经济活动依然是在法律允许的框架和范围内自由进行的。

1. 美国的银行及金融体系

自由主义是美国人的普遍信仰，他们对任何类型的强权机构都存在着厌恶情绪，因此他们对于银行系统也就存在强烈的非国有化倾向。

美国的银行体系由美国联邦储备银行（即美国中央银行）和商业银行组成。美联储由全国多家规模较大的商业银行通过会员制形式组成，其股东就是作为联邦储备体系成员的上述私人商业银行，因此从产权性质上讲，作为中央银行的美联储也属于"私营公用事业的股份机构"。美联储在 12 个联邦储备区各设有一家联邦储备银行，分别管辖全国不同地区。在 12 家储备银行中，纽约、芝加哥和旧金山是最大的 3 家，它们的资产合计约占整个联邦储备体系资产的 50% 以上，其中纽约联邦储备银行约占整个联邦储备体系资产的 30% 以上，是所有联邦储备银行中最重要的一家。美联储产权的私有性质使得其相对于政府具有较强的独立性。作为中央银行，美联储通过制定和实施货币政策间接影响和调控企业的投资行为。

美国银行业在最繁荣时期约有 14000 多家挂牌银行（不含分支机构），但受金融危机的影响，中小型银行掀起倒闭潮，截至 2015 年第三季度末，美国银行业共有 6270 家持牌银行。商业银行的运营资金总量约占整个金融市场的 1/3，是企业投资的主要资金来源渠道之一。美国实行的是金融分业经营，政府禁止商业银行参与股票、证券交易以及直接投资和跨地区经营，但在商业银行既定的信贷业务范围内鼓励竞争，因此商业银行在开展融资业务时具有很大的自主权。商业银行可以根据中央银行贴现率，自主确定各类贷款利率，但企业破产或投资失败产生的坏账损失也需由商业银行自行承担。因此，商业银行在发放贷款时有一套严格的审批程序。

除了银行体系外，发达的资本市场是美国企业投融资的另外一条主要渠道。保险基金、养老基金等来源稳定、数额巨大的社会资金以及居民个人的闲散资金，通过进入股票、债券二级市场的方式，也能有效地转化为企业长期投资的资金来源。

2. 英国的银行及金融体系

英国金融系统经过几十年的发展，规模迅速扩大，根据英国国家统计局的数据显示，2014 年英国金融系统总价值约为 20 万亿英镑，约为英国当年 GDP 的 12 倍，远远高于美、日、法等发达国家。而在英国整个金融系统中，银行业规模又是最大且占据最为核心的地位，在整个金融系统中的占比超过 60%。

英国的银行体系主要由中央银行——英格兰银行和四大银行集团——劳埃

德银行（LLOYDS）、苏格兰皇家银行（RBS）、巴克莱集团（BARCLAYS）、汇丰集团（HSBC）为主要支撑。除英格兰银行外，其余均为私人银行，包括英国本土的股份制银行和在英国注册承办业务的国外银行。除了像其他中央银行一样根据宏观经济形势制定实施相应货币政策外，英格兰银行的一项重要职能就是对各银行（包括商业银行、投资银行）及其他金融机构进行协调和监管。一方面，英格兰银行在英国的银行体系中承担了准备金中心和结算中心的职能。英国商业银行的大部分准备金都必须存在英格兰银行的活期台账上，存款银行之间的货币结算也须由伦敦票据交易所以非现金方式进行结算，并最终通过英格兰银行实现。另一方面，英格兰银行有权要求任何一家银行提供有关情况，检查英国各银行和金融中介机构存在的问题，并提出相关整改建议。

除中央银行外，英国的银行体系从业务类型上可以划分为投资银行和商业银行。投资银行不办理储蓄信贷业务，主要帮助企业通过股票、债券等方式在境内外进行直接融资，其业务范围与美国资本市场上的各类金融机构类似；商业银行则从事传统的储蓄、信贷业务。与美国不同的是，英国银行业混业经营特征明显，其投资银行和商业银行的经营范围存在相互渗透、交叉的情况。

对于商业银行的放贷行为，英国政府除通过利率进行间接调控外，基本上也是采取放任自由的态度。但商业银行自身对于发放贷款有一套较为严格的程序，包括编制可行性研究报告、委托有资质的中介机构进行评估、对企业进行实地考察和访谈等。在确定贷款金额时，商业银行依据的主要是企业的净资产而不是项目总投资，以严格控制贷款风险。

（二）德法两国的银行及金融体系

美英两国的银行及整个金融体系基本由私营机构组成，这与两国奉行的自由主义有着密切联系。与之形成鲜明对比的是，同为发达资本主义国家的德国和法国，其银行及金融体系的所有制结构则具有多元化特征。

1. 德国的银行及金融体系[①]

德国银行体系由中央银行（即德意志联邦银行）、全能银行和专业银行三部分组成。德意志联邦银行作为中央银行，其性质属于国有机构，资本归

---

① 有关德国的银行体系及金融体系的更为详细的情况，可以参考于景涛（2003）、史笑艳（2003）、王珏（2002）、孙玉辉（2001）以及李荣融（2000）等文献。本部分是在对上述文献进行综合整理的基础上形成的。

联邦政府所有，但具有较强的独立性。作为中央银行，德意志联邦银行在不受政府干预的情况下，制定和实施货币政策，并且与联邦银行监管委员会、联邦证券交易委员会共同构成德国银行监管当局。

全能银行是指既从事存贷款、电子银行等典型银行业务，又经营证券投资业务的综合性银行，可以提供包括商业银行业务、证券投资业务在内的全套金融服务的全能银行。事实上，"全能银行"和"混业经营"是德国银行体系最为显著的特征。全能银行又可以划分为商业银行、储蓄银行和合作银行三大类。

德国的商业银行是典型的全能银行，是集银行、证券、保险等多种金融中介业务于一体的金融混合体，进行的是混业经营，约占到整个银行体系总资产的43.7%（2015年德国联邦银行数据，下同）。德国的商业银行包括全国性银行、区域性银行、外国银行分行以及私人银行等。在德国，最有代表性的全国性银行是德意志银行、德国工商银行、德累斯顿银行和科麦茨银行这四大商业银行，占到整个银行体系总资产的29.1%。这四大银行都是股份制全能银行，通过发行股票筹集资金而使自有资本符合资本充足率的要求。全国性银行的特点是设施完备、业务量大，有遍布全国的分支机构。区域性银行在特定范围内开展业务，有一些较大的区域性银行也在全国范围内开展业务，比如巴伐利亚统一抵押银行、BHP银行及BFG银行。私人银行则是主要形式为有限责任的合伙人公司或单一股东形式的公司，该类型银行的长项是向高端客户提供资产管理和信托服务。

全能银行的第二大支柱是储蓄银行系统。储蓄银行系统是德国最大的银行集团，由德意志汇划中心银行、地区储蓄银行及乡镇储蓄所三级体系构成，占到整个银行体系总资产的25.1%。德国几乎所有的地区储蓄银行都归当地城市所有，因此从产权性质上看，储蓄银行属于公共法人银行，储蓄银行的经营地点通常有区域限制。储蓄银行资金主要来源于私人家庭的储蓄，其业务在最初也被严格局限于为中小客户服务，针对中小客户经营存贷款业务。但随着居民收入的提高和金融业的发展，储蓄银行也逐步发展成为全能银行。

全能银行的第三大支柱是合作银行，占到整个银行体系总资产的13.0%。合作银行模式最早源于19世纪中期的农村信用合作社银行和工商合作银行。合作银行同样由三级架构组成：全国性的德国合作银行、地区信贷合作银行、初级信用社。合作银行对促进中小型商务企业的发展起着至关重要的作用，其主要服务对象为手工业者、零售商、农场主等。合作银行的信贷业务只局限于为其成员提供中长期贷款,并吸收储蓄存款。目前,这一限制已经被取消,德国合作银行也已经发展为具有公共法人性质的全能银行。

专业银行是德国银行体系另一个重要的组成成分,其经营范围由立法加以明确限制,占到整个银行体系总资产的18%。比较重要的专业银行包括:①抵押银行,它的主要职能在于通过发行有固定利息的长期债券以筹集资金来进行不动产抵押放款,如巴伐利亚抵押汇兑银行。②建房储蓄银行,其主要职能是帮助居民购买住房,促进住宅私有化政策的实施,它在发放建房、购房贷款活动中起主要作用。③从事中长期出口融资的专门机构,包括出口信贷银行和复兴信贷银行。

尽管德国证券市场也较为发达,国内有八个证券交易所,是企业融资的重要渠道,但相对银行体系而言,其在金融体系中所占份额相对较小,德国金融体系还是以银行为主导。通过以上分析不难发现德国银行体系的全能化特征以及产权结构多元化特征,这是在特定的历史背景和传统下逐步形成的,归结起来大致有以下三个方面:①德国的市场经济在主要资本主义国家中起步较晚。为了尽快追赶上英美等发达国家,在其工业化的初期,德国实行了国家主导型的资本主义制度,政府通过实施赶超型的经济发展战略,对经济活动进行了广泛干预。②在工业化初期,德国本土企业实力远不敌英美企业,企业规模普遍较小,盈利能力和盈利预期较低,因此难以通过以定向私募为主的股票或债券等方式筹集到大量的资金。为了有效解决企业发展中的融资问题,政府大力推动和扶持包括私人银行、公共法人银行在内的各类银行的发展,由此奠定了其银行体系产权多元化格局。③在第二次工业革命中,工业的发展对资本的需求和吸收能力很大,迫切需要大型的银行机构能吸收小额存款,同时又能方便地调动和融通资金,将短期小额存款转变为长期信贷资本,并随时按照要求为大型工业企业及时提供创业投资资本和长期资本保证。在政府的支持和推动下,德国的银行开始既从事商业银行业务,又从事投资银行业务,具备了全能银行的特征。

2. 法国的银行及金融体系①

法国银行及金融体系的形成以1800年拿破仑建立法兰西银行为标志,与美国现代银行体系的建立基本在同一时期。② 之后,法国相继建立了大量

---

① 关于法国银行及金融体系更为详细的论述,可以参考白钦先和王伟(2005)、刘飞(2000)及韩文霞(1992)等文献。

② 1782年,北美银行在费城注册成立,标志着现代银行在美国的开始。此后,兼有私人银行和中央银行性质的美利坚银行于1791年成立。

类似英国股份制公司的商业银行，如国家工商银行（建于 1859 年）、里昂信贷银行（建于 1863 年）、兴业银行（建于 1864 年）、巴黎贴现银行（建于 1869 年）等，奠定了法国银行体系的基础。但是法国的银行和金融体系的发展并未沿着私有化道路继续发展。同德国类似，法国的银行体系及金融体系呈现出多元化特征，其国有银行在银行体系中占据重要地位，突出表现为其拥有一套完备的政策性金融体系。这一点与美英银行业私有化为主的产权结构大相径庭。

法国的银行及金融体系总体包括监督管理层和各类金融机构，除了比较常见的商业银行外，法国有一套独具特色的政策性金融体系。

金融监管层由经济财政部、中央银行（即法兰西银行）、国家信贷委员会、银行管理委员会以及银行同业公会共同构成。在 1993 年法国中央银行独立之前，经济财政部是整个金融体系的领导部门，居于主导地位。法兰西银行确立独立地位后，可以根据对通货膨胀的估计和货币的投放，完全自主地决定利率的高低，这样整个金融体系就在经济财政部部长和法兰西银行总裁的共同领导下运作。这种财政部门主导金融体系运作的格局在西方发达国家中是不多见的。

根据法国的银行法规，其金融机构注册可以分为商业银行、互助与合作银行、储蓄银行、城市信贷银行、金融公司和转移金融机构六大类。

法国的商业银行经营集约化程度很高，巴黎银行、里昂信贷银行、法国兴业银行等少数大银行几乎垄断了全部银行业务的一半。商业银行与工商企业有着非常密切的关系。除了为企业投资提供贷款外，近年来商业银行通常还会参股企业，为企业的投资决策提供咨询服务，这与德国的全能银行有相似之处。从产权结构来讲，"二战"后国有银行在法国的商业银行中曾经占有主导地位，20 世纪 80 年代初，几大商业银行都是国家控股，直到 80 年代末期才开始较大规模的私有化进程。

当然，法国银行金融体系最大的特点还在于其庞大的政策性金融体系。法国政策性金融机构由国家投资，面向特殊领域和特殊部门，从产权性质上讲属于国有公共金融机构。目前，法国政策性金融机构主要包括中小企业开发银行、法国开发银行、法国地区信贷银行、法国土地信贷银行、地区开发公司、社会住房担保银行、法国证券交易公司、海外开发银行等 29 家金融机构。这些政策性金融机构普遍具有较长的历史。例如，法国土地信贷银行创立于 1852 年，国家信用银行创立于 1919 年，地区开发公司也是在 1955 年组建的，近年成立的中小企业发展银行等实际上也是在一些历史悠久的专业金融机构的基础上经过分拆、组合、兼并而成的。政策性金融机构具有较为明确的行业分工和地区分工：中小企业发展银行主要是针对全国众多的中小企业提供信贷等服务；法国开发银行主要面向非洲、亚洲等国家；社会住房担保银行主要任务是为低租金住房（HLM）开发服务；国家信用银行成立之初主要任务是支持进行战后重建工作，后与法国对外商业银行合作（现在名称为 Natexis），主要为一些大型企业服务；地区开发公司主要进行地区性的金融服务；法国土地信贷银行主要业务是在住房建设领域；地区信贷银行进行地区开发信贷业务；海外开发银行主要是针对法国海外省的开发业务。

从产权结构来看，尽管近年来银行业私有化进程有所加快，但国有银行（包括政策性金融机构）在整个金融体系中依然占据重要地位，而这种格局的形成与法国的经济结构、历史传统都有密切关系。从历史上看，20 世纪30 年代的"大萧条"将市场缺陷暴露无遗，政府对经济领域的介入有助于提高资源配置效率。国有政策性金融机构以及商业银行无疑是国家干预调控宏观经济的有力工具。"二战"后，为医治战争创伤，更加需要政府的强力介入，这又为国有金融机构的发展壮大提供了新的契机。事实上，法国在西方国家中是国家主导经济发展的典型，国有金融机构的大量存在恰恰为其干预调控宏观经济提供了必要的手段。

（三）日韩两国的银行及金融体系

日本、韩国的银行及金融体系中政府主导的特征更为明显，国有银行及金融机构在整个融资体系中占有很大比重，有别于英美私有产权为主的金融体系。

1. 日本的银行及金融体系[1]

日本的金融体系是典型的以银行为中心的金融体系,[2] 大体由中央银行、官方政策性银行和民间商业银行共同构成。

日本中央银行（日本银行）主要负责发行货币、管理货币流通，向政府和金融机构提供信贷，从业务上对民间银行进行管理、监督和指导。在行政上，日本银行受财务省（即财政部，以前称为大藏省）的监督和管理。许多金融政策都是由财务省、企划厅及中央银行一道制定，通过中央银行具体贯彻执行。

政策性银行是日本进行宏观调控的重要媒介，包括两家政策性银行和六

---

[1] 关于日本金融体系及其运转的情况，可以参考刘迎接（2005），小栗诚治（2003），任云（2006），车维汉（2006），戴晓雯（2004），董正信、赵晓明（2006），李荣融（2000）等。

[2] 通常可以将各国的金融体系划分为"以市场为中心的金融体系"和"以银行为中心的金融体系"。美英两国是前者的代表性国家，而日本、德国、法国等则是后者的典型代表。

所金融公库，即国际协力银行、政策投资银行（DBJ）、国民生活公库、中小企业公库、住宅金融公库、农林渔业公库、公营企业公库、冲绳振兴开发企业公库。这些政策性金融机构大多是"二战"后为完成产业开发、振兴进出口、扶植中小企业、促进住宅建设等政策性任务而设立的。日本政府是这些政策性金融机构的出资人，其经营资金主要来源于政府的资本金、财政无息借款、贴息、经营利润流出、保险金以及外债等。政策性金融机构一般没有存款业务，其职能主要是通过低利率和贴息等手段推行产业政策、引导企业投资。

日本政策投资银行是引导企业投资的主要金融机构，其前身是日本开发银行，1999 年与北海道东北开发金融公库合并，更名为日本政策投资银行，其在该国金融体系中占有比较重要的地位，贷款一度高达 GDP 的 2%左右。作为综合性政策银行，日本政策投资银行的主要任务是促进产业开发、发展社会经济。日本政策投资银行行长由财务省官员兼任，其职员通常来自财务省和通产省。其经营范围主要是从事长期贷款和风险较大的贷款，贷款业务须符合通产省制定的产业政策和财务省编制的预算。在具体运作上，政策投资银行按照商业银行的贷款程序自主进行，但不以营利为目的。在贷款数量方面，政策投资银行也只承担企业项目投资的一部分，其余所需资金由企业向民间银行借贷。

尽管政策性银行在日本金融体系和企业融资中占据不可替代的重要地位，但就资金规模来说，民间商业银行依然是企业投融资贷款的主要渠道。民间商业银行在对企业发放贷款时，完全按照市场原则独立进行，享有充分的自主权，但要受政府金融政策的规范和约束。主体银行体制是日本商业银行体系的一个重要特征。在主体银行体制下，特定企业和特定银行之间建立了长期交易关系，主体银行不仅为企业提供贷款，还持有企业的股份，并在企业发生危机时对企业经营进行干预。

日本银行和金融体系上述结构的形成与其"二战"后政府主导的经济赶超有着密切关系。上述金融结构能够很好地适应政府产业政策的实施和宏观调控的需要，并为日本"二战"后的崛起起到了重要的推动作用。

2. 韩国的银行及金融体系[①]

韩国金融体系的形成以 1950 年 6 月韩国银行的成立为标志。韩国的银

---

① 关于韩国金融体系更为详细的情况，可以参考韩国银行（2011），董正信、赵晓明（2006），卢里征（2006），夏斌、张承惠等（2005），孔凡保（2005），李荣融（2000）等。

行及金融体系构建借鉴了日本的模式，因此其银行体系与日本类似，具有非常明显的政府主导特征。突出表现为政府通过政策性银行直接控制和干预银行体系及整个金融体系，而金融部门则是政府实现产业政策的一项工具。从构成来讲，韩国的银行体系主要也是由中央银行、政策性银行及民间商业银行共同构成，占整个金融体系总资产的比重达到 54.8%（2010 年）。韩国银行在银行和金融体系中居于主导地位，但作为中央银行其独立性较差，在本质上是依附于国家财政部的。

在政府的主导下，韩国同日本一样也建立了发达的政策性金融体系。韩国现有 5 家被称为"特殊银行"的政策性金融机构，分别是产业银行、进出口银行、中小企业银行、农协金融公库和鱼协金融公库。扣除 2 个金融公库，3 家政策性银行资产占韩国银行业金融机构总资产的比重高达 16.9%。为实现可持续发展，韩国政策性银行在经营机制上借鉴了商业银行模式，引进独立董事制度和独立系统风险管理体系。目前政策性银行的不良资产比率与商业银行大体相当，资本充足率为 13.51%，高于商业银行 10.84% 的平均水平，经营相当稳健。但从资本收益率指标来看，产业银行等 3 家政策性银行均低于世界平均水平，这在某种程度上反映了这类机构不以营利为主要目的的特性。在经营范围上，政策性银行会根据国家经济形势和政策要求的变化适时调整经营的重点。

在民间商业银行中，韩国也普遍实现了主体银行制。在主体银行制度下，企业与银行形成了一种较为稳定的信用关系，银行也能够较为有效地对融资企业的生产经营活动进行监督。而政府通过对主体银行的监督和控制又间接控制了企业，于是在政府、银行和企业之间便形成了一种相对稳定的准组织关系。事实上，韩国的民间商业银行除了进行日常的信贷活动外也要承担一部分政策性金融业务，这也是韩国政策性金融的特点之一。

同日本一样，韩国现有银行及金融体系的形成也是其战后实施赶超型工业化战略的结果。对于相对落后的国家来说，要在短时间内实现经济的起飞和赶超，实施政府主导型的金融体系和政策，通常都是行之有效的。这一点从日本、韩国及德国、法国的发展经验可以看出。关于金融结构与发展战略等因素间的关系，后面还将有更全面的阐述。

三、投资中介机构的国际比较

在投资活动的相关主体中，投资中介机构虽然既不参与投资决策，也无法为投资提供资金支持，但投资中介机构提供的服务对于投资决策主体和融资服务主体的行为能产生举足轻重的作用，是投资活动过程中不可或缺的重要元素。本部分将对主要工业国家投资中介机构方面的情况进行比较。

（一）美国的投资中介机构

美国的投资中介机构从其属性来讲大体可以分为两类，即营利性中介机构和非营利性中介机构。

营利性中介机构包括投资银行、投资公司、会计事务所、律师事务所、公关公司等。这类中介机构的业务范围和服务对象面向金融市场，通过提供金融产品和金融服务，加强投资决策主体和资金供给方之间的沟通。目前，营利性中介机构已成为企业从资本市场筹集投资资金的重要桥梁，也是规范金融市场的重要环节。从业务范围来讲，营利性中介机构的职能包括：①对股份公司进行上市辅导，设计发行方案、承销买卖股票等。②帮助企业组织银团贷款。③评定包括企业和银行在内的各类经济主体的信用等级，为公众提供投资决策信息支持。

非营利性中介组织主要是指各种商会、行业协会。它们是独立于政府的民间机构，采取会员制的组织形式，其经费来源主要是会员企业的会费和捐款，以服务会员企业为宗旨。各个商会和行业协会都有自身的服务范围，它们的功能归纳起来大致有以下几点：①通过定期公布数据、出版刊物等形式为企业提供商情，为政府提供相关信息。②研究与服务对象密切相关的各种政策，并采用发表公开信、拜会议员等方式，代表企业与政府、国会进行对话。③协助政府实施扶植中小企业发展计划，帮助企业组织贷款，支持企业有前景的投资项目，增加就业机会。④促进会员之间、企业与政府之间的沟通和联系。非营利中介机构是美国市场经济发展的客观需要，其工作成效也已为美国政府和企业界所普遍认同，并成为促进企业与政府沟通的有效途径。

（二）英国的投资中介机构

英国作为典型的市场经济国家，同美国一样也有一套完备的中介组织体系。英国投资中介服务基本是围绕金融服务业，以融资为目标展开活动的。投资中介机构主要包括商人银行（Merchant Bank，即投资银行）、财务公司、咨询公司、会计师事务所、律师行等。这些中介机构直接服务于银行、企业和其他用户。

英国中介机构的运作完全以市场为导向，服务领域包括对企业的财务状况评估、项目评估、项目可行性研究、具体的项目管理以及为企业采用债券、股票等直接融资方式提供咨询。英国中介机构之间的竞争较为激烈，通常一个投资项目往往由几家不同的中介机构进行评估后，由客户从中选择最佳方案。激烈的竞争也使得各中介机构都非常注重自身的信誉。在项目咨询、企业资信、投资管理等服务过程中，各机构普遍能够坚持科学、公正的原则，认真完成客户的各项委托。对于提供的咨询服务，一旦出现差错，中介机构还需要承担一定的经济及法律责任。

除了上述直接服务于融资领域的中介机构，英国还有各类行业协会、商会等中介组织，它们在企业投资过程中也起到了提供信息、促进沟通等桥梁作用。

在英国的投资中介体系中，英格兰银行和金融服务管理局扮演着对中介组织进行监管的角色。1986 年以前，英国投资中介服务一直由英格兰银行直接管理，由于投资中介活动的日趋活跃，管理难度日益加大，英格兰银行已显得力不从心。1986 年英国颁布了《金融服务法》，据此设立了独立于政府部门序列之外的专门机构——金融服务管理局（FSA），统一监管各类银行、保险、基金、证券及投资中介服务等。FSA 作为政府授权部门，独立行使职权，日常工作与国家财政部、贸工部、中央银行密切协作，但无隶属关系。FSA 吸纳了各类专业人才，对金融服务机构进行会员管理，对从业人员实行注册管理。各金融服务机构必须按月报送活动报表，FSA 对报表进行审查，并定期派员实地抽查，以保证金融服务的质量和公正性。

（三）德国的投资中介机构

在德国的投资中介体系中，工商会、行业协会等非营利性中介机构非常发达。这些中介机构主要服务于中小企业，对其降低经营成本、开拓业务、寻找投资项目有着不可替代的作用。

德国的工商会是代表公共权益的公共法人中介机构，它们按照行政区划及工业区域分布于德国全境。根据 1956 年颁布的《德国工商会法》，工商会作为独立的自我管理机构，是区域内所有企业的利益代言人。任何企业一经注册便自动成为注册所在地工商会的会员，并有缴纳会费的义务。工商会的最高权力机构为全国代表大会，最高执行机构为"德国工商会"（DIHT），各地工商会独立运作，但在业务上接受 DIHT 的指导。[①] 德国工商会的职能主要包括两方面：①为企业提供咨询服务。工商会通常是所在地区经济信息咨询服务的中心，服务范围主要是为区域内企业办理各种手续、联系业务、物色人才、提供信息资料、开办各种讨论会、组织提供技术咨询和培训、调

---

① 关于德国工商会组织架构更为详细的介绍，参见李荣融（2000）。

节劳资纠纷等。②代表企业同政府进行沟通，影响政府经济决策。工商会董事会每年都会召开4~5次会议，根据各方面意见形成相关决议，然后通过各种渠道将决议相关内容传递到政府当局，以防止政府由于政治目的而做出可能有损于工商界利益的决定。

虽然工商会对企业投资没有直接影响，但是通过咨询服务、进入企业及银行监事会等方式能够对企业和金融机构的投融资活动产生间接影响。

德国的行业协会同工商会在性质和功能上基本相同，也是企业与政府沟通的一座桥梁，并且也能间接影响企业的投资决策。它们的主要区别在于：①协会实行统一的会员制和会费制，成员可以以自愿原则加入或退出协会。②协会按照行业门类和工业区进行划分，不同于工商会按照行政区划进行划分。

（四）日本的投资中介机构

日本的投资中介体系包括各类行业协会、专门的研究咨询机构以及专业调查机构。它们为企业提供了大量的信息咨询服务，是企业投资决策中不可缺少的环节，同时也充当了企业与政府之间联系的桥梁和纽带。

日本的产业（行业）协会是企业依据国家法律自发成立的民间组织，可以分为社团法人协会和非社团法人协会。前者具有社团法人资格，有明确的组织和章程，成立须经通产省批准；后者则采取理事会形式进行运作，成立无须通产省批准。理事会由协会成员企业组成，下设事务局作为协会常设机构处理日常事务，事务局由招聘的专职人员组成。协会对企业投资的影响和作用主要表现为：①代表企业与政府进行沟通。企业对投资方面的要求可以通过协会向政府提出，政府对投资的指导性意见也可以通过协会贯彻到各成员企业。②协会内部企业间进行交流、协调的平台。③收集整理企业的各种经营信息，研究技术动态、产业发展趋势，承担政府或企业指定的研究课题，为企业的投资决策和政府的政策制定提供信息参考。

研究咨询机构在日本企业界和政府部门中有着重要影响。目前，日本的研究咨询机构大致有三种运作模式：一是政府支持成立的研究咨询机构，如"产业技术研究所"等；二是大企业集团内部的产业投资研究机构，比较著名的有"三菱综合研究所"；三是独立的信息研究机构，如"东京商工调查所""帝国资料银行"等。上述三种研究机构都集中了大量的研究人才，其提供的报告具有很强的专业水准和权威性，被广泛用于指导企业资金投向。此外，研究机构还会参与产业政策的制定。

调查机构是独立的民间法人组织，主要是在企业投融资活动中，根据银行、企业的委托，对相关企业的人、财、物以及其他经营方面的信息进行调查，并根据调查收集到的各种信息对企业信誉等级、投资能力等进行评价，以减少委托人的投资风险。

日本的这些投资中介机构虽然组织方式、业务范围都有所差别，但它们的共性也是很明显的：①这些机构的产生都是顺应日本产业结构调整和微观企业生存发展的需要而产生的，并服务于政府和企业。②这些机构在运作中保持着良好的独立性，不受政府和企业的干预，因此其建议和意见也具有较高的权威性。③由于基本采用全市场化运作方式，因此，这些机构普遍具有很强的服务意识，机构之间的竞争也很激烈。

四、投资主体结构与发展模式

本节前面三部分从决策主体、融资服务主体及中介机构三个方面对投资相关的主体进行了国际比较。对比各国情况不难发现，投资相关主体结构与各国所处的发展阶段、奉行的发展战略和采取的发展模式有着密切关联。

（一）自由市场经济模式下的主体结构

自由市场经济模式下，国家或政府作为"市场的守夜人"，奉行的是有限干预经济的原则，政府职能主要定位于提供公共产品、弥补市场失灵。这种职能定位决定了作为投资决策主体，政府的涉足范围通常仅限于基础设施、公共工程等领域，而对市场主体自由竞争的领域则很少直接参与。这方面较为典型的代表就是美英两国。从前面的比较分析中可以看出，在美英两国的投资决策主体中，投资的决策主体主要是企业，政府对于投资的介入仅限于公共产品和公共服务领域，而且在政府投资的具体实施中，政府部门很多时候也仅仅是安排相应的支出预算，具体的实施则由政府部门的相关机构或公司按照市场的原则进行。[①]

自由市场模式同样也影响到融资服务主体和投资中介机构的运作模式和组成结构。在美英等奉行自由市场原则的经济体中，融资服务主体和投资中介机构非常发达，包括商业银行、投资基金、投资银行、会计师行、律师行等。作为微观主体，上述机构都以逐利作为其生存的基础和终极目标。只求收支平衡、微利保本的政策性金融机构、行业协会等机构，其生存空间则显得非常狭窄。

（二）国家干预模式下的主体结构

政府干预自凯恩斯革命以来已为世界各国普遍认同，但在干预的程度和

---

① 严格来说，英国还有少量的国有企业，使得政府参与投资决策的方式更为直接。

方式上，各国却不尽相同。除了美英等自由市场经济体奉行政府有限干预原则外，"二战"后很多国家，包括德国、日本、韩国等较发达经济体都在一定程度上实施了以国家主导为特点的发展战略，政府在投资决策上扮演着非常重要的角色。政府投资涉足的领域也不仅局限于公共产品和公共服务。

以日本为例，作为企业以外另一个重要的投资决策主体，日本政府的投资领域同美英等自由经济体一样也主要集中于各项公共事业领域，以弥补市场的失灵和缺陷。这事实上是各国政府的职能共性所决定的。与此同时，日本在战后实施了以赶超为目标的发展战略，为了实现战略目标，日本政府对于投资领域的涉足通常还与产业政策相配合，特定阶段的重点发展产业也是政府投资领域所在。

事实上，后发国家要加快发展实现赶超，必须进行大量的资本积累，而后发国家的禀赋优势通常在劳动力要素。在这种背景下，如果完全按照自由市场原则发展，则很难实现资本的快速积累。为此，国家主导型的发展模式通常会成为必然选择。国家主导模式意味着国家对投资的直接介入和干预。为配合政府投资目标和产业政策的顺利实施，除了安排一定的财政预算用于投资支出外，政府还会采取各种措施、成立相应的机构为投资者提供相应的融资服务。① 这样一来，在融资服务机构方面，由政府扶持的政策性金融机构就成为其重要的组成部分。日本、韩国以及法国等国家都有着非常完善的政策性金融机构体系，它们的形成恰恰可以看作配合国家发展战略实施和政府投资活动的必然产物。

投资中介机构同融资服务机构一样，也需要承担服务战略目标的实现、服务产业政策的实施、服务政府投资等职能。这样，在国家和政府的支持下，商会、行业协会等致力于协调政府与企业间关系、不以营利为主要目的的各种组织便成为投资中介机构的重要组成部分。②

（三）发展模式与主体结构间的作用机制

从前面的分析可以看出，投资相关主体的组成结构在很大程度上取决于一国所处的发展阶段、奉行的发展理念以及实施的发展战略。

对于市场体系较为完善的发达经济体，如美国、英国等而言，一方面，这些国家发展起步较早，成熟的市场体系本身已证实了其在资源配置方面的

---

① 一般来说，资金短缺是后发国家普遍面临的困境，预算资金通常很难满足投资的资金需求，采取其他方式进行融资也就成为必然选择。

② 前面已经提到，无论是德国的工商会还是日本的行业协会，都是根据国家相关法律而成立的。

效率优势；另一方面，自由竞争的传统已成为这些国家奉行的发展理念。在这种背景下，政府的职责范围仅限于弥补市场失灵。

这就决定了在投资领域，政府作为决策主体，其涉足范围也被限于公共领域。投资活动的具体实施通常还可以委托给企业以市场方式进行运作，这样全社会的投资活动最终都基本由企业在市场原则下具体承担。在企业进行投资活动的过程中，融资服务机构和投资中介机构同样根据市场原则，为投资活动的顺利实施提供相应的便利和服务。

对于后发国家来说，尽管市场原则也可能被普遍认同，但是，政府的职能并不能也不会仅仅被定位于弥补市场缺陷。因为加快国家发展步伐、实现赶超无疑也是政府的职责所在。从古典及新古典的角度来看，资本积累是经济增长的发动机。因此，政府全面介入投资领域也就成为一种必然。而政府在实现战略目标、介入一般投资领域的过程中未必能够按照利益最大化的市场原则行事，[①] 这就需要一些不以营利为根本目的的融资服务机构、投资中介机构与之配合。在这种情况下形成的投资相关主体结构与自由市场条件下形成的结构肯定有较大差别。

有关发展阶段、发展理念及发展战略与投资相关主体结构间的作用和影响机制可以见图 8-1。

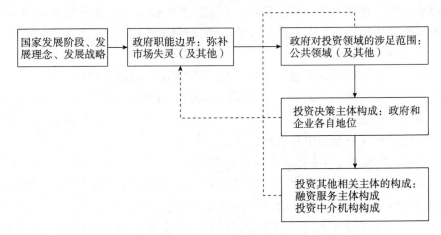

图 8-1　国家发展战略等因素与投资主体结构作用机制

---

①　这里的利益最大化指的是短期或即期利益最大化。事实上，对于大多数国家来说，其赶超的过程通常可以看作牺牲短期利益获取长远发展。19 世纪，德国不顾比较优势，由国家主导实施战略赶超就是一个典型的例证。

第二节　筹资结构的国际比较

上一节对投资有关的几类主体，包括投资的决策主体、融资服务主体及投资中介机构进行了国际比较，并从国家发展战略及政府职能边界的角度分析了投资主体结构形成的原因。在投资活动中，如果说各相关主体是投资活动的具体实施者，那么资金则是投资活动得以实现的必要前提。各国的资金来源结构受到投资主体结构、金融体系等因素的影响而不尽相同。本节将对投资的资金来源渠道和结构，也即筹资结构进行国际比较，在此基础上尝试分析资金来源结构形成背后的原因。

通常投资的资金来源包括财政资金、银行间接融资、资本市场直接融资三种基本渠道。下面将对部分具有代表性的国家上述三种资金渠道的相对规模（相对于投资总额和 GDP）进行横向比较，在此基础上做一些规律性总结。

一、各国财政资金相对规模的横向比较

各国财政投资资金相对规模可以通过 GDP 核算中的"政府投资占 GDP 比重"来推算。通过世界银行数据库，我们获取了有关国家"政府支出占 GDP 比重""政府消费占 GDP 比重"这两个指标，据此推算出"政府投资占 GDP 比重"。

（一）亚洲主要国家政府投资相对规模

根据上述程序，我们对日本、韩国以及印度尼西亚、泰国等亚洲国家，尤其是东南亚国家的政府投资相对规模情况进行了整理，表 8-3 为亚洲主要国家政府投资相对规模概况。

从表 8-3 我们发现以下两点：①包括中国、日本、韩国、印度以及其他东南亚国家在内的亚洲经济体，政府投资占 GDP 比重普遍较低，基本都在 10%甚至 5%以下。②各国政府支出占 GDP 比重总体也不高，基本都处于 20%甚至 15%以下的水平。其中，中国政府支出占 GDP 比重在 2008 年以前基本处于 20%以下的水平，到 2008 年以后明显增长，2015 年比重达到了 25%。

表8-3　亚洲相关国家政府投资比重情况一览表

单位：%

国家	指标	1990	1991	1992	1993	1994	1995	1996	1997	1998	1999	2000	2001	2002	2003	2004	2005	2006	2007	2008	2009	2010	2011	2012	2013	2014	2015	2016
日本	①	13.6	13.7	14.1	14.6	15.0	15.4	15.4	15.6	16.0	16.5	16.9	17.5	18.1	18.2	18.1	18.1	18.0	17.9	18.4	19.6	19.5	20.2	20.3	20.2	20.2	19.9	19.8
	②	14.0	—	—	—	15.2	15.2	15.2	14.6	20.4	17.5	17.3	16.5	16.4	16.0	15.3	15.3	15.1	14.2	15.5	18.4	17.4	18.8	18.3	18.3	17.8	17.2	—
	③	0.5	—	—	—	0.2	-0.1	-0.3	-1.0	4.4	1.0	0.5	-1.1	-1.8	-2.2	-2.8	-2.8	-2.9	-3.8	-2.9	-1.2	-2.1	-1.4	-1.9	-1.8	-2.4	-2.6	—
韩国	①	11.3	11.1	11.4	11.1	10.7	10.4	10.8	10.6	11.8	11.5	11.3	12.2	12.1	12.5	12.8	13.3	13.8	13.9	14.6	15.2	14.5	14.6	14.8	15.0	15.1	15.0	15.2
	②	13.5	13.4	13.6	13.3	13.4	13.3	13.5	13.3	15.6	15.2	15.8	16.8	15.9	17.9	17.8	18.5	19.3	18.8	19.1	20.2	18.4	18.9	25.8	25.2	24.8	24.9	—
	③	2.2	2.3	2.2	2.2	2.7	2.9	2.7	2.7	3.8	3.7	4.5	4.6	3.8	5.4	5.0	5.3	5.5	4.9	4.5	5.0	4.0	4.3	10.9	10.2	9.7	9.9	—
印度尼西亚	①	8.4	8.6	8.9	8.5	7.6	7.4	7.1	6.4	5.3	6.2	6.1	6.5	6.8	7.6	7.8	7.6	8.1	7.8	7.9	9.0	9.0	9.1	9.2	9.5	9.4	9.8	9.4
	②	11.9	10.6	11.0	10.1	9.4	9.1	9.7	12.1	12.6	15.3	—	—	14.8	15.3	15.8	—	—	—	17.3	14.4	14.0	15.0	15.6	15.4	15.9	14.5	14.9
	③	3.5	2.0	2.1	1.6	1.8	1.8	2.6	5.7	7.3	9.1	—	—	7.9	7.6	8.0	—	—	—	9.4	5.4	5.0	6.0	6.4	5.9	6.5	4.7	5.4
马来西亚	①	13.8	13.7	13.0	12.6	12.3	12.4	11.1	10.8	9.8	11.0	10.2	12.0	13.0	13.0	12.6	11.5	11.2	11.6	11.5	13.0	12.6	13.3	13.8	13.7	13.3	13.1	12.6
	②	—	—	—	—	—	—	18.7	17.0	16.8	18.6	16.5	18.7	17.7	17.6	18.9	17.7	17.7	18.1	19.6	21.7	18.2	19.7	21.0	20.6	19.7	18.6	—
	③	—	—	—	—	—	—	7.6	6.2	7.0	7.6	6.3	6.7	4.7	4.7	6.3	6.2	6.6	6.6	8.1	8.6	5.7	6.5	7.1	6.9	6.4	5.5	—
菲律宾	①	10.1	9.9	9.7	10.1	10.8	11.4	11.9	13.2	13.3	12.2	11.4	11.1	10.6	10.2	9.4	9.0	9.2	9.3	8.8	9.9	9.7	9.7	10.8	10.8	10.6	10.9	11.1
	②	16.8	16.0	16.2	15.9	—	—	—	—	—	—	16.2	16.9	16.8	16.9	15.9	17.2	15.2	14.5	14.2	15.2	14.4	14.1	14.2	13.8	13.4	14.1	14.0
	③	6.7	6.1	6.5	5.8	—	—	—	—	—	—	4.8	5.9	6.3	6.7	6.5	8.2	6.0	5.2	5.3	5.3	4.7	4.4	3.3	3.0	2.8	3.2	2.9

续表

国家	指标	1990	1991	1992	1993	1994	1995	1996	1997	1998	1999	2000	2001	2002	2003	2004	2005	2006	2007	2008	2009	2010	2011	2012	2013	2014	2015	2016
新加坡	①	9.5	9.2	8.8	9.0	8.1	8.1	8.9	8.7	9.6	9.5	10.7	11.8	12.0	11.6	10.5	10.2	10.3	9.5	10.5	10.3	10.2	9.6	9.2	10.0	10.0	10.6	11.3
	②	17.1	17.9	16.5	14.6	10.9	11.9	16.1	13.6	15.7	14.8	15.8	18.3	16.3	16.0	14.5	12.6	13.1	12.2	14.6	14.4	12.6	12.9	12.6	12.6	13.4	16.5	15.5
	③	7.6	8.6	7.7	5.6	2.9	3.8	7.2	4.9	6.1	5.3	5.0	6.5	4.3	4.5	4.0	2.4	2.8	2.7	4.1	4.1	2.4	3.3	3.5	2.5	3.4	5.9	4.2
泰国	①	9.4	9.2	9.9	11.0	11.1	11.3	11.6	12.1	13.1	13.6	13.6	13.5	13.2	12.9	13.1	13.7	13.5	13.9	14.3	16.0	15.8	16.1	16.4	16.4	17.0	17.3	17.1
	②	11.8	11.7	11.5	11.3	11.2	10.8	11.2	13.2	16.5	19.5	13.5	15.7	20.2	14.9	15.5	15.3	15.1	16.6	17.1	18.4	17.4	19.4	18.6	19.1	19.3	18.7	19.2
	③	2.4	2.4	1.6	0.3	0.2	-0.4	-0.4	1.1	3.4	6.0	-0.1	2.3	7.0	1.9	2.4	1.7	1.6	2.6	2.7	2.4	1.6	3.3	2.3	2.7	2.4	1.4	2.1
印度	①	11.5	11.3	11.2	11.3	10.7	10.8	10.6	11.3	12.2	12.5	12.2	12.0	11.6	11.1	10.6	10.6	10.1	10.0	10.6	11.6	11.1	11.1	10.7	10.3	10.4	10.3	11.7
	②	15.7	15.5	15.3	15.3	14.8	14.4	14.3	14.8	14.6	15.0	15.6	15.8	16.3	15.8	15.3	15.4	15.5	15.5	17.4	17.1	16.7	14.5	16.2	16.6	—	—	—
	③	4.1	4.2	4.2	4.1	4.1	3.7	3.7	3.5	2.4	2.5	3.4	3.7	4.7	4.7	4.7	4.8	5.5	5.4	6.8	5.5	5.6	5.4	5.5	6.3	—	—	—
中国	①	13.5	13.9	14.3	14.2	14.0	13.2	13.1	13.6	14.8	16.2	16.6	16.0	15.5	14.6	13.8	13.9	13.8	13.4	13.2	13.2	12.9	13.3	13.4	13.5	13.3	13.8	14.4
	②	16.2	15.3	13.7	12.9	11.9	11.1	11.0	11.5	12.6	14.5	15.8	17.0	18.0	17.8	17.5	17.9	18.3	18.3	19.6	21.8	21.9	22.5	23.3	23.5	23.5	25.2	25.2
	③	2.7	1.4	-0.6	-1.3	-2.1	-2.1	-2.1	-2.1	-2.2	-1.7	-0.8	1.0	2.5	3.2	3.7	4.1	4.4	4.9	6.4	8.6	9.0	9.2	9.9	10.0	10.2	11.4	10.8

注：（1）指标中①、②、③分别表示"政府消费占GDP比重""财政支出占GDP比重""政府投资占GDP比重"。（2）"—"表示数据空缺。（3）中国数据根据《中国统计年鉴》（2017）计算所得。（4）数据中出现"政府投资占GDP比重"为负的情况并不能说明当年政府消费大于政府总支出，这主要是政府消费在核算中存在估算的成分，而政府总支出中用于投资的比例比较小。但据此可以判断的是，两者在统计口径上存在一定偏差。

众所周知，亚洲经济体政府主导的特点较为明显，因此，上述数据反映的情况似乎与政府主导的发展模式不相匹配。[①] 出现上述情况的原因可能在于：①政府直接在预算中安排的投资资金确实比重较低。②亚洲国家，尤其是东亚国家，政府的资源动员能力很强，预算内安排的投资资金虽然很小，但政府可以通过政策性金融措施、国债配套资金等方式参与投资，因此两者之间并不矛盾。

（二）发达自由市场经济体政府投资相对规模

美国、加拿大、澳大利亚都属于比较典型的自由市场经济国家。在本章第一节我们已经分析过，在这类经济体中，政府的职能范围基本限定于公共事务领域，因此，从理论上讲政府投资的相对比重应该较低。表8-4为美、加、澳三国近年来政府投资相对规模概况。

从表8-4可以看出：①美国、加拿大、澳大利亚三国的政府投资相对比重都比较低，与前面的理论推断基本符合。②政府支出占GDP比重普遍较高（高于亚洲国家），这可能是经济发展水平达到一定阶段后，分工越来越细，需要由政府出面承担和协调的公共事务也日益增多，政府支出比重也相应提高。

（三）北欧国家政府投资相对规模

北欧国家实行的是高福利政策，政府在公共事务领域的涉足范围较广，因此政府投资比重应该会高于一般国家。表8-5为北欧主要国家近年来政府投资相对规模概况。

从表8-5可以看出：①北欧各国政府投资所占的比重普遍比较高，基本都占GDP的10%左右，芬兰、挪威甚至在15%左右，芬兰个别年份更是超过20%。②政府支出占GDP比重普遍较高，其比重在30%~45%，明显高于亚洲国家和美国等发达自由市场经济。

（四）西欧发达国家政府投资相对规模

法国、德国、英国、意大利都是西欧传统的资本主义强国，其工业化、现代化程度在全球处于领先水平。表8-6为近年来西欧主要国家的政府投资概况。从表8-6可以看出：①西欧各国政府投资所占的比重明显高于其他国家，除了德国，基本占GDP20%左右，法国在2009年以后甚至处于25%左右水平。②政府支出占GDP比重也普遍较高，其中法国最高，1990~2016年平均占比达到45%，其次是意大利为42%，英国为36%，最低的德国也达

---

① 类似现象在本章第一节第一部分的分析中也出现过，可以相互参照。

到了30%。出现这种情况的主要原因可能是较高的发展阶段决定了这些国家政府所承担的公共事务的职责范围更为广泛，因此，无论是政府支出的范围，还是政府作为投资决策主体参与投资的领域都相对较多。

（五）俄罗斯及东欧转轨国家政府投资相对规模

俄罗斯及东欧国家都经历了由计划经济向市场经济转变的过程，其政府职能也必然经历了从计划经济体制下大包大揽向市场经济体制下有限职能的转变过程，而政府作为投资资金的来源渠道，其比重也应发生相应变化。表8-7为1990年以来有关转轨国家政府投资相对规模概况。

从表8-7可以看出：①同样作为转轨国家，俄罗斯及东欧各国政府投资相对规模存在较大差别，其中俄罗斯和保加利亚普遍较小，政府投资占GDP比重基本都在10%以下；而东欧其他各国则相对较高，基本都在15%以上，其中匈牙利更是高达25%以上。②在趋势方面，总体呈先下降后上升趋势。这一点从数据较为完整的保加利亚、白俄罗斯可以看出来。保加利亚的政府投资占GDP比重由1990年的24.3%下降到2000年的2.1%，随后又逐步回升，2014年占比达到13.2%。白俄罗斯同样存在类似的情况，1992年占比为15.8%，2002年达到最低为3.6%，随后到2016年回升到13.8%。③转轨国家政府总支出占GDP比重普遍较高，远高于表8-3中所列亚洲各国的水平，各个国家的占比普遍超过30%，匈牙利更是超过40%。

上述现象可能的原因大致有以下三个：①俄罗斯实施的是比较激进的休克疗法，经济体制向市场化转型较为彻底和迅速，所以政府投资相对规模较小，与表8-4所列几个发达市场经济体的水平相当。②东欧各国转轨过程中，政府在投资中的主导地位是逐步降低的，因此表现出政府投资相对规模较高，比例不断下降的趋势，在转轨到一定时期后，政府所承担的公共事务的职责范围逐渐明确和稳定，因此随后又出现了一个逐步回升的趋势。③俄罗斯和东欧地区原本处于较高的发展阶段，因此，政府支出的相对比重也较高。

（六）影响政府投资相对规模的原因分析

从前面的数据对比和分析中可以看出，一国投资资金结构中，政府投资相对规模的影响因素较为复杂，归纳起来大致有以下三种：①社会体制。不同社会体制下，政府职能范围有很大差别，在投资方面的介入程度和介入方式也有所不同。例如，奉行自由市场原则的国家相比北欧福利国家在投资方面的介入要更加少。这些差别最终体现为政府投资资金相对规模的不同。②发展阶段。发展阶段越高，社会分工越细，需要由政府承担的社会协调职能

表8-4 美国等发达自由市场经济体政府投资比重情况一览表

单位：%

国家	指标	1990	1991	1992	1993	1994	1995	1996	1997	1998	1999	2000	2001	2002	2003	2004	2005	2006	2007	2008	2009	2010	2011	2012	2013	2014	2015	2016
美国	①	15.9	16.3	16.0	15.6	15.2	14.9	14.5	14.2	14.0	14.1	14.0	14.5	15.0	15.3	15.2	15.2	15.1	15.3	16.1	16.9	16.9	16.3	15.7	15.1	14.7	14.4	14.3
美国	②	21.5	22.8	21.8	21.4	20.7	20.5	19.9	19.3	18.7	18.0	17.9	19.4	20.0	20.6	20.3	20.6	20.5	20.9	22.9	25.7	26.2	25.5	24.1	23.2	22.9	22.7	22.7
美国	③	5.6	6.6	5.7	5.7	5.5	5.5	5.4	5.1	4.7	4.0	3.8	4.9	5.0	5.3	5.1	5.5	5.4	5.6	6.8	8.7	9.4	9.2	8.4	8.1	8.2	8.3	8.5
澳大利亚	①	17.2	18.2	19.0	18.9	18.3	18.0	17.9	17.6	17.6	17.9	17.8	17.7	17.5	17.6	17.4	17.5	17.4	17.2	17.2	17.5	18.0	17.8	18.1	18.0	17.8	18.1	18.9
澳大利亚	②	21.8	23.2	24.4	24.9	25.1	25.4	24.5	23.8	21.3	24.5	24.1	26.3	26.4	25.8	25.7	25.6	24.9	24.5	24.3	26.5	26.8	26.0	26.2	26.0	26.4	26.9	27.0
澳大利亚	③	4.6	5.0	5.4	6.1	6.7	7.4	6.6	6.2	3.7	6.6	6.3	8.6	8.9	8.3	8.1	8.1	7.6	7.2	7.2	8.9	8.8	8.1	8.2	8.0	8.6	8.7	8.2
加拿大	①	22.7	24.1	24.5	24.0	22.7	21.7	20.8	19.9	19.9	19.4	19.2	19.6	19.8	20.0	19.5	19.1	19.3	19.3	19.8	22.0	21.5	21.2	21.1	20.8	20.4	21.0	21.2
加拿大	②	24.2	25.5	25.6	25.2	23.8	23.5	22.4	20.4	20.2	19.8	18.8	18.8	18.0	18.1	17.3	17.9	17.1	17.0	17.1	18.9	19.1	17.9	17.6	17.1	16.5	17.2	17.5
加拿大	③	1.5	1.4	1.1	1.3	1.1	1.8	1.6	0.5	0.3	0.4	-0.3	-0.8	-1.8	-1.9	-2.2	-1.3	-2.2	-2.3	-2.6	-3.1	-2.4	-3.3	-3.5	-3.6	-3.9	-3.9	-3.7

注：(1) 指标中①、②、③分别表示"政府消费占GDP比重""财政支出占GDP比重""政府投资占GDP比重"。(2)"—"表示数据空缺。(3) 中国数据根据《中国统计年鉴》(2017) 计算所得。(4) 数据中出现"政府投资占GDP比重"为负的情况并不能说明当年政府消费大于政府总支出，这主要是政府消费在核算中存在估算的成分，而政府总支出是依据财政预算结果，两者在统计口径上存在一定偏差。但据此可以判断的是，政府总支出中用于投资的比例肯定比较小。

表 8-5 北欧国家政府投资比重情况一览表

单位：%

国家	指标	1990	1991	1992	1993	1994	1995	1996	1997	1998	1999	2000	2001	2002	2003	2004	2005	2006	2007	2008	2009	2010	2011	2012	2013	2014	2015
丹麦	①	23.9	24.2	24.2	25.3	24.4	24.1	24.1	23.6	24.1	24.4	23.9	24.3	24.9	25.0	24.9	24.5	24.2	24.3	25.1	27.9	27.4	26.6	26.5	26.0	25.8	25.6
	②	37.0	36.6	37.6	40.3	40.7	42.3	41.0	39.3	39.0	38.2	36.8	36.6	36.6	37.1	36.8	34.9	33.2	36.1	36.8	41.9	42.3	42.4	43.5	41.4	40.9	40.7
	③	13.1	12.3	13.4	15.0	16.3	18.3	16.9	15.7	14.8	13.8	12.9	12.3	11.8	12.0	11.9	10.4	9.0	11.7	11.7	14.0	14.9	15.8	17.1	15.4	15.2	15.1
芬兰	①	20.8	23.9	24.3	23.3	22.4	21.9	22.2	21.4	20.6	20.3	19.8	20.0	20.7	21.2	21.3	21.5	21.4	20.9	21.7	24.2	23.9	23.6	24.4	24.7	24.7	24.4
	②	28.1	34.4	39.1	41.9	40.4	48.6	44.9	40.3	37.6	36.5	33.9	33.3	34.4	34.9	34.6	34.7	34.3	32.7	33.5	38.4	38.6	38.1	39.2	40.3	40.8	40.6
	③	7.2	10.5	14.8	18.5	18.0	26.7	22.7	19.0	16.9	16.2	14.1	13.3	13.7	13.8	13.4	13.2	12.9	11.9	11.8	14.2	14.7	14.5	14.8	15.5	16.1	16.2
挪威	①	20.3	21.0	22.0	22.0	21.6	21.1	20.5	20.1	21.5	21.2	19.0	20.2	21.6	22.0	20.8	19.4	18.6	18.8	18.6	21.7	21.4	21.0	20.9	21.2	22.0	23.4
	②	38.1	38.6	39.7	39.0	38.4	38.7	36.7	35.0	36.5	35.6	32.4	33.2	38.2	37.6	35.6	33.5	32.5	32.5	31.2	36.0	35.3	34.7	34.3	34.8	36.3	38.8
	③	17.8	17.6	17.8	17.0	16.7	17.6	16.2	14.9	15.0	14.4	13.4	13.0	16.5	15.6	14.8	14.1	13.9	13.7	12.6	14.3	13.9	13.7	13.4	13.6	14.3	15.4
冰岛	①	19.0	19.6	20.2	20.7	20.6	21.1	20.9	20.7	21.1	21.9	22.4	22.4	24.0	24.8	23.8	23.6	23.5	22.9	23.4	24.8	24.6	24.7	24.5	24.3	24.2	23.6
	②	29.2	30.4	30.8	30.1	29.8	30.0	29.6	27.1	29.4	30.1	29.6	29.9	30.8	32.3	30.8	30.0	28.7	28.5	42.3	35.8	37.6	34.7	34.3	32.0	32.9	30.8
	③	10.2	10.8	10.6	9.4	9.2	8.9	8.7	6.4	8.4	8.2	7.2	7.5	6.8	7.5	7.0	6.4	5.2	5.5	18.9	11.0	13.0	10.0	9.8	7.8	8.7	7.2
瑞典	①	25.3	26.1	27.2	27.5	26.5	25.5	25.9	25.4	25.5	25.4	24.5	24.7	25.5	25.7	25.0	24.9	24.6	24.1	24.6	26.2	25.2	25.2	25.9	26.3	26.2	25.9
	②	35.7	37.2	40.3	44.8	42.5	42.9	40.4	38.6	37.8	36.6	34.7	33.3	33.8	33.8	32.6	33.1	31.8	31.1	31.2	33.5	32.9	32.1	32.6	33.4	32.9	31.9
	③	10.4	11.1	13.1	17.4	16.0	17.3	14.5	13.2	12.3	11.2	10.1	8.6	8.3	8.1	7.6	8.2	7.2	7.1	6.6	7.3	7.7	6.9	6.7	7.0	6.7	6.0

注：（1）指标中①、②、③分别表示"政府消费占 GDP 比重""财政支出占 GDP 比重""政府投资占 GDP 比重"。（2）"—"表示数据空缺。（3）中国数据根据《中国统计年鉴》（2017）计算所得。（4）数据中出现"政府投资占 GDP 比重"为负的情况并不能说明当年政府消费大于政府总支出，这主要是政府消费在核算中存在估算的成分，而政府总支出支出依据的是财政预算核算结果，两者在统计口径上存在一定偏差。但据此可以判断的是，政府总支出中用于投资的比例肯定比较小。

表 8-6　西欧发达国家政府投资比重情况一览表

单位：%

国家	指标	1990	1991	1992	1993	1994	1995	1996	1997	1998	1999	2000	2001	2002	2003	2004	2005	2006	2007	2008	2009	2010	2011	2012	2013	2014	2015
法国	①	21.0	21.4	22.0	23.1	22.9	22.9	23.2	23.1	22.4	22.4	22.1	21.9	22.5	22.9	22.8	22.9	22.6	22.3	22.4	23.9	23.8	23.6	23.8	24.0	24.0	23.7
	②	38.8	40.0	41.3	43.5	43.7	47.2	47.2	47.4	45.7	45.5	44.2	44.6	45.5	45.8	45.2	45.4	45.0	44.5	45.0	48.3	49.6	48.0	48.6	48.5	48.8	48.4
	③	17.8	18.6	19.3	20.4	20.7	24.3	24.0	24.3	23.3	23.1	22.2	22.7	23.0	22.9	22.4	22.5	22.4	22.2	22.6	24.4	25.8	24.4	24.7	24.5	24.8	24.7
德国	①	19.0	18.5	19.0	19.1	19.1	19.1	19.4	19.0	18.8	18.9	18.7	18.6	18.8	19.0	18.5	18.4	18.0	17.5	17.9	19.6	19.1	18.7	18.8	19.2	19.2	19.3
	②	24.8	31.2	31.4	31.8	31.9	38.4	32.5	31.9	31.8	31.7	31.3	30.8	31.1	31.6	30.4	30.4	29.2	28.0	28.2	31.0	31.3	28.9	28.4	28.7	28.3	28.1
	③	5.8	12.7	12.4	12.7	12.8	19.2	13.1	12.9	13.0	12.7	12.7	12.2	12.3	12.6	12.0	12.1	11.2	10.5	10.4	11.4	12.1	10.2	9.6	9.5	9.1	8.8
意大利	①	19.7	19.7	19.6	19.4	18.7	17.5	17.7	17.8	17.7	17.7	17.9	18.4	18.6	19.0	19.2	19.6	19.4	18.9	19.4	20.6	20.4	19.6	19.6	19.7	19.3	18.8
	②	43.4	44.2	47.2	48.3	46.0	47.5	46.6	44.6	40.9	39.9	38.7	39.7	38.8	38.8	38.1	38.5	38.9	38.5	39.4	43.2	41.8	41.1	42.4	42.6	42.6	42.6
	③	23.7	24.5	27.6	28.8	27.3	30.0	28.9	26.8	23.3	22.2	20.9	21.3	20.3	19.8	18.9	18.9	19.5	19.5	20.0	22.6	21.3	21.5	22.9	23.0	23.2	23.7
英国	①	18.1	19.0	19.4	18.8	18.4	16.8	16.3	15.8	15.8	16.3	16.5	17.2	17.9	19.3	19.3	19.4	19.5	19.3	20.1	21.6	21.4	20.7	20.5	19.9	19.5	19.2
	②	32.6	34.8	37.6	37.4	37.1	35.2	34.0	32.9	32.4	32.2	32.5	33.1	34.2	35.6	36.1	37.5	36.7	36.9	39.9	42.3	43.1	41.8	42.4	40.1	39.2	38.3
	③	14.5	15.8	18.2	18.6	18.7	18.5	17.7	17.1	16.5	15.8	16.1	15.9	16.3	16.9	16.9	18.0	17.1	17.6	19.7	20.7	21.7	21.1	21.9	20.3	19.7	19.1

注：(1) 指标中①、②、③分别表示"政府消费支出占GDP比重""财政支出占GDP比重""政府投资占GDP比重"。(2)"—"表示数据空缺。(3) 中国数据根据《中国统计年鉴》(2017) 计算所得。(4) 数据中出现"政府投资占GDP比重"为负的情况并不能说明当年政府消费大于政府总支出，这主要是政府消费在核算中存在估算的成分，而政府总支出依据的是财政预算结果，两者在统计口径上存在一定偏差。但据此可以判断的是，政府总支出中用于投资的比例肯定比较小。

表8-7　俄罗斯及东欧转轨国家政府投资比重情况一览表

单位：%

国家	指标	1990	1991	1992	1993	1994	1995	1996	1997	1998	1999	2000	2001	2002	2003	2004	2005	2006	2007	2008	2009	2010	2011	2012	2013	2014	2015	2016
俄罗斯	①	20.8	16.5	13.9	20.0	19.1	19.1	19.5	21.1	18.7	14.6	15.1	16.4	18.0	17.9	17.0	16.9	17.4	17.3	17.8	20.8	18.7	17.5	17.8	18.5	17.9	17.5	18.1
	②	—	—	—	—	27.0	11.6	—	—	25.0	20.3	21.2	22.8	22.6	23.0	21.6	19.9	19.5	23.0	21.5	32.1	27.4	23.3	24.2	24.6	26.4	30.6	30.9
	③	—	—	—	—	7.9	-7.5	—	—	6.3	5.7	6.1	6.3	4.6	5.1	4.6	3.1	2.1	5.7	3.7	11.3	8.7	5.8	6.3	6.0	8.5	13.1	12.8
白俄罗斯	①	23.8	21.2	15.7	18.5	20.5	20.6	20.6	20.3	19.9	19.5	19.5	21.6	21.0	21.4	20.6	20.8	19.2	18.5	16.5	16.7	16.0	13.4	13.6	13.4	13.8	14.9	16.0
	②	31.5	31.5	—	36.4	29.9	28.7	27.7	27.2	25.9	27.1	25.3	26.9	24.7	28.2	29.3	30.3	32.4	34.7	34.0	32.8	30.2	25.4	27.6	28.3	27.4	28.1	29.8
	③	—	15.8	—	17.9	9.4	8.2	7.2	6.9	6.0	7.6	5.9	5.3	3.6	6.8	8.7	9.5	13.2	16.1	17.4	16.1	14.2	12.0	14.1	14.8	13.7	13.2	13.8
乌克兰	①	16.5	17.4	17.6	16.0	19.4	21.3	21.8	27.4	24.6	19.8	20.9	19.6	18.4	19.0	18.1	18.6	18.4	18.3	17.0	20.1	20.1	18.1	19.3	19.3	19.5	18.9	19.4
	②	—	—	—	—	—	—	—	—	—	25.2	26.9	27.6	29.0	29.7	33.0	36.0	36.8	35.0	37.3	40.7	41.1	38.3	41.1	40.2	43.5	37.4	33.5
	③	—	—	—	—	—	—	—	—	—	5.3	6.0	8.0	10.6	10.7	14.9	17.4	18.4	17.3	17.1	16.7	16.7	20.2	21.8	20.9	24.1	18.4	14.2
保加利亚	①	18.2	19.0	20.3	18.9	17.2	16.7	12.2	11.6	14.7	19.5	20.0	20.0	19.8	20.7	20.0	18.8	18.7	17.3	17.1	16.7	16.5	15.8	15.8	17.0	16.9	16.1	15.7
	②	42.5	30.7	29.0	33.8	35.1	29.7	29.1	17.1	20.7	22.9	22.1	24.3	24.6	25.5	24.8	22.7	22.1	25.8	25.0	27.3	24.5	23.8	24.5	26.1	30.1	27.9	—
	③	24.3	11.7	8.6	14.9	17.9	12.9	16.9	5.5	6.1	3.4	2.1	4.3	4.8	4.8	4.9	3.9	3.4	8.4	7.9	10.5	8.0	8.0	8.7	9.1	13.2	11.7	—
捷克	①	22.1	21.7	20.7	21.1	21.4	20.4	19.7	20.3	19.3	20.2	19.9	19.8	21.3	22.3	21.0	20.7	20.0	19.4	19.4	21.0	20.8	20.7	20.0	20.2	19.7	19.2	19.2
	②	—	31.2	34.2	31.2	30.7	30.1	29.2	29.3	28.9	30.2	30.7	32.4	34.2	34.2	32.4	32.9	32.7	31.1	31.3	34.5	33.3	33.5	33.0	33.0	33.8	32.8	—
	③	—	10.1	9.3	10.1	9.3	9.8	9.5	9.0	9.6	8.7	10.9	12.6	13.0	11.9	11.5	12.2	12.4	11.7	11.9	13.5	13.1	13.4	13.2	12.9	14.1	13.6	—
匈牙利	①	21.0	24.6	23.3	21.9	18.9	18.5	18.5	18.1	17.7	17.9	18.1	18.7	18.6	18.9	18.3	18.3	18.5	18.1	18.6	18.7	19.1	18.1	18.1	17.3	18.1	18.0	17.9
	②	49.8	51.5	51.5	50.4	51.1	51.3	47.0	44.8	45.3	43.9	41.4	41.0	43.0	42.9	41.9	42.1	43.2	42.7	44.5	45.3	44.2	45.6	44.3	46.4	44.6	42.9	—
	③	24.9	24.9	25.7	22.7	25.7	28.5	25.4	23.6	24.4	22.8	20.3	20.1	21.2	20.0	19.9	23.3	22.0	22.0	23.2	23.3	22.7	24.9	24.7	26.7	24.7	23.0	20.3
波兰	②	—	—	—	—	36.0	—	—	—	—	—	—	—	—	—	—	36.9	36.6	34.9	35.6	36.4	36.5	34.7	34.8	35.4	34.8	34.2	—
	③	21.0	—	—	—	17.1	—	—	—	—	—	—	—	—	—	—	18.6	18.1	16.8	17.0	17.3	17.4	17.4	16.9	17.3	16.6	16.2	—

注：（1）指标中①、②、③分别表示"政府消费占GDP比重""财政支出占GDP比重""政府投资占GDP比重"。（2）"—"表示数据空缺。（3）中国数据根据《中国统计年鉴》(2017)计算所得。（4）数据中出现"政府投资占GDP比重"为负的情况说明当年政府消费大于政府总支出，这主要是政府消费在核算中存在估算的成分，而政府总支出依据的是财政预算决算结果，两者在统计口径上存在一定偏差。但据此可以判断政府总支出中用于投资的比例肯定比较小。

也更广泛，反映在投资领域，需要由政府投资的公共基础设施范围相对来说也越广，政府投资资金的相对规模也就可能更高。③发展模式。政府主导发展模式下，政府投资资金的相对规模通常会更高一些。而且，同样是政府主导模式下，政府介入投资的具体方式也不同，有的政府直接通过财政预算安排投资资金，有些政府则通过政策性的倾斜措施间接影响投资。而上述这些因素都会直接影响政府投资资金的相对规模。

二、直接融资、间接融资相对规模的横向比较

除了财政资金外，投资资金的其他来源渠道主要是银行间接融资和资本市场直接融资。本部分同第一部分一样，我们也将对不同类型国家"间接融资"和"直接融资"的相对规模进行横向比较，并尝试从中总结一些规律。根据能够获取的数据，我们最终选择"股票交易总额占 GDP 的比例"和"由银行提供的国内信贷占 GDP 的比例"这两个指标来衡量直接融资和间接融资的相对规模。①

（一）亚洲主要国家直接融资、间接融资相对规模

根据"世界银行数据库（World Bank Data）"，我们收集整理了亚洲主要经济体（包括东南亚各国）近年来"股票交易总额占 GDP 的比例"和"由银行提供的国内信贷占 GDP 的比例"的相关数据（见表8-8）。

从表 8-8 显示的数据可以发现，亚洲主要经济体直接融资和间接融资相对规模方面有以下两个特点：①除新加坡、韩国和印度外，亚洲主要国家间接融资的相对规模要明显高于直接融资，这一点在 1997 年以前更为明显。这与亚洲国家以银行为主的金融体系结构有关。②从趋势来看，直接融资的相对规模基本处于逐年提高的状态，但其中需要注意两个时间点，即 1997 年亚洲金融危机和 2008 年全球金融危机，直接融资规模明显受到冲击。泰国是亚洲金融危机爆发的起点，1996 年和 1997 年直接融资相对规模仅为当年 GDP 的 3.6% 和 11.8%，而新加坡则比较明显地受到 2008 年金融危机的

---

① 这两个指标虽然不能完全涵盖"直接融资"和"间接融资"的范围，尤其是"股票交易总额占 GDP 的比例"。一方面，股票交易总额与股票直接融资规模是有较大区别的；另一方面，直接融资还包括企业债券融资。但由于数据收集方面存在的限制，我们只能是利用这两个指标作为替代变量。应该说，这两个指标大体能够满足我们进行趋势性判断的需要。就一国的股票交易总额而言，它与股票融资规模是成正比的，而且我们是用该指标做国际横向比较，因此，在很大程度上可以减少上述不足。因为，从某种意义上说，该替代变量与实际变量间的差别可以看作一种系统性偏差，而系统性偏差是不影响系统内部各成员之间进行相对比较的。

冲击，2008 年以后直接融资规模逐年递减。需要指出的是，由于中国股市存在典型的"政策市"特征，在直接融资规模上也可以体现，2007 年直接融资相对规模为当年 GDP 的 177.5%，2008 年则仅为 84.9%。

（二）发达自由市场经济直接融资、间接融资相对规模

表 8-9 是发达自由市场经济体直接融资和间接融资相对规模的相关情况。从表中所列的数据可以看出，美、加、澳等典型的发达自由市场经济体，其在直接融资、间接融资的相对规模和结构方面具有以下三个特点：①在相对规模上，在 20 世纪 90 年代初期，美、加、澳三国都表现为间接融资规模大于直接融资规模，在 90 年代后期各国表现开始出现差异。1999 年以后美国直接融资和间接融资规模大体相当，有些年份直接融资相对规模甚至超过间接融资的相对规模；在整个统计期间加拿大都表现为间接融资大于直接融资规模；澳大利亚则是在 2003~2008 年直接融资和间接融资规模大体相当，随后受到金融危机的冲击，融资仍然以间接融资为主。②从趋势来看，直接融资相对规模总体上呈现不断提高的趋势，但澳大利亚在 2008 年金融危机以后，直接融资规模呈下降趋势，2014 年仅为当年 GDP 的 48.2%。③无论是直接融资还是间接融资，其相对规模都远高于政府投资。

（三）北欧国家直接融资、间接融资相对规模

表 8-10 是北欧各国直接融资和间接融资相对规模的相关情况。从北欧各国的情况来看，它们在直接融资、间接融资相对规模方面呈现以下两个特点：①在列示的北欧五国中，间接融资的相对规模总体来说要高于直接融资相对规模，但其中芬兰在 1999 年以后，一直呈现为直接融资规模大于间接融资规模，瑞典则是在 2000 年和 2001 年表现为直接融资规模大于间接融资规模。冰岛在 2000 年以后间接融资规模大幅增加，源于政府对银行业的低管制。②直接融资的相对规模总体表现为不断提高的趋势，但数据最完整的挪威表现出先上升后下降的趋势，并且在 2007 年达到最大规模，为当年 GDP 的 101.7%。

（四）西欧发达国家直接融资、间接融资相对规模

表 8-11 为法、德、英、意等西欧传统资本主义强国直接融资和间接融资相对规模的相关情况。从表中数据可以看出：①英国和欧洲大陆三国的融资结构中，间接融资的相对规模要明显高于直接融资，间接融资规模普遍超过 100%，英国甚至达到近 200%，这与欧洲大陆金融体系以传统商业银行为主有着密切关系。②同其他发达经济体一样，欧洲大陆传统资本主义强国其资本市场相对都比较发达，直接融资相对规模都维持在较高水平。③20 世纪

90 年代后期，直接融资同样出现了一个迅猛发展的势头，但各国资本市场受到 2008 年金融危机的冲击较大，各国直接融资规模逐步下降。

（五）俄罗斯及东欧转轨国家直接融资、间接融资相对规模

表 8-12 为俄罗斯及东欧转轨国家直接融资和间接融资相对规模的相关情况。从人均 GDP 来说，俄罗斯和东欧国家虽然经历了剧变后的混乱，但依然处于较高水平。但由于其当前的经济体制脱胎于传统的计划体制，因此其经济特征同西方发达国家相比具有较大差距。从表 8-12 可以看出，这些转轨国家在直接融资、间接融资的相对规模和结构方面存在着以下两个特点：①直接融资相对规模很小，不仅低于间接融资相对规模，而且相比政府投资资金规模也大多处于劣势。另外，直接融资规模容易受到外部冲击的影响，以发展最迅速的俄罗斯为例，俄罗斯在 2007 年直接融资规模为当年 GDP 的 98.3%，2008 年下降到 69.5%，之后就不断下降。②就间接融资相对规模而言，远高于直接融资规模，也明显高于政府资金相对规模。进入 21 世纪后各国间接融资规模持续扩大，但除了乌克兰，其规模仍然明显低于其他国家水平。③转轨完成的国家间接融资规模稳步增长。如果以加入欧盟为标准衡量是否转型完成，则波兰、匈牙利、捷克于 2004 年完成转型，保加利亚于 2007 年完成转型，俄罗斯、白俄罗斯和乌克兰的转轨过程尚未完成。从表 8-12 中也可以发现波兰、匈牙利和捷克的间接融资规模稳步增长，保加利亚在 2007 年以后稳步增长，这四个国家的间接融资规模明显大于俄罗斯和白俄罗斯。

上述三个特点表明，尽管俄罗斯和东欧转轨国家的金融体系在进入 21 世纪后有了长足的发展，但总体来说还处于较低水平，这可能是传统体制、转轨时期较为混乱的经济环境以及外部冲击共同作用的结果。

（六）影响直接融资、间接融资相对规模的因素分析

根据前面对各国所做的横向比较，我们认为影响直接融资、间接融资相对规模的因素可能包括以下五个方面：①经济发展程度。直接融资、间接融资相对规模在一定程度上反映的是一国金融市场和金融体系的发达程度。②经济体制。对比俄罗斯和东欧各国与其他欧美国家的情况可以看出，不同经济体制下直接融资、间接融资相对规模差别很大。与俄罗斯和东欧及转型过程中实行的"休克式疗法"有关。③经济传统和经济结构。从法、德、意等欧洲大陆强国及东亚各国与美、英等自由市场国家的情况对比可以看出，奉行自由市场传统的国家其资本市场及直接融资相对规模要明显高于国家主导型经济体。此外，国有企业占据一定比重的国家对于间接融资的依赖程度似

表8-8　亚洲主要国家直接融资、间接融资相对规模情况一览表

单位：%

国家	指标	1990	1991	1992	1993	1994	1995	1996	1997	1998	1999	2000	2001	2002	2003	2004	2005	2006	2007	2008	2009	2010	2011	2012	2013	2014	2015	2016
日本	①	49.1	28.8	15.6	20.4	21.8	21.0	24.6	23.6	25.9	44.5	50.8	39.5	42.1	52.4	71.8	91.2	121.4	145.9	123.2	73.9	74.9	70.0	53.9	118.0	99.9	127.1	105.9
日本	②	252.4	250.8	258.4	266.9	273.7	277.4	280.9	266.9	285.4	296.8	295.0	285.2	293.1	302.1	298.1	308.0	300.3	290.4	295.6	320.7	320.2	329.0	337.8	350.1	357.3	352.5	363.2
韩国	①	26.7	25.3	32.9	54.5	63.0	33.1	29.7	30.6	42.9	157.6	88.2	70.2	95.4	67.2	68.7	133.6	132.4	170.4	118.5	186.6	148.9	160.9	129.6	101.9	91.0	133.3	113.4
韩国	②	49.0	49.5	47.8	47.8	47.9	46.7	50.0	54.9	61.9	66.3	70.9	128.1	134.2	128.4	121.4	125.5	138.5	143.5	158.7	157.4	151.0	153.2	155.8	155.8	162.3	166.0	170.1
印度尼西亚	①	—	—	—	5.4	6.3	6.7	13.4	9.6	12.7	14.2	7.3	5.6	5.9	5.1	8.0	9.2	10.4	20.6	14.0	15.0	13.8	11.8	10.0	10.8	10.2	8.7	9.7
印度尼西亚	②	47.3	47.9	47.5	44.6	47.2	48.7	50.7	55.9	56.3	58.3	57.0	51.2	49.2	46.2	46.6	43.4	39.1	48.3	34.5	34.7	34.2	36.6	40.8	43.4	43.4	46.8	47.9
马来西亚	①	24.3	21.7	31.4	21.2	16.0	67.8	25.4	42.6	36.8	53.1	56.0	22.7	25.5	41.5	43.4	31.1	42.5	79.9	35.7	40.0	45.0	43.7	39.3	44.0	42.2	37.6	33.1
马来西亚	②	72.7	75.1	114.6	112.5	112.2	126.7	142.4	163.4	162.1	150.1	138.4	146.5	143.6	139.8	127.5	117.7	114.6	109.4	110.8	131.1	123.3	124.4	129.8	138.4	140.5	144.7	145.3
菲律宾	①	6.9	7.6	11.8	12.1	21.7	19.8	30.8	24.7	14.5	23.3	9.1	4.0	2.6	2.9	3.5	5.2	7.5	16.2	7.1	8.5	11.1	12.2	14.3	16.4	14.8	13.1	11.8
菲律宾	②	23.2	19.5	21.2	45.4	48.0	55.7	67.9	78.5	63.3	58.9	58.3	56.1	55.1	54.3	54.0	47.2	48.2	48.3	47.4	48.7	49.2	52.0	50.9	51.9	55.9	59.0	63.5
新加坡	①	58.3	39.8	36.2	137.6	120.5	72.8	62.5	74.0	68.3	124.5	99.3	79.6	68.6	97.3	97.0	91.5	125.8	211.8	131.8	131.9	129.3	99.7	90.2	92.1	65.1	66.7	63.3
新加坡	②	58.6	59.9	58.4	56.7	55.6	59.1	63.5	69.4	85.1	82.4	76.7	90.4	73.7	79.3	71.4	61.2	61.6	68.6	76.0	86.4	80.8	88.2	95.2	110.9	126.1	119.4	135.1
泰国	①	18.4	19.7	64.1	67.6	55.2	34.8	3.6	11.8	19.9	29.5	15.3	25.8	30.7	68.7	67.6	47.4	43.7	42.9	36.4	44.9	65.2	58.1	60.1	83.2	76.4	68.0	79.8
泰国	②	94.1	96.2	103.6	112.5	128.6	140.3	145.5	178.4	173.9	150.8	134.3	123.5	120.7	122.5	116.2	111.0	101.7	123.6	122.1	128.3	133.4	148.2	155.8	159.7	167.9	171.7	169.3
印度	①	51.5	51.2	50.2	49.4	47.4	44.2	45.7	46.2	46.6	49.0	52.8	54.5	58.7	57.4	59.4	60.2	62.8	62.7	69.8	72.3	74.3	76.1	77.2	77.9	76.0	76.1	75.4
印度	②	45.4	56.1	57.3	70.8	95.2	78.0	82.4	72.3	65.3	35.4	33.7	29.0	35.9	36.9	35.0												
中国	①	—	—	—	9.0	12.1	10.6	35.6	38.6	27.6	18.7	62.1	34.6	23.0	23.4	26.2	17.2	42.1	177.5	34.9	153.2	135.4	88.1	58.7	80.1	114.1	355.4	163.4
中国	②	88.4	91.0	90.1	100.2	88.6	86.9	92.5	99.8	112.1	118.2	118.4	121.7	141.8	150.1	138.7	132.6	131.6	125.7	118.7	141.7	142.2	140.6	149.1	155.7	167.2	193.4	215.0

注：(1)①、②分别代表"股票交易总额占GDP比重"和"由银行提供的国内信贷占GDP比重"。(2)所有数据来源于世界银行数据库。

表8-9 发达自由市场经济体直接融资、间接融资相对规模情况一览表

单位：%

国家	指标	1990	1991	1992	1993	1994	1995	1996	1997	1998	1999	2000	2001	2002	2003	2004	2005	2006	2007	2008	2009	2010	2011	2012	2013	2014	2015	2016
美国	①	34.0	34.7	38.7	49.9	49.9	67.6	86.0	107.6	135.4	194.8	289.6	196.6	155.3	139.4	155.6	197.0	220.7	296.0	321.0	237.9	240.7	264.5	200.2	199.2	224.1	228.5	225.9
美国	②	145.2	152.5	153.8	157.9	155.9	165.7	171.0	179.4	190.0	201.3	191.0	198.6	191.8	206.6	212.9	216.3	226.3	235.9	216.8	234.4	231.0	231.4	233.5	247.5	251.1	236.0	241.9
加拿大	①	11.5	12.0	12.8	23.1	27.0	30.4	42.2	51.8	56.5	58.1	84.7	60.6	59.2	56.8	69.0	79.7	94.0	119.1	97.0	97.2	87.1	82.4	73.9	71.8	75.0	70.6	75.4
加拿大	②	100.6	106.8	111.1	112.4	111.9	111.0	115.6	117.5	115.9	114.3	111.1	197.9	192.3	186.3	188.5	196.5	213.5	149.9	172.3	—	—	—	—	—	—	—	—
澳大利亚	①	12.9	14.0	12.9	21.4	30.8	26.7	36.1	34.4	38.9	51.1	51.3	63.5	73.7	90.3	88.8	88.3	114.9	160.8	79.6	90.8	99.0	81.2	58.9	50.3	48.2	55.8	66.0
澳大利亚	②	70.2	70.6	74.6	75.0	77.3	80.2	83.2	83.3	87.8	91.2	93.3	92.1	99.2	103.7	108.0	113.3	118.0	146.5	159.2	150.9	154.2	151.8	150.7	156.2	165.3	176.5	183.3

注：（1）指标①、②分别代表"股票交易总额占GDP比重"和"由银行提供的国内信贷占GDP比重"。（2）所有数据来源于世界银行数据库。

表8-10　北欧国家直接融资、间接融资相对规模情况一览表

单位：%

国家	指标	1990	1991	1992	1993	1994	1995	1996	1997	1998	1999	2000	2001	2002	2003	2004	2005	2006	2007	2008	2009	2010	2011	2012	2013	2014	2015	2016
丹麦	①	8.6	7.2	9.9	14.0	16.5	14.2	18.0	25.3	37.9	31.2	54.8	40.1	18.2	20.1	27.1	—	—	—	—	—	—	—	—	—	—	—	—
	②	63.0	66.0	58.9	53.6	54.7	54.0	55.9	56.4	61.8	57.8	141.2	152.9	156.1	166.5	173.4	184.9	194.8	214.9	239.1	237.2	234.1	237.8	230.5	214.5	218.1	214.6	—
芬兰	①	2.9	1.2	1.7	8.7	12.9	14.3	3.4	27.3	47.5	77.7	167.8	138.5	103.0	83.2	95.9	—	—	—	—	—	—	—	—	—	—	—	—
	②	83.0	92.9	90.2	82.0	70.9	65.9	61.9	55.2	55.7	58.7	56.6	58.7	61.5	76.1	82.9	91.3	93.3	98.8	130.1	135.9	152.2	189.4	165.4	142.1	164.4	156.9	154.7
挪威	①	12.4	10.3	7.0	13.8	14.3	16.1	21.6	28.4	25.8	30.7	35.2	30.4	18.7	21.4	34.6	45.9	81.9	101.7	58.7	53.7	49.4	37.0	23.4	18.4	20.5	24.8	28.4
	②	65.0	59.9	61.4	56.9	56.3	55.7	60.1	64.4	77.7	72.2	67.0	93.4	101.4	105.4	105.4	106.8	103.7	114.3	119.0	126.3	126.0	125.3	123.2	129.0	134.7	144.8	134.4
冰岛	①	—	—	—	0.2	0.3	0.6	1.1	2.4	6.1	17.6	24.7	15.7	43.1	69.1	85.6	—	—	—	—	—	—	—	—	—	—	—	—
	②	48.2	49.6	52.0	54.5	53.7	51.3	51.9	68.9	63.7	72.3	95.5	97.0	101.4	126.4	158.8	236.5	297.6	301.2	295.2	285.9	252.2	184.6	156.1	140.0	115.1	107.9	98.7
瑞典	①	6.1	7.6	10.1	19.3	39.1	37.6	45.3	57.8	74.9	79.3	145.9	125.0	70.3	59.9	81.2	—	—	—	—	—	—	—	—	—	—	—	—
	②	141.4	137.2	133.6	132.5	125.2	115.8	114.5	115.0	117.5	112.6	105.2	105.3	108.0	107.9	108.6	117.1	120.9	129.7	150.7	149.2	146.9	152.5	156.6	149.0	156.4	146.8	147.5

注：世界银行数据库之前发布有丹麦、芬兰，瑞典 1990~1999 年指标②的数据相比之前发布的版本进行了一些调整，但没有太大偏差，因此，丹麦、芬兰 1990~1999 年指标②的数据采用较早版本的世界银行数据库发布的数据，瑞典 1990~1999 年指标②的数据采用较早版本的世界银行数据库数据。最新版本的世界银行数据库采用较早版本的世界银行数据数据。《中国投资体制改革 30 年研究》(2008) 该数据同正同三。对于分析直接融资、间接融资相对规模变化趋势不大。其他注释参照表 8-8。

表8-11 西欧发达国家直接融资、间接融资相对规模情况一览表

单位：%

国家	指标	1990	1991	1992	1993	1994	1995	1996	1997	1998	1999	2000	2001	2002	2003	2004	2005	2006	2007	2008	2009	2010	2011	2012	2013	2014	2015	2016
法国	①	9.6	9.7	8.3	12.1	14.7	13.1	16.7	26.9	40.0	48.2	78.9	71.0	68.8	59.7	62.3	57.7	86.7	108.7	82.3	47.7	51.0	46.5	40.1	39.4	41.0	—	—
	②	99.5	99.9	100.4	97.5	97.2	98.4	98.3	98.4	—	103.9	103.4	102.4	100.1	102.2	102.7	105.7	126.7	137.3	143.0	140.4	143.6	145.8	147.8	143.9	146.9	147.7	155.2
德国	①	30.7	23.5	20.3	25.6	27.4	22.4	6.0	44.5	65.5	59.5	93.7	66.7	41.9	40.6	41.9	45.0	65.0	94.6	111.7	52.3	43.7	41.9	35.3	35.0	32.6	42.8	32.3
	②	102.2	103.2	108.1	115.5	119.6	124.2	131.8	137.1	143.0	145.0	145.4	139.6	138.1	137.1	134.2	132.6	127.4	120.5	122.3	128.5	164.8	162.0	156.9	136.9	139.8	134.3	133.8
意大利	①	3.6	1.9	2.1	6.2	10.9	7.4	7.8	16.4	38.4	42.9	86.7	51.6	45.5	46.7	50.1	56.9	62.2	100.5	57.9	42.4	31.3	37.2	37.8	36.1	95.5	—	—
	②	89.4	95.1	102.5	103.4	101.1	95.6	93.1	91.2	91.6	95.5	98.4	93.9	93.5	99.2	100.3	104.7	108.6	124.8	137.6	146.3	160.5	164.1	177.4	172.7	172.1	169.7	170.7
英国	①	27.8	29.2	27.8	39.3	41.6	37.6	41.8	53.9	63.8	85.5	111.3	116.8	59.2	61.1	67.6	68.6	102.6	128.4	94.6	117.8	131.6	115.9	92.8	61.1	78.0	—	—
	②	109.5	106.4	104.9	103.2	106.3	103.6	106.5	107.1	106.4	109.8	116.7	123.1	128.3	132.2	140.7	146.5	155.1	171.6	194.7	208.9	206.2	197.2	192.2	180.0	166.9	161.1	166.0

注：法国 1999~2000 年、德国 1990~1999 年和意大利 1990~1999 年指标②的数据同汪同三 (2008)。其他注释参照表 8-8。

表 8-12 俄罗斯及东欧转轨国家直接融资、间接融资相对规模情况一览表

单位：%

国家	指标	1990	1991	1992	1993	1994	1995	1996	1997	1998	1999	2000	2001	2002	2003	2004	2005	2006	2007	2008	2009	2010	2011	2012	2013	2014	2015	2016
俄罗斯	①	—	—	—	—	0.1	0.1	0.8	4.0	3.9	1.4	7.8	9.2	13.8	18.5	20.1	19.4	58.9	98.3	69.5	41.7	33.2	27.0	15.4	10.3	7.8	8.6	10.9
	②	—	—	—	—	—	—	—	—	—	—	24.9	25.7	26.9	27.9	25.7	20.8	21.5	23.9	24.4	34.1	37.7	36.8	39.0	44.1	47.2	52.9	—
白俄罗斯	①	—	—	—	—	—	—	—	—	—	—	—	—	—	—	—	—	—	—	—	—	—	—	—	—	—	—	—
	②	—	—	—	—	39.8	15.0	15.1	17.0	35.2	19.9	19.2	17.6	18.0	22.2	21.2	21.8	27.2	26.8	32.7	34.1	43.7	30.7	31.0	37.9	41.3	49.8	47.4
乌克兰	①	—	—	—	—	—	—	—	—	0.2	0.4	0.9	0.6	0.3	0.2	0.3	—	—	—	—	—	2.1	—	0.4	0.2	0.1	—	—
	②	—	—	83.2	30.6	24.2	15.5	14.8	17.1	24.6	25.2	23.8	24.2	28.1	33.1	31.7	33.2	45.7	61.1	95.0	103.7	94.2	87.3	87.9	95.0	108.5	85.2	78.8
保加利亚	①	—	—	—	—	—	0.0	0.1	0.4	1.0	0.0	0.0	0.5	1.0	0.6	1.8	2.6	5.4	15.2	2.4	0.9	0.7	0.6	0.7	1.6	—	—	—
	②	—	118.5	120.7	133.1	103.4	69.0	106.4	19.3	13.6	14.7	17.1	19.5	22.5	28.1	33.6	39.0	39.5	52.4	61.4	65.3	67.0	66.7	67.3	69.6	62.4	60.3	54.3
捷克	①	—	—	—	—	3.2	4.6	9.4	9.2	7.1	6.1	10.8	5.1	7.2	8.8	15.1	25.2	18.5	20.0	13.7	12.9	10.6	9.0	8.5	5.9	5.2	—	—
	②	—	—	—	62.9	65.6	66.1	62.3	62.0	55.0	50.7	45.4	41.8	41.7	46.1	43.2	41.6	46.8	51.4	58.3	60.9	62.7	68.2	68.4	69.3	72.5	68.9	66.7
匈牙利	①	—	0.3	0.1	0.3	0.7	0.8	3.6	16.3	43.1	30.0	26.0	9.3	9.8	10.4	13.7	19.6	26.9	33.8	17.4	20.8	20.2	11.1	8.6	8.0	5.1	6.1	6.2
	②	—	—	—	—	89.6	79.3	70.2	63.5	61.0	52.0	54.2	48.6	52.1	56.3	56.9	61.4	67.5	74.8	81.3	80.2	80.3	76.8	68.2	64.7	60.1	58.2	58.0
波兰	①	—	0.1	0.4	2.1	4.7	1.9	3.5	4.7	5.1	6.3	11.9	5.3	1.6	3.6	7.0	8.6	15.4	21.0	9.7	12.9	14.5	13.8	12.0	13.9	10.6	11.0	9.7
	②	18.4	32.1	34.8	37.0	33.3	29.4	30.9	32.0	33.4	35.9	34.3	38.9	38.8	40.2	39.0	38.4	42.9	47.8	63.5	61.6	63.2	65.9	64.1	67.2	71.1	73.2	75.7

注：俄罗斯 1994~2000 年，乌克兰 1998~2004 年以及匈牙利 1991~2001 年指标①的数据同注三(2008)。其他注释参照表 8-8。

乎也更大。④全球经济发展潮流。从各国 1990 年以来在数据上显示的趋势可以看出,直接融资规模的相对规模随着经济发展将不断扩大。⑤外部冲击。从各国 1990 年以来的数据上来看,各国的直接融资规模容易受到外部冲击的影响,而间接融资规模水平则相对平稳。1990 年以来发生了两次较大的金融危机——1997 年亚洲金融危机和 2008 年全球金融危机。1997 年泰国和韩国等亚洲国家的直接融资规模明显受到负面影响,而 2008 年则是覆盖面更广的全球性金融危机,不管是亚洲以及东欧转型经济体,还是欧美发达经济体直接融资规模都受到明显的冲击。

三、关于资金来源结构的小结

本节前面两部分中,我们收集整理了相应的替代指标,对各国投资资金来源中的财政预算资金、直接融资和间接融资三类来源的相对规模进行了横向比较。通过比较我们发现,影响投资资金来源结构的因素很多,各国三种资金来源的相对规模和结构表现也不尽相同。在各类影响因素中,我们认为比较重要的大致包括经济发展水平、经济社会体制、经济发展模式、金融体系、外部发展环境以及奉行的发展理念和传统等。另外,在资金来源结构方面,我们大体可以归纳出以下四点规律。

(一) 政府预算资金相对规模总体有限

无论是奉行自由市场原则的经济体还是国家主导型的经济体,政府预算资金所占的比重都比较低。这主要是因为市场原则已经成为各国发展的基本准则,即便是国家主导型的经济体,其具体的运作过程依然以市场方式为主,政府对投资的介入通常都局限于特定的范围之内。

(二) 直接融资相对规模不断提高是大势所趋

从各国的数据可以看出,直接融资的相对规模呈不断上升趋势,而且相对规模的大小与经济发达程度也有一定的正相关性,经济发展水平越高,则资本市场往往越发达。这背后的原因可能在于:

(1) 随着经济社会的不断发展,社会分工越来越细化。从资金需求的角度讲,随着工业化大生产的出现,到后来的高科技产业崛起,无不需要大规模资金的筹措,为分散风险,许多企业走向资本市场,资本市场为企业投资提供了一个较低成本的筹资方式。从资金供给的角度讲,经济发展到一定程度,人们有了足够的富余资金,资本市场正好为闲散资金寻求高额回报提供了有效渠道。

(2) 随着生产率水平的不断提高,宏观的边际消费倾向会不断下降,需要转化为投资部分的比重将不断上升，这在客观上为资本市场的发展提供了内在动力。

（3）随着产业结构的不断升级，新产业和新模式的层出不穷。鉴于新产业和新模式往往存在较大的不确定性，资本市场投融资主体风险共担的特点相比间接融资更具有优势，美国硅谷的发展就是一个很好的例证。

（三）间接融资的相对规模比较稳定

从相对规模来看，间接融资依然是各国投资资金来源中最为重要的渠道。除了美英等少数国家外，各国间接融资相对规模都明显高于直接融资，而且水平一直比较稳定。这其中一个重要的原因可能在于各国的金融体系中，传统商业银行依然占据着主导地位；而且商业银行经过几百年的发展已经进入稳定期，因此它在融资中的地位和相对规模表现得相对稳定。

（四）资金来源结构与政府职能范围密切相关

对比三种资金来源渠道的相对规模不难发现，三者的相对比例在各国之间存在较大差别。资金来源相对结构的形成在很大程度上与一国政府职能范围相关（见图8-2）。

一是预算资金的相对规模和比重与政府职能范围直接相关。关于这一点在本节第一部分已经有详细说明。

二是金融体系结构与政府干预程度也密切相关。政府对商业银行等间接融资机构的影响力和控制力一般要强于对资本市场，[①] 而且有些国家在间接融资体系中还包括部分政策性银行，这些则受政府直接控制。而当政府在经济方面的职能范围更为宽泛、更为直接时，从政府角度来讲，以间接融资为主的金融体系结构更有利于职能的履行。从东南亚各国及西欧的法国、德国等政府主导和干预传统较强的经济体，以及政府职能更为广泛的北欧诸国来看，间接融资的相对规模通常远高于直接融资相对规模。而对比奉行自由市场原则的美、英、加、澳等国，这些经济体中间接融资规模就没有绝对优势。[②]

---

① 从控制对象来说，控制商业银行只需面对有限的机构，而控制资本市场则需要面对众多的投资者。有限的对象便于使用窗口指导等直接高效的手段进行控制。从这个意义上讲，以间接融资为主的金融体系更便于政府进行干预和调控。

② 这一判断是在各国数据基础上大体概况而得出的，并不能做到绝对准确。事实上，在前面列出的各国数据中已有例外。例如，韩国实施的是典型的国家主导型发展战略，但近年来直接融资相对规模甚至要大于间接融资规模；瑞典、芬兰也存在同样的情况。

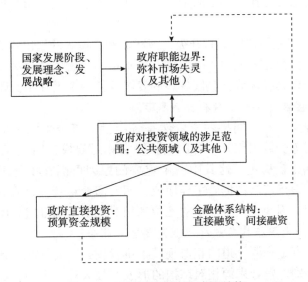

图8-2 政府职能与资金来源结构

第三节 投资宏观调控和管理的国际比较

在第一节分析投资相关主体的时候，我们已经明确指出，政府在投资领域具有双重身份：一是投资决策主体，即具体投资活动的参与者；二是投资的调控主体。受各国政府职能边界的限制，通常政府作为投资决策主体，其作用范围比较有限。因此，在投资体系中，投资宏观调控是政府的主要职责所在。事实上，从国民收入的构成来看，宏观投资在各国都占据着很大的比重，因此，投资调控和管理同样也是各国宏观调控最为重要的组成部分。本节拟从政府职能角度出发，对投资调控目标、政府干预程度、调控方式选择、调控手段以及政府投资管理等方面进行比较研究，以期从中探寻一些具有指导性和借鉴意义的规律。

一、干预程度和调控目标的比较

投资调控作为宏观调控的重要组成部分，其调控目标首先必须与宏观调控的总体目标相符合。与此同时，投资本身兼具需求和供给两方面的特性，这使得投资调控往往也会成为政府贯彻其产业政策的重要手段。①

（一）美国的干预程度与调控目标

美国是典型的市场经济国家，其奉行的自由竞争和政府有限干预的原则同样贯彻于其投资调控和管理中。政府在经济领域的主要职能是维护宏观经济的平稳运行，反映在宏观调控目标方面就是实现物价稳定、充分就业、经济增长和国际收支平衡。投资调控作为宏观调控的组成部分，其目标当然要服从上述四项宏观调控的总体目标。

在四部门生产法划分中，国民收入的组成部分可以分为消费、投资、政府支出和净出口。这四项需求中，投资需求是最不稳定的因素，直接影响到宏观供需平衡。因此，为了实现维护宏观经济平稳运行的总体目标，投资调控的首要目标就是通过投资规模的调节促进供需总体平衡。

除了维护宏观经济平衡以外，美国的投资调控目标也包含产业协调发展的内容。当然，调控的范围仅限于一些无法通过市场自发调节实现协调发展的基础性产业，如农业等。因此，这类产业方面的调控也可以看作政府实行有限干预、弥补市场缺陷、维护宏观经济协调发展的具体体现。

（二）德国的干预程度与调控目标

德国是市场市场经济的代表，市场原则依然是其经济运行的根本准则。政府对于市场实行适度干预的原则，在投资领域，政府干预的主要目的是为私人投资活动创造良好的竞争环境，实现由市场竞争引导企业投资行为、提高资源配置效率的目的。

德国政府适度干预的原则决定了政府对于投资调控的目标除了实现宏观调控的一般目标外，主要是创造和维护公平竞争环境，保护企业尤其是中小企业的投资行为。通常联邦政府对于产业发展基本不会给出任何倾向性的意见，但对于基础性的科学研究、风险较大的战略性项目，从全局出发也会给予相应的资助。州政府的工作重点则是通过一定措施扶持中小企业发展、促进技术进步，但以不破坏自由竞争为前提。

（三）日本的干预程度与调控目标

日本虽然是发达的资本主义国家，但在其经济发展和运行的过程中，政府始终处于主导地位。这使得日本的投资调控具有很深的政府干预痕迹。就

---

① 投资活动在即期形成投资需求，成为 GDP 的重要组成部分。而且投资活动一旦顺利完成，便形成了生产能力，成为影响供给能力的重要因素。由于投资活动能够形成未来的供给能力，因此产业政策的实施也可以借助于投资调控来完成。

投资调控目标而言，贯彻实施政府产业政策是投资调控的重要目标。

事实上，作为政府主导型发展的成功典范，日本政府在战后经济起飞的不同阶段实施了不同的产业政策。而这些产业政策的实施在很大程度上是依靠投资调控来实现的。因为投资活动具备需求和供给双重特性，从供给角度来看，投资的产业结构事实上决定了国民经济的产业结构，因此，日本投资宏观调控目标一直以来都与其产业政策目标相联系，投资调控也成为实现产业政策的有效工具。

（四）韩国的干预程度与调控目标

韩国虽然实行的也是资本主义经济体制，但其在经济起飞过程中具有明显的"政府主导"特征，这一点可能与东亚文化中将国家作为主宰力量的传统观念有关。就投资领域而言，韩国政府长期对企业的投资行为进行着强力的干预。对于投资的调控不仅是韩国政府宏观调控的重要组成部分，更是韩国工业化过程中产业政策贯彻实施的途径和手段。这一点与日本非常相似，而且韩国的干预程度似乎比日本更强。

（五）法国的干预程度与调控目标

作为西方发达国家，法国实行的并非纯粹意义上的市场经济体制，而是国家指导性计划调节的经济体系。政府的宏观调控目标、政策、思路通常是借助指导性的国民经济计划来体现。当然，这种指导性的计划是在不限制市场机制作用的前提下实现对市场的补充。这种经济体制使得法国政府对投资的干预程度和调控目标呈现以下三个特点：①政府将国有企业和私人企业的投资活动都纳入调控范围，政府对投资活动的干预程度明显高于其他市场经济国家。②通过指导性计划引导企业投资纳入国家政策轨道，推行国家特定阶段的产业政策。③政府通过对投资总量和结构的调控，维护正常的市场秩序，防止垄断和破坏性竞争。

二、调控方式和政策手段的比较

投资的调控方式总体可以分为直接调控和间接调控两种，调控的政策手段则包括财政、税收、货币等。各国在投资调控实践中所采取的具体方式和手段不尽相同，这与各国对于投资的干预程度和调控目标有着密切关系。

（一）美国的调控方式和手段

美国奉行的自由市场和政府有限干预原则决定了其在宏观调控（包括投资调控）方面以间接调控的方式为主。事实上，即便是政府参与决策的公共领域的投资活动，在具体实施的过程中通常也是由政府通过一定的方式委托企业、以市场竞争的方式完成的。政府远离投资行为的具体实施，在客观上决定了政府对投资的调控应该也只能采取间接调控的方式。

美国政府对于投资调控的主要手段是财政政策、货币政策和一些行政手段，主要采用间接调控的方式。在财政政策方面，政府通常会采取以下方式进行投资调控：①税收调整。投资减免税和扣除折旧是调控投资的常用财政手段。投资减免税主要是允许企业将设备投资以一定比例扣减应税所得额；折旧扣除是指在税收处理中提高用于抵扣应税所得的设备折旧比例。两种调整都能够起到降低企业投资成本、刺激投资的作用。另外还有一些与投资相关的税收调整，如对公众购买基础设施建设债券时获得的受益不征收所得税，以此鼓励公众参与到基础设施建设的资金筹措。对于不鼓励的行业也会采取增加税收的办法加以抑制。②调整政府预算开支。通过调整政府开支中用于基础产业的支出份额，可以起到调节经济周期、扶持基础产业发展的效果。

货币政策方面的调控手段主要涉及：①调整银行准备金率。准备金率提高，利率上升，企业投资下降，反之则上升。②调整贴现率。"联储"提高贴现率，商业银行信贷规模下降，利率上升，融资成本增加，投资下降，反之则投资增加。③公开市场操作。"联储"通过买卖政府债券控制货币供应量，并影响利率变动调控投资。

一些必要的行政手段调控主要包括：①对于项目安全性的审批。②出于保护市场竞争和反对垄断的目标，政府对较大规模的合并进行审批。③通过行政权力给予"土地使用权"等优惠条件鼓励私人参与基础设施投资。

（二）德国的调控方式和手段

德国政府对投资的干预和投资调控的目标决定了其在调控实践中必然也是以间接调控为主，在调控手段方面同样也是主要依靠财政政策和货币政策两类政策工具。这些同美国相比是大同小异。

德国的投资调控中的直接调控的方式主要为：①国家投资方式。德国政府通过直接或间接投资方式进行调控。直接投资主要是指由政府直接投资并由国有部门经营的公共项目；间接投资是指通过国家预算拨款机构或者信贷机构对国有单位、公私合营单位和私有部门提供贷款、参股等投资方式。②补贴方式。政府通过财政补贴的形式给予特定行业投资优惠，包括直接补贴和间接补贴。直接补贴包括维持性补贴、适应性补贴和生产性补贴。维持性补贴是处于政治和分配政策的需要，提供给农业、采掘业等关系国计民生行业的一种补贴；适应性补贴主要是针对造船业和德国东部中小企业发放的，旨在帮助它们适应经济环境变化、优化生产结构和规模；生产性补贴则是政府针对具有发展前景、具备高精尖特点、代表未来发展方向的企业和项目发放的补贴。德国政府对于直接性补贴的发放非常谨慎，从上述发放范围可以看出，发放的目的也是为企业营造一个更好的竞争环境。间接补贴主要是指联邦政府实施的各项促进计划中的税收优惠、特别折扣，这与美国税收调整的做法基本类似，因此这类补贴事实上还是一种间接调控的手段。

（三）日本、韩国的调控方式和手段

日本政府对投资活动调控采取的是直接调控和间接调控相结合的方式。这是由其较强的干预程度和以贯彻产业政策为目的的调控目标所共同决定的。

在间接调控方面：①财政政策，以优惠税率为主。②货币政策，除了常用的货币政策三大工具，还通过"窗口指导"工具引导银行等金融机构实施"选择性贷款"，以达到实施产业政策的调控目标。

在直接调控方面：①实施主银行制度。在这种制度下政府直接干预主银行对企业中长期贷款，以此影响企业的投资决策。②建立政策性金融机构为主体的财政投融资体系。"两库十行"向符合产业政策的投资提供优先安排资金和给予低息贷款。

韩国的投资调控方式和手段与日本基本相似，采取的也是直接调控和间接调控相结合的方式。在直接调控方面，韩国除了像日本一样建立起一套以政策性金融机构为主体的财政投融资体系外，还成立了专门的投资基金，以便对重点发展产业给予直接的资金支持。

（四）法国的调控方式和手段

法国实行的以国家计划为指导的市场经济模式，决定了其投资调控必然采取直接调控和间接调控相结合的方式。

在具体实践中，具体调控方式包括：①政府投资。政府通过国家预算将一部分财政资金用于国有企业的投资，直接参与自然垄断性企业的经营目标、投资规模的决策。②补贴政策。采取税收减免和贴息等方式间接影响企业投资，主要针对竞争性企业。③货币政策。国有银行根据产业政策要求，优先资金安排，并且通过控制项目贷款金额、期限和利率等影响企业的投资行为。④投资计划。政府会制定中长期发展计划和年度计划，在特定经济发展时期具有强制性，但随着政府职能的转变投资计划对投资活动起到指导性作用。

当然，法国政府对投资的直接调控同日韩两国有着较大差别。法国政府是通过国有企业和国有资本直接参与投资而实现直接调控的，即政府利用其所有者的特殊身份来实现直接调控，这一点与德国比较类似；而日韩两国政府则是以社会管理者的身份实施对投资行为的直接调控。

三、政府投资管理的比较

前面已经提到过，各国政府都在一定范围内承担着投资决策主体的角色，兼具调控和投资决策双重职能。本节前面两部分就各国在投资方面的宏观调控进行了横向比较。事实上，各国政府作为投资决策主体对其投资项目都有一套管理体制，本部分将就此进行横向比较。

（一）美国的政府投资管理

政府在投资活动中发挥补缺、引导和调控作用。美国政府一向主张有限干预，在经济方面的职能只限定于公共事务，政府投资的目的主要在于改善经济社会发展的外部环境，使微观主体能够更有效地发挥作用，以推动经济繁荣。因此，政府预算的投资范围主要集中在公路、交通通信、城市建设、基础研究、公共安全等方面的基础设施建设。

列入政府预算内的投资活动和投资项目要受到相关法律的限制，如《环保法》《土地法》《税收法》等。这些法律既包括联邦政府制定的，也包括州议会和政府制定的。除此之外，投资活动还需要按照政府或议会制定的相关程序接受各种审批，政府投资项目监管项目分为国会监管、政府部门监管和公众监督三个层次。从项目规划到项目设计，再到项目施工都接受政府管理部门或者第三方专业机构进行干预。在项目建设过程中发生的各种支出都必须按规定的办法执行，并接受议会的监督和审计部门的审计。

在资金方面，一般通过税收、收费、发行债券等形式筹措。联邦财政对于地方政府负责的交通、教育等投资，会给予一定的补贴，以"整块拨款"和"按比例拨款"为主。各级政府用于公共设施建设的预算资金通常难以满足投资项目的需求。在预算不足的情况下，各级政府通常会寻求其他资金来源，具体包括：①在正常税收之外，按照"谁受益，谁出资"的原则，对特定的人群征收专项建设费。②发行专项建设债券。这主要是针对机场、收费公路、桥梁、隧道等建成后可收费项目发行的。③通过一定的优惠条件，鼓励吸引私人资本进行投资。

（二）英国的政府投资管理

英国作为自由市场经济的另一个代表性国家，其政府投资的范围同美国一样也基本局限于公共事务领域。关于投资资金来源主要为中央直接拨款

（政府预算）、信贷担保和各类基金，其中信贷担保主要承诺年受益能承担融资成本而获得资金。另外，英国政府也像美国一样采取一些措施吸引私人资本的参与，以减轻财政公共支出负担，同时也提高项目建设的效益。

英国吸引私人资本参与政策投资的主要方式可以分为以下三种：一是BOO（Building-Owning-Operating）方式，即由私人企业负责项目的建设，项目建成后产权归属私人企业所有，并由其负责运营；二是BOT（Building-Operating-Transferring）方式，即由私人企业负责项目的建设，项目建成后由私人企业负责运营管理，并享有项目经营所得的收益，以补偿其项目建设中的投入，运营一定时间后，私人企业最终还需将项目重新移交给政府；三是BOOT（Building-Owning-Operating-Transferring）方式，即私人企业负责建设，并拥有一定期限的经营权和产权，但最终仍需将项目全盘移交给政府。

英国政府采取的上述三种方式事实上是利用利益杠杆，吸引民间资本参与政府投资项目，解决了政府预算资金不足的问题。在具体的方式选择、经营期限长短确定方面，需要根据项目所处行业、建设难度及重要性等因素，由政府和私人企业协商确定。

英国政府主要由中央联邦政府、省政府、大区政府、市（小区）政府构成，中央政府在投资决策中起主导作用。2001年首相办公室直属的公共服务提供专署成立，与财政部一起联合制定当年新投资计划，指导各部门进行有效的公共设施投资。地方政府则主要负责全国范围内执行中央政府制定的投资计划，地方政府的投资效率通过中央视察员制度和审计委员会来保障。另外英国财政部每年都会发布《绿皮书》对政府投资项目的评估标准、项目风险管理和其他相关政策给出专业性的指导。

（三）日本的政府投资管理

与美国相比，日本政府的投资范围更为广泛，除了处理公共事务领域外，日本的政府投资领域还包括资金投入量大、建设周期长的基础工业和高科技含量的风险产业。这主要是因为日本政府还承担着实施产业政策、主导经济发展的职能。

事实上，战后日本一直是政府投资比重最高的国家之一，财政投融资的发展对日本的经济起到了积极的推动作用。日本政府投资最大的特点在于，在投资资金方面，除了财政预算、发行债券等渠道外，日本还专门构建了一套"财政投融资"制度。其核心就是以国家信用为担保，采用金融手段筹集资金提供政府的投融资机构，用于政府投资的相关领域，以促进经济及产业结构的调整。

财政投融资资金的主要来源包括：资金运用部资金、简易保险资金、产业投融资特别会计资金和政府担保债等。这部分资金的使用有一套非常规范的程序，通常通过若干中介机构提供融资，由他们进行特定项目投资，资金使用兼顾政策性和有偿性。资金筹集后由政府统一管理，与财政预算相配合，从全国经济发展的角度规划安排。在资金使用计划的制订过程中，通常要经过充分论证，最后还需提交国会审查批准。

（四）韩国的政府投资管理

韩国的政府投资管理与日本基本相同，其政府投资同样承担着实施国家产业政策的职能。韩国财政投融资的资金主要来源于政府基金、国外借款、简保资金和特别会计等，其中"国民投资基金"的设置颇具特色，目前已设立了 36 项政府基金，为产业政策的有效实施提供了有力保障。

在 20 世纪 70 年代，韩国自身急需大力发展重化学工业，以提升产业结构，改变以轻工业和劳动密集型为特征的产业特征，为此需要大量的资金投入。而当时，韩国国内金融体系尚不发达，国民储蓄也无法满足国家建设所需的大量资金，在这种背景下"国民投资基金"应运而生。

韩国"国民投资基金"的资金主要来源于各种机构形成的闲置资金，包括金融部门的储蓄性预备金、保险公司的保险金、邮政储蓄、各种公共基金以及政府各部门的资金。筹措时主要采用向上述机构出售国民投资债券的方式，但政府发行国民投资债券须经国会批准许可。国家财政部长每年制订基金的年度筹措和运用计划，基金债券的发行、偿还及日常运营管理则由韩国银行总裁处理。基金主要是为重要产业建设所需的设备购置及日常周转提供融资。融资条件相对优惠，通常期限较长（8~10 年），且可以享有较低的利率。

财政投融投融资的实施效果直接关系到货币政策和财政政策的协调，因此韩国政府对于财政投融资和重大项目的管理非常重视，主要手段为：①计划管理。经济企划院通过每年编制"财政投融资计划"，包括财政资金计划、财政原值计划、财政投融资用途计划，计划对财政投资的规模、结构、投向和回收等关键计划给出指导性意见。该计划是继财政预算后的"第二预算"。②立法管理。韩国政府通过一系列相关法律法规明确了投资活动中各个环节的准则，建立了非常规范的管理体系。

（五）法国的政府投资管理

法国的政府投资大部分是通过国有企业来实现的，因此，法国的政府投资管理在很大程度上就是法国政府对国有企业的管理。

法国政府将国有企业按照其所处的行业分为"竞争性企业"和"自然垄断性企业"两类，并分别采取不同的管理模式。对于竞争性企业，国家除占有股份、任命董事长、参与分红以外，不介入企业的运营管理，这类国有企业与私人企业一样在市场中自由竞争。

对于电力、铁路、邮政、电信等自然垄断性企业，法国政府除任命董事长以外，还通过与企业签订计划合同的方式对企业进行管理。这种计划合同通常4~5年签订一次，合同中规定企业在特定期限内需要达到的经营目标、投资规模、产品数量及价格等。在投资方面，国有企业的投资项目需经四方面的审批，具体包括社会经济发展基金会（秘书处设在经济财政部，负责日常工作）、计划署、行业主管部门和企业董事会。国有企业投资资金主要来源于：①财政预算内资金；②通过借贷和债券等形式筹措的社会资金；③企业盈利结余。

（六）德国的政府投资管理

德国在战后实行社会市场经济体制（即"莱茵模式"），这是保留并改造计划经济合理成分的一种市场经济，既强调市场的作用，同时也注重政府干预。在"二战"和两德统一的历史背景下，实施这种经济体制对德国经济发展起到了巨大的作用，以此创造了举世闻名的"经济奇迹"。

德国社会市场经济制度仍然强调自由竞争，企业仍然是市场经济活动的主体，在市场机制下企业资本都流向受益高和风险小的行业，对于一些基础设施及公共服务则需要政府投资补位，用于弥补市场失灵的情况。

德国政府投资项目管理制度，是其经济运行基本模式和财政基本制度（即公共财政制度）的产物和重要组成部分，是德国政府在市场经济条件下依法运用财政政策参与宏观经济调控、实施微观投资项目管理的重要政策规定和操作规范。

政府投资在各个行业的参与模式主要为全额投资、部分出资、投资补贴、贷款贴息等。政府全额投资的主要是一些私人企业很难盈利的领域，如全国高速公路和东部基础设施等。在电信等涉及国家安全的行业以及公共事业部门，政府部分控股。在竞争性行业，政府不再控股。投资补贴主要针对一些低盈利但是关系到国计民生的行业，如农业和矿业等，还有一些高新技术企业。另外，联邦政府往往还通过对某些领域的企业和机构以及地方政府的投资项目给予资助。

各级政府主体在投资过程中的参与形式也不同。由于德国实行的是联邦制，地方政府具有高度自治性。联邦政府仅负责"为了普遍利益必须进行统一处理的事务"，其他由州和地方政府负责。德国联邦、州、镇三级政府区别投资性质划分各自投资范围：联邦政府主要负责一般的国道、高速公路和邮电等大型项目投资；州政府负责各州的教育、医疗等公共事业投资；市镇级政府主要负责社会福利等方面投资。联邦和州的共同投资项目，联邦政府确定总投资和资金供应方式，由州政府负责规划和具体实施。

政府投资项目管理具有管理单位专业化、项目运作市场化和实施严格的设计审核制度等特点。联邦政府负责政府投资的资金来源主要是税收和发行国债。

四、影响投资调控和管理的因素

本节前面三部分将具有典型代表性的国家在投资宏观调控、投资管理方面的一些做法进行了横向比较。通过对比我们可以看出，各国政府在投资调控、投资管理方面采取的具体措施同样与各国经济传统、发展阶段、经济结构、政府职能等因素密切相关。例如，自由市场经济体政府干预程度有限，调控方式也比较间接、温和，在政府投资项目管理方面引进了市场规则；而国家主导型经济体，政府干预的力度较大，调控方式以直接调控与间接调控相结合为主，政府在投资管理方面更强调计划的作用。

根据前面的对比，我们认为投资调控和管理的影响因素具体来说包括以下三个方面：

（一）政府职能范围

政府职能可以算是一国投资调控和管理方式最直接的决定因素。一方面，政府对投资的调控属于宏观调控的重要组成部分，但调控的目标、干预的方式、具体的政策工具及手段则由政府职能所决定；另一方面，在投资管理上，政府的介入程度取决于政府投资范围，而政府投资范围从根本上说也是由政府职能所决定的，政府投资的范围越广，投资管理涉及的事务就越多，可能采取的管理手段也会更丰富。

（二）经济发展阶段和发展模式

经济发展阶段和发展模式对投资调控和管理的影响主要在于，不同的发展阶段和发展模式下，政府在经济方面的职能范围会有所不同。通常欠发达国家在经济起飞的初期会采取赶超发展战略，而在这种战略下政府对于经济领域尤其是投资领域的介入很深。政府实施的投资调控和管理都是围绕实现既定发展战略目标而进行的，而且在具体的方式、手段方面可能会不拘一格。相比之下，在经济发展程度较高的自由市场经济体中，政府的角色定位为"市场的守夜人",这样一来,政府职能也就非常有限,政府对投资领域的介入也就比较间接。

（三）经济传统和经济结构

除了经济发展阶段和发展模式以外,政府职能在很大程度上也会受一国经济传统和现实经济结构的影响。这种影响传到投资领域,就表现为各国调控目标、调控手段及管理方式的差异。例如,作为世界第三大经济体,日本的发展阶段和发达程度在全球无疑处于前列,但国家干预的传统使得日本与美、英等国的投资调控和管理存在很大差别。另外一个典型就是法国。在西欧传统资本主义强国中,法国的投资调控和管理完全是另类。这主要是因为在法国经济结构中国有企业占据很重要的比重,而且在法国的经济传统中,自然垄断性行业应由国有企业经营。

关于投资调控和管理的影响因素和作用机制,我们可以用图8-3来表示。

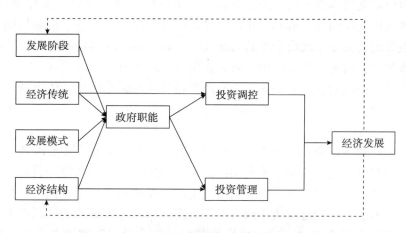

图8-3 投资调控和管理相关因素及相互作用机制

第四节 外国投资体制的经验

前文我们从投资相关主体结构、资金来源结构、投资的宏观调控和投资管理等不同方面,以不同的典型国家为对象,对各国的投资体制进行了横向比较,并分析相关因素之间可能存在的关联。本节拟在前面三节分析的基础上,总结影响投资体制形成的一些因素和规律,以期对我国的投资体制改革提供一点有益的借鉴。

一、投资体制的影响因素

（一）政府职能与投资体制形成

从前面三节的分析可以看出，无论是投资主体结构、投资的资金来源结构还是投资的宏观调控及投资管理，都与一国政府职能有着密切的联系。从某种程度上讲，政府职能范围决定了投资体制的方方面面。

首先，政府职能范围的大小直接影响到投资决策主体的结构。投资决策主体结构是由私人投资和政府投资的相对比重决定的。政府职能范围较广的经济体，通过政府投资来完成和实现的职能通常也更多，最终反映为政府投资比重的提高。

其次，政府职能影响政府投资范围的同时也影响了财政预算中用于投资方面的支出规模，而投资资金结构恰恰是由财政预算资金、直接融资资金、间接融资资金等构成的。此外，政府为实现特定职能还可以通过影响政策性金融机构进而影响间接融资的相对规模。如各国的政策性银行，其融资性质属于间接融资，但其融资行为在很大程度上服从政府安排、服务于政策特定职能的实现。

最后，投资调控和投资管理更是与政府职能范围密切相关。有关分析见第三节相关内容，此处不再重述。

（二）影响投资体制的其他因素

在前面几节的分析中，我们已经发现影响一国投资体制的因素很多，除了政府职能外，还包括经济发展阶段、采取的发展模式、奉行的发展原则、历史传统以及现行的经济结构等。在上述因素中，有的也是政府职能范围的决定因素，并通过对政府职能范围的影响来进一步影响投资体制的形成。

当然，有些因素本身对投资体制也会产生直接影响，如现行经济结构。一方面，现行经济结构直接影响政府投资调控和投资管理的方式与具体手段。当经济结构中国有企业比重较大时，投资调控会偏重于计划等直接调控的方式和手段，在投资管理方面更多地体现为政府对投资活动的直接控制；而当经济结构中私人企业占绝对主导时，投资调控则主要依靠各种间接调控方式和手段，在政府投资项目的管理上也通常会引入市场机制和私人企业。另一方面，在特定的经济发展阶段，一国的经济结构往往也会对政府职能范围产生影响。例如，当产业结构表现出明显失衡时，政府便可能将实施产业政策、优化产业结构纳入其职能范围，并因此对整个投资体制产生影响。

（三）投资体制相关因素间作用机制分析

有关投资体制及其相关影响因素之间的关系及作用机制见图 8-4。

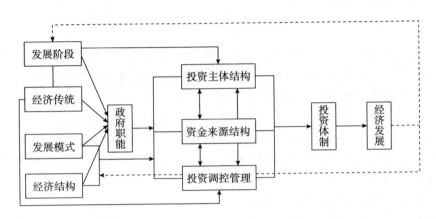

图 8-4　投资体制及其影响因素之间的作用机制

图 8-4 表明，经济体所处的特定发展阶段、秉承的经济传统、采取的发展模式、现行的经济结构以及政府职能范围都是投资体制形成的影响因素，但其作用机制又有所区别，具体来说可以归纳为以下五点：①政府职能范围的大小影响着投资体制的每个方面。②发展阶段、经济传统、发展模式和经济结构对政府职能范围的确定有着直接影响，并进而间接影响投资体制的形成。③发展阶段、经济传统、发展模式和经济结构之间也存在着一定的因果关系，主要是发展阶段和经济传统对于发展模式的选择与现行经济结构的形成有着很大的影响。④经济传统、发展模式及经济结构对于投资体制的不同方面也有着直接影响。⑤投资体制中，投资主体结构、资金来源结构和投资的调控管理之间也存在着相互影响和作用。例如，投资决策主体的结构能够影响预算资金在资金结构中的比重，而直接融资、间接融资的发达程度也会对投资中介机构、融资机构的组成结构产生影响。

投资体制的形成和确立对于经济增长和发展有着举足轻重的作用，而随着经济的不断发展，经济体所处的发展阶段、现行的经济结构都会发生变化，未来选择的发展模式也会有所调整。这样，上述因素在长期动态变化中就形成了一个相互作用的循环链条。

二、投资体制的演变及未来趋势

根据前面对投资体制各方面的横向比较及投资体制影响因素的分析，以及对投资体制的演变和未来的发展趋势，我们大致可以总结出以下六点。

第一，政府作为投资决策主体参与投资的领域将越来越集中于公共事务领域（包括基础设施、公共服务等）。这一趋势是由政府职能范围的发展趋势所决定的。随着各国经济发展水平的不断提高，市场机制将得到不断完善，市场在资源配种中的效率优先也将不断显现；政府的职能将逐步推出竞争性领域，并致力于市场缺失和失灵的公共事务领域。

第二，即使在由政府主导的公共投资领域，市场机制也将被逐步引入投资项目的具体运作中。这主要可以归结为两方面原因：一方面，政府对其投资项目通常会面临资金不足的问题，引入市场机制意味着私人企业和民间资本的介入，可以有效缓解资金不足的问题；另一方面，引入市场机制有利于提高投资项目资金使用效率。

第三，政府投资的宏观调控方面将主要采用间接调控的方式。间接调控重在运用经济杠杆调节市场主体的行为，是符合市场规则的调控方式，也体现了市场经济条件下政府有限干预的原则。

第四，在投资的融资结构中，以资本市场为依托的直接融资相对规模将不断提高，以商业银行体系为依托的间接融资的相对规模将下降。这主要是因为，直接融资与间接融资的变化取决于金融体系的变化，而未来资本市场的日益繁荣和传统商业银行的日渐式微基本是大势所趋。

第五，财政预算资金相对规模则可能呈倒"U"形变化。这是因为财政预算资金相对规模主要取决于政府职能及其投资范围。而在经济发展水平不断提高和市场化机制不断完善的过程中，政府职能范围可能出现缩小和扩大两种趋势。一方面，随着政府对竞争性领域的退出，政府职能范围将不断缩减；另一方面，经济发展带来的分工的不断细化将产生许多新的公共事务，从而拓宽了政府职能及政府投资的范围。

第六，投资中介机构在投资体制中的地位和作用将越来越大。随着经济规模不断扩大，整个经济系统变得越来越复杂，投资项目涉及的事务也越来越多，客观上需要由一些专门的机构独立出来承担一些投资服务的功能。与此同时，市场的不断完善也为这些机构的发展提供了良好的外部环境。因此，无论是非营利性的商会、行业协会，还是以营利为目的的投资银行、会计师事务所、律师事务所等，在未来都会面临更广阔的发展空间和发展机遇。事实上，这也是经济发展过程中分工越来越细化的必然结果。

第九章 投资体制改革的评价与思考

改革开放 40 年来，中国的投资体制改革取得了巨大成就，许多成功的经验需要充分肯定，一些教训也值得总结。本章的前三节是本书在改革开放 30 年写作时对投资体制改革的经验、教训，以及在当时条件下对投资体制改革前景的一些分析。作为历史的记录，我们把这三节保留在这里，用以研究经济研究工作者对投资体制改革的分析和认识过程。本章增写了第四节，对从改革开放开始到进入 21 世纪以后，特别是中共十八大以来，我国的改革开放和社会主义建设进入新时期后的投资体制改革过程进行梳理和分析。

第一节 投资体制改革的经验

在中国国情下，投资对国民经济的运行具有举足轻重的甚至是决定性的作用，中国投资体制改革是按照渐进方式进行的。事实上，从 1978 年起，直到 2004 年才正式出台关于投资体制改革的纲领性文件——《国务院关于投资体制改革的决定》，这是稳妥的、积极的。

一、在投资主体与投融资渠道方面

（一）明确并坚持了以促进企业为投资主体的改革方向

在 1988 年 7 月 16 日国务院发布的《关于印发投资管理体制近期改革方案的通知》中，即明确强调了要扩大企业的投资决策权，使企业成为一般性投资建设主体。同时具体提出：企业进行必要的扩大再生产，在服从国家中长期计划、行业规划和国家有关法规的前提下，有权自主地筹措资金（包括折旧基金、企业留利和经批准筹措的资金）和物资（包括投产后所需原材料、燃料、动力等）；有权自主地支配应得的投资收益。在 1992 年 7 月 23 日出台的《全民所有制工业企业转换经营机制条例》中具体明确了企业享有投资决策权，并对企业的投资范围、决策权限的界定、政策优惠和责任约束等方面进行了具体规定。而在 2004 年《国务院关于投资体制改革的决定》

中又进一步规定，对于企业不使用政府投资建设的项目，一律不再实行审批制，区别不同情况实行核准制和备案制；扩大了大型企业集团的投资决策权，指出基本建立现代企业制度的特大型企业集团，投资建设《目录》内的项目，可以按项目单独申报核准，也可编制中长期发展建设规划，规划经国务院或国务院投资主管部门批准后，规划中属于《目录》内的项目不再另行申报核准，只须办理备案手续。以上，从投资改革历程的角度看，以企业为投资主体的改革方向不断得到深化。

（二）形成了多元化投资渠道，缓解了经济活动资金缺口压力，促进了经济增长

随着经济体制改革的逐步推行，新的投资主体不断涌现，形成了多元化、多层次投资主体结构。与各投资主体相适应的融资方式也不再单一，形成了包括财政拨款、企业自有资金、银行信贷、股票、债券以及各种民间集资方式和利用外资方式等多种融资渠道。其中，政府投资主体可利用的融资方式有财政拨款、财政信用（通过发行各类债券实现）及举借外债、利用外资；企业投资主体可利用的融资方式有自有资金、银行信用、发行股票、发行债券及民间集资和利用外资；个人投资主体的融资方式主要有个人自有资金、民间集资和金融机构信用；金融机构投资主体的融资方式主要有自有资金、金融机构信用、发行金融债券及利用外资；外国投资主体的融资方式则更为多样化。多样化的融资方式扩大了经济活动所需资金来源，缓解了资金缺口矛盾，促进了经济增长。

（三）吸取市场经济模式的投资机制，积极推进投融资模式的市场化创新

按照市场经济模式成立投资公司，用经济办法对投资进行管理。中央一级成立能源、交通、原材料、机电轻纺、农业、林业六个国家专业投资公司，负责管理和经营本行业中央投资的经营性项目（包括基本建设项目和技术改造项目）的固定资产投资。能源、交通、原材料、机电轻纺四个投资公司由国家计委归口领导，行业归口主管部门参与指导；农业、林业投资公司由国家计委与部门归口领导，以国家计委为主。经过多年的投融资体制改革和探索，已形成"政府引导、社会参与、市场运作"的社会投资增长机制。

同时，直接融资模式走上历史舞台，这对于有效筹集民间资金、弱化银行部门信用风险起到了积极作用。改革开放后，伴随着经济体制改革的推进和深化以及经济建设的发展，经过一系列开创性探索和积极酝酿，作为直接融资主要渠道之一的股票市场逐步恢复并成长起来。经过 10 多年的发展，

中国股票市场已较具规模，并对社会经济发展发挥了不可替代的作用，对投融资体制改革、企业制度改革、金融体系改革乃至经济运行机制的改革发挥了重要作用，成为社会主义市场经济不可或缺的组成部分。

此外，基础设施建设领域逐步放开政策掣肘，积极探索以市场化为取向的多样化融资模式，推动了基础设施建设的长足发展。我国基础设施建设长期以来基本上实行的是政府单一管理体制，融资渠道狭窄，政府财力有限，这是造成基础设施建设规模过小的主要原因。随着改革开放的推进，特别是20世纪90年代以来，我国基础设施建设的需求增大，而政府可提供的服务缺口太大，为了改变这种状况，政府在基础设施建设领域借鉴发达国家的成熟经验，并积极探索适合中国国情的投融资模式，推动了市场化融资的发展，也使得基础设施建设取得了突飞猛进的发展。

（四）引进外资，进一步拓宽融资渠道

1986年10月11日，国务院发布《关于鼓励外商投资的规定》，鼓励外国投资者在中国境内举办中外合资经营企业、中外合作经营企业和外资企业。该规定包括改善投资环境、保障企业自主权、按国家产业政策给予税收优惠等，以利于更好地吸引外商投资、引进先进技术、提高产品质量、扩大出口创汇、发展国民经济等方面的内容。

事实上，在整个改革的过程中，政府一直在制定有效政策，积极引进外资，吸收外部资源，解决内部资源不足特别是资金不足的矛盾。同时，适时调整不合时宜的政策，提高利用外资的水平。改革开放以来，我国政府制定了一系列优惠政策和法规，为大力引进外资促进经济发展提供法律保障，营造良好投资环境。一系列优惠政策措施加上自身有利条件，我国在吸收利用外资方面取得了重要成就。有效利用外资不仅解决了内源资金不足的问题，更重要的是促进了我国的就业，发展壮大了外向型经济，带来了先进的技术和管理经验，并通过技术外溢、知识扩散为内资企业发展提供了有利条件。如果说早期的政策主要依靠"优惠"手段吸引外资的话，20世纪90年代中期则转向"公平"，致力于改进政府服务，营造良好的投资环境，逐步实现给予外商投资企业国民待遇。

在拓宽融资渠道的同时，注重提高了建设资金使用效率，优化了资金资源配置。改革开放以后，我国对基本建设的投融资模式改革经历了从试行"拨改贷"到全面推行"拨改贷"和发展其他多种投融资模式的历程。基本建设投资试行银行贷款的办法是基本建设管理体制的一项重大改革，对于加强基本建设管理、建立经济责任制、缩短基建战线、硬化投资预算约束、遏制"投资饥渴症"、提高投资效果起到了积极作用。

二、在项目管理方面

我国投资项目管理体制是在计划经济体制下建立的，也是伴随计划经济向市场经济转轨的过程而不断改革的。因此，投资项目管理的改革，一方面，在宏观层面体现了和整个国家的经济体制变革密切相关的特点；另一方面，在微观方面体现了和企业、政府等投资主体市场化进程以及产权制度变革的密切联系。这是投资项目管理方式改革复杂性的体现，也是投资项目在经济现实中的综合性和重要性的一种体现。

（一）注重提高审批效率，简政放权，改进投资计划管理

对于提高投资项目的审批效率，早在改革开放初期的投资体制改革中就已得到一定的体现。对此首先是从基本建设管理领域开始的。在 1984 年 5 月 15 日第六届全国人民代表大会的政府工作报告中就已提出，在基本建设的管理上，必须简化审批程序，下放审批权限，减少环节，提高效率；规定今后除限额以上需要国家计委综合平衡的项目报国家审批以外，其余的实行分级管理、分级平衡；需要国家审批的，国家计委拟将过去的五道手续简化为两道手续，即只审批项目建议书和设计任务书。为此，1984 年 8 月 18 日国家计委发布了《关于简化基本建设项目审批手续的通知》。2001 年 11 月 7 日，国家计委宣布取消第一批五大类投资项目审批。取消审批事项的原则是：对于不需要中央政府投资、国家产业政策鼓励发展、总投资限额以下的项目，属于地方政府出资的由地方计划部门审批，属于企业出资的由企业自主决策。2004 年，在《国务院关于投资体制改革的决定》中具体提出了改革项目审批制度，落实企业投资自主权。

对投资活动实行多种计划管理形式，减少国家计委对投资活动的直接管理。国家专业投资公司建立以后，国家计委不再直接管理项目投资。经营性投资由国家计委切块给各专业投资公司，由投资公司按计划承包新增生产能力，自主经营。同时，充分发挥市场和竞争机制的作用，全面实行招标、投标制，要求新建项目不涉及特定地区或不受资源限制的，都要通过招标选定建设地点；建设项目的设计、工程承包、设备供应和施工，都要通过招标、投标择优选定，不得按行政办法分配任务。

（二）采取渐进式的改革路径，逐步放松投资项目管理审批权限

我国投资项目管理体制改革是伴随我国经济体制改革的历史进程而逐渐展开的。从传统计划经济时代的政府全面掌控模式，结合经济体制改革的市

场化趋势，逐步地放松了对投资项目的政府审批。首先，这种方式的变革，其最大的优点是减少了剧烈动荡带来的"阵痛"，减少了变革的代价，实际上也反映了适应社会不同利益体的承受能力的客观现实。其次，由于投资项目管理对国民经济有重大影响，对建设项目管理方式的逐步放权还实际上减少了投资对国民经济发展的不良冲击。我国经济发展的实际状况表明，投资一直是推动经济增长的主要动力，经济过热的主要根源在于投资规模膨胀。因此，投资项目管理体制的变革就不得不顾及社会经济现实中业已存在的相关经济联系，采用逐步放松政府管制的步骤，减少对经济发展的影响。再次，逐步放松投资项目管理权限，也适应了投资主体市场化的发育程度，适应了掌握现代项目管理知识和方法的学习过程，从而体现出在变革中逐渐学习的自然规律。我国投资项目资金来源在长时期中一直是国家资金，投资主体也一直是政府行为或是体现政府意志的国有资本，这是计划经济体制下的必然结果。因此，投资项目管理体制的变革就必然要考虑不同利益主体的市场化发育过程和程度渐次展开。最后，不同的经济管理体制都是一定历史条件和社会经济发展水平的产物，投资项目管理体制也不例外。世界上没有一种完全好或完全坏的投资项目管理体制，只有这一体制适合与否的问题。因此，渐进式变革过程也是对既有的投资项目管理体制进行扬弃的过程，有利于保留一些适应我国经济社会发展现状要求的做法，体现一种制度变革中的历史继承性和路径依赖。

（三）引进先进管理方法，加强项目科学评价体系建设

在传统的计划经济体制下，投资项目管理主要是学习了苏联的基本建设项目管理体系，并采用传统的管理理念和方法。在投资项目管理体制的改革过程中，注重引进国际上的先进管理方法，加强科学评价体系建设，是投资项目管理体制改革的基本经验之一。第一，在改革过程中注重投资项目的成本核算，强调经济效益尤其是企业作为投资主体的经济效益，这是加强科学管理的基础，也是项目投资活动的基本目标。第二，通过利用国外资金的投资项目，学习和借鉴国外通行的可行性研究体系，完善投资项目评价方法，并研究制定了适应中国国情的可行性研究程序、规定以及相关标准，组织实施推广，提高了全社会的投资项目管理水平和规范程度。第三，通过涉外投资项目的工程项目建设，借鉴了国际上通用的项目管理理念和方法，主要表现为系统地总结推广"鲁布格工程"经验，并通过相关政府部门以文件和标准的方式，在建设工程实践中全面推广，对提升投资项目的工程建设质量起到了很大的推动作用，也对培养相关的投资项目管理人才起到了奠基作用。

第四，结合投资项目建设的实际情况，在投资项目管理中重视计算机的应用，提高了投资决策和管理的效率以及投资项目管理的科学化水平，为投资项目管理体系的全面推广提供了信息共享的现代化手段。

（四）以企业为项目投资决策和管理主体，减少行政干预

在传统的投资项目管理体制下，政府不仅是唯一的资金提供方，也是唯一的投资项目管理主体。在投资项目管理改革过程中，随着投资资金来源的多元化，以及社会主义市场经济体制的建立和完善，投资主体逐步多元化，这也是投资项目管理体制市场化改革的内在要求。第一，企业作为项目投资的主体，体现了投资收益和投资风险对等的原则，加强了对投资主体的利益约束，减少了由于决策主体缺位带来的效率低下问题。第二，投资项目管理以企业为主体，从根本上解决了投资项目管理中政企不分的问题，也有利于避免大量的"跑部钱进"现象以及大量的"钓鱼工程"。第三，企业作为投资项目管理的主体，有利于提高投资项目决策的科学性。可行性研究报告是投资决策和建设的基础性条件，对项目成败起着重要作用。可在现实中，投资主体的职责不明确，也导致了"可批性报告"研究的存在。在很多环节上，往往和市场的真实状况脱节。第四，企业作为投资项目管理主体，有利于解决项目投资金额失控，"三超"（概算超估算、估算超预算、决算超预算）现象造成的投资成本上升。在具体实施建设项目的过程中，避免任意提高建设标准，扩大建设规模，增加建设项目。第五，企业作为投资项目主体，避免了管理不到位、浪费严重等弊端，有利于规范项目施工招投标工作，有利于避免工程项目经过层层转包后工程质量低下的现象，可使得项目建设按照项目管理客观流程的要求，规范地进行施工管理。

三、在宏观管理方面

在投资体制改革的过程中，政府有效地进行了宏观调控。

（一）准确判断形势，明确调控目标

1979~1983年，投资方面的调控主要采取了计划和行政手段，但在投资规模的调控和结构上存在着很多问题，尤其是在结构方面，一些该上的项目上不去，而那些对国家的发展没有好处的项目也停不下来。尤其是地方和企业在此期间又盲目上了一批重复建设项目。这说明即使改革刚刚开始，由于企业和地方政府开始有了自己的利益，其在投资目标上已难以与全局要求保持一致，传统的投资调控手段的作用已经开始下降。在调整的同时积极推进投资体制改革，是这次调控中值得赞赏和称道的地方。尽管从目前来看，当

时一些具体的改革措施是否正确还有待商榷，如现在看"拨改贷"的实践就整体上来说是否妥当，但在当时这些改革措施影响却很深远，是改革道路上必要的探索，对我国改革的推进具有重要意义。

1985~1992年，我国经济已经开始由传统的过度集中的计划经济体制向有计划的商品经济体制转变，国家宏观调控手段也发生了明显变化，一方面继续保持了计划调节手段，另一方面更大量地采用了各种经济手段来调节经济运行。在这一阶段的投资调控中，就采取了行政的、经济的和法律的手段结合运用的办法，效果比较明显。而且许多行政手段的运用，也是采取计划调节与经济杠杆相结合的办法，一般是以行政办法贯彻、以经济办法整治，因此力度就比较大。纯粹的行政手段运用或强制的行政措施处置并不明显。除了固定资产投资项目采取了行政色彩浓厚的"层层项目清理"外，一般都采用了经济政策指导和运用财政、税收、利率、汇率、价格等经济杠杆手段调节，尤其注意了发挥金融手段的作用。例如，在1988年9月和1989年2月，中央银行连续两次大幅度提高银行利率，平均利率提高2~3个百分点，居民储蓄利率还实行了保值贴补制度，很快稳定了金融大局。又如，用"产业政策大纲"指导投资方向，银行信贷政策也改变了过去"平均供应"的倾向，实行了按产业政策、结构调整的要求发放贷款。再如，1989年12月，我国果断地调整了汇率，调低了高估的人民币汇价，从而有力地促进了出口贸易。

值得肯定的是，以往的调控或者调整往往是等经济已经扩张到了实在难以为继的时候才被迫进行，而这一阶段的调控则有所不同。当时对于是否已经出现了经济过热是有不同看法的，但党中央审时度势，清楚地看到了投资和经济过热的严重性和危险性，果断加强了宏观调控，为这次"软着陆"的成功创造了条件。这一阶段宏观调控的目标也很明确，即以治理通货膨胀为首要任务，把经济增长率逐步降低到适度范围。由于货币发行量和信贷规模过大，以及金融秩序混乱是造成投资和经济过热的主要原因，因此这一阶段调控的措施也很明确，就是以控制货币发行量和信贷规模为主，实行了适度从紧的财政货币政策，同时大力整顿金融秩序。所谓适度从紧，一是在总量上从紧控制，逐步到位；二是在结构上松紧不一，区别对待，这就保证了在有效控制投资规模的同时保持投资的适度增长和投资结构的调整。

（二）灵活运用多种调控手段

针对投资体制改革过程中出现的问题，政府的宏观调控，既使用了市场经济中普遍采用的一些调控措施，如控制货币供应量和调整利率等，又采取了一些传统的计划和行政手段，如加强对银行信贷计划规模的控制，把房地产开发投资纳入计划管理，要求各地清理项目和重新审查开发区等。1992年，中共中央明确提出要建立社会主义市场经济体制，经济的市场化程度大大提高，这是与前几次调控最大的区别之处，在调控手段的选择上也较多使用了经济手段。即使是传统的计划和行政手段也有了区别：一是比较温和，不像以往那么严厉；二是不断根据实际情况改进。比如，尽管当时为了控制信贷规模仍然强调了信贷计划控制，但到1998年就放弃了信贷规模控制，开始实行资产负债比例管理。这一阶段的调控还能根据经济实际情况不断进行微调，这对实现"软着陆"是极为重要的。如到1996年，实际利率恢复为正数，同时企业资金比较紧张、经济效益下滑，下岗职工人数增多。针对这种情况，1996年5月1日政府宣布降低利率，同时停办保值储蓄，这实际上是放松银根的一种微调。这种微调不仅没有造成经济过热的反弹，反而支持了企业的生产和建设，保证了经济的快速增长。

（三）规模控制与结构调整相结合，宏观调控与改革相结合

1992~1993年的投资形势既有投资总规模膨胀，又有投资结构不合理。不控制投资规模，经济过热和通货膨胀问题就得不到有效解决，因此严格控制投资规模是这一阶段调控的首要任务。但不调整投资结构，即使暂时控制住了投资规模，也会给经济的长远发展埋下隐患。因此，在这一阶段的调控中，既严格控制投资总量，又大力调整投资结构，发展基础设施和基础产业，缓解国民经济发展的"瓶颈"制约，增强经济发展的后劲。电力、铁路、通信等行业在这几年中得到了迅速发展。这既缓解了总量控制造成的诸多矛盾，而且还使总量控制的结果得以巩固。

1993年，改革的步伐大大加快。按照以往的经验，在改革较快的时期往往经济发展较快，进行宏观调控的难度要大一些；而在宏观调控力度大的时候，经济发展和改革的步伐又要慢一些。如何处理好改革、发展和稳定这三者之间的关系，是需要认真研究的。1993~1997年，这一问题处理得比较成功，既成功实现了"软着陆"，又出台了金融、财税、外贸等多项重大改革措施，包括分税制、政策性金融和商业金融分离、进一步放开主要工业品的价格、汇率并轨、建立现代企业制度、抓大放小等。在投资体制改革方面，出台了项目法人责任制、投资项目资本金制度、适当放宽国有企业的投资权限、提高地方对外商直接投资的审批权限等改革措施。这些改革措施大大强化了市场机制的作用，使市场在约束投资扩张方面发挥了作用，同时又为用经济手段调控投资提供了市场基础，使这些手段可以更好地发挥作用。改革

和调控的紧密结合，是这一阶段调控的一大特点，也是成功之处。

第二节　投资体制改革的教训

一、需要处理好政企分开、中央与地方事权划分

在投资体制改革的过程中，一直没有很好地解决好政企分开的问题，使有关投资改革导致出现混乱问题。以"拨改贷"为例，在 1979 年即率先进行了基本建设投资的"拨改贷"试点工作。在经济体制改革尚没有全面展开的背景情况下，"拨改贷"作为改革的尝试无疑是具有积极作用的。但由于总体经济体制仍是传统的计划经济体制，使得"拨改贷"工作出现不少问题。"拨改贷"虽在形式上改变了企业的资金来源方式，但事实上并不具有硬约束。这时的投资主体本质上仍是政府。在"国家定项目、国家给资金""投资项目层层审批、集体决策"的体制下，企业是否能够还贷并不具有"硬约束"性。事实上，在实施"拨改贷"后导致一些国有企业出现盲目投资和高负债率的现象，进而引发银行坏账不断增加，而后实施资产重组、"利改税"、"债转股"等一系列政策。

政企分开的问题没有解决好，中央与地方事权划分的问题也没有很好地解决。由于事权划分不清导致投资主体缺位与越位，进而造成投资主体混乱的局面。在中国，虽然中央与地方各级政府间的责权利分层界定的原则框架在改革开放后已基本确定，但中央与地方政府间在一些具体的投资领域的责权利范围还没有得到明确具体的划分和界定，以致个别部门对下级政府的资源、资金和项目的分配以及政策倾斜的决策比较随意。同时也存在暗箱操作的问题，出现"跑省、跑部"等"公关活动"，以期从上级部门争得更多一些的资源、资金、项目和决策权力。事权划分上的混乱，造成投资主体不明确，随意性和讨价还价机会增加，致使有些该由中央政府和省级政府承担的建设项目，中央政府和省级政府没有完全承担起来，而有些本该由地方政府自己解决的项目却得到了上级政府的资金支持。这同时也为腐败和"寻租"行为的滋生提供了土壤。

二、投资体制改革需要与其他改革相配套

这表现在以下三个方面：

第一，从投资体制改革的进程与总体经济体制改革的进程角度来看，存

在着投资体制改革与其他方面的经济体制改革彼此不相配套的问题，如投资体制改革明显滞后于其他如财政、金融、外贸等方面的体制改革。正是由于总体经济体制改革与投资体制改革的进程不一、不相配套，从而使投资体制的改革进行得非常艰难。由于改革不配套，使得在投资决策、项目管理、资金筹集与使用等诸多方面存在大量的漏洞，导致多头决策、管理混乱、资金使用效率低下，甚至滋生腐败。追求部门利益、条块分割、投资决策靠"首长意志"，如铁路、公路、水运、航空和管道等投资建设项目互不协调，无法形成综合交通运输体系。

第二，产权改革滞后导致投资主体到位滞后。规划和讨论多年的投资体制改革方案已于 2004 年 7 月 26 日正式公布实施，为引导社会投资的持续健康发展奠定了制度基础。投资体制改革有利于进一步落实企业投资主体的地位，减少行政干预，加强对企业投资行为的引导，减少企业投资决策的盲目性以及低水平重复建设的程度，从而全面提高投资效益。但是，投资项目管理的变革以工程建设领域为主，缺少产权改革的同步实施。首先，在整个投资项目管理体制改革的过程中，明显感到产权制度的硬约束始终不能切实到位，特别是涉及国有投资主体的情况下，在产权制度变革不完全时，相关的配套改革不能跟进。即使投资项目的审批改变为核准和备案，也不能彻底约束相关利益方。其次，企业作为投资决策的主体，没有完整的约束机制保障决策实施。其中主要表现就是缺乏相应的后评价机制，以及相应的投资决策责任追究制度。要落实好企业投资决策的自主权，真正将"谁投资，谁决策，谁受益，谁承担风险"落到实处，不仅需要在法人治理结构上健全机构、落实决策责任和义务、强化自主决策意识、不断提高投资决策的水平，还应该严格按照企业自身发展战略的内在要求，决策投资的领域和规模等事宜，并严格投资决策的追究制度，以硬化对企业固定资产投资决策的约束。

第三，与投资项目管理改革相配套的相关改革不够完善。投资项目管理的改革是一项复杂的社会系统工程，需要相应的子系统的配套改革予以支持，这也是投资活动综合性的自然要求。目前配套改革不完善的主要表现有：首先，社会主义市场经济体制还在不断完善过程之中，相关的改革措施还在逐渐深化，如财税制度、就业制度、要素市场建设、知识产权制度以及行政体制改革等还处于攻坚阶段。其次，目前金融体制改革的结果难以完全实现独立审贷。作为投资项目管理的重要内容之一，就是要硬化项目投资的资金约束。商业银行的股份制改造的结果，仅仅完成了建立起规范的法人治理结构和企业化运作的架构，但改变国有商业银行的非企业化作为，使银行独立审贷作为投资项目管理体制改革的内容和配套机制，还难以落到实处。最后，投资核准和社会以及环保事业的监管存在脱节。在目前的投资项目管理过程中，环保评价和社会评价对投资项目的否决作用还很有限，很多投资项目管理的边界还主要在企业内部，对外部性问题缺乏有力的成本制约。

三、决策机制还需加强，法律体系还需健全

从宏观看，我国投资决策机制在很长时间内仍是传统的计划经济决策模式，政府投资缺乏约束机制，缺乏科学决策机制。在很长的时间里，国有企业很多投资项目仍是国家计划与政府行为的结果，其中相当一部分属于重复引进和重复建设，没有产生应有的效益，反而导致资金使用的巨大浪费。在投资决策上主要是通过行政审批与控制投资规模的方法，而缺少企业自主投资决策的制度。甚至有些改革在一定程度上是进一步强化了计划性与政府管理的职能。同时，在管理手段上主要是通过行政命令方式来进行的，而缺乏相应的经济手段方式。在一些重大投资项目决策中，领导意志起主要决定的作用，缺乏决策的科学性。

从微观看，投资项目管理的科学决策机制有待于进一步加强，科学的决策基础还不完善，尤其是中介咨询机构的服务水平有待进一步提高。投资项目管理所需要的信息渠道建设，以及投资服务中介机构建设，是完善投资体制改革所必需的环境条件。各种市场信息可以引导投资主体理性分析投资成本和收益，理性权衡投资风险和发展机会，有利于减少低水平重复建设的程度，降低投资成本，减少投资浪费，增加提高投资效益的可能性。目前我国的要素市场价格市场化程度不高，造成资金价格、土地价格、水资源和矿产资源的价格水平并不能反映企业真实的投资成本，也是造成企业投资非理性化的因素之一。

从法制角度看，在成熟的市场经济环境下，投资管理的法制监管和调控特征很鲜明。政府调节社会投资的运作和不同投资主体的手段，也主要是法制手段。但是，我国的投资项目管理法制化基础还较弱，相关法律建设滞后，尤其是《投资法》还没有出台。对投资活动的法律规范还散见于《公司法》《证券法》《税法》《合同法》以及《刑法》等相关条款，体系性较差。因此，中央政府应该进一步加强和改善投资宏观调控，注重政策组合的力度和效果，强化宏观调控的合力。第一，政府投资的投资项目管理还需要进一步深化。政府投资需要从投资模式、资金来源与运用、决策程序、投资项目管理以及项目后评价等方面，逐步进行规范化的操作。第二，政府在调

控社会投资时，还存在按照投资规模审批的弊端。第三，在投资项目的核准过程中，社会评价和环保评价对项目审批的约束软化不能完全实现政府有关职能机构各就各位，切实履行相应的社会效益的评审和核准。第四，中央政府与地方政府的投资事权需要科学合理地划分，在建设实施方式中引入市场机制还有待进一步深化。

第三节　投资体制改革前景分析

一、经济全球化下的投资改革实践

世界经济发展趋势是一个国家发展本国经济的外部大环境，因而对未来中国投资实践和投资体制改革具有重要影响的因素之一就是经济全球化。进入 21 世纪后，在和平与发展两大主题下，世界经济发展出现了许多新特征，其突出表现是：经济资源的无国界流动形成了经济全球化趋势，以信息技术为先导的新科技革命迅猛发展进而出现了经济信息化趋势，经济不平衡发展所产生的南北分化下的多极世界经济格局，等等。全球经济在诸多因素相互并存、相互交织的作用下，共同构成了 21 世纪世界经济发展的宏伟图景。

人类进入 20 世纪 80 年代以来，世界经济发展逐渐呈现出一种引人注目的大趋势：经济资源开始跨越国界在全球范围内全面、自由地流动配置，各国经济日益开放，并相互依存、相互制约，产生联动效应，此即所谓的"经济全球化"。在这种背景下，经济资源跨越国界在世界范围内自由地、大规模地、全面地流动，为适应经济发展的新形势，许多国家对本国的投资政策、法规都做了修改，其中绝大部分都是开放经济、实现贸易自由化的条款。随着经济的不断开放，资金、设备、技术、管理、人员等生产要素也都出现大规模的跨国界流动，而且这种流动的规模之大、速度之快、影响之深前所未有。同时，世界各国的经济相互依存、相互结合、相互开放，朝着一体化方向发展，各国经济实现了促进、转换和互补。此外，世界各国经济的发展受全球经济的制约和影响越来越大。一方面，一个国家国民经济的发展深受外部环境的影响；另一方面，一国经济的发展又对相关国家乃至全球经济的发展产生影响。

伴随着经济全球化的加深，西方发达的资本主义国家在生产力、生产关系、上层建筑等方面也都发生了重大变化，这对中国经济也将产生重要影响。"十一五"期间，中国将进一步提高对外开放水平，进一步促进出口贸易，提高利用外资的水平。具体而言，中国将鼓励外商，特别是跨国公司投资高新技术产业、重大基础设施建设，允许其在中国建立研究开发机构，参与国有企业的改组改造。同时，中国的服务领域将逐步对外开放，并将利用外国资源，建立海外石油、天然气供应基地，实行石油进口多元化，建立国家石油战略储备，维护国家能源安全。中国对外承包工程与劳务合作等其他对外经贸业务，也要比"十五"有更大的发展。

现在，中国已作为一个经济大国融入了全球经济化的大潮，中国将以一种全新姿态参与全球经济竞争。由于加入WTO，在未来，中国的某些传统工业会受到不同程度的冲击，某些产品将因为竞争失利而让出部分市场份额；劳动力在部门间的转移会出现重大调整，就业压力也将加大。在更深层次上，中国的经济主权将受到限制，未来中国经济的发展方向受世界经济波动的影响会增强，政府的部分决策将受到国际组织规则的约束，也就是说政府将不能独自按照中国的经济发展现状和需求制定宏观经济政策，从而对国民经济宏观调控的难度将加大。中国需要按照全球经济发展方向调整产业结构、优化资源配置、提高综合国力；需要引进国外资金和先进技术，与世界经济互接互补。

应该看到，中国资源丰富，但人均占有量少；经济总量大，但人均水平低。因此，作为发展中国家，中国经济发展水平还不高。现阶段，中国有很多问题亟待解决；在未来，中国将面临更复杂的经济形势，要面对许多新情况、新问题，中国的发展离不开对外贸易和外资，但是中国又不可能完全依靠对外贸易和吸引外国直接投资来达到经济富强的目的，其发展只能通过本土资源和本国企业来实现。中国只能采取自主发展的模式，不可能选择依附发展的模式。这是未来中国投资实践和投资体制改革的基本大环境。

二、投资体制改革的市场化趋势将逐步深入

投资行为从根本上说应该体现投资主体利益最大化的要求，投资效率无疑是投资活动的终极追求。而经济学原理告诉我们，市场中"看不见的手"通常是最具效率的手段。事实上，从西方发达国家及新兴市场国家的投资实践来看，按照市场规则运作是投资活动开展的基本准则。

投资活动市场运作的前提是企业作为市场主体应该真正成为投资决策的主体。这一点对于我国来说尤其重要。纵观各国投资实践，即便是政府投资范围的项目，最终的具体运作和决策也是由项目承担企业做出的。而我国在改革开放进行了30年后，政府干预企业决策、主导企业决策的局面并未根

本扭转，在某些地区和领域甚至没有发生实质性变化。真正确立企业的投资主体地位是实现市场化运作的前提和保证。当然，确立企业投资决策主体地位的同时也应加强企业内部的公司治理结构建设，形成一套投资决策的基本制度。事实上，在现代化大生产条件下，无论是大型国企还是民企都存在委托—代理问题，加上现代投资项目的复杂性，像小企业主那样简单决策已经无法适应时代的要求。而要做到科学决策，一套完善的投资决策内控制度是必不可少的。如日本、德国等国家的经验也表明，一套完整的投资决策程序和控制标准是投资项目成功的关键因素。

经过30年的改革，我国投资项目管理市场化趋势已经不可逆转，并且伴随社会主义市场经济体制的完善而进一步完善，投资项目管理市场化的取向也将进一步深入。这种趋势一方面表现为投资项目管理过程中投资决策的法制化约束将增强，法制化的调控手段将成为约束不同利益体的主要手段。另一方面，随着政府行政体制改革的深化，投资审批和政府监管将逐步规范，干预微观投资决策主体的行为将越来越少，政府将更多地进行社会事业建设以及投资环境建设。

在日益增强的市场化趋势下，中国将建立更加完善的多层次融资体系、多层次的资本市场体系，完善为各类企业服务的股权市场，丰富资本市场产品，规范和发展产权市场，推进风险投资；中国也将大力发展企业债市场，增加融资渠道，鼓励各种形式的金融创新，健全信用风险控制体系，逐步消除信贷投放对象的所有制歧视，提高金融服务水平；中国还将大力发展各类中小金融机构，为中小企业融资提供有效服务，增加基础设施等公共产品和服务供给，以适应城市现代化和新农村建设的要求。

三、国际化趋势将日益明显，投资中介服务更趋发达

中国经济已成为世界经济的重要组成部分，而且和国际经济的互动关系也将越来越紧密。因此，投资项目管理的国际化趋势也将日益明显。首先，在项目管理方法和评估体系上将越来越借鉴国际上的先进方法，包括会计制度等基础性的制度安排。其次，投资项目管理的国际化管理实践将越来越多，这主要与中国企业的国际化经营以及资金的全球逐利活动紧密相连。最后，投资项目评估中会越来越考虑国际影响因素，比如不同币种的汇兑损益以及风险评估等。

在日益显著的国际化趋势下，投资项目评价将越来越注重环境效益和社会效益。投资项目的社会评价是投资人履行社会责任的重要表现之一，也应

成为微观投资主体的自觉追求。在投资项目的成本核算过程中，体现"绿色投资"的环保评价将促使投资主体更加重视社会成本，重视资源和能源的节约使用，提高使用效率和重复利用水平。同时，不同投资主体和政府的决策和责任边界将越来越清晰，行政干预将越来越少，企业作为利益主体和投资主体将履行投资人的决策责任。政府投资也将越来越专业化运作，代建制将进一步完善，项目稽核和监管将更加完善，投资效益将不断提高。

在投资管理日趋国际化的情况下，高效的投资体制仅靠投资企业自身的完善是远远不够的，良好的外部投资环境也是投资体制顺畅运行的必要条件。而外部环境中，发达的金融市场和健全的投资中介服务体系无疑是非常重要的内容。

投资行为的完成几乎毫无例外地需要一个发达的融资系统的支持。事实上，在现代社会，企业的投资行为通常都难以仅靠自有资金来完成，融资体系的发达完善既是投资项目得以顺利进行的保证，也关系到整个经济体的投资效率。从发达国家和新兴市场国家的经验来看，无论是以证券融资为主体的英美模式，还是以商业银行为主体的欧洲大陆模式，都有着一套非常健全、完善的融资体系。当然，金融体系的高度发达也与市场化程度有着密切的关系，既是市场发达的具体体现，更是推动市场进一步完善的重要因素。因此，我们在完善和发展金融市场体系的过程中还需要根据我国现实的国情、所处的经济发展阶段，在培育增强金融企业实力的基础上促进金融市场的发展和完善。

除了发达的融资体系外，各类投资中介机构的发展壮大也是投资效率提高的重要保障。在现代社会中，一项投资决策的制定既要考虑产业、市场、销售、采购、融资等经济因素，更要考虑政治、文化、风俗等非经济因素。在投资决策的前期需要有效地收集、整合方方面面的信息；项目启动后则需要涉及资产评估、资金筹集、行政许可等事务；在项目运行过程中则需要有涉及质量管理、风险控制、工程监理等具体事务。而整个投资过程中每一个具体环节可能都需要有特定的专业人士才能胜任。对于一个企业来讲，事先储备如此众多的专业人才应该说有很大难度。这样一来，如果投资活动执行过程中都由企业内部人员亲力亲为则必然会降低效率。而在投资中介市场发达的环境下，投资活动中涉及的每一个环节都可以委托相应的专业机构完成，投资项目的运作效率将大大提高。事实上，发达的投资中介机构体系是投资体制健全、完善的一个重要标志，也是经济社会不断发展的过程中社会分工日益细化的具体体现。前面的国际比较也印证了这一点。

四、政府的调控引导仍然不可或缺

从经济学原理上来说，政府对于投资活动的参与是由市场失灵的存在所决定的。市场"看不见的手"在公共产品、垄断、信息不对称等情况下通常会导致效率的低下。而且微观主体的投资行为在短期内可能是理性和有效的，但从更长的历史时期来看，对整个国家和社会来讲未必就是理性选择，在这种情况下就需要政府出面加以引导。上述国家比较研究也表明，即使是奉行自由市场的英美等国，其政府在投资体系中依然发挥着举足轻重的作用。

政府在投资方面的作用也是由政府职能范围和边界所决定的，我们可以将其归纳为以下三个方面：①对公共项目投资活动的直接参与。在公共产品领域，包括基础设施、公共工程，完全由市场来主导必然无法获取社会满意的产出。但政府对这些领域的直接介入与市场化规则运作并不矛盾。政府对公共项目投资活动的介入应着眼于宏观层面，确定投资的领域、工程的规模以及公共财政的支付能力，至于投资项目建设和运作等细节问题则完全可以交由具体的企业去承担。②规范投资主体行为，对投资进行宏观调控，以维护市场秩序，创造平稳的宏观经济环境。市场规则能够起到配置资源的作用，但市场本身并不能保障所有规则能够被所有市场主体有效遵守。这时就需要由国家出面，出台一系列的规制措施，以规范市场主体行为、维护良好的市场秩序，从而促进整个社会经济的有效运行。另外，由于投资在国民经济中占据着重要的地位，使得政府可以通过投资调控达到稳定宏观经济的目的，而宏观经济的平稳运行恰恰又为微观投资行为创造了良好的宏观环境。③为实现国家发展战略目标实施产业倾斜政策。从日本、韩国等东亚国家的发展经验可以看出，政府对投资的引导和干预还体现在特定时期实施的不同产业政策上。对于后发国家来说，必要的国家干预是实施国家赶超发展战略的必由之路。由于投资通常被看作经济增长的发动机，所以国家的产业倾斜政策自然会更多地体现在对特定产业投资方面的扶持上。当然，在扶持方式上，要尽量避免政府对投资项目的具体干预，而应着眼于综合运用财政、货币、金融手段，通过经济手段将企业的投资行为引导到国家发展战略的方向上来。

进入 21 世纪以来，全球经济一体化的进程日益加快。而加入 WTO 后使得我国更为直接地面临着来自全世界范围的竞争压力。要在全球化竞争中立于不败之地，就必须全方位提高我们的经济运行效率，而提高投资效率无疑是其中极其重要的一部分，是一项涉及企业竞争力、金融及市场环境、政府职能的系统工程。

首先，在全球化的竞争压力下，企业作为投资和经营主体，在加强公司治理结构、提高管理水平和运行效率的同时，还应具备全球化的视角，在进行投资活动时要着眼于全球产业分工，重新定位。事实上，随着我国企业盈利能力和经济实力的不断增强，加上全国范围内人口素质的显著提高，很多企业已经不再满足于从事低端的制造业。因此，提升产业结构，增强盈利能力必将成为我国企业投资最为主要的方向。

其次，政府在全球化背景下在投资领域发挥的作用将越来越重要。加入WTO，融入经济全球化意味着竞争的加剧，但并不意味着政府职能减弱。相反，这对转变政府职能、提高政府效率提出了新的挑战。WTO规则中对于政府行为设置了很多限制条款，使得原有的一些政府调控和扶持政策无法继续实施。在这种背景下，就需要政府相关部门在熟悉、适应WTO规则的基础上，充分利用其现有规则和条款，通过帮助提高国内企业的竞争力、实施"走出去"战略等方式，切实推动我国投资领域的产业升级，使我国在新一轮国家产业分工中取得更多的主动权。可以预见，随着我国政府职能的不断转变，政府将不断减少对投资领域的直接介入，代之以更多的间接引导、调控及服务，整个社会的投资效率也将不断提升。此外，随着我国经济体制改革不断向纵深推进，未来市场秩序将逐步规范，金融领域将不断发育成熟，投资中介服务也将日益完善。这些都将促进企业投资效率的提高，并促进整个投资体制的规范和完善。

第四节　从改革开放开始到进入 21 世纪以后 对投资体制改革过程的分析

人类社会的进步和发展就是生产力进步与发展的过程。人类社会生产发展的三个必不可少的要素是土地、资本和劳动，在不同的社会发展阶段，特别是在生产力发展水平还没有达到目前比较发达的阶段之前，这三个投入因素对生产发展的作用程度是不完全一样的。劳动是价值的创造者，土地是生产活动赖以进行的空间，资本是生产者或企业创建、生存和发展的一个必要条件。人类社会发展进入资本主义阶段以后，除了以多方面创新为标准的全要素生产率的作用越来越重要之外，资本投入（投资）的重要性也越来越明显。除了狭义的企业创建、经营和发展所需的投资之外，从广义来看，劳动者水平和效率的提高，以及新劳动供给的培养需要人力资本投资，生产活动所需土地的取得和利用需要土地开发投资。人类社会发展进入资本主义阶段后出现的对社会经济运行发展具有重要影响的以金融活动为代表的虚拟经济，实际上就是资本运行的结果，是现代社会中资本重要性的表现。随着改革开放的深入发展，我们对投资体制改革的认识也在逐步深化。

（一）改革开放初期至中共十七大

自 1978 年中共十一届三中全会拉开了改革开放的序幕以来，40 年来我国改革开放取得举世瞩目的经济发展成绩。回顾这波澜壮阔的 40 年，投资（包括投资本身以及对投资功能的认识）构成了改革开放这一壮丽诗篇中不可或缺的篇章。

20 世纪 70 年代末 80 年代初，我国面临着宏观经济的严重困难，原有的计划经济体制本身存在的固有弊端限制了宏观经济的协调增长，加之"文化大革命"对生产的破坏，中共十一届三中全会召开之时，我国国民经济面临崩溃的边缘。面对百废待兴的局面，恢复和发展生产是当务之急。面对这样的形势，十一届三中全会确定了解放思想、开动脑筋、实事求是、团结一致向前看的指导方针；决定停止使用"以阶级斗争为纲"这个不适用于社会主义社会的口号，作出了从 1979 年起全党工作重心转移到社会主义现代化建设上来的战略决策。当时最紧迫的问题是千方百计尽快把国民经济搞上去。邓小平同志总揽全局，在科学分析和论证的基础上提出了"翻两番"的奋斗目标，即到 20 世纪末实现国民生产总值比 1981 年翻两番。在此基础上，1987 年中共十三大提出了中国经济建设分三步走的总体战略部署：第一步目标，1981 年到 1990 年实现国民生产总值比 1980 年翻一番，解决人民的温饱问题，这在 20 世纪 80 年代末已基本实现；第二步目标，1991 年到 20 世纪末国民生产总值再增长一倍，人民生活达到小康水平；第三步目标，到 21 世纪中叶人民生活比较富裕，基本实现现代化，人均国民生产总值达到中等发达国家水平，人民过上比较富裕的生活。

在改革开放之初，尽快把国民经济搞上去所面临的一个严重的短板就是投资资金不足。当时我国农村中的土地和可开发荒地相对还比较充裕，还没有形成发展生产的严重的土地短板制约。随着农村率先以家庭联产承包制为核心的改革全面铺开，农业农村劳动力解放出来，并逐步转移到城市，转移到工业和服务业部门，发展生产所需的劳动力较为充裕，没有出现短板，社会经济发展出现了明显的人口红利。在 20 世纪 80~90 年代，作为发展生产的投入要素最大的短板是投资，最紧缺的是投资。为了实现"翻两番"的目标，在推动经济体制改革的过程中，我们高度重视投资工作。如何增加投资是各部门、各地区、各企业的重要任务。我们大致是从三个方面来筹措和增加投资的：第一，在微观层次，通过推进经济体制改革，调动微观生产主体的积极性。农村的家庭联产承包制改革和后来在城市和企业实行的承包制改革，鼓励和引导生产者、生产企业通过增加生产将收入的相当部分用于扩大生产或更新改造，形成自有投资。第二，在宏观层次，一方面，在财政和金融领域推进改革，通过国家发行债务增强财政投资能力，特别是财政对全社会增加投资的引导能力，同时推进银行金融体制改革，发挥商业银行增加全社会投资的融资能力；另一方面，逐步提高全社会固定资产投资占 GDP 的比重，从原来的 30% 左右逐步提高到 40%～50%，甚至更高水平，弥补投资短板制约，加强国民经济宏观层面的投资能力。第三，推进对外开放，积极吸引和利用外资，一方面，通过利用和吸引外资弥补我国投资资金不足的短板；另一方面，在引进和利用外资的同时，也学习和引进了国外先进的技术、理念和经营管理模式。以下部分将分析和阐述进入 21 世纪以来我国在投资工作和投资体制改革方面的深入发展。

在 20 世纪 80～90 年代我们大力发展经济主要依靠的是投资、消费和出口这"三驾马车"，当时一般认为消费的拉动由于受到收入增长的限制，很难在短时期内明显高速增长，而通过努力，投资和出口则可以实现在短时期内较快增长。因此，在那段时期内，投资、消费和出口这"三驾马车"对 GDP 增长的贡献差不多各为 1/3，最重要的国内消费需求对经济增长的主力军作用严重不足，同时宏观经济效益急需提升。这样的增长格局使得进行经济结构调整和转变发展方式显得日趋紧迫。2002 年中共十八大提出全面建设小康社会的伟大目标，指明了在完成"翻两番"的经济发展目标之后的前进方向，即除了经济增长速度之外，我们还必须注重和实现经济社会各方面的全面发展。2003 年我们遇到"非典"的冲击，居民消费受到影响，进而影响到经济增长，采取的应对措施是增加投资。这一做法使得全社会固定资产投资占 GDP 的比重进一步上升。

（二）中共十七大至中共十八大

针对进入 21 世纪之后经济社会发展形势的变化，2007 年中共十七大提出了转变经济发展方式的战略任务。要实现加快转变经济发展方式，推动产业结构优化升级，就必须要坚持走中国特色新型工业化道路，坚持扩大国内需求特别是消费需求的方针，促进经济增长由主要依靠投资、出口拉动向依靠消费、投资、出口协调拉动转变，由主要依靠第二产业带动向依靠第一、第二、第三产业协同带动转变，由主要依靠增加物质资源消耗向主要依靠科技进步、劳动者素质提高、管理创新转变。三个转变的首要转变是促进经济增长由主要依靠投资、出口拉动向依靠消费、投资、出口协调拉动转变。进入21世纪以来，我国需求结构中投资率偏高、消费率较低的状况一直存在。资本形成对经济增长的贡献率由2000年的21.7%增加到2006年的40.7%。最终消费对经济增长的贡献率则由2000年的63.8%下降到2006年的38.9%，成为历史上的最低点。投资与消费比例失衡使得居民生活不能随着经济快速增长而同步提高，导致国内市场规模受限，生产能力相对过剩。消费率的持续下降，还对扩大内需造成严重制约，使得经济增长对出口的依赖程度不断提高。而外贸顺差过大和国际收支盈余过多，还会造成国内资金流动性过剩，反过来又助长了投资的高增长。因此，无论是着眼于改善民生，还是着眼于产业结构调整和国际收支平衡，都要坚持扩大国内需求，鼓励合理消费，把经济发展建立在开拓国内市场的基础上，形成消费、投资、出口协调拉动经济增长的局面，促进国民经济良性循环和人民生活水平不断提高。

但是2008年美国金融危机席卷全球，对中国经济的发展提出了严峻的挑战，使中国面临了金融环境受损、外汇储备面临缩水风险、投资出口下降、消费降低、就业压力骤增等诸多严重困难，也使落实党的十七大提出的转变经济发展方式的战略任务面临新的挑战。为了有效应对美国金融危机的冲击，保持我国经济的持续增长，我们采取了积极的财政政策和适度宽松的货币政策，全面实施并不断完善应对国际金融危机的一揽子计划。大规模增加财政支出和实行结构性减税，保持货币信贷快速增长，提高货币政策的可持续性，扩大直接融资规模，有效扩大内需。在促进投资增长方面，我们发挥政府投资"四两拨千斤"的作用，引导带动社会投资，实施为期两年的4万亿元投资计划。2009年中央政府公共投资9243亿元，比上年预算增加了5038亿元，当年全社会固定资产投资增长了30.1%。投资的快速增长确实有效弥补了外需下降的缺口，较快扭转了经济增速下滑趋势，同时在注意优化投资结构的基础上加强了当时的薄弱环节，为经济社会长远发展加强了基础，也为加快推进汶川大地震灾后恢复重建提供了资金保障。但是过猛的信贷规模扩张和过快的全社会固定资产投资增速，也给后来通货膨胀压力的增大和产能过剩问题的加剧带来了不可低估的隐患。这就是党的十八大以后出现的"三期叠加"，即如何适应新常态下增长速度换挡期、结构调整阵痛期、前期刺激政策消化期的问题。

在美国金融危机爆发之初，我们就明确了应对危机冲击的根本方针是扩大内需，要实施积极的财政政策和适度宽松的货币政策，保持政策的连续性和稳定性，提高政策的针对性和灵活性，把握好政策实施的力度、节奏和重点。在应对危机冲击的过程中，我们进一步加深认识了扩大内需对我国经济社会发展的重大战略意义：扩大内需是我国经济长期平稳较快发展的根本立足点，是加快转变经济发展方式的紧迫要求，是促进经济社会协调发展的重要举措，是抵御和应对国际金融危机冲击的有效办法。我们越来越深入地认识到扩大内需首先是扩大消费需求，另外，在较长时期内投资仍然是内需的重要组成部分，关键是要促进投资与消费的良性互动。实现投资和消费的良性互动，一方面，要重视优化投资结构提供投资效益的重要性；另一方面，在加强政府投资对结构调整的引领作用的同时积极鼓励和引导民间投资。这些关于扩大内需以及做好投资工作的认识的逐步深化在十八大报告中升华到新的高度。

（三）中共十八大至中共十九大

中共十八大站在新的历史起点上，准确把握国际国内发展大趋势，在强调我国发展仍处于可以大有作为的重要战略机遇期的同时，特别指出要准确判断重要战略机遇期内涵和条件的变化，全面把握机遇，沉着应对挑战，确保到 2020 年实现全面建成小康社会的宏伟目标。为实现全面建成小康社会目标的一项重要工作是加快形成新的经济发展方式，中共十八大报告提出的加快形成新的经济发展方式的要求，是对十七大报告关于加快转变经济发展方式的继承和深化。一是要把推动发展的立足点转到提高质量和效益上来。二是要把推动发展的重点放在"四个着力"上，即着力激发各类市场主体发展新活力，着力增强创新驱动发展新动力，着力构建现代产业发展新体系，着力培育开放型经济发展新优势。三是要形成"五个更多"的新的经济发展方式，即更多依靠内需特别是消费需求拉动，更多依靠现代服务业和战略性新兴产业带动，更多依靠科技进步、劳动者素质提高、鼓励创新驱动，更多依靠节约资源和循环经济推动，更多依靠城乡区域发展协调互动。中共十八大还具体提出两个"翻一番"的新要求，提出"在发展平衡性、协调性、可持续性明显增强的基础上，实现国内生产总值和城乡居民人均收入比 2010 年翻一番"。全面建成小康社会、加快转变发展方式、实现两个翻番这些战略任务的完成，都要求我们在中共十八大精神指引下把投资工作做得更科学、更有效益。

中共十八大报告使我们认识到，投资体制改革不仅仅是投资领域的事情，更是总体经济体制改革大框架内的一个重要组成部分，是与全面的经济体制改革休戚与共、密切相关的。只有在经济体制改革全面深化的过程中，投资体制改革才能够向深入发展，取得更为明显的成效。中共十八届三中全会通过的《中共中央关于全面深化改革若干重大问题的决定》突出坚持和发展中国特色社会主义这条主线，体现了党中央全面深化改革的坚定决心和巨大勇气，体现了对国家富强、民族振兴、人民幸福的深谋远虑和责任担当。《中共中央关于全面深化改革若干重大问题的决定》是我们在新的历史起点上全面推进中国特色社会主义伟大事业的行动纲领，强调经济体制改革是全面深化改革的重点，要紧紧围绕使市场在资源配置中起决定性作用来深化经济体制改革，这也是推进和深化投资体制改革的根本方向。

在投资领域如何学习领会全面深化改革的精神？首先要充分认识经济体制改革是全面深化改革重点的重要意义。以深化经济体制改革为重点是立足基本国情、增强综合国力的必然选择，是适应形势变化、推动经济转型升级的迫切需要，是引领其他领域改革、推进五位一体（经济、政治、文化、社会、生态）建设的客观要求。其次要正确处理政府和市场关系这个经济体制改革的核心问题。在与投资相关的各项工作中，要尊重市场规律，充分发挥市场在资源配置中的决定性作用；要全面实行科学管理，更好地发挥政府作用；要全面认识市场作用和政府作用的关系，加强协调配合，发挥好政府和市场"两只手"的作用。

中共十八届五中全会通过了《中共中央关于制定国民经济和社会发展第十三个五年规划的建议》，为"十三五"时期在新的历史条件下深化改革开放、加快推进社会主义现代化提供了科学理论指导和行动指南。根据新形势、新任务，这一建议提出必须牢固树立创新、协调、绿色、开放、共享的发展理念。这五大发展理念是我国发展理论的又一次重大创新。坚持创新发展、协调发展、绿色发展、开放发展、共享发展，是关系我国发展全局的一场深刻变革，也是指导"十三五"期间乃至更长时期内做好投资各方面工作的指导方针，投资必须为落实这五大发展理念服务。

到2020年"十三五"完成的时候，我们将实现全面建成小康社会的伟大任务。而即使实现全面建成小康社会目标之后，相当长时期内仍需保持一定的增长速度，才能实现第二个百年奋斗目标，因此保持经济中高速增长是一项长期的任务。在新常态下，长期保持中高速增长，必须转变经济发展方式，促进经济转型升级、迈向中高端水平。"十三五"提出"双中高"是要推动实现更高质量、更高效率、更加公平、更可持续的发展。"双中高"是相辅相成、互为促进的。只有保持中高速增长，才能为转方式、调结构创造空间，为迈向中高端水平创造条件；只有迈向中高端水平，才能既扩大需求又创造供给，培育发展新动能，实现可持续的中高速增长。做好这"双中高"两方面的一项重要工作就是科学合理高效的投资。

（四）中共十九大至今

中共十九大的主题是不忘初心，牢记使命，高举中国特色社会主义伟大旗帜，决胜全面建成小康社会，夺取新时代中国特色社会主义伟大胜利，为实现中华民族伟大复兴的中国梦不懈奋斗。从十九大到二十大，是"两个一百年"奋斗目标的历史交汇期。我们既要全面建成小康社会、实现第一个百年奋斗目标，又要乘势而上开启全面建设社会主义现代化国家新征程，向第二个百年奋斗目标进军。为了实现"两个一百年"的宏伟目标，十九大制定了具体的战略部署，这就是十九大报告的第五部分，"贯彻新发展理念，建设现代化经济体系"。这一战略部署包括：深化供给侧结构性改革，加快建设创新型国家，实施乡村振兴战略，实施区域协调发展战略，加快完善社会主义市场经济体制，以及推动形成全面开放新格局六个方面的任务措施。

在加快完善社会主义市场经济体制的任务措施中，报告明确指出："深化投融资体制改革，发挥投资对优化供给结构的关键性作用。"这一段话讲的是深化投融资体制改革是加快完善社会主义市场经济体制的重要内容，也是当前推进供给侧结构性改革的重要支撑。同时告诉我们，优化供给结构的关键是投资，无论是对原有供给的质量和效率的提升，还是先进供给的建立和发展都离不开投资，离不开投融资体制的改革深化。

在推动形成全面开放新格局的任务措施中，报告明确指出："实行高水平的贸易和投资自由化便利化政策，全面实行准入前国民待遇加负面清单管理制度，大幅度放宽市场准入，扩大服务业对外开放，保护外商投资合法权益。凡是在我国境内注册的企业，都要一视同仁、平等对待。优化区域开放布局，加大西部开放力度。赋予自由贸易试验区更大改革自主权，探索建设自由贸易港。创新对外投资方式，促进国际产能合作，形成面向全球的贸易、投融资、生产、服务网络，加快培育国际经济合作和竞争新优势。"这一段话讲的是在继续深化对外开放、推动形成全面开放新格局的工作中，在投资方面应该实行的政策是投资的自由化和便利化，而推行投资自由化和便利化的目的是实现对外开放的高水平和高质量发展，最终形成面向全球的贸易、投融资、生产、服务网络，加快培育国际经济合作和竞争新优势。

中国投资体制改革 40 年大事记

1978 年

4 月 22 日　国家计委、国家建委、国家财政部下达《关于试行加强基本建设管理几个规定的通知》。为了改变基本建设中的混乱现象，加强基本建设管理，提高投资效益，《通知》提出了八个重要问题。同时，《通知》还制定了五个有关基本建设工作的管理办法。这五个办法的中心内容是要求整顿基本建设的混乱现象，加强建设资金的管理和合理安排，提高管理水平，提高投资效果。

12 月 31 日　国务院转批国家计委、国家财政部《关于改进固定资产更新改造资金管理的报告》。

本年度完成投资 501 亿元，比上年增加 119 亿元，增加 31%，在建项目 1773 个，比上年增加 290 个，当年建设项目投产率 5.8%。

1979 年

4 月 13 日　中共中央、国务院批转国家建委起草的《关于改进当前基本建设工作的若干意见》。《意见》提出，当前基本建设战线的重要任务，就是调整基本建设规模和投资方向，整顿基本建设管理和企业管理，改革基本建设管理体制和管理方法。

8 月 28 日　国务院将《关于基本建设投资试行贷款办法的报告》和《基本建设贷款试行条例》发给各地区、各部门试行。

10 月 11 日　国家计委等单位发出《关于投资项目及时进行竣工验收工作的通知》。

11 月 8 日　经国务院批准国家财政部、国家计委、国家建委等单位颁发《基本建设拨款暂行条例》。《暂行条例》规定，一切用于基本建设的资金，均由中国人民银行按照条例的规定监督拨付。

1980 年

1 月 10 日　国家计委下发《关于基本建设计划按两级管理的初步意见》（征求意见稿）。总的设想是，在计划权责的前提下，划分中央和地方管理的项目。

3 月 21 日至 4 月 14 日　全国基本建设工作会议在北京召开。鉴于 1979 年基本建设战线仍然过长，建设项目仍然过多，总规模仍然过大，基本建设调整的任务仍然很重。为此，会议提出：①继续搞好在建项目清理。②扩大基建投资由银行贷款的试点范围。③扩大国营施工企业的经营管理的自主权。

8 月 20 日　国家计委等单位发出《关于抓紧清理、压缩全国基本建设在建工程量的通知》。

11 月 1 日　国家计委等单位发出《关于基建项目、技措项目要严格执行"三同时"的通知》。

11 月 30 日　国务院发出关于《关于紧缩基本建设支出的紧急通知》。

1980 年基本建设规模仍然偏大，积累率也偏高（为 31.6%），新增固定资产交付使用率也由上年的 83.7% 下降为 79.1%。

1981 年

3 月 3 日　国务院作出《关于加强基本建设计划管理、控制基本建设规模的若干规定》。

5 月 6 日　国务院批转国家建委《关于基本建设调整问题的汇报提纲》。

本年度完成基本建设投资总额 428 亿元，比上年减少 111 亿元。年末在建大中型项目为 663 个，比上年减少 241 个。投资方向继续改善，用于轻纺工业的投资占投资总额比重，自上年的 9.1% 上升到 10%；同改善人民生活直接有关的非生产性建设投资占投资总额比重，由上年的 33.7% 上升到 41.1%。固定资产交付使用率由上年的 79.1% 上升到 86.7%，积累率由上年的 31.6% 下降到 28.5%。

1982 年

2 月 26 日　国家计委、国家建委颁发《关于缩短建设工期，提高投资效益的若干规定》。

5 月 1 日　国家计委、国家建委、国家财政部、中国建设银行总行发出《关于进一步实行基本建设拨款改贷款的通知》。

9 月 22 日　国家计委发出《关于编制建设前期工作计划的通知》。

11 月 26 日　中央财经领导小组扩大会议讨论加强固定资产投资管理问题。

本年度，全民所有制单位固定资产投资 845 亿元（其中基本建设投资 555 亿元，更新改造及其他措施投资 290 亿元），比上年增长 177.8 亿元，其中基本建设投资 112.6 亿元。全部建成投产的大中型项目 116 个，比上年增加 37 个，投产率提高到 14.2%。

1983 年

2 月 2 日　国家计委发出《关于颁发建设项目进行可行性研究的试行管理办法的通知》。

7 月 9 日　国务院发出《关于严格控制基本建设规模，清理在建项目的紧急通知》。

本年度，固定资产投资总额为 952 亿元。其中全民所有制基本建设投资 594 亿元（国家预算内投资 346 亿元），比上年增长 6.9%。

1984 年

8 月 18 日　国家计委发出《关于简化基本建设项目审批手续的通知》。

12 月 8 日　国家计委等单位发出关于试行《加强基本建设自筹资金管理的暂行规定》的通知。

12 月 14 日　国家计委等单位下达《关于国家预算内基本建设投资全部由拨款改为贷款的暂行规定》的通知。

本年度，全民所有制单位基本建设投资完成 743 亿元，比上年增长 25%。建成投产的大中型项目 113 个。更新改造和其他项目措施投资 442 亿元，比上年增长 23.5%。

1985 年

4 月 8 日　国务院发出《关于控制固定资产投资规模的通知》。

8 月 28 日　国务院发出《关于不再扩大 1985 年基本建设规模的通知》。

"六五"期间，全民所有制单位完成固定资产投资 5330 亿元，比"五五"期间增长 67.3%。建成投产基建项目 17.6 万个，其中大中型项目 520 个，完成更新改造项目 20 万个。

1986 年

10 月 11 日　国务院发布《关于鼓励外商投资的规定》。

1987 年

1 月 30 日　新华社报道：国家财政部为贯彻国务院《关于鼓励外商投资的规定》，特制定七项有关税收的优惠条款。

本年度，全社会固定资产投资总额为 3791.7 亿元，比上年增长 21.5%，其中国有单位基本建设投资 1343.1 亿元，比上年增长 14.2%。

1988 年

2 月 27 日　国务院批转国家体改委提出的《1988 年深化经济体制改革的总体方案》。《方案》提出的主要任务包括加强对固定资产投资的管理。

6 月 15 日　国家财政部发布《关于沿海经济开发区鼓励外商投资减征、免征企业所得税和工商统一税的暂行办法的通知》。

7 月 16 日　国务院发布《关于印发投资管理体制近期改革方案的通知》。

9 月 24 日　国务院发出《关于清理固定资产投资在建项目、压缩投资规模、调整投资结构的通知》。

本年度，全社会固定资产投资总额为 4653.8 亿元，比上年增长 22.7%，其中国有单位基本建设投资 1574.31 亿元，比上年增长 17.2%。

1989 年

8 月 27 日　国务院发出《关于进一步抓紧抓好清理固定资产投资项目工作的通知》。

本年度，全社会固定资产投资总额为 4410.4 亿元，比上年下降 5.2%，其中国有单位基本建设投资 1551.74 亿元，比上年下降 1.4%。

1990 年

1 月 8 日　《人民日报》报道，国家投资体制改革初见成效，六个专业投资公司 1989 年完成投资 356.7 亿元，建成投产大中小型项目 673 个，投资效益有了明显提高。

5 月 30 日　国务院批转国家计委和清理固定资产投资项目领导小组《关

于 1990 年继续搞好清理固定资产投资项目工作的报告》。

本年度，全社会固定资产投资总额为 4517.5 亿元，比上年增长 2.4%，其中国有单位基本建设投资 1703.81 亿元，比上年增长 9.8%。

1991 年

9 月 14 日　《人民日报》报道，1988~1990 年全国共批准"三资"企业项目 18980 个，外商实际投资 93.2 亿美元，为前 9 年的 1.4 倍。

本年度，全社会固定资产投资总额为 5594.5 亿元，比上年增长 23.8%，其中国有单位基本建设投资 2115.8 亿元，比上年增长 24.2%。

1992 年

9 月 5 日　中共中央、国务院发布《关于加强对固定资产投资和信贷规模进行宏观调控的通知》。

9 月 25 日　《人民日报》报道，国家计委改革计划体制和投资体制，从八个方面加快职能转变，进一步扩大地方和企业基本建设投资决策权，减少国家指令性计划。

本年度，全社会固定资产投资总额为 8080.1 亿元，比上年增长 44.4%，其中国有单位基本建设投资 3012.65 亿元，比上年增长 42.4%。

1993 年

8 月 3 日　《人民日报》报道，海南改革投资体制，率先在全国实施重点基础工程规范化股份制改建，给工程注入空前活力。

8 月 16 日　国务院批转国家计委《关于加强固定资产投资宏观调控的具体措施》。

本年度，全社会固定资产投资总额为 13072.2 亿元，比上年增长 61.8%，其中国有单位基本建设投资 4615.5 亿元，比上年增长 53.2%。

1994 年

1 月 25 日　国务院发布《关于继续加强固定资产投资宏观调控的通知》。

7 月 21 日　国务院批转国家计委《关于清理基本建设项目资金拖欠问题的请示》。

本年度，全社会固定资产投资总额为 17042.9 亿元，比上年增长

30.4%，其中国有单位基本建设投资 6436.74 亿元，比上年增长 39.5%。

1995 年

1 月 7 日 《人民日报》报道，国家计委对固定资产投资提出要求控制规模、优化结构、提高效益。

5 月 5 日 国家开发投资公司成立，吴邦国副总理在成立大会上强调，作为政策性投资机构的国家开发投资公司，要更好地发挥中央投资导向作用。

本年度，全社会固定资产投资总额为 20019.3 亿元，比上年增长 17.5%，其中国有单位基本建设投资 7403.62 亿元，比上年增长 15%。

1996 年

8 月 23 日 国务院发布《关于固定资产投资项目试行资本金制度的通知》。

9 月 14 日 《人民日报》报道：国务院发出《关于固定资产投资项目试行资本金制度的通知》。

本年度，全社会固定资产投资总额为 22974 亿元，比上年增长 14.8%，其中国有单位基本建设投资 8610.84 亿元，比上年增长 16.3%。

1997 年

3 月 27 日 新华社报道：国家体改委《1997 年经济体制改革实施要点》最近出台。在《要点》中要求加大投资体制改革力度，改善投资结构。

12 月 31 日 《人民日报》报道，1998 年投融资体制改革将成为我国经济体制改革的重点，其主要内容是：进一步明确政府、企业、银行在投融资体制中的职责范围，建立投资风险约束机制；积极发展资本市场，扩大企业直接融资；切实加强和改进政府对投融资的宏观调控和管理。

本年度，全社会固定资产投资总额为 24941.1 亿元，比上年增长 10.1%，其中国有单位基本建设投资 9862.8 亿元，比上年增长 14.5%。

1998 年

5 月 12 日 国家计委、国家财政部发布《中央级基本建设经营性基金本息额转为国家资本金的实施办法》。

9 月 14 日 国家经贸委发布《关于国有企业利用外资投资进行资产重组

的暂行规定》。

本年度，全社会固定资产投资总额为 28406.2 亿元，比上年增长 13.9%，其中国有全社会固定资产投资 15369.3 亿元，比上年增长 17.4%。

1999 年

3月　权威人士指出，1999 年投资体制改革将有较大突破，改革目标模式为培育投资主体、完善投资主体的风险约束机制和完善投资宏观调控体系的"三位一体"。今后投资审批权限将和产业政策结合起来，所有的项目将按生产性质和特点划分为四类：鼓励、允许、限制、禁止。

8月9日　国家经委发布《工商投资领域制止重复建设目录（第一批）》。

10月27日　国务院批准保险资金可通过证券投资基金进入股市。

本年度，全社会固定资产投资总额为 29854.7 亿元，比上年增长 5.1%，其中国有全社会固定资产投资 15947.8 亿元，比上年增长 3.8%。

2000 年

7月10日　国家计委组织清理整顿各类政府性建设基金。

10月9~11日　中共十五届五中全会在北京举行。全会审议并通过了《中共中央关于制定国民经济和社会发展第十个五年计划的建议》。

本年度，全社会固定资产投资总额为 32917.7 亿元，比上年增长 10.3%，其中国有全社会固定资产投资 16504.4 亿元，比上年增长 3.5%。

2001 年

11月7日　国家计委取消五大类投资项目审批。

12月20日　国务院批准颁布《社保基金投资管理办法》。

本年度，全社会固定资产投资总额为 37213.49 亿元，比上年增长 13.1%，其中国有全社会固定资产投资 17606.97 亿元，比上年增长 6.7%。

2004 年

7月16日　国务院发布了《关于投资体制改革的决定》，全面、系统地提出了深化投资体制改革的指导思想、目标和主要政策措施。一年多来，在各方的共同努力下，投资体制改革已经在许多方面取得了重要进展和成效。

在企业投资管理体制改革方面，政府的管理职能正在转变，企业的投资主体地位开始确立，新的管理理念得到了普遍认同。核准制和备案制的体制框架基本建立，新的管理制度正在不断完善，企业正在逐步适应。大多数企业投资项目实行备案制，对于实行核准制的企业投资项目，发展改革部门开始从维护社会公共利益角度对"外部条件"进行审查，有关部门依法行使公共管理职能。投资决策自主权和相应责任已逐步落实到企业，绝大多数企业成为改革的受益者。从实施效果看，约80%的企业投资项目实行备案制，各级发展改革部门不再进行实质性审查，只需通过有关部门依法行政许可，企业可以自主进行投资决策。也就是说，对大多数企业而言，落实投资自主权的关键措施基本得到了贯彻。同时，需要核准的企业投资项目数量大大减少。实施企业投资管理体制改革后至2005年11月，国家发展改革委核准企业投资项目共434项，比改革前同期的709项减少了60%多。在大量减少核准项目数量的同时，各级发展改革部门审查项目的角度和内容已经初步改变，不再审查项目的市场前景、经济效益和产品技术方案。

在政府投资管理体制改革方面，部分领域的改革有所突破。为了健全决策机制，在咨询评估领域引入了竞争机制；发布了中央政府投资项目公示试点办法，试点工作即将展开。为了规范资金管理和项目审批，制定并实施了《中央预算内投资补助和贴息项目管理办法》《主权外债项目管理办法》《地方政府投资项目审批规定》等配套文件。为了加强建设实施管理，积极推行"代建制"工作，加强对中介机构的资质管理，加快完善建设标准体系。目前，正在抓紧研究制定其他配套文件，争取尽快形成适应改革要求的中央政府投资管理制度体系。同时，各级地方政府大胆探索、勇于创新、积极实践，在很多方面实施了改革措施，取得了很好的成效，积累了许多有益的经验。截至9月底，超过2/3的省、区、市政府已经出台了各类改革配套文件，总数近150件。

在加强投资调控和监管方面，制定并颁布了一大批发展建设规划、产业政策和行业准入标准，在具体管理上更多采用土地管理、信贷管理和环保审查等经济和法律手段，对全社会投资活动发挥了较好的调控和引导作用。已经编制完成专项规划47个，其中，已经国务院批准实施的有25个，已上报国务院待批的有13个，准备上报国务院的有3个，经国家发展和改革委员会批准实施的有6个。加强了产业政策利行业准入标准的制定，先后出台了钢铁、汽车等重点行业产业政策，公布了电石、铁合金、焦炭、摩托车等行业市场准入暂行标准，已批准公布的行业标准有29批2295项，复审7168项，废止907项。这些都为引导社会投资方向、加强和改善宏观调控、优化经济结构和地区生产力布局发挥了重要作用。

11 月 14 日　国家发展和改革委员会等十部委联合制定了《创业投资企业管理暂行办法》。

12 月 3~5 日　全国发展和改革工作会议在北京召开，会议指出，继续推进投资体制改革，完善核准制和备案制，规范政府投资管理，改进对全社会投资的引导和调控。

本年度，全社会固定资产投资总额为 70477.43 亿元，比上年增长 26.8%，其中国有全社会固定资产投资 25027.62 亿元，比上年增长 15.5%。

2005 年

3 月 30 日　温家宝主持召开国务院常务会议，讨论并通过《国务院 2005 年工作要点》和《关于推进 2005 年经济体制改革的意见》。会议指出，深化经济体制改革是 2005 年政府工作的重点任务，要坚持以改革为动力，推动各项工作。

4 月 4 日　国务院出台了《国务院关于 2005 年深化经济体制改革的意见》，其中要求推进投资体制改革。全面落实《国务院关于投资体制改革的决定》（国发〔2004〕20 号），尽快制定和完善各项配套政策措施。完善和规范企业投资项目的核准制和备案制，真正落实企业投资自主权；规范政府投资范围和行为，提高政府投资决策的科学化、民主化水平，实行政府投资项目公示制度，尽快建立政府投资责任追究制度；完善适应新形势要求的投资宏观调控体系，建立健全投资监管体系。

7 月 12 日　由国家发展和改革委员会主办的中国改革论坛在北京举行，曾培炎副总理出席开幕式，指出中国深化改革的重点：一是加快行政管理体制改革，切实转变政府职能；二是完善公有制为主体、多种所有制经济共同发展的基本经济制度；三是建设统一开放、竞争有序的现代市场体系；四是加快金融体制改革；五是深化财政、税收、投资体制改革；六是完善有利于城乡、区域、经济社会协调发展的体制和机制。

12 月 3~5 日　在全国发展和改革工作会议上，国家发展和改革委员会主任马凯在谈到投资体制改革时指出，经过近两年的努力，投资体制改革取得了重要进展。但与中央的要求、与社会各界的期盼相比，还存在一定的差距。比如，核准制、备案制还不完善，有的地方还没有建立起相关制度，有的甚至把备案制变成了变相审批；政府投资项目审批的透明度还不高，责任追究和社会监督制度尚未建立，投资宏观调控的协调配合机制也不健全。针对存在的这些问题，我们要围绕全面落实国务院《决定》精神，加大工作力度，突出抓好以下三方面改革：①完善核准制和备案制。已出台相关制度的地方，要抓好落实和跟踪，及时发现新情况、新问题，研究提出改进措施；尚未出台核准制、备案制规定的省区市要加快工作进度，抓紧出台。该放的，要放活，真正把企业投资自主权落到实处；该管的，要切实管住管好。②规范政府投资管理。尽快制定中央预算内直接投资管理办法和中央政府投资项目决策责任追究等制度，抓紧出台《政府投资条例》。还要研究解决政府资金使用分散问题的办法，改进投资计划的下达程序和方式，增强投资安排的透明度。③改进对全社会投资的引导和调控。会同有关部门逐步建立投资调控的长效机制。搞好与金融、国土管理、城市规划、环境评估等部门的协同配合，共同建立投资监管体系。

2005年在各方面的共同努力下，投资体制改革取得了长足进展。一是落实企业投资的自主权迈出关键一步；二是政府投资体制改革逐步深入；三是在咨询评估领域引进了竞争机制；四是相关方面的配套改革工作在稳步推进；五是地方各省的投资体制改革也在积极地开展。

本年度，全社会固定资产投资总额为88773.61亿元，比上年增长25.96%，其中国有全社会固定资产投资29666.92亿元，比上年增长18.5%。

2006 年

1月5日　国务院发出《关于深化投资体制改革的决定》。提出深化投资体制改革的指导思想是：按照完善社会主义市场经济体制的要求，在国家宏观调控下充分发挥市场配置资源的基础性作用，确立企业在投资活动中的主体地位，规范政府投资行为，保护投资者的合法权益，营造有利于各类投资主体公平、有序竞争的市场环境，促进生产要素的合理流动和有效配置，优化投资结构，提高投资效益，推动经济协调发展和社会全面进步。

8月4日　《"十一五"铁路投融资体制改革推进方案》出台。《方案》明确了改革的七方面重点工作：扩大合资建路规模、积极推进铁路企业股改上市、扩大铁路建设债券发行规模、研究建立铁路产业投资基金、扩大利用外资规模、研究探索铁路移动设备的融资租赁、合理使用银行贷款。为推动改革的进行，铁道部将从三方面加快制定推进投融资体制改革的政策措施：一是加快铁路自身改革，研究切实可行的政策措施，鼓励各类资本参与铁路建设经营；二是加快相关立法，为铁路投融资体制改革提供法制保障；三是积极争取国家给予政策支持。

12 月 9~11 日　在召开的全国发展和改革工作会议上，国家发展改革委主任马凯部署了 2007 年要重点抓好的六方面工作，第五个方面是"进一步深化改革、扩大开放，加快建立健全落实科学发展观和构建社会主义和谐社会的体制保障"，其中要求继续深化投资体制改革；修订《政府核准的企业投资项目目录》；规范和落实备案制；改进政府投资资金使用办法，开展中央预算内投资项目公示试点，扩大代建制。

纵观 2006 年，在投资体制改革方面取得了很大的成绩：企业投资自主权进一步落实；政府投资引入竞争机制的委托咨询评估体系运转正常，中央预算内投资管理制度继续改进，政府投资项目"代建制"试点范围继续扩大；投资调控和监管体系继续完善。

本年度，全社会固定资产投资总额为 109998.16 亿元，比上年增长 23.9%，其中国有全社会固定资产投资 32963.39 亿元，比上年增长 11.1%。

2007 年

4 月 2 日　国家发展和改革委员会副主任陈德铭在"2007 年全国经济体制改革工作会议"上，在谈到投资体制改革时指出："要继续深化投资体制改革。今年要改进企业投资项目核准程序，修订《政府核准的企业投资项目目录》，统一规范企业投资项目备案制，继续推行代建制，抓紧建立政府投资决策责任追究制度。"

4 月 14 日　国务院发出《关于鼓励和规范企业对外投资合作的意见》。

6 月 28 日　《国务院办公厅转发发展改革委关于 2007 年深化经济体制改革工作意见的通知》（国办发〔2007〕47 号）发布。意见指出要大力推进投资体制改革。由国家发展改革委牵头研究起草企业投资项目核准和备案管理条例，进一步完善核准制，规范备案制。进一步规范政府投资行为，完善重大投资项目决策制度和责任追究制度。开展中央预算内投资项目公示试点，扩大代建制范围。另外，在涉外经济体制改革方面，要完善外商投资管理体制，制定鼓励外商投资设立研发中心和进行创业投资、服务外包的规定。

10 月 9 日　《国务院关于第四批取消和调整行政审批项目的决定》（国发〔2007〕33 号）发布。《决定》继续深化行政审批制度改革，国务院决定第四批取消和调整 186 项行政审批项目，其中与投资相关的主要涉及企业境外投资用汇数额审批、外商投资企业税收优惠审批、外商投资企业设立及变更审批等。

11月7日　国家发展改革委和商务部联合颁布《外商投资产业指导目录（2007年修订）》（2007年第57号），新目录对外商投资房地产业限制范围扩大。

11月17日　《国务院办公厅关于加强和规范新开工项目管理的通知》（国办发〔2007〕64号）发布。该通知进一步深化投资体制改革，依法加强和规范新开工项目管理，切实从源头上把好项目开工建设关，维护投资建设秩序，以促进国民经济又好又快发展。

本年度，全社会固定资产投资总额为137323.94亿元，比上年增长24.8%，其中国有全社会固定资产投资38706.35亿元，比上年增长17.4%。

2008年

6月17日　国家发展改革委编制了《关于企业投资项目咨询评估报告的若干要求》和《企业投资项目咨询评估报告编写大纲》（2008年第37号）。

7月8日　《国家发展改革委关于进一步加强和规范外商投资项目管理的通知》（发改外资〔2008〕1773号）发布。通知内容涉及：严格执行外商投资项目核准制；加强对外商投资项目真实性的审查；落实外商投资项目分类分级管理制；规范新开工项目管理，严格各项项目核准条件；加强对已核准项目的监督检查。

7月22日　《国务院办公厅转发发展改革委关于2008年深化经济体制改革工作意见的通知》（国办发〔2008〕103号）发布，通知指出要加快推进投资体制改革。深入推进政府投资体制改革，尽快出台政府投资条例；健全中央预算内投资管理制度；及时修订调减投资核准目录；研究起草中央政府投资项目决策责任追究指导意见；开展中央预算内投资项目公示试点工作，加快推行代建制；完善企业投资项目核准制，规范备案管理。

9月10日　国务院国有资产监督管理委员会公布《中央企业资产损失责任追究暂行办法》（2008年第20号），将于2008年10月1日起施行。

11月5日　为应对全球性金融危机，国务院总理温家宝在主持召开国务院常务会议时，研究部署了进一步扩大内需、促进经济平稳较快增长的十项措施，初步匡算，实施这十大措施，到2010年底约需投资4万亿元。一些媒体和经济界人士将其解读为"四万亿计划"。

11月13日　《国家发展改革委关于印发中央政府投资项目后评价管理办法（试行）的通知》（发改投资〔2008〕2959号）。

12月30日　《中西部地区外商投资优势产业目录（2008年修订）》

（2008 年第 4 号令）经国务院批准发布，自 2009 年 1 月 1 日起施行。

本年度，全社会固定资产投资总额为 172828.4 亿元，比上年增长 25.85%，其中国有全社会固定资产投资 48704.89 亿元，比上年增长 25.83%。

2009 年

2 月 1 日　继 2008 年第四季度新增 1000 亿元中央投资之后，中央政府启动部署又一轮 1300 亿元的中央投资计划。初步安排是，中央项目 350 亿元，分配给地方额度 950 亿元。其中，保障性住房建设 280 亿元，农村"水电路气房"建设 315 亿元，重大基础设施建设 275 亿元，卫生教育重点项目 170 亿元，环境保护工程 110 亿元，结构调整 150 亿元。

3 月 6 日　《商务部关于下放外商投资举办投资性公司审批权限的通知》（商资函〔2009〕8 号）发布，外国投资者投资设立注册资本 1 亿美元及以下投资性公司及其变更事项（单次增资超过 1 亿美元的除外），由投资性公司注册地省级商务主管部门负责审批，省级商务主管部门不得再行下放或委托其他部门审批。

3 月 26 日　《国家发展改革委关于印发〈委托投资咨询评估管理办法（2009 年修订）〉的通知》（发改投资〔2009〕802 号）发布。

5 月 25 日　《国务院批转发展改革委关于 2009 年深化经济体制改革工作意见的通知》（国发〔2009〕26 号）发布。通知指出要深入推进投资体制改革，修订出台政府核准投资项目目录，最大限度地缩减核准范围、下放核准权限；抓紧研究起草政府投资条例、企业投资项目核准和备案管理条例，进一步规范和优化投资管理程序，提高效率；健全政府投资管理机制，稳步推行非经营性政府投资项目代建制，建立和完善投资项目后评价、重大项目公示和责任追究制度；科学界定政府投资领域和范围，充分发挥政府投资对社会投资的引导和带动作用。

5 月 27 日　国务院正式公布《关于调整固定资产投资项目资本金比例的通知》（国发〔2009〕27 号）。钢铁、电解铝项目最低资本金比例为 40%；水泥项目最低资本金比例为 35%；煤炭、电石、铁合金、烧碱、焦炭、黄磷、玉米深加工、机场、港口、沿海及内河航运项目，最低资本金比例为 30%；铁路、公路、城市轨道交通、化肥（钾肥除外）项目，最低资本金比例为 25%。保障性住房和普通商品住房项目的最低资本金比例为 20%，其他房地产开发项目的最低资本金比例为 30%。其他项目的最低资本金比例为 20%。

6月8日　《国家发展改革委关于完善境外投资项目管理有关问题的通知》（发改外资〔2009〕1479号）发布。

6月11日　《国家发展改革委关于加强中央预算内投资项目概算调整管理的通知》（发改投资〔2009〕1550号）发布。

9月6日　国家商务部发布《境外投资管理办法》（商务部令2014年第3号），大幅下放核准权限。该办法规定，商务部仅保留对少数重大、敏感的境外投资的核准权限，包括1亿美元以上的境外投资、特定国别的对外投资等。中方投资额1000万美元及以上、1亿美元以下的境外投资，以及能源、矿产类境外投资，需在国内招商的境外投资等，仅需在地方省级商务部门报批。

9月7日　国家财政部公布《中央级事业单位国有资产使用管理暂行办法》（财教〔2009〕192号），进一步加强中央级事业单位国有资产使用管理。

本年度，全社会固定资产投资总额为224598.77亿元，比上年增长29.95%，其中国有全社会固定资产投资69692.5亿元，比上年增长43.09%。

2010 年

2月22日　国家发展改革委发布《工程咨询业2010~2015年发展规划纲要》（发改投资〔2010〕264号）。

4月6日　《国务院关于进一步做好利用外资工作的若干意见》（国发〔2010〕9号）发布。意见指出要优化利用外资结构，扩大开放领域，鼓励外资投向高端制造业、高新技术产业、现代服务业、新能源和节能环保产业；深化外商投资管理体制改革，调整审批内容，简化审批程序，最大限度缩小审批、核准范围，增强审批透明度。全面清理涉及外商投资的审批事项，缩短审批时间。改进审批方式，在试点并总结经验的基础上，逐步在全国推行外商投资企业合同、章程格式化审批，大力推行在线行政许可，规范行政行为。

5月7日　《国务院关于鼓励和引导民间投资健康发展的若干意见》（国发〔2010〕13号）。意见中指出要进一步拓宽民间投资的领域和范围，鼓励和引导民间资本进入法律法规未明确禁止准入的行业和领域，包括鼓励和引导民间资本进入基础产业和基础设施、市政公用事业和政策性住房建设、社会事业、金融服务、商贸流通、国防科技工业等领域。

5 月 25 日　《国务院批转发展改革委关于 2010 年深化经济体制改革重点工作意见的通知》（国发〔2010〕15 号）发布。意见指出要落实鼓励和引导民间投资健康发展的政策措施，进一步消除制约民间投资的制度性障碍，支持民间资本投向基础产业和基础设施、公用事业、社会事业、金融服务等领域，有效激发市场投资活力。要深化投资体制改革，出台政府投资条例，加快制定企业投资项目核准和备案管理条例，制定中央政府投资项目决策责任追究指导意见和代建制管理办法，建立重大项目专家评议制度。

7 月 22 日　《国务院办公厅关于鼓励和引导民间投资健康发展重点工作分工的通知》（国办函〔2010〕120 号），进一步明确中央和地方政府部门在鼓励和引导民间投资健康发展方面的分工和任务。

8 月 19 日　《国务院办公厅印发贯彻落实国务院关于进一步做好利用外资工作若干意见部门分工方案的通知》（国办函〔2010〕128 号）发布。方案中在优化利用外资结构、引导外资向中西部地区转移和增加投资、促进利用外资方式多样化、深化外商投资管理体制改革、营造良好的投资环境等方面进一步明确责任。

12 月 3 日　《国务院办公厅转发发展改革委卫生部等部门关于进一步鼓励和引导社会资本举办医疗机构意见的通知》（国办发〔2010〕58 号），通知中放宽了社会资本举办医疗机构的准入范围。

本年度，全社会固定资产投资总额为 251683.77 亿元，比上年增长 12.06%，其中国有全社会固定资产投资 83316.5 亿元，比上年增长 19.55%。

2011 年

4 月 24 日　《国务院办公厅转发发展改革委国家财政部交通运输部关于进一步完善投融资政策促进普通公路持续健康发展若干意见的通知》（国办发〔2011〕22 号）发布。

11 月 28 日　中国外商投资企业协会第五次会员代表大会在北京召开。国务院副总理王岐山在会见中国外商投资企业协会第五次会员代表大会代表时强调努力为外资企业营造更加公平公正透明的投资环境。

本年度，全社会固定资产投资总额为 311485.13 亿元，比上年增长 23.76%，其中国有全社会固定资产投资 82494.78 亿元，比上年增长 -0.99%。

2012 年

3 月 18 日 《国务院批转发展改革委关于 2012 年深化经济体制改革重点工作意见的通知》（国发〔2012〕12 号）发布。通知指出要抓紧完善鼓励引导民间投资健康发展的配套措施和实施细则。鼓励民间资本进入铁路、市政、金融、能源、电信、教育、医疗等领域，鼓励、引导民间资本进行重组联合和参与国有企业改革。另外，要推进外商投资管理体制改革，具体表现为：落实外商投资产业指导目录，引导外资重点投向高端制造、高新技术等产业，投向中西部地区；完善支持服务贸易发展的财税金融等政策；研究完善境外投资规划、协调、服务和管理机制，健全风险防控体系，稳步实施"走出去"战略。

7 月 17 日 国家发展改革委发布了《"十二五"利用外资和境外投资规划》，明确了"十二五"时期利用外资和境外投资工作的指导思想、主要目标、重点任务和政策措施，其中加强了"引进来"与"走出去"政策协调的精神。

本年度，全社会固定资产投资总额为 374694.74 亿元，比上年增长 20.3%，其中国有全社会固定资产投资 96220.25 亿元，比上年增长 16.6%。

2013 年

5 月 9 日 国家发展改革委发布《中西部地区外商投资优势产业目录（2013 年修订）》（2013 年第 1 号）。

5 月 18 日 《国务院批转发展改革委关于 2013 年深化经济体制改革重点工作意见的通知》（国发〔2013〕20 号）发布。意见中与投资体制相关的内容有：抓紧清理有碍公平竞争的政策法规，推动民间资本有效进入金融、能源、铁路、电信等领域；按照转变政府职能、简政放权的原则，制定政府投资条例、企业投资项目核准和备案管理条例；改革铁路投融资体制，建立公益性运输补偿制度、经营性铁路合理定价机制，为社会资本进入铁路领域创造条件，支线铁路、城际铁路、资源开发性铁路所有权、经营权率先向社会资本开放，通过股权置换等形式引导社会资本投资既有干线铁路。

5 月 30 日 国家发展改革委发布《咨询工程师（投资）管理办法》（2013 年第 2 号）。

6 月 15 日 国家发展改革委发布《中央预算内投资补助和贴息项目管理办法》（2013 年第 3 号）。

8 月 9 日　《国务院关于改革铁路投融资体制加快推进铁路建设的意见》（国发〔2013〕33 号）发布。意见中明确了向地方政府和社会资本放开城际铁路、市域（郊）铁路、资源开发性铁路和支线铁路的所有权、经营权，鼓励社会资本投资建设铁路。研究设立铁路发展基金，以中央财政性资金为引导，吸引社会法人投入。铁路发展基金主要投资国家规定的项目，社会法人不直接参与铁路建设、经营，但保证其获取稳定合理回报。"十二五"的后三年，继续发行政府支持的铁路建设债券，并创新铁路债券发行品种和方式。

11 月 18 日　中共十八届三中全会通过《中共中央关于全面深化改革若干重大问题的决定》，决定中指出深化投资体制改革，确立企业投资主体地位。企业投资项目中，除关系国家安全和生态安全、涉及全国重大生产力布局、战略性资源开发和重大公共利益等项目外，一律由企业依法依规自主决策，政府不再审批。强化节能节地节水、环境、技术、安全等市场准入标准，建立健全防范和化解产能过剩长效机制。

12 月 2 日　《国务院关于发布政府核准的投资项目目录（2013 年本）的通知》（国发〔2013〕47 号）发布。目录中对于钢铁、电解铝、水泥、平板玻璃、船舶等产能严重过剩行业的项目，国务院有关部门和地方政府要按照国务院关于化解产能严重过剩矛盾指导意见的要求，严格控制新增产能。

本年度，全社会固定资产投资总额为 446294.09 亿元，比上年增长 19.1%，其中国有全社会固定资产投资 109849.92 亿元，比上年增长 14.2%。

2014 年

1 月 29 日　国家发展改革委发布《中央预算内直接投资项目管理办法》（2014 年第 7 号令）。

5 月 14 日　国家发展改革委发布《政府核准投资项目管理办法》（2014 年第 11 号令）。

9 月 21 日　国家发展改革委印发《中央政府投资项目后评价管理办法》和《中央政府投资项目后评价报告编制大纲（试行）》（发改投资〔2014〕2129 号）。

10 月 31 日　《国务院关于发布政府核准的投资项目目录（2014 年本）的通知》（国发〔2014〕53 号）发布。连续两年关于投资项目目录修订，进一步深化投资体制改革和行政审批制度改革，加大简政放权力度，切实转变政府投资管理职能，使市场在资源配置中起决定性作用，确立企业投资主体地位，更好地发挥政府作用，加强和改进宏观调控。

11 月16 日　《国务院关于创新重点领域投融资机制鼓励社会投资的指导意见》（国发〔2014〕60 号）发布。《意见》在创新生态环保投资运营机制、鼓励社会资本投资运营农业和水利工程、推进市政基础设施投资运营市场化、改革完善交通投融资机制、鼓励社会资本加强能源设施投资、推进信息和民用空间基础设施投资主体多元化、鼓励社会资本加大社会事业投资力度、建立健全政府和社会资本合作（PPP）机制、充分发挥政府投资的引导带动作用、创新融资方式拓宽融资渠道等方面给出具体的指导意见。

12 月4 日　《国家发展改革委关于开展政府和社会资本合作的指导意见》（发改投资〔2014〕2724 号）发布。指导意见中建立PPP 项目进展情况按月报送制度，提供了政府和社会资本合作项目通用合同指南。

12 月10 日　《国务院办公厅关于印发精简审批事项规范中介服务实行企业投资项目网上并联核准制度工作方案的通知》（国办发〔2014〕59 号）发布。通知指出改革的重点任务包括：精简与项目核准相关的行政审批事项；实行项目核准与其他行政审批网上并联办理；规范中介服务行为；建设投资项目在线审批监管平台，构建纵横联动协管体系。

本年度，全社会固定资产投资总额为512020. 65 亿元，比上年增长14. 7%，其中国有全社会固定资产投资125005. 16 亿元，比上年增长13. 8%。

2015 年

3 月10 日　《国务院办公厅关于创新投资管理方式建立协同监管机制的若干意见》（国办发〔2015〕12 号）发布。意见指出依托互联网和大数据技术，建设信息共享、覆盖全国的在线审批监管平台，建立透明、规范、高效的投资项目纵横联动协同监管机制，实现"制度+技术"的有效监管，确保既放权到位、接住管好，又服务到位、监管有效，促进市场秩序更加规范，市场活力充分释放。

3 月17 日　《国家发展改革委、国家开发银行关于推进开发性金融支持政府和社会资本合作有关工作的通知》（发改投资〔2015〕445 号）发布。

4 月15 日　《关于印发〈中央预算内直接投资项目概算管理暂行办法〉的通知》（发改投资〔2015〕482 号）发布。

5 月8 日　《国务院批转发展改革委关于2015 年深化经济体制改革重点工作意见的通知》（国发〔2015〕26 号）发布。通知中指出要多管齐下改革投融资体制，研究制定深化投融资体制改革的决定。调整财政性资金投资方式，对竞争性领域产业存在市场失灵的特定环节，研究由直接支持项目改为更多采取股权投资等市场化方式予以支持。积极推广政府和社会资本合作（PPP）模式，出台基础设施和公用事业特许经营办法，充分激发社会投资活力。以用好铁路发展基金为抓手，深化铁路投融资改革。深化公路投融资体制改革，修订收费公路管理条例。出台政府投资条例，研究制定政府核准和备案投资项目管理条例，逐步将投资管理纳入法治化轨道。

实施新的外商投资产业指导目录，重点扩大服务业和一般制造业开放，缩减外商投资限制类条目。全面推行外商投资普遍备案、有限核准的管理制度，大幅下放鼓励类项目核准权，积极探索准入前国民待遇加负面清单管理模式。继续在自由贸易试验区和 CEPA（内地与中国香港、中国澳门关于建立更紧密经贸关系的安排）框架下开展将外商投资企业设立、变更及合同章程审批改为备案管理。推动修订外商投资相关法律，制定外资国家安全审查条例，健全外商投资监管体系，打造稳定、公平、透明可预期的营商环境。

5 月 12 日　《国务院关于印发 2015 年推进简政放权放管结合转变政府职能工作方案的通知》（国发〔2015〕29 号）发布。通知指出要大力简化投资审批，实现"三证合一""一照一码"，全面清理并取消一批收费项目和资质资格认定。

5 月 19 日　《国务院办公厅转发国家财政部发展改革委人民银行关于在公共服务领域推广政府和社会资本合作模式指导意见的通知》（国办发〔2015〕42 号）发布。通知指出转变政府职能、激发市场活力，在能源、交通运输、水利、环境保护、农业、林业、科技、保障性安居工程、医疗、卫生、养老、教育、文化等公共服务领域，广泛采用政府和社会资本合作模式。

7 月 31 日　《国家发展改革委委托投资咨询评估管理办法（2015 年修订）》（发改投资〔2015〕1761 号）发布，进一步完善委托投资咨询评估工作，加强投资决策的科学性和民主性，提高投资咨询评估的质量和效率。

9 月 9 日　《国务院关于调整和完善固定资产投资项目资本金制度的通知》（国发〔2015〕51 号）发布。其中调整的项目有：城市轨道交通项目由25% 调整为 20%，港口、沿海及内河航运、机场项目由 30% 调整为 25%，铁路、公路项目由 25% 调整为 20%；房地产开发项目中保障性住房和普通商品住房项目维持在 20% 不变，其他项目由 30% 调整为 25%；产能过剩行业项目维持不变；玉米深加工项目由 30% 调整为 20%。

10 月 2 日　《国务院关于实行市场准入负面清单制度的意见》（国发

〔2015〕55号）发布，国务院以清单方式明确列出在中华人民共和国境内禁止和限制投资经营的行业、领域、业务等。

10月13日　《国务院关于"先照后证"改革后加强事中事后监管的意见》（国发〔2015〕62号）发布。意见指出要处理好政府和市场之间的关系，严格行政审批事项管理、厘清市场监管职责、完善协同监管机制、构建社会共治格局和加强组织实施。

10月25日　《国务院关于改革和完善国有资产管理体制的若干意见》（国发〔2015〕63号）发布。意见以管资本为主加强国有资产监管，改革国有资本授权经营体制，真正确立国有企业的市场主体地位，推进国有资产监管机构职能转变。

本年度，全社会固定资产投资总额为561999.83亿元，比上年增长9.8%，其中国有全社会固定资产投资139711.3亿元，比上年增长11.8%。

2016年

3月25日　《国务院批转国家发展改革委关于2016年深化经济体制改革重点工作意见的通知》（国发〔2016〕21号）。深化外商投资体制改革：推进外商投资负面清单管理模式改革，扩大金融、文化、电信、互联网、商贸物流等服务领域开放，进一步开放制造业；简化外商投资企业设立程序；深入推进自贸试验区建设，总结评估试验区经验，选择符合条件的地区扩大试验范围；创新开发区体制机制。完善"一带一路"和国际产能合作体制：深入贯彻实施"一带一路"战略规划及三年滚动计划；完善上下联动、统一归口、高效运转的对内对外合作机制；持续深化境外投资管理制度改革，健全风险评估、预警和应急处置机制，研究探索有效的事中事后监管和服务手段；设立人民币海外合作基金；落实外债登记制改革，为企业开展国际产能合作提供低成本融资渠道。

5月11日　各部委联合发布《关于加快投资项目在线审批监管平台应用的通知》（发改投资〔2016〕1010号）。

5月13日　《国务院关于北京市开展公共服务类建设项目投资审批改革试点的批复》（国函〔2016〕83号）发布。

5月19日　《国务院关于印发清理规范投资项目报建审批事项实施方案的通知》（国发〔2016〕29号）发布。通知明确了清理规范的范围和原则、清理规范的内容和工作要求。

7月1日　《国务院办公厅关于进一步做好民间投资有关工作的通知》

（国办发明电〔2016〕12 号）发布。通知指出为做好民间投资有关工作，要认真抓好督查和评估调研发现问题的整改落实，继续深化简政放权、放管结合、优化服务改革，努力营造一视同仁的公平竞争市场环境，着力缓解融资难融资贵问题，切实降低企业成本负担，强化落实地方政府和部门的主体责任和加大政策解读和舆论宣传力度。

7 月 18 日　《中共中央　国务院关于深化投融资体制改革的意见》（中发〔2016〕18 号）公布实施，这是第一次以党中央国务院名义出台专门针对投融资体制改革的文件。这个文件是当前和今后一个时期投融资领域推进供给侧结构性改革的纲领性文件，意义重大，影响深远。《意见》明确了四方面重点工作任务：改善企业投资管理，充分激发社会投资动力和活力；完善政府投资体制，发挥好政府投资的引导和带动作用；创新融资机制，畅通投资项目融资渠道；切实转变政府职能，提升综合服务管理水平。

7 月 25 日　《国家发展改革委办公厅关于印发〈各地促进民间投资典型经验和做法〉的通知》（发改办投资〔2016〕1722 号）发布。

8 月 2 日　《国务院办公厅关于建立国有企业违规经营投资责任追究制度的意见》（国办发〔2016〕63 号）发布。目标是在 2017 年底前，国有企业违规经营投资责任追究制度和责任倒查机制基本形成，责任追究的范围、标准、程序和方式清晰规范，责任追究工作实现有章可循。在 2020 年底前，全面建立覆盖各级履行出资人职责的机构及国有企业的责任追究工作体系，形成职责明确、流程清晰、规范有序的责任追究工作机制，对相关责任人及时追究问责，国有企业经营投资责任意识和责任约束显著增强。

8 月 10 日　《国家发展改革委关于切实做好传统基础设施领域政府和社会资本合作有关工作的通知》（发改投资〔2016〕1744 号）发布。内容包括：充分认识做好基础设施领域 PPP 工作的重要意义；加强项目储备；推行项目联审；做好项目决策；建立合理投资回报机制；规范项目实施；构建多元化退出机制；积极发挥金融机构作用；鼓励引导民间投资和外商投资；优化信用环境。经济新常态下，继续做好基础设施领域 PPP 有关工作，有利于推进结构性改革尤其是供给侧结构性改革，增加有效供给，实施创新驱动发展战略，促进稳增长、补短板、扩就业、惠民生。

9 月 28 日　《国家发展改革委住房城乡建设部关于开展重大市政工程领域政府和社会资本（PPP）创新工作的通知》（发改投资〔2016〕2068 号）发布，进一步推动 PPP 模式在新型城镇化中的运用，加大城市基础设施建设力度。

10月24日　《国家发展改革委关于印发〈传统基础设施领域实施政府和社会资本合作项目工作导则〉的通知》（发改投资〔2016〕2231号）发布，进一步规范传统基础设施领域政府和社会资本合作（PPP）项目操作流程。

11月30日　国务院发布《企业投资项目核准和备案管理条例》（国令第673号）。该条例制定的目的主要是规范政府对企业投资项目的核准和备案行为，加快转变政府的投资管理职能，落实企业投资自主权。

12月5日　国家发展改革委发布《中央预算内投资补助和贴息项目管理办法》（2016年第45号令）。

12月12日　《国务院关于发布政府核准的投资项目目录（2016年本）的通知》（国发〔2016〕72号）发布。这是继2013年、2014年连续修订后的第三次修订，进一步加大简政放权，确立企业投资主体地位，激发市场主体扩大合理有效投资和创新创业的活力。

12月26日　《国家发展改革委、中国证监会关于推进传统基础设施领域政府和社会资本合作（PPP）项目资产证券化相关工作的通知》（发改投资〔2016〕2698号）发布，进一步推动政府和社会资本合作（PPP）项目融资方式创新，更好地吸引社会资本参与。

本年度，全社会固定资产投资总额为596501亿元，比上年增长8.1%，其中国有全社会固定资产投资165837.31亿元，比上年增长18.7%。

2017 年

1月12日　《国务院关于扩大对外开放积极利用外资若干措施的通知》（国发〔2017〕5号）发布。通知指出要深化外商投资管理体制改革。推进对外商投资全面实施准入前国民待遇加负面清单管理模式，简化外商投资项目管理程序和外商投资企业设立、变更管理程序。推进审批环节并联办理，缩短海关登记、申领发票等环节办理时间。加大电子政务建设力度，推行一口受理、限时办结、进度可查询，提升外商投资管理信息化水平。推进自由贸易试验区建设，在更大范围内推广复制经验。

2月6日　《国务院办公厅关于创新农村基础设施投融资体制机制的指导意见》（国办发〔2017〕17号）发布。意见指出到2020年，主体多元、充满活力的投融资体制基本形成，市场运作、专业高效的建管机制逐步建立，城乡基础设施建设管理一体化水平明显提高，农村基础设施条件明显改善，美丽宜居乡村建设取得明显进展，广大农民共享改革发展成果的获得感进一步增强。

2 月 20 日 《国家发展改革委和住房城乡建设部关于进一步做好重大市政工程领域政府和社会资本（PPP）创新工作的通知》（发改投资〔2017〕328 号）发布，确定了开展 PPP 创新工作的重点中小城市名单。

3 月 7 日 《国务院办公厅关于进一步激发社会领域投资活力的意见》（国办发〔2017〕21 号）发布。意见内容包括：扎实有效放宽行业准入；进一步扩大投融资渠道；认真落实土地税费政策；认真落实土地税费政策；加强监管优化服务。

3 月 8 日 国家发展改革委发布《企业投资项目核准和备案管理办法》（2017 年第 2 号令）。

4 月 13 日 《国务院批转国家发展改革委关于 2017 年深化经济体制改革重点工作意见的通知》（国发〔2017〕27 号）发布。意见指出要持续深化投融资体制改革。落实关于深化投融资体制改革的意见，在一定领域、区域内先行试点企业投资项目承诺制，发挥规划政策对投资的规范引导作用，探索创新以政策性条件引导、企业信用承诺、监管有效约束为核心的管理模式。出台政府投资条例。促进创业投资持续健康发展。大力推行政府和社会资本合作（PPP）模式。抓紧制定政府支持铁路等重大公益性基础设施建设和运营优惠政策。

5 月 25 日 各部委联合发布《全国投资项目在线审批监管平台运行管理暂行办法》（2017 年第 3 号令）。

6 月 5 日 《国务院办公厅关于印发自由贸易试验区外商投资准入特别管理措施（负面清单）（2017 年版）的通知》（国办发〔2017〕51 号）发布。此次修订进一步放宽外商投资准入，是实施新一轮高水平对外开放的重要举措。

6 月 28 日 国家发展改革委和国家商务部发布《外商投资产业指导目录（2017 年修订）》（2017 年第 4 号令）。

7 月 3 日 《国家发展改革委关于印发〈传统基础设施领域实施政府和社会资本合作项目工作导则〉的通知》（发改投资〔2017〕1266 号）发布。

8 月 4 日 《国务院办公厅转发国家发展改革委商务部人民银行外交部关于进一步引导和规范境外投资方向指导意见的通知》（国办发〔2017〕74 号）发布。意见明确了鼓励开展的境外投资，限制开展的境外投资，以及禁止开展的境外投资。

9 月 11 日 《国务院办公厅关于进一步激发民间有效投资活力促进经济

持续健康发展的指导意见》（国办发〔2017〕79号）发布。进一步激发民间有效投资活力，意见提出：深入推进"放管服"改革，不断优化营商环境；开展民间投资项目报建审批情况清理核查，提高审批服务水平；推动产业转型升级，支持民间投资创新发展；鼓励民间资本参与政府和社会资本合作（PPP）项目，促进基础设施和公用事业建设；降低企业经营成本，增强民间投资动力；努力破解融资难题，为民间资本提供多样化融资服务；加强政务诚信建设，确保政府诚信履约；加强政策统筹协调，稳定市场预期和投资信心；构建"亲""清"新型政商关系，增强政府服务意识和能力；狠抓各项政策措施落地见效，增强民营企业获得感。

11月6日　国家发展改革委发布《工程咨询行业管理办法》（2017年第9号令）。

12月4日　《国务院办公厅关于推进重大建设项目批准和实施领域政府信息公开的意见》（国办发〔2017〕94号）发布。

12月6日　《国家发展改革委、商务部、人民银行、外交部、全国工商联关于发布〈民营企业境外投资经营行为规范〉的通知》（发改外资〔2017〕2050号）发布。

12月26日　国家发展改革委发布《企业境外投资管理办法》（2017年第11号令）。

参考文献

第一章

1. 马歇尔：《经济学原理》，商务印书馆 1991 年版。

2. 斯蒂格利茨：《经济学》，中国人民大学出版社 1997 年版。

3. 滋维·博迪等：《投资学》，机械工业出版社 2007 年版。

4. 奥斯卡·兰格：《社会主义经济理论》，中国社会科学出版社 1981 年版。

5. 弗·布鲁斯：《社会主义的经济与政治》，中国社会科学出版社 1981 年版。

6. 弗·布鲁斯：《社会主义经济的运行问题》，中国社会科学出版社 1984 年版。

7. 孙冶方：《孙冶方选集》，山西人民出版社 1984 年版。

8. 孙尚清等：《孙冶方的社会主义经济理论体系研究》，经济日报出版社 1987 年版。

9. 洪银兴等：《当代东欧经济学流派》，中国经济出版社 1988 年版。

10. 杨玉生：《社会主义市场经济理论》，山东人民出版社 1999 年版。

11. 苏联科学院经济研究所编：《政治经济学教科书》，人民出版社 1955 年版。

第二章

1. 中国社会科学院、中央档案馆编：《中华人民共和国档案资料选编（1953~1957）》（固定资产投资和建筑业卷），中国物价出版社 1998 年版。

2. 中国行政管理学会编：《新中国行政管理简史（1949~2000）》，人民出版社 2002 年版。

3. 国家统计局国民经济综合统计司编：《新中国五十年统计资料汇编》，中国统计出版社 1999 年版。

4. 房维中主编:《中华人民共和国经济大事记（1949～1980 年）》，中国社会科学出版社 1984 年版。

5. 刘国光主编:《中国十个五年计划研究报告》，人民出版社 2006 年版。

6. 周道炯主编:《当代中国的固定资产投资管理》，中国社会科学出版社 1989 年版。

7. 林森木等主编:《中国基本建设工作手册》，中国发展出版社 1992 年版。

8. B. C. 列利丘克:《苏联的工业化：历史、经验、问题》，商务印书馆 2004 年版。

第三章

1. 田江海、张昌彩:《投资体制改革的突破》，江苏人民出版社 1998 年版。

2. 彭森主编:《科学健全有效的投资监督体系探索》，中国计划出版社 2006 年版。

3. 廖一承:《论我国投资体制改革的政策性取向》，《财经理论与实践》1994 年第 4 期。

4. 石逸:《深化投资和金融体制的改革，适时稳步地发展长期资金市场——中国投资学会第二次理论讨论会综述》，《理论探讨》1987 年第 11 期。

5. 钱又伟:《中国投资体制改革日益深化——访国家开发投资公司》，《中国对外贸易》1995 年第 5 期。

6. 刘海涛:《财政投融资的本质界定》，《财经研究》1996 年第 8 期。

7. 李荣融:《国家投融资体制改革进程与目标思路》，《施工企业管理》1998 年第 12 期。

8. 郭励弘:《中国投融资体制改革的目标与框架》，《管理世界》2003 年第 11 期。

9. 桂世镛:《中国计划、投资体制改革的现状及发展方向》，《国际经济合作》1994 年第 4 期。

10. 文章代、舒乡:《二十年投融资体制改革纵览》，《经贸导刊》1998 年第 12 期。

11. 刘改:《我国投融资体制改革总体评价》，《中国投资与建设》1997

年第 12 期。

12. 殷成东：《我国投融资体制现状及改革建议》，《经济体制改革》2005 年第 1 期。

13. 何川：《我国投融资体制存在的问题和改革方向》，《经济师》2003 年第 5 期。

14. 刘星、彭艺：《投资体制改革综述》，《教学与研究》1994 年第 6 期。

15. 郭励弘：《投融资体制改革的框架设计》，《经济研究参考》2003 年第 26 期。

16. 郭励弘：《中国投融资体制改革的回顾与前瞻》，《经济与社会体制比较》2003 年第 5 期。

17. 桂世镛：《中国的投融资体制改革》，《中国工业经济研究》1994 年第 6 期。

18. 胡彦伟：《市场经济条件下我国投资体制改革的方向》，《当代经济研究》1994 年第 2 期。

19. 国务院法制办、发展改革委负责人就《企业投资项目核准和备案管理条例》有关问题答记者问，《光明日报》2016 年 12 月 15 日第 3 版。

20. 徐绍史：《推进供给侧结构性改革　完善适应市场经济要求的新型投融资体制机制》，《人民日报》2016 年 7 月 19 日第 10 版。

21. 沈朝晖：《流行的误解："注册制"与"核准制"辨析》，《证券市场导报》2011 年 9 月号。

第四章

1. 《解放思想，实事求是，团结一致向前看》，邓小平在 1978 年 12 月 13 日中央工作会议闭幕会上所做的讲话。

2. 《中共中央关于经济体制改革的决定》，中国共产党第十二届中央委员会第三次全体会议通过（1984 年）。

3. 江泽民在中国共产党第十四次全国代表大会上的报告《加快改革开放和现代化建设步伐，夺取有中国特色社会主义事业的更大胜利》（1992 年）。

4. 国务院发展研究中心 UNDP 项目组：《经济发展改革与政策》（1~3 卷），社会科学文献出版社 1994 年版。

5. 中共中央文献研究室编：《新时期经济体制改革重要文献选编》（上、下），中央文献出版社 1998 年版。

6. 《中共中央关于完善社会主义市场经济体制若干问题的决定》，中国共产党十六届三中全会通过（2003年）。

7. 《国务院关于投资体制改革的决定》（国发〔2004〕20号）。

8. 国家发展和改革委员会投资司编：《投资体制改革》，中国方正出版社2004年版。

9. 樊纲：《政府该管什么？中国投资体制改革的历程》，江西人民出版社2005年版。

10. 钱维、尤伯军：《政府投资体制的制度创新》，中国财政经济出版社2006年版。

11. 《中共中央国务院深化投融资体制改革》（中发〔2016〕18号）。

第五章

1. 国家统计局固定资产投资统计司编：《中国投资新视野》，中国统计出版社1999年版。

2. 姚振炎等主编：《中国投资体制改革》，中国财政经济出版社1994年版。

3. 曹尔阶、李敏新、王国强：《新中国投资史纲》，中国财政经济出版社1992年版。

4. 林森木主编：《中国固定资产投资透析》，中国发展出版社1993年版。

5. 张长春主编：《政府投资管理体制：总体框架、近期改革重点与促进措施》，中国计划出版社2005年版。

6. 田江海、张昌彩：《投资体制改革的突破》，江苏人民出版社1998年版。

7. 刘慧勇等：《论我国投资体制改革》，中国经济出版社1988年版。

8. 耿明斋等：《转轨时期的投资体制和投资运作方式》，中国经济出版社2001年版。

9. 张佑才主编：《财税改革纵论：财税改革论文及调研报告文集》上册，经济科学出版社2001年版。

10. 郑德荣、韩明希、郑晓亮编：《中国经济体制改革纪事》，春秋出版社1987年版。

11. 刘国光主编：《中国经济体制改革的模式研究》，广东经济出版社1998年版。

12. 王梦奎主编：《改革攻坚 30 题：完善社会主义市场经济体制探索》，中国发展出版社 2003 年版。

13. 王耀中：《中国投资体制转型研究：一种中西比较的新视角》，人民出版社 2002 年版。

14. 郑韶、何晓星主编：《中国经济体制改革 20 年大事记：1978 ～ 1998》，上海辞书出版社 1998 年版。

15. 刘溶沧：《投资体制改革探索》，重庆出版社 1990 年版。

16. 朱泽主编：《中国经济改革 20 论》，中国财政经济出版社 2004 年版。

17. 田江海：《转轨期的中国投资》，经济管理出版社 1998 年版。

第六章

1. 秦跃群、李世祥、易明：《我国高科技企业融资模式与融资现状》，《特区经济》2005 年第 6 期。

2. 沙治慧：《市场化：投资体制改革的必由之路》，http：//www. studa. net/jingji/061223/11180786. html。

3. 《北京市财政志》，http：//www. bjcz. gov. cn/zjcz/czz/czz. htm。

4. 王国刚主编：《进入 21 世纪的中国金融》，社会科学文献出版社 2000 年版。

5. 殷剑峰主编：《中国金融产品与服务报告（2006）》，社会科学文献出版社 2006 年版。

6. 董志凯：《由"拨改贷"到"债转股"——经济转型中企业投融资方式的变迁（1978~2015）》，《中国经济史研究》2016 年第 3 期。

7. 巴曙松、尹煜：《金融衍生品的国际监管改革及其借鉴》，《河北经贸大学学报》2011 年第 6 期。

第七章

1. 李振中：《计划经济学》，中国人民大学出版社 1983 年版。

2. 联合国工业发展组织：《工业可行性研究手册》，联合国工业发展组织 1978 年版。

3. 张达：《基本建设经济》，中国建筑工业出版社 1982 年版。

4. 国务院技术经济研究中心：《可行性研究及经济评价》，山西人民出版社 1984 年版。

5. 国家计划委员会基本建设综合局：《基本建设管理体制改革文件汇

编》，红旗出版社 1985 年版。

6. 周祥源：《基本建设技术经济学》，中国人民大学出版社 1986 年版。

7. 刘国恒：《建设项目可行性研究与项目评估文献集》，学术书刊出版社 1989 年版。

8. 张汉亚：《促进投融资体制改革的近期措施》，《中国投资》2004 年第 1 期。

9. 巴曙松：《投融资体制，经济体制改革深化的核心环节》，《中国投资》2004 年第 1 期。

10. 沙治慧：《市场化，投资体制改革的必由之路》，《经济体制改革》2004 年第 3 期。

11. 秦凤华：《投资体制改革决定出台的前前后后》，《中国投资》2004 年第 8 期。

12. 崔蔚菁：《投资项目决策技术与决策科学化》，《管理论坛》2006 年第 1 期。

13. 张金锁：《工程项目管理学》，科学出版社 2002 年版。

14. 曾培炎：《中国投资建设 50 年》，中国计划出版社 1999 年版。

15. 潘文安、徐炎章：《技术经济与项目管理》，山东人民出版社 2005 年版。

16. 王耀中：《中国投资体制转型研究——一种中西比较的新视角》，人民出版社 2002 年版。

17. 王卓甫：《工程项目管理模式及其创新》，中国水利电力出版社 2006 年版。

18. 程铁信：《国际流行项目管理软件应用》，中国电力出版社 2007 年版。

19. 包叙定：《发展与改革——工程咨询业的两大主题》，http：//www.cnaec. com. cn。

20. 周望臻：《我国工程咨询业的发展对策》，http：//www. cnaec. com. cn。

21. 杨思忠：《中国工程造价咨询业的发展与展望》，http：//www. cnaec. com. cn。

22. 曹桂全、赵阿敏：《政府投资项目代建制研究述评》，《经济体制比较》2014 年第 3 期。

第八章

1. 侯荣华、汲凤翔：《中国固定资产投资效益研究：理论、实证、案例》，中国金融出版社 2002 年版。

2. 戴玉林：《投资结构论》，中国金融出版社 1995 年版。

3. 卢中原：《2005 年加快财税体制与投资体制改革》，国务院发展研究中心信息网国研视点，2001 年 1 月 6 日。

4. 田椿生、黑爱堂：《美国和日本投资体制的比较研究》，国务院发展研究中心信息网国研报告，1992 年 3 月 2 日。

5. 文明：《投资经济导论》，经济科学出版社 1999 年版。

6. 张汉亚：《投资体制改革对经济周期波动的影响：经济周期波动问题研究专题报告》，国务院发展研究中心信息网国研报告，1994 年 12 月 7 日。

7. 张承惠：《新一轮通货膨胀的投资体制背景》，国务院发展研究中心信息网国研报告，1996 年 3 月 8 日。

8. 王学武：《美国的投资体制研究》，国务院发展研究中心信息网国研报告，2001 年 9 月 20 日。

9. 李荣融：《外国投融资体制研究》，中国计划出版社 2000 年版。

10. 于景涛：《德国全能银行体系与混业经营的启示》，《山东经济战略研究》2003 年第 6 期。

11. 孙玉辉：《德国的金融体系及相关问题研究》，《投资研究》2001 年第 5 期。

12. 王珏：《德国银行体系概览》，《西安金融》2002 年第 12 期。

13. 史笑艳：《德国的银行体系和资本市场》，《金融论坛》2003 年第 1 期。

14. 白钦先、王伟：《独具特色的法国政策性金融体制评析》，《浙江金融》2005 年第 12 期。

15. 刘飞：《法国金融及政策性金融综述》，《全球科技经济瞭望》2000 年第 9 期。

16. 韩文霞：《法国的金融体系》，《国际金融探索》1992 年第 4 期。

17. 刘迎接：《日本主银行制衰落原因及其启示》，《世界经济研究》2005 年第 6 期。

18. 小粟诚治：《日本金融体系的现状分析》，《财经问题研究》2003 年第 11 期。

19. 任云：《日本金融体系及企业治理机制的转型》，《日本学论坛》2006 年第 1 期。

20. 车维汉：《日本主银行体制研究述评》，《东北亚论坛》2006 年第 3 期。

21. 戴晓芙：《日本主银行制的兴衰》，《日本研究》2004 年第 1 期。

22. 卢里征：《韩国金融制度变迁对我国金融制度改革的启示》，《福建金融》2006 年第 2 期。

23. 孔凡保：《国家、金融体系与经济发展——韩国工业化模式的思考》，《生产力研究》2005 年第 5 期。

24. 夏斌、张承惠等：《韩国政策性金融体系运作的特点及对我国的启示》，国务院发展研究中心调查研究报告，2005 年第 54 号。

25. 董正信、赵晓明：《中日韩政策性金融体系对比及启示》，《日本问题研究》2006 年第 1 期。

26. 韩国银行："Financial Institutions in Korea"，*Mondaq Business Briefing*，2011（1）.

后　记

　　2018 年是改革开放 40 周年，在过去的 40 年里，中国的经济体制发生了翻天覆地的变化。如果要问改革开放 40 年来中国经济社会发展的最大变化是什么，毫无疑问，就是中国由计划经济转变成为社会主义市场经济。

　　在 2008 年，即改革开放 30 周年的时候，作为中国社会科学院为纪念中国改革开放 30 年推出的系列成果之一，我们曾编写了一本《中国投资体制改革 30 年研究》，试图分析改革开放以来我国在投资领域各方面的改革经验与教训。在那本书的后记中，我们曾写道："中国的改革开放始于经济领域，产生的影响、发生的变化最大者，也在经济领域。因此，作为经济制度重要组成部分之一的投资体制，无可例外地经受了这场深刻的社会变革。1978 年4 月始，国家出台政策治理基本建设中存在的混乱现象，拉开了投资体制改革的帷幕。此后，国家在投资主体、投融资渠道、投资的宏观管理、投资项目管理等方面，陆续出台一系列政策，实行了投资体制的全面改革。30 年过去了，中国的投资体制和投资状况已发生了重大变化，这其中的成绩值得充分肯定，经验值得全面总结，教训值得深刻反思。正是基于如上认识，本书以投资体制的概念和功能为切入点，从中国投资体制改革的背景、目标、投融资渠道、项目管理方式以及中外投资体制对比等诸多方面，全面回顾了中国投资体制改革的历程，勾画了中国投资体制改革的完整图景。"

　　在改革开放 40 周年的时候，经济管理出版社希望我们进一步分析我国投资体制改革各方面的情况。确实，2008 年以来的 10 年，我国改革开放继续深入，社会主义建设事业继续蓬勃发展，特别是党的十八大以来，我们坚持"四个全面"，在改革开放的各条战线都取得了重要进展。投资体制改革战线也不例外，进一步总结投资体制改革是非常重要的，也是我们的心愿。因此，在原书的框架基础上，我们进一步进行了两方面的努力：一是改写了原书的某些部分；二是增加了一些新的内容。在这里我们向本书的读者奉献我们的努力，希望能听到批评指正意见，更希望能以此书的出版，与读者们共同纪念改革开放 40 周年这一伟大的时刻，祝愿我国包括投资体制改革在内的改革开放事业继续深入发展，迎来小康社会全面建成的美好明天！

2008年出版的《中国投资体制改革30年研究》，由汪同三负责总体设计和全书统稿，赵京兴撰写第一、第二章，李金华撰写第三章，李军撰写第四章，李雪松、王秀丽撰写第五章，李文军撰写第六章，刘满强、张奇、谭运嘉撰写第七章，蔡跃洲撰写第八章，第九章由课题组成员集体撰写，骆效生负责编写大事记。本书仍然由汪同三负责总体设计，由汪同三和赵京兴进行全书统稿。赵京兴负责第一、第二、第三章，何秋琴负责第四、第八章和"大事记"部分，郭美晨负责第五、第六、第七章，汪同三负责第九章。

汪同三

2018年7月